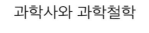
과학사와 과학철학

과학사와 과학철학

초판 1쇄 인쇄 2022년 5월 24일
초판 1쇄 발행 2022년 5월 31일

지은이 양승훈
펴낸이 유동휘
펴낸곳 SFC출판부
등록 제104-95-65000
주소 (06593) 서울특별시 서초구 고무래로 10-5 2층 SFC출판부
Tel (02)596-8493
Fax 0505-300-5437
홈페이지 www.sfcbooks.com
이메일 sfcbooks@sfcbooks.com
기획·편집 편집부
디자인편집 최건호
ISBN 979-11-87942-66-5 (03230)
값 35,000원

창조론 대강좌 시리즈 7

과학사와 과학철학

- 한 창조론자의 관점 -

양승훈 지음

History & Philosophy of Science

- A Creationist's Perspective -

SFC

아버님이자 큰 스승이셨던
故 양명철 장로님(1915-1978)을
추모하며

With Loving Memory of
Elder Myung Chul YANG(1915-1978),
My Dad,
Best Mentor,
Creative Farmer,
Powerful Preacher,
Great Church Planter

차례

추천의 글

　우리는 스스로 이 땅에 태어나지 않았고, 인간이 자연과 인간을 창조하지 않았음을 알고 있다. 하나님은 인간을 위하여 우주 만물을 준비하시고, 그 안에서 다스리고 생육하고 번성하라고 하셨다. 이를 위해 하나님은 인간에게 자유의지와 자연을 탐구하는 상상력과 지성을 주셨고, 인간으로 하여금 과학을 통해 우주 만물의 원리를 더듬어 알게 하셨다. 인간에게 주어진 이러한 하나님의 형상으로 인류는 눈부신 과학문명을 이루게 되었다. 이로 인해 때로는 창조주의 영역이 침범당하는 듯한 착각을 할 수도 있지만, 오히려 우리는 더 광활한 신비의 세계를 알아가고 있다.

　현대과학의 발전은 전문화, 세분화로도 감당할 수 없을 정도가 되었지만, 과학적인 탐구는 아직도 가야할 길이 멀다. 과학기술과 지식은 인류에게 편리와 부요를 제공하였지만, 질병과 고통의 문제는 남아있고 여전히 세계는 불안하다. 과연 인간은 과학을 통해 이전 인간이 쌓아올린 바벨탑의 전철을 밟기보다는 창조세계의 청지기로서의 사명을 다할 수 있을까? 인간이 스스로의 한계를 깨닫고 창조주에게 돌아갈 수 있을까?

　본서의 저자 양승훈은 물리학으로 과학을 접한 후 과학철학과 과학사

뿐 아니라 신학을 전공하고 창조과학회가 한국에서 활동을 시작할 때 헌신적으로 섬겼다. 후에는 캐나다에 가서 밴쿠버기독교세계관대학원VIEW을 설립하고 창조론과 기독교적 세계관을 후학들에게 가르치는 데 평생을 바쳤다. 이 책을 통하여 저자는 과학에 대한 기독교세계관적 이해를 도울 뿐 아니라 행동하는 지성의 근거와 지침을 제시한다. 독자들은 구슬 꿰듯 지혜롭게 엮어 놓은 과학사와 과학철학의 서술을 대하며 지식의 공개념과 지적 소유권의 배경을 알게 되고, 특히 교회사와 과학사의 비교 연구를 통하여 기독교적 과학관을 정립하는 데 큰 도움을 얻을 것이라 생각한다.

본서는 하나님의 형상대로 지음 받은 인간이 어떻게 창조세계 안에서 신앙과 지성의 두 날개로 날아갈 수 있는지를 제시하고 있다. 창조주에 대한 신앙을 가진 과학자가 자연 속에서 초자연적인 설계자의 지적 설계를 찾는 것은 사랑하는 아버지가 준비한 새로운 선물을 발견하는 아들의 마음처럼 즐거운 것이다. 본서는 과학과 신앙이 지나온 길을 살펴보면서 바른 미래를 찾아 여행하려는 모든 분들에게 훌륭한 길잡이가 될 것이다.

_박재형 서울대학교 의과대학 명예교수

현대는 과학이 우상이 된 시대이다. 그래서 '과학적이다'라는 말은 '맞다,' '진리다'라는 의미로 사용된다. 과학을 절대화해서도, 폄하할 필요도 없지만, 과학이 항상 옳은 것은 아님을 기억하고 과학을 바른 위치에 두는 것이 필요하다. 저자는 '모든 진리는 하나님의 진리'임을 기억하고, 학자들은 숨겨진 하나님의 진리를 밝혀내는 데 진력해야 함을 강조한다.

_박기모 죠이선교회 사역연구소장

본서에 포함된 과학사와 과학철학의 방대한 지식은 한 창조론자의 인생과 함께 쓰였다고 할 수 있다. 이는 창조론자로 과학과 종교의 사잇길을 걸었던 저자의 40년의 경험을 통해 검증되었다고 할 수 있다. 이 책은 단지 역사의 문자적 기록만이 아니라 그 속에 있는 갈등과 화해, 동행과 이별이라는 감정까지 읽게 해준다. 그래서 긴 시간 속에서 숱한 인물과 사건들이 나오지만 산책하듯이 즐겁게 읽을 수 있다.

_노주동VIEW 원우

본서는 내게 세 가지 놀라운 깨우침을 줬다. 첫째는 과학이 기독교와 함께 발전했다는 점이다. 근대 과학을 연 뉴턴 및 케플러의 연구와 신앙고백은 감동을 준다. 둘째, 오랫동안 교회와 갈등관계의 대표적인 예라고 할 수 있는 갈릴레오 재판이 사실이 아니라는 점이다. 셋째, 기독교의 경직성 때문에 신앙이 이데올로기화되었다는 점이다. 학자로서 저자의 성실한 모습은 기독학자의 모범이라고 생각한다.

_구재형베트남 선교사

시리즈 서문

    한국에서 본격적으로 창조론 운동이 시작되던 1981년 1월, 필자가 처음으로 접한 창조론은 창조과학이었습니다. 물론 그 이전에도 당시 건국대 물리학과 교수였던 쥬영흠 박사를 통해 좀 다른 창조론요즘 용어로는 진행적 창조론 혹은 날-시대 이론을 접하기는 했지만, 창조과학의 선명성과 전투성에 매료되어 창조과학 연구야말로 인생을 걸만한 일이라고 생각했습니다. 그래서 언젠가 창조론을 열심히 연구해서 좋은 책을 써보자는 꿈을 가졌습니다.

    하지만 좋은 책을 쓴다는 것은 열정과 결심만으로 되는 것이 아니었습니다. 우선 창조론에 관해 필자가 아는 것이 별로 없었고, 또한 창조론과 직접 연관되지 않은 반도체물리학 연구에 전념해야 하는 현실 속에서 창조론 연구는 꿈으로 남아있을 뿐이었습니다. 하지만 뭔가 시작해야 한다는 생각을 갖고 틈나는 대로 한국창조과학회 활동에 참여하면서 『진화는 과학적 사실인가?』한국창조과학회, 1981 등 번역 수준의 책을 펴냈습니다. 그 후에도 꾸준히 자료들을 모으면서, 비록 강의록 수준의 글이었지만, 조금씩 글의 틀을 잡아가기 시작했습니다. 체계를 잡은 첫 강의록으로는 1988년, 대구에서 열린 창조론 지도자 훈련과정 교재로 만든 것이 었고, 이것이 기초가 되어 여러 해 동안 많은 분들의 사랑을 받았던 『창조론 대강좌』 개정증보판CUP, 1996을 출간했습니다.

10년이면 강산도 변한다고 하는데, 어느덧 『창조론 대강좌』를 출간한 지도 25년의 세월이 지났습니다. 창조론 분야의 중간층 독자들을 위한 이 책은 전문가들에게는 쉬웠고 일반인들에게는 다소 어려운 책이었습니다. 이 책은 그간 많은 분들이 애독해 주셨고, 여러 대학에서 교재로 사용하기도 했습니다. 하지만 시간이 지나면서 여러 분들로부터 개정의 요청을 받았고, 실제로 개정해야 할 내용들이 누적되었으나 여러 가지 사정으로 인해 진작 개정판을 내지 못했습니다. 그러다 보니 좀 어려운 개념들이나 치밀한 논증을 소개할 수가 없었습니다. 이런 요구를 충족하기 위해 부득불 『창조론 대강좌』를 단권이 아닌 시리즈로 내게 되었습니다.

본 "창조론 대강좌" 시리즈는 다소 고급 독자들을 위한 책이라고 할 수 있습니다. 이전에 단권으로 출간된 『창조론 대강좌』에 비해 일곱 권의 시리즈로 출간된 본서에서는 중요한 창조론 이슈들을 좀 더 심층적으로 다루고 있습니다. 그동안 창조연대에 관한 저의 입장도 변했기 때문에 시리즈 제목을 바꾸는 것이 적절한 것 같지만, 이미 『창조론 대강좌』를 기초로 국내 저자들이 쓴 책들이 여러 권 출간되었기 때문에 "창조론 대강좌"를 시리즈 이름으로나마 남겨두는 게 필요하다고 생각하게 되었습니다.

본 시리즈를 집필하면서 주 독자층들을 어떻게 잡을 것인가를 두고 많이 고심했습니다. 기존의 『창조론 대강좌』를 출간하던 때에 비해 국내에서 창조론에 대한 논의가 많이 진전된 것을 생각한다면 좀 더 수준 있는 독자들을 위한 책이어야 한다고 생각하면서도, 다른 한편으로는 여전히 창조론을 처음 접하는 분들을 위한 입문서 내지 대학 교양 교재 수준의 책들도 필요하다는 생각 때문이었습니다. 그래서 이번에는 일반인용과 전문가용으로 분리하여 출간하는 쪽으로 결론을 내렸습니다.

2006년, 예영에서 출간했던 『창조와 격변』은 일반인들의 창조론 교양과 대학 교양강좌를 위한 책이었습니다. 그리고 본 시리즈는 창조론을 좀 더 깊이 공부하려는 독자들을 염두에 둔 책이라고 할 수 있습니다. 따라서 본 시리즈는 『창조와 격변』의 내용은 물론 그 책에 포함시키지 못했던 주제들과 내용들까지 포함시켰습니다. 본 시리즈는 몇 권의 책으로 나누어지면서 분량은 많아졌지만, 창조론에 진지한 관심을 가진 분들이나 대학이나 교회에서 창조론을 가르치는 분들, 창조론 대중 강의를 준비하는 분들에게 도움이 될 것이라 생각됩니다.

분권한 것 외에도 본 시리즈가 『창조론 대강좌』와 가장 크게 다른 점을 든다면, 우선 제1권 『다중격변 창조론』에서 단일격변설에서 다중격변설로 입장을 바꾼 점입니다. 구체적으로 본 시리즈에서는 노아의 홍수만으로 지구의 모든 역사를 설명하던 기존의 단일격변설을 확장하여 다중격변설을 제시하고 있습니다. 다중격변설은 노아의 홍수 이전, 특히 창조주간에 지구에 여러 차례 대격변들이 있었으며, 노아의 홍수는 그들 중 마지막 전 지구적 격변이었다는 입장입니다.

둘째, 제6권 『창조연대 논쟁』을 통해 젊은지구론에서 오랜지구론으로 전환한 것입니다. 이 책에서는 인류의 시작은 젊은지구론자들이 주장하는 것보다 훨씬 오래되었을 수 있다는 유연한 입장을 취했으며, 지구와 우주의 창조연대는 현대 지구과학이나 우주론에서 제시하는 연대를 받아들여야 한다는 입장으로 바꾸었습니다. 요약하자면 지질학적으로는 다중격변창조론을, 창세기 해석에서는 날-시대 이론을, 생물학적으로는 진행적 창조론을, 창조연대와 관련해서는 오랜지구론을 수용하게 된 것입니다. 창조과학 운동의 흑백논리적이고 전투적인 특성을 생각할 때, 당연히 이러한 전환이 쉽게 일어난 것은 아니었습니다. 저의 이러한 전환을 둘러싼 논란은 다른 책인『프라이드를 탄 돈키호테』SFC, 2009에서 밝혔습니다.

이 외에도 본 시리즈 제2권『생명의 기원과 외계생명체』에서는 생명의 기원 문제를 다루면서 화학진화가설을 비판했습니다. 그리고 생명의 기원 논의와 직접 관련된 논의는 아닐지 모르지만 많은 사람들이 궁금해 하기 때문에 UFO와 외계인에 대한 내용도 포함시켰습니다. 제3권『창조와 진화』에서는 이전과 같이 생물진화에서 대진화를 비판했습니다. 제2권과 제3권의 내용은 창조연대에 대한 차이를 제외한다면 기본적으로 창조과학자들의 입장과 크게 다르지 않습니다. 하지만 제5권『대폭발과 우주의 창조』에서는 창조과학자들이 비판하는 대폭발이론을 하나님의 창조를 설명하는 하나의 작업가설로의 가치가 있다는 쪽으로 수용했습니다. 또한 순서가 바뀌긴 했지만 인류의 기원을 다룬 제4권『인류의 기원과 역사적 아담』역시 대진화는 반대하지만, 고인류학의 여러 결과들을 수용하면서 창조과학 입장이나『창조론 대강좌』보다 진일보한 입장을 취하고 있습니다. 본 시리즈의 마지막인 본서제7권에서는『창조론 대강좌』에 포함되지 않았던 창조에 대한 신학적, 역사적 논의와 더불어 과학사적, 과학철학적 논의를 포함시켰습니다.

1980년 8월, 20대 중반이었던 대학원 학생 시절에 시작한 창조론 공부를 대학에서 은퇴하는 60대 중반을 넘어서 마무리를 하게 되니 감회가 새롭습니다. 부족한 글이지만 본 시리즈를 통해 독자들에게 풍성한 창조신앙과 더불어 궁창의 빛과 같이 빛나는 지혜가 생기고, 이를 통해

많은 사람들을 옳은 데로 돌아오게 하는단12:3 역사가 일어나기를 기대합
니다. 지난 40여 년 간 창조론을 공부하면서 누렸던 풍성한 축복을 감사
하면서…….

저자

서문

　인간의 삶은 크게 두 가지 영역, 즉 형이상학적이며 영적인 삶과 형이하학적이며 물질적인 삶으로 나누어 볼 수 있습니다. 영적인 삶을 대표하는 행위를 종교적 활동이라고 한다면, 물질적인 삶을 대표하는 행위는 과학적 활동이라고 할 수 있을 것입니다. 이 두 가지 활동은 현대를 살아가는 사람들의 세계관을 형성하는 데 가장 중요한 요소라고 할 수 있습니다. 언뜻 보기에 이 두 활동은 별로 상관이 없는 것 같지만, 알고 보면 서로 긴밀하게 연결되어 있습니다.

　역사를 살펴보면, 오늘날 우리가 과학적 활동이라고 부르는 형이하학적 활동의 연원도 종교적 활동에서 출발한 것임을 알 수 있습니다. 예를 들어, 천문학은 점성술이나 종교의 축제일 결정을 위한 목적으로 시작되었으며, 화학은 종교적 색채가 짙은 연금술 행위로부터 출발하였습니다. 의학은 질병치료를 위한 주술적 행위로부터 시작하였고, 숫자나 문자의 기원은 종교적 행위를 위해 처음으로 고안된 것으로 알려지고 있습니다. 인도인들이 처음으로 영零이라는 개념을 생각해 낸 것은 저들 신앙의 핵심 개념이 무無 사상이라는 것과 무관하지 않습니다. 사실 인류 역사 전체를 통틀어 생각해 본다면, 종교와 과학이 완전히 분리된 듯이 여겨지기 시작한 것은 단지 지난 수세기에 불과합니다.

지난 몇 세기 동안 많은 사람들은 과학적 활동은 종교적 행위로부터 분리되어야 하며, 또한 분리될 수 있다는 신념을 가져왔습니다. 과학적 활동은 객관적, 합리적, 실증적인데 비해, 종교적 활동은 주관적, 비합리적, 감정적인 기초 위에서 이루어진다고 생각해 왔기 때문입니다. 과연 과학과 종교는 분리된 활동일까요? 아니 분리될 수 있는 활동일까요? 지난 반세기 동안 이루어진 과학철학의 많은 연구 성과들은 과학적 활동과 종교적 영역이 엄격하게 구분된다는 것에 반론을 제기하고 있습니다. 과학적 활동에는 불가피하게 종교적이고 형이상학적인 요소가 개입될 뿐 아니라, 종교적 활동이라고 해서 무조건 주관적이고 비합리적인 것은 아니라는 것입니다.

본서의 가장 중요한 특징은 과학과 종교의 관계, 특히 과학과 기독교의 관계를 철학적, 역사적 관점에서 살펴보는 것입니다. 구체적으로 과학사 및 과학철학의 논의들을 교회사와 기독교세계관의 관점에서 살펴보는 것입니다. 과학이 발달하면서 기독교 신앙, 특별히 교회와 어떤 상호작용을 하면서 발달하게 되었는지를 살펴본다는 점에서 본서의 시도는 독특하다고 할 수 있습니다. 일반 과학사나 과학철학 강의는 많지만 이들을 교회사와 더불어 살펴보는 경우는 드물기 때문입니다.

하지만 과학과 기독교의 관계에 집중하는 본서의 독특성은 불가피하게 본서의 제한점이기도 합니다. 즉 외형적으로 기독교와 무관하게 진행된 과학적 발달은 상대적으로 소홀하게 다루거나 생략할 수밖에 없었습니다. 이것은 과학의 내용적 측면에서 뿐 아니라 지리적인 측면에서도 그러합니다. 기독교와 직접적인 상호작용이 많았던 유럽의 과학에 많은 지면을 할애했고, 그렇지 못했던 고대 그리스나 인도, 중국, 중세기 이슬람 등의 과학에 대해서는 전혀 다루지 않거나 혹은 제한적으로밖에 다룰 수 없었습니다. 그러므로 과학사를 전체적으로 살펴보고 싶은 독자들은 일반 과학사 문헌들을 참고하기 바랍니다.

과학은 역사 속에서 교회와 때로는 부정적으로, 때로는 긍정적으로 상호작용을 하면서 발달했습니다. 그 상호작용의 과정을 살펴보는 것이 과학에 대한 성경적 관점, 다시 말해 과학에 대한 기독교세계관적 관점을 개발할 수 있는 좋은 방법이라 생각됩니다. 하지만 역사적 맥락을 살펴보기 전에 본서의 전반부에서는 일반적인 과학철학의 논의와 더불어 과학의 형이상학적 측면, 특히 과학의 가치중립성에 대한 비판을 중심으로 살펴보았습니다.

후반부는 과학과 기독교의 상호작용을 초대교회로부터 근대에 이르기까지 역사적으로 살펴보았습니다. 이를 통해 저자는 과학에 대한 바른 이해와 더불어 과학과 기독교의 바른 관계를 정립하고자 하였습니다. 그 중에서 제11강 "한국에서의 창조론 운동"은 전체 문맥과 다소 어긋나는 듯이 보이는가 하면, 과학사 전체의 맥락에서도 지나치게 자세한 기술이라는 느낌이 듭니다. 하지만 지난 40여 년 간 한국교회에서 창조과학 운동의 영향을 생각한다면 내용을 더 이상 압축할 수가 없다고 생각해서 원래의 논문을 거의 그대로 전재하였습니다.

역사적으로 과학과 기독교의 관계에 대해서는 두 가지 극단적인 견해가 공존했습니다. 한 가지는 과학과 기독교는 불구대천의 원수라는 주장이었고, 다른 한 가지는 더 할 나위 없는 반려자라는 주장이었습니다. 물론 이 양 극단의 중간에는 중세 유럽인들의 마음을 사로잡고 있었던 '신학의 시녀*ancilla theologiae*'로서의 과학당시에는 자연철학 등 여러 가지 다른 도

식들도 있었습니다.[1]

본서는 과학과 기독교의 관계를 단순한 도식으로 환원시키려는 시도는 사실을 정확하게 분석한 것이 아니라는 가정에서 출발합니다. 이것은 과학과 기독교의 관계를 신학적, 철학적, 역사적 관점 등 다양한 측면에서 살펴볼 때 좀 더 분명해집니다. 신학적, 철학적 관점에서 살펴볼 때, 과학적 활동은 이 세상을 창조하신 하나님이 인간에게 창조세계를 다스리고 관리하라는 명령에 순종하는 활동이라는 측면도 있지만, 다른 한편으로는 인간의 타락의 영향이 가장 직접적으로 드러나는 영역이라는 측면도 있습니다. 또한 역사적으로 살펴보면, 기독교와 과학은 끊임없는 긴장과 갈등을 겪으면서도 필요에 따라서는 서로 협력하고 상생相生하는, 그러면서도 서로에게 영향을 주고받으면서 스스로의 모습을 형성해왔습니다.

본서는 지난 이십 수 년 간 밴쿠버기독교세계관대학원VIEW에서 "과학사 및 과학철학SCS502" 강의에 사용된 저자의 노트에서 출발하였습니다. 본서가 완성되기까지 저자의 강의를 수강하면서 여러 의견들을 제시해준 수강생들에게 감사드립니다. 또한 본서의 교정을 위해 수고해준 이삼열, 박기모, 안성대, 노주동, 우영호, 구재형 목사, 황재훈 집사께 감사드립니다. 비록 과학사와 과학철학 분야의 전공자들은 아니지만 다양한 배경을 가진 원우들, 특히 과학적, 신학적 배경을 가진 여러 원우들은 강의를 통해 본서에 대한 다양한 의견을 제시해주었습니다.

부족한 책의 추천사를 써주신 서울대 의대 박재형 명예교수님께 감사드립니다. 연세가 드셨지만 늘 겸손하게, 그리고 성실하게 학자로서 살아가시는 박 교수님은 비단 의학자들 뿐 아니라 모든 학자들의 귀감이 되시는 분이십니다. 현재 박 교수님은 필자가 재직하고 있는 에스와티니 기독 의대EMCU 의학과 설립책임자로 수고하고 계십니다.

본서는 전체적으로 저자의 논지와 관점을 담고 있지만 역사적 데이터들은 여러 해 동안 저자의 강의에서 중심 교재로 사용했던 『창조와 과학사Creation and the History of Science』, 『신과 자연God and Nature』, 『과학철학Science and Its Limits』, 『과학에 대한 기독교적 접근The Christian Approach to Science』에 많이 기대고 있음을 밝힙니다.[2]

아무쪼록 본서가 독자들로 하여금 인간의 삶의 가장 근원적인 두 영역, 즉 과학과 종교의 관계를 바르게 이해하는 데 작은 도움이라도 되기를 기대합니다. 과학과 종교의 문제를 생각할 때, 우리는 두 진영의 관계의 본질을 지나치게 복잡하게 생각하여 전말을 망각하는 우를 범해서도 안 되지만, 지나치게 단순하게 생각해서 치우친 결론을 내려서도 안 될 것입니다. 과학과 종교, 나아가 과학과 기독교의 관계를 바로 이해하여 "빨리 왕래하며 지식이 더하"는 과학기술 시대의 많은 사람들을 옳은 데로 돌아오게 하는 데 본서가 조금이라도 도움이 된다면 저자로서는 더 없이 기쁠 것입니다단12:3~4.

2022년 부활의 계절에
남부 아프리카 에스와티니 기독의대에서

제1부
과학과 종교

제1강

과학의 기원과 종교

"생육하고 번성하여 땅에 충만하라, 땅을 정복하라,
바다의 고기와 공중의 새와 땅에 움직이는 모든 생물을 다스리라"

창세기 1장 28절

인간의 삶은 크게 형이상학적인 삶과 형이하학적 삶으로 나눠볼 수 있다. 이 두 개의 삶의 영역은 우리 인간의 삶을 대표한다고 볼 수 있다. 형이상학形而上學이란 과학적 연구나 경험적 관찰에 의해 파악하지 못하는 초자연적인 것을 개념적인 사고나 직관에 의해 탐구하는 것을 말한다. 이에 비해 형이하학形而下學은 형체를 갖춘 대상을 연구하는 학문인데, 주로 과학이란 말이 붙는 활동을 일컫는다. 인간의 삶에는 이 두 가지 요소가 모두 포함되어 있다. 우리가 아무리 고상한 신앙을 가지고 있더라도 먹지 않고는 살 수 없고, 아무리 잘 먹고 잘 산다고 하더라도 정신적이고 영적인 고상함이 없다면 그것은 동물의 삶과 크게 다를 바가 없다고 할 수 있다.

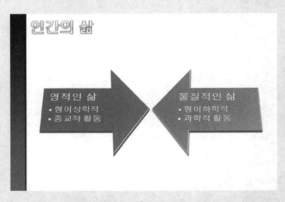

<그림 1-1> 인간의 삶의 두 영역

그렇다면 형이하학적 삶의 대표적인 예라고 할 수 있는 과학연구는 인간의 영적, 정신적인 활동과 어떤 관계가 있을까? 본 강에서는 먼저 과학에 대한 용

어 정의로부터 시작하여, 가장 오래된 과학이라고 할 수 있는 천문학, 의학, 화학, 수학 등의 영역이 어떻게 종교와 관련되어 있는지를 살펴보고자 한다. 그리고 마지막으로 창세기 초반에 나타난 문화적 명령의 관점에서 기독교와 과학의 관계를 살펴본다.

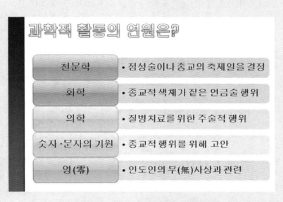

<그림 1-2> 과학적 활동의 기원

1. 과학이란 무엇인가?

과학을 의미하는 영어 단어 사이언스science는 '지식'이라는 뜻의 라틴어 *scientia*에서 왔으며, 이는 '안다I know'라는 뜻의 접두사 *scio*-에서 나왔다. 이는 또다시 '분별하다' 혹은 '구분하다'라는 뜻의 인도-유럽 어근에서 나왔으며, '찢다to split'라는 뜻의 그리스어 *schizein*, 같은 뜻의 라틴어 *scindere*와 관계되어 있다. 정신분열증을 의미하는 쉬조프레니아 *schizophrenia*도 같은 어원에서 나왔다.

중세로부터 18세기 계몽주의 시대Siècle des Lumières → 빛의 세기, Age of Enlightenment까지 science나 *scientia*는 모든 종류의 체계적이거나 정확하게 기록된 지식을 가리켰다. 따라서 그 무렵의 과학이란 철학이라는 단어의 넓은 의미로부터 구별되지 않았다.[1] 고대로부터 근현대까지, 철학은 자연철학과 윤리철학으로 나뉘어 있었다. 그런데 1800년대부터 자연철학natural philosophy이라는 명칭이 서서히 자연과학natural science이라는 명칭으로 대체되었고, 이후 자연과학은 점차 물리학과 생물학 등 현존하는 과학 분야들로 세분화되었다. 오늘날 '과학science, Wissenschaft'이라는 용어는 사람들에 따라 몇 가지 다른 의미로 사용된다.

첫째, 과학은 자연과학뿐 아니라 과학적 방법이 동원되는 모든 학문들, 다시 말해 인문과학이나 사회과학까지 모두 포함한다. 이런 경우 과학이란 학문scholarship & learning이란 말과도 유사하게 사용된다. 참고로 우리나라에서는 1975년에 처음으로 서울대학교가 종로구 동숭동에서 관악구 신림동으로 캠퍼스를 이전하면서 문리대학을 폐지하고, 인문과학대학, 사회과학대학, 자연과학대학으로 확대개편 하였다. 그 후 다른 많은 대학들도 대학의 외형이 커지면서 서울대학교의 직제를 따랐다.

둘째, 이와 반대로 좁은 의미의 과학은 순수과학만을 의미한다. 물리학이나 화학, 생물학, 천문학, 지질학 등과 같은 기초과학basic science 혹은 순수과학pure science은 공학의 기초가 되기는 하지만 응용에 대한 관심이 2차적인 학문들을 말한다. 과학적 지식의 응용에 관심이 있는 응용과학applied science에 비해 순수과학은 실재에 대한 지식 그 자체를 목표로 삼는다고 할 수 있다.

엄밀하게 말하면 응용과학은 인류의 생활에 직접 응용하는 것을 주된 목적으로 하는 전체 학문을 말한다. 공학, 건축학, 경영학, 법학, 행정학, 사회복지학, 신문방송학, 관광학, 의학, 치의학, 약학, 수의학, 농학, 수산학, 임학, 군사학 등이 이에 속한다. 이들은 순수과학의 내용을 실생활에 적용하는 것을 목적으로 한다.

셋째, 과학이란 용어는 위 첫째 견해보다는 좁은, 그러나 둘째 견해보다는 넓은 의미로 사용된다. 현대로 오면서 순수과학과 응용과학과 기술은 불가분의 관계가 되어가고 있기 때문이다. 순수과학에도 기술적, 공학적 측면이 많이 있으며, 기술에도 순수과학적 측면이 많이 있다. 그래서 때로는 기술과 과학이 뚜렷이 구분되지 않을 때도 있다. 기술이란 과학의 기초 위에 세워져 있지만 또한 과학은 기술의 진보와 더불어 더욱더 빠른 속도로 발전한다. 그러므로 많은 사람들은 과학 혹은 과학기술을 동의어로 사용하기도 한다.

본서에서는 과학이란 용어의 다양한 의미들 중에서 주로 세 번째 의미에 국한해서 사용하고자 한다. 때로 필요하다면 그 사실을 밝히고 좀더 넓은 의미로도 사용할 수 있으리라 생각된다.

2. 과학의 양면성

그러면 이러한 과학은 인간의 삶과 어떤 관계가 있을까? 좀 더 구체적으로 과학은 인간의 삶에 어떤 영향을 미치는가? 과학이 인간의 삶에 미치는 영향에는 긍정적인 측면이 있는가 하면 부정적인 측면도 있다고 생각된다. 먼저 긍정적인 측면을 살펴보자.

(1) 긍정적인 측면

첫째, 과학은 전 지구를 하나의 사회로 만들 수 있다. 이것은 산업혁명 이후 인공적인 운송수단이 등장하면서 나타난 현상이다. 19세기에 등장한 증기기관차와 20세기 초에 등장한 디젤기관차는 인간의 이동속도를 획기적으로 변화시켰다.[2] 뒤이어 등장한 자동차 역시 인간의 삶의 모습을 바꾸었다. 1886년, 칼 벤츠Karl Friedrich Benz, 1844~1929는 "말馬 없이 달리는 마차를 만들겠다."라며 자동차를 만들기 시작했다. 핵심 부품인 가솔린 엔진은 이미 독일발명가 오토Nikolaus August Otto, 1832~1891가 만들었지만, 그는 이걸 자동차에 장착할 생각까지는 하지 못했다. 우리나라에는 1911년에 대한제국의 황제 순종의 전용차와 조선총독부의 관용으로 처음 들어왔다. 자동차에 이어 비행기의 발명은 인간의 이동 속도나 범위를 획기적으로 넓혔다. 형 윌버 라이트Wilbur Wright, 1867~1912와 동생 오빌 라이트Orville Wright, 1871~1948는 1903년에 조종이 가능하고 공기보다 무거운 비행기를 제작해 이를 이용한 세계 최초의 동력 비행에 성공하였다. 빠른 이동 수단의 발전과 더불어 근래에는 인터넷을 통해 급속도로 민족과 민족, 국가와 국가의 간격이 좁아지고 있다.

둘째, 과학은 또한 인간을 물질적으로 풍요롭게 할 수 있다. 인간의 물질적 풍요에 획기적인 계기를 마련한 것은 산업혁명産業革命, Industrial Revolution이었다. 산업혁명은 1760년에서 1820년 사이에 영국에서 시작된 기술의 혁신과 새로운 제조 공정manufacturing process으로의 전환, 이로 인해 일어난 경제, 사회, 산업 등의 큰 변화를 일컫는다. 산업혁명을 통해 섬유산업은 현대의 생산 방법을 처음으로 사용했다. 산업혁명이란 용어는 1844년에 엥겔스Friedrich Engels, 1820~1895가 처음 사용하였고,[3] 후에 토인비Arnold Joseph Toynbee, 1889~1975가 이를 보다 구체화하였다.[4]

영국의 산업혁명은 인류역사에서 과학기술을 통해 일어난 여러 혁명적 변화의 하나였을 뿐이다. 농업혁명도 인간의 삶의 모습을 근원적으로 바꾸었다. 12,000년 전에 일어난 신석기 농업혁명으로부터 시작하여 8~13세기 아랍의 농업혁명, 17~19세기 영국의 농업혁명 등이 있다. 1909년에 독일의 하버Fritz Haber, 1868~1934는 암모니아질소 비료 인공합성을 통해 전 세계의 식량 생산을 비약적으로 늘릴 수 있게 했고, 이를 통해 인류를 오랫동안 괴롭혀온 식량문제 해결의 물꼬가 트였다. 또한 20세기 후반에 시작된 유전공학의 발달은 인류 문명의 새로운 지평을 제시하고 있다. 이처럼 과학은 지구상의 자원들을 활용하는 수많은 방법을 제시하고 있으며, 이로 인해 인류는 역사 이래 어느 시대보다도 물질적 부요함을 누리고 있다.

셋째, 과학은 인간에게 건강과 장수를 약속한다. 이전에 자연의 힘 앞에 무력했던 인간은 과학혁명 이후 과학이라는 도구로 자연현상을 예측하고 자연의 힘을 제압하기 시작했다. 오랜 세월동안 인간은 수많은 질병 앞에 벌벌 떨었으나 이제는 의학의 발달로 수많은 질병들이 치료 혹은 예방될 수 있게 되었다. 이것은 곧 평균 수명의 증가로 나타나고 있다. 아프리카나 동남아 일부 국가에서는 여전히 평균수명이 50세 내외에 머물고 있지만 이미 선진국에서는 80세를 넘고 있다.[5] 오늘날 한 나라의 과학의 발달 정도는 곧 그 나라의 경제적 지위와 비례하고 있으며, 이는 또한 국민들의 평균 수명으로 나타나고 있다.[6]

(2) 부정적인 측면

하지만 과학에는 긍정적인 측면만 있는 것이 아니라 부정적인 측면도 있다.

첫째, 인간의 편의를 위해 발달한 과학이 이제는 인간의 자유를 위협하는 존재가 되고 있다. 과학의 발달이 가져오는 메커니즘 중심의 사회에서는 획일성과 통일성이 요구되고 있으며, 개인의 개성이나 공동체의 다양성의 말살로 이어질 수 있다. 과학이 사회 구석구석에 영향을 미치고 있는 현대 사회에서는 과학이 인간에 봉사하는 단계를 넘어 인간이 과학에 맞추어야 하는 경우가 점차 증가하고 있다. 한 예로 컴퓨터의 '요구'에 맞추지 못하는 사람은 컴퓨터로 아무 일도 할 수 없다. 전 세계가 윈도우 시스템을 사용하고 있기 때문에 이 윈도우 시스템에 적응하지 못하면 컴퓨터를 사용하기 어렵고, 현대 사회에서 왕따가 되기 십상이다.

또한 전지구위치파악시스템global positioning system, GPS을 이용한 항법장치는 가장 편리한 문명의 이기이면서 동시에 이를 이용하여 개인이 어느 곳에 있는지를 추적할 수 있게 되었다. 중국과 같은 전체주의 국가에서 국민을 통제하기 위해 안면인식 기술이나 드론 기술 등이 발달한 것은 우연이 아니다. 근래 코로나 바이러스COVID-19 대유행의 시대를 맞아 사용하고 있는 자가격리 스마트폰 앱은 개개인들의 위치를 무서울 정도로 정밀하게 감시하고 있다.

뿐만 아니라 개인적인 메일이나 전화 등은 항상 도청의 위험에 노출되어 있고, 컴퓨터의 개인정보는 해킹을 당할 수 있다. 근래 국제적으로 미국과 중국의 무역분쟁 속에는 백도어back door, 즉 사이버 스파이스파이웨어 문제가 있음을 우리는 잘 알고 있다. 이러한 위험 때문에 미국이나 여러 나라에서는 중국 최대 통신장비 업체 화웨이가 생산한 제품을 공공기관에서 사용하지 않기로 한 것이다.[7]

둘째, 과학과 기술의 힘에도 불구하고 현대인들의 불안과 절망은 더 심해지고 있다. 우리가 직면하는 가장 큰 문제는 과학의 발달이 인간의 근원적인 문제를 해결해주지 못한다는 것이다. 과학이 발달한다고 해서 인간의 불안이나 절망이 없어지지는 않는다. 오히려 더 증가하는 경향을 보이고 있다. 과학이 발달한 나라일수록 우울증 환자가 많으며, 자살률과 이혼율이 높으며, 사람들의 행복감이 떨어지는 것은 무엇을 말하는가? 인공지능AI의 발달로 인한 실직의 불안, 개인 사생활 침해의 우려는 심각하다.

과학은 비단 과학 분야에서 전문적으로 일을 하는 사람에게만이 아니라 모든 인류에게 영향을 미치고 있다. 근대과학의 등장과 산업혁명 이후 과학은 인간에게 특별히 더 많은 영향을 끼치게 되었지만 그 이전에도 영향이 없었던 것은 아니다. 과학이 인간의 삶과 밀접한 관련을 갖게 된 것은 인류의 역사 자체만큼이나 오래되었다. 특히 인간의 삶의 중심이라고 할 수 있는 종교와 과학은 그 태생에서부터 불가분의 관계가 있었다. 아래에서는 오랜 역사를 가진 몇몇 과학의 분야가 처음 시작할 때부터 종교와 어떻게 관련되어 있었는지를 간단히 살펴본다.

3. 천문학과 달력

먼저 오늘날 대표적인 기초과학 중 하나인 천문학을 생각해보자. 천문학을 의미하는 영어의 아스트로노미astronomy는 별을 의미하는 아스트로astro와 규범을 의미하는 노모스nomos의 복합어이다. 이와 비슷한 단어로는 점성술을 의미하는 아스트롤로지astrology를 들 수 있다. 이 단어 역시 별을 의미하는 아스트로astro와 학문 및 논리를 의미하는 로고스logos의 복합어이다. 그러면 천문학이나 점성술의 기원은 무엇일까?

천문학의 기원은 정확한 달력을 제작하는 데서 출발하였다. 별에 관한 규범 혹은 학문으로서 천문학의 시작은 고대 사회의 점성술이나 종교의 축제일을 결정하는 데서부터 출발하였다. 물론 종교적인 이유 외에도 농사나 어업 등을 위해서도 정확한 달력이 필요했다. 오늘날 시계의 표준이 되는 원자시계는 수십억분의 1초를 측정할 수 있고, 수십만 년에 1초 틀릴까 말까 할 정도로 정확하지만, 과거에는 천체의 운행에 기초한 달력이 사용되었다. 천체의 운행에 기초한 달력은 부정확하였고, 이로 인해 여러 가지 어려움이 생겼다.

천체의 운동만으로 달력을 정하는 것도 쉬운 일은 아니다. 우리는 상식적으로 1년을 365일이라고 생각하지만, 정확하게 **천문학의 회귀년은 365.242190일**이다. 기원전 46년에 율리우스 카이사르Julius Caesar가 알렉산드리아 천문학자에게 명하여 만들게 한 율리우스력의 1년 길이는 365.25일이었고, 4년에 한 번씩 윤년을 두었다. 하지만 365.25일은 천문학의 회귀년 365.242190일보다 약 0.0078일11분 14초이 길어서 128년마다 약 1일86,272초 길어짐의 편차가 났다. 이러한 문제는 고대로부터 잘 알려져 있었다. 그래서 16세기 말에 와서 율리우스력Julian Calendar은 천문학

의 회귀년에 기초한 달력과 약 10일간의 차이가 생겼다.[8]

이를 시정하기 위해 교황 그레고리 13세Pope Gregory XIII, 1502~1595는 1582년 10월 5일금을 10월 15일금로 하고, 1년 길이를 365.2425일로 정했다. 즉 율리우스력의 10월 5일에서 10월 14일 사이의 열흘이 사라진 것이었다. 하지만 그레고리력Gregorian Calendar의 1년인 365.2425일도 천문학의 회귀년 365.242190일보다 여전히 0.0003일26초 정도가 길었고 따라서 약 3,300년마다 약 1일85,800초 길어짐의 편차가 생겼다.[9] 이를 보정하기 위해 그레고리력에서는 세 가지 규칙을 도입했다. 첫째, 4로 나누어떨어지는 해를 윤년으로2월을 29일로 한다. 둘째, 4와 100으로 모두 나누어떨어지는 해즉 끝자리가 00으로 끝나는 해는 평년으로2월을 28일로 한다. 셋째, 4와 100으로 나누어떨어지지만 400으로도 나누어떨어지는 해는 윤년으로 한다. 이렇게 하면 기존 율리우스력의 400년 동안 윤년이 총 100회이던 것이 그레고리력에서는 97회가 된다. 실제로 끝자리가 00으로 끝나는 1700, 1800, 1900년은 평년으로 했고, 400으로 나누어지는 1600년과 2000년은 윤년으로 했다. 그레고리력은 오늘날 거의 전 세계적으로 사용되고 있다.

과학사에서 달력 개혁과 관련하여 전해지는 에피소드 중 하나는 뉴턴Isaac Newton의 출생과 갈릴레오Galileo Galilei의 별세 날짜이다. 흔히 뉴턴은 갈릴레오가 죽던 해에 '환생하여' 태어났다고 말한다. 갈릴레오는 그레고리력으로 1642년 1월 8일 별세했고, 뉴턴은 율리우스력으로 1642년 12월 25일그레고리력으로 1643년 1월 4일에 출생했다. 갈릴레오가 살고 있었던 이탈리아는 그레고리력이 반포되자 곧 바로 이를 받아들였지만, 뉴턴이 출생했던 잉글랜드는 170년이 지난 1752년에야 비로소 그레고리력을 받아들였다. 그러므로 갈릴레오의 별세 연도와 뉴턴의 출생 연도는 같지만 둘다 그레고리력으로 하거나, 둘 다 율리우스력으로 하면 다른 해가 된다.

동방정교회 문화권은 역사상 가톨릭과의 불편한 관계 때문에 늦게 그레고리력을 받아들였다. 러시아의 경우 1918년, 볼셰비키 혁명이 발발한 뒤 비로소 그레고리력을 도입하였고, 그리스는 이보다 더 늦어서 1924년에야 도입했다. 하지만 이런 늦은 도입조차 정부의 공식적인 조치였을 뿐 정교회 측은 오차와는 상관없이 지금도 계속 율리우스력을 사용하고 있다. 그래서 동방정교회의 성탄절은 율리우스력으로는 12월 25일이지만, 2021년 현재 그레고리력으로는 이듬해 1월 7일이 되고, 2094년이 되면 동방정교회 성탄절은 1월 8일이 된다!

이렇게 복잡하지만 고대에 정확한 달력을 제작하는 것은 왕의 안정된 통치와 종교지도자들의 정확한 제사일 결정에 매우 중요했다. 그리고 정확한 달력을 만드는 데 천문학은 거의 유일한 방법이었다. 그래서 고대에는 천체 관측이 대부분 왕실 주도로, 혹은 왕실 산하 기관에서 이루어졌고, 천문학자들은 대부분 왕실 소속이었다. 따라서 요즘 같은 천문대 개념은 아니지만 고대나 중세의 대부분의 천문대는 왕실소유였고 천문학자들은 왕실과 밀접한 관련이 있었다. 유명한 덴마크 천문학자 티코 브라헤Tycho Brahe, 1546~1601가 1576년 당시 덴마크의 벤덴마크어로 Hven, 스웨덴어로 Ven에 세운 천문대 우라니보르크스웨덴어: Uraniborg, 덴마크어: Uranienborg도 덴마크 왕실 소속이었다.[10] 천문학은 단순한 과학이 아니라 종교와 밀접한 관련이 있었다.

4. 화학과 연금술

다음은 화학의 기원을 살펴보자. 화학은 오늘날 중요한 자연과학의 한 분야지만, 이것의 기원 역시 종교적인 색채가 짙은 연금술 행위에서 출발하였다. 연금술錬金術을 의미하는 알케미alchemy는 근대 과학 이전 단계의 과학과 철학, 종교 등이 혼합된 시도로서, 요즘 용어로 말한다면 화학, 금속학, 물리학, 약학, 점성술, 기호학, 신비주의 등이 결합된 활동이었다. 흔히 연금술은 금과 같은 귀금속을 정련하려는 시도였다. 알케미에서 알al은 아라비아어의 접두사이고, 케미chemi는 이집트어로 나일강 삼각주에서 나온 화학적인chemical 성분을 포함하는 검은 흙을 가리키는 말이었는데, 여기서 화학을 의미하는 영어 케미스트리chemistry가 나왔다.[11]

연금술의 배경에도 영적이고 종교적인 배경이 있다. 중세 아랍에서 발달한 연금술은 현재의 기준에서 보면 값싼 철이나 납과 같은 금속을 비싼 금으로 바꾸려는, 일종의 미신이나 마술에 가깝다. 고대로부터 약 2000년 이상 신봉되었던 연금술은 이 세상의 모든 물질은 점점 더 고귀한 물질로 변한다는 신념에 근거하고 있었다. 문제는 변하는 속도가 너무 느리다는 것인데, 연금술은 몇 만 년, 혹은 몇 십만 년 걸리는 것을 짧은 시간 안에 일어나게 하려는 시도였다. 이를 위해서 물체를 끓여보기도 하고, 달궈보기도 하고, 두드려보기도 하고, 이에 더하여 기도까지 하였다. 그래서 연금술을 하는 날 연금술사들은 마치 제사장처럼 옷을 깨끗하게 입고 기도하며 제례와 비슷한 의식을 수행했다. 어떤 의미에서 연금술은 과학적 행위였던 반면, 또 어떤 의미에서 그것은 종교적 행위이기도 했다.

이런 연금술은 사이비 과학자들에 의해서만 시행된 것이 아니었다. 과학사에서 가장 유명한 연금술사 중 한 사람은 바로 근대 과학의 기초를 놓은 뉴턴이었다. 뉴턴은 오늘날 우리가 보기에는 중세시대의 낡은 생각에 불과한 연금술에 30년 동안 심취했었다. 그가 어느 정도로 연금술에 심취했는지는 최근에야 드러나기 시작했다. 뉴턴은 연금술에 대해 65만 단어에 이르는 기록을 남겼다. 얇지 않은 본서가 10만 단어 내외임을 생각한다면, 뉴턴의 연금술 관련 기록이 얼마나 방대했는지를 짐작할 수 있다. 1936년, 소더비 경매Sotheby's Auction에 나온 뉴턴의 미출판 기록물 329편 중 3분의 1이 연금술에 관한 것이었다고 한다. 뉴턴이 얼마나 많은 연금술을 시행했는지 지금도 보관되어 있는 뉴턴의 머리카락에서 납, 수은 같은 중금속 물질이 많이 검출된다고 한다. 심지어 어떤 사람들은 뉴턴이 죽은 이유를 연금술로 인한 중금속 중독이라고 말하기도 한다.

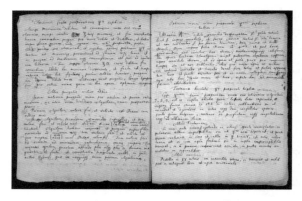

<그림 1-3> 뉴턴의 연금술 노트 일부[12]

역사상 가장 위대한 과학자 중 한 사람으로 추앙받는 뉴턴 같은 사람이 왜 연금술에 심취해서 그처럼 많은 시간을 보냈을까? 이에 대해 인디애나 대학의 과학사가 윌리엄 뉴먼William Newman은 뉴턴이 탐욕을 부렸

다거나 미쳐서 그런 게 아니고, 그의 관점에서 보면 연금술은 중력이론과 전혀 다를 게 없었기 때문이라고 했다. 당시 뉴턴이 연금술을 진지하게 생각할 수밖에 없었던 이론적인 이유와 경험적인 이유가 있었다는 것이다.[12]

뉴턴의 연금술이나 신학 관련 기록물은 그의 신비적이고도 종교적인 면을 보여준다. 뉴턴에게 과학은 인간을 위한 신神의 계획을 알아내려는 수단이었다. 갈릴레오와 같이 뉴턴은 하나님이 성경과 자연을 통해 자신을 계시하신다고 믿었기 때문에 그에게 신앙과 과학은 불가분의 관계였다. 그리고 연금술도 그 사이 어느 한 편에 자리 잡고 있었음이 분명해 보인다.

5. 의학과 주술

종교와 과학의 가장 밀접한 관련성은 역시 의학 분야에서 볼 수 있다. 과학의 여러 분야들 중에서 가장 오래된 학문이라고 할 수 있는 의학은 오늘날 과학의 중요한 부분이지만, 고대에는 다른 어떤 활동보다도 종교적, 주술적 행위와 밀접하게 관련되어 있었다. 고대인들에게 질병은 악귀, 사탄, 나쁜 영의 작용이었고, 따라서 치료란 이들을 쫓아내는 것이라고 생각했다. 그러므로 의학은 점술가의 주문과 마법을 실행하는 과정에서 시작되었다고 볼 수 있다. 자연히 고대에는 의사와 무당이 분리되지 않았다. 사람들은 병이 들면 무당 의사shaman doctor에게 데려가서 기도하고 마귀를 쫓아내는 축사逐邪 의식을 했다. 여기서 출발해서 오늘날 의학이 나왔다는 주장에는 실제로 여러 증거들이 있다.

메소포타미아에서는 인간의 질병은 신의 징벌이라고 인식하고 있었고, 그래서 과학적인 치료에 의존하기보다는 종교적인 의식으로 극복하려는 경향이 많았다. 바빌론 신화에 나오는 가장 강력한 신인 마르둑Marduk의 아들 나부Nabu는 학문, 의학 등 여러 방면에 걸쳐 영향력을 행사하였다. 이처럼 바벨론 의술에는 주술, 점성술과 같은 마법적인 요소와 종교가 혼재되어 있었다. 바벨론에서는 질병을 신의 징벌로서 보았기 때문에 의술은 사제들의 주된 임무와 밀접한 관련이 있었다.[14]

고대 인도의 의학은 베다교 시대BC 1500~800와 브라만교 시대BC 800~AD 1000로 구분할 수 있다. 베다 시대의 의학은 다분히 원시적, 주술적, 신비적인 색채가 강했으나, 브라만 시대의 의학은 비교적 학문적인 체계를 갖추고 있었다. 하지만 브라만 시대에도 베다 시대와 같이 질병이 '악마의 소행'이라는 초자연적인 병인설이 여전히 존재하였다. 사람들은 악마에 의한 질병과 신들림은 전생에 지은 잘못 때문이라고 생각하였다. 신들은 병을 일으키거나 치료하는 능력이 있었고, 따라서 신에 관한 기도문들이 의학서에 많이 기록되어 있었다. 인도 최초의 의사는 주

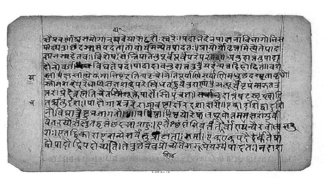

<그림 1-4> 힌두교의 『마누법전』은 민법, 형법, 카스트 규정 등 종교와 도덕은 물론, 질병 치료와 관련된 외과술과 약초요법에 관한 내용도 포함하고 있다.

로 브라만, 즉 승려 계급이 맡았다.[15]

프랑스의 한 동굴에서는 지금으로부터 17,000년에서 20,000년 전의 것으로 보이는 석각石刻이 발견되었다. 그 윗부분에는 인류 최초의 의사로 보이는 사람의 모습이 거대한 사슴뿔이 달린 가면을 쓰고 있다. 그 의사는 점술가였음을 보여준다. 무당 의사는 기이한 복장을 하고 환자를 향해 주문을 외우고, 자신이 처방한 약을 복용하면 질병을 옮기는 마귀가 달아난다고 믿었다. 모든 의식과 원시 사회의 수술, 그리고 자연치료법 등은 점술가들의 의료영역에 속했다. 이처럼 의학의 기원은 종교와 밀접하게 관련되어 있다. 고대 문명국가에서는 모두 신전과 성지를 중심으로 의학이 뿌리내리기 시작했다.[16]

이러한 흔적은 필자가 거주하는 남부 아프리카 에스와티니에서도 찾아볼 수 있다. 에스와티니 만텡가Mantenga라는 곳에 가면 16채의 초가집 hut으로 이루어진 에스와티니 민속촌Mantenga Cultural Village, Ligugu Lemaswati이 있다. 그런데 흥미롭게도 민속촌에 들어가는 첫 번째 집이 바로 주술사이면서 동시에 의사가 사는 집이었다. 큰 집은 아니었으나 마을 초입에 주술사 의사의 집이 있다는 것은 그가 이 공동체에서 어떤 위치에 있는지를 보여주는 것이었다. 공동체에서는 몸이 아픈 사람이 있으면 일단 환자를 주술사 의사의 집으로 데려왔다. 그러면 주술사 의사는 환자를 땅바닥에 눕혀놓고 주문을 외기도 하고 약초를 먹이기도 하였다. 이것은 비단 에스와티니에서만이 아니라 대부분의 원시 사회에서 흔히 볼 수 있는 모습이었다.

<그림 1-5> 에스와티니 민속촌과 마을 초입에 있는 주술사 의사의 집 - ©PY

우리나라에서도『세조실록』에 의하면, 세조 5년 6월에 호조와 예조에서 한성부에 명을 내려 의원과 무당을 시켜 성내의 역질을 치료하라고 한 적이 있다. 특히 서민庶人이나 천한 노예들 가운데 병든 자가 있으면 동서활인서東西活人署에 안치시키고 치료하게 하였다. 민속학자 이능화李能和가 저술한 한국의 무속에 관한 연구서『조선무속고朝鮮巫俗考』에 의하면, 숙종은 병을 치유하기 위해 무녀 막례莫禮를 불러 궁중에서 두신제痘神祭를 지내게 했다. 두신제는 조선시대의 대표적인 구병제救病祭였다.[17]

이처럼 동서고금을 막론하고 의학의 기원은 종교와 밀접하게 관련되어 있었다. 오늘날에도 일부 원시부족의 점술가들은 의사로서의 역할을 하고 있다. 이처럼 과학적 활동의 기원을 살펴보면 매우 영적이고 종교적인 면이 많이 발견된다.[18]

6. 수학과 신전관리

다음에는 과학의 가장 중요한 도구가 되는 수학은 종교와 어떤 관련이 있을까를 생각해 보자. 오늘날과 같은 정교한 수학이 등장한 것은 오래되지 않았지만, 수학도 인간의 역사와 같이 오래된 학문이라고 할 수 있다.

가장 오랜 역사를 가진 이집트에서의 수학을 생각해 보자. 이집트에서 수학은 나일강의 신인 하피Hapi신으로부터 시작되었다고 할 수 있다. 나일강의 남쪽에 위치한 이집트는 거의 전 지역이 연평균 강수량이 30㎜도 안 되는 사막 기후인데, 때가 되면 연례행사처럼 거대한 나일강의 범람으로 대홍수를 겪었다. 나일강의 상류 에티오피아와 우간다에서 내린 비가 흘러내려온 것이었지만, 당시 이집트 사람들은 하피신이 흘려보낸다고 믿었다. 하피신은 나일강의 주기적 범람을 상징하는 신으로 나일강 하류 델타 지역을 비옥하게 해주기 때문에 농업의 신으로도 여겨졌다. 하피신이 보내는 물로 나일강이 주기적으로 범람하기 때문에 토지의 경계가 없어진 델타 지역에서 토지의 경계를 다시 정해주는 기하학이 발달한 것은 자연스런 결과라고 할 수 있다. 사람들에게 기하학을 만들게 한 신이 바로 하피신이었다고 할 수 있다.

다음에는 수학의 알파벳이라고 할 수 있는 숫자의 기원을 생각해 보자. 인류가 아랍인들에게 가장 크게 빚지고 있는 것이 있다면 그것은 바로 숫자일 것이다. 오늘날 우리가 사용하고 있는 아라비아 숫자 1, 2, 3, 4 …… 등은 아라비아 사람들이 발명한 것이다. I, II, III, IV 혹은 i, ii, iii, iv …… 등으로 표기하는 로마 숫자는 불편하다. 한 20 정도까지는 그런대로 따라갈 만한데, 50이 넘어가면 표기가 힘들다. 과거에 출간된 책들 중에는 멋을 부린다고 출판연도를 로마 숫자로 표시하는 사람들이 있었다. 그러면 그 책을 인용하는 사람들은 한참 동안 상형문자 해독하듯이 로마 숫자를 아라비아 숫자로 해독해야 했다.

도대체 이러한 숫자의 기원은 무엇일까? 인간 사회에서 숫자를 제일 처음 사용한 곳이 어디일까? 흥미롭게도 처음 숫자가 사용된 곳은 학교가 아니라 신전이었다! 신전에 제사를 지내러 오는 사람들이 바치는 헌물들을 헤아리고 신전창고에 보관하기 위해서는 숫자로 적어놔야 하는데 그것이 최초의 숫자 기록이었다. 물론 요즘 사용하는 아라비아 숫자는 한참 뒤에 출현했지만……[19]

영零 혹은 제로zero의 개념은 어떤가? 영은 인도사람들이 발명한 놀라운 개념이다. 우리 생각에는 그게 무슨 놀라운 것인가 생각할 수 있겠지만, 이것을 가지고 한평생 고민하는 사람들이 있다. 도대체 '영' 혹은 '아무 것도 없다'라는 것이 무엇일까를 고민한 사람들이 그들이었다. 이것은 인도사람들의 공空 사상 혹은 무無 사상에서 나온 것이다. 아무 것도 없는 것, 존재의 소멸을 두고 인도의 수도자들은 많은 고민을 했고, 여기에서 오늘날 우리가 말하는 영이라는 개념이 나왔다는 것이 수학사의 정설이다.[20]

지금까지 우리는 몇몇 주요한 과학 분야가 종교적 기원을 갖고 있음을 살펴보았다. 근대로 올수록, 특히 과학혁명기나 계몽시대를 지나면서, 과학적 활동에서 종교적 흔적을 제거하려는 움직임이 강하지만, 과학적 활동과 종교적 활동은 인간 그 자신의 본성과 연결된 존재론적 문제이기 때문에 쉽게 없앨 수가 없다. 지금도 겉으로는 그렇지 않은 듯이 보이는 많은 과학적 활동의 이면에는 강력한 종교적인 배경이 있음을 종종 볼 수 있다.

7. 성경과 과학의 동인

과학에 대한 이러한 종교적 동인은 성경에서도 쉽게 찾아볼 수 있다. 성경적으로 볼 때 과학의 배경에는 두 가지 동인이 있다고 할 수 있다. 첫째, 하나님의 피조세계를 섬기라는 청지기적 동인, 즉 성경적 동인과, 둘째, 하나님을 떠난 인간이 공포와 소외를 극복하고, 자기만족을 추구하려는 세속적 동인이 있다. 다시 말해 과학은 자연에 대한 경이와 호기심, 안전에 대한 갈구, 자연을 조절할 수 있는 힘에 대한 갈망에서 출발하였다고 할 수 있다. 먼저 성경적 동인인 청지기 동인부터 살펴보자.

(1) 청지기 동인

성경적 동인이라고 할 때 그것은 하나님이 창조하신 이 세계를 잘 관리하고 다스리려는 청지기적 동인이라고 할 수 있다. 하나님은 흔히 문화명령Cultural Mandate 혹은 창조명령Creation Mandate이라고 하는 창세기 1장 28절, 2장 15절 말씀을 통해 사람들에게 자신이 창조한 세상을 관리하고 다스리라고 말씀하셨다.

> "하나님이 그들에게 복을 주시며 그들에게 이르시되 생육하고 번성하여 땅에 충만하라, 땅을 정복하라, 바다의 고기와 공중의 새와 땅에 움직이는 모든 생물을 다스리라 하시니라"창1:28
> "여호와 하나님이 그 사람을 이끌어 에덴동산에 두사 그것을 다스리며 지키게 하시고"창2:15

그렇다면 인간이 이 문화명령을 수행할 수 있는 성경적 근거는 무엇인가? 바로 그 앞에 있는 창세기 1장 26~27절 말씀이다.

> "하나님이 이르시되 우리의 형상을 따라 우리의 모양대로 우리가
> 사람을 만들고 그들로 바다의 물고기와 하늘의 새와 가축과 온 땅
> 과 땅에 기는 모든 것을 다스리게 하자 하시고 하나님이 자기 형상
> 곧 하나님의 형상대로 사람을 창조하시되 남자와 여자를 창조하
> 시고"창1:26~27

하나님은 청지기적 역할을 잘 감당할 수 있도록, 다시 말해 문화명령
의 일부로 과학연구를 할 수 있도록 인간을 자신의 형상을 따라 만드셨
다. 이는 자연을 연구할 수 있는 능력, 곧 오늘날 우리가 과학이라고 부르
는 것을 할 수 있는 능력을 가진 것은 우리가 하나님의 형상대로 지음을
받았기 때문이라는 의미이다. 인간이 하나님의 형상대로 지음을 받아서
피조세계를 다스릴 수 있는 능력을 갖게 된 이유는 28절에서 말하는 것
처럼 이 피조세계를 잘 관리하고 다스리기 위해, 즉 성실하고 충성된 청
지기가 되기 위함이었다.

창조세계에 대한 청지기적 소명은 세상에 대한 인간의 눈을 열어주어
강한 과학연구의 동인을 제공하고 있다. 피조세계의 청지기로서 세상을
다스리는 데 가장 중요한 전제는 하나님의 형상대로 지음 받은 인간이
생육하고 번성하는 것이다. 생육하고 번성하는 것, 즉 자식을 낳는 것이
문화명령의 가장 첫 번째 명령이다. 왜냐하면 다스릴 사람이 없이는 문
화명령의 수행을 아예 시작조차 할 수 없기 때문이다.

창조세계에 대한 청지기적 소명과 기독교 신앙과 관련하여 과학혁명
기에 실험과학자들 중에 개신교인이 많다는 머튼Robert K. Merton, 1910~2003

이나[21] 호이카스Reijer Hooykaas, 1906~1994 등의 연구결과는 눈여겨 볼만하다.[22] 호이카스는 기독교 신앙은 추상적 이론에 있는 것이 아니라 "우리가 들은 바요 눈으로 본 바요 주목하고 우리 손으로 만진 바라"요일1:1는 확신에 근거하고 있으며, 이는 실험과학의 정신과 일맥상통한다고 보았다. 근대과학이 발흥하게 된 과학혁명의 가장 놀라운 특징은 바로 실험과학의 등장이었다. 이 문제에 대해서는 제2강에서 좀 더 자세히 살펴볼 것이다.

(2) 세속적 동인

과학의 세속적 동인은 인간의 타락에 근거한다. 이것은 하나님을 떠난 인간이 과학을 통하여 인간의 독립을 추구하고 불안과 공포, 소외를 극복하며 나아가 자기만족과 쾌락을 추구하려는 동인이다. 원래 하나님으로부터 에덴동산의 청지기로 부름을 받은 아담과 하와였지만 범죄함으로 하나님의 얼굴을 피하게 되었고, 결국 에덴에서 쫓겨나게 되었다. 에덴에서 쫓겨난 후에 아담과 하와는 가인과 아벨을 낳았지만 그의 후손들에게도 타락은 영향을 미쳤다. 후에 가인은 아벨을 시기해서 죽이고 하나님 앞에서 쫓겨나게 되었다. 그리고 그는 "땅에서 피하며 유리하는 자"가 되었고, 자기를 만나는 자마다 자기를 죽일까봐 공포에 떨었다창4:14. 그는 에덴 동편 놋 땅에 거하면서 거기서 번성하게 된다. 범죄한 가인의 후예들이 어떤 일을 했는지는 창세기 4장 16절 이하에 기록되어 있다.[23]

> "가인이 여호와 앞을 떠나서 에덴 동쪽 놋 땅에 거주하더니 아내
> 와 동침하매 그가 임신하여 에녹을 낳은지라 가인이 성을 쌓고 그
> 의 아들의 이름으로 성을 이름하여 에녹이라 하니라 에녹이 이랏

을 낳고 이랏은 므후야엘을 낳고 므후야엘은 므드사엘을 낳고 므 드사엘은 라멕을 낳았더라 라멕이 두 아내를 맞이하였으니 하나 의 이름은 아다요 하나의 이름은 씰라였더라 아다는 야발을 낳았 으니 그는 장막에 거주하며 가축을 치는 자의 조상이 되었고 그의 아우의 이름은 유발이니 그는 수금과 퉁소를 잡는 모든 자의 조상 이 되었으며 씰라는 두발가인을 낳았으니 그는 구리와 쇠로 여러 가지 기구를 만드는 자요 두발가인의 누이는 나아마였더라 라멕 이 아내들에게 이르되 아다와 씰라여 내 목소리를 들으라 라멕의 아내들이여 내 말을 들으라 나의 상처로 말미암아 내가 사람을 죽 였고 나의 상함으로 말미암아 소년을 죽였도다 가인을 위하여는 벌이 칠 배일진대 라멕을 위하여는 벌이 칠십칠 배이리로다 하였 더라”

동생 아벨을 죽이고 하나님 앞에서 쫓겨난 가인은 불안했으며, 자신 들을 보호하기 위해 스스로 성(城)을 쌓고 그 이름을 자기 아들 에녹의 이 름을 붙여서 에녹성이라고 하기에 이르렀다. 또한 육체적 소욕을 따라 가인의 7대손인 라멕은 처음으로 첩을 두기 시작했으며, 그의 후손인 야 발은 가축 치는 자의 조상이 되었고, 유발은 수금과 퉁소를 만들어 연주 했으며, 두발가인은 구리와 쇠로 여러 가지 기구를 만드는 대장장이가 되었다.

흔히 '칼의 노래(劍歌)'라고 알려진 창세기 4장 23~24절에서 라멕은 자 신에게 상처를 입힌 소년을 잔인하게 죽이고, 이 무용담을 자기 아내들 앞에서 떠벌리고 있다. 그는 가인을 해치는 자는 7배의 벌을 받겠지만, 자기를 해치는 자는 77배의 보복을 받을 것이라고 했다. 이 칼의 노래는

가인에 의한 첫 번째 살인 이후 에덴의 동쪽에서 살인과 폭력이 대물림되어 만성화되고 있음을, 급기야 폭력이 세상의 새로운 질서로 등장했음을 보여준다. 이 구절은 가인의 후손들에 의한 기술은 공포와 쾌락의 동인으로부터 시작된 것이며, 이는 결국 하나님을 떠나 불안과 공포, 소외에 떨던 인간이 과학과 기술을 하나님 대용으로 선택하였음을 보여준다.

하나님 앞에서 쫓겨난 가인의 후손들은 하나님 대신 기술과학을 의지하려고 했다. 곧 타락한 인간은 하나님의 면전에서 쫓겨나자 하나님을 대신하여 과학과 기술을 자기의 종으로 부릴 수 있다고 생각했던 것이다. 그래서 인간은 과학으로 세상을 지배하는 데 필요한 지식을 획득하고 이를 사용하여 자신의 자유를 극대화하려고 하였으며, 나아가 사고와 삶으로부터 하나님을 배제하고 과학의 가치중립성과 무한한 가능성에 근거하여 그리스도가 없는 구속에 대한 꿈을 갖게 되었다.[24]

세속적인 관점에서는 인간이 종교의 억압 가운데 있게 된 것을 지식이 부족했기 때문으로 보고, 따라서 과학적 지식이 증가함에 따라 인간은 종교의 굴레로부터 벗어날 수 있다고 본다. 이런 과학관의 대표적인 예가 바로 계몽주의자들의 과학관이었다. 꽁트Auguste Comte, 1798~1857나 볼테르Voltaire, François-Marie Arouet, 1694~1776와 같은 계몽주의자들은 하나님을 배제하고 과학적 지식을 인간의 자유와 세상의 지배력 획득을 위한 도구로 생각하였다.

하지만 과학의 가치중립성과 과학적 지식의 우월성으로 말미암아 과학은 인간의 도구에서 재빨리 우상으로써 기능하게 되었다. 비록 인간이 과학을 발전시키긴 했지만, 과학은 인간의 과도한 기대에 힘입어 우상으로 기능하게 된 것이다. 우상은 우상을 섬기는 자를 종으로 만든다. 그래서 바울은 "그리스도께서 우리를 자유케 하려고 자유를 주셨으니 그러므로 굳세게 서서 다시는 종의 멍에를 메지 말라"갈5:1고 말했다.

현대에는 과학이 우상으로써 기능하지만, 인본주의자들에게 진짜 우상은 인간 자신이다. 그들은 자신을 섬기기 위해 과학을 사용하기 때문이다. 틸리히Paul Johannes Tillich, 1886~1965는 이 점을 잘 지적하면서 "인본주의에서는 신적인 것이 인간적인 것으로 나타난다. 인간의 궁극적인 관심은 바로 인간 자신이다For humanism, the divine is manifest in the human; the ultimate concern of man is man."라고 했다. 그러므로 현대의 위기는 과학의 위기이며, 이는 결국 인본주의의 위기라고 할 수 있다.[25]

6. 과학과 기술의 두 가지 동인

우리가 여기서 과학과 기술의 기원을 창세기 1장 26~28절에서 찾느냐, 4장에서 찾느냐에 따라 과학과 기술은 야누스와 같이 전혀 다른 두 얼굴을 갖고 있음을 볼 수 있다. 만일 과학이라는 것이 하나님의 창조명령을 수행하기 위한 도구라면, 과학활동이나 기술개발은 하나님에 대한 순종의 다른 표현이라고 할 수 있다. 하지만 타락한 인간하나님 앞에서 쫓겨난이 자신의 부족, 불안, 외로움, 공포 등을 극복하기 위해서 시작한 것이라면, 과학과 기술은 출발부터 죄악된 동인을 갖고 있다고 할 수 있다. 사람들이 칼이나 창과 같은 무기를 만들고, 성을 쌓는 이유는 무엇인가? 성을 쌓는 것은 다른 사람들과 담을 쌓고 남들이 침입해 오지 못하게 하려는 자기 방어의 수단이다. 칼이나 무기는 혹시 다른 사람이 나를 해하지 않을까 하는 두려움에서 출발한 자기 보호의 수단이다.

이처럼 과학과 기술에는 양면성이 있다. 과학과 기술이 하나님의 창조명령에 대한 순종인가, 아니면 타락한 인간의 자기보호 내지 자기 쾌락을 위한 활동인가? 성경적인 과학관에 대해 얘기할 때 이 두 가지를 놓고 오랫동안 논쟁을 벌여왔다.

필자는 이 두 가지 동인이 과학 활동에 모두 다 내포되어 있다고 본다. 다시 말해 과학에는 하나님의 창조의 선함과 인간의 타락의 악함이 동시에 반영되어 있다는 것이다. 타락한 본성을 가진 인간이면서 동시에 구속 받은 백성으로서 그리스도인들은 과학과 기술의 시대를 살아가는데 과학에 이러한 양면이 존재한다는 사실을 아는 것이 필요하다. 그리스도인들은 과학활동을 통해 창세기 4장에 나타난 인간의 보호, 폭력, 쾌락 본능을 억제하고suppress, 창세기 1장과 2장에 나타난 하나님의 명령에 순종하는 청지기로서 사명을 감당하기 위해 노력해야 한다. 이것이 기독교적 과학관을 개발하기 위한 출발점이라고 볼 수 있다. 이러한 양면성을 가진 과학이 인류의 역사 속에서 종교와 어떤 상호작용을 했을까?

토의와 질문

1. 과학에는 종교적 동인이 있다고 하는 저자의 주장에 동의하는가? 그렇지 않은 과학도 존재할 수 있는가?

2. 저자는 과학활동에는 창조명령을 순종하기 위한 동인과 타락한 인간의 본성의 발로로서의 동인이 있다고 주장한다. 이처럼 기독교적 관점에서 과학의 동인으로 저자가 주장하는 이 두 가지 동인 외에 다른 동인을 찾아볼 수 있는가?

3. 현대 과학과 기술을 지배하는 동인은 무엇인가? 저자가 말하는 과학의 동인이 오늘날 과학의 동인으로 어떻게 표출되고 있는지 찾아보자.

제2강

과학과 종교의 관계

"자연은 하나님이 보이지 않는 잉크로 쓴 성경이다."

장 칼뱅

영국 철학자이자 수학자 화이트헤드Alfred North Whitehead, 1861~1947는 "구체적인 것들 가운데 보편적인 것을 보고, 변화무쌍한 것들 가운데 영원한 것을 알아내는 것이 곧 과학적 사고의 목적"이라고 하였다.[1] 하지만 "구체적인 것들 가운데 보편적인 것을 보고, 변화무쌍한 것들 가운데 영원한 것을 알아내는 것"이 종교의 목적은 아닐까? 보편적인 것과 영원한 것을 추구하는 것은 과학과 종교의 공통된 과제라고 할 수 있다. 그럼에도 불구하고 오랜 인류의 역사에서 사람들은 과학과 종교는 서로 다른 영역에 속한, 서로 다른 목적을 가진, 때로는 서로 적대적인 관계에 있다고 오해해왔다. 도대체 과학은 종교와 어떤 관계가 있을까?[2]

1. 역사적 배경

스위스 천체물리학자 벤츠Arnold O. Benz, 1945~는 "자연과학과 종교라는 두 가지 지각 영역 사이의 중재는 아마 우리 시대의 가장 큰 정신적 모험일 것이다."라고 하였다.[3] 과학과 종교의 중재가 이 시대의 가장 큰 정신적 모험이라는 것은 출판계의 현황을 통해서도 확인할 수 있다. 미국 국회도서관에서 (주제별 색인으로 찾아본) 과학과 종교의 관계를 다루는 책들의 출판 추이를 보면, 1950년대에 연평균 71권이었던 것이 1990년대에 들어 연평균 211권에 이른다.[4] 이는 그만큼 이 주제에 관해 사람들의 관심이 증가했음을 의미한다. 과학이 발달할수록 종교의 역할이 더 커진다는 것은 한편으로는 아이러니컬한 듯이 보이지만 다른 한편으로는 자연스럽다고 할 수 있다.

<그림 2-1> 벤츠[5]좌와 바버

과학과 종교의 관계는 거의 인류의 역사만큼이나 오래된 주제이지만 체계적인 연구가 이루어진 것은 20세기 후반부터였다고 할 수 있다. 이 분야에 대한 현대적 개척자로는 1955년부터 1986년까지 미국의 칼튼대학Carleton College에서 물리학과 종교의 관계를 가르쳤던 바버Ian Barbour,

1923~2013를 들 수 있다. 1923년, 북경에서 미국성공회 신자였던 어머니와 스코틀랜드 장로교 신자였던 아버지 사이에서 태어난 바버는 물리학으로 학사Swarthmore College, 석사Duke University, 박사University of Chicago, 1950 학위를 받은 물리학자로서 평생 과학과 기독교의 관계를 연구하였다.

바버는 1960년, 『기독교와 과학자들Christianity & the Scientists』을 출간한 것을 기점으로 1966년에 『과학과 종교에서의 이슈들Issues in Science and Religion』, 1968년에 『과학과 종교Science & Religion』, 1970년에 『과학과 세속주의: 기술윤리Science & Secularity: The Ethics of Technology』 등을 출간하였다. 마지막으로 2002년에 『자연과 인간의 본성, 그리고 하나님Nature, Human Nature, and God』을 출간하기까지 10여 권의 중요한 저작들을 통해 과학과 종교의 관계를 정립하기 위해 노력했다.[6] 미국 PBSPublic Broadcasting Service에 의하면, 바버가 발표한 『과학과 종교에서의 이슈들』은 "과학과 종교라는 현대의 연구 분야를 문자 그대로 창조한 책이라고 할 수 있다."[7]

바버는 과학과 종교의 관계를 크게 통합integration 모델, 갈등conflict 모델, 독립independence 모델, 대화dialogue 모델로 나누었다.[8] 하지만 바버가 제안한 네 가지 모델은 1960년대의 분류로서는 적절했을지 몰라도, 그 뒤로 창조과학, 지적설계론, 신무신론 등이 등장하면서 과학과 종교의 관계를 설명하는 데는 한계가 있었다. 그래서 몇몇 사람들이 과학과 종교에 대한 새로운 분류를 시도하였다. 하지만 이들도 대부분 기본적으로 바버의 모델을 확장, 중첩한 것이었다. 그중 몇몇 사람의 모델을 살펴보면 다음과 같다.

<그림 2-2> 좌로부터 호트, 피터스, 드레스

첫째, 가톨릭 조직신학자이자 미국 조지타운 대학 교수인 호트John F. Haught, 1942~는 과학과 종교의 관계를 갈등Conflict 모델, 대조Contrast 모델, 접촉Contact 모델, 긍정Confirmation 모델 등 네 가지로 나누었다.[9] 하지만 갈등 모델은 바버의 갈등 모델과, 대조 모델은 바버의 독립 모델과 거의 동일하다. 접촉 모델은 바버의 대화 모델과 통합 모델에 해당하고, 긍정 모델은 신학으로부터 유래한 기본적인 가정을 과학으로 증명하는 경우에 해당한다. 긍정 모델에서는 이 세계가 이성적이며 이해가 가능하다고 본다. 바버는 이를 대화이론의 한 형태로 분류했다.

둘째, 미국 루터교 조직신학자인 피터스Ted F. Peters, 1941~는 과학과 기독교의 관계를 과학주의, 과학적 창조주의, 교조주의, 윤리적 중첩이론 등으로 나누었다. 하지만 피터스의 분류는 다분히 과학의 측면에서보다 신학의 측면에서 과학과 종교의 관계를 분류하였기 때문에 과학의 현장에서 사용하기에는 현실성이 부족하다고 할 수 있다.[10]

셋째, 네덜란드의 철학교수 드레스Willem B. Drees, 1954~는 과학과 종교의 관계를 각각 세 영역으로 나누어 <표 2-1>과 같이 총 9가지 방법으로 분류하였다.[11] 드레스의 분류는 매우 분석적이기는 하지만 과연 이러한 모델을 따라 과학과 종교의 관계를 분류하는 것이 얼마나 실제를 반영할 수 있는지는 분명하지 않다.

		종교		
		인지적 해석	경험적 해석	문화적 해석
과학	인지적 해석			
	경험적 해석			
	문화적 해석			

<표 2-1> 드레스의 종교와 과학 표

과학과 종교의 관계가 역사적으로 복잡하기 때문에 단순한 몇몇 모델로 분류하는 것은 한계가 있을 수밖에 없다. 그래서 프린스턴신학교의 신학과 과학 교수였던 휘스텐J. Wentzel van Hyussteen, 1942~은 "복잡하지만 중요한 이 관계를 정말로 적절하게 다룰 수 있는 유일한 방법은 그 관계가 주변 상황에 따라 어떻게 표출되고 있는지 알아보는 것이다."라고 했다. 이는 시대적 상황에 따라 과학과 종교의 관계가 복합적이기 때문에 단순한 몇 개의 모델로는 설명할 수 없음을 의미한다.[12]

아래에서 필자는 과학과 종교, 좀 더 좁게는 과학과 기독교의 관계에 집중해서 살펴보고자 한다. 특히 지난 1960년대 창조과학의 등장 이래 기독교는 과학과 복합적인 애증관계를 맺어왔다. 그래서 20세기 중후반 이후로 기독교계를 달구었던 기원논쟁을 중심으로 과학과 기독교의 관계를 일치 모델, 적대 모델, 분리 모델, 보완 모델, 복합 모델 등 다섯 가지로 나누어 살펴보고자 한다.

일치 모델은 바버의 통합 모델을 연상케 하지만, 통합 모델보다 훨씬 더 강한 일치를 상정한다. 또한 적대 모델은 바버의 갈등 모델에 가깝지만, 갈등보다는 훨씬 더 강한 적대적 관계를 의미한다. 분리 모델은 바버의 독립 모델에 해당한다고 생각할지 모르나, 과학과 종교는 다만 분리일 뿐 독립이라는 말로 표현할 정도로 무관하지는 않다고 본다. 또한 보완 모델은 대화 모델에 대응한다고 생각할지 모르나, 과학과 종교는 수평적인 대화보다는 상호보완적인 관계라고 본다는 점에서 통합 모델과 대화 모델 모두를 포함하는 모델이라고 할 수 있다. 복합 모델에서는 과학과 종교의 관계는 간단하게 표현할 수 없는 복합적인 관계라고 본다.

2. 일치 모델

먼저 일치 모델Concordism Model을 생각해보자. 이 모델에서는 종교와 과학은 일치한다고 생각한다. 구체적으로 기독교와 과학, 혹은 성경과 과학은 일치한다고 본다. 만일 성경과 일치하지 않는 과학이 있다면 그것은 틀린 과학이거나 잘못된 과학이라고 생각한다. 여기에는 하나님이 성경을 주셨고 그 하나님이 과학의 대상인 창조세계를 만드셨다면, 창조세계를 연구하는 과학이 성경과 다를 수 없다는 전제가 깔려있다.

일치 모델은 성경에 대한 문자적이고 직관적, 기계적인 해석을 주장하며, 신학적으로 근본주의로 분류한다. 대표적인 예가 바로 미국의 안식교와 모리스Henry Madison Morris, 1918~2006 등이 주장한 창조과학 혹은 과학적 창조론이다. 성경문자주의를 지지하는 창조과학은 신학적 특성상 전투적이기 때문에 가장 많은 법정 공방을 벌였고 매스컴에도 자주 오르내렸다. 창조과학자들이 성경문자주의가 가장 번성했던 미국 남부의 아

칸소 주, 루이지애나 주, 캔자스 주 등에서 진화론자들과 법정 공방을 벌였던 것은 이 때문이었다.[13]

모리스는 20세기 후반 주로 책을 통해 창조과학의 부흥을 주도하였다. 이에 비해 일반 대중들을 상대로 창조과학의 부흥에 가장 큰 기여를 한 사람을 든다면 켄 햄Kenneth Alfred Ham, 1951~과 호빈드Kent E. Hovind, 1953~를 들 수 있다. 아래에서는 대중강연으로 특히 유명한 호빈드에 대해 살펴본다.

(1) 호빈드

미국에서 창조과학 혹은 성경문자주의를 대중적으로 널리 퍼뜨린 대표적인 인물로는 호빈드를 들 수 있다.[14] 호빈드는 1971년, 일리노이 주 중부의 이스트피오리아 고등학교East Peoria High School를 졸업했고, 이어 학력인가를 받은 일리노이센트럴 대학Illinois Central College에 입학했으나, 1972년에 학력인가를 받지 못한unaccredited 미드웨스턴 침례대학Midwestern Baptist College으로 전학해서 1974년에 종교교육Religious Education으로 학사학위를 받았다. 그 후 그는 콜로라도 주 콜로라도스프링스에 위치한, 통신교육을 하는 무인가 학교 패트리어트 대학Patriot University, 지금은 Patriot Bible University에서 기독교교육으로 석사학위1988, 박사학위1991를 받았다.

호빈드는 '호빈드 이론The Hovind Theory'이라는 것을 주장하면서 성경과 지구의 역사를 자기 마음대로 해석하였다. 그는 진화가 우주와 생명이 탄생한 '유일한 방법the only possible way'임을 증명하는 사람에게는 미화 25만 달러를 주겠다는 도발적인 제안을 해서 유명해졌다.[16] 2005년 12월 19일, 그는 트루스 라디오Truth Radio에 출연해서 성탄 휴가 기간 동안 한

<그림 2-3> 패트리어트 성경 대학[15]

시적으로 이 돈을 100만 불로 증액한다고 발표하기도 했다!

세 명의 자녀와 네 명의 손자, 손녀를 두고 있는 호빈드는 1975년에 침례교회와 학교를 세워 목회와 교사를 했다. 그는 자신이 가르치는 분야에서 인가된 대학 학위를 갖지는 못했지만, 여러 해 동안 몇몇 기독교 중등학교에서 가르쳤다. 1989년, 그는 창조과학선교회Creation Science Evangelism를 시작했고, 학교, 교회, 대학 등의 여러 논쟁에 참여하며, 라디오나 텔레비전에도 출연하였다.

하지만 호빈드가 박사학위를 받았다는 PBU는 가짜학위를 남발하는 학교diploma mill로 알려져 있다.[17] 대학 관계자들은 학력인가를 선택하지 choose 않았을 뿐이라고 항변하지만, 그 학교는 교수진은 물론 교육적 수준도 부족한 학교이다.[18] PBU의 규정을 보면, 학사, 석사, 박사D.Min.를 한 달에 한 학기가 아닌 40달러만 내면 몇 달 내에 받는 것으로 되어 있다. 2004년부터 PBU는 콜로라도 주 고등교육위원회State of Colorado Higher Education Commission에서 종교학위를 수여할 수 있도록 허가를 받았는데, 호빈드는 1991년에 학위를 받았다. 그의 학위논문은 전국과학교육센터National Center for Science Education[NCSE] in Berkeley, CA에 있다고 하지만, 판권과 보급 제한에 묶여 구할 수가 없다.

호빈드의 학위논문은 학문적 수준이 낮고, 글이 엉망이며poor writing, 철자도 많이 틀리고poor spelling, 문법도 많이 틀린다ungrammatical style는 등의 비판을 받고 있다.[19] 지적설계운동을 강력하게 비판해 온an outspoken critic of intelligent design 포레스트Barbara Forrest에 의하면, 호빈드는 과학적 훈련을 받지 않아서 전문적 수준의 연구를 할 수가 없다. 그의 교육과 자질에 대해 물으면, 호빈드나 그가 졸업한 학교는 편견에 기초한ad hominem 비판이라고 항변한다.[20]

<그림 2-4> 호빈드와 그가 설립한 공룡탐험랜드[21]

인터넷이 대중화되면서 호빈드는 비디오 테이프, 책, 화석 모형 등을 판매하기 시작했는데, 어떤 것도 자신이 판권을 가진 것은 없었다. 그는 사람들에게 자신의 자료들을 복제하라고 격려했다. 2001년, 그는 플로리다 펜사콜라Pensacola에 공룡탐험랜드Dinosaur Adventure Land를 설립해서 개인적으로 상당한 돈substantial revenue을 벌었다.[22] 미국 국세청에 의하면,

그는 매년 백만 불 이상을 은행구좌에 예금했다.[23] 한 보도는 공룡탐험랜드를 이렇게 비판했다.[24]

> 공룡탐험랜드에서는 공룡과 사람이 4,000~6,000년 전에 함께 존재했다고 주장하면서 네스호의 괴물Loch Ness monster은 최근의 공룡이라고 주장한다.[25] 2004년에 "초자연적 주장에 대한 과학적 조사위원회Committee for the Scientific Investigation of Claims of the Paranormal, CSICOP"는 이 파크를 방문하여 조사한 후에 이곳은 방문자들을 기만하고 의도적으로 잘못 인도한다고 주장했다deceptive and purposely misleads visitors.

현재 공룡탐험랜드는 건축허가를 받지 않아서 해당 군청county에 의해 폐쇄된 상태이다2006년 4월. 또한 그는 58개 항목의 연방법 위반으로 고발되었다. 그는 "사업허가나 비영리 기관으로서 세금면제business license or tax-exempt status as a nonprofit entity"를 받지 않으면서 영업행위를 했으며, 부가적으로 연방 정부 공무원 위협making threats against federal officials, 거짓 진술filing false complaints, 탈세tax evasion 등의 죄목까지 추가되었다.[26] 그는 2014년까지 조지아 주 애틀랜타에 있는 교도소United States Penitentiary, Atlanta에서 복역했으며, 그 후 플로리다 주 교도소Santa Rosa County Jail in Florida에 수감되었다가 2015년 8월 7일에 석방되었다.[27] 그는 2016년에 1973년 이래 43년간 결혼생활을 지속했던 아내 조 호빈드Jo Della Hovind와 이혼하였다.

(2) 호빈드에 대한 다른 창조과학자들의 비판

호빈드의 여러 주장들은 다른 젊은지구론자들로부터도 강하게 비판받고 있다. 호빈드 스스로도 호주 AiGAnswers in Genesis 웹사이트에 실린 "창조과학자들이 사용하지 말아야 하는 주장들Arguments we think creationists should NOT use"을 비판했다.[28] AiG 지도자이자 창조과학자들인 위랜드Carl Wieland, 켄 햄Kenneth Alfred Ham, 1951~, 사르파티Jonathan Sarfati 등은 호빈드의 몇몇 주장들은 "사기fraudulent"이며 "사실과 논리에서 틀렸기 때문에 창조론에 아무런 유익이 없다mistakes in facts and logic which do the creationist cause no good."라고 비판했다. AiG 전신인 국제창조사역선교회Creation Ministries International 역시 "창조론자의 진정성을 유지하라Maintaining Creationist Integrity"는 논문을 통해 호빈드를 강도 높게 비판했다.[29] AiG는 "이와 같은 술책으로부터 벗어나야 한다would prefer that creationists refrained from gimmicks like this."라고 했다.[30] 호빈드는 도킨스Richard Dawkins나 굴드Stephen Jay Gould 등 유명한 진화론자들에게도 공개적인 논쟁을 제안했지만, 그들은 그의 제안에 대해 가치가 없다면서 거부했다. 이에 대해 호빈드는 그들이 논쟁을 통해 진화론이 거짓임이 드러날까 봐 거부했다고 주장한다.

호빈드는 킹제임스KJV 성경만이 하나님의 정확무오한 말씀이라고 주장하는 KJV 유일운동King-James-Only Movement을 지지한다. 그는 KJV 성경은 영어권 사람들에게 유일하게 믿을만한 성경이라고 주장한다.[31] 그는 다른 모든 성경번역들은 <텍스투스 리셉투스Textus Receptus, 公認本文>에 근거하지 않은, 변개된corrupt 것이라고 주장한다.[32]

호빈드는 대폭발이론을 믿지 않는다. 그는 대폭발이론은 각운동량보존법칙에 어긋나기 때문에 틀린 것이라고 주장한다. 그의 주장에 의하면, 만일 우주가 한 작은 점의 폭발로부터 시작했다면 행성이나 은하들은 같은 방향으로 자전해야 하는데 그렇지 않기 때문에 대폭발이론은 틀렸다고 주장한다.[33] 하지만 이렇게 주장한 것은 그가 대폭발이론이란 자전하는 한 작은 점의 폭발이 아니라 시공 우주의 갑작스런 팽창이라는 것을 몰랐기 때문이다. 따라서 이는 그가 천문학이나 물리학에 대한 기본적인 지식이 없어서 생긴 해프닝이었다고 할 수 있다. 이러한 일치주의에 대해 바버는 도덕적인 혼란과 급격한 문화적 변동의 시대에 확신을 추구하다 보니 성경문자주의가 힘을 얻게 되었다고 주장하면서 "창조과학은 종교적 자유와 과학적 연구의 자유 모두를 위협한다."라고 경고했다.

(3) 브랙의 일원론

하지만 과학과 종교 사이에 창조과학과 같은 부정적인 입장만 있는 것은 아니다. 아들과 더불어 노벨물리학상을 받은 브랙William Henry Bragg, 1862~1942은 일치주의라는 용어 대신 일원론이라는 용어를 사용했지만, 기본적으로 종교적인 경험과 과학적인 경험이 그 근원은 달라도 통일된 지식을 자신에게 가져다준다고 생각했다. 그는 실험을 강조한 물리학자였으며, 종교적 지식도 실험으로 테스트 할 수 있어야 한다고 믿었다.[34]

1919년, 브랙은 런던왕립협회Royal Institution of London에서 행한 연설에서 청소년들에게 다음과 같이 말했다.

이따금 사람들은 과학과 신앙이 서로 상반되지 않느냐고 묻는다. 과학과 신앙은 엄지와 나머지 손가락들이 서로 상반된 방향을 가리키는 것과 같이 서로 상반된다. 그러나 바로 이 성질을 이용하여 우리는 무슨 물건이든 집을 수 있게 된다.[35]

브랙은 어느 정도 물질주의적, 기계론적 우주관을 가지고 있었다. 자신의 우주관을 설명하기 위해 그는 다음과 같은 자동차 예화를 사용하곤 했다. "운전사는 안 보이고 멋진 차만 남겨져 있다고 생각하자. 이 차를 발견한 기술자는 모든 수단을 동원하여 그 차의 성능과 작동원리를 알아가게 될 것이다. 이 기술자는 결국 운전사와 만나게 되어, 자신이 발견한 차의 작동원리가 옳음을 확인 받게 될 것이다." 즉 그의 기계론적 우주관에서는 인간의 자유의지가 배제되지 않고 있다.

헨리 브랙은 선행을 강조하는 자유주의적 신앙의 소유자였다. 이것은 그에게, 실험을 통해 이론을 테스트하는 것처럼, 자신의 신앙을 테스트해 보는 의미가 있었다. 그는 통일된 지식을 위해 성경을 문자적으로 해석하였으나 이를 절대적인 것으로 받아들이지는 않았다. 결국 그는 과학을 중시하며 과학과 양립할 수 있는 종교적인 면들만 받아들였다고 할 수 있다.

3. 적대 모델

적대 모델Hostility Model에서는 과학과 기독교는 양립할 수 없는 적이라고 본다. 이 모델에서는 자연을 해석할 때 동일한 영역에서 정반대의 주장을 제시하면서 둘 중 하나를 선택하도록 강요한다. 과학적 유물론이 그러한 예이다. 이러한 입장을 가진 사람들은 창조과학자들과 같이 일반적으로 매우 도발적인 언어를 사용하면서 충돌하기 때문에 언론 매체의 주목을 받으며, 때로는 그들의 역할이 부풀려지고 있다. 역사적으로 볼 때 과학과 기독교를 적대 관계로 이해한 대표적인 인물로는 드레이퍼와 화이트를 들 수 있다.

(1) 드레이퍼

　드레이퍼John William Draper, 1811~1882는 영국에서 감리교 목사의 아들로 태어났다가 후에 미국으로 이주하였다. 그는 펜실베이니아대학교 의과대학University of Pennsylvania School of Medicine을 졸업한 후에 뉴욕대학교New York University에서 화학, 식물학, 의학 교수로 임명되었고, 동 대학교의 총장까지 역임하면서 뉴욕대학교 의대New York University School of Medicine를 창설하기도 했다. 그는 화학과 천문학 분야에서도 탁월한 업적을 남겼고, 제1대 미국화학회American Chemical Society 총재를 역임하기도 했다1876~1877. 1850년 이후에는 역사에 관심을 갖고『유럽의 지성발달사History of the Intellectual Development of Europe』1862,『미국남북전쟁사History of American Civil War』1867~1870와 같은 역사책을 저술했다.

<그림 2-5> 드레이퍼와 그의 저서

그런 과정에서 드레이퍼는 아버지의 신앙을 버리고 합리적 유신론자가 되었다. 그가 기독교와 과학의 관계에 관심을 갖게 된 것은 1870년대였다. 1874년, 그는 『종교와 과학의 갈등사』를 발표하였다. 가톨릭교회에서 금서로 지정한 이 책을 통해 그는 종교와 과학은 본질적으로 갈등관계에 있다고 주장하였다.[36]

하지만 드레이퍼가 이 책에서 공격한 대상은 교황청과 가톨릭이었다. 그는 이 책에서 당시 교황무오설敎皇無謬性, Papal infallibility과 "계시된 교리revealed doctrine"가 "인간의 과학human sciences"보다 위에 있다는 발표에 분노하여 대부분의 지면을 가톨릭을 공격하는 데 할애하였다. 이 책에서 그는 4세기 이후 교회가 과학자들을 핍박한 예들을 열거하면서 가톨릭교회가 과학에 대하여 "쓰라리고 치명적인 적개심a bitter, a mortal animosity"을 보였다고 통렬하게 공격했다.

그는 바티칸이 과학자들과 이단자들을 박해하는 것을 묘사하면서 "피에 적셨다steeped in blood"라는 표현을 사용하였다. 그의 표현에 의하면, 이슬람 과학자들은 여러 과학들의 기초를 놓았으며, 그리스정교는 대체로 과학을 환영하였다. 개신교는 이따금 "오해misunderstandings"가 있었지만 "다정한 연합cordial union"을 유지하였으며, 특히 개신교 종교개혁을 "현대과학의 쌍둥이 자매twin-sister of modern science"라고 평가하였다.

그렇다면 종교개혁자 칼뱅이 스페인의 의학자이자 신학자인 세르베투스Michael Servetus, 1511~1553를 화형에 처한 것은 어떻게 설명할까? 드레이퍼는 이는 종교개혁 정신 때문이 아니라 가톨릭주의 때문이었다고 주장했다. 세르베투스는 1536년에 파리에서 미술과 의학 분야에서 학위를 받고, 유럽에서 최초로 혈액의 폐순환을 기술했으며, 천문학, 신학, 약학 등에도 관심이 있었다. 그는 프톨레마이오스의 『지리학Geographia』신판과 『시럽에 관한 일반론Syruporum universa ratio ad Galeni censuram diligenter expolita』을 기술하는 등 지리학, 의학 분야에서 뛰어난 학자였다. 하지만 그는 『삼위일체론의 오류De Trinitatis erroribus libri vii』1531라는 책을 출간함으로써 가톨릭교회와 개신교회로부터 이단 정죄를 받았고, 1553년 10월 27일에 제네바 시의회에 의해 산채로 화형을 당하였다. 이후 세르베투스의 책은 50판 이상, 10개 언어로 번역되었으며, 스페인어 번역은 금서목록 Index of Prohibited Books에 오르기도 했다.[37]

결론적으로 드레이퍼가 자신의 책에서 강하게 비판한 것은 가톨릭의 교황무오설 교리와 가톨릭 전통에서의 반지성주의였다. 그는 이슬람이나 개신교는 과학과 별로 충돌하지 않는다고 평가하였다. 드레이퍼는 그 책의 서문에서 갈등관계를 이렇게 묘사하고 있다.

> 과학의 역사는 단순히 독립된 발견들의 기록이 아니다. 이것은 경쟁하는 두 세력들의 갈등의 내러티브인데, 한쪽에는 팽창하려는 인간 지성의 힘이 있고, 다른 한편에는 전통적 종교와 인간의 이익으로부터 생겨나는 압력이 있다.[38]

(2) 화이트

과학과 기독교를 적대관계로 이해한 두 번째 인물로는 미국 코넬대학교Cornell University의 창설자이자 초대 총장을 역임했던 화이트Andrew Dickson White, 1832~1918를 들 수 있다.[39] 그는 성공회 출신의 역사학자로서 미시간 대학교에서 가르쳤고, 뉴욕주 상원의원을 역임하기도 했다. 드레이퍼에 이어 화이트도 기독교와 과학의 관계를 "전쟁warfare" 관계로 묘사했다.

<그림 2-6> 화이트과 그의 저서[40]

그는 1869년에 "과학의 전장The Battle-Fields of Science"이라는 제목의 강의에서 종교가 과학의 진보에 간섭하려는 어떤 시도도 부정적인 결과만을 낳았다고 주장하였다. 그 후 그는 연구를 통하여 전 과학사와 거의 모든 과학 영역에까지 이 명제를 확장하였고, 다른 한편으로는 종교religion라는 말 대신 교권주의ecclesiasticism, 궁극적으로는 교조적 신학dogmatic theology으로 축소하였다. 30여 년에 걸친 그의 연구는 『기독교계에서 과학과 신학의 전쟁사』란 두 권의 된 책으로 출간되었다.[41]

이 책은 원래 새로 설립된 코넬대학교에 쏟아지는 기부금을 시기하는 종교계의 비판가들을 공격하기 위해 출간된 책이었다. 화이트는 이 책에서 기독교와 과학의 관계를 마음이 좁고 교조적인 신학자들과 진리를 추구하는 과학자들 사이의 일련의 "전쟁battles"이라고 표현했다. 1869~1896년까지의 강의에서 그는 기독교와 과학의 관계를 "전면전all-out war"이라고 표현했다.

화이트는 이 책의 서문에서 다음과 같이 말했다.

과학의 자유를 위한 위대한 성전聖戰—몇 세기 동안이나 계속되어
온, 그리고 아직까지도 계속되고 있는 투쟁—의 윤곽을 이제부터
묘사하려고 한다. 그것은 격렬한 항쟁이었다. 시저나 나폴레옹이
나 몰트케Helmuth von Moltke, 1800~1891 등이 치른 비교적 단기의 전
쟁에 비하여, 더욱 장기적인, 더욱 맹렬한 전투와 더욱 끈덕진 포
위와 빈틈없는 전략에 의한 싸움이었다.[42]

이 책은 처음에는 이전에 출간된 드레이퍼의 『종교와 과학의 갈등사』
1874보다 별로 인기가 없었으나 후에는 탁월한 학문성으로 인해 과학과
종교의 관계를 다루는 분야에서 매우 큰 영향을 미쳤다. 그는 이 책에서
"초대교회 대부분의 교부들, 특히 락탄티우스 같은 사람은 그것과학을 이
사야, 다윗, 바울이 했다는 말 아래 밟아 넣으려고 했다."라고 주장했다.[43]
이러한 화이트의 적대 명제는 오늘날까지 일반인들에게 상당한 영향을
미치고 있지만,[44] 대부분의 과학사가들은 초대교회 교부들에 대한 화이
트의 주장을 부정하고 있다.[45 46 47]

(3) 러셀

과학과 종교의 적대적인 관계는 영국의 귀족 가문에서 태어난 러셀
Bertrand Russell, 1872~1970에 의해서도 제기되었다. 일생을 교회를 적대시하
며 합리주의자로, 그리고 인본주의자로 자처하던 러셀은 『종교와 과학』
에서 "종교와 과학 사이에는 오랜 투쟁이 있었는데 최근 몇 년 전까지도
과학은 변함없이 승리를 과시했다."라고 주장했다.[48] 나아가 그는 과학
은 인간의 고통을 감소시키는 데 기여한 반면, 기독교 신학은 인간의 "야
만상태"를 조장했다고 비난했다.[49] 그는 종교는 전제로부터 연역적으로

진행하고 과학은 큰 가정들로부터가 아니라 관찰이나 실험을 통해 발견한 개별적 사실에서 출발한다고 주장하면서 신학과 과학의 싸움은 권위와 관찰 사이의 싸움이라고 주장하였다.[50]

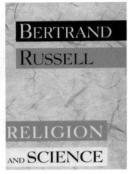

<그림 2-7> 러셀과 그의 저서

하지만 그의 주장은 진실한 기독교인들 중에 탁월한 과학자들이 많은 것을 설명하지 못한다. 특히 과학혁명기의 주역들이 대부분 경건한 그리스도인들이었다는 사실은 어떻게 설명할 것인가? 또한 20세기 새로운 과학철학자들은 과학적 연구도 하나의 패러다임 속에서 이루어지고 있는 활동이라고 제시하고 있다.

(4) 과학적 유물론

다음으로 과학과 기독교가 적대적이라고 주장하는 사람들은 과학적 유물론자들이다. 이들은 과학은 객관적이고 누구나 검증해 볼 수 있으며 보편적이고 누적적이며 진보적인데 반해, 종교는 주관적이고 폐쇄적이고 편협하고 비판이 허용되지 않으며 변화를 거부한다고 주장한다. 그들은 과학이 종교적 믿음의 신뢰성을 손상시킨다고 본다.

이런 주장을 하는 대표적인 인물로는 코넬대학교Cornell University 천문학 교수이자 과학해설가였던 세이건Carl E. Sagan, 1934~1996을 들 수 있다. 그는 우주는 영원하며, 그 근원은 쉽게 알 수 없다고 주장하였다. 그는 현대 천문학의 발견들을 대중들이 알기 쉽게 보여주면서 중간 중간에 자신의 철학적 견해를 끼워 넣었다. 그는 과학과 기독교를 적대적 관계로 보면서 과학에 인간의 신뢰와 희망을 두었다.

<그림 2-8> 세이건좌과 윌슨

또한 하버드대학교의 생물학자이자 사회진화론을 주장했던 윌슨 Edward O. Wilson, 1929~2021 역시 과학과 기독교의 관계를 적대적으로 보았다. 그는 곤충, 동물, 인간의 사회적 행동의 유전적, 진화적 기원에 관한 연구로 널리 알려져 있다. 그는 "인문학은 물론 사회학 및 다른 사회과학이 진화이론에 포함되어야 할 생물학의 마지막 부문이라고 해도 과언이 아니다."라고 하면서, 정신은 "뇌라는 신경기계의 부수적인 현상"이라고 주장하였다. 사회생물학sociobiology, 종의 다양성biodiversity 등의 용어를

만들었던 윌슨은 과학적 인본주의Scientific Humanism라는 말도 처음 만들었다. 그리고 이 과학적 인본주의만이 "실재 세계에 대한 점증하는 과학적 지식 및 자연의 법칙들과 양립할 수 있는 유일한 세계관이다."라고 말했다.[51]

윌슨은 2015년 1월 21일자 「뉴사이언티스트New Scientist」인터뷰 기사에서 종교는 우리를 끌어당긴다고 하면서 인간의 진보를 위해 종교는 제거되어야 한다고 말했다. 그는 "그러므로 인간의 진보를 위해 우리가 할 수 있는 최선의 일은 종교적 믿음을 감소시켜서 결국은 제거하는 것이다."라고 주장했다. 그는 과학적 인본주의만이 인간의 상황을 개선하기에 가장 적합하다고 하였다. 2003년, 그는 인본주의자 선언Humanist Manifesto의 서명자 중 한 사람으로 참여하였다.[52][53]

하나님에 관한 질문을 받고 윌슨은 자신의 입장을 잠정적인 이신론provisional deism이라고 묘사하였다. 그는 자신을 무신론자atheist라고 하는 것에 단호하게 반대하면서 그보다 불가지론자agnostic라는 말을 선호했다.[54] 그는 자신이 전통적인 신앙으로부터 떠났다고 주장하면서,[55] 하나님에 대한 신앙이나 종교적 의식 등은 진화의 산물이라고 말했다.[56]

윌슨 외에도 미국 노벨물리학상 수상자인 와인버그Steven Weinberg, 1933~, 미국 철학자 데넷Daniel Dennet, 1942~, 영국 진화생물학자 도킨스Richard Dawkins, 1941~, 영국 분자생물학자 크릭Francis Crick, 1916~2004, 영국 화학자 앳킨스Peter W. Atkins, 1940~ 등은 오늘날 가장 강력하고 공격적인 무신론적 논지로 청년들로 하여금 교회를 등지게 만들고 있다.

하지만 과학과 기독교를 적대 관계로 보는 이런 사람들의 문제는 과학적 질문과 철학적 질문을 구별하지 않았다는 점이다. 이들은 현대 사회에서 과학이 갖는 막강한 힘과 학문 분야에서 자신들의 권위를 이용하여 슬그머니 과학적 주장들 사이에 형이상학적 주장들을 끼워 넣었다. 사실 이들이 주장하는 유물론이나 무신론은 과학의 주장이 아니라 철학적 혹은 종교적 주장이다. 이들은 과학의 일부가 될 수 없는 내용들까지 과학의 권위로 제시하였다.

(5) 적대 관계에 대한 이유

과학과 종교, 과학과 기독교가 본질적으로 적대 관계가 아니라는 근래의 연구들이 계속 나오고 있음에도 불구하고 몇몇 사람들은 여전히 기독교와 과학의 관계는 어느 정도 '갈등관계'라고 본다.[57] 그 이유는 대체로 다음의 몇 가지로 요약될 수 있다.

첫째, 『종의 기원』을 둘러싼 진화론과 창조론 논쟁 때문이다. 대체로 18세기에는 지질학과 기독교 사이에 화해detente가 유지되었으나, 1859년에 다윈의 『종의 기원』이 출판되면서 과학과 개신교 사이에는 큰 갈등이 빚어지게 되었다.

둘째, 과학과 종교의 갈등을 복잡하게 재정의하기 때문이다. 근래의 연구들은 과학과 종교의 갈등을 좀 더 복잡하게 재정의하였다. 영국 성공회 사제이자 기독교 역사가인 채드윅Owen Chadwick, 1916~2015은 여기저기서 발생하는 여러 작은 마찰들을 갈등의 본질로popular hypostatization 생각하였다. 이에 비해 케임브리지대학교의 과학사가이자 다윈의 전기작가인 영국의 무어James R. Moore, 1947~는 개개인들의 마음속에 있는 생각들의 전쟁으로, 예일대학교 역사학 교수였던 터너Frank M. Turner, 1944~2010는 전문가 그룹들 간의 갈등으로 보았다. 길리스피Neal C. Gillespie, 1933~는 『찰스 다윈과 창조의 문제Charles Darwin and the Problem of Creation』1979라는 책에서 19세기 과학과 종교의 갈등은 두 개의 경쟁적 과학의 인식episteme 체

계 간의 갈등이라고 했다.[58]

셋째, 기독교 내에서 성경해석에 대한 보혁 갈등 때문이다. 19세기의 과학과 신학의 논쟁은 실제로는 성경에 대한 진보 진영과 보수 진영 사이의 갈등, '성경에 대한 역사적 연구와 수용된 견해historical study and accepted views of the Bible' 사이의 갈등이었으나 대중들은 단순하게 성경과 과학의 갈등이라고 오해했었다. 그래서 무어는 역사가들에게 드레이퍼와 화이트의 전투적인 용어를 버리고 대신 과학과 종교의 관계에 대해서 '비폭력적이고 인간적인non-violent and humane' 해석을 할 것을 촉구하였다.[59]

넷째, 과학과 종교의 갈등은 권위와 위엄의 이동 때문이다. 터너는 빅토리아 시대의 과학과 종교의 갈등은 진보적인 과학과 회고적인 신학 사이의 적대감 때문이 아니라 권위와 위엄authority and prestige의 이동의 결과로 보았다. 미국 과학사가 제이콥Margaret C. Jacob, 1943~ 역시 비슷한 견해를 가졌다. 그녀는 17세기 자유주의 개신교는 뉴턴 철학을 환영했는데, 이것은 뉴턴의 기계론적 철학이 자연에 대한 그럴듯한 설명을 제공하기 때문이 아니라 당시 지배 계급의 사회-정치적 목적에 부합했기 때문이라고 했다.[60]

4. 분리 모델

세 번째 모델은 과학과 종교는 분리되어야 한다는 분리 모델Separation Model이다. 바버의 독립 모델이 종교와 과학이 본래 다른 영역에 속해 있는, 존재론적으로 서로 무관하다고 보는 것에 비해 분리 모델은 다분히 실용적인 모델이다. 즉 과학과 종교는 분리해서 생각하는 것이 더 편리하다는 공리주의적 사고에 기초해 있다.

분리 모델에서는 과학과 종교는 삶의 다른 영역이나 실재 양상을 언급하고 있기 때문에 구태여 두 영역을 연관 지을 필요가 없다고 본다. 이들을 연관 지으려고 하지 않으면 둘 사이에 갈등도 없을 것이라고 본다. 이 주장을 지지하는 사람들은 과학은 사물이 어떻게 작용하는가에 대한 객관적 사실을 다루는 반면 종교는 가치와 삶의 궁극적인 의미를 다루는 것이므로, 과학과 종교는 자신의 영역을 지키는 한, 둘 다 동시에 참일 수 있다고 본다. 하지만 종교인이 과학적 주장을 제기하거나 과학자가 자신의 전문 분야를 벗어나 자연주의적 철학을 내세우면 갈등이 생긴다.

이 주장은 두 분야를 분리하려는 것은 불필요한 갈등을 피하려는 실용적인 의도와 더불어 인간의 삶과 사상에 대한 과학과 종교 각각의 독특한 관점에 충실하고자 하는 의도에서 시작되었다고 볼 수 있다. 이 주장을 하는 사람들은 창조론과 진화론의 논쟁도 불필요한 논쟁이라고 본다. 분리 모델에 의하면, 종교는 '왜why'의 문제를 다루고 과학은 '어떻게 how'의 문제를 다루는데, 왜 이 두 영역을 섞으려고 하느냐고 반문한다. 이러한 분리 모델은 20세기 동안 몇몇 신정통신학자들에 의해 지지되었다. 유럽에서 위기의 신학theology of crisis과 변증법적 신학dialectical theology으로 알려진 신정통주의Neo-Orthodox는 19세기 자유주의 신학의 교리들을 비판하고 종교개혁의 가르침들을 재평가하는 것으로 특징 지워진다.

(1) 신정통주의, 자유주의에 대한 반발

신정통주의가 일어난 배경에는 18세기 계몽주의의 영향을 받아 근대의 과학적 객관주의를 모든 학문의 규범으로 받아들인 자유주의가 있다.

자유주의자들은 기계론적 세계관에 근거한 이신론적 입장을 수용하였다. 그들은 성경과 기독교 신앙에 대한 역사적 기독교의 입장을 거부하고 성경의 신적 권위나 초자연적 요소를 부정하고 이성적으로 받아들일 수 있는, 인간적 요소만 받아들였다.

이런 자유주의 신학의 불을 지핀 사람은 독일의 슐라이어마허Friedrich D.E. Schleiermacher, 1768~1834였다. 전형적인 계몽주의자였던 슐라이어마허에게 성경은 종교적인 고대문서들 중의 하나였고, 예수는 종교적, 도덕적 선생들 중 한 사람이었다. 그는 인간의 본성을 본질상 선한 것으로 보며, 종교의 중심을 도덕으로 보았다. 그는 기독교 신앙에서 종교적 주장은 계시가 아니라 종교적 경험에 근거해야 한다고 주장하였다.[61]

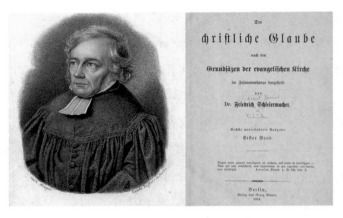

<그림 2-9> 슐라이어마허와 『기독교 신앙』

이런 자유주의적 관점에서 과학과 신학 사이에서 갈등이 발생한다면 당연히 신학이 꼬리를 내려야만 했다. 성경은 특별한 위치나 종교적인 권위를 갖지 않기 때문이었다. 더욱이 인간의 선과 진보의 개념은 자유

주의, 과학, 기술주의 속에서 인간의 노력이 하나님 나라에 들어갈 수 있는 근거로 여겨지게 된다. 20세기 제1차 세계대전이 일어나기 전까지 유럽과 미국에서는 자유주의가 개신교 신학의 중심으로 자리 잡았다.

하지만 이런 자유주의자들의 낙관적인 인간관은 20세기 초, 7천만 명의 군인이 참전하여 9백만 명 이상의 전사자를 낸 제1차 세계대전과 이어진 경제공황 등에 의해 강력한 도전을 받게 되었다. 비참한 세계대전을 겪으면서 자유주의의 '피할 수 없는 진보'와 인간에 대한 '본질적 선'의 개념은 심각한 도전에 직면하게 되었다. 자유주의 신학자들은 혼란의 시대를 살아가는 것이나 설교하는 것에 분명한 기초를 제공하지 못하는 도덕 중심의 신학을 추구한다는 비판을 피할 수가 없었다. 그래서 자유주의에 반대하는 여러 신학자들은 자유주의와 전통적인 보수주의 사이에서 새로운 입지점을 찾으려고 했는데, 그것이 바로 신정통주의 신학이었다. 계몽주의자들의 '신'이었던 이성의 배반을 경험하면서 자유주의는 곧 신정통주의에 의해 빛을 잃게 되었다.

(2) 유럽의 신정통주의자들

제1차 세계대전1914~1918과 자유주의에 대한 반발로 일어난 신정통주의는 실존주의 철학의 영향을 받았다. 특히 덴마크 실존주의 철학자 키르케고르Søren Aabye Kierkegaard, 1813~1855는 신정통주의 신학자들에게 큰 영향을 끼쳤다. 키르케고르는 기독교 신앙은 이성으로 받아들여질 수 있는 것이 아니라 신앙의 도약leap of faith를 통해 받아들여지는 것이라고 하면서, 성경은 개인이 믿음을 가지고 읽을 때 비로소 계시가 된다고 주장하였다. 그는 하나님과의 인격적 만남을, 계시의 명제성보다 인격성을 주장하면서 역사적 기독교의 교리나 신앙고백을 새롭게 조명하고자 시도

하였다.[62]

이러한 실존주의 철학의 영향을 받은 유럽과 미국의 신정통주의자들은 하나님의 초월성을 강조하고, 자유주의 일색이었던 유럽과 북미주의 기독교를 역사적 기독교로 돌리고자 하였다. 신정통주의 신학자들의 첫 번째 영향은 자유주의자들의 사상적 근거가 되었던 과학과 신학 사이에 벽을 세운 것이었다. 신정통주의는 1960년대까지 개신교 신학을 지배하게 되었다. 이러한 신정통주의 신학의 대표적인 주자는 스위스의 목사이며 뒤늦게 독일과 스위스의 여러 대학에서 공부한 바르트Karl Barth, 1886~1968였다.

자유주의 신학 훈련을 받은 바르트는 『로마서 주해』1919를 통해 자유주의 신학에 도전하면서 자유주의의 낙관론이 제1차 세계대전과 조화되지 않음을 발견했다. 하나님의 초월성을 강조한 키르케고르의 영향을 받은 바르트는 자유주의에 반대하여 계시, 죄, 심판을 신학의 근본적인 틀로 회복시켰다. 키르케고르는 유한과 무한, 시간과 영원 사이에 질적인 차이를 주장하였고, 피조물과 창조주 사이에 건널 수 없는 존재론적 심연을 강조했다. 동일하게 과학을 포함하는 인간의 학문적 탐구와 계시 사이에는 넘어설 수 없는 인식론적인 간격이 있음을 강조했다. 그는 하나님에 대한 지식은 특별계시에 의존하기 때문에 인간 본성이나 자연 질서가 하나님을 반영하지는 않는다고 했으며, 이런 맥락에서 그는 자연신학을 반대하였다.[63]

바르트는 신학과 과학을 구분하였다. 신학과 대조를 이루는 과학은 관찰할 수 있거나 추론된 대상에 관련되고, 유한한 것들을 다루며, 인간에 의해 발전된 방법론을 사용한다. 그러므로 과학과 신학은 서로 다른 영역에 속하며 '공약불가능한incommensurable' 영역, 즉 공통된com- 척도

measure를 적용할 수 없는in- 분야였다. 과학과 신학은 다른 현실을 다루며, 결코 같은 부분이 아니었다.[64]

<그림 2-10> 좌로부터 키르케고르, 바르트, 브루너

바르트에 이어 그의 관점을 상당 부분 공유한 사람은 스위스 개혁교회 목사이자 오랫동안 취리히 대학교의 신학교수였던 브루너Emil Brunner, 1899~1966였다. 그는 바르트의 계시 의존적인 주장에 동의하면서 그 계시는 개인적인 종교적 경험이나 자연신학과의 논쟁을 통해 정당화되기보다 하나님의 권위로부터 온다고 보았다. 그에게 계시는 인간을 구원하기 위한 것이다. 하지만 브루너는 바르트와는 달리 죄의 원인이 하나님으로부터 자유하려는 인간의 욕망이라고 보았다. 그는 하나님의 주권과 능력, 그의 존재에 의존하는 존재임을 부인하려는 인간의 의도가 삶과 문화의 모든 측면을 망쳤으며, 사회과학, 인류, 종교, 사람에 대한 인간의 해석에 영향을 미쳤다고 보았다. 그러나 그는 수학이나 자연과학에는 인간의 타락의 영향이 가장 적다고 보았다. 그래서 브루너는 과학은 계시를 통하지 않더라도 신학을 올바르게 혹은 순수하게 만들 수 있다고 보았다. 그리고 창조교리는 과학적 자료가 있는 내용을 제공해야 한다고

했다.[65]

신정통주의자들은 과학과 신학은 방법과 대상이 전혀 다르므로 과학자들은 신학의 어떠한 간섭을 받지 않은 채 자유롭게 연구할 수 있으며, 그 반대도 그렇다고 본다. 이들의 주장에 의하면 과학은 인간의 이성에 바탕을 두고 있는 반면, 신학은 하나님의 계시에 근거하고 있다. 이들에 의하면 성경은 문자 그대로가 아니라 심사숙고해서 받아들여야 한다. 성경이 기술한 바는 그 자체로서 계시가 아니라 계시적 사건들을 증언하는 인간의 기록이기 때문에 잘못이 있을 수 있다. 그러므로 이런 신학 혹은 종교의 교리를 과학과 비교하거나 연결하려고 하는 시도는 잘못이라고 주장한다.

(3) 북미주의 신정통주의자들

유럽에서의 신정통주의는 오래지 않아 북미주에도 전해졌다. 미국의 대표적인 신정통신학자로는 1930년대에 독일을 떠나 뉴욕 유니온 신학교Union Theological Seminary 교수로 재직했던 틸리히Paul Johannes Tillich, 1886~1965가 있다. 틸리히는 신학이 과학적 탐구의 결과들에 의해 풍요로워지지도, 파괴되지도 않는다고 보면서 과학과 신학이 갈등을 일으키는 것을 비이성적이라고 보았다. 그는 신학과 과학의 접촉점을 그 각각의 철학적 요소로부터 찾았다. 신학과 철학은 학문적 근원, 방법, 내용 등에서 분명히 구별되며 과학에 비해 신학은 덜 구체적이고, 덜 객관적이며, 더 추상적, 더 실존적이라고 했다.[66]

틸리히와 더불어 미국의 신정통주의를 대표하는 사람으로서는 라인홀트 니버Karl Paul Reinhold Niebuhr, 1892~1971와 그의 동생 리처드 니버H. Richard Niebuhr, 1894~1962를 들 수 있다. 과학에 대한 니버의 논점은 비판적

<그림 2-11> 좌로부터 틸리히, 니버, 길키

이긴 했지만 그는 신학적인 주제들을 과학적 연구 결과들에 모순되지 않게 해석하려고 노력하였다.[67]

유니온신학교에서 니버와 틸리히 등에게 사사한 길키Langdon Brown Gilkey, 1919~2004는 과학을 공격하는 기독교 근본주의자들과 종교를 공격하는 세속주의자들 모두를 비판한다. 길키에 의하면, 과학은 객관적이고 재현가능하며 공개된 자료를 설명하지만, 종교는 인간의 죄의식, 불안, 허무, 용서, 신뢰, 일체감 등 내적 경험과 이 세상의 질서와 아름다움의 존재에 대해 묻는다.[68]

그러나 과학과 종교를 분리하려는 이런 주장은 과학과 종교가 서로의 영역을 침범하는 순간 갈등이 발생하게 된다. 과연 과학과 종교가 엄격하게 분리될 수 있을까? 나아가 분리하는 것이 바람직할까? 이것은 분리모델을 비판하는 학자들이 공통적으로 지적하는 바이다. 특히 모든 영역에 하나님의 주권을 주장하는 개혁주의자들에게 이 모델은 받아들여지기가 어렵다.

요약하자면, 신정통주의자들은 종교적 신념은 확실한 것이기 때문에 과학적 결과에 의존해서는 안 된다고 보았다. 그들에게 하나님은 초월적인 분이어서 다른 모든 존재들과는 근본적으로 구별되는 존재였다. 또한 그들은 과학에서 다루는 공간적, 시간적인 것은 궁극적으로 종교적 의미를 가질 수 없다고 보았다. 그들에게 계시는 지식의 근원 중 하나이며, 이성과 감각적 경험 역시 또 다른 지식의 근원이었다. 결국 그들에게 계시는 비명제적nonpropositional인 것이어서 그 대상을 합리적으로 정밀하게 조사할 수 없는 지식이었다. 이러한 주장으로 말미암아 신정통주의자들은 신학과 과학 사이에 벽을 세웠다. 또한 이들의 영향으로 20세기 동안 신학은 급격히 발전하는 과학과 학문적으로 통합하는 데 실패하였고, 결국 하나님과 피조세계 사이의 간격은 더 넓어졌으며, 신학과 과학 사이의 단절을 초래하였다.

(4) 뒤앙의 이원론

프랑스의 물리학자이자 과학사가요 과학철학자인 뒤앙Pierre Duhem, 1861~1916의 관점도 분리모델에 해당한다고 볼 수 있다. 그는 스스로 오감五感만이 과학지식의 확실한 기초가 될 수 있다고 믿는, 기독교적 실증주의자로 불리길 원했다. "나는 기독교인 물리학자이다. 하지만 나의 이론을 이해하고 적용하기 위해 모두가 기독교인이 될 필요는 없다." 그는 물리현상은 물리학자가 견지하고 있는 형이상학적인 의견들과는 무관하게 자율적으로 일어난다고 보았다.[69]

뒤앙에게 물리 이론이란 실험결과들을 주관적으로 요약, 분류, 해석해 놓은 것이므로 기독교의 교리가 다루는 인간의 자유의지, 영혼의 불멸성 등과 같은 객관적 실체의 특성과는 상관이 없었다. 그러므로 이 둘은 서로 모순을 일으키지 않는다고 보았다. 물론 물리적인 사실과 법칙은 객관적 요소가 다분하기 때문에 물리 이론과는 잘 분별하여 중요시할 필요가 있다고 보았다. 뒤앙과 같은 탁월한 과학자가 이런 식으로 물리 이론을 격하시킨 것은 드문 예이다. 그는 끝까지 자신의 이원론을 견지했다.

5. 보완 모델

네 번째 살펴볼 모델은 보완 모델Complementary Model이다. 이 모델은 바버의 모델에서 대화 모델과 통합 모델을 합친 것과 비슷하다. 이 모델에서는 과학과 종교는 서로 상호작용하면서 대화하며 보완할 수 있다고 본다. 즉 둘은 대화 상대 내지 보완적 파트너로서 서로의 방법을 비교함으로써 둘 사이에 차이점이 있는 동시에 유사점도 있음을 보여줄 수 있다고 본다. 다시 말해 연구 영역의 한계에 이르러 과학이 답할 수 없는 문제는 종교의 영역에서 다룰 수 있고, 또한 종교적으로 불확실한 명제들은 과학이 도울 수 있다고 보고 두 영역의 교류를 유도한다.

이 모델에서는 과학과 종교는 실체에 대한 다른 측면이라고 보고 과학과 종교 사이의 좀 더 체계적이고 폭넓은 동반자 관계를 수립할 수 있다고 본다. 즉 과학적 진리와 종교적 진리는 하나의 더 완전하고 온전한 진리로 통합될 수 있다고 본다. 따라서 이 모델에서는 과학적 개념을 현상계와 하나님의 관계를 설명하기 위한 비유로 사용하기도 한다.

유신론은 본래 과학과 갈등을 빚는 것이 아니라 유물론이라는 형이상학과 갈등을 빚는 것이다. 이것은 창조-진화 논쟁에서도 그대로 적용된다. 창조-진화 논쟁은 성경문자주의와 자연주의적 진화론의 충돌이지 과학과 종교의 갈등이라고 할 수 없다.[70]

(1) 자연신학과 자연의 신학

보완 모델의 대표적인 예는 자연신학Natural Theology이라고 할 수 있다. 자연신학에서는 자연에서 하나님의 존재에 대한 증명이나 암시를 찾으려고 한다. 이의 대표적인 인물이 바로 영국 성공회 신부였던 페일리 William Paley, 1743~1805였다. 그는 『자연신학 혹은 하나님의 존재와 성품에 대한 증거들』에서 그 유명한 시계제조공watchmaker 유비를 제시했다.[71]

페일리의 『자연신학』에 따르면, 시계가 무엇인지 모르는 사람이라도 일단 시계를 한 번 보면 누구나 그 시계가 저절로 만들어진 것이 아니라 지능을 가진 누군가가 만들었음을 짐작할 수 있다. 시계와 마찬가지로 신이 창조한 우주는 아주 복잡한 과학적 원리와 법칙에 따라 움직이고, 우주에서 일어나는 모든 현상은 시계의 침들이 움직이는 것처럼 정교하게 일어난다. 그렇기 때문에 우주는 저절로 만들어진 것이 아니라 누군가 지적인 존재가 창조한 것이고, 그 창조주는 바로 기독교에서 말하는 여호와 하나님이라는 논리이다.

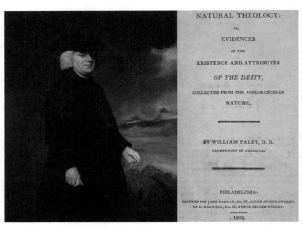

<그림 2-12> 페일리와 그의 저서[72]

다음으로 보완 모델의 예로는 자연의 신학theology of nature을 들 수 있다. 자연의 신학에서는 하나님의 전능함이나 원죄 등 종교적 교리를 과학적 사실을 고려하여 재정립한다.[73] 즉 이는 종교적 전통의 주장을 과학을 통해 재확인하려는 신학이다. 대표적으로 옥스퍼드대학교의 석좌교수로 있는 맥그래스Alister Edgar McGrath, 1953~를 들 수 있다.[74]

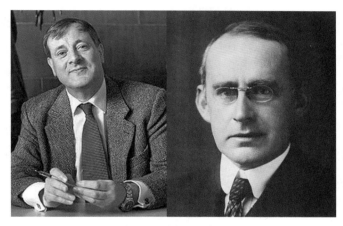

<그림 2-13> 맥그래스좌와 에딩턴

영국의 탁월한 천문학자이자 경건한 그리스도인Quaker이었던 에딩턴 Arthur Stanley Eddington, FRS, 1882~1944의 입장 역시 보완 모델의 예라고 할 수 있다. 그는 과학과 종교가 무관하다고 주장하는 사람들은 그물코가 7㎝ 이상인 그물을 사용해서 심해 생물을 채집, 연구하는 학자가 심해에는 7㎝ 이하의 물고기는 존재하지 않는다고 결론내리는 것과 같다고 했다. 그는 종교라는 그물과 과학이라는 그물이 잡을 수 있는 고기의 크기나 종류가 다르다고 보았다. 그의 주장을 뒤집으면 두 그물로 잡은 물고기들을 비교함으로써 바다의 고기에 대해 더 완전하게 알 수 있다는 의미

로 해석할 수 있다.[75]

(2) 지적설계운동

보완 모델의 대표라고 한다면 역시 지적설계운동을 들 수 있다. 80년
대 창조과학자들의 법정 논쟁이 대부분 실패로 끝나고 또 지구와 우주
의 연대가 6천년에 불과하다고 경직되게 주장함으로써, 창조과학은 일
반 사회에서는 물론 복음주의 공동체 내에서조차 신뢰를 잃게 되었다.
이로 인해 보수적 기독교인들 사이에서조차 창조과학에 대한 찬반논쟁
이 가열되면서 창조과학을 대체할 수 있는 새로운 창조론 운동의 필요성
이 제기되었다. 이때 등장한 것이 바로 미국 법률학자 존슨Phillip E. Johnson,
1940~2019, 생화학자이자 가톨릭 신자인 비히Michael J. Behe, 1952~, 수학자이
자 철학자, 신학자인 뎀스키William A. Dembski, 1960~ 등이 주축이 된 지적설
계운동Intelligent Design Movement이었다.[76]

<그림 2-14> 좌로부터 존슨, 비히, 뎀스키

지적설계운동은 창조과학과 같이 일치 모델을 주장하지 않는다. 지적
설계론자들은 자연에 설계가 있음을 보이는 것은 과학적 사고에 익숙한
현대인들에게 하나님을 믿게 하는 도구가 될 수 있다고 본다. 초자연적

인 분야에 대해서는 과학이 할 수 있는 바가 없지만 적어도 과학적 방법을 사용할 수 있는 자연의 질서에 관한 한 과학은 기독교 신앙을 도울 수 있다고 본다.

지적설계운동은 성경문자주의적인 창조과학에 비해서는 훨씬 더 개방적이고 유연한 입장을 취한다. 창조주도 일부러 성경의 창조주라는 것을 내세우지 않는다. 그래서 다른 종교에 속한 사람들, 때로는 의사이자 생화학자인 덴톤Michael John Denton, 1943~과 같은 무신론자들까지 지적설계를 지지한다.[77] 그럼에도 불구하고 과학철학자들은 일반적으로 자연주의 진화론에 비판적이라는 이유 때문에 지적설계운동을 여전히 갈등모델의 범주에 포함시키고 있다. 그동안 국내 지적설계운동은 서강대 기계공학과 이승엽 교수 등의 학자들을 위한 세미나와 심포지엄 중심으로 이루어졌다.[78]

(3) 보어와 쿨손

물리학 분야에서 보완모델을 제시한 사람으로는 덴마크 물리학자이자 노벨물리학상 수상자인 보어Niels Bohr, 1885~1962와 영국의 수학자, 물리학자, 화학자 쿨손Charles A. Coulson, 1910~1974을 들 수 있다. 신의 존재를 믿지 않았던 보어는 입자의 성격을 파악하고자 하는 실험에서는 파동의 성격을 검출할 수 없다는 상보성원리相補性原理, complementarity principle에 근거하여,[79] 자연과학 자체에서는 하나님의 뜻을 발견할 수 없지만 자연과학을 하는 과정에 대해서는 하나님의 뜻을 발견할 수 있다고 보았다.[80]

보어의 견해를 기초로 한 쿨손의 과학관은 전통적인 기독교적 개념과 일치하면서도 동시에 독특한 점도 있었다. 그는 과학을 하나님의 계시의 일면이라고 보았다. 즉 과학과 종교는 상보적인 관점을 제공한다는 것이

<그림 2-15> 보어좌와 쿨손

다. 그렇기 때문에 그는 특히 과학의 새로운 발견으로부터 멀리 달아나려는 종교인의 태도를 비난했다. 뿐만 아니라 그는 각자의 자주적인 영역을 인정하면서 종교와 과학을 조화시키려는 태도도 비난했다. 왜냐하면 그 결과로 항상 종교의 영역이 없어져 버리기 때문이었다. 그는 또한 불확정성원리를 이용해 자유의지를 강조하려는 시도도 부당하다고 지적했다. 왜냐하면 "[과학은] 우리에게 종교로 가는 길을 열어주지 않"기 때문이다. 그는 "과학은 하나님의 임재가 드러나는 한 일면이며, 과학자는 하나님을 알리는 여러 사신들 중의 일부이다."라고 하면서 과학의 사회적 책임을 강조했다.[81]

(4) 정통주의의 입장

신정통주의자들과는 달리 과학과 신학의 관계를 단절이 아니라 다리로 본 20세기의 정통주의 신학자들의 입장도 일종의 보완 모델의 예라고 할 수 있다. 대표적인 예로 영국 성공회 신학자이자 사제인 마스칼Eric

Lionel Mascall, 1905~1993을 들 수 있다. 신정통주의가 신학과 과학의 논점들과 동기들만을 다룬 데 비해, 그는 신학적 주장과 과학적 설명을 연관시켰다. 예를 들면, 그는 인류 이전의 무질서는 천사의 죄 때문이라고 보았다. 또한 그는 부모로부터 영혼이 유전된다는 영혼전이설 대신 하나님이 각각 새로운 혼을 창조하셨다는 영혼창조설을 제시하였다. 동정녀 탄생과 관련해서 그는 신학적으로 문제될 것이 없지만 처녀생식의 가능성도 있다고 보았다. 그는 또한 전통적인 물리학과 양자물리학에서 결정론도 논의했다. 마스칼은 자연신학의 가치를 인정하며 특별계시 없이 하나님의 존재를 증명하려고 했다. 그는 과학을 유신론적 설명 안에 둠으로써, 또는 물리학에 형이상학을 보충함으로써 신학과 과학을 통합하려고 했다.[82]

한 예로, 바르트와 함께 유럽에서 공부한 침례교 신학자이자 과학철학자인 버나드 램Bernard L. Ramm, 1916~1992은 『과학과 성경에 대한 기독교적 관점이란 책』1954에서 기독교 신학과 과학의 조화는 "절대 피할 수 없는 것"이라고 했다. 그는 현대 과학에 대해서 반과학적 태도를 취하지 않았으며, 성경본문이 과학적 연구 성과들과 갈등을 야기하지 않음을 보이려고 했다. 그는 자연에 대한 성경의 진술은 현상적인 것이며 "평범한 사람들"의 관점에서 기술한 것이라고 보았다. "성경은 최종적인 과학 이론을 가르치는 것이 아니라 성경 기자들의 시간, 장소의 문화적 조망으로부터 최종적인 신학적 진리를 가르친다. …… 성경의 신학적이고 최종적인 진리는 인류와 문화 안에, 그리고 그것을 관통해서 존재한다."[83]

램과 같은 방식으로 과학과 신학을 연관 지은 또 다른 사람은 미국의 철학자이자 칼뱅주의 신학자였던 고든 클락Gordon H. Clark, 1902~1985이었다. 정통주의 신학을 방어하는 데 앞장선 클락은 과학의 도구주의적 기

<그림 2-16> 좌로부터 마스칼, 램, 클락, 맥케이

능을 강조했다. 즉 과학이란 관측가능한 현상을 조직하고 예측하는 형식적인 도구일 뿐이며, 그 배후에 있는 관측불가능한 실재의 참모습을 밝힐 수는 없다고 보았다. 그래서 과학 이론은 물리 세계에 대한 정확한 설명을 제시할 수 없으며, 결코 형이상학적 혹은 신학적 주장을 증명할 수도, 논박할 수도 없다고 보았다. 그러므로 이 관점에 따르면, 과학은 신학에 대해서 잠재적인 경쟁자가 아니다.[84]

비록 신학자는 아니었지만 과학과 신학을 상보적 관계로 파악하려고 했던 사람은 영국 킬레대학교의 커뮤니케이션 및 신경과학과Department of Communication and Neuroscience at Keele University in Staffordshire 교수였던 맥케이Donald M. MacKay, 1922~1987였다. 그는 자연신학에서 맞닥뜨리는 간격의 하나님God-of-the-Gaps 개념을 피하면서 과학과 신학의 관계를 보완적으로 파악하기 위해 노력했다.[85]

(5) 가톨릭 신학

과학에 대한 가톨릭의 견해 역시 보완 모델의 범주에 넣을 수 있다. 한 예로 교황 요한 바오로 2세Pope John Paul II, 1920~2005를 들 수 있다. 그는 "과학은 종교로부터 그릇된 생각과 미신을 추방하여 종교를 정화시킬 수 있으며, 종교는 과학으로부터 맹목적 심취와 그릇된 절대화의 위험을 제거하여 과학을 정화시킬 수 있다. 과학과 종교는 서로 상대방으로부터 장점을 취함으로써 한층 넓은 세계, 곧 과학과 종교가 함께 번영할 수 있는 세계로 나아갈 수 있다."라고 했다. 가톨릭에서는 과학과 종교가 대화를 한다면 진화론도 기독교 신앙에 보완적인 역할을 할 수 있다고 주장한다.[86]

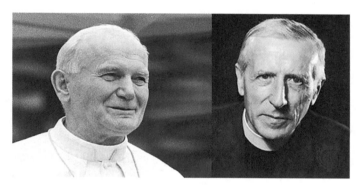

<그림 2-17> 교황 요한 바오로 2세좌와 샤르댕

진화론적 입장을 대표하는 가톨릭 학자로는 예수회 사제로서 지질학과 인류 진화를 연구했던 프랑스의 샤르댕Pierre Teilhard de Chardin, 1881~1955을 들 수 있다. 그는 북경인 화석의 발굴에 참여했으며, 필트다운인 사기 사건에 연루되기도 했다.[87] 그는 진화론을 기독교 신앙과 통합시키기 위해, 그리고 과학이 기독교 신앙을 보완한다는 것을 보여주기 위해 평생 노력했다.

(6) 두 가지 전제 조건

지금까지 우리는 과학과 종교 사이의 여러 관계들 중 보완적 관계를 살펴보았다. 과학과 종교의 관계에 대해 어떤 관점을 견지하든지 각 관점이 지닌 약점 때문에 이를 보완하기 위한 새로운 관점들이 제기되었다. 예를 들면, 자유주의에 반발하여 신정통주의가 일어났으며, 지나친 정통주의에 대한 반작용으로 미국에서는 (영국과는 다른) 정통주의가 일어났다. 또한 근본주의의 지나친 분리적 태도에 반발하여 복음주의가 일어났으며, 정통신학에 대한 반발로 과정신학Process theology이 일어났다. 정통신학에서 신은 모든 면에서 영원하고, 세계에 의해 변화되지도, 영향을 받지도 않지만, 과정신학에서 신의 본질적 속성은 일시적인 과정에 의해서 영향을 주거나 받는다.

신정통주의는 계시에 대한 개념은 받아들였으나 과정신학은 이를 거부했다. 신정통주의는 종교적인 신념belief을 확실한 원리로서 제시했다. 그들에게 계시는 지식의 원천 중 하나이며, 이성과 경험은 신학적 진술과 과학적 진술이 어떻게 다른지를 알려주는 또 하나의 지식의 원천이었다. 하지만 이로 말미암아 신정통주의는 신학과 과학 사이의 대화를 단절시켰다. 이에 비해 정통주의는 과학의 실재적인 관점을 취하므로 신학적 교리와 과학적 이론 사이에서 가능한 관계를 찾으려고 했다. 그런 의미에서 정통주의는 신학과 과학의 다리를 놓는 보완적 모델의 예라고 할 수 있다.

그렇다면 보완 모델의 약점은 없을까? 보완 모델이 가장 건강한 과학과 종교의 관계인 것 같지만, 이 모델이 잘 작동하기 위해서는 필수적인 전제조건이 두 가지 있다. 첫째, 과학과 종교가 서로로부터 도움을 받을 여지가 있음을 인정하고 서로를 존중하는 마음이 있어야 한다. 즉 종교에 대한 인간의 지식이나 과학에 대한 인간의 지식이 모두 불충분하다는 것을 인정하는 겸손함이 필요하다는 것이다. 둘째, 보완 모델이 작동하기 위해서는 과학과 종교 영역에 있는 사람들이 상대방의 영역에 대해 진지하게 공부해야 한다. 하지만 종교와 과학 양쪽을 제대로 공부한 사람은 매우 드물다. 그런 의미에서 맥그래스를 비롯하여 과학과 신학 양쪽을 공부한 소수의 학자들이 보완 모델 내에서 중요한 역할을 하고 있는 것은 당연하다고 할 수 있다.

6. 복합 모델

마지막으로 살펴볼 모델은 복합 모델Complexity Model이다. 지금까지 살펴본 것처럼, 과학과 종교의 관계에 관해서는 역사적으로 많은 연구가 이루어져 왔지만 학자들마다 의견이 일치되지 않고 있다. 과연 기독교와 과학은 어떤 관계에 있는가? 일치 관계인가, 적대 관계인가, 분리 관계인가, 보완 관계인가? 아니면 이들 중 특정한 하나의 모델로 설명할 수 없는 것은 아닐까? 복합 모델은 바로 과학과 종교는 일의적으로 정의할 수 없는, 복합적인 관계라고 보는 것이다.[88]

과학과 종교, 혹은 과학과 기독교의 관계를 연구하는 사람들의 입장에는 이상의 네 가지 입장만 있는 것은 아니다. 영국 랭카스터대학교 University of Lancaster의 과학사학자인 부룩John Hedley Brooke, 1944~은 과학과 기독교는 서로 밀접하게 관련되어 있기 때문에 쉽게 그들의 관계에 대한 단순한 일반화는 불가능하다고 지적한다. 그는 과학과 기독교의 관계를 '갈등conflict' 혹은 '조화harmony'라는 말로 단순화시키는 대신 과학과 기독교의 관계를 매우 복잡, 미묘하며 다양한 것으로 제시한다. 즉 그는 과학과 종교를 서로 완전히 다른 두 실체로 이원화시키기보다 필요에 따라 두 영역의 경계를 적당히 이동시킴으로써 두 영역이 서로 상당히 많은 부분에서 중첩된다는 점을 제시하고 있다.[89]

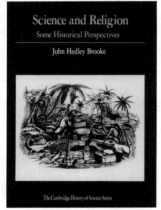

<그림 2-18> 부룩과 그의 저서

　　과학사의 전문화가 자리를 잡아가던 1950년대 이후 새로운 과학사가들은 기독교와 과학에 대해 참신한 해석을 제시하였다. 대표적으로 더프리A. Hunter Dupree, 1921~2019, 길리스피Charles C. Gillispie, 1918-2015, 코커Paul H. Kocker, 1907~1998, 산티아나Giorgio de Santillana, 1902-1974, 웨스트팔Richard S. Westfall, 1924~1996 등은 코페르니쿠스에서 다윈에 이르기까지 종교와 과학의 관계를 연구하면서 이 둘의 관계는 '갈등conflict'도, '조화harmony'도 아닌 복합적 관계라고 주장하였다. 이들의 주장을 모은 것이 바로 『신과 자연God and Nature』, 그리고 그 속편이라고 할 수 있는 『과학과 기독교가 만날 때When Science & Christianity Meet』라고 할 수 있다. 17년의 시차를 두고 린드버그David C. Lindberg, 1935~2015와 넘버스Ronald L. Numbers, 1942~가 편집한

이 두 책은 기독교와 과학의 관계를 연구한 대표적인 북미주 과학사가들의 논문을 담고 있다.[90]

<그림 2-19> 복합 모델의 문을 연 *God and Nature*신과 자연, 그리고 *When Science & Christianity Meet*과학과 기독교가 만날 때

『신과 자연』의 서문은 이들의 연구 결과를 이렇게 요약한다. 과학과 기독교의 관계는 "단순한 '갈등'이나 '조화'로 환원시킬 수 없는 복잡하고 다양한 상호작용이었다. 비록 논쟁의 예를 찾는 것이 어렵진 않겠지만, 그럴지라도 과학자들과 신학자들이—줄여서 말한다면 과학과 기독교가—오랫동안 전쟁을 했다고는 말할 수 없다. 마찬가지로 수없이 많이 상호 협력한 경우가 있지만, 기독교와 과학이 영원한 동지였다고 말하는 것도 농담travesty일 뿐이다. 몇몇 기독교적인 신념이나 관행이 과학연구를 장려했지만, 다른 경우에는 방해했다. 상호작용은 시간과 장소, 사람에 따라 달랐다."[91] 때로는 어느 한 편이 승자가 되기도 했고 다른 한편이 패자가 되기도 했지만, 더 많은 경우 기독교와 과학은 '실행 가능한 평화workable peace'를 유지하였다.[92]

7. 역사적 교훈

지금까지 우리는 과학과 종교의 관계, 특히 과학과 기독교의 관계에 대한 몇몇 모델을 살펴보았다. 이들 중에서 적대 모델은 근대과학의 발생과 관련된 역사적 사실을 설명하는 데 어려움이 있다. 만일 과학과 종교, 과학과 기독교가 존재론적으로 적대 관계에 있다면, 근대과학이 기독교 사회였던 유럽에서 발흥한 것을 설명하기 어렵다.

왜 근대과학의 정신이 서구에서 발달했을까? 근대과학의 발흥이라고 할 수 있는 16~17세기 과학혁명이 왜 서구에서 일어났을까? 역사적으로 중국이나 인도, 아랍에도 유럽에 못지않은 과학이 있었던 적이 있었는데, 왜 이들 지역에서는 근대과학이 출현하지 않고 유독 기독교 사회였던 유럽에서 근대과학이 발생했을까? 이에 대해서는 여러 학자들 간에 의견의 일치가 이루어지지 않고 있다. 어떤 이들은 기독교 정신이 과학 정신과 상통하는 점이 있어서 기독교 사회였던 서구에서 근대과학이 출현했다고 주장하는가 하면, 어떤 이들은 그리스정신의 부활이라고 할 수 있는 르네상스 때문이라고 주장하기도 하고, 어떤 이들은 르네상스를 일으킨 중세의 대학 전통으로부터 근대과학의 연원을 찾기도 한다.

하지만 어떤 부차적인 요인을 찾더라도 근대과학이 발흥하는 데 중심적인 역할을 했던 사람들은 자신들의 신앙적인 열정의 일부로 과학활동을 했다는 것을 숨기지 않았다. 이것을 가장 잘 지적한 사람으로는 제1강에서 언급한 미국의 종교사회학자 머튼Robert K. Merton, 1910~2003, 네덜란드의 과학사학자 호이카스Reijer Hooykaas, 1906~1994, 헝가리 출신의 미국 가톨릭 사제 야키Stanley L. Jaki, 1924~2009 등을 들 수 있다. 이들의 주장에 의하면, 근대과학의 출현은 기독교로부터 절대적인 도움을 받았으며, 기독교 정신과 과학정신은 여러 가지 면에서 일맥상통한다. 실제로 근대 과학이 탄생한 이후 많은 경건한 과학자들은 끊임없이 기독교와 과학을 조화시키기 위해 많은 노력을 했다.[93] 오늘날에도 미국 과학자들의 약 40%가 "응답 받기를 기대하면서 기도할 수 있는" 하나님에 대한 믿음을 고백한다.[94]

(1) 머튼

먼저 흔히 머튼 명제Merton Thesis로 널리 알려진 머튼을 생각해 보자. 머튼은 중세학자들은 자연을 경멸하거나 무익한 것으로 간주한 데 비해 종교개혁자들은 과학적 활동을 가치 있는 것으로 인정하였다고 지적했다. 그는 청교도 정신과 과학정신을 조목조목 비교하면서 청교도들에게 과학연구는 예배의 한 부분이었으며, 공리주의적 활동을 통해 물질적 부요함을 증진시키는 것은 하나님을 영화롭게 하는 것이었다고 지적했다. 또한 예정론 교리는 선택받은 자의 선행을 격려하였으며, 성실함은 청교도의 두드러진 표시였다고 지적했다. 그는 합리주의rationalism를 예찬하면서도 그것을 관찰에 예속시켜 실험과학empirical science의 기초가 놓였다고도 지적했다. 실제로 이에 대한 증거로서 그는 종교개혁기의 주요 과학자들의 종교적 배경을 연구하면서 청교도가 많았던 17세기 영국에서 근대과학이 발흥된 것과 런던왕립협회Royal Society of London 멤버들 중 청교도의 비율이 압도적으로 높았던 점을 제시하였다.[95]

그러나 이러한 머튼의 주장에 대한 비판도 만만치 않다. 우선 비판자들은 머튼이 언급한 청교도의 정의가 너무 넓다고 지적한다. 사실 그 당시 청교도란 영국국교도Anglican, 칼뱅주의자Calvinist, 독립파獨立派, Independent, 재세례파, 퀘이커Quaker, 천년왕국주의자Millenarian의 생활방식을 공유한 모든 사람을 지칭했다. 이때 청교도에서 제외된 사람이라면 단지 가톨릭과 '열광주의자들Enthusiasts' 뿐이었다. 또한 과학의 정의가 너무 넓다는 점이나 당시 런던왕립학회 회원들의 특징은 왕당파들Royalists이었음도 지적되었다.[96]

또한 가톨릭 과학자들의 업적을 간과했음도 지적된다. 예를 들면, 코페르니쿠스의 지동설, 갈릴레오의 역학과 천문학, 메르센Marin Mersenne, 1588~1648과 가상디Pierre Gassendi, 1592~1655의 기계론적 철학 등은 과학혁명의 근간을 이루는 주요한 업적들인데, 이것들을 높이 평가하지 않았다는 것이다.

(2) 호이카스

머튼 외에도 기독교와 과학의 관계를 긍정적으로 평가한 개신교 학자로는 네덜란드의 개신교 과학사가 호이카스를 들 수 있다. 그는 신의 전능성을 강조하는 주의주의적 자연관이 구체적이고 경험적인 사실들을 중시하는 실험주의 정신으로 연결되고, 따라서 종교는 근대과학의 등장에 기여했다고 주장했다. 그는 직접적인 경험을 중시하는 신앙적 특징과 실험을 중시하는 과학의 정신이 일맥상통함을 지적하면서 머튼과 비슷한 주장을 하였다.[97]

호이카스는 그리스 사상과 기독교적 세계관이 서양인의 자연관에 어떠한 영향을 끼쳤으며, 근대과학의 방법론을 어떻게 발전시켰는가를 추적했다. 그는 그리스의 합리적 정신은 물론 초논리적이며 경험적인 기독교적 정신이 근대과학의 출현을 가져온 실험과 탐구의 정신을 촉진했다고 주장했다

또한 호이카스는 1987년에 발표한 "근대과학의 출현: 언제, 그리고

왜?"라는 논문에서 근대과학의 기원이 13세기까지로 거슬러간다는 프랑스 과학사가 뒤앙Pierre Duhem, 1861~1916의 주장을 반박했다. 그리고 그는 과학에 대한 정의에 따라 근대과학의 기원에 대한 입장은 다를 수 있지만, 분명히 16~17세기에 결정적인 변화가 있었다고 주장하였다. 그는 근대과학의 출현 시기when에 대해서는 전통적 관점을 지지했으나, 원인why에 대해서는 전통적 주장에 반대하면서 기독교 신앙의 역할을 강조했다.[98]

<그림 2-20> 좌로부터 머튼, 호이카스, 야키

(3) 야키

가톨릭 사제였던 야키 역시 기독교가 현대과학을 발생시켰다고 주장하였다. 기독교와 과학의 관계에 대한 자세한 증명이나 유추가 없었지만, 그는 기독교 유럽에서 근대 과학이 발생한 것 자체가 기독교와 과학의 긍정적인 관계를 보여주는 것이라고 평가했다.

흔히 가톨릭은 과학에 대해서 적대적이라고 생각하는 사람들이 많지만 반드시 그런 것만도 아니다. 캘리포니아대학교University of California at Berkeley 역사학자 하일브론John Heilbron은 "로마 가톨릭 교회는 중세 후기 고대 학문의 회복으로부터 계몽시대에 이르기까지 6세기 이상 동안 다른 어떤 교회들보다도, 아마 다른 어떤 기관들보다도 천문학 연구에 더 많은 경제적, 사회적 지원을 하였다."라고 결론을 내렸다.[99]

한 예로 가톨릭은 오랫동안 천문학에 관심을 둬왔는데, 그 이유는 부활절 등 각종 축일을 결정하는 역법이 천문학에 기초하고 있었기 때문이다. 예를 들어, 율리우스력Julian Calendar을 개정한 그레고리력Gregorian Calendar은 1582년에 교황 그레고리 13세Pope Gregory XIII에 의해 선포되었다. 18세기에는 교황들도 로마 대학에 천문대를 설치하는1774년 등 천문학을 적극적으로 지원하였다.

20세기에 들어서서도 가톨릭 내에서 이러한 천문학 연구의 전통은 계속되었다. 1927년, 벨기에 루뱅가톨릭대학교Catholic University of Louvain 물리학과의 조지 르매트르Georges Lemaître, 1894~1966 신부는 오늘날 대폭발이론의 전신이 되는 '원시원자가설hypothesis of the primeval atom'을 발표하기도 했다.[100]

지금도 천문학 연구의 전통은 바티칸 천문대Specola Vaticana를 통해 이어지고 있다. 바티칸 천문대는 교황청의 지원을 받는 천체 관측 교육 기관으로서 원래 본부와 연구소는 로마에 있었지만, 현재는 로마에서 남쪽으로 25㎞ 떨어진 카스텔 간돌포Castel Gandolfo에 있는 교황의 여름 궁전에, 천문대는 애리조나 주 새포드 인근의 그레이엄 산 국제 천문대Mount Graham International Observatory에 있으며, 많은 저명한 천문학자들이 연구하고 있다. 1993년, 그레이엄 산 천문대 바티칸 천문 관측 그룹은 직경 1.8m의 바티칸 고급 기술 망원경을 완성하였다. 2008년, 바티칸 천문대의 마이클 헬러Michał Kazimierz Heller, 1936~ 신부는 템플턴 상Templeton Prize을 받기도 했다.[101]

<그림 2-21> 르매트르좌와 카스텔 간돌포에 있는 천체망원경, 그리고 샤르댕

　과학에 대한 가톨릭의 관심은 천문학에만 국한되지 않았다. 프랑스 예수회 사제였던 샤르댕Pierre Teilhard de Chardin, 1881~1955은 또 다른 가톨릭 교회의 아이콘이었다. 프랑스 중부 오베르뉴 지방에서 태어난 샤르댕은 18세에 예수회에 입회한 후 신학과 과학을 두루 공부했고, 1911년에 사제서품을 받은 후 지질학과 고생물학, 고고인류학 등을 계속 연구했다. 1922년, 파리 소르본대학교에서 자연과학 분야 박사학위를 취득한 후 1923~1946년까지 중국에 머물며 과학을 연구했고, 특히 1929년에는 북경인 발굴 작업에 참여하기도 했다. 2005년, 유엔UN 본부는 샤르댕 사후 50주년을 기념하여 "인류의 미래 - 테이야르의 현대적 의의"라는 제목으로 심포지엄을 개최했을 정도로 그의 업적과 발자취는 높이 평가되고 있다.[102]

8. 요약과 결론

　교회사와 과학사를 돌아볼 때 우리는 과학과 기독교의 관계를 다음

몇 가지로 요약해서 말할 수 있다.[103]

첫째, 과학과 기독교의 전통이 공유하고 있는 실험적 전통이 있었다. 호이카스가 주장한 것처럼, 이론적 사유보다 경험적이고 실천적인 면을 강조하는 성경의 정신은 근대 실험과학의 탄생과 무관하지 않다. 가톨릭 국가였던 프랑스에서는 16세기까지 경험experience이란 말만 있었지 실험experiment이란 말은 없었다. 그러므로 이런 나라에서 실험과학이 탄생하는 것을 기대할 수는 없다. 여기서 우리는 예외적인 인물로 파스칼을 들 수 있지만, 파스칼은 소위 가톨릭의 칼뱅주의자라고 말하는 얀센주의 Jansenism에 속한 사람이었다.

둘째, 기독교가 견지하고 있는 피조물로서의 자연과 관리자로서의 인간관은 근대과학 정신과 공통적인 면이 있다. 비록 역사적으로 여러 가지 충돌과 적대의 예들이 있었지만, 성경은 자연계를 피조물로, 인간을 그 관리자로 선언한다. 성경은 자연을 자존적인 존재나 숭배의 대상으로 보지 않고 관리의 대상으로 보았다. 이것은 성경이 일관되게 제시하는 바이다.

셋째, 근대과학의 이상과 기독교의 이상은 상당 부분 공통된 부분이 있다. 특히 지식을 다른 사람을 섬기는 힘으로 파악했던 베이컨Francis Bacon, 1561~1626의 지식관은 성경에 뿌리박고 있다고 할 수 있다. 근대과학의 지식의 공개념은 기독교적 뿌리를 갖고 있다.

마지막으로 갈릴레오가 인용한 "두 책 이론The Doctrine of Two Books" 개념은 기독교의 오랜 전통이었다. 종교개혁자 칼뱅은 "자연은 하나님이 보이지 않는 잉크로 쓴 성경"이라고 했다. 그가 보기에 자연은 하나님의 작품이므로 자연을 연구하는 것은 하나님을 아는 지식을 구하는 것이었다.[104]

이상의 여러 가지 연구 결과들을 종합할 때 기독교와 과학의 관계는 시대, 사람, 장소에 따라 때로는 적이 되기도 하고 때로는 동지가 되기도 하였음을 볼 수 있다. 이는 성경과 과학, 혹은 신앙과 과학의 갈등이 양쪽의 본질적 내용이나 정신의 차이라기보다는 주변적인 요소들의 복합적인 상호작용에 기인한 바가 더 컸음을 보여준다고 할 수 있다. 성경의 근본적인 정신은 학문활동, 나아가 과학연구에 대해 긍정적이다. 다만 과학이 과학의 이름으로 과학이 아닌, 이데올로기를 주장할 때 과학은 기독교와 충돌했다. 과학이 과학의 이름을 내걸고 주장하는 대표적인 이데올로기는 과학이 가치중립적이라는 주장이다. 다음 강에서는 과학의 가치중립성 가정이 왜 문제가 되는지, 특히 기독교적 관점에서 과학의 가치중립성 주장이 가지고 있는 문제점들을 살펴본다.

토의와 질문

1. 저자는 종교와 과학의 관계에 대해 바버의 통합, 갈등, 독립, 대화 모델보다는 일치, 적대, 분리, 보완, 복합 모델이 역사적 사실과 현실을 더 잘 설명한다고 말한다. 당신의 생각은 어떤가?

2. 저자는 주류 과학과 곳곳에서 충돌하고 있는 창조과학을 일치 모델의 예로 제시하고 있다. 저자가 창조과학을 일치 모델의 예로 제시하는 것에 동의하는가? 그 이유는 무엇이라고 생각하는가?

3. 저자는 종교와 과학의 관계에 대한 자신의 네 가지 모델에 더하여 1980년부터 시작된 복합 모델을 제시하고 있다. 복합 모델의 장단점은 무엇이며, 과연 복합 모델을 종교와 과학의 관계를 설명하는 또 하나의 모델이라고 할 수 있을까?

제3강

과학관과 과학의 중립성

"만물이 그에게서 창조되되 하늘과 땅에서 보이는 것들과 보이지 않는 것들과 혹은 왕권들이나 주권들이나 통치자들이나 권세들이나 만물이 다 그로 말미암고 그를 위하여 창조되었고"

골로새서 1장 16절

과학철학의 중심 논제는 과학의 자격무엇을 과학이라 하는가, 과학적 이론의 신뢰성, 과학의 궁극적 목적 등이다. 일반적으로 과학철학은 다음과 같은 것을 논의하는 학문이라고 할 수 있다.[1]

- 과학의 정의: 과학이란 무엇인가?
- 과학의 기능: 과학은 무엇을 하는가?
- 과학의 한계: 과학의 한계는 무엇인가?
- 과학적 인식론: 과학은 어떻게 작동하는가?

과학철학은 논리실증주의論理實證主義, Logical Positivism 운동의 결과로 20세기 중반에 독자적인 하나의 철학 분야로 부상했다. 초기에 논리실증주의자들은 과학은 관측적이고 비과학은 비관측적이며, 따라서 비과학이 무의미하다고 했다.[2] 과학철학이라는 학문의 분야가 성립되는 데 가장 중요한 역할을 한 사람을 들자면, 비엔나 태생의 영국 철학자 포퍼Karl Raimund Popper, 1902~1994와 미국 과학사학자이자 과학철학자인 토마스 쿤Thomas Samuel Kuhn, 1922~1996이다. 이들에 대해서는 아래에서 좀 더 살펴볼 것이다.

과학철학을 생각할 때 마치 바늘과 실의 관계처럼 붙어 다니는 분야를 든다면 과학사이다. 과학사는 과학철학을 위한 일종의 실험실과 같은 기능을 하기 때문이다. 과학철학자가 아무리 그럴싸한 이론을 제시하더라도 그 이론이 과학사적으로 지지되지 않는다면 설득력이 없다. 그래서 헝가리 태생의 영국 과학철학자 라카토스Imre Lakatos, 1922~1974는 "과학사 없는 과학철학은 공허하고 과학철학 없는 과학사는 맹목적이다."라고 한 것이다.[3] 앞에서 언급한 포퍼나 쿤 등이 자신들의 주장을 뒷받침하기 위해 여러 과학사적 사실들을 인용하는 것도 바로 이 때문이다. 또한 많은 대학의 학과 이름에 과학사 및 과학철학을 붙여서 사용하는 경우가 많은데, 이 역시 마찬가지 이유에서이다.[4]

과학철학에서는 과학혁명을 가능하게 한 귀납주의Inductivism로부터 실증주의, 경험주의, 논리주의, 논리경험주의, 그리고 20세기 전반 비엔나 학파의 논리실증주의까지를 전통적 과학관으로 분류한다.[5] 그러나 여기서는 편의상 귀납주의와 논리실증주의만을 취급한다. 이어 귀납의 비귀납성과 논리실증주의 비판으로 시작된 포퍼의 반증이론Falsification Theory으로부터 파이어아벤트의 인식론적 아나키즘epistemological anarchism에 이르는 일련의 과학관을 새로운 과학관으로 분류하여 이들을 기독교적 관점에서 조망 및 평가하고자 한다.

1. 귀납주의 과학관과 가치중립

귀납주의적 과학관에서는 과학적 법칙과 체계는 관찰이나 실험에 의해 얻어진 확실한 사실을 토대로 귀납적인 방법을 통하여 얻어지며, 이러한 과학적 법칙과 이론으로부터 연역하여 미지의 사건이나 현상을 예측하고 설명한다. 그러므로 관찰과 실험에 의해 확증된 사례의 수가 늘어나고 관찰과 실험의 기술이 개발됨에 따라 주의 깊은 귀납추리에 의해 과학적 법칙과 이론은 더욱 더 일반화되고 확장된다.

(1) 귀납주의 과학관

귀납의 원리는 "많은 수의 A가 다양한 조건하에서 관찰되었고, 관찰된 A가 모두 B가 가진 성질을 갖고 있다면 모든 A는 B라고 일반화할 수 있다."라는 말로 나타낼 수 있다. 이러한 일반화가 정당화되려면 먼저 일반화의 기초가 되는 관찰이 수적으로 많아야 하고, 관찰은 다양한 조건하에서도 반복될 수 있어야 하며reproducibility, 이러한 관찰은 이미 도출된 보편법칙과 모순되어서는 안 된다.

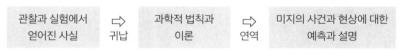

<그림 3-1> 귀납주의적 과학관

전통적 과학관의 중핵이랄 수 있는 귀납주의에서는 관찰, 경험 및 귀납추리 과정이 합리적, 중립적, 탈가치적이라는 사실에 근거하여 과학이 객관적이라는 판단을 내리고 있다. 과학의 신뢰성도 관찰과 귀납의 객관성에 대한 귀납주의자들의 주장에 근거하고 있다. 따라서 과학은 관찰자나 실험자의 취향, 의견, 희망, 기대, 신념이나 신앙 등 개인적이고 주관적인 것에 의지하지 않는다고 생각한다.

관찰과 귀납적 추리가 객관적이라는 말은 자연스럽게 귀납적 방법이야말로 믿을 만한 지식을 얻을 수 있는 가장 우수한 방법이며, 이러한 과정을 통해 얻은 과학적 지식이야말로 가장 믿을 만하다는 결론에 이르게 한다. 그러므로 주변 세계와 상황에 대한 객관적 지식의 습득이라는 인식론적 본능을 가진 인간에게 과학적 방법이야말로 가장 호소력 있는 지식 습득의 방법으로 등장하게 되었으며, 과학적 지식은 가장 진보되고 설득력 있는 최후의 지식으로 받아들여지게 되었다. 사람들은 근대과학의 출현 이후 지난 400여 년 동안의 눈부신 과학의 발달이야말로 귀납적 방법의 우월함을 증명하는 가장 큰 증거라고 생각한다.

(2) 귀납주의 비판

하지만 오랫동안 과학적 탐구의 왕좌를 지켜왔던 귀납주의는 다음과 같이 몇 가지 중요한 문제가 있음이 지적되고 있다.

첫째, 귀납주의는 사물에 대한 균형 잡힌 이해를 하지 못하게 한다. 과학적 방법의 객관성과 과학적 지식의 우월성에 대한 과도한 신뢰는 곧 과학과 관련된 여러 가지 이데올로기를 생겨나게 하였다. 직접 관련된 것으로는 과학주의, 기술주의 등을 들 수 있고, 간접적으로 관련된 것으로는 진보주의, 물질주의 등을 들 수 있다. 이러한 경직된 이데올로기들은 각각 고유한 자신의 목표들을 갖고 있으며, 이러한 목표들은 대체로 협소하여 추진력은 있으나 사물을 균형 있게 이해하는 데는 방해가 된다.

둘째, 귀납주의는 방법론적 환원주의에 빠지게 한다. 구체적으로 과학주의는 과학적 방법론과 지식을 절대화시켜 모든 학문은 과학적 방법으로 이루어져야 한다는 방법론적 환원주의와 과학적이지 못한 지식은 믿을 만하지 못하다고 하는 지적 독단주의를 내포하고 있다. **과학적 방법은 생물의 물질적인 측면이나 반성의 여지가 없는 무생명체를 대상으로 하는 연구에서는 매우 우수함이 증명**되었으나, 사람의 심리나 영적, 도덕적, 심미적 특성과 같이 인간의 내면이나 인간들로 이루어진 단체나 사회를 대상으로 하는 각종 연구에서는 단지 제한된 지식만을 제공하고 있음이 밝혀지고 있다.

셋째, 귀납주의는 귀납적 논리가 갖는 자체적 모순을 갖고 있다. 귀납주의에 대한 비판은 귀납적 추리를 정당화시키는 데 필요한 관찰 사례의 수는 어느 정도인가에 대한 모호함과 관찰과 경험의 비객관성 등으로 요약할 수 있다. 이 중 관찰 사례의 유한성에 대한 문제는 귀납적 진리에 개연성을 도입한, 소위 세련된 귀납주의sophisticated inductivism에 의해 어느 정도 해결된 듯싶었다. 즉, 앞서 말했듯이, "만일 다양한 조건의 변화 속에서 많은 A가 관찰되었고, 관찰된 A가 모두 B가 가진 성질을 가진다면 A는 B일 **가능성이 높다.**"라는 것이다. 정당한 귀납의 원리로부터 도출된 사실이 절대적으로 참임을 증명할 수는 없지만 개연적인 참은 될 수 있다는 주장이다.[6]

그러나 반증이론의 대표격인 포퍼는 귀납적 진리의 개연성조차 부정하고 있다. 반증이론에 의하면, **과학의 진보는 이론의 검증을 통하여 이루어지는 것이 아니라 대담한 가설과 이 가설에 대한 반증시도를 통하여 이루어진다.** 또한 훌륭한 이론이란 잘 증명된 이론이라기보다 반증시도에 대해 잘 견디어 내는 이론을 말한다. 따라서 어떤 이론은 단지 그것이 반증되어 오류임이 입증되기 전까지만 잠정적으로 받아들여질 뿐이며,

세상에는 반증되지 않는 것을 절대적으로 보증할 수 있는 과학이론은 존재하지 않는다고 본다.[7]

예를 들면 점쟁이의 점괘나 칼라일Tomas Carlyle, 1791~1881의 영웅사관 등과 같이 원리적으로 반증될 수 없는 이론은 과학적이 아니다. 훌륭한 과학이론이란 반증가능성은 높지만 반증은 되지 않는 이론이라고 할 수 있다. 예를 들면 빛의 속도를 30만km/sec라고 하는 것보다 299,725km/sec라고 말하는 것이 더 반증 가능성이 높기 때문에 더 과학적이라고 할 수 있다.

넷째, 귀납주의의 가장 큰 문제는 귀납적 논리가 기초하고 있는 **관찰과 경험의 비객관성**을 들 수 있다. 관찰과 경험의 객관성에 대해 의문을 제기하는 사람들의 주장은 인식론적 반론과 더불어 과학사의 많은 실례들을 들고 있기 때문에 상당한 설득력을 갖고 있다. 이 문제를 가장 설득력 있게 제시하고 있는 사람은 미국 철학자 핸슨Norwood Russell Hanson, 1924~1967이라고 할 수 있다. 핸슨은 『과학적 발견의 패턴Patterns of Discovery』에서 과학은 관찰로 더불어 시작한다는 종래 귀납주의자들의

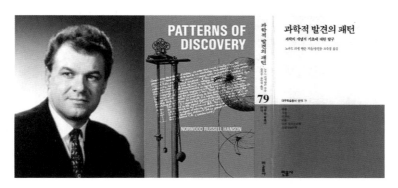

<그림 3-2> 핸슨과 그의 저서

주장을 반박하여, 관찰은 관찰자가 가진 기존의 이론에 의존하여 이루어진다는 소위 '이론 의존적 관찰theory-laden observation'을 주장하였다. 그는 다양한 예를 들면서 "봄으로 알게 되며 동일한 환경 하에서는 동일한 것을 본다."라는 귀납주의자들의 주장을 반박하고, **동일한 환경 하에서 동일한 대상을 보더라도 보는 사람에 따라 동일한 시각 경험을 주지 않음을 증명**하였다.[8]

포퍼는 전통적 귀납주의를 비판하면서 과학의 주요 특성을 관찰과 경험에 기초한 검증verification이 아니라 반증가능성falsifiability이라고 했다. 그는 고전적인 관찰-귀납의 과학 방법론을 거부하고, 과학자가 개별적으로 제시한 가설을 경험적인 증거가 결정적으로 반증하는 방법을 통해 과학이 발전한다고 주장하였다. 즉 '진짜' 과학적 주장은 오류임을 입증할 수 있다는 것이다. 포퍼는 한 명제가 반증가능한falsifiable 경우 그 명제는 경험 과학에 속한다고 말한다. 그러나 이 문제는 진리의 문제와 무관하다. 그는 "구획의 문제는 더욱더 중요한 문제인 진리의 문제와 구별된다. 거짓으로 밝혀진 이론도 거짓으로 밝혀졌음에도 불구하고 경험적 가설, 과학적 가설의 성격을 지닐 수 있다."라고 하였다. 포퍼는 논리적 반증가능성을 강조했지만, **반증가능성은 가설의 진위여부와는 무관하고 다만 명제의 논리적 구조와 관계가 있을 뿐**이라고 했다.[9]

포퍼에 의하면, 반증가능성은 과학과 비과학을 구별하는 경계문제 혹은 구획문제demarcation problem에서 유용하다. 예를 들어 정신분석학을 과학으로 간주해야 하는가? 창조과학, 다중우주설, 대폭발이론, 거시경제학, 국제정치학은 어떤가? 포퍼는 이것을 과학철학의 핵심 질문으로 삼았다.[10] 과학을 가장하여 인정할 수 없는 타당성을 주장하는 분야에는 의사과학pseudoscience, 경계과학fringe science, 쓰레기과학junk science 등이 있다. 이러한 사이비 과학을 정상적인 과학으로부터 구분하는 중요한 기준으로 포퍼는 반증가능성을 제시했다.

2. 구조로서의 과학

지금까지 우리는 관찰에서 출발하여 이론이 나온다고 생각한 전통적 귀납주의와 대담한 추측과 이 추측에 대한 반증시도를 과학적 활동이라고 본 반증주의에 대해 살펴보았다. 하지만 몇몇 학자들은 개별 이론과 관찰에만 집중하여 실제 과학활동을 설명하려는 시도는 너무나 단편적이기 때문에 과학의 이론은 구조적 전체로서 파악해야 한다고 제안하였다. 그 대표적인 인물이 헝가리 태생의 유대인 과학철학자 라카토스Imre Lakatos와 오하이오 주 신시내티 출신의 과학사가 쿤Thomas Samuel Kuhn이었다.

(1) 라카토스의 연구 프로그램

라카토스는 과학이론과 진보과정을 구조로서 파악해야만 과학의 발달과정에서 복잡한 이론이 발생, 성장하는 것을 잘 설명할 수 있다고 생각하였다. 그래서 과학이론을 조직화된 구조로 분석하려는 시도의 하나로 과학적 연구 프로그램research programme의 방법론을 제시하였다. 이 방법론에 의하면, 연구 프로그램이 새로운 사실을 계속 발견해내는가의 여부는 그것이 전진적progressive인가, 퇴행적degenerating인가에 의존한다. 즉 연구 프로그램이 전진적이면 계속하여 새로운 사실을 발견해 낼 것이고, 퇴행적이면 그렇지 못하다고 본다.[11] 라카토스는 연구 프로그램이라는

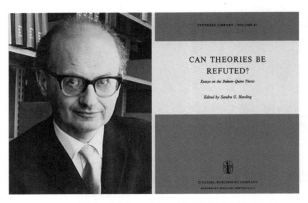

<그림 3-3> 라카토스와 그의 논문이 실린 책

구조를 도입하여 과학의 발전을 설명하려고 하였다.

(2) 쿤의 패러다임 변화 이론

라카토스와 더불어 과학적 연구와 진보를 구조로서 파악하는 데 가장 크게 공헌한 사람은 역시 토마스 쿤이라고 할 수 있다. 고등학생 시절부터 사회주의적 생각에 경도되어 활발한 학생활동을 했던 쿤은 2차 세계대전 중 하버드대학교 물리학과에서 학부를 마쳤다. 그가 대학을 다니던 때는 전쟁 중이었기 때문에 수업의 진행이 원활하지 못하였고, 2학년 때부터 군사 연구와 관련된 일을 하게 되었다. 그는 2차 대전 말기에는 잠시 참전하여 유럽에서 송수신 안테나를 세우는 일을 하기도 했다.

그 후 쿤은 대학으로 돌아와 1949년에 이론 고체물리학으로 박사학위를 받았다. 쿤은 물리학 공부 초기부터 물리학의 구체적인 이론이 아니라 왜 물리학 이론이 세계를 설명한다고 할 수 있는지와 같은 보다 본질적인 질문들에 관심이 있었다. 그러다가 그는 박사논문을 준비하면서 과학사에 흥미를 가지게 되었는데, 특히 당시 전통적 과학관이 과학이 역사적으로 발전해 온 방식에 대한 연구 결과와 동떨어져 있다는 점에 주목하였다.

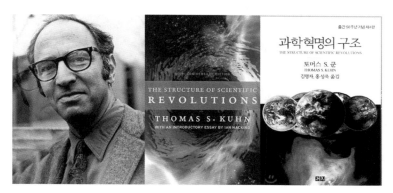

<그림 3-4> 쿤과 그의 저서

박사학위를 받은 후 쿤은 하버드대학교의 교양교육 및 과학사를 위한 조교수로 임용되었고, 이 시기에 코페르니쿠스 연구를 통해서 자신의 생각을 정교하게 다듬었다. 그는 코페르니쿠스의 업적에서 나타나는 혁명적인 모습과 보수적인 모습에 대한 분석을 담은 저서 『코페르니쿠스 혁명The Copernican Revolution』1957을 출간했고, 이후로 그는 물리학자가 아닌 과학사가로 확실하게 자리매김하였다.[12]

『코페르니쿠스 혁명』으로 유능한 과학사가로 학계에서 인정받은 쿤은 좀 더 도전적인 내용을 담은 『과학혁명의 구조The Structure of Scientific Revolution』1962를 출간했는데, 이는 곧바로 전 세계 과학사와 과학철학 연구자들에게 엄청난 충격을 주었다. 책이 출간된 후 얼마 지나지 않아 쿤의 견해를 주제로 한 학회가 여러 곳에서 열렸다. 하지만 『과학혁명의 구조』에서 쿤이 인용한 사례들은 대부분 20세기 이전의 과학적 업적들이 었기 때문에 이 책에서 제시하는 과학혁명의 모델이 현대과학에도 그 대로 적용될 수 있는지에 대해서는 상당한 한계가 있었다. 그래서 쿤은 1996년 죽기 직전까지『과학혁명의 구조』의 후속편에 해당되는 저서의 집필에 몰두하였다.

그럼에도 불구하고 쿤의『과학혁명의 구조』는 과학철학이란 분야의 형성에 크게 기여했다. 쿤은 이 책에서 과학의 진보가 귀납주의와 반증 주의의 주장과는 달리 혁명적인 과정을 통하여 일어난다고 제안했다. 그 의 제안을 도식으로 나타내면 다음과 같다.[13]

<그림 3-5> 패러다임 변화를 통한 과학혁명의 구조

첫 단계로는 과학이 형성되기 이전의 조직화되지 못한 다양한 활동 들, 즉 전과학前科學, prescience의 단계이다. 다음 단계로는 그 시대의 과학 자 공동체가 보편적으로 받아들이는 가정들, 법칙들, 그리고 이들을 적 용하는 기술들로 구성된 '패러다임paradigm' 내에서 이루어지는 정상과학 normal science의 단계가 있다. 그러다가 그 패러다임 내에서 해결할 수 없 거나 명백한 반증에 직면하는 많은 이상현상anomaly이 쌓이면 위기 상황

crisis이 도래하고, 그러면 과학자들은 이전의 낡은 패러다임을 버리고 위기상황을 해결할 수 있는 새로운 패러다임을 받아들이게 된다. 과학혁명이란 이와 같이 낡은 패러다임을 버리고 새로운 패러다임을 받아들이는 과정으로, 불연속적인 과정이라는 것이다.

쿤은 과학을 "체계화된 실험 방법에 의해 착실히 축적되는 지식의 획득"이라고 보는 전통적이고 귀납주의적인 과학관에 의문을 던지며, 모든 과학적 진보는 '패러다임'과 관계되었다고 주장했다. 그에 따르면, 과학의 발전은 점진적으로 이루어지는 것이 아니라 패러다임의 교체에 의해 혁명적으로 이루어지며, 이런 변화를 과학혁명이라고 부른다는 것이었다. 여기서 패러다임이란 특정 시대에 과학 분야를 정의하는 질문, 개념, 실례의 집합이다.

3. 인식론적 무정부주의

귀납주의적 과학관에서 출발한 과학관의 변천은 구조로서의 과학관에서 멈추지 않았다. 여기서 한 걸음 더 나아간 과학관은 소위 인식론적 아나키즘epistemological anarchism이었다. 비엔나 태생의 파이어아벤트Paul Feyerabend, 1924~1994는 '과학적 방법'과 같은 건 없으므로 초자연적 접근법을 포함해 과학에 대한 모든 접근법이 허용되어야 한다고 주장했다. 흔히 인식론적 무정부주의라고 불리는 이런 주장은 과학의 연구나 과학의 진보과정에 대하여 전통적인 과학관은 물론 새로운 과학관에조차 가장 도전적이고 급진적인 이론이라고 할 수 있다.

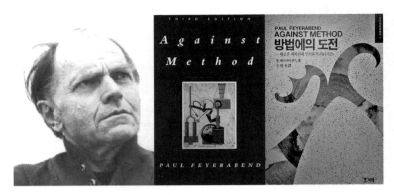

<그림 3-6> 파이어아벤트와 그의 저서

파이어아벤트는 『방법에의 도전Against Method』1976을 통해 과학이 지금까지 과학철학자들이 제시한 것처럼, 고정적이고 보편적인 규칙을 따라 진행한다는 생각에 정면으로 반박했다. 그는 지금까지 제시된 고정적이고 보편적인 규칙들이 주변 환경을 지나치게 단순화시킨 데서 비롯된 것으로 현실적이지 못하다고 했다. 그리고 그러한 규칙을 강화하는 것은 오히려 인간성 상실만을 가져올 위험이 있으며, 과학을 더욱 융통성 없고 독단적인 것으로 만든다고 지적했다. 그래서 모든 방법론은 나름대로의 한계를 갖고 있으며, 항상 보편적으로 지지될 수 있는 유일한 '규칙'은 "어떻게 해도 좋다Anything goes!"라는 것이라고 했다.[14]

파이어아벤트는 과학의 모든 활동을 설명할 수 있는 하나의 방법론은 존재하지 않는다고 보았다. 그리고 과학적 발전을 위한 인식론적 원칙은 어떤 것이라도 괜찮다는 인식론적 무정부주의라야 혁신이 보장될 수 있다고 보았다. 그는 한 가지 방법론을 전체에 적용시키려는 압력이야말로 과학의 진보를 가로막는 주범이라고 주장했다.

이 외에도 어떤 사람들은 지식이 사회학적 관점에서 어떻게 만들어졌는지, 즉 과학적 지식의 사회적 함의를 연구하기도 한다. 이의 대표적인 예로는 과학의 사회적 측면을 다루는 STSScience, Technology and Society라는 분야를 들 수 있다.

4. 새로운 과학관의 대두에 대한 원인

그렇다면 16~17세기 서유럽의 과학혁명 이후 오랫동안 의심의 여지 없이 받아들여지던 귀납주의가 20세기 중반 이후부터 본격적인 비판에 직면하고, 나아가 새로운 과학관이 대두된 원인은 무엇인가?

첫째, 귀납주의적인 논리 자체에 대한 반발이라고 볼 수 있다. 이것은 계몽시대 이래로 가정되어온 이성의 자율성에 대한 비판과도 무관하지 않다. 계몽주의자들의 기대와는 달리 생각보다 이성이 자율적이지 않음이 밝혀졌기 때문이다. 이성의 자율성에 대한 비판 중에서 네덜란드 자유대학교의 법철학 교수였던 도예베르트Herman Dooyeweerd, 1894~1977 등

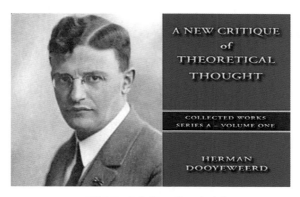

<그림 3-7> 도예베르트와 그의 저서

신칼뱅주의자들의 지적은 특히 날카롭다. 이들은 이성은 종교적 특성이 있는 세계관의 지시 하에서만 기능하는 것이지 결코 자율적인 것이 아님을 지적하였다. 근본적으로 관찰의 객관성과 관찰결과의 해석을 귀납적으로 추리하는 합리성에 기초한 귀납원리는 합리적이고 객관적인 이성의 존재를 가정하지 않고는 생각할 수 없다.[15]

둘째, 이성의 자율성에 기초한 과학이 생각보다 중립적이지 않음을 발견한 것이다. 즉 귀납원리를 통해 이루어지는 과학이 결코 가치중립적이지 않다는 것이 실제적인 경우에서 입증되기 때문이다. 과학사의 연구가 활발히 이루어짐에 따라 중요한 과학적 업적들에 관해 보다 자세한 과학철학적 논의가 이루어졌다. 이러한 과학과 관련된 인문과학의 진보로 과학연구는 연구주제나 연구대상의 선택에 작용하는 동기가치Motive Value, 연구과정이나 연구방법에 개입되는 과정가치Process Value, 연구결과의 사용에 관여하는 응용가치Application Value 등 각종 가치로부터 자유로울 수 없음이 밝혀지고 있다. 이러한 가치들은 연구에 직접, 간접으로 참여하는 사람들의 개인적 특성, 종교적 신념, 시대적 요청, 지역적 상황 등에 따라 다를 수 있고, 그것은 연구에 중요한 영향을 미친다.

셋째, 귀납적 논리에 근거했다고 하는 과학의 자연주의적 해석에 한계가 있음이 드러난 것이다. 합리성, 가치중립성, 객관성, 자율성 등의 가정을 기초로 발달한 과학은 자연에 대한 무신론적인 해석을 낳았으며, 금세기에 들어와 더욱 팽배해진 극단적 자연주의는 자연에 대한 올바른 해석을 제시하지 못하고 있다.

많은 과학자들은 생명현상을 비롯하여 자연에 나타나는 각종 현상들에 대한 자연주의적 해석이 한계에 부딪히고 있음을 시인하면서 좀 더 포괄적인 해석체계가 필요함을 인식하고 있다. 물리학자이자 시스템 이론가인 오스트리아 태생의 미국 물리학자 카프라Fritjof Capra, 1939~ 등이 주축이 되어 일어나고 있는 신과학 운동New Age Science Movement은 서구의 전통적 과학관으로는 오늘날 과학이 당면하고 있는 근원적인 문제를 도저히 해결할 수 없으므로 동양사상의 통합적, 유기체적 접근을 시도하고 있는 대표적인 예라고 할 수 있다.[16]

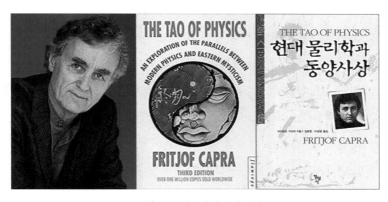

<그림 3-8> 카프라와 그의 저서

이처럼 새로운 과학관을 주장하는 과학철학자들은 과학은 가치중립적이지 않다고 말한다. 그러므로 새로운 과학관의 대두는 과학에 대한 종교적 조망의 여지를 남겨둔다고 볼 수 있다. 인간의 이성을 절대시, 우상시하던 계몽주의 정신에 근거한 전통적 과학관에 대한 비판은 상대적으로 이성의 자율성에 근본적인 회의를 제기하였다. 이것은 곧 과학의 중립성에 대한 회의였으며, 과학의 본질과 가치에 대한 문제였다. 그렇다면 과학의 중립성은 무엇이며, 이것이 기독교와 관련해서 갖는 함의는 무엇일까?

5. 과학의 중립성의 문제[17]

가치중립價値中立, value-neutral 혹은 value-free이란 말의 사전적 의미는 어떠한 특정 가치관이나 태도에 치우치지 않는 것을 말한다. 이를 과학에 적용하면 과학적 사실이나 기술 그 자체는 철저히 가치중립적인 것으로서, 아무런 다른 선험적 의미나 가치를 지니지 않는다는 것이다. 예를 들어 화석에 대한 연구가 있다고 하면, 그 연구는 과거에 살았던 생물에 관한 지적 호기심을 충족시켜 주는 것일 뿐 다른 사회학적 의미나 정치적 함의를 띄지 않는다는 것이다. 사실은 사실 그 자체일 뿐 사실 그 자체에 특정 가치나 신앙적 함의를 더할 수 없다는 것이다. 이것은 고대 그리스인들의 학문적 이상이기도 했다.

그러면 정말 과학은 가치중립적일까? 과학의 가치중립성이란 말은 어떤 측면에서 보는가에 따라 다양한 의미를 가질 수 있다. 홍성욱에 의하면, 철학적 관점에서 과학은 증거에 근거하여 사실 명제를 다루기 때문에 도덕이나 법, 사회문화적 가치와 무관하며, 방법론의 관점에서 과학은 중립성neutrality과 공평성impartiality으로 특정된다. 또한 사회학적 관점에서 사실을 다루는 과학자 공동체scientists community는 세상으로부터 자율성autonomy을 유지하며, 윤리학적 관점에서 과학자는 사실의 기술에 충실해야지 과학이 낳는 사회적 영향과 같은 윤리적 문제에 대해서는 고민할 필요가 없다.[18]

그렇다면 이러한 과학의 여러 측면이 지닌 이상과 같이 과학은 과연 가치중립적일까? 대부분의 과학자들이 생각하는 것처럼 과학이 중립적이고 객관적이라면, 그래서 과학이 인간의 감정이나 신앙, 선입견 등의 영향을 받지 않는다고 한다면, 어떤 문제가 생길까?

만일 과학이 가치중립적이라면 과학에 대한 기독교적 접근은 근원적으로 봉쇄된다. 아니 기독교적 접근 자체가 불가능하고 불필요하게 된다. 즉 과학이 기독교적Christian이라거나 기독교적이어야 한다는 등의 주장을 할 수도 없으며, 해서도 안 되며, 할 필요도 없게 된다. '기독교적'이라는 말은 명백히 가치를 내포하는 말이기 때문이다. 다시 말해 '기독교적'이라는 말에는 기독교적 가치가 반영된다는 의미가 내포되어 있다. 그러므로 만일 과학이 가치중립적이라고 한다면 과학에 대한 기독교적 접근은 원천적으로 불가능하고, 과학에 기독교적 가치를 부여하기 위해 시도할 필요도 없게 된다.

또한 과학이 가치중립적이라는 말은 과학이 죄의 영향을 받지 않음을 의미한다. 이것은 과학의 영역에는 하나님의 은혜가 필요하지 않으며, 과학은 창조주와 무관한, 자율성을 갖는 영역임을 의미한다. 과학이 가치중립적이고 자율적이라면, 과학은 스스로 하나의 왕국이고, 자존하며, 하나님이나 하나님의 나라와는 별개로 존재하게 된다. 이는 기독교적 세계관에서 중요한 전제 중의 하나로 제시되는, 창조구조는 인간의 타락의 영향을 받지 않는다는 것과는 전혀 별개의 문제이다.

그러면 반대로 만일 과학이 가치중립적인 것이 아니라면 어떨까? 즉 과학이 그 속에 어떤 가치를 내재하는 것이라면 어떨까? 그럴 경우 과학은 '신앙'에 의해 결정된다. 그렇다면 과학에 대한 기독교적 접근은 유용할 뿐 아니라 반드시 이루어져야 한다. 만일 가치중립적이지 않은 과학에 대해서 기독교적 접근을 하지 않는다면, 그것은 그대로 남아있는 것이 아니라 다른 가치에 의해 지배됨을 의미한다.[19]

과학의 중립성에 대한 논의는 기독교인 됨의 기본적인 전제와 직결되어 있다. 태초에 하나님은 천지만물을 만드시고, 그 만물에 대한 관리를 자신의 형상대로 창조한 인간에게 위임하셨다창1:28; 2:15. 그 위임된 사항 속에는 자연에 대한 통제력을 목적으로 하는 과학이 내포되어 있음은 말할 필요도 없다. 하늘과 땅의 모든 능력들이 그리스도의 권세 아래 있으며마28:19, 그 권세를 따라 피조세계를 다스려야 할 책임이 인간에게 있다면, 그리스도인은 과학을 포함한 모든 영역에서 그리스도께 순종하고 그분을 따라야 한다. 그러므로 그리스도인들은 자신의 신앙의 일부로 과학에서 기독교적 함의가 무엇인가를 연구해야 할 책임이 있다. 그렇다면 과학이 중립적이지 않다는 것은 어떻게 드러나는가?

6. 목적과 동기의 비중립성

과학이 가치중립이 아니라는 점은 과학 연구의 목적과 동기와 결과를 보면 쉽게 드러난다. 이 문제는 볼렌호벤Dirk Hendrik Theodoor Vollenhoven, 1892~1978의 지도로 암스테르담 자유대학교Free University in Amsterdam에서 철학을 공부했던 2세대 개혁주의 학자인 반 리센Hendrik van Riessen, 1911~2000이 『과학에 대한 기독교적 접근The Christian Approach to Science』이란 작은 책자에서 잘 요약했다.[20] 아래에서는 반 리센이 제시한 바를 중심으로 과학연구의 중립성에 대한 논의를 소개한다.

고대 그리스인들은 과학은 자연에 대한 경의와 호기심에서 출발한다고 하여 과학연구의 동기에 가치가 내재되지 않았음을 시사했다. 그러나 과학의 연구가 자연철학자들의 손을 떠나 전문 과학자들에게로 넘어오면서 과학의 연구는 지식을 통한 안전과 힘security & power through knowledge을 획득하기 위한 것으로 바뀌게 되었다. "아는 것이 힘이다Knowledge is

<그림 3-9> 반 리센좌과 볼렌호벤, 그리고 반 리센의 저서

power"라고 말했던 베이컨Francis Bacon은 힘으로서의 지식관을 구체적으로 표현했던 최초의 서구인이었다. 물론 베이컨이 말한 지식의 힘은 지배하는 힘이 아니라 봉사하는 힘이었으나 근대에 들어와 과학이 실제적인 힘을 소유하게 되자 과학은 쉽게 지배 이데올로기의 종이 되고 말았다.

이러한 과학의 동기에서의 타락은 근대에 나타난 것이 아니다. 그것은 인간의 타락한 본성과 직결된 것이었다. 타락한 인간은 하나님으로부터 독립하기 위해 과학으로부터 안전과 힘security & power을 추구하게 되었다. 이때의 힘이란 자연을 통제하기 위한 힘이기도 했지만, 또 한편으론 다른 인간을 지배하기 위한 지배력이기도 했다. 하나님으로부터 독립하여 주변 세계와 다른 사람들에 대한 지배력을 획득하기 위한 중요한 수단으로서의 과학 연구는 가치중립적일 수 없다. 하나님으로부터 독립하겠다는 의도 자체가 바로 타락의 근본 동인이었음을 생각한다면, 과학에는 처음부터 타락의 영향력이 강하게 작용하고 있었다고 할 수 있다.

그러면 구체적으로 인간의 타락과 더불어 타락한하나님으로부터 독립하려는 과학의 동기가 가져온 결과는 무엇인가? 우선 과학의 세속화secularization

를 들 수 있다. 더 이상 과학은 하나님의 명령, 즉 문화명령의 일부로 수행되는 것이 아니라 자신의 안전을 보장받고 다른 사람들을 지배하기 위한 힘을 얻기 위한 수단으로 전락하게 되었다. 그러면서 과학은 점점 무신론적인 특성을 띠게 되었다.

또한 과학은 점점 기계적이 되어갔으며, 기계화된 과학은 자연을 스스로 움직이는 자율적인 기계로 보기 시작했다. 과학이 기계화되면서 메커니즘만이 중시되는 과학은 필연적으로 인간의 소외alienation를 가져올 수밖에 없다. 과학은 더 이상 인간을 도와주고 인간으로 하여금 피조세계에 대한 하나님의 선한 청지기로서의 역할을 할 수 있도록 도와주는 것이 아니라 인간을 기계의 부품으로 전락시키고 인간을 무력화시키게 되었다. 이러한 과학의 비가치중립성은 역사 속에서 과학의 탄생과 성장과정을 살펴보면 더욱 더 분명해진다.

7. 역사 속에서 본 과학의 비중립성[21]

(1) 고대인들에게서의 과학

고대에는 과학을 전문으로 연구하는 현대적 의미의 과학자들이 없었다. 앞에서 언급한 것처럼 고대에는 대부분의 과학적 활동은 성직자들에 의해 수행되었다. 고대인들에게 있어서 과학의 연구는 일종의 신비적 행위였다. 과학적 지식은 자연에 대한 신화들과 혼합되어 있었기 때문에 자연에 대한 연구는 자연에 대한 통제는 물론 백성들에 대한 통제력을 유지하는 데 매우 중요했다. 천체관측을 통해 계절을 정확히 알고, 파종과 추수의 시기를 정하며, 고기잡이 나갈 때를 아는 것은 백성들을 다스리기 위한 권력의 기초가 되었다. 예를 들면 이집트에서 기하학이 발달한 것은 나일강의 범람과 밀접한 관련이 있었다. 메소포타미아에서는 조수간만의 차이를 정확하게 아는 것은 고기잡이나 농사에 매우 중요했다. 이처럼 과학은 결코 가치중립적인 이유를 갖고 연구된 것이 아니라 다른 가치를 반영하기 위한 수단이었다.

고대인들의 과학에 대한 동기에서 하나의 획을 그은 것은 그리스인들이었다. 그리스인들은 진리에 이르는 인간적이고 안전한 길을 갖기 위해 자연에 대한 연구를 신화*mythos*로부터 독립시켰다. 이들은 선험적인 절대 진리의 존재를 확신하며 이를 추구했다. 그들은 사람의 편견이 반영되지 않은 진리에 이르기 위해 완전한 관조*theoria* 상태를 믿었다. 자연에 대한 연구에서도 모든 신념과 신앙에 무관한 자연에 대한 지식, 즉 가치 중립에 대한 확신을 갖고 있었다.

그러나 이런 자연에 대한 그리스인들의 태도도 자세히 관찰하면 과학이 결코 가치중립적이 아님을 발견할 수 있다. 그리스인들이 불변하는 절대적 진리를 찾으려고 한 것은 불안하고 찰나적인 인간이 불확실한 세상에서 안전감을 갖기 위함이었다. 우주를 구성하는 원물질이나 이데아에 대한 추구도 결국 변하지 않는 궁극적 실재, 인간의 존재와 사고의 확실한 출발점이 될 수 있는 어떤 것을 찾으려는 시도에서 나온 것이라고 할 수 있다. 원물질로서 탈레스Thales, BC c.625~c.547가 주장했던 물이나 헤라클리투스Heraclitus, fl. BC 500의 원자, 피타고라스Pythagoras, BC 570~495의 숫자, 플라톤의 이데아나 아리스토텔레스의 4원소 등의 추구는 일종의 지적, 심리적, 육체적 안전에 대한 추구였다고 할 수 있다. 인간의 이성적 사고의 우월성에 대한 확고한 신념을 가졌던 그리스인들이었지만 이들에게 과학적 활동은 결코 가치중립적인 것이 아니었다.

(2) 중세과학에서 자연과 초자연의 분리

흔히 기독교가 지배하는 사회였다고 하는 중세 유럽에서도 과학의 가치중립성, 좀 더 정확하게 말하면 이성의 중립성에 대한 신념이 강했다. 이들 역시 그리스인들처럼 "자율적이고 중립적인 과학 연구를 통해 인간의 독립성을 추구make man independent by the autonomous and neutral pursuit of science"했다. 대표적인 인물로는 신앙과 이성이 독립적인 것임을 주장하기 위해서 이성이 지배하는 "자연적인 영역과 신앙이 지배하는 초자연적인 영역"으로 분리했던 아퀴나스Thomas Aquinas, 1224/5~1274를 들 수 있다.[22]

그리스 사고의 영향을 강하게 받았던 스콜라 철학Scholasticism에서도 마찬가지였다. 스콜라 철학자들은 죄란 초자연적인 것이 없는 상태이지 자연과 이성이 부패한 것이 아니며, 은혜는 자연과 이성의 회복이 아니라 초자연적인 존재의 선물이라고 주장하였다. 그들은 죄와 은혜는 자연과 무관하다고 주장하면서 자연을 연구하는 활동의 중립성을 주장하였다. 이것은 지금까지도 가톨릭 자연관의 기초가 되고 있다. 이처럼 중세 스콜라 철학자들의 자연관 역시 그리스인들의 동인과 크게 다르지 않았다.

(3) 근대과학과 과학의 중립성[23]

이런 중세의 자연관은 르네상스에 접어들면서 새로운 국면을 맞게 되었다. 과학의 휴머니즘적 요소들은 더욱 강화되었고 과학은 세속적 안전감과 힘을 만들어내는 방법으로서 더욱 장려되었다. 르네상스를 지나 근대로 들어오면서 과학은 여러 가지 면에서 달라졌는데 특히 자연을 연구하는 방법에서 획기적인 변화가 일어났다. 이전에는 비웃음의 대상이 되었던 실험이 사변을 대체하여 자연을 연구하는 가장 중요한 방법으로 인정되었고, 수리적 방법도 도입되었다. 그러면서 뉴턴의 역학체계는 우주를 더욱 더 기계적인 것으로 받아들이게 하였고, 과학의 중립성에 대한 사람들의 신념도 점점 더 강해져갔다.

이런 근대인들의 과학관에 정면으로 도전하고 나온 것이 바로 16세기 종교개혁자들이었다. 그들은 자연이 자율성을 갖고 있다는 가정을 비판하고 하나님과 무관한 어떤 것이 있다는 것에 반대하였다. 종교개혁자들은 아퀴나스나 스콜라 학자들의 주장을 반박하면서 우주에는 죄가 없는 것은 없고 하나님의 은혜가 필요치 않는 것은 없다고 생각하였다. 그러면서도 그들은 자연에 대한 소극적인 견해에 머물지 않고 좀 더 적극적으로 하나님께서 자신들을 피조세계를 관리하기 위해서 과학과 기술의 분야로 부르셨다고 믿었다.

종교개혁이 진행되는 동안 과학계에서는 인류 역사 이래 가장 중요한 문화혁명의 일종인 과학혁명이 진행되고 있었다. 역사가 버터필드Herbert Butterfield, 1900~1979가 코페르니쿠스의 지동설로부터 뉴턴의 역학에 이르는 140여 년 간의 과학적 진보를 과학혁명이란 말로 표현했을 때까지도 사람들은 과학혁명의 의미를 충분히 이해하지 못하고 있었다. 하지만 오래지 않아 사람들은 서구를 근대로 들어서게 했던 사건은 종교개혁이나 르네상스가 아니라 바로 과학혁명이라는 버터필드의 주장에 동의하게 되었다.[24] 과학혁명을 지나면서 우주는 하나님의 피조물이기는 하지만 하나의 거대한 기계로 인식되기 시작했다. 뉴턴의 역학체계가 확산됨에 따라 하나님은 우주라는 거대한 시계를 만들어 태엽을 감아놓는 일까지 하셨으나 지금은 자연으로부터 분리되어 계시다는 소위 이신론Deism, 'absenteeism' of God이 확산되기 시작했다. 하나님이 우주를 만드셨고, 그리고 그 우주를 완전한 법칙을 따라 운행하신다고 한다면 자연은 하나님 없이도 운행될 수 있다고 생각한 것이다.

이신론의 확산과 더불어 '전능하신Almighty' 하나님은 '전능한almighty' 과학으로 대치되었고, 자연계에는 하나님이 있을 곳이 없어졌다. 특히 18세기 중엽에 영국에서 시작된 산업혁명과 18세기 후반에 시작된 계몽 사상은 점점 더 인간의 이성에 대한 신뢰를 극대화시켰으며, 과학의 영역에서 하나님을 점점 더 배제하였다. 신학에서는 자유주의와 고등비평이 하나님을 몰아냈고, 과학에서는 이신론이 하나님을 창조주가 아니라 자연의 객으로 격하시켰다. 그러다가 19세기 진화론의 등장은 결정적으로 과학에서 하나님을 '생략'하는 계기가 되었다. 과학은 겉으로는 가치 중립을 표방하면서 실제로는 기독교적 가치를 세속주의나 무신론, 유물론 따위의 새로운 가치로 대치하였던 것이다. 과학의 이름으로In the name of Science …….

(4) 과학의 세속화와 과학의 중립성[25]

가치중립적 과학 지식이라는 신화에 대한 실질적인 도전은 먼저 종교 개혁자들, 특히 칼뱅주의자들에 의해 응용과학, 즉 기술의 분야에서 일어났다. 칼뱅주의자들은 과학적 지식의 도구적, 실용적 측면을 강조하였다. 이들에게 과학은 하나님의 피조세계를 관리하는 청지기의 도구였으며, 이웃을 사랑하기 위한 도구이기도 했다.

그러나 이러한 종교개혁자들이 생각했던 과학의 실용성은 얼마 지나지 않아 세속화되기 시작했다. 피조세계의 선한 청지기로 부름 받은 인간이 과학이라는 도구를 가지고 세상의 주인 행세를 하기 시작한 것이다. "아는 것은 예측하기 위해, 예측하는 것은 지배하기 위해서Savoir pour prevoir, prevoir pour gouverner"라고 말한 것은 바로 이를 두고 한 말이다.[26] 이 말은 과학 연구에 자연을 지배하려는 가치가 반영될 수 있음을 선언한 것이지만, 꽁트는 가치로부터 자유로운 지식으로 나아가는 것이 인류의 발전이라고 보았다. 그는 인간은 종교적신학적 단계에서 형이상학적철학적 단계, 그리고 마지막으로 과학에 근거한 산업의 단계로 나아간다고 보았다. 그리고 자신이 살고 있는 바로 그 시대가 인류역사에서 가장 발달한 산업의 단계, 즉 과학의 단계라고 보았다.

과학의 가치중립성에 대한 신화는 과학의 무한한 진보에 대한 신념으로 확장되었다. 무신론이나 유물론, 인본주의 따위는 과학의 중립성의 이름으로 선포되었다. 무신론은 전능하고 자율적이며 독립적인 과학의 나무에 열린 자연스런 열매였다. 또한 과학의 가치중립성에 대한 신화는 과학이 진보의 길을 따라 기술의 힘을 빌려 인간과 세상을 구원할 것이며, 따라서 그리스도 안에서의 구원은 더 이상 필요하지 않고, 인간은 인간 스스로가 구원할 수 있다는 인본주의적 신념을 만들어냈다. 이제 과학은 점점 더 노골적으로 세속적 가치를 주장하기에 이른 것이다.

8. 실증주의와 과학의 중립성

과학이 가치중립적이지 않다는 것은 역사적으로 증명될 뿐만 아니라 과학적 가치중립성의 근거라고 할 수 있는 실증주의實證主義, positivism의 문제에서도 분명하게 드러난다. 실증주의는 감각 경험과 실증적 검증에 기반을 둔 것만이 확실한 지식이라고 보는 인식론적 관점이자 과학철학이다.[27] 실증주의에서는 과학은 독립적이고 가치중립적인 것이며, 따라서 과학적 방법만이 지식을 얻고 세계를 지배하기 위한 유일한 방법이라고 주장한다. 그러나 앞에서 언급한 것처럼 과학의 중립성은 진보에 대한 신념에 근거하고 있으며, 이 신념은 증명할 수 없는 신화에 근거하고 있다.

실증주의의 영향을 받은 몇 가지 이론의 예를 생각해보자. 생명체는 물리적, 생물학적 법칙을 따라 연속적으로 더 나은 상태로 진보한다는 다윈Charles Robert Darwin의 진화론은 현존하는 세계로부터 유추한 가설이지 증명된 사실이 아니다. 스펜서Herbert Spencer는 실재는 물리적 법칙에 의해서만 지배되며, 종교와 무관하고 믿음보다 우수한 과학으로 얻어진 지식 세계를 구축할 수 있다고 주장했으나 이 주장 역시 아무런 근거가 없는 단순한 개인적 확신의 표현일 뿐이다. 역사적 유물론을 주장하며 역사는 필연적으로 공산주의 사회로 가게 된다는 마르크스Karl Heinrich Marx의 과학적 사회주의 역시 순수한 가설에 지나지 않는다.

과학의 자율성에 근거하고 있는 실증주의는 구체적으로 다음 네 가지 측면에서 비판할 수 있다.[28]

첫째, 실증주의의 가정 자체가 실증주의를 파괴한다는 점이다. 실증주의에 기초하고 있다는 마르크시즘을 생각해보자. 마르크스는 인간이 환경에 의해 결정된다고 했지만 그 가설이 보편타당함을 입증할 수 없다. 프로이트주의는 어떤가? 프로이트는 인간의 행동은 성적 욕구, 즉 리비도libido에 의해 지배된다고 했으나 그것을 입증하지는 못하였다.

둘째, 데이터의 선택 및 해석의 문제이다. 실증주의에서 가장 중시하는 데이터의 취득과 해석의 과정이 중립적일 수 없다. 데이터를 선택 및 해석하는 것은 연구자의 신념 체계에 영향을 받는다. 그렇다면 과학자들의 연구가 엄격히 실증주의에 기초하고 있음을 증명하는 것은 불가능하다.

셋째, 인간의 자율성과 실증주의는 양립할 수 있는 개념이 아니라는 점이다. 꽁트의 실증주의 철학과 같이 과학에 한계가 없고 과학이 모든 것들을 물리적 인과관계로만 설명한다고 하면, 인간의 자유와 책임은 어디에도 있을 수 없다. 이것은 인간이 자율적이며 자유로운 존재라는 인본주의의 기본 가정에 모순된다.

넷째, 실증주의가 내포하고 있는 진보주의는 이데올로기라는 점이다. 실증주의는 과학과 기술을 통한 사회의 진보가 필연적이라고 믿는다. 하지만 진보에 대한 실증주의의 신념은 전혀 가치중립적이지 않으며 증명된 것도 아니다. 진보주의에 의하면 인간의 역사는 무한히 진보할 것이라고 하지만, 20세기 실존주의의 기초를 놓았다고 하는 니체Friedrich Wilhelm Nietzsche, 1844~1900는 19세기는 진보가 아니라 퇴보의 세기라고 했다.[29]

<그림 3-10> 니체좌와 카이퍼

결국 실증주의는 이 시대의 비합리주의와 무신론을 낳았다. 실증주의에 대한 비판과 더불어 비합리주의가 이 시대의 정신으로 대두했다는 것은 흥미 있는 일이다. 비합리주의자들은 과학을 평가절하하며, 과학의 절대적 가치를 파괴하였다. 과학이 독립적이며 가치중립적이라는 실증

주의적 생각은 삶의 세속화와 무신론을 낳았으며, 인간과 과학의 소외, 나아가 과학 자체의 폐위dethronement를 가져왔다. 그래서 카이퍼Abraham Kuyper는 과학의 가치중립성의 개념을 "왼발로 절뚝거리며 뛰다가 넘어지는 계집아이a lass limping on her left leg"라고 불렀다. 즉 과학의 중립성 개념은 인간의 독립성과 자율성을 가정하는 인본주의와 양립할 수 없다는 것이다. 과학의 자율성을 받아들인다면 과학의 자율성은 인간에게 자율성을 주지 못한다.[30]

9. 과학의 중립성과 기독교적 관점

과학이 중립적이라는 가정은 어떤 관점이나 신념, 신앙도 배격한다. 과연 가치 내재적 존재인 인간이 과학에서 모든 가치를 배격할 수 있을까? 역사는 이것이 불가능하며 이러한 배격의 이면에는 새로운 가치가 똬리를 틀고 있다는 사례를 수없이 보여주고 있다. 니체는 하나님은 죽었는데 다만 인간이 하나님이 살아있는 척하고 있을 뿐이라고 했다. 그는 진리라는 개념은 하나님이 존재한다는 개념 위에 세워져있기 때문에, 인간은 이 세계에 속한 것 외에는 어떤 것도 발견할 수 없으며 진리에도 이르지 못한다고 했다. 그러나 이러한 주장은 아이러니컬하게도 과학이 중립적, 독립적이며 과학적 방법으로 진리에 도달할 수 있다고 말하는 실증주의의 기초를 파괴한다. 가치를 부정하고 가치중립의 신화에 매여 있는 사람은 그렇지 않은 사람들보다 훨씬 더 강력한 가치체계의 희생제물이 될 수 있다. 히틀러나 스탈린 같은 폭군이 그 대표적인 예라고 할 수 있다.[31]

절대자 하나님과 하나님께 근거한 절대 진리를 부정하게 되면 인간의 이성을 신봉하는 이성주의로 가게 된다. 하지만 인간의 이성도 신뢰할 수 없게 되면 상대주의로, 나아가 불가지론으로 가게 되고, 결국 남는 것은 허무주의 내지 비관주의만 남는다. 이렇게 되면 유일한 진리의 기준은 현세적 유용성뿐이다. 여기서 새로운 미국적 실용주의가 등장하게 된다. 실용성이 진리의 기준이 될 때 하나님도 유용하지 않다면 버려야 한다는 제임스William James, 1842~1910의 극단적인 실용주의 주장도 나온다. 하나님의 존재는 인간이 어떻게 생각하느냐에 달렸다는 그의 주장은 "하나님이 인간을 만든 것이 아니라 인간이 하나님을 만들었다."라고 한 슐라이어마허Friedrich D.E. Schleiermacher, 1768~1834의 주장이나 하나님이 죽었다고 한 니체의 주장과 같다.

<그림 3-11> 제임스좌와 슐라이어마허

이러한 과학의 가치중립성은 불가피하게 기독교 신앙과 충돌하게 된다. 과학적 지식이 가치중립적이라는 말은 첫째, 과학적 활동과 그것의

결과가 객관적이라는 의미이고, 둘째, 과학적 지식은 인간의 정서나 이해관계, 신념, 신앙과 무관하다는 의미이고, 셋째, 과학적 지식은 절대적으로 진리라는 의미이다. 그러나 위에서 살펴본 것처럼, 과학 연구는 가치중립적이지 않고, 오히려 다음과 같은 가치를 내재한 분명한 모티브가 있다.[32]

첫째, 과학을 통해 인간의 독립을 추구하려는 모티브이다. 이것은 에덴동산에서 아담과 하와가 타락한 바로 그 모티브이며, 르네상스와 계몽시대를 지나면서 드러난 하나님에 대한 인간의 의도적인 반역의 모티브이다. 하나님을 떠나려는 인간의 독립 추구는 더 이상 가치중립이 아니며 하나님을 거역하는 일이다.

둘째, 과학을 통해 실재세계에 대한 지식을 추구하려는 모티브이다. 물론 기독교세계관적 관점에서는 실재에 대한 지식 추구의 모티브만을 가지고 과학의 가치중립성을 비판할 수는 없다. 하지만 이 모티브 역시 에덴에서 선악과가 가졌던 의미와 상통한다.

이러한 두 모티브의 이면에는 주관적 신념이나 신앙이 내재해 있다. 칼뱅주의자들이 분명한 신앙적 동기를 가지고 과학을 연구했던 것과 같이, 현대 과학이 존재하게 된 것에도 일종의 '신앙적' 모티브가 관여한다. 즉 과학의 연구 결과뿐 아니라 그것의 가정, 연구의 방향 등에도 분명한 가치가 반영되고 있다는 것이다.

현대 과학의 가장 중요한 반 기독교적 뿌리는 과학적 지식의 가치중립성에 대한 가정이다. 하지만 과학에서 중립성이란 결코 존재한 적이 없었으며, 앞으로도 존재하지 않을 것이다. 그럼에도 불구하고 과학은 지금까지 가치중립성과 자율성이라는 가정 아래 삶의 의미, 인간의 안정성, 나아가 인간의 자유까지 위협하는 존재가 되었다. 그러므로 그리스도인들은 항상 자신은 물론 다른 과학자들이 어떤 '믿음'에 근거하여 연구를 하는가를 살펴봐야 한다. 그리고 그것이 하나님의 법도 내에서 이루어지는지를 살펴봐야 한다.

과학적 활동이 가치중립적이 아닌, 가치내재적 활동이라면 과학을 연구하게 하는 활동의 동인은 무엇일까? 과학은 단순히 자연현상을 설명하는 것에만 그치지 않고 실생활에 응용되면서 영향을 주고받는다. 이 과정에서 일부 과학은 그 본래의 목적을 상실하고 다른 용도로 이용되기도 하는데, 한 예로 노벨Alfred Bernhard Nobel, 1833~1896의 다이너마이트가 있다. 뿐만 아니라 과학연구가 실생활에 응용되는 예도 많아져 그 자체로 경제적 가치를 지니게 되는 경우도 있는데, 예로 자동차 산업이나 반도체 산업 등을 들 수 있다. 이렇게 과학이 정치·사회·문화와 많은 영향을 주고받게 되면서, 연구를 시작한 이유와 그 연구가 끼치는 영향을 고려할 때, 과학이 과연 가치중립적인 것인가에 대한 논의가 다시 등장하게 되었다.[33]

10. 과학의 중립성의 결과

과학의 가치중립성 논란과 관련해서 어떤 사람들은 과학적 지식은 중립적이지만, 그것을 이용하는 사람들에 의해 의미나 가치가 결정된다고 주장한다. 또 어떤 사람들은 과학적 지식은 중립적이지만, 과학을 연구하는 과학자 역시 인간이므로 자신의 사회적·종교적·정치적 배경에 따라 연구방향에 가치가 개입될 수밖에 없다고 주장한다. 앞에서 지적한 것처럼, 과학적 지식이나 과학적 활동은 그 자체 안에 중립적이지 못한 요소를 포함하고 있음에도 불구하고,[34] 여전히 과학의 중립성이라는 신화가 많은 과학자들이나 일반인들 속에 널리 퍼져있다.

그렇다면 이러한 과학적 지식의 중립성에 대한 신화는 어떤 결과를 야기하며, 특히 그것이 기독교 신앙과 관련하여 어떤 문제를 제기하는가?

(1) 과학적 지식의 객관성

먼저 과학의 중립성에 대한 신념은 과학적 지식의 객관성에 대한 신념으로 이어졌음을 지적할 수 있다. 그리고 객관적인 과학은 인간의 신앙으로부터 자유로운 과학, 나아가 책임질 사람이 없는 과학을 만들어냈다. 이로 인해 과학적 지식은 자율적이고 제국주의적 특성을 갖게 되었다. 곧 과학적 지식만이 믿을만한 지식이고, 과학적 방법만이 믿을만한 지식을 획득할 수 있다고 확신하게 된 것이다.

그러나 과학적 지식의 객관성의 문제는 이미 여러 철학자들에 의해 제기되었다. 현상학의 창시자라고 하는 독일의 후설Edmund Husserl, 1859~1938은 일생동안 과학적 지식의 객관성과 가치중립성을 증명하기 위해 노력했으나 실패하였다. 영국의 화이트헤드Alfred North Whitehead, 1861~1947는 자신의 과학이 철학으로부터 자유롭다고 생각하는 과학자는 이미 우연철학chance philosophy에 사로잡힌 사람이라고 지적하였다.

(2) 과학과 인간의 소외

또한 과학의 중립성은 과학으로부터 인간의 소외를 가져왔다.[35] 과학의 중립성은 과학적 지식의 객관화로 이어지고, 이로 인해 과학적 지식은 인간과 무관한 지식이 되었다. 이처럼 과학과 인간이 소외되자 과학적 방법을 통해 얻은 지식과 지식의 힘이 인간에게 부와 안전을 약속하기보다 인간을 대항하게 되었다. 인간이 발전시킨 기술이 점점 비인격적이 되어가고, 인간으로부터 독립적이고 자충족적인 힘이 되어가며, 때로는 인간의 이익에 반하는 역할을 하기에 이르렀다. 사실 처음에는 인간이 과학을 발전시켰으며, 때문에 과학은 인간의 조절 능력 안에 있었다. 그러나 현대에 와서 과학의 힘은 인간에게 대항하는 것은 물론 어떤 의미에서는 과학자들의 조절한계도 넘어섰다.

가톨릭 신학자 과르디니Romano Guardini, 1885~1968가 지적한 바와 같이, 중세 이후로 인간은 다양한 연구영역을 자율적으로 만들어 실재에 대한 지식을 얻고자 했으나, 이로 인해 인간은 과학의 영역에서 하나님을 추방하고 말았다. 하나님을 떠난 인간과 그들이 만든 과학으로 인한 인류 문명의 위기를 구하는 유일한 방법은 다시금 연구에 믿음의 영역을 도입하고 바른 가치의 중요성을 인식하는 것이다.

(3) 과학의 세속화

마지막으로 과학이 다른 신앙이나 가치의 영향으로부터 자유롭다는 가상적 중립성은 불가피하게 과학의 세속화를 초래하였다. 과학이 문명과 문화에 미치는 영향이 커지고 이에 기초한 문화가 세속화됨에 따라 그리스도인들의 삶도 점차 세속화되어갔다. 그리스도인들의 삶을 세속화시킨 세 가지 이유를 살펴보면 다음과 같다.[36]

첫째, 눈에 보이는 과학과 기술의 힘이다. 과학의 발달 위에 만개한 기술문명의 위력은 때로 하나님의 능력이나 기도의 능력과 경쟁하게 되었다. 병이 났을 때 사람들은 기도하는 동시에 병원에도 가고 약도 먹는다. 그로 말미암아 병이 나았을 때는 그것이 하나님의 능력으로 나은 것인지, 의술의 힘으로 나은 것인지가 불분명해진다. 물론 하나님이 의술을 통해서 역사했다는 정답을 알고 있지만, 아무래도 사람들은 눈에 보이는 의술과 약의 효과를 더 신뢰하게 된다. 과학과 기술의 힘은 그리스도인들의 삶의 구석구석에까지 손으로 만질 수 있도록 침투해 있지만, 교회의 영향이나 하나님의 능력은 신자들의 생생한 삶의 현장과 연결되지 못한다. 그래서 사람들은 하나님의 은혜에 더하여 자연의 자율성을 함께 신뢰하게 된다.

둘째, 물질적 부요이다. 산업혁명 이후 과학적 지식이 기술과 산업에 적용되면서 생산성은 증가하게 되고, 사람들의 삶은 편리하고 풍요롭게 되었다. 이로 인해 인류는 역사상 어떤 세대도 경험하지 못한, 전무후무한 물질적 부를 누리게 되었다. 하지만 과학의 발달로 물질적으로 부요해지면 사람들은 기도하지 않고 하나님을 섬기지 않게 되며, 이는 결국 삶의 세속화로 이어진다.

셋째, 기독교에 대한 회의이다. 사람들은 과학과 기술이 발달하면서 현대문명이 직면하는 많은 위기와 이슈들에 대해 과연 기독교가 해답을 제시할 수 있는가에 대한 회의를 갖게 되었다. 그리스도인들조차도 기독교가 정치, 교육, 윤리, 문화, 사회가 직면하고 있는 제 문제들에 대한 기독교적인 답변을 줄 수 있는지 회의를 갖게 되었다. 하나님이 다양한 삶의 영역에서 자신에게 요구하시는 바를 분명하게 깨닫지 못함에 따라 그리스도인의 삶에는 신앙과 무관한, 중립적이고 사실에만 근거한다고 주장하는 과학의 영역이 늘어나게 되었다. 그리고 이는 필연적으로 그리스도인으로 하여금 우연철학chance philosophy의 희생물이 되게 하였다. 그리스도인들이 삶의 모든 부분들을 하나님께 연관시키지 못하면 부지불식간에 과학의 가장된 자율성이 우상으로 기능하게 된다.

이러한 과학의 가상적 중립성은 과학에 대한 기독교적인 접근을 시도

할 때 가장 큰 장벽이 된다. 왜냐하면 사람들은 기독교의 '편견'을 중립적인 과학에 도입해서는 안 된다고 주장하기 때문이다. 그리스도인들 중에서도 기독교는 자신의 고유한 영역을 지켜야지 과학의 영역에서 월권행위를 하면 안 된다고 생각하는 사람들이 있다. 이들은 하나님을 섬기는 영적인 영역은 물질계와 관련된 과학의 영역과는 무관하다고 주장한다. 하지만 인간의 삶의 영역에서 신앙과 무관한 영역이 있다면 그것은 곧 하나님과 무관한 영역, 하나님이 통치하지 않으시는 영역이 있다는 의미이다. 그러므로 과학의 중립성은 성경의 하나님을 천지의 창조주이자 주권적 섭리자라고 고백하는 기독교세계관과 양립할 수 없는 개념이다.

11. 과학적 지식의 특성

현대의 찬란한 기술문명이 과학적 지식의 기초 위에 건설되었기 때문에 많은 사람들은 과학적 지식과 방법의 우월성을 의심하지 않는다. 이로 인해 사람들은 과학적 지식은 다른 어떤 지식들보다 더 우월하며, 과학적 방법은 다른 어떤 방법들보다 진리에 이르는 더 탁월한 방법이라고 생각하게 되었다. 하지만 이러한 사고야말로 과학에 대한 기독교적 조망을 가로막는 가장 큰 장애 중의 하나라고 볼 수 있다.[37] 한 가지 분명한 사실은 과학적 방법은 반성의 여지가 없는 무기물을 대상으로 하는 한 가장 생산적인 방법이라는 점이다. 그러나 과연 과학적 지식이 반성의 여지가 있는 인간이나 사회를 대상으로 하는 다른 지식들보다 우월한가? 모든 지식들은 과학적 지식으로 환원될 수 있으며, 환원되어야 하는가? 과학적 방법은 모든 지식을 생산하는 가장 우월한 방법인가?

엄마가 아이를 데리고 심리학자에게 간다고 하자. 그러면 어떤 면에서는 아동심리학자가 아이에 대하여 더 많은 정보를 갖고 있다고 할 수 있지만, 과연 정말로 그런가? 모든 아이들의 공통적인 심리에 관한 한 아동심리학자가 더 많이 알고 있겠지만, 특정한 한 아이의 상태에 대해서는 그 아이의 엄마가 훨씬 더 잘 알고 있을 것이다. 즉 아이의 어떤 면에 대한 지식인가가 중요한 것이다.

이와 관련하여 과학사에 한 가지 유명한 일화가 있는데, 그것은 덴마크 천문학자 티코Tycho Brahe, 1546~1601의 일화이다. 1572년 11월 11일, 그는 밤하늘을 관측하다 카시오페이아 자리에 나타난 초신성超新星을 처음 발견했다. 평소에 다섯 개의 밝은 별로 이루어진 별자리에 훨씬 더 밝은 별이 빛나고 있었다. 티코는 당대 최고의 천문학자였지만, 달보다 먼 월상세계superlunar world에서는 아무런 변화도 일어나지 않는다는 플라톤적 우주론에 젖어있었다. 그래서 그는 새로운 별이 나타난 것을 받아들일 수가 없었다. 그러다가 일설에 의하면 어느 날 한 농부에게 저 새로운 별을 본 적이 있느냐고 물었더니 선입견이 없었던 농부는 아무렇지도 않게 며칠 전에 새로 생긴 별이라고 알려주었다고 한다. 천문학에 아무런 선입

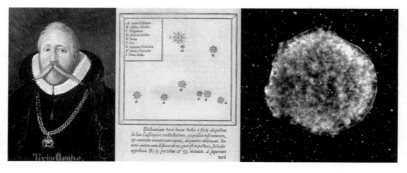

<그림 3-12> 좌에서부터 티코와 그가 발견한 SN1572,[38] 그리고 NASA에서 촬영한 SN1572[39]

견이 없었던 농부는 쉽게 발견했지만, 티코는 그렇지 못했다. 그 후 티코는 2년 동안 쭉 조사했는데 금성만큼이나 밝았다고 기록하고 있다. 이 별이 바로 그의 이름을 딴 '티코의 초신성Tycho's Supernova'이었고, 정식명칭으로는 SN1572로 알려져 있다.

과학적 지식이나 방법론은 진리에 이르는 하나의 방법이지 유일한 방법이 아니다. 각 학문 영역에는 나름대로 학문의 방법이 있다. 아무리 현미경이 좋아도 현미경으로 별을 관측할 수 없으며, 아무리 망원경이 좋아도 망원경으로 세포를 관찰할 수는 없다. 각 학문의 분야에는 그 분야만의 독특한 진리들이 있으며, 그 진리들을 발견하는 독특한 방법이 있을 수 있다. 물론 과학적 지식도 나름대로 독특한 방법과 구조를 갖고 있는데, 이는 과학적 지식이 전문화되었음을 의미한다.

(1) 과학적 지식의 전문화

근대 과학의 가장 큰 특징의 하나는 바로 전문화이다. 과학혁명기를 거치면서 과학적 지식의 폭발적 증가로 말미암아 전문화는 급속도로 이루어졌다. 특히 18~19세기를 지나면서 아마추어 과학자 시대는 가고 전문 과학자 시대가 도래하였다. 전문화professionalization라는 말은 다른 말로 파편화fragmentation라고도 할 수 있다. 과거 과학자들이 가졌던 자연에 대한 종합적, 전반적인 조망은 사라지고 좁은 한 영역만을 연구하는 '협사狹士'가 되었다는 의미이다.

과학이 전문화되었기 때문에 과학의 전문가가 아닌 사람은 과학에 대해 아무런 말도 할 수 없는가? 그렇지 않다. 도리어 그 반대이다. 과학이 전문화되었기 때문에 과학 전체, 나아가 문명 전체의 관점에서 과학을 조망하고 평가하는 작업이 필요한 것이다. 이는 과학적 지식의 전문가와 과학적 지식의 평가와 조망에 대한 전문가가 반드시 같을 필요는 없음을 의미한다. 이것은 마치 축구에서 선수와 코치의 관계와 같다. 코치는 선수보다 축구를 잘 하지는 못하지만, 일반적으로 코치는 선수가 축구를 얼마나 잘 하는지를 선수 자신보다 더 잘 평가할 수 있다. 지식과 기술의 전문가가 후에 평가의 전문가로 변하기도 하지만, 일반적으로 지식의 전문가와 평가의 전문가는 다르다.

(2) 과학적 지식의 구조

과학적 지식의 평가를 위해 우리는 먼저 과학적 지식에는 세 가지 추상화abstractions 혹은 초월transcendence이 있음을 이해해야 한다.[40]

첫째, 과학적 지식은 실용성을 초월한다. 예를 들어 허블우주망원경 Hubble Space Telescope이나 입자가속기 등은 실용성과는 거리가 멀지만 엄청난 예산을 투입해서 연구한다. 그러나 실용성을 초월했다고 해서 객관성을 보증하는 것은 아니다. 사람은 결코 자신이 하고 있는 일로부터 자신을 초월할 수 없다.

둘째, 과학적 지식은 실재에 대한 조화로운coherent 전체를 추상화한 것이다. 말이 어렵기는 하지만 존재의 양상의 하나를 얻기 위하여 그 존재의 다른 양상들과 연결된 실재의 복잡성, 상호연관성을 포기한다. 예를 들어, 네덜란드의 도예베르트Herman Dooyeweerd, 1894~1977가 말한 것과 같이 사람에게는 환원시킬 수 없는 15개의 양상이 있는데, 과학은 주로 하위 양상들예를 들면, 일곱 번째 양상인 분석적 양상 이하의 양상들에 관련되어 있다. 그러므로 과학적 지식만을 실재에 대한 지식의 전체라고 생각하는 것은 잘못된 것이다.[41]

셋째, 과학은 실재를 지배하는 보편적 법칙들에 대한 지식에 집중한다. 즉 과학은 즉각적인 경험의 세계를 다루기보다 일반화된 법칙을 다룬다. 과학은 가능하면 단순하고도 완전한, 조화로운 법칙을 만들려고 한다. 예를 들면 과학자들은 케플러의 행성운동법칙보다 이 법칙을 포함하는 좀 더 포괄적이고 보편적인 뉴턴의 운동법칙과 중력법칙을 만들려고 한다. 또한 과학적 법칙이란 보편적이면서도 이상화된 현실을 반영한다. 한 예로 그렇게 잘 증명되었다고 하는 뉴턴의 운동법칙이지만 이 법칙을 엄격하게 만족시키는 현실은 존재하지 않는다. 뉴턴의 운동법칙은 마찰이 없는 이상화된 상황에서만 성립하는데 그런 곳이 지상에는 존재하지 않는다.

(3) 과학적 지식의 한계

끝으로 과학적 지식의 구조는 우리들에게 과학적 지식의 한계를 말해준다. 반 리센은 이를 네 가지로 나누어 설명한다.[42]

첫째, 도예베르트의 표현을 빌면, 과학은 모든 존재 양상의 하위 양상들만을 다룰 뿐이다. 따라서 과학적인 방법으로 다룰 수 없는 실재에 대한 다른 양상들생명, 정서, 아름다움, 정의, 윤리, 신앙 등이 있음을 염두에 둬야 한다. 그렇지 않고 다양한 실재에 대한 양상들예를 들면, 도예베르트의 15개 양상들을 한 양상으로 환원하려고 하면 항상 많은 문제가 발생한다.[43]

둘째, 과학은 실재의 개별성에 의해 제한된다. 과학은 데카르트Rene Descartes가 『방법서설』에서 지적한 분석적 능력에 대한 신뢰에 근거하고 있다. 곧 복잡한 전체를 개별적으로 분석하여 연구하고, 연구한 개별적인 지식의 총화를 전체에 대한 지식과 동일시하는 것이다. 그러나 개별의 총화가 전체가 되지 않을 때가 자주 있다. 한 예로 사람은 세포로 이루어져 있지만 세포를 모은다고 사람이 되는 것은 아니다.[44]

셋째, 과학적 지식은 실재를 지배하는 법칙에 관한 것이지 실재 그 자체를 반영하는 것은 아니다. 그래서 프랑스 철학자 베르그송Henri Bergson, 1859~1941과 미국의 심리학자이자 철학자인 제임스William James, 1842~1910는 과학적 지식은 실재의 특성과 분명히 다르기 때문에 진리를 제공할 수 없다고 주장하면서 비합리주의자로 선회하였다. 이들은 법칙에 종속된 실재와 과학이 추구하는 법칙들의 차이를 인정하지 않았다.[45] 하지만 과학의 법칙들이 실재 그 자체는 아니지만 실재를 추상화한 이상적 표현임은 부인할 수 없다. 과학적 법칙이 실재를 100% 반영하지 못한다고 해서 비합리주의자가 된다는 것은 과도한 논리적 비약이라 생각된다.

넷째, 인간의 자유와 책임은 과학으로 결정될 수 없다. 이런 것들은 과학의 한계를 넘어선 것들이다. 자유는 과학에서 일종의 전제라고 할 수 있다. 신학적으로 무한하고 전능하신 하나님이 자신의 완전한 목적을 위해 지배하고 다스리는 창조질서 내에 인간의 자유가 존재할 수 있는가? 이것은 신학적으로 설명하기 어려운 질문이지만, 우리는 인간의 자유와 책임을 과학적 설명이 없이 선험적으로 가정한다. 인간의 자유와 책임을 가정하지 않는다면 기독교적 관점에서 바른 과학관을 정립하려는 노력은 시작조차 할 수 없기 때문이다.

지금까지 과학적 지식의 구조와 특성, 한계에 대해 살펴보았다. 과학적 지식의 우월성이나 과학적 방법의 탁월성은 자칫 과학이 신앙조차 재단할 수 있는 것처럼 오해할 소지가 있다. 하지만 과학적 지식이나 방법론의 한계는 명백하며, 과학의 시대에도 신앙은 유효하며, 성경은 우리에게 과학적 지식의 의미를 알려준다.

12. 신앙과 과학과 성경

과학은 항상 신앙에 의해 인도되고 영감을 받지만, 과학은 그 자체가 신앙이 아니며 신앙의 대상도 아니다. 하나님과의 관계는 과학적 분석의 대상이 아니다. 하나님을 믿는다는 것이 탁월한 과학적 업적을 보증하지도 않는다. 그러나 하나님을 믿지 않는 사람이 더 나은 업적을 이룰 수 있다고 해도 그것이 믿음의 진실성에 영향을 끼치지는 못한다. 또한 성경은 과학 교과서가 아니므로 과학적 지식을 제공하지도 않는다. 과학은 성경에서 말하는 것과 경쟁하거나 성경의 내용을 판단할 권리가 없다. 성경은 과학 위에 있으나 성경해석은 과학의 도움을 받을 수 있다.[46]

이것은 신앙에서도 마찬가지이다. 인간의 모든 행동은 많은 신념은 물론 신앙에 의해 동기유발 된다. 과학의 연구에서도 마찬가지이다. 신념은 과학의 연구에서 가설 설정, 실험, 결과 예측, 연구 방향 선정 등을 하게 하는 반면, 신앙은 사실의 영역을 넘어서 있는 인지적 기능을 일깨우며, 연구 동기를 고취하고, 지식의 바른 목표를 설정하게 한다. 신앙의 눈을 통해 우리는 하나님이 자연법칙을 통해 피조세계를 지배하고, 모든 피조물들이 안심하고 살아갈 수 있도록 하는 것을 알 수 있다.

신앙의 눈을 통해 지식의 전체적 직조구조織造構造를 파악할 수 있으며, 개별 과학들 간에도 일관성coherence과 통일성unity이 있음을 볼 수 있다. 현대의 과학 지식의 파편화는 잘못된 것이며 위험한 것이다. 하나님이 천지를 만드셨기 때문에 모든 지식은 하나님 안에서 통일적인 구조를 가지며 하나님에 대해서 열려있다. 자연은 폐쇄계일 수가 없으며, 인과율은 자연의 진리의 한 부분일 뿐이다. 실재의 여러 양상들은 상호 의존적이어서 그들의 구체적인 의미는 다른 구체적인 의미들에 대하여 상대적이다. 예를 들어 자연은 기술을 통하여 문화적 양상과 연결되며, 자연은 기술을 통하여 개발되므로 폐쇄적일 수가 없다.[47]

신앙은 과학적 연구와 같이 결과에 의해 증명될 수 있는 것이 아니며, 도리어 신앙은 결과를 앞서 간다. 결과가 신앙을 동기유발 하는 것이 아니라 신앙이 사람으로 하여금 결과를 향해 가게 한다. 결과에 대한 이해나 해석은 신앙에 의존한다. 신앙의 눈으로 볼 수 있는 것도 자연적 눈으로는 간과할 수 있다. 과학의 방법에서는 그리스도인과 비 그리스도인이 외형적으로 다르지 않을 수 있다. 그러나 기독교 신앙은 과학의 동기, 목적, 한계, 결과 등에 대한 분명한 차이를 보여줄 수 있다.[48]

이와 같이 과학과 신앙의 본질적 차이, 이들의 관계, 과학에 대한 바른 기독교적 접근은 과학의 세속화를 방지하며, 그리스도인들로 하여금 과학 분야에서 거룩한 직업적 소명을 발견하게 한다. 그리고 이것을 통해 과학의 영역에서도 하나님의 나라가 누룩처럼 번져갈 수가 있다. 이어지는 제4강에서는 과학과 기독교의 관계에 대한 좀 더 심층적인 논의를 살펴보고자 한다.

토의와 질문

1. 새로운 과학철학 운동이 과학에 대한 기독교적 조망의 정당성을 지지한다고 보는 저자의 관점이 올바른가?

2. 과학적 지식이 다른 모든 분야의 지식을 압도하게 된 원인은 무엇이라고 생각하는가?

3. 저자는 과학이 가치중립적이 아님을 주장하고 있다. 그 증거는 무엇이며, 왜 그런 주장을 한다고 생각하는가?

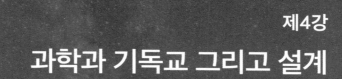

제4강

과학과 기독교 그리고 설계

> "다니엘아 마지막 때까지 이 말을 간수하고 이 글을 봉함하라
> 많은 사람이 빨리 왕래하며 지식이 더하리라"
>
> 다니엘 12장 4절

우리는 인류 역사 이래 과학의 영향력이 가장 큰 시대에 살고 있다. 16~17세기에 일어난 과학혁명 이후 지난 500여 년 동안 과학은 사람들에게 세상에서 일어나는 모든 일을 가장 정확하게 예측, 해결할 수 있다는 믿음을 심어 주었다. 이러한 믿음은 우리의 일상적인 삶에 큰 영향을 미치고 있다. 특히 근래의 첨단 과학기술은 인간 생활의 모든 영역에 영향을 미치고 있으며, 대부분의 사람들은 과학기술이 갖는 영향력과 그것이 몰고 온 변화의 중요성을 인식하고 있다. 실제로 우리가 살고 있는 시대에 결정적인 영향을 미치는 것이 무엇이냐고 물으면 경제나 정치라고 응답하는 비율은 줄어들고 과학기술이라고 대답하는 사람이 날로 늘어가고 있다.

실제로 과학의 발달은 인류 문명의 발전에 중추적인 역할을 하였다. 화학비료가 발명되고 생명공학이 발달함에 따라 인류는 유사 이래 처음으로 만성적인 식량 부족 문제를 해결할 수 있게 되었으며, 질병의 진단 및 치료법의 발달로 질병의 원인을 제거하거나 새로운 치료법을 통해 건강하게 오래 살 길을 찾아내기도 했다. 교통기관의 발명으로 인간의 활동 범위는 엄청나게 확대되었고 그에 따라 개인이 경험할 수 있는 물리적 공간은 확대되었다. 컴퓨터의 발달로 이제는 인간의 지능과 유사한 로봇의 탄생까지 기대하고 있다.

이처럼 많은 편익에 더하여 과학기술 발달로 인해 나타나는 문제 또한 많다. 예를 들어 대량살상 무기는 전 인류의 삶을 순식간에 파괴할 수 있는 위험을 내재하고 있다. 또한 자연을 정복과 이용의 대상으로 보는 가치관이 확산됨에 따라 인간과 자연의 조화는 위협받고 있다. 정교한 전자기기의 발달로 개인의 사생활은 과거와는 비교할 수 없을 정도로 침해되고 있으며, 자신이 인지하지 못한 채 심각한 인권 침해가 발생할 가능성도 제기되고 있다.[1]

1. 과학에 대한 기독교인들의 오해

과학의 영향력이 엄청나게 증가하였고, 과거나 현재의 탁월한 과학자들 중에 그리스도인들이 많음에도 불구하고 여전히 많은 그리스도인들은 과학은 일생을 바쳐 추구해야 할 과업은 아니라고 생각한다. 어떤 사람들은 과학은 그리스도인들이 해서는 안 될 일이라고 극단적으로 생각하기도 한다. 왜 그럴까? 미국의 칼빈대학교 철학과 명예교수인 델 라취 Del Ratzsch가 제시하는 바를 중심으로 그 이유를 크게 두 가지로 나누어 살펴보면 다음과 같다.[2]

첫째, 과학은 전도보다 열등하다고 생각하기 때문이다. 즉 전도하고 교회를 세우는 것은 중심적인 과업이지만 과학을 연구하는 일은 주변적인 일이라고 생각한다. 그리스도인들은 과학적 활동이 나쁘지는 않지만 정말 그리스도인들이 인생을 바쳐서 해야 할 일은 아니라고 생각한다. 알려지지 않은 사실들을 밝혀내려고 하는 과학은 그리스도인들이 다른 할 일이 없을 때 취미로, 혹은 우선순위가 떨어지는 부차적인 일이라고 생각한다. 즉 과학은 여가선용이라고 생각하는 것이다. 그래서 과학은 잠시 머물 이 세상을 위한 육신적 과업이고 전도는 영원한 천국의 영적 과업이라고 생각한다. 이러한 생각을 갖게 되면 자연스럽게 과학을 추구할 열정은 생기기 어렵다.

이러한 오해의 근저에는 뿌리 깊은 이원론적 태도가 도사리고 있다. 이원론적 사고방식은 일상적인 삶의 영역을 하나님이 관여하시는 영역과 그렇지 않은 영역, 혹은 더 거룩한 일과 덜 거룩한 일로 나누어서 생각하는 방식이다. 하지만 이는 눈에 보이는 세계나 보이지 않는 모든 세계를 하나님이 창조하셨다고 보는 기독교세계관에 배치된다. 기독교세계

관에서는 "하나님께서 지으신 모든 것이 선하매 감사함으로 받으면 버릴 것이 없"다고 본다.[3]

이를 과학과 신앙의 관계에 적용한다면 과학을 연구하는 것은 창세기 1장 28절이나 2장 15절의 문화명령의 일부로서 하나님의 '거룩한' 명령이라고 할 수 있다. 이를 마태복음 28장 18~20절이나 사도행전 1장 8절의 전도명령과 분리해서 생각하는 것은 잘못된 이원론에서 비롯된 것이라고 할 수 있다. 다시 말해 과학은 덜 거룩하고 전도는 더 거룩하다고 생각하는 것은 일종의 이원론이다. 과학과 전도는 모두 하나님의 명령으로서 거룩하고 또한 거룩해야 한다. 성경적 세계관에서는 이들을 편의상 분리해서 생각하는 것이지 본질적으로 이것은 분리될 수 있는 명령이 아니라고 본다.

둘째, 과학은 본질적으로 비기독교적이라고 생각하기 때문이다. 그리스도인들 중에는 과학은 본질적으로 비기독교적이라고 생각하는 사람들이 많다. 이런 사람들은 과학의 결정론적, 자연의 균일론적 측면이 기독교의 초월적인 요소를 수용할 여지를 남겨두지 않는다고 생각하기 때문이다. 그래서 과학은 하나님이나 기적, 부활과 같은 초자연적인 존재나 사건들이 들어갈 여지를 남겨두지 않는다고 생각한다.

물론 모든 이데올로기가 그러하듯이 이데올로기화된 결정론과 균일성은 기독교와 양립할 수 없다. 그러나 다른 관점에서 보면 자연의 결정성과 균일성은 하나님의 존재와 섭리를 보여주는 것이라고도 할 수 있다. 자연에 내재된 결정론적 특성과 균일성을 보여주는 여러 자연법칙들은 자연이 한 창조주에 의해 창조되었음을 말해준다. 자연법칙을 내세우면서 모든 초월적인 요소들을 거부한다면 이것은 과학이 아니라 자연주의 이데올로기로서 기독교적 관점에 반할 뿐 아니라 건강한 과학적 사고에도 바람직하지 않다.

2. 신앙은 비과학적이라는 비기독교인들의 오해[4]

기독교인들이 과학에 대해서 갖는 오해 못지않게 비기독교인들이 과학과 관련하여 기독교 신앙에 대해서 갖는 오해도 크다. 아마 가장 큰 오해는 종교적 믿음은 비과학적이라는 것일 것이다. 하지만 이런 오해는 근거가 없다. 오감을 통해 경험할 수 있는 과학적인 것들만이 믿을 수 있다고 하는 생각은 인간의 오감에 대한 과도한 환상이다. 이 세상에는 오감을 통해 경험할 수 없지만 진리인 것들이 얼마든지 있다.

종교적 믿음이 비과학적이라는 말은 과학은 경험이나 실험을 통해 증명할 수 있는데 비해 종교적 믿음은 그렇지 않음을 의미한다. 하지만 과학적 신념이나 일상생활에서 자명한 듯이 보이는 많은 사실들도 엄격히 따지고 보면 증명할 수 없는 믿음 위에 세워져 있는 경우가 많다. 예를 들면 과학적 탐구의 출발점이 되는, 흔히 우주원리cosmic principle라고 부르는 우주의 등방성等方性, isotropy과 균일성均一性, uniformity 가설도 가정일 뿐 증명된 것이 아니다. 인간에게 자연의 질서에 대한 지적 공명의 능력이 있고 이로 인해 자연의 질서를 발견할 수 있다는 주장도 가정일 뿐이다.[5]

근래 은하의 3차원 분포를 확인하는mapping SDSSSloan Digital Sky Survey 프로젝트가 현재까지 밝힌 내용만 보더라도 우주는 균일하지도, 등방적이지도 않다. 과학자들은 우주원리를 단순히 관측에서 얻어진 근사적 사실, 또는 수학적 단순화를 위한 가정으로밖에 받아들이지 않는다. 그러므로 종교적 믿음만이 증명할 수 없다고 하는 것은 잘못된 것이다.

종교적 믿음이 비과학적이라는 말은 과학은 증거가 있지만 종교적 믿음은 증거가 없다는 의미이다. 하지만 이런 생각도 과학사를 조금만 살펴보면 사실이 아님을 알 수 있다. 한 예로 1900년대에 어떤 사람이 원자는 더 작은 입자로 나누어질 수 있다고 주장하거나 혹은 더 큰 원자로 융합될 수 있다고 주장한다면, 그 사람의 주장은 증거가 없기 때문에 틀렸다고 말할 수 있을 것인가? 실은 태양이 빛나는 것은 핵융합의 결과이기 때문에 우리는 날마다 그 증거를 보고 있는데, 다만 태양이 빛나는 것이 그것의 증거임을 몰랐을 뿐이다.

과학은 증거가 있고 신앙은 증거가 없다고 주장하는 사람들은 "증거가 없는 신념은 없다No belief without evidence."라고 말한다. 하지만 어떤 증거를 믿을만한 것으로 받아들이느냐 하는 것은 또 다른 신념의 문제임을 기억해야 한다. 과학적 증거만을 믿을만하다고 주장하는 것은 증거의 유무에 대한 논쟁이 아니라 어떤 배경신념을 가지고 어떤 증거를 받아들이는가에 대한 논쟁이다. 이것이 앞에서 언급한 새로운 과학철학 운동의 핵심적인 주장이다.

3. 신앙은 피상적이라는 오해

신앙은 비과학적이라고 주장하는 것과 유사한 또 하나의 주장은 신앙은 과학에 비해 구체적이지 않고 피상적superfluous이라는 주장이다. 이렇게 주장하는 사람들은 종교는 자연주의적 설명이 불가능한 영역에서 번성하는데 과학이 발달하면서 이러한 영역이 점점 과학에 의해 메워지고 결국에는 그런 곳이 하나도 남지 않게 될 것이라고 주장한다. 그런데 이 주장의 함의는 두 가지 전제로 나누어 생각해 볼 수 있다.

(1) 귀납적 주장의 우월성 전제

귀납적 주장에서는 세계를 이해하는 데서 과거에 이해하지 못했던 영역들이 자연주의적인 설명으로 차츰 메워져 왔기 때문에 결국에는 남아 있는 다른 영역들도 모두 비슷하게 메워질 것이라고 본다. 이는 18세기 후반 영국에서 시작된 자연신학이나 1980년대에 시작된 지적 설계에 대한 비판이기도 하다. 이들의 비판에 의하면 결국 간격의 하나님God-of-the-Gaps 개념은 과학이 발달함에 따라 설 자리를 잃게 될 것이다.[6] 그러나 과연 과학이 발달한다고 해서 신비, 혹은 신앙의 영역이 축소될까?

이 주장은 일단 역사적 진실과 맞지 않다. 자연신학의 출발이라고 할 수 있는 페일리William Paley, 1743~1805의 『자연신학』이 출간된 지 200년이 지났다. 1802년, 영국의 성공회 신부인 페일리가 저술한 이 책은 시계공 유추를 사용하여 신의 존재에 대한 목적론적 논증을 펼친다.[7] 물론 페일리의 주장이나 이것이 출발점이 된 현대의 지적설계운동에 대한 비판이 여전히 제기되고 있기는 하다.[8] 하지만 지금은 페일리 때와는 비교할 수 없이 과학이 발달하고 자연에 대한 지식이 증가했다. 그런데 과연 종교가 사라졌는가?

과학이 발달하면 신앙의 영역이 축소될 것이라는 주장은 실체에 대한 자연주의적 설명이 완전하지 않고, 과학적 지식도 불가피하게 불완전하다는 사실을 간과한 것이다. 과거의 모든 불가지의 영역들이 과학의 자연주의적 설명에 의해 메워졌을까? 그렇지 않다. 과거에 알지 못했던 영역들 중에는 아직도 과학으로 설명할 수 없는 영역들이 많이 있으며, 우주나 인간의 기원과 같은 기원 문제들은 원천적으로 자연주의적 설명이 불가능한 영역들도 많다.

과학사를 살펴보면 새로운 과학철학 운동을 제기했던 과학철학자들의 주장처럼 과학적 설명들도 시대에 따라 변해왔다. 한 예로 쿤Thomas Kuhn은 과학혁명을 단순한 패러다임의 전환으로 설명하고 있다. 그의 주장이 옳다면, 현재의 자연주의적 설명이 미래에도 맞을 것이라고는 아무도 장담할 수 없다. 앞에서 살펴본 것처럼 쿤의 패러다임 이론에 의하면 과학자들은 하나의 과학적 이론이 부적당하다고 생각해도 이를 대치할 수 있는 다른 자연주의적 이론이 없으면 부적절한 이론을 포기하지 않는다.[9]

과학자들은 자연주의적 설명만이 수용 가능한 이론이라는 전제를 갖고 있다. 예를 들어 창조론은 자연주의적 설명이 아니기 때문에 받아들이지 않는다. 하지만 "진화론은 틀린 과학이고 창조론은 맞는 비과학이다."라고 말할 수는 없을까?

(2) 자연주의적 설명의 우월성 전제

귀납적 설명의 우월성에 더하여 과학의 우월성을 주장하는 사람들은 결국 자연주의적 설명들이 다른 모든 설명들을 압도할 것이며 다른 설명들을 피상적으로 만들 것이라고 한다.

하지만 우리는 자연주의적 설명이 우월하다는 것이 논리적 귀결이 아니라 세계관의 문제임을 쉽게 알 수 있다. 실체에 대해 설명할 때, 왜 자연주의적 설명과 비자연주의적 설명 중 하나를 선택하도록 강요받아야 하는가? 이것은 이 두 가지 설명이 서로 경쟁하고 있음을 은연중에 가정하는 것인데, 대체 그것의 근거는 무엇인가? 그리고 설령 자연주의적 설명과 비자연주의적 설명이 경쟁한다고 했을 때, 왜 전자에 우선권을 주어야 하는가? 이에 관해서는 아무런 타당한 근거가 없으며, 다만 개인적이고 철학적인 선호일 뿐이다.

많은 사람들이 종교는 과학적으로 설명하지 못하는 것에 관해 설명하는 것으로 생각하지만 이것은 큰 오해에 지나지 않는다. 하나님은 때때로 그분이 제정하신 자연법칙을 따르지 않고 역사하시기도 하지만, 훨씬 더 많은 경우에 그분이 창조하신 법칙들을 따라, 혹은 그 법칙들 속에서 역사하신다. 하나님이 그분의 목적을 위해 자연법칙을 제정하셨다면, 왜 하나님과 그분이 만드신 법칙들 사이에 경쟁이 필요한가? 아니 왜 하나님과 그분이 만드신 자연법칙을 마치 경쟁자인 것처럼 생각해야 하는가?

하나님의 역사를 초자연의 영역으로 제한하는 것은 바르지 않다. 우리는 자연적 영역과 초자연적 영역이 모두 하나님의 통치영역임을 기억해야 한다. 자연적 영역과 초자연적 영역은 대립이 아니라 하나님의 섭리를 보완적으로 드러내는 두 영역일 뿐이다. '자연적natural'이라는 말과 '자연주의적naturalistic'이라는 말은 동의어가 아니다. '자연주의적'이라는 말에는 강력한 세계관이 내포되어 있다.

4. 과학에 대한 기독교세계관적 이해

지금까지 우리는 신앙에 대한 과학의 우월성, 초자연에 대한 자연의 우월성, 그리고 신앙에 대한 몇 가지의 오해들을 살펴보았다. 이러한 오해들을 부추기는 그리스도인들의 태도에는 이원론이 자리하고 있다. 성경은 과학 교과서로 주어진 것이 아니기 때문에 과학적 활동을 직접적으로 권장하는 경우가 성경에 많이 나오지는 않는다. 하지만 아래에서 살펴보는 것처럼, 하나님의 피조세계를 관리하는 문화적인 명령의 차원에서 보자면, 과학을 단순히 선택적 과업이라고 간주할 수는 없다. 숨겨진 것을 발견하는 것은 왕을 기쁘게 하는 일잠25:2일 뿐 아니라, 그리스도인들에게 부여된 피조세계에 대한 청지기적 사명의 일부이기도 하다. 국제기아대책본부의 대로우 밀러Darrow L. Miller가 제시하는 바와 같이, 피조세계에 대한 청지기적 사명은 곧 타락한 인간들에 대한 청지기직전도과 분리될 수 없다.[10] 과학에 대한 기독교세계관적 이해는 다음과 같이 몇 가지로 요약해 볼 수 있다.

(1) 과학, 청지기적 책임

첫째, 과학은 피조세계를 관리하라는 청지기적 책임이다. 하나님은 우리에게 그분이 창조하신 피조세계를 잘 관리하라고 맡기셨다.[11] 그런데 피조세계에 대한 책임 있는 선한 청지기가 되기 위해서는 피조세계에 대한 지식이 필수적이다. 즉 어떻게 관리하는 것이 최선의 방법이며 어떻게 자연을 사용하는 것이 합당한지에 대한 연구가 필요하다. 과학은 바로 이러한 지식을 얻는 수단이다.

창세기 1장 28절과 2장 15절에서 하나님은 자신의 형상을 따라 창조하신 사람에게 땅을 다스리고 정복하라는 책임을 맡기셨다. 흔히 문화명령 혹은 창조명령으로 알려진 이 명령은 수동적으로 피조세계를 관리하는 정도로만 그치는 것이 아니다. 하나님이 우리에게 땅을 다스리고 정복하라고 하신 명령은 오늘날에도 여전히 유효하다.[12] 물론 이것이 인간이 자연을 마음대로 파괴해도 된다는 것으로 잘못 해석되어서는 안 되겠지만, 그럼에도 피조세계에 대한 성경적 관점은 다른 종교들에서 볼 수 있는 수동적 자연관보다 훨씬 더 적극적이다. 이러한 관점은 좀 더 적극적으로 인간이 하나님의 피조세계를 조작하는 활동까지를 포함한다. 그런 의미에서 기독교는 무위無爲를 주장하는 노장사상이나 자연계 내에 여러 신성이 포함되어 있다고 주장하는 범신론의 자연관과는 같지 않다.

어떤 사람들은 이러한 명령은 인간의 타락 이후에는 더 이상 유효하지 않다고 생각한다. 하지만 그렇게 주장할만한 성경적인 근거는 거의 없다. 지금도 땅을 다스리고 정복하기 위해서는 자연에 대한 지식이 필요한데, 이러한 지식을 제공해주는 것이 바로 과학이다.

(2) 인간, 하나님의 형상

둘째, 인간은 하나님의 형상을 따라 지음 받은 존재이다. 성경은 인간은 하나님의 형상을 따라 지음 받았다고 말한다창1:26~27. 이것은 다른 모든 피조물과 인간이 구별되는 점이기도 하다. 하나님은 인간을 자신의 형상, 즉 아는 존재Knowing Being로 창조하셨기 때문에 인간은 항상 사물에 대해서 알고 이해하기를 원하는 본성이 있다. 사람마다 그 본성이 더 강하거나 더 약한 사람이 있을 수는 있지만, 본성적으로 인간에게는 사물과 현상에 대한 이론을 만들고 싶어 하는 뿌리 깊은 이론가 본성inveterate theorizers이 있다. 과학은 바로 이와 같은 인간 본성의 발로요, 하나님 형상의 반영이라고 할 수 있다.

그런데 이것의 출발점이 다름 아닌 상상력이다. 상상력은 인간과 동물이 구별되는 가장 중요한 특성의 하나이다. 물론 상상력 때문에 여러 가지 문제가 생길 때도 있지만, 기본적으로 하나님의 형상으로서의 상상력이 과학연구의 기초임에는 틀림없다. 그래서 아인슈타인은 "상상력은 지식보다 더 중요하다. 지성이 있다는 진정한 증거는 지식이 아니라 상상력이다."라고 했다.[13]

(3) 자연, 하나님의 작품

셋째, 과학의 연구 대상인 자연은 하나님의 작품이다. 자연은 하나님의 피조물이기 때문에, 다시 말해 하나님의 작품이기 때문에, 이것을 연구하고 아는 것은 곧 하나님을 아는 것이다. 우리는 자연을 연구함으로써 하나님이 무슨 일을 하셨는지를 알 뿐만 아니라 그분이 어떤 분인지도 알 수 있다. 그래서 갈릴레오와 같은 사람은 자연은 또 한권의 계시록 a book of revelation이라고도 하였다. 우리는 과학을 통해 자연을 읽는 법을 알 수 있다.[14]

하나님의 속성을 보여주는 한 가지 예를 들자면, 하나님은 자신의 피조세계를 보시기에 좋도록 창조하셨다는 사실이다.[15] 이것은 하나님이 선하고 완전한 분이면서 동시에 심미적인 분임을 의미한다. 인간에게도 그런 본성이 있는 것을 보면 하나님은 그 본성의 본체가 되는 분임이 분명하다. 그러므로 과학을 연구하여 그것의 신비를 밝히고 피조세계의 깊은 부분을 이해하는 것은 하나님을 영화롭게 하는 길이다.

(4) 과학, 이웃 사랑의 방법

넷째, 과학은 이웃 사랑의 방법이다. 이것은 과학의 실용적인 측면을 보여준다. 성경은 곳곳에서 우리들에게 가난한 자, 병든 자, 굶주린 자들을 돌보라고 명령한다.[16] 이것은 다만 가난한 자를 위해 음식과 잠자리를 제공하는 것만을 의미하지 않는다. 이를 위해 질병의 원인을 찾아내고 질병을 퇴치하기 위한 치료법, 의약품, 의료 기구를 개발하는 것도 포함된다. 또한 품종개량이나 비료, 새로운 농사법 등을 개발하여 작물의 생산성을 높이고 더 많은 사람들을 기아에서 구할 수 있는 방법을 개발해야 한다.

몇 가지 예를 들어보자. 19세기, 농업혁명의 주역은 바로 화학비료의 발명이었다. 무기물로부터 유기물인 요소를 처음으로 합성한 뵐러Friedrich Wöhler, 1800~1882나 질소를 첨가한 화학비료의 개발로 화학 농업의 발흥에 기여한 독일 화학자 리비히J. von Liebig, 1803~1873 등에 의해 대규모 식량증산이 이루어지게 되면서 인류는 만성적인 식량 부족으로부터 해방될 수 있었다. 이것은 단순히 가난한 이웃에게 곡식을 제공하는 것과는 비교할 수 없는 과학자들에 의한 이웃 구제였다고 할 수 있다.

또한 우리나라 사람으로서 노벨평화상 수상자로 거론되기도 했던 경북대학교 김순권金順權, 1945~ 교수의 업적도 좋은 예다. 옥수수 박사로 불리는 김순권 교수는 내병성 옥수수 육종을 전공했는데, 그의 연구는 이웃을 사랑하는 가장 실제적인 방법의 하나였다.

1976년, 김순권 교수는 아시아 최초로 생산량이 세 배나 되는 하이브리드 옥수수를 개발했다. 그는 나이지리아에서 아프리카의 기후와 토양

<그림 4-1> 김순권 교수

에 적응하는 하이브리드 옥수수 개발, 위축 바이러스 저항성 품종 개발, 일명 지옥의 풀로 불리는 스트라이가Striga 공생저항성 품종 개발 등으로 아프리카 대륙의 식량난을 해결하는 데 크게 기여했다. 이로 말미암아 그는 1992년에 나이지리아 명예추장으로 추대되며 '가난한 자를 배불리 먹인 자'라는 칭호를 얻었고, 1995년에는 '가난과의 전쟁에서 이긴 자'라고도 불렸다. 그의 수퍼 옥수수 품종의 개발로 적어도 100만 명 이상이 아사로부터 벗어났다고 하니, 학자가 아니면 어느 정부, 어느 재벌이 이런 구제를 할 것인가!

(5) 과학의 부정적 능력 억제

다섯째, 그리스도인의 바른 과학연구는 과학의 부정적인 능력을 억제한다. 우리는 과학의 유익한 측면의 이면에는 과학으로 말미암은 폐해도 있음을 간과해서는 안 된다. 과학으로 말미암아 인류는 절멸의 위기를 맞고 있다. 뿐만 아니라 과학은 발등의 불이라고 할 수 있는 환경오염의 주범이기도 하다. 무기경쟁, 자원고갈 등은 과학이 아니었다면 생각할 수 없는 인공적인 재난이다. 일부 극우 인사들은 지구온난화 자체를 부정하거나 지구온난화가 인간에 의한 것이 아니라고 주장하기도 하지만,[17] 지구온난화는 과학과 기술의 부정적 부산물이라고 하는 증거는 산더미처럼 넘쳐난다.

하지만 과학에 그런 부정적 측면이 있다고 해서 그리스도인들이 과학에 관심을 가져서는 안 되는 것일까? 그렇지 않다. 오히려 과학의 그런 부정적인 가능성 때문에 그리스도인들은 과학에 무관심해서는 안 된다. 그럴수록 그리스도인들은 과학에 더 많은 관심을 가지고 더 적극적으로 참여해야 한다. 인간의 타락한 본성이 과학을 통해 드러나지 않도록 파수꾼의 역할을 수행해야 한다. 과학이 인류에게 해를 끼치는 쪽으로 발전하지 않도록 그리스도인들이 과학에 더욱 더 적극적으로 참여해야 한다. 그래서 과학의 연구가 궁극적으로 하나님께 대한 순종과 이웃에 대한 사랑의 표현이 되도록 해야 한다.

(6) 온전한 순종

다섯째, 하나님이 우리에게 요구하시는 순종은 온전한 순종이어야 한다. 현대의 과학 연구는 과학자들에게만 달려있는 것이 아니다. 과학 연구를 위해서는 엄청난 재정적인 지원이 뒷받침되어야 하는데, 여기에는 정치가들, 경제인들, 사회적 여론, 교육 제도 등 다양한 요인들이 영향을 미친다. 그러므로 그리스도인들이 이러한 다양한 영역에서 선한 청지기로서 자신의 역할을 할 때 비로소 우리는 하나님께 순종하는 삶을 산다고 할 수 있다.

성자가 골방에서 기도하고 있는 동안 악한 자들이 세상을 이끌어가지 않도록 하려면 그리스도인들이 눈에 불을 켜고 감시해야 한다. 그리스도인들은 과학 연구나 다른 문화적 활동들(정치, 경제, 사회, 교육, 예술, 다른 학문 등도 마찬가지에도 적극적으로 참여해야 한다. 악인들이 세상의 구조를 만들게 되면 우리 자신 뿐 아니라 약자들과 후손들이 피해를 입게 된다. 그러면 우리는 이것을 방조하는 죄인, 나아가 이웃을 사랑하라는 하나님의 명령을 어기는 자들이 된다. 악한 구조가 만들어지는 것을 방조하는 것은 개별적으로 이웃에게 위해를 끼치는 것보다 훨씬 더 그 영향과 범위가 크다. 과학에 대한 이런 기독교세계관적 이해가 종교개혁자들의 과학관의 토대가 되었다.

5. 종교개혁자들과 과학

　과학혁명의 시발점이 되었던 코페르니쿠스의 이론에 대해 가톨릭교가 부정적인 견해를 가졌다면, 종교개혁자들과 개신교는 어떤 견해를 가졌을까? 종교개혁의 지도자였던 루터가 지동설에 대해 부정적인 견해를 가졌다고 해서 그의 견해를 개신교 전체의 의견이라고 할 수 있을까? 그리고 몇몇 종교개혁 지도자들이 지동설에 대해 부정적인 견해를 가졌다고 해서 지동설을 주장하는 사람들에 대해 가톨릭의 종교재판과 같은 방식으로 처벌이 가능했을까?[18]

　우리는 먼저 가톨릭과는 달리 개신교는 지동설과 같은 과학적인 문제와 관련해 교회의 공식적인 견해라는 것이 존재하지 않았음을 기억해야 한다. 종교개혁은 1517년에 루터가 교황을 중심으로 하는 가톨릭의 면벌부 판매, 연옥에 대한 교황권 주장, 그리고 공로사상 등을 비판하는 95개조 반박문을 발표하는 사건으로 출발했지만, 기본적으로는 다핵체제로 진행되었다. 우리가 기억하는 대로, 츠빙글리Huldrych Zwingli, 1484~1531는 스위스 취리히에서 루터보다 2년 후인 1519년부터 교회의 예배형태를 개혁하면서 성경에 근거한 철저한 개혁을 주도하였다. 칼뱅Jean(John) Calvin은 스위스 제네바를 중심으로 종교개혁을 시작했고, 그의 제자였던 녹스

<그림 4-2> 종교개혁가들. 좌로부터 루터, 츠빙글리, 칼뱅, 녹스, 크랜머

John Knox, c.1514~1572는 스코틀랜드로 가서 개혁교회Reformed Church 신학을 전했고, 케임브리지대학 학생 때부터 루터의 영향을 받은 크랜머Thomas Cranmer, 1489~1556는 대주교가 된 후 영국 성공회 내에서 개혁운동을 했다.

가톨릭과 같이 일사불란한 의사결정구조가 없었던 종교개혁 진영에서는 가톨릭교회가 성경으로부터 멀리 벗어났다는 것에는 의견이 일치했지만, 구체적인 학문적 이슈에서는 의견이 다른 경우가 많았다. 신학 사상에서는 오직 성경Sola Scriptura, 오직 그리스도Solus Christus, 오직 은혜 Sola Gratia, 오직 믿음Sola Fide, 오직 하나님께만 영광Soli Deo Gloria 등 다섯 가지 핵심적인 사안에 대해 어느 정도 의견의 일치를 보았지만, 지동설과 같은 구체적인 과학 문제에서는 사람마다 의견이 분분했다. 하지만 종교 개혁가들이나 개혁주의적 사상을 가진 사람들의 학문관은 대체로 과학적 활동에 대해 긍정적인 태도를 갖고 있었다.

(1) 근대 학문의 이상

우선 근대의 학문 목표와 기독교적 이상의 관련성을 생각해 볼 수 있다. 근대적 과학 정신은 자연을 인간의 연구 대상으로 파악하고 이들에 대한 연구를 통해 하나님의 창조 섭리를 발견하고 나아가 연구 결과를 피조계 관리와 이웃 사랑에 사용하려는 기독교적 이상과 일치한다. "아는 것이 힘이다."라고 하여 최초로 힘으로서의 지식관을 표현했던 프란시스 베이컨Francis Bacon, 1561~1626은 단순히 앎 그 자체를 중시했던 주지주의적 그리스 이상을 탈피하고 새로운 기독교적 지식의 이상을 표현했다고 할 수 있다.[19]

베이컨은 지식의 힘을 '건전한 이성과 올바른 신앙에 의해서' 옳게 사용하기만 한다면 인류의 고통은 덜어질 것이라고 하였다. 인간은 원래 하나님의 형상대로 지음 받은 특별한 존재였지만, 타락함으로 여자들에게는 해산의 고통이, 남자들에게는 땅의 저주가 임하게 되었다.[20] 베이컨에게서 학문 혁신의 중심적인 목표는 학문의 힘으로 이러한 인류의 비참함을 덜어주려는 것이었다. 그의 사상은 '지식을 인류의 행복을 위하여'라고 요약될 수 있다. 비록 베이컨의 사상을 모두 기독교적이라고 말할 수는 없지만, 근본에 있어서 그의 학문 혁신론은 기독교 세계관 및 인간관과 일맥상통할 뿐 아니라 궁극적으로 기독교적 인류애에서 출발한 것이라고 할 수 있다.[21]

(2) 두 권의 책

둘째, 근대과학을 만든 주역들은 자연을 연구하는 것은 하나님의 말씀인 성경을 연구하는 것과 같은 차원으로 보았다. 그들은 과학적 연구를 통해 자연이 하나님의 피조세계임을 드러낸다고 믿었다. 과학혁명의 주역이었던 이탈리아의 갈릴레오Galileo Galilei, 1564~1642는 우리에게 두 권의 성경이 있다고 하였다. 첫 번째 성경은 우리가 흔히 '성경'이라고 부르는 것이고, 두 번째 성경은 '자연'이라는 책이라고 하였다. 그래서 그는 하나님 자신과 그분의 뜻을 알기 위해서는 이 두 권의 책을 모두 읽어야 한다고 하였다.[22]

당시 갈릴레오의 가장 중요한 후원자 중의 한 사람이었던 토스카나 대공의 모친인 크리스티나 대공비大公妃, Grand Duchess Christina에게 보낸 편지에서, 갈릴레오는 "성경도 자연현상도 다 같이 하나님의 말씀에 유래하고 있습니다. 전자는 성령의 명령을, 후자는 하나님의 말씀을 충실하게 집행하는 것으로서 말입니다."[23]라고 말했다.

이러한 갈릴레오의 견해는 성경을 '하나님의 말씀을 기록한 책'으로,

우주와 자연을 '하나님의 솜씨를 기록한 책'으로 본 프란시스 베이컨의 견해와 같다.[24] 뉴턴 역시 그의 『프린키피아』에서 천지만물은 하나님의 피조물이며, 자연을 연구하는 것, 즉 우주라고 하는 책을 연구하는 것은 마치 제2의 성경을 연구하는 것과 같음을 분명히 하였다.[25]

자연을 연구하는 것과 기독교 신앙의 긍정적인 관계는 미국에서도 볼 수 있다. 신앙의 자유를 찾아 신대륙에 이주해 온 청교도들은 신앙적 필요성과 더불어 실제적 필요성 때문에 과학 연구를 적극 장려했다. 한 예로 탁월한 과학적 업적 때문에 1713년에 영국 왕립협회회원Fellow of the Royal Society으로 선출된 코튼 마써Cotton Mather, 1663~1728를 들 수 있다. 그는 1726년에 출판된 『목사를 지원하는 사람의 지침』에서 목사가 되고자 하는 사람들은 자연과학과 수학을 공부하도록 강력하게 권하고 있다.[26] 또한 1721년에 출판된 『기독교 철학자』 서문에서는 이 책의 목적을 "과학은 종교의 적이 아니라 오히려 유력하고 놀라운 자극유인이 된다는 것을 입증"하는 것이라고 밝히고 있다. 또한 1장 첫 부분에서는 하나님께서 창조하신 "자연의 책The Book of the Creatures"을 배우는 것은 성경The Book of Scriptures을 이해하는 데 매우 유익하다고 말했다.[27]

(3) 하나님을 아는 지식

셋째, 자연을 하나님의 피조물로서 이해하고 연구하는 사람들은 과학적 연구를 통해 하나님이 어떤 분이신지를 알 수 있다고 생각했다. 자연을 연구할 수 있다는 말은 자연에 질서가 있음을 전제함과 동시에 그 질서가 바로 질서의 하나님의 성품을 반영한다고 믿었다는 것이다. 근대에 들어와 자연의 질서에 대한 확신은 신플라톤주의Neo-Platonism라는 이름으로 기독교 과학자들의 마음을 사로잡았다. 아리스토텔레스적인 사고가 지배적이었던 중세교회에 플라톤의 이원론적 우주관과 피타고라스 Pythagoras, BC c.560~480의 수리적, 기하학적 우주관이 결합한 신플라톤주의가 소개되자, 새로운 과학의 기운에 고무되고 있었던 당시 경건한 기독교 과학자들은 대부분 이 사상을 받아들였다.

몇몇 예를 들면 코페르니쿠스나 갈릴레오, 케플러, 뉴턴 등은 우주를 아리스토텔레스적이 아닌 신플라톤주의적 사고방식으로 이해하려고 했다. 폴란드의 가톨릭 천문학자 코페르니쿠스Nicholas Copernicus, 1473~1543는 관측에 근거한 것이 아닌 프톨레마이오스Claudius Ptolemaios, c.100~170의 주전원周轉圓이 하나님의 창조질서에 위배된다는 사실 때문에 천동설을 배격하고 지동설을 주장하였다. 독일의 개신교도 천문학자 케플러Johannes Kepler, 1571~1630는 행성의 궤도를 기하학적 도형과 음악의 화성으로 표현하고자 했다. 갈릴레오는 성경은 라틴어로 쓰였기 때문에당시는 모두 라틴어 성경을 사용함 라틴어를 배워야 성경을 읽을 수 있는 것처럼, 우주는 수학이라는 언어로 기록된 책이므로 수학을 공부하지 않으면 우주를 이해할 수 없다고 주장하였다. 자연의 언어로서 수학의 중요성을 제창한 갈릴레오에 이어 영국의 뉴턴Isaac Newton, 1642~1727은 물체의 운동과 행성 궤도, 중력의 법칙을 수학적으로 체계화하였다.

이들이 자연의 수리적 질서에 대한 확신을 갖게 된 근거는 말할 것도 없이 하나님이 질서의 하나님이라는 확신이었다. 하나님은 이 세계를 수학적으로 만들었다는 신플라톤주의적 확신은 그리스의 아리스토텔레스적 자연철학을 극복하고 근대과학을 탄생시키는 데 결정적인 역할을 하였다. 우주의 수학적 질서에 대한 확신이 근대 초기의 과학자들의 신앙과 어떤 관계에 있었는가를 보여주는 고전적인 예는 케플러였다.

케플러는 행성의 궤도를 다섯 개의 정다면체를 사용하여 표현할 수

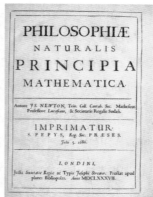

<그림 4-3> 뉴턴과 『프린키피아』 초판1687

있음을 발견하고[28] 그에게 지동설을 가르쳐준 매스틀린Michael Maestlin 교수에게 이 사실을 다음과 같이 편지하였다. "저는 이것을 발표하려고 생각합니다. 자연이라는 책 속에서 인정되기를 바라시는 하느님의 영광을 위하여 …… 저는 신학자가 될 생각이었습니다. 그러나 이제야말로 천문학에서도 하느님께 영광을 돌릴 수가 있었던 것입니다."[29] 또한 케플러는 천문학자들은 자연이라는 책에 대한 하나님의 사제들로서의 자신의 지성의 영광을 위해서가 아니라, 무엇보다도 먼저 하나님의 영광을 염두에 두어야 한다고 말했다.[30]

천문학을 연구하는 케플러의 동기는 신학을 공부하는 동기와 다르지 않았다. 그에게 시편 19편은 천문학 연구의 확고한 동기를 제공하였다. "하늘이 하나님의 영광을 선포하고 궁창이 그의 손으로 하신 일을 나타내는도다 날은 날에게 말하고 밤은 밤에게 지식을 전하니 언어도 없고 말씀도 없으며 들리는 소리도 없으나 그의 소리가 온 땅에 통하고 그의 말씀이 세상 끝까지 이르도다".[31] 극한의 가난과 처참한 30년 전쟁의 소

충돌이 속에서, 페스트로 아내와 자식을 잃는 비참한 현실 속에서도 케플러로 하여금 일생 천문학자로서의 길을 걷게 한 것은 자신의 연구가 하나님을 영화롭게 한다는 확신이었다. 그는 성직자들이 성경을 연구하여 하나님의 뜻을 발견하고 이를 사람들에게 전해주는 것과 같이, 자신은 천체의 운행을 연구하여 거기에 나타난 하나님의 뜻과 솜씨를 사람들에게 증거하는 천문학의 제사장이라고 생각했다.[32]

근대 초기의 과학자들이 하나님에 관한 지식을 비단 자연과 하나님을 주목하는 데서만 얻은 것은 아니었다. 이들은 자연계를 연구하는 인간의 모습을 통해서도 하나님이 어떤 분인지에 대한 지식을 얻을 수 있다고 믿었다. 그들은 인간이 하나님의 형상대로 지음 받았기 때문에 인간에게는 하나님의 형상이 남아 있다고 믿었으며, 또한 그들이 자연을 연구할 수 있는 것은 하나님이 주신 재능 때문이라고 믿었다. 다시 말해 그들은 자신들의 창의성과 독창성은 인간에게 남아있는 하나님의 형상의 반영이라고 믿었던 것이다.[33]

또한 자연에 질서가 있는 것을 인간이 발견할 수 있다고 믿었던 것은 인간의 내면에 자연의 질서에 공감할 수 있는 질서에 대한 감각이 있으며, 이것이 곧 하나님의 형상의 반영이라고 믿었기 때문이다. 질서에 대한 내적 감각에 대하여 화이트헤드는 "'만물의 질서', 특히 '자연의 질서'가 존재한다는 '본능적인' 신념이 없다면 산 과학은 존재할 수 없다."라고 하면서 자연의 질서에 대한 인간의 선험적 확신을 본능이라고 표현하였다.[34] 그러나 기독교적 인간관에서 볼 때 이 '본능'은 말할 필요도 없이 인간에게 남겨진 하나님의 형상이다. 하나님의 질서의 성품이 그분의 형상대로 지음 받은 인간에게 남아있으며, 자연의 질서는 이러한 인간의 질서감각과 공명함으로 밝혀지는 것이다.

(4) 지식의 공개념

넷째, 종교개혁자들은 과학연구를 통해 얻어진 지식을 이웃과 나눔으로 이웃 사랑을 실천하는 것은 기독교적 사랑의 실천 방법 중의 하나로 보았다. 지식을 추구하는 데서 서구 사회를 꽃피운 중요한 정신은 이와 같은 지식에 대한 공개념이었다. 즉 근본적으로 개인이 진리와 지식을 추구하더라도 그 가운데서 얻어진 진리와 지식은 결국 개인의 소유가 아니라 모두의 것이라는 지식의 공유 정신이 오늘의 서구를 있게 한 것이다. 이러한 지식의 공개념으로 서구에서는 일찍부터 장학금 제도 등이 발달했으며, 왕이나 귀족들이 학자들의 순수연구를 돕는 후원자로서의 역할을 기꺼이 감당한 경우를 흔히 볼 수 있다. 한 예로 논쟁적 성격 때문에 일생동안 교회와 껄끄러운 관계로 지냈던 갈릴레오가 죽을 때까지 다른 직업을 갖지 않고 연구에 열중할 수 있었던 가장 중요한 까닭은 토스카나 대공의 물질적, 재정적, 정치적 지원 때문이었다.

또한 지식의 공유 전통은 오늘날 서구의 도서관, 박물관, 기록 보관소 archives 등이 발달하는 밑거름이 되기도 했다. 오늘날 국제적인 현안이 되고 있는 지적 소유권에 대한 논의도 결국 서구의 지식 공개념에서 출발했다고 볼 수 있다. 어떻게 보면 실용신안, 의장, 신물질 등에 대한 특허, 출판물이나 컴퓨터 소프트웨어 따위에 대한 지적 소유권 등으로 말미암아 지식의 무상 공유가 제한되고 있는 듯이 보이는 면이 없지는 않다. 그러나 이것은 새로운 지식의 창출을 가속화시키기 위해 불가피한 것이라고도 할 수 있다. 실제로 100여 년 전부터 본격적으로 시작된 지적 소유권 개념은 서구의 과학과 기술을 한 차원 도약시키는 데 중요한 견인차 역할을 했다.

서구에 비해 동양에서는 지식의 공개념이 훨씬 희박했다. 그래서 지식의 공개념의 상징이라고 할 수 있는 도서관이 빈약했고, 그나마 있는 도서관도 대부분 만인의 것이 아니라 일부 특수층을 위한 것이었으며, 따라서 지식, 고등교육도 특권층에게만 편중되어 있었다. 잘 알려진 바와 같이, 10세기경까지 아랍의 과학은 세계정상급이었으나 대부분 후대에 전달되지 못하고 사장되었다. 중국에서도 근대과학의 출현 이전까지는 유럽에 못잖은 과학이 있었지만, 충분히 나누어지지 못한 탓에 근대과학의 출현으로 그 명맥이 이어지지 못했다. 중국의 고사에서도 가끔 불치의 병을 고칠 수 있는 한방의 비방이 의원의 죽음과 함께 영원히 사라져 버렸다는 애기를 들을 수 있다. 마찬가지로 일본에서도 지식의 사유화 개념이 곳곳에서 나타난다. 일본 무협소설을 보면, 좋은 칼을 만드는 비법이 비법 소유자의 사망과 더불어 사라졌다는 이야기가 자주 등장한다. 비슷한 종류의 이야기를 우리나라 고사에서도 찾아볼 수 있다.

그러면 이러한 서구의 지식 공유의 전통은 어디에서 온 것일까? 일부에서는 지식의 공개념의 근원을 그리스적 전통에서 찾는다. 자연에 대한 관조나 이해관계를 떠난 객관적 진리의 추구라는 그리스적 학문의 이상이 자연스럽게 지식의 공개념으로 이어질 수 있기 때문이다. 물론 그리스적 전통의 기여를 무시할 수는 없지만, 필자의 생각으로는 "모든 진리는 하나님의 진리"라는 기독교의 지적 전통과 더불어 "네 이웃을 네 몸과 같이 사랑하라"는 성경의 정신이 지식의 공유 전통을 확고히 한 것이라고 판단한다. 성경은 자기가 가진 것을 이웃과 나눌 것을 권장할 뿐 아니라 개인의 지적 능력은 이웃을 섬기기 위해 하나님께서 주신 선물이라고 가르치기 때문이다.[35]

(5) 몇몇 과학 개념의 기독교적 뿌리

지금까지 우리는 과학적 정신과 기독교적 정신 사이의 유사성을 중심으로 기독교 신앙이 과학의 발달에 끼친 긍정적인 영향들에 대하여 살펴보았다. 그러면 기독교 신앙이 직접적으로 현대과학의 발달에 기여한 바는 없는가? 여기에 대해 우리는 현대 과학 개념의 주요 부분이 기독교 교리로부터 '개념적 틀conceptual framework'을 제공받았음을 지적할 수 있다. 몇 가지 예를 들어보자.[36]

첫째는 뉴턴의 절대 공간, 절대 시간의 개념이다. 뉴턴은『프린키피아』에서 공간 내에서 물체의 이동을 기술하기 위해 먼저 인간의 감각으로부터 독립된 절대 공간과 절대 시간을 가정하고 있다. 뉴턴은 그 당시에 자신이 절대 공간, 절대 시간을 생각할 수 있었던 것은 영원하고 우주적이며 부동의 절대자이신 성경의 하나님을 모르고서는 불가능한 일이었음을 밝히고 있다. 1713년에 출판된『프린키피아』제2판의「일반적 주해」부분에서 뉴턴은 "그는 영원하시고 무한하시고 전능하시고 전지하시다. 즉 그의 시간은 영원부터 영원에 이르며, 그의 존재는 무한에서 무한으로 미친다. …… 그는 언제까지나 변하지 않으시고 어디에든지 계신다. …… 그는 시간과 공간을 설정하신다."라고 말했다.

1936년, 뉴턴의 막대한 자필 유산이 포츠머쓰 소더비 경매장The Southeby sale of the Portsmouth Collection에 나올 때까지 200여 년 동안 뉴턴의 성경연구에 대해서는 별로 알려진 바가 없었다. 그러나 1936년 이후, 뉴턴이 위대한 과학적 발견에 이르게 된 많은 연구 자료들을 검토해 본 학자들은 그가 물리학 연구보다 오히려 성경연구에 더 많은 시간을 할애했음을 발견하고는 놀랐다. 지금까지 밝혀진 바에 의하면, 뉴턴은 성경주해에 관하여 무려 130만 단어에 이르는 방대한 글을 썼다.[37]

또한 과학에서 물리량의 보존이라고 하는 개념도 기독교적 기원을 갖거나 기독교 교리에 의해 지지되는 경우가 많았다. 창조행위는 하나님에 의해서만 이루어지므로 원자, 에너지, 운동량, 전하 등은 인간이나 자연의 힘으로 파괴되거나 생성될 수 없다는 생각은 자연스럽게 질량 보존, 에너지 보존, 운동량 보존, 전하 보존 따위의 개념으로 연결될 수 있었던 것이다.[38]

성경이 기초가 된 과학적 발견은 물리학에만 국한되지 않았다. 1864년, 프랑스 미생물학자 파스퇴르Louis Pasteur, 1822~1895가 생명은 자연발생할 수 없음을 증명한 것도 생명의 창조는 오직 하나님에 의해서만 이루어질 수 있다는 기독교적 개념에서 출발한 것이다. 또한 미국의 마우리Matthew Maury는 시편 8편 8절에 나타난 '해로海路'에 대한 언급에서 힌트를 얻어 바다에 해류가 있음을 발견하였다.[39]

6. 인식론과 자연관의 성경적 기초[40]

그리스도인들이 과학에 관심을 가져야 하는 배경에는 이런 지엽적이고 당위적인 측면만 있는 것이 아니라 인식론적인 측면도 있다. 과거 그리스인들은 자연을 포함한 모든 물질적인 세계를 연구의 대상으로 보지 않았다. 또한 종교들 중에는 자연이 신성을 띠고 있다고 보았기 때문에 감히 실험을 통해 조작하려는 엄두를 내지 못하는 경우가 있었다. 반면 어떤 사상에서는 자연을 엄격한 필연성rigid necessities에 의해 운행되는 것으로 보았기 때문에 그것에 대한 어떤 연구도 불필요하다고 보았다.[41]

그러나 기독교적 세계관에서는 물질세계를 첫째, 인간의 편견이나 기대에 얽매이지 않는, 둘째, 그래서 열린 마음으로 연구해야 하는, 셋째, 인격적인 창조주에 의해 창조된 질서 있고orderly, 균일한uniform 세계로 본다. 이런 기독교적 인식론은 기독교적 자연관의 기초가 된다. 기독교적 자연관은 다음과 같이 몇 가지로 요약할 수 있다.

첫째, 기독교적 자연관에서는 독립적인 실재로서 자연nature as independent reality이 존재한다고 본다. 이는 인간 외부의 세계에 객관적이고 독립적인 실재가 존재함을 의미하는 것으로서, 세상을 실재가 아닌 환영 혹은 그림자로 보는 불교의 자연관이나 플라톤의 자연관과는 달랐다.[42] 기독교의 자연관에서는 이 세계를 실재하는 것으로 본다. 이것은 과학의 연구대상이 되는 자연이 인간의 기대와는 무관하게 실재하시는 창조주가 창조하신 것이라고 볼 때 당연히 생각할 수 있는 바이다.

그렇다면 자연이 독립적인 실재로서 존재한다는 사실이 과학연구에 어떤 의미가 있는가? 이러한 사실에 근거해 우리는 자연에 대해 예측할 수 있을 뿐 아니라 과학적인 결과들의 재현이 가능한 것이다. 그런데 이같은 자연의 균일성은 하나님의 신실함과 연결된다. 만일 자연의 법칙이라고 하는 것들이 아침저녁으로 변한다면 우리는 자연에 관해 어떤 연구도 할 수 없을 것이다. 원자들이 임의적으로 배치된 비정질 물질에 대한 연구나 카오스에 대한 연구도 나름대로 그 속에 어떤 규칙성이 있기 때문에 가능한 것이다. 우리가 자연에서 어떤 패턴이나 통일성, 질서와 규칙성을 기대하는 것은 이것이 질서 있는 하나님의 피조물이기 때문이다.

둘째는 자연의 가해성可解性, comprehensibility of nature이다. 기독교적 자연관에서 볼 때 자연은 이해할 수 있는 대상이다. 이것은 초대교회 바실의 창조론자 전통 이래로 꾸준히 이어져 온 기독교 전통이다. 이에 관해 아인슈타인Albert Einstein, 1876~1955은 "우주에 대해 가장 이해할 수 없는 것

중 하나는 우리가 우주를 이해할 수 있다는 것이다."라고 했다.[43] 이러한 자연의 가해성은 자연은 하나님이 창조하신 것nature as creation이며, 인간은 하나님의 형상대로 지음을 받은 존재이기 때문에 하나님이 만드신 자연을 이해할 수 있다는 사실에 근거하고 있다. 인간과 자연을 만드신 분이 한 분이라는 것은 기독교적인 자연관의 기초가 된다. 비록 인간의 타락으로 인해 인간이 항상 진리에 이르는 것이 보증되지는 않지만, 하나님이 이 세상을 위해 인간을 창조하신 것과 인간을 이해할 수 있는 존재로 창조하신 것은 과학연구의 실재론의 기초가 된다.

자연의 가해성은 또한 자연의 유한함finiteness of nature에 기초한다. 하나님은 무한하시지만, 하나님이 창조하신 자연은 유한하다. 만일 자연이 무한하다면 그것은 하나님의 무한하심과 양립할 수 없으며, 나아가 유한한 인간으로서는 무한한 자연을 이해할 수도 없을 것이다. 유한한 인간은 무한을 상상할 수는 있지만 완전히 이해할 수는 없다. 하지만 자연은 유한하기 때문에 하나님의 형상대로 지음 받은 인간이 이해할 수 있다.

자연의 가해성은 하나님의 성품과도 잇닿아 있다. 하나님은 인간에게 연구할 수 없는 불가해한 세상을 창조하시고 연구하라고 명령하지 않으셨다. 예수님은 사람들에게 선한 것을 주기를 원하시는 하나님의 마음에 대해 이렇게 말씀하셨다. "구하라 그러면 너희에게 주실 것이요 찾으라 그러면 찾을 것이요 문을 두드리라 그러면 너희에게 열릴 것이니 구하는 이마다 얻을 것이요 찾는 이가 찾을 것이요 두드리는 이에게 열릴 것이니라 너희 중에 누가 아들이 떡을 달라 하면 돌을 주며 생선을 달라 하면 뱀을 줄 사람이 있겠느냐 너희가 악한 자라도 좋은 것으로 자식에게 줄 줄 알거든 하물며 하늘에 계신 너희 아버지께서 구하는 자에게 좋은 것으로 주시지 않겠느냐".[44]

7. 자연에 대한 경이와 연구자의 자세[45]

그러면 이런 자연관을 가진 그리스도인들은 자연에 대해 구체적으로 어떤 자세를 가져야 할까?

먼저 우리는 하나님이 만든 자연에 대한 경이를 잃지 말아야 한다. 아인슈타인은 "당신의 삶을 사는 두 가지 방식이 있다. 하나는 아무 것도 기적이 아닌 것처럼 사는 것이다. 다른 하나는 모든 것이 기적인 것처럼 사는 것이다."[46] 특히 20세기 물리학 혁명의 주역인 양자역학은 물리학자들조차 경이로움을 금할 수 없었다. 그래서 덴마크 물리학자 보어Niels Bohr는 "양자역학을 접하고서도 놀라지 않는 사람은 그것을 제대로 이해하지 못한 사람이다."라고 했다.[47] 자연에 대한 인간의 경이는 부족함이나 유한함 때문에 생기는 것이 아니라 인간에게 남겨진 하나님의 형상을 반영하는 것이다.

자연에 대한 경이는 자연을 귀중히 여기는 것으로 이어진다. 자연과 그 가운데 속한 모든 것들은 하나님이 만드신 것이며 하나님의 소유이기 때문에 인간의 것인 양 착취하거나 남용해서는 안 된다. 이것은 이 세상은 하나님이 만드신 피조세계이며 인간의 필요를 위해 사용할 수 있다는 사실과 적절한 균형을 이루어야 한다. 자연에 대한 경외가 지나치면 우상숭배환경주의로 나아가게 되고, 인간의 사용권을 지나치게 강조하면 자연파괴경제주의로 이어지게 된다.

자연에 대한 우상숭배에 빠지지 않기 위해서는 우리에게 성경적인 과학관이 필요하다. 기독교는 과학의 특성, 과학의 방법, 과학의 가정 등에 대한 근거를 제공할 뿐 아니라 과학에 대한 바른 조망을 제공한다. 과학은 귀중하기는 하지만 최고의 가치를 갖는 것은 아니며, 과학의 힘은 대단하지만 전능한 것은 아니다. 과학은 인간의 삶에서 귀중한 한 부분이 될 수는 있지만 전체가 될 수는 없으며, 과학은 인간이 해야 할 중요한 과업 중 하나이긴 하지만 최고의 과업이라고 할 수는 없다. 과학은 인간이 직면하는 많은 문제를 해결해 주지만 인간의 근본적인 문제들을 모두 해결해줄 수는 없다. 오늘날 과학으로 인해 많은 문제들이 야기되는 것은 과학에 대한 이 같은 적절한 조망이 없기 때문이다.

과학에 대한 기독교세계관적 관점에 더하여 자연을 연구하는 이들이 가져야 할 덕목들은 성경이 말하는 일반적인 덕목들과 차이가 없다. 연구자들은 동료 연구자들에 대한 정직, 자신의 연구에 대한 진실성integrity, 연구 결과에 대한 겸손, 취득한 연구 결과를 관대하게 공유하는 것특허나 지적 재산권, 좌절할 때의 자제심, 연구에서 실패할 때나 진척이 느릴 때의 인내심 등을 가져야 한다. 개별 연구자들의 부족함은 부분적으로 과학의 공동체적 성격에 의해 대체로 보호될 수 있을 것이다.

8. 지적설계운동

자연의 연구자들이 가져야 하는 덕목에 더하여 이들은 자연에 대해 창조주의 설계와 계획을 기대해야 한다. 하나님의 존재는 그분이 만든 자연계에 나타난 설계의 흔적을 통해 드러날 수도 있기 때문이다. 종래의 많은 그리스도인들은 자연에 존재하지만 자연적인 원인으로는 설명할 수 없는 '간격들gaps'을 하나님의 존재나 하나님의 창조의 증거로 제시했다. 그러나 근래에 대두되고 있는 지적설계운동에서는 간격보다 설계의 증거를 유신론적 자연관의 기초로 제시하고 있다. 부분적으로 설계와 간격은 중첩되는 부분도 있지만 근본적으로 같은 개념이 아니다. 간격은 불가지의 사실이나 현상에 근거하지만, 설계는 명백하게 자연적 인과관계로 설명할 수 있는 자연현상에 근거한다. 그러면 구체적으로 간격과 설계와 과학은 어떤 관계가 있는가?[48]

(1) 자연신학

자연은 자연 자체로는 설명될 수 없고 자연을 넘어선 지성을 필요로 한다는 주장은 기독교 신학에서 매우 오래된 주장이다. 3~4세기의 펠릭스Minucius Felix, died c.250나 바실Basil of Caesarea, 330~379 같은 교부들로부터 12~13세기의 마이모니데스Moses Maimonides, 1135~1204나 아퀴나스Thomas Aquinas, 1225~1274 같은 중세 스콜라 철학자들 역시 설계에 대한 확신을 갖고 있었다.

16~17세기 과학혁명이 진행되는 동안 갈릴레오, 뉴턴, 보일, 데카르트 등의 주축 인물들이 지닌 공통된 신념도 자연에는 창조주의 설계의 흔적이 있다는 것이었다. 즉 우리가 자연을 자세히 살펴보면 의도적으로 계획되고planned, 지시되고directed, 설계되었다는designed 증거가 분명하다는 것이다. 이런 관점에서 보면 어떤 사물의 역사와 구조와 기능을 올바르게 이해하기 위해서는 논리reasons와 아이디어ideas, 계획plans, 사상thoughts, 패턴patterns, 설계design 등을 고려해야 한다.

이러한 생각은 과학혁명 이후에도 이어졌다. 18~19세기의 레이드Thomas Reid, 1710-1796나 핫지Charles Hodge, 1797~1878 같은 신학자들도 설계논증을 제시해왔다. 이러한 생각은 자연스럽게 18~19세기 초의 자연신학Natural Theology 운동으로 이어졌다. 아마 역사적으로 가장 유명한 설계논증은 1802년에 영국의 페일리William Paley, 1743~1805가 출간한 『자연신학Natural Theology』의 시계공 논증일 것이다.

비슷한 시기에 과학의 영역에서 자연에 나타난 설계를 확신한 과학자
들로는 프랑스 미생물학자 파스퇴르Louis Pasteur, 1822~1895, 독일 태생의 영
국 천문학자 허셜Friedrich Wilhelm Herschel, 1738~1822, 영국 물리학자 패러데
이Michael Faraday, 1791~1867와 맥스웰James Clerk Maxwell, 1831~1879 등을 들 수
있다. 이들은 과학이란 다만 자연에 존재하는 의도적인 설계의 흔적을
찾는 작업이며, 자연 현상에 대한 과학적인 설명을 위해서는 초자연적인
설계자라는 개념을 가정해야 한다고 생각했다.

<그림 4-4> 좌로부터 파스퇴르, 허셜, 패러데이, 맥스웰

(2) 지적 설계

하지만 설계 논증은 직관적인 호소력이 있음에도 불구하고 페일리 이
후 널리 받아들여지지 않았다. 그 이유는 자연적인 원인에 의한 것과 지
적인 원인에 의한 것을 구분하는 구체적이고도 체계적인 방법이 없었
기 때문이다. 설계 개념이 과학적 개념으로 자리매김을 하려면 과학자
들이 설계 여부를 확인할 수 있는 구체적인 기준이 있어야만 했다. 20세
기 후반, 지적설계운동이 미국의 택스톤Charles Thaxton,[49] 브래들리Walter
L. Bradley, 덴톤Michael John Denton,[50] 케년Dean Kenyon,[51] 존슨Phillip E. Johnson,

1940~2019[52] 등에 의해 다시 확산된 것은 이러한 지적 설계를 확인할 수 있는 개념들이 등장했기 때문이다.

　몇 가지 예를 들면 생화학자 비히Michael J. Behe, 1952~의 "환원불가능한 복잡성irreducible complexity",[53] 물리학자 봄David Joseph Bohm, 1917-1792의 "활동적인 정보active information", 수학자 슈첸버거Marcel Schutzenberger의 "기능적 복잡성functional complexity", 그리고 뎀스키William A. Dembski, 1960~의 "복잡하고 구체화된 정보complex specified information" 등을 들 수 있다.[54] 지적 설계를 확인하는 개념들이 등장하면서 존슨, 비히, 마이어Stephen C. Meyer, 1958~, 넬슨Paul A. Nelson, 1958~, 웰스Jonathan C. Wells, 1942~, 뎀스키 등에 의해 지적 설계는 건설적인 연구 프로그램으로 확장되었다.[55]

<그림 4-5> 상좌에서 시계방향으로 존슨, 비히, 뎀스키, 웰스, 넬슨, 마이어

지적 설계란 방향성이 없는 자연적 원인들과 지적 원인들이 할 수 있는 작업이 다르다는 직관에 근거한 개념이다. 예를 들면 자연적인 원인들은 글자 조각들을 흩어놓을 수는 있으나, 그 조각들을 의미 있는 단어나 문장으로 배열시킬 수는 없다는 논리이다. 의미 있는 배열은 지적 원인을 필요로 한다. 지난 1990년대 초부터 본격적으로 시작된 지적설계운동은 자연신학 운동에 그 뿌리를 두고 있으나, 여러 면에서 자연신학의 약점들을 보완하고 있다.[56]

자연신학이 기독교 신학의 한 부분이었던 것에 비해 지적설계운동에 참여하고 있는 사람들의 면면은 다양하다. 자연신학이 기독교 내부에서 시작된 신학운동이었다면, 지적설계운동가들은 연구 분야에서 뿐만 아니라 종교적인 배경에 있어서도 다양하다. 예를 들면 지적설계운동을 시작한 법학자 존슨Phillip E. Johnson, 1940~2019과 수학자이자 철학자인 뎀스키William A. Dembski, 1960~는 기독교인이고, 생화학자 비히Michael J. Behe, 1952~는 가톨릭 신자이고, 덴톤Michael John Denton, 1943~은 무신론자, 생화학자 배경을 가진 웰스Jonathan C. Wells, 1942~는 통일교 신자이다.[57]

이처럼 다양한 종교적, 지적 배경의 사람들이 참여하고 있기 때문에 지적설계운동은 '느슨한' 연합체를 이루고 있다. 따라서 이들의 주장은 교조적일 수 없다. 설계자가 누구인가, 어떻게 설계했는가 등의 지엽적인 문제로 분열하거나 반목하지 않는다. 그래서 창조과학의 열풍이 교회 내에서조차 많은 갈등과 분열을 가져왔던 것과는 달리, 지적설계운동은 참가자들의 의견이 조금씩 다를지라도 조용하게 하나 됨을 유지하고 있다.

이렇게 다양한 배경의 사람들이 참여하고 있지만 지적설계운동에 참여하고 있는 사람들의 공통적인 신념은 자연주의는 잘못된 것이라는 점이다. 그리고 이들은 자연계에 나타난, 혹은 내재된 설계에 대해 강한 확신을 갖고 있다. 이들은 설계 개념이 실험과학을 하는 데 도움이 될 수 있으며, 과학적 활동을 선험적으로 배제하지 않는다고 지적한다. 또한 자연에는 많은 간격이 있으며 이러한 간격은 자연적 진화에 의해서는 메워질 수 없음도 지적한다. 한 예로 비히는 『다윈의 블랙 박스Darwin's Black Box』에서 우리는 설계의 개념을 도입하지 않고는 자연의 어떤 부분에 대해 완전한 이해를 할 수 없다고 했다.[58]

지적 설계는 모든 형태의 자연주의를 거부한다. 무작위의 자연적 원인들이 세계를 움직인다는 형이상학적 자연주의metaphysical naturalism는 물론 과학적 설명은 방향성이 없는 자연적 원인들을 넘어서서는 안 된다는 방법론적 자연주의methodological naturalism도 거부한다. 미시건주립대학의 철학자 페녹Robert T. Pennock은 과학적 방법은 초자연적인 것의 존재나 비존재를 가정하지 않고 자연적 설명에만 국한해야 한다는 말로 방법론적 자연주의의 의미를 명확하게 정의했다. "그러므로 우리는 (철학적) 자연주의의 궁극적 진리성에 대해서는 불가지론적일 수 있지만, 그럼에도 불구하고 그것방법론적 자연주의을 사용하여 마치 자연만이 존재하는 것처럼 자연을 연구해야 한다."[59]

하지만 지적 설계 지지자들은 방향성이 없는 자연적인 원인이 모든 생명의 다양성과 복잡성을 만들어 낼 수 있다는 다윈주의Darwinism를 거부한다. 지적 설계의 개념과 지적설계운동의 태동 과정을 고려한다면 과학적으로 설명할 때 설계 개념을 배제하는 것은 합당하지 못하며, 오히려 근래의 많은 과학적 발견들은 설계 개념을 도입할 때 가장 잘 설명될 수 있다.

지적설계운동은 젊은지구론을 중심으로 한 창조과학 운동의 두 가지 측면을 보완했다. 첫째, 지적설계운동은 창조과학의 젊은지구론과 같이 잘 확립된 과학적 성과들을 부정하는 반지성주의적 태도를 지양하고, 논쟁의 초점을 유신론 대 자연주의로 끌고 갔다. 지적설계론자들은 확립된 과학을 부정하는 전략보다는 확립된 과학의 배경에 있는 자연주의라는 형이상학적 특성에 집중했다. 둘째, 창조과학운동이 대중적 캠페인에 의존함으로 보수 기독교인들에게 폭발적 지지를 얻었지만 지식인들로부터는 반지성주의라는 비판을 받은 것에 비해, 지적설계운동은 지식인 사회로부터 유신론의 입지를 확보하는 데 주력하고 있다.

9. 논쟁과 설계의 기본 개념들

하지만 이러한 지적설계운동도 시간이 지나면서 도전받기 시작했다. 지적 설계에 대해 가장 신랄한 공격을 퍼붓는 선봉은 영국의 신무신론자 도킨스Richard Dawkins, 1941~이다. 그는 『눈먼 시계공The Blind Watchmaker』에서 첫째, "진화의 증거가 설계되지 않은 우주를 보여주는 이유Why the evidence of evolution reveals a universe without design"라고 주장하면서, 둘째, 자연을 적절하게 설명하기 위해서는 설계의 개념이 필요하지 않을 뿐만 아니라 정확하게 자연을 이해하게 되면 자연에 의도적인 설계가 없음을 알 수 있다고 했다.[60]

하지만 설계 지지자들은 도킨스의 주장이 틀렸다고 주장한다. 이를 위해 이들이 제시하는 몇몇 설계의 기본 개념들을 살펴보는 것이 필요하다.

첫째, 인조물Artifact 개념이다. 인조물이란 순수한 자연적 원인만으로는 만들 수 없으며 반드시 사람이든, 외계인이든, 무엇이든 어떤 분명한 요인finite agent을 가정해야 하는 것을 의미한다. 즉 이는 자연의 정상적인

<그림 4-6> 도킨스와 시계, 그리고 디자인

흐름flow을 인공적으로 거슬러counterflow 만들어진 물건이나 일어나는 사건들을 말한다. 인조물은 그것을 만든 사람이 의식하지 못할 때도 만들어질 수 있다.[61]

둘째, 설계Design 개념이다. 인조물과 달리 설계는 설계자가 의도적으로 만든 패턴intentionally produced pattern이다. 여기서 패턴이란 어떤 방법으로든지 인간의 지성mind이나 인식cognition과 공명하거나resonate 조화를 이루는match 추상적 구조나 현상을 말한다. 자연은 그러한 것을 만들지 않기 때문에 우리는 설계된 인조물designed artifact, 즉 의도적으로 만들어진 패턴을 갖고 있는 인조물artifact with intentionally produced pattern을 쉽게 알 수 있다.

이러한 설계의 증거는 망치나 시계와 같은 무생명체에서도 분명히 나타나지만, 생명체들에서는 더욱 분명하게 찾아볼 수 있다. 생명체들에서는 그 생명체들이 갖고 있는 특성과 그들이 주어진 환경에서 번성하기 위해 필요한 특성들 사이에 대응하는 것을 통해 알 수 있다. 즉 무생명체들과는 달리 생명체들은 그 생명체가 생겨나고 번성하기 위해서는 그럴

수 있는 기후나 환경, 조건이 필요하다. 이를 설명하기 위해 진화론자들은 공진화co-evolution 개념을 제시하지만, 공진화 조건이 많아질수록 확률적으로 더 가능성이 낮아지게 된다. 설계론자들은 이를 흔히 '목적에 대한 수단의 적응adaptation of means to ends'이라고 부르며, 과거에는 이것을 자연에서 설계의 증거라고 하였다.[62]

셋째, 설계자의 활동Agent Activity이다. 의도적으로 설계된 인조물이 있다면, 그것은 설계자의 활동이 있음을 의미한다. 이런 활동은 직접적일 수도 있고, 간접적일 수도 있다. 직접적이라 함은 설계자가 손으로 직접 어떤 물품을 만드는 것을 의미하고, 간접적이라 함은 설계자가 만든 도구나 기계가 다른 인조물을 만드는 행위를 말한다. 어떤 경우든 인조물은 설계자의 활동이 있어야 한다.[63]

넷째, 자연물과 인조물 사이의 간격Gaps이 있어야 한다. 자연적으로 정상적인 인과적 흐름normal causal flow과 인공적인 반인과적 흐름counterflow 사이에는 항상 간격이 있다. 예를 들어 영국의 스톤헨지Stonehenge를 생각해 보자.[64] 자연적으로는 그런 것이 생길 수가 없다.

<그림 4-7> 스톤 헨지좌는 위키 사진, 우는 National Geographic 사진

1877년, 이탈리아 천문학자 샤빠렐리Giovanni Schiaparelli는 화성에 인공적인 운하가 있다고 주장했다. 이탈리아어로 'channels'을 의미하는 카

날리canali가 있다고 했는데, 이를 영어로 번역하는 사람이 운하를 의미하는 커넬canals로 번역한 것이었다. 그래서 그것을 밝히기 위해 미국 천문학자 로웰Percival Lowell, 1855~1916은 로웰천문대Lowell Observatory를 설립하기도 하였다. 이것은 소위 '간격을 메우는 외계인Alien-of-the-Gaps' 개념으로, 오늘날 UFO 논쟁에서도 핵심적인 역할을 하고 있다.[65]

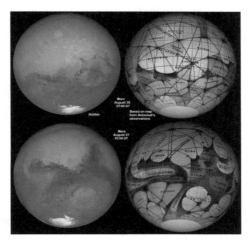

<그림 4-8> 화성의 운하?[66]

10. 설계의 증거와 인식 그리고 과학[67]

다음에는 이러한 설계의 개본 개념에 더하여 설계의 인식과 과학으로서의 지위에 대해 살펴보자.

첫째, 유한한 존재에 의한 설계이다. 인조성artifacuality, 역류counterflow의 흔적marks은 유한한 존재에 의한 디자인을 보여주는 가장 중요한 증거이다. 그러나 우리가 이러한 인조성과 역류의 흔적을 항상 발견할 수 있는 것은 아니다. 때로는 우리가 인식하지 못하지만 설계된 것이 있을 수 있다. 생화生花와 조화造花가 좋은 비유가 될 수 있다. 즉 가게에서 파는 조화도 너무 잘 만들면 생화로 오해하기 쉬운 것이다.

일반적으로 사람들은 초자연적인 설계의 개념은 과학적 기술이나 설명에서 합당치 않다고 생각한다. 그러나 그런 주장을 하는 사람이라도 초자연적인 설계의 개념을 반대하는 것이지 설계의 개념 그 자체를 반대하는 것은 아니다. 초자연적인 설계의 개념을 반대하는 사람들도 유한한 존재에 의한 설계의 개념은 반대하지 않는다. 사람이나 외계인 혹은 무엇이든지 유한한 존재라는 것 자체가 자연적이라고 생각하기 때문이다. 한 가지 예로 외계생명체가 발사했으리라고설계했으리라고 생각되는 인조전파를 찾는 SETISearch for Extraterrestrial Intelligence 프로그램은 전형적으로 설계의 흔적을 찾으려는 시도라고 할 수 있다.

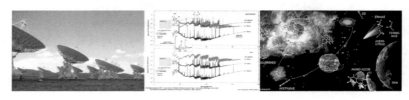

<그림 4-9> 전파망원경과[68] 외계로부터 들어오는 신호,[69] 그리고 범균설[70]

또한 일부 과학자들이 지구의 최초 생명체는 지구가 아닌 외계에서 외계인에 의해 만들어진 후 지구에 이르게 되었다고 주장하는 소위 생명의 외계기원설도 엄연히 과학의 일부로 받아들여지고 있다.[71] 이들의 주장이 터무니없는 것처럼 보일 수 있음에도 불구하고 본질적으로 비과학적unscientific이라고 생각하지는 않는다.

둘째, 무한한 존재에 의한 설계이다. 유한한 존재에 의한 설계의 흔적보다도 무한한 존재에 의한 설계는 더더욱 감지하기 어려울 때가 있다. 무한한 존재에게는 자연물과 '신조물神造物'이 동일한 것이기 때문에 앞에서 언급한 인조성과 역류의 흔적을 발견하기가 어렵다. 특히 무한한 존재는 생명체를 만들고 그 생명체들이 '자연적인' 과정을 통해 다른 인조물들을 만들 수 있기 때문에 무한한 존재에 의한 설계는 감지하기 어려울 수 있다. 그런데 유한한 존재에 의한 설계가 과학적이라고 받아들여진다면, 왜 무한한 존재에 의한 설계를 과학적이라고 받아들이지 못하는가? 설계자가 누구인지는 그렇게 중요한 것이 아니다.

11. 방법론적 자연주의

무한한 존재에 의한 설계의 개념을 받아들이지 못하는 이유는 경직된, 혹은 이데올로기화된 방법론적 자연주의Methodological Naturalism 때문이다. 넘버스Ronald L. Numbers에 의하면, 방법론적 자연주의라는 말은 1983년에 위튼대학Wheaton College 철학과 교수 더프리스Paul de Vries가 만든 용어이다.[72] 이는 과학은 초자연적인 설계나 초자연적인 인과율, 초자연적인 활동 등과 전혀 무관하게 과학적 기술, 설명, 이론화를 해야 한다는, 다시 말해 철학적 자연주의가 선험적 진리임을 받아들이는 것이다.

이러한 방법론적 자연주의는 대부분의 과학자들이 받아들이고 있으며, 일부 그리스도인 과학자들도 받아들이고 있다. 그러면 왜 방법론적 자연주의가 그렇게 널리 받아들여지고 있는가? 이에 대해 라취Del Ratzsch는 여섯 가지 이유를 제시한다.[73]

첫째, 방법론적 자연주의는 과학의 정의에 관계되어 있다는 것이다. 자연주의적 방법을 주장하는 사람들은 과학의 본질적인 정의 자체가 과학의 방법론적 자연주의를 요구한다고 확신한다. 그러나 지난 반세기 동안 쿤Thomas Kuhn 등의 새로운 과학철학자들이 연구한 바에 의하면, 과학 그 자체에 이미 다양한 형이상학적 확신metaphysical commitments이 내포되어 있음이 밝혀지고 있다.

둘째, 초자연적 존재에 관해서는 경험적 근거가 없다는 것이다. 방법론적 자연주의를 옹호하는 사람들은 초자연적 존재에 관한 이론들은 안정되고 경험적으로 실험할 수 있는 내용을 가질 수 없다고 확신한다. 그러나 과연 과학은 경험할 수 있는 것만을 기초로 하고 있는가? 예를 들면 자연의 균일성 원리均一性原理, the principle of the uniformity of nature 등은 전혀 경험적으로 증명되지 않았지만 모두에게 받아들여지고 있다. 만일 이 원리를 받아들일 수 없다면, 과학은 시작할 수조차 없게 된다.

셋째, 초자연적 성격의 과학이론들은 역사적으로 옳다는 근거가 없다는 것이다. 방법론적 자연주의자들은 역사적으로 초자연적 존재와 결부된 과학 이론들은 모두 실패했다고 확신한다. 그러나 그것은 과학의 역사에 대한 잘못된 시각으로 인해 생긴 것이다. 이미 앞에서 언급한 새로운 과학철학운동을 제기한 사람들은 과학적 활동 속에 이미 형이상학적 확신이 있다고 지적한다. 그래서 데이비스Paul Davis는 "과학은 신학의 결과이며, 무신론자이든 유신론자이든 모든 과학자들은 …… 본질적으로 신학적인 세계관을 받아들인다."라고 했다.[74]

넷째, 초자연적 존재를 가정하는 과학이론들은 '간격의 하나님God-of-the-Gaps'을 가정한다는 것이다. 방법론적 자연주의자들은 초자연적 존재를 가정하는 이론들은 모두 '간격의 하나님'이란 개념에 근거하는데, 이들은 과학적으로 받아들일 수 없는 것이라고 확신한다. '간격의 하나님'이란 이론은 자연적으로 설명할 수 없는 현상들을 초자연적인 존재에 의한 것으로 설명하는 것이다. 이 주장은 자칫 그리스도인들 스스로 자신들의 무지함을 인정하는 것이 될 수 있으며, 나아가 '무지의 간격The Gaps of Ignorance'이 될 수도 있다. '간격의 하나님' 이론은 과학이 발달하면서 점점 더 종교의 입지를 좁히는 결과를 가져올 수 있다. 이는 이 주장을 하는 사람들이 설계 이론을 간격의 하나님 이론과 동일한 것으로 오해했기 때문이다.

설계 이론은 반드시 간격을 포함할 필요가 없다. 몇몇 사람들은 간격 개념에 근거하여 디자인을 설명하기도 했지만,[75] 디자인과 간격은 반드시 연결될 필요가 없는 별도의 개념이다.[76] 실제로 역사적으로 등장했던 설계 이론들도 간격을 포함하지 않았다. 예를 들어 19세기 초에 유행했던 자연신학 사조도 자연의 구조나 상호관련성, 꼭 들어맞음 등에 근거한 것이지 초자연적 존재의 개입이 필요한 간격의 존재에 근거한 것이 아니다.

간격이 설계와 연관되는 경우가 있다는 것 자체가 논리적으로 문제가 되지는 않는다. 만일 어떤 사건이나 현상을 인간을 포함한 다른 어떤 유한한 존재의 역사로 설명할 수 없다면, 남아있는 유일한 대안은 초자연적인 존재를 가정하는 것이다. 이것이 거의 분명하게 틀린 자연적 가정을 하는 것보다 '더 과학적'이라고 할 수 있다.

다섯째, 간격을 포함하는 설계 주장을 반드시 무지함이나 나태함 때문이라고 볼 수는 없다. 때로는 이것이 자연이나 인간의 본질적 능력의 한계를 직시했기 때문일 수 있다. 어떤 사람들은 초자연적 존재에 의한 설계 이론을 허용하게 되면 잘 모르는 것은 무조건 초자연적인 요인으로 돌리기 쉽기 때문에 과학적 나태함을 부추길 수 있다고 비판한다. 하지만 이는 잘못된 것이다. 이것은 마치 예정론을 믿는 사람에게서는 전도의 열정이 없어질 거라고 생각하는 것과 비슷한 것이다. 예정론을 바르게 이해한 사람이라면, 어떤 불신자를 만났을 때 그가 구원받도록 예정되었을지 모르기 때문에 전도해야 된다고 생각한다. 상대방이 구원받도록 예정되었을지도 모르기 때문에 내가 전도하지 않더라도 그 사람은 어떻게든지 구원받을 거라고 생각하는 사람은 예정론을 숙명론으로 잘못 이해한 사람이다.

마찬가지로 하나님이 천지를 만드셨고 또한 그 가운데 있는 모든 질서와 규칙들을 만드셨을 뿐 아니라 인간을 하나님의 형상을 따라 만드셨기 때문에, 그 인간이 자연세계에서 하나님이 제정하신 질서와 규칙들을 찾아낼 수 있다고 믿는 것은 당연하고도 바른 견해이다. 이렇듯 설계의 확신은 자연스럽게 연구에 대한 열정으로 이어진다. 이것은 과학혁명을 주도했던 근대초기의 과학자들이 대부분 신실한 그리스도인들이었다는 사실로부터도 알 수 있다.

여섯째, 무신론과의 관계이다. 방법론적 자연주의는 철학적 혹은 형이상학적 자연주의와는 다르다. 철학적 자연주의는 필연적으로 강한 무신론이 동반되지만, 방법론적 자연주의는 반드시 그렇지는 않다. 물론 그렇다고 유신론을 옹호한다는 의미도 아니다. 비록 강한 무신론이 필연적으로 동반되지는 않지만, "자연현상을 설명하는 데 자연적인 방법을 사용한다."라는 점에서 방법론적 자연주의 역시 자연현상에서 초월적인 신을 이끌어내려는 사람들에게는 부담이 될 수 있다. 그러나 방법론적 자연주의는 약하게나마 무신론을 옹호 내지 전제한다 하더라도 무신론을 필요조건으로 수용하지는 않는다. 따라서 방법론적 자연주의가 지나치게 경직된 이데올로기에 기대지만 않는다면 자연현상에 대한 자연적인 설명을 추구하기 때문에 종교를 가진 과학자라도 자신의 종교적 신념에 크게 얽매이지 않고 연구를 수행할 수 있게 해 준다는 유익이 있다.[77]

12. 요약과 결론

지금까지 우리는 과학과 신앙에 대한 몇 가지 오해와 더불어 과학에 대한 기독교세계관적 조망을 살펴보았다. 과학과 신앙에 대한 오해는 과학에 대한 오해, 신앙에 대한 오해와 더불어 과학과 신앙의 관계를 오해했기 때문에 생기는 것이다. 이러한 오해의 바탕에는 과학과 신앙을 서로 다른 영역에 속한 것으로 이해하는 이원론적, 이분법적 세계관이 도사리고 있음을 알 수 있다.

과학의 연구 대상인 자연은 하나님의 작품이며, 과학은 피조세계를 관리하라는 청지기적 책임이자 이웃 사랑의 방법이다. 그리고 이러한 청지기적 소명을 감당할 수 있도록 하나님은 인간을 그분의 형상을 따라 창조하셨다. 그러므로 우리는 신앙의 영역에서 하나님께 온전히 순종하는 것과 같이 과학의 영역에서도 하나님께 온전한 순종할 수 있어야 한다. 그래서 과학 연구를 통해 하나님의 영광이 드러나고 과학의 부정적인 능력이 억제되도록 해야 한다.

기독교적 자연관에서는 자연을 독립적인 실재로 보며, 자연의 가해성可解性을 전제한다. 이에 기초해서 일어난 운동이 바로 지적설계운동이다. 본 강에서는 델 라취가 제시하고 있는 지적설계이론의 인조물, 설계, 설계자의 활동, 자연물과 인조물 사이의 간격 등을 중심으로 지적설계이론을 사이비 과학이라고 비난하는 몇몇 사람들의 비판들을 살펴보았다. 자연에서 설계의 흔적들을 인식하고 연구하는 작업은 지극히 정상적인 과학적 연구 과정이라고 할 수 있다. 자연주의적 방법으로 연구한 것만이, 또는 초자연적인 존재나 설계를 배제하고 연구한 것만이 과학이라고 주장하는 것은 바르지 않다.

설계의 흔적들을 인식하고 연구하는 작업은 정상적인 과학적 연구와 충돌하지 않는다. 이와 관련해 델 라취는 본 강에서 소개한 것처럼, 방법론적 자연주의가 널리 받아들여지는 이유를 여섯 가지로 잘 요약하고 있다. 이는 자연주의적 전제를 가지고 연구하는 사람도 그 인식론적 기초에는 형이상학적 요소가 있기 때문이다. 이러한 주장은 과학이 발달해 온 지난 수천 년 간의 역사를 살펴보면 분명해진다. 특히 유대-기독교 전통이 헬레니즘을 만나서 인류의 역사에 본격적으로 영향을 미치기 시작한 이후 문명의 궤적을 살펴보면 더욱 분명해진다.

토의와 질문

1. 저자는 그리스도인의 과학연구에서도 이원론의 문제가 심각하다고 지적한다. 그렇다면 근대과학의 발흥기에 활약했던 많은 지도적 과학자들이 보수적 신학의 배경을 가졌다는 사실을 어떻게 설명할 것인가?

2. 지적설계운동을 창조과학운동의 또 다른 버전이라고 비판하는 사람들에게 어떻게 대답할 것인가?

3. 방법론적 자연주의가 불가피하게 철학적 혹은 형이상학적 자연주의와 연결된다는 주장에 대해 어떻게 대답할 것인가?

제2부
교회사 속에서의 과학

모든 진리는 하나님의 진리

"예루살렘과 아테네 사이에 무슨 관련이 있는가?
아카데미와 교회 사이에 어떤 일치점이 있는가?
이단과 그리스도인들 사이에 무슨 일치점이 있는가?"
터툴리안

기독교와 과학의 역사적 관계를 살펴보기 위해서는 먼저 기독교의 모체가 되었던 유대교 전통과 교회가 시작되던 당시 지중해 연안에 풍미했던 그리스 문화와의 만남을 살펴보아야 한다.

1. 두 세계관

단순화의 위험이 있기는 하지만 신앙은 히브리적 세계관에, 과학은 그리스적 세계관에 담겨 전승되었다고 할 수 있다. 그렇다면 히브리적 세계관과 그리스적 세계관은 어떻게 다를까? 이에 대한 자세한 논의는 본서의 범위를 넘어서지만 과학과 기독교의 관계를 다루기 위해서는 먼저 기독교의 배경이 되는 히브리인들의 세계관을 간단히 살펴보는 것이 필요하다.

히브리적 세계관은 기본적으로 구약성경에 기초한 것이고, 성경은 문학적 양식을 빌어 히브리어로 기록되었다. 그러므로 두 세계관의 차이가 가장 잘 드러나는 언어를 간략하게 살펴볼 필요가 있다. 히브리어는 그리스어에 비해 과학적 연구를 위한 언어가 아니다. 히브리어는 단순하고 문법이 정교하지도 않다. 이에 비해 그리스어는 동사나 명사의 어미, 시제, 격의 변화가 복잡하고 기계적이다. 히브리어는 종교적 메시지를 전하기 위한 문자이고, 그리스어는 논리나 학문적 지식을 전달하려는 문자라고 볼 수 있다. 그러므로 신앙과 학문의 차이는 이 두 언어의 특징에서 명확하게 드러난다.

히브리인들은 역사에서 고난의 시기를 보내었기 때문에, 그들의 문헌에서는 계시의 전승을 위한 구전의 지혜가 발달되었다. 즉 히브리 문헌들은 중심적인 메시지를 전달하는 데 목적이 있었지, 자세한 과학적 지식을 정확하게 전달하는 데 목적이 있지 않았다. 그러므로 히브리어로 기록된 성경의 문자적 해석을 통해 과도하게 현대 과학적 지식을 끄집어내려는 시도, 즉 성경을 과학 교과서로 보려는 시도는 바르지 않다.

히브리인들의 문헌에서 가장 눈에 띄는 특징은 운율이다. 히브리인들은 한국인들처럼 시적인 민족이어서 산문에서조차 운율을 맞추는 것을 매우 중시하였다. 이것은 고난의 세월을 지나면서 문서로 사상을 전달하기 어려운 민족이 자신들의 사상을 후손들에게 전달하기 위한 중요한 수단이었다. 즉 어떻게 하면 이것을 후손들이 기억하게 할까라는 고민으로부터 운율을 붙이는 관습이 생겨난 것으로 보인다. 그러므로 히브리인들의 사상을 집대성한 창세기로부터 과학을 끄집어내려는 것은 잘못이다.

운율을 중시하는 히브리 문학은 여러 가지 형태로 드러나는데, 그중 하나가 이합체離合體, acrostic이다. 이는 각 행의 첫 글자를 아래로 연결하거나 각 행의 처음과 끝 글자를 맞추면 특정한 어구語句가 되게 쓴 시나 글의 형태를 일컫는 말이다. 예를 들면 예레미야 애가는 다섯 수의 시로 되어 있고, 그중 넷은 히브리 알파벳22개으로 시작한다. 이것은 전형적인 히브리 시의 형식이다. 1, 2, 4장은 각각 22절까지 있으며, 각 장의 1절은 '알렙'으로 시작하는 단어, 2절은 '베트'로 시작하는 단어, 3절은 '기멜'로 시작하는 단어, …… 마지막 22절은 히브리어 알파벳의 마지막 글자인 '타우'로 시작하는 단어로 이루어져 있다. 그런데 3장은 좀 다르다. 3장에서 1, 2, 3절은 각각 '알렙'으로 시작하는 단어, 4, 5, 6절은 각각 '베트'로 시작하는 단어, …… 마지막 64, 65, 66절은 각각 '타우'로 시작하는 단어로 이루어져 있다. 예레미야 애가는 지금까지도 매년 4월 9일에 운율에 맞추어 낭독한다렘52:6.

운율에 대한 중시와 더불어 히브리 노래에는 단조 노래가 많다는 특징도 있다. 예를 들면 우리에게 널리 알려진 노래들 중 <사막에 샘이 넘쳐흐르리라>, <히브리 노예들의 합창> 등은 대표적인 히브리인들의 정신을 보여주는 노래들이다. 이러한 노래들은 우리의 전래 민요인 <아리랑>, <도라지> 등과 비교해 볼 때 비슷하면서도 매우 다르다. 히브리인들의 노래에는 언중유골言中有骨이라는 말로 표현할 수 있듯이 강력한 미래에 대한 소망, 즉 메시아의 도래를 기다리는 정신이 곳곳에 스며들어 있다. 이러한 배경 지식을 근거로 구약에 나타난 자연에 대한 묘사를 살펴보자.

2. 구약과 간약기 유대교[1]

구약은 그리스 문화가 만개하기 전에 기록된 것이므로 그리스 문화의 영향을 크게 받지 않은 것으로 보인다. 구약은 그리스 문헌에서처럼 자연 현상에 대한 관심이 많지는 않았지만, 구약성경에도 곳곳에 자연에 대한 언급들이 많다. 예를 들면 밤낮의 자동적 변화창1:5, 법칙에 따라 자동으로 운행되는 일월성신욥38:33; 시19:4ff; 148:3ff; 렘31:35f; 33:25, 밀물과 썰물욥38:8~11; 시104:9; 잠8:29; 렘5:22, 비, 바람, 천둥, 번개 등의 기상 현상욥28:25f; 38:24f; 시148:8 등이다.

하나님의 기본적인 사역도 연속적인 창조continual creation, *creatio continua, creatio continuata*의 관점에서 이해되었다. 성경은 자연의 질서는 의존적인 질서이며 하나님의 허락 내에서 이루어진다고 본다. 즉 자연의 질서는 영원 전부터 자존하는 것이 아니라 하나님에 의해 허용된 것이며 명령된 것이라고 보는 것이다.

하지만 이러한 구약의 사상도 격동하는 지중해 연안의 정치, 문화적 상황과 무관할 수 없었다. 유대 문화가 본격적으로 그리스 문화의 영향을 받게 된 결정적인 계기는 주전 4세기 초, 알렉산더 대제의 정복전쟁이었다고 할 수 있다. 특히 알렉산더가 이집트를 정복한 것은 지중해 연안 전체에 그리스 문화가 전파되는 계기가 되었다.

물론 이 때 유대 문화 뿐 아니라 근동의 이집트, 페니키아, 바벨론, 페르시아 등의 문화도 헬레니즘 문화 속에 융합되었다. 앗시리아에 의한 사마리아의 함락BC 722과 바벨론에 의한 예루살렘의 함락BC 586 이후 유대인들은 지중해 연안 곳곳으로 퍼졌기 때문에 자연스럽게 유대 문화도 헬레니즘 문화의 작은 한 부분 집합으로 존재했을 것으로 보인다. 따라서 유대인들은 BC 3세기 초부터 이미 헬레니즘 문화와 대화를 시작한 것으로 보인다. 기록으로 보면, BC 3세기 말부터 AD 2세기 초 사이에 유대 신앙은 그리스 철학과학과 접촉이 시작된 것으로 보인다.[2]

구약과 신약의 중간기에 해당하는, 즉 말라기 선지자로부터 예수님에 이르는 400여년의 간약기에는 그리스 자연철학의 영향으로 유대인들은 자연의 자율성을 훨씬 더 많이 인정하였다. 벤시락Jesus ben Sirach, BC 2세기 은 자연의 질서에 있어서 플라톤적인 수리적 규칙성을 강조했다. 심지어 그는 인간은 불순종했으나 자연은 하나님께 순종했다고 했다.[3]

3. 그리스 문화에 대한 유대 변증가들의 반응

BC 3 세기 후반부터 BC 2 세기 중엽까지 그리스 문화를 접하는 유대인 변증학자들의 초기 반응은 두 그룹으로 나뉘었다. 첫 번째는 수용적 자세를 가진 진보주의자들이었다. 이들은 그리스 학문을 긍정적으로 평가했다. 그 이유는 세 가지로 요약할 수 있다. 첫째, 그리스 문화가 청년들의 교육에 중요하기 때문에, 둘째, 이방인들로 하여금 유대교에 대한 존경심을 갖게 하기 위해, 셋째, 그리스 문화에 호감을 느낀 유대인들에

게 유대 전통 또한 우수함을 재확인시키기 위함이었다.[4]

이방인들에게 유대 전통의 우수함을 내세우려고 하다 보니 때로는 근거 없는 이야기들을 만들기도 했다. 예를 들면 아르타파누스Artapanus 는 이집트인은 과학과 기술을 모세에게 배웠다고 했다. 유폴레무스 Eupolemus는 천문학점성술은 에녹Enoch이 발명했으며, 이것을 아브라함이 페니키아인들과 이집트인들에게 가르쳤고, 그리스인들은 이들에게서 배웠다고 했다. 알렉산드리아의 유대 철학자 아리스토불러스Aristobulus of Paneas는 피타고라스나 플라톤의 철학적 아이디어를 비롯하여 그리스 철학이 모세에게서 가져온 것이라고 말했다. 그는 그리스 과학자연철학을 인정했으며, 모든 지식의 통일성unity에 대한 신념을 가지고 있었다.

하지만 그러는 가운데 구약의 하나님이 상천하지에 유일하신 창조주 하나님이심을 변증하는 체계도 형성되어 갔다. 헬레니즘 시대의 첫 유대인 철학자였던 아리스토불러스Aristobulus, BC 2세기 중엽는 하나님이 지속되고 불변하는 자연의 질서를 제정하셨으며, 따라서 자연의 규칙성은 하나님의 존재와 활동의 증거라고 했다.

하지만 그리스 과학에 대해 부정적인 견해를 가진 이들도 적지 않았다. 비판적인 태도를 보인 보수주의자들은 유대 율법의 독특한 가치가 그리스 문화에 의해 오염되거나 훼손되지 않을까 염려했다.[5] 어떤 사람은 에녹서Books of Enoch의 첫 번째 책인 제1에녹서는 약물학, 야금술, 바벨론 천문학점성술은 천사들의 타락 또는 천사들과 인간의 불륜 관계에서 생겨난 것이라고 했다.[6] 바룩서Book of Baruch에서는 이방 문명에는 어떤 지혜도 없다고 했으며, 젊은이들이 모세의 법으로부터 떠나는 것을 비난하였다.[7] 오히려 이방문화는 사회적, 문화적, 기술적 진보를 방해한다고 했다. 외경Apocrypha의 하나인 『집회의 책Ecclesiasticus』의 저자 벤시락은 모든 철학적 유추를 비난하면서,[8] 그리스 의약품의 사용을 금지했다.[9] 그러나 벤시락은 유대화judaized할 수 있는 한 헬레니즘 사상에 대해서 개방적이었다.

4. 초대교회의 부정적 반응들

그러면 초대교회는 과학을 어떻게 보았을까? 과학과 기독교의 적대적 관계를 주장한 드레이퍼John William Draper와 화이트Andrew Dickson White 는 초대교회 교부들이 자연 그 자체를 위한 과학적 연구를 경멸했다고 했다. 그들에 의하면, 교부들은 끈기 있는 관찰과 유추를 통해서는 미숙한 지식을 얻을 뿐이라고 생각했으며, 그러한 교부들의 무지와 미신이 과학을 전횡적으로 파괴하였다.[10]

그러나 그들은 고대와 현대 사회에서 과학에 대한 정의가 같지 않다는 점을 간과했다. 즉 현대와 달리 고대 사회에서는 학문이 분화되지 않았으며, 과학을 연구하는 방법도 크게 달랐다는 것이다. 뿐만 아니라 드레이퍼와 화이트는 세속철학이 매우 관용적인 것처럼 말했지만, 실은 세속철학도 기독교처럼 관용이 부족했다.[11] 몇몇 초대교회 지도자들이 과학을 어떻게 평가했는지를 살펴보자.[12]

초대교회 지도자들 중의 일부는 그리스 철학에 대해 매우 비판적이었다. 특히 이들은 영지주의자들과 같은 이단들이 그리스 철학으로부터 유래한다는 것을 알고 있었다. 그들은 탈레스Thales, 아낙시만드로스 Anaximandros, 아낙시메네스Anaximenes, 피타고라스Pythagoras, 엠페도클레스 Empedocles 등의 그리스 자연철학자들을 정죄했으며, 그리스 철학을 "누

더기 더미a heap of miserable rags"라고 비난했다. 또한 발렌티누스 영지주의
Valentinian Gnostics가 정통으로부터 떠난 것을 숨기기 위해 교묘히 그리스
철학을 이용했다고 주장했다.[13] 물론 그들은 열심히 연구하면 자연에 관
해 더 많은 것을 알 수 있다고 생각했지만, 궁극적으로 나일강의 범람이
나 새들의 둥지에 관한 것들은 인간 지식의 한계를 벗어난다고 보았다.
다시 말해 "이 모든 것들을 창조하신 하나님만이 그들에 관한 진리를 선
포하실 수 있다."라고 생각했다. 그러므로 그리스도인들은 성경과 신앙
고백서the apostolic rule of faith, 사도신경의 초기 형태만 공부해야 한다고 했다. 만
일 자연의 경이에 대해 계속해서 연구하게 된다면 그리스 철학자들과 같
이 모순에 빠지게 되고 하나님이 허락하신 교회의 하나됨을 해칠 수도
있을 것이라고 했다.

아마 그리스 과학에 대해서 가장 부정적으로 평가한 2세기의 기독
교 지도자로는 이레니우스Irenaeus와 터툴리안Tertullian, fl.195~215을 들 수
있을 것이다. 영지주의자 출신의 이레니우스는 자신의 영지주의 경험
에 비추어 그리스 철학을 비난하였다. 터툴리안은 개종 후 교회의 하나
됨과 교리의 순수성의 보존에 매진하면서 초대교회의 반지성주의anti-
intellectualism를 대변하였다. 그에게 자연철학자들의 주장은 "불확실한 유
추uncertain speculation"요, "무가치한 우화worthless fables"요, "형편없는 교만
promiscuous conceits"일 뿐이었다. 그들은 "자연에 관한 어리석은 호기심에
탐닉하기보다 지성을 사용하여 창조주와 통치자에게로 향해야 했다."[14]
터툴리안은 그리스인들의 우주론적 유추나 변증법dialectics은 발렌티누스
와 말시온Marcion의 영지주의 이단과 연관되어 있다고 생각했기 때문에,
그와 관련해서는 이레니우스와 같이 단호한 입장을 견지했다.

도대체 예루살렘과 아테네 사이에 무슨 관련이 있는가? 아카데미와 교회 사이에 어떤 일치점이 있는가? 이단과 그리스도인들 사이에 무슨 일치점이 있는가? …… 그리스도 예수를 알게 된 후에는 어떤 호기심도 필요하지 않게 되었으며, 복음을 알게 된 후에는 어떤 연구도 필요하지 않게 되었다.[15]

<그림 5-1> 터툴리안좌과 이레니우스

터툴리안은 그리스 고전전통, 그리스 철학에 대해 가장 적대적인 초대교부였던 것으로 알려져 있다. 그래서 기독교와 과학의 관계를 적대적으로 평가하는 사람들은 터툴리안을 대표적인 예로 든다. 그들은 터툴리안을 두고 기독교인들은 성경의 계시가 제공하는 것을 넘어서는 지식을 필요로 하지 않는다고 말한다.[16]

그런데 그리스 과학이 이런 비판을 받게 된 근저에는, 질셀Edgar Zilsel과 에델슈타인Ludwig Edelstein이 지적한 바와 같이, 그리스 과학 자체가 지닌 문제들이 있었다. 그것은 그리스 과학이 다양한 학파로 분열되어 있었을 뿐 아니라, 이를 해결할 수 있는 방법도 없었다는 것이다. 2세기의 디오도러스Diodorus, 인체생리학자 갈렌Galen, 천문학자 프톨레마이오스Claudius Ptolemaios 등도 이런 문제를 알고 있었다.

5. 초대교회의 긍정적인 반응들[17]

그러나 터툴리안이나 이레니우스는 초대교회 교부들의 의견들의 넓은 스펙트럼 중에서도 한쪽 끝의 의견을 대변할 뿐이다. 초대교회에는 터툴리안과 이레니우스만 있었던 것이 아니다.[18] 오히려 많은 초대교회 교부들은 고대 그리스의 지식이 중심이 된 고전전통Classical Tradition을 제한적으로나마 수용했다.

긍정적인 평가를 한 가장 초기의 사람으로는 저스틴 마터Justin Martyr, c.100~165를 들 수 있다. 그는 스토아 학자들의 "씨앗 말씀seminal Word, logos spermatikos" 개념을 도입하였다. 그는 하나님이 모든 인간의 마음속에 주신 "씨앗 말씀"이 있는데, 이 씨앗은 구약의 선지자들은 물론 최고의 그리스 철학자들에게도 영감으로 주어졌다고 했다. 그래서 그는 "무엇이든지 사람들 사이에서 바르게 말해진 것이라면, 그것은 바로 우리 그리스도인들의 재산이다Whatever things were rightly said among all men, are the property of us Christians."라고 했다. 그러나 동시에 그는 "그리스 여러 학파들은 서로 모순되며 그들은 단지 로고스Logos의 일부만을 알 뿐, 그리스도 안에 구현된 하나님 말씀the Word의 온전함을 알지는 못했다."라고 했다. 뿐만 아니라 "그리스 철학자들은 개인적인 명예를 구하기 위해 연구하며, 전체가 아닌 단지 몇 개만을 선택하여 가르쳤을 뿐이지만, 히브리 예언자들은 하나님의 성령에 감동을 받아 진리를 보고 모든 사람들에게 진리를

<그림 5-2> 상좌로부터 시계 방향으로 저스틴 마터, 알렉산드리아의 클레멘트,
오리겐, 로마의 클레멘트, 아테나고라스, 아르노비우스

선포했다saw and announced the truth to all."라고도 했다.[19]

저스틴 마터 외에도 2~4세기의 알렉산드리아 클레멘트Clement of
Alexandria, c.150~c.215, 오리겐Origen, 184/185-253/254, 로마의 클레멘트Clement of
Rome, 아테나고라스Athenagoras of Athens, 아르노비우스Arnobius of Sicca, 유세
비우스 등도 일부 유보 사항을 전제하기는 했지만, 그리스 과학을 긍정
적으로 수용했다. 그들은 모두 그리스 철학을 기독교를 변증하는 유용한
도구로 받아들였다.[20] 한 예로 오리겐은 아리스토텔레스처럼 세계가 하
나님과 같이 영원하다는 미혹에 빠지지 말 것을 경고하였다. "천문학자
들은 별까지의 거리는 측정하면서 하나님이 바로 창조주요 심판주라는
사실은 깨닫지 못했다."[21]

아테나고라스는 플라톤과 아스리토텔레스, 스토아 철학자들을 단일

신론을 지지하는 사람들로 제시했다. 클레멘트는 최초의 그리스 철학자들이 무신론자들이었다고 비판했지만, 그 역시도 어떤 철학자들과 시인들은 진리를 증거한다고 했으며, 또한 철학 전통에도 "불을 일으키는 희미한 불꽃, 지혜의 흔적, 하나님으로부터 온 본능이 있다."라고 했다.[22] 심지어 초대교회에서 그리스 철학을 가장 거부한 것으로 알려진 터툴리안 자신도 기독교를 그리스 철학의 합리성을 완성한 것이라고 보고 철학적 활동을 옹호했을 뿐 아니라 스스로도 참여했다.[23]

북아프리카 시카의 기독교 변증가였던 아르노비우스Arnobius of Sicca, d. c.330는 자연적 사건들은 "태초부터 세워진 법칙들을 따른다."라고 하면서, 자연을 가리켜 기계라고 불렀다. 그의 대표적 저작인 『이교도들에 대항하여Adversus Nationes』c.303~310에서, 그는 기독교는 최고의 이방철학과 잘 일치한다고 했다.[24] 아르노비우스의 이야기는 에피쿠로스 과학Epicurean science에 등장한다.

가이사랴의 주교이자 교회사의 아버지라고 불리는 유세비우스Eusebius of Caesarea, c.260 ~ c.340 역시 자연법칙의 충분성sufficiency of natural law을 강조하였다. 그는 학자이자 순교자인 팜필리우스Pamphilus의 제자로서 오리겐의 전통 속에서 교육을 받았다. 그는 그리스어로 자연nature에 해당하는 '푸시스phusis'란 말을 처음 사용하였다. 그는 안정된 궁창, 허공중에 걸린 지구, 일월성신의 궤도, 계절의 변화 등을 태초에 하나님이 제정하신 것이라고 보았다.

갑바도기아현 터키 교부의 한 사람인 그레고리Gregory of Nazianzus, 329~389는 세속학문을 경계하면서 그 학문을 믿음 안에 굴복시켜야 할 필요성을 역설하였다. 그는 고린도후서 10장 5절을 인용하여 "모든 생각을 사로잡아 그리스도께 복종"하게 해야 한다고 했다. 그는 세속문학으로부터 탐

구와 유추의 원리를 발견하면서 동시에 그들의 우상숭배, 공포, 파괴의 수령은 배격해야 한다고 했다.[25]

초대교회 지도자들은 대체로 그리스 철학을 이방인들에게 복음을 전하는 통로를 만드는 데 필요한 것으로 보았다. 이러한 초대교회의 전통은 중세교회에까지 이어졌다. 잘 알려진 것처럼 중세에는 기독교신학을 이해하는 선수과목으로서 그리스 과학의 전통이라고 할 수 있는 대수학, 기하학, 천문학, 음악 등의 4학Quadrivium을 가르쳤다.

6. 초대교회 문서들

이외에도 비록 위경이지만 42편의 짧은 서정적 찬송시로 된 『솔로몬의 송시The Odes of Solomon』초기 2C는 하나님의 창조와 그분의 법칙을 따르는 피조물들의 운행에 대해 긍정적으로 묘사했다. "그분은 창조하시고 그것을 깨우신 후 그분의 일을 쉬셨다. 그리고 피조물들은 자기들의 궤도를 따라 운행되며 자신들의 일들을 한다. 그들은 쉬거나 게으를 수 없다. 만상은 그분의 말씀에 순종한다."[26]

로마의 클레멘트Clement of Rome란 이름으로 초대교회에 널리 유포되던 유사 클레멘트 문헌Pseudo-Clementine Literature 역시 합리적인 과학연구를 격려하였다.[27] 그중의 하나인 『아나그노세이스Αναγνωσεις』는 그리스어로, 그리고 후에 시리아어Syriac와 라틴어로 번역되어 동서 교회에 널리 영향을 끼쳤다.[28] 이 문헌에서는 과학연구와 관련해 다음과 같은 여러 언급들이 등장하며 합리적인 과학연구를 격려하였다.

- 후에 우주 기계론자들이 사용한 "세계 기계machine of the world, fabric of the world" 등의 용어가 사용된다.
- 별들의 궤도는 "고정된 법칙과 주기들fixed laws and periods"에 의해 지배되며 하나님의 창조를 증거한다.
- 세계의 질서는 자연 그 자체의 질서라기보다는 하나님이 제정하신 것이다.
- 인과율은 하나님의 창조 규례이다.
- 씨앗이 발아하는 것이나 식물이 성장하는 것은 창조 시 하나님이 물속에 심은 "영의 힘power of the spirit" 때문이다.
- 자연의 질서들은 신비로운 역사를 이해한 성실한worthy & faithful 사람들의 이성적 탐구 대상이다.
- 자연의 여러 현상들은 사실과 예에 의해 증명된다proved by fact and example.

    몇몇 사람들이나 문헌들을 살펴볼 때 초대교회 시절 기독교와 과학의 관계를 일의적으로 표현하기는 쉽지 않다. 이는 초대교회의 중심지가 예루살렘에서 출발했지만, 후에 수리아의 안디옥, 아프리카의 알렉산드리아, 소아시아의 갑바도기아와 콘스탄티노플현 이스탄불, 이탈리아의 로마 등으로 널리 퍼졌기 때문이다. 이는 예수님을 믿고 교회에 들어온 각 지역의 지도자들의 지적 배경과도 깊은 연관이 있었다. 즉 그리스 사상의 영향권에서 자란 사람들과 예루살렘에서 유대교 전통에서 자란 사람들 사이의 생각이 같을 수가 없었다는 것이다. 이런 여러 인물들과는 별도로 초대교회 시대 기독교와 과학의 관계를 설명하려면 좀 더 길게 소개해야 할 두 사람이 있는데, 한 사람은 가이사랴 바실이고, 다른 한 사람은 우리에게 잘 알려진 히포의 어거스틴이다.

7. 바실과 헥사메론[29]

기독교가 공인된 4세기 초부터 6세기까지는 제도 종교의 명분으로
그리스 과학과 기독교는 상호작용하였다. 여기서 가장 핵심적인 역할
을 한 사람이 바로 가이사랴 주교였던 바실Basil of Caesarea, c.329~379이었
다. 3인의 갑바도기아 교부 중의 한 사람인 바실은 370년에 유세비우스
Eusebius of Caesarea를 이어 갑바도기아 가이사랴Caesarea in Cappadocia의 주교
로 임명되었다.

바실은 6일간의 하나님의 창조사역에 관한 설교와 강의 내용을 모은
『헥사메론Hexaemeron(Work of Six Days)』을 저술했으며, 이것은 그 후 기독교
의 자연관에 큰 영향을 미쳤다. 그리스 과학에 대한 중산층 지식인들이
교회에 들어오면서 성경의 창조사역을 설명하고 변호해야 할 필요에서

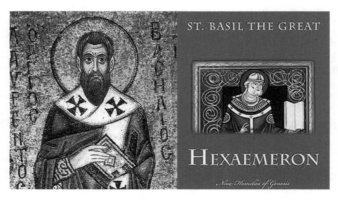

<그림 5-3> 바실과 헥사메론

출발한 이 책은 이레니우스나 터툴리안처럼 그리스 과학을 무시하지도, 알렉산드리아 클레멘트나 오리겐처럼 무비판적으로 수용하지도 않았다. 그는 창조론자 전통Creationist Tradition의 첫 학자로서 자연 현상에 대한 성경의 많은 언급들에 주목했다. 그리고 이런 언급들에 대한 그의 창의적 해석은 현대적 관점에서 보더라도 놀라울 정도로 과학적인 것이었다. 몇 가지 예를 들어보자.

① 식물 창조의 질서: 창세기 1장 11절에서 처음에는 풀과 채소를, 나중에는 과목을 나게 한 것은 질서를 보여준다. "하나님이 이르시되 땅은 풀과 씨 맺는 채소와 각기 종류대로 씨 가진 열매 맺는 나무를 내라 하시니 그대로 되어". 발아하는 힘은 창조에 의해 자연에 존재한다. 단 물속에 존재하는 것이 아니라 흙속에 존재한다. 이것은 지구의 창조에 대해서도 마찬가지이다.

② 임페투스: 오늘날의 운동량momentum 혹은 관성과 비슷한 임페투스impetus라는 개념을 도입하였다. "[회전하는] 팽이처럼 한 번 추진력impulse을 준 후에는 계속 회전하며 일단 중심에 고정된 채 스스로에 대하여 회전한다. 그래서 자연도 첫 명령에 의해 추진력을 받은 후에는 만물이 완성될 때까지 중단 없이 노화의 과정을 따라간다."

③ 천상계와 지상계는 하나: 회전하는 팽이는 지상의 물체지만 천체들처럼 회전운동을 하므로 천상계와 지상계는 하나이다. 지상에서의 물체의 운동은 아리스토텔레스적 견해에서는 '비자연적인unnatural' 것이지만 바실에게는 완전히 '자연적인natural' 현상이었다. 바실은 아리스토텔레스의 4원소설은 받아들였으나,

각 원소들이 우주에서 고유한 위치가 있다는 것은 부정하였다.

『헥사메론Hexamaeron』은 17세기에 현대과학이 출현할 때까지 지속된 아리스토텔레스 비판서였다. 이 책에 의하면, 원소들이 가진 특성은 원소들이 본래부터 가지고 있었던 특성이라기보다 하나님이 제정하신 법칙으로 이해해야 한다. 하늘은 지구와 마찬가지로 썩어지는corruptible 것이며 지상에서와 같은 물리 법칙이 적용되며, 창조 및 운행되는 자연은 에너지의 중단이나 쇠함 없이 주어진 법칙에 따라 운행된다고 보았다.

- 구르는 공: 창세기 1장 24절에서 하나님의 명령에 대한 반응으로 땅으로부터 생명이 자연발생한 것을 설명하는 데 사용하였다. "하나님이 이르시되 땅은 생물을 그 종류대로 내되 가축과 기는 것과 땅의 짐승을 종류대로 내라 하시니 그대로 되니라". 즉 일단 내리막에서 구르기 시작한 공은 손을 대지 않아도 계속 구르는 것처럼 한 번 창조해서 굴러가게 한 생명은 저절로 자라고 번식한다는 것이다.

아리스토텔레스의 물리학에서는 내리막에서의 가속은 설명할 수 있었지만 평면에서 계속 굴러가는 것은 설명하지 못했다. 그러나 바실에게서는 흙의 특성이나 발아력이 일단 하나님의 명령에 의해 시작된 후에는 자동적으로 탄생과 죽음의 과정을 되풀이하는 것처럼, 공 또한 일단 구르기 시작하면 비슷한 패턴의 운동을 만들어낸다. 나중에 이러한 구르는 공의 개념은 갈릴레오에 의해 관성의 법칙으로 정식화되었다!

8. 바실과 창조론자 전통

헥사메론 전통Hexaemeral Tradition은 18~19세기의 순수 자연주의로 넘어가기 전 근대 과학과 기술의 출현에 결정적인 영향을 미쳤으며, 미국 중세사학자 데일스Richard C. Dales, 1926~가 말한 것처럼, "기독교의 창조론자전통Creationist Tradition of Christianity"을 만들었다.[30] 이때의 '창조론자 전통'은 현대적 의미의 창조론이나 창조과학과는 다른 것으로, 이 전통에서는모든 우주는 태초에 창조주가 부여한 법칙에 따라 운행된다고 보았다.

바실의 창조론자 전통에서는 창조 엿새 동안 진행된 방법과 창조 엿새 후에 진행된 방법을 구분한다. 즉 창조주간에 일어난 사건은 하나님의 직접적인 간섭에 의해 일어났지만, 이레째 날에 하나님이 안식하신이후의 자연은 이미 제정된 법칙에 따라 운행되었다는 것이다. 창조론자전통Creationist Tradition의 네 가지 특징은 다음과 같이 요약할 수 있다.[31]

- 세계의 이해가능성Comprehensibility of the world
- 천지의 통일성Unity of heaven and earth
- 자연의 상대적 자율성Relative autonomy of nature
- 치료와 회복의 사역Ministry of healing and restoration

이들 중 창조론자 전통의 핵심이라고 할 수 있는 세계의 이해가능성과 천지의 통일성은 좀 더 자세히 살펴볼 필요가 있다.

(1) 세계의 이해가능성

기독교의 오랜 전통은 인간의 이성이 하나님의 형상이라는 것이었다. 이 점을 구체적으로 언급한 초대교회 지도자들로는 로마의 클레멘트 Clement of Rome, 오리겐Origen, 위실루아노Pseudo-Silvanus, 터툴리안Tertullian, 락탄티우스Lactantius, 아타나시우스Athanasius, 두 그레고리two Gregories, 바실 등을 들 수 있다. 이들에게 있어서 인간이 하나님의 형상이라는 사실은 인간이 하나님이 만드신 이 세계를 이해할 수 있다는 의미로 간주되었다.[32]

그런데 인간이 세계를 이해할 수 있다는 전통은 동시에 우주에서 일어나는 많은 일들은 인간의 이해와 경험을 넘어선 것이라는 반대 주장과 공존하였다. 공존의 가능성을 주장한 사람으로는 이레니우스Irenaeus, 터툴리안, 락탄티우스, 바실 등이 있다. 이들은 인간이 이해할 수 없는 것들의 예로 밀물과 썰물의 원인, 비와 천둥, 번개의 원인, 다양한 금속과 돌의 특성들의 차이이레니우스, 달이 차고 기우는 이유이레니우스, 락탄티우스, 지구가 허공중에 달려 있는 형태바실 등을 제시했다. 이런 형태의 불가지론반과학주의는 아님은 고대 후기 과학에서 흔히 볼 수 있다.[33]

(2) 천지의 통일성

두 번째 창조론자 전통의 핵심은 천지의 통일성이었다. 이에 반해 많은 그리스 학자들은 천지의 통일성에 반대하였다. 플라톤과 그의 사상을 추종하는 자들은 우주의 이원론적 구조를 주장하였다. 먼저 플라톤의 제자 아리스토텔레스와 그의 후계자들은 하늘은 제5의 원소로 되어있으며 신성을 띠고 있다고 했고, 행성과 항성들은 살아있으며 영혼을 갖고 있기 때문에 움직인다고 했다. 또한 피타고라스주의자들과 플라톤주의자들은 별들은 그들의 운동이 규칙적인 것으로 보아 신성을 갖고 있다고 했다. 에피쿠로스주의자들과 아낙사고라스Anaxagoras는 신성 그 자체는 인정하면서도 별들의 운동은 규칙적이지 않기 때문에 신성이 없다고 했다. 스토아 학자들은 천지에는 신적인 세계혼이 깃들어 있다고 함으로써 하나님을 코스모스cosmos와 동일시하였다. 그들은 아리스토텔레스적 이원론을 제거했으나 천체를 이루는 물질은 지구상의 불과 같다고 생각했다. 이렇게 다양한 의견들이 있지만, 그럼에도 이들의 공통점은 지상계와 천상계를 다른 것으로 보았다는 점이다.[34]

이러한 그리스 학자들의 생각에 반대해서 바실은 천체들은 지상의 불과 같이 뜨거운 것이라고 생각했지만, 천체들의 신성이나 천체들의 지성은 부정했다. 성경은 처음부터 천지의 통일성을 말하면서 일월성신은 하나님의 명령, 혹은 그분의 법칙에 의해 움직인다고 했다. 때로 천체들이나 지상의 원소들이 의인화되거나 천사와 관련되기도 하지만, 근본적으로 하늘과 땅 사이에는 아무런 차이가 없었다. 이 외에도 초대교회 학자들은 다음과 같이 주장했다.

① 타티안Tatian과 아테나고라스Athenagoras, 2세기는 아리스토텔레스를 비판하면서 "하나님의 영원한 섭리는 만물에 있어서 동일하다."라고 했다.[35] 즉 천상계에 있는 것이나 지상계에 있는 것이나 동일하게 하나님의 섭리로 작동한다고 보았다. 이들은 천사가 천상계와 지상계의 질서를 유지한다고 보았지만, 천상계의 물질이 신성하다는 주장에는 반대하였다. 이는 후에 뉴턴의 만유인력법칙이나 케플러의 행성운동법칙 등 근대과학의 탄생과 연결되었다.

② 오리겐은 일월성신은 생명과 지성을 부여받았다고 생각했다. 그는 천체는 하나님의 명령을 받아서 빛나며 이들도 지상의 것들과 같이 변화한다고 가르쳤다. 그러나 그의 주장은 제2차 콘스탄티노플 공의회The 2nd Council of Constantinople, 553에서 정죄되었다. 자연에 생명이 있다는 생각은

르네상스기에 신비주의 전통hermetic tradition과 연금술 전통으로, 17세기에는 심령주의자 전통spiritualist tradition으로 부활했다.

③ 터툴리안과 락탄티우스는 "하나님의 성령은 만물 속에 깃들어 있다diffused."라는 스토아 학자들의 견해는 받아들였지만,[36] "하나님과 세계가 같다."라는 그들의 견해는 배격하였다. 터툴리안Tertullian, 197은 해와 달은 일식 등에 의해 변화하므로 하나님이 아니라고 했으며, 락탄티우스 Lactantius, 4세기 초는 별들의 운동에 변화가 없기 때문에 별들은 살아있지 않다고 했다.

④ 아타나시우스4세기는 하나님의 말씀이 만물을 붙들고 있다고 믿었다히1:3; 골1:17. 그는 하나님이 천상계의 원운동과 지상계의 직선운동을 일으키신다고 했고, 또한 이러한 천상계의 현상을 지상계의 현상과 비교하면서 하나님이 유지하시는 역사에 관해 설명하였다.

⑤ 바실은 『헥사메론』에서 천상계의 특별한 지위를 부정하였다. 그는 천상계가 에테르라는 제5의 물질로 되어 있다는 아리스토텔레스적 주장을 반대하고 처음으로 플라톤주의와 스토아주의를 공식적으로 받아들였다.

⑥ 필로포노스John Philoponos, 6세기는 천사가 별을 운행한다는 테오도르 몹수에스티아Theodore of Mopsuestia in Cilicia의 주장에 반대하면서 가시적인 것은 만질 수 있어야 한다고 주장했다. 그는 바실처럼 천체는 지상계의 불과는 다른 불로 이루어져 있으며, 천상계의 불빛별빛은 반딧불이나 발광어의 빛과 같다고 했다. 그는 신플라톤주의자였던 심플리키우스 Simplicius로부터 이단이라는 공격을 받았지만, 천체들도 형상form과 질료 substance를 가지고 있으며 지상의 물체들처럼 가변적이라고 주장함으로써 아리스토텔레스에 반대하고 천상계와 지상계의 통일성을 강조했다.

이런 점에서 그는 창조론자 전통을 수립하였다고 볼 수 있으며, 중세사가 쉘돈-윌리엄스I. P. Sheldon-Williams 또한 그가 과학적 기초 위에서 기독교의 창조 교리를 제창했다고 평가하였다.

(3) 세계의 이해가능성과 유한함

위에서 설명한 두 가지 창조론자 전통 중 특히 세계의 이해가능성은 사람이 창조세계를 연구할 수 있는 기초가 된다. 인간이 세계를 이해할 수 있다는 생각은 첫째, 하나님이 크기와 수명이 유한한 세계를 만드셨다는 사실과, 둘째, 인간은 하나님의 형상대로 지음을 받았다는 사실에 근거했다. 물론 아리스토텔레스Aristoteles와 스토아 철학자들도 세계는 유한하고 신 안에 있다고 생각했다. 스토아 학파와 비 피타고라스적 생각Non-Pythagorean idea에 의하면, 신은 세계의 모든 것을 포함하고 있고, 세상에 공명할 수 있다. 이런 생각은 당시 여러 사람들에게 영향을 미쳤다.

벤시락은 하나님께서 "말씀으로 만물을 붙드신다."라고 했고,[37] 아리스토불루스Aristobulus는 "지혜의 빛 안에서 만물은 이해된다."라고 했다. 『솔로몬의 지혜서』에서는 "하나님의 영이 만물을 붙드신다."라고 했고,[38] 필로Philo of Alexandria는 "하나님은 만물을 포함하시며 다른 것에 의해 포함되시는 분이 아니다God contains all things and is contained by none."라고 했다. 바울은 "또한 그가 만물보다 먼저 계시고 만물이 그 안에 함께 섰느니라"고 했다.[39]

대부분의 그리스 철학자들은 세계의 영원성을 믿었지만, 초기 기독교 지도자들은 하나님만이 만물의 근원이시고 다른 모든 물질세계는 공간적으로나 시간적으로 유한한 존재라고 믿었다. 그렇게 가정해야만 하나님의 질서와 그 질서에 대한 인간의 이해가능성이 모순되지 않는다.

한 예로 오리겐Origen에 의하면, 하나님의 영원하심과 전능하심은 그분의 능력을 사용할 수 있는 어떤 세계가 있어야 함을 의미했다. 그러나 하나님과 가시적인 세계는 함께 영원할 수는 없다. 왜냐하면 하나님은 세계의 모든 것을 이해하실 수 있어야 하는데, 그러려면 세계는 시작과 끝이 있는 유한한 것이어야 했기 때문이다. 오리겐은 하나님의 능력을 행사할 수 있는 대상은 천사나 인간 영혼과 같은 영적 세계와 물질계라고 생각했다. 이때 영적 세계는 영원하지만, 물질계는 분명한 시작과 끝이 있는 세계였다.

바실 역시 『헥사메론』에서 현재의 유한한 세계가 창조되기 전에는 천사들이 사는 영적인 세계만 있었으며, 그 세계는 영원하고 무한했다고 했다. 그러나 자연계는 유한하며circumscribe, 그렇기 때문에 이해 가능하다고 했다. 그는 질서를 만든 로고스Logos가 인간의 이성에 반영되기 때문에 세상의 질서는 인간이 이해 가능하다고 보았다.

9. 어거스틴

다음으로 생각할 수 있는 인물은 초대교회 최대의 교부 어거스틴 Augustine of Hippo, 354~430이다. 그는 이방 학문에 대한 중세 그리스도인들의 태도를 결정하는 데 가장 크게 영향을 미쳤다. 그는 32세였던 386년에 회심하였고, 395년에 북아프리카 히포의 주교가 되었다. 그는 신학과 철학에 관한 방대한 글을 남겼으며, 현재까지 남아있는 책만도 100권이 넘는다.[40]

많은 글에서 어거스틴은 이방 학문에 대해서 매우 조심스러운 자세를

<그림 5-4> 어거스틴

취하거나 부정적인 자세를 취하였다. 한 예로 『고백록』에서 그는 자신이 젊을 때 인문학논리학, 기하학, 대수학을 포함하는에 많은 시간을 투입하여 공부한 것을 후회하면서 그러한 공부들은 "내게 유용하게 사용되지 못하고, 나를 멸망시키는 데 사용되었다."라고 말했다.[41] 언뜻 보기에 이 말은 어거스틴이 학문에 대해 매우 부정적이고 비관적인 견해를 가진 것처럼 보이게 한다.

그러나 이런 언급만으로 어거스틴이 이성적 활동, 특히 고전전통을 모두 거부했다고 생각하는 것은 잘못이다. 오히려 그는 하나님의 초월성을 강조함으로써 자연의 자율성을 특별히 강조하였다. 그래서 그는 태초의 창조행위를 통해서는 씨앗들seeds만 창조되고, 그 이후에는 그 씨앗들 속에 들어있는 가능성이 발현되는 것으로 생각했다. 이것은 간약기 유대주의나 초대 기독교의 '하나님의 지혜'나 '하나님의 말씀'에 연결되며, 중세에는 스토아철학Stoicism과 신플라톤주의Neo-Platonism의 '신적인 세계정신divine world soul'에 연관되었으며, 17세기 이후에는 서구에서 만개한 자연의 자율성의 효시가 되었다. 그러나 어거스틴은 현대적 의미에서 이신론자는 아니었다.

신플라톤주의Neo-Platonism는 3세기 이후, 이집트의 플로티노스Plotinus, c.204/5~271 등이 제창한 사상으로서 이데아계를 세분화하여 전 존재를 계층적으로 파악하는 것이 특색이다. 즉 가장 위에는 실재의 제1원리the first principle of reality로서 일자The One가 있고, 그 아래에는 범우주적인 원리, 그 아래에는 존재자들, 그 아래에는 자연적인 원리 등이 존재한다고 보았다. 신플라톤주의라는 용어는 플라톤 자신의 기본 사상과 후세의 추종자들의 사상을 구별하기 위해 19세기에 등장하였다.[42]

어거스틴은 기본적으로 기독교와 신플라톤주의를 함께 수용하였다. 그는 이성이 신앙을 대치해서는 안 된다고 생각했다. 하지만 동시에 인간의 이성에 대해서도 강한 신념을 가지고 있었다. 그는 철학과 철학적 삶은 대체되거나 거부되어서는 안 되고, 오히려 기독교화되어야 한다고 했다. 그는 우리가 마땅히 배격해야 할 것은 추론reasoning이 아니라 거짓 추론이라고 했으며, 바르게 추론한다면 잘못될 수가 없다고 했다. 어거스틴은 "믿음을 일깨워 오성悟性을 사랑하게 하라. 진실한 이성은 지성mind을 움직여 오성에 이르게 하고 믿음은 오성을 위해 준비한다."라고 했다.[44]

어거스틴은 이성적 추론은 신앙을 변증하기 위해서도 필요불가결하다는 것을 알았다. 그는 "믿으면 이해하게 된다."라고 했다.[44] 그래서 그는 일단 신앙을 갖게 되면 다음에는 이성과 이해로 나아가야 한다고 했다. 즉 신앙이 없이는 이해할 수 없지만, 일단 신앙을 갖게 되면 이해하게 된다고 보았다. 그는 궁극적인 권위는 신앙에 있기 때문에 이성은 신앙에 복종해야 한다고 보았다. 다시 말해 그에게서 신앙이 선조건precondition이었다면 이성은 수단이었다. 이것은 제6강에서 살펴보게 될 철학은 '신학의 시녀handmaiden to theology, *ancilla theologiae*'라는 중세적 관점의 출발점이었다고 할 수 있다.

10. 과학적 활동의 퇴조와 기독교의 연관성

지금까지 살펴본 것처럼 초대교회 교부들 중에는 학문그리스 철학을 경계한 사람들이 있기는 했지만, 그렇다고 모든 초대교회 지도자들이 학문을 정죄했다는 것은 바르지 않다. 실제로 초대교회는 많은 교리 논쟁에서 그리스 철학의 도움을 받기도 했다. 그럼에도 불구하고 BC 7~3세기까지 활발하게 꽃피웠던 창의적인 그리스 과학은 로마가 지중해의 패권을 차지하게 되는 BC 200~AD 200년까지 쇠퇴하였다. 이 기간에는 창의적인 사고보다 기존의 업적들에 대한 주석과 관주에 집중하였으며, 과학에 종사하는 사람들의 숫자도 적었다. 과학적 지식은 핸드북이나 백과사전을 통해 전수될 뿐, 창의적인 과학은 드물었다. AD 77년에 초판이 출간된 플리니Pliny의 『박물지*Naturalis Historiae*』가 대표적인 한 예이다.[45] 하지만 이렇게 된 것이 기독교 신앙의 탓일까? 이와 관련해 몇 가지를 생각해보자.

첫째, 기독교가 자연에 큰 관심이 없었다고 비판하는 사람들은 흔히 기독교 신앙의 타계성他界性, otherworldliness을 지적한다. 물론 기독교 신앙 자체에 어느 정도 타계성이 있는 것은 사실이지만, 이것이 로마의 창의적 과학 활동에 부정적인 영향을 미쳤다고 볼 수는 없다. 이에 관해서는 시기적으로 '알리바이alibi'를 증명할 수 있다. 즉 기독교는 적어도 4세기 초까지, 정확하게 콘스탄티누스 대제가 기독교를 공인하던 313년까지는

<그림 5-5> 플리니와 『박물지』

극심하게 박해받던 소수파 종교였을 뿐이며, 따라서 지중해 연안의 세속 문화에 큰 영향을 미칠 수 있는 위치에 있지 않았다는 것이다.

둘째, 2세기 교회의 대표적인 이단이었던 영지주의Gnosticism의 영향으로 기독교가 소극적인 자연관을 가졌다고 할 수 있을까? 영지주의자들은 물질계는 그 자체가 악이라고 보았다. 대표적인 영지주의자들요이1:7로는 발렌티누스Valentinus, 바실리데스Basilides, 말시온Marcion 등이 있었다. 이들은 육체적인 것은 아무 것도 아니며, 계시된 특별한 영적 지식에 의해서만 인간의 영혼이 구속된다고 가르쳤다. 하지만 이들이 초대교회의 자연관에 영향을 미쳤을까?

영지주의에 대해서는 이미 1세기 성경 기자들에 의해 정죄되었음을 볼 수 있다. 사도 요한은 영지주의 이단들의 사상에 대해서 경고하면서 **"예수 그리스도께서 육체로 오신 것을 시인하는 영마다 하나님께 속한 것"**이라고 했고,[46] **"미혹하는 자가 세상에 많이 나왔나니 이는 예수 그리**

스도께서 육체로 오심을 부인하는 자라 이런 자가 미혹하는 자요 적그리스도니"라고 했다.[47] 이렇듯 이미 사도 시대에 이단으로 정죄된 영지주의가 기독교의 자연관에 영향을 미쳤다고는 볼 수 없다.

셋째, 세계를 이원론적으로 보았던 신플라톤주의 철학의 영향에 대해 생각해보자. 신플라톤주의 사상에서는 본질적인 것은 초월적이고 영원한 이데아의 세계이며, 물질계란 그것의 불완전한 그림자 혹은 모조품이라고 생각했다. 그렇다고 그들이 물질계를 악으로 본 것은 아니다. 오히려 그들은 물질계를 신적인_{성경의 신은 아니지만} 지혜의 산물로 보았다. 즉 물질계는 아름답지만 불완전하고 무질서하다는 것이었다. 이렇듯 신플라톤주의는 근본적으로 타계적이었는데, 이것이 초대 및 중세 기독교에도 상당한 영향을 미쳤다. 실제로 많은 기독교 사상가들이 신플라톤주의를 받아들였다.

예를 들면 그레고리 니사Gregory of Nyssa, ca.331~ca.396는 물질세계에 관해 그것의 제한적인 유용성을 인정했다. 즉 그는 물질세계는 비현실이고 속임수이지만, 인간이 하나님을 향해 갈 수 있는 표적과 상징을 제공한다고 생각했다. 또한 어거스틴은 죄는 육체에 있는 것이 아니고 의지에 있다고 하면서, 인간의 의지는 비록 타락했지만 물질세계는 오염되지 않았다고 했다. 그는 물질계는 그 자체가 목적이 아니고 그보다 상위의 것을 묵상하기 위한 수단이라고 하면서, "우리는 이 세상을 사용해야지 즐겨서는 안 된다."라고 했다. 즉 물질계는 사랑할 대상이 아니라 사용해야 할 대상이라고 보았다.[48] 그는 "그리스도인들에게 있어서 만물의 창조의 원인은 그것이 하늘에 있든지 땅위에 있든지, 가시적인 것이든지 비가시적인 것이든지, 하나이며 진실하신 창조주 하나님의 선하심을 나타내는 것 그 이상도 이하도 아니다."[49]라고 했지만, 그와 함께 창세기 1~3장에

포함된 창조기사를 설명하기 위해 고전전통에 있는 자연에 대한 지식들을 많이 사용하기도 했다.[50]

이처럼 신플라톤주의는 자연에 대해 긍정적이었다. 이 외에도 피타고라스주의, 아리스토텔레스주의, 스토아철학 등의 그리스 철학들도 물질계를 '신성의 최종적 현현the supreme manifestation of divinity'이라고 생각하며 물질계에 대한 관심이 많았다. 특별히 과학혁명이 진행되던 16~17세기의 지도적 과학자들은 가톨릭 신자이든, 개신교 신자이든 신플라톤주의의 영향을 많이 받았다는 것은 잘 알려진 사실이다. 그러므로 초대교회 때 기독교가 신플라톤주의를 비롯한 그리스 철학의 영향을 받았다면 기독교가 자연에 대해 긍정적인 태도를 갖게 하는 데 기여했을 것이다. 그러므로 기독교가 그리스 철학의 이원론의 영향을 받아서 자연에 대해 소극적인 태도를 가졌을 것이라고 주장하는 것은 바르지 않다.[51]

오히려 로마제국에서 과학에 대한 관심의 약화는 도리어 로마제국의 특성과 관련되는 듯이 보인다. 작은 도시국가로서 대제국을 건설한 로마인들은 철학적인 사색보다 실용적인 것들을 중시했으며, 대제국을 다스릴 수 있는 기술이나 법체계 등을 만드는 데 관심을 가졌다.[52] 그들은 이론적인 연구보다는 당장 제국을 유지하는 데 필요한 무기나 축성, 도로, 수로 기술 개발에 집중하였다. 넓은 식민지로부터 엄청난 부와 인력이 로마로 쏟아져 들어왔을 때, 로마인들은 힘든 공부보다는 쾌락과 유희에 집중하였다. 이는 어렵고 힘든 일들을 담당할 수 있는 우수한 노예 노동력이 있었기 때문이다. 이런 분위기에 있는 로마인들에게서 그리스적인 창의성을 기대할 수가 없었다. 자연에 대한 연구조차도 노예 학자들의 노동력에 의존했던 로마에서 그리스적인 자연철학이 꽃을 필 수는 없었다.

이상을 요약해보면, 물질계에 대한 초대교회의 입장은 복합적이다.

하지만 기독교로 인해 과학적 활동이나 이에 참여한 사람의 숫자가 줄었다는 증거는 없다. 오히려 초대 기독교는 과학이 기독교 신앙을 위해 봉사할 수 있다는 긍정적인 입장을 견지했다.[53] 로마제국에서 과학적 활동의 퇴조는 기독교를 공인하기 훨씬 전부터 시작되었으며, 로마의 정치적, 군사적, 경제적 이유와 관련된 것으로 보인다.[54]

11. 요약과 결론

그리스 과학은 2~3세기의 박해 중에 기독교와 본격적인 상호작용을 한 것으로 보인다. 이때부터 이미 **"모든 진리는 하나님의 진리"**라는 모토 아래 그리스 과학도 그리스도인 학자들이 사용할 수 있었다. 어거스틴 역시 "진리는 어디서 발견되든지 하나님께 속한다."라는 개방적인 태도를 취했다.[55]

초대교회특히 교부시대에 있어서 기독교와 과학의 관계를 한 마디로 잘라서 말하기는 어렵다. 이는 이 분야의 연구가 너무 논쟁적이고 변증적인 목적을 위해 수행되었기 때문이다. 기독교를 비판하는 사람들은 초대교회가 이방 학문을 기뻐하지 않았다는 사실을 부풀려서 교회가 조직적으로 과학적 활동을 박해했다고 주장하는 반면, 기독교를 옹호하는 사람들은 교회가 과학에 기여한 것을 나타내는 여러 자료들을 제시한다.

하지만 지금까지 살펴본 것처럼 초대교회 내에서도 이방 철학이나 자연과학에 대한 태도는 사람마다 매우 다양하였다. 교회가 과학적 활동의 주요한 자극제가 되었다고 하는 주장이나 교회로 인해 과학적 진보가 상당한 방해를 받았다고 하는 주장은 둘 다 잘못된 것이다. 그러나 교회가 그리스 과학을 전승하는 데 기여한 것만은 분명하다. 12세기 대규모 번역 사업아랍어에서 라틴어로이 일어날 때까지 교부들의 글들은 과학 문헌의 주요 원천이 되었다.

　기독교 교리와 그리스 자연철학은 독립적이고 상호교환이 불가능한 사상 체계로 보아서는 안 된다. 이 둘은 교부시대 동안 때로는 '난투극'을 벌이기도 했지만, 대체로 서로 상호작용을 하면서 서로를 변화시켰다. 기독교 신학과 과학이 만남으로 하늘과 자연의 신성은 제거되었다. 그리스도인들은 그리스어로 성경을 읽게 되었으며, 특별히 플라톤적 시각으로 성경을 읽게 되었다. 기독교 신학은 그리스의 형이상학과 우주론의 영향을 받았다. 하지만 그리스 사상도 유대-기독교 전통의 영향을 많이 받았다. 이러한 전통은 중세교회로도 이어졌다.

토의와 질문

1. 신약성경은 그리스 철학이 지중해 국가들을 지배하고 있던 시기에 기록되었다. 신약성경에서 특히 그리스 철학의 영향을 많이 받았던 성경기자들과 내용을 말해 보자.

2. 저자는 초대교회 시대 기독교 신앙과 그리스 철학의 관계를 일의적으로 정리하기 어려운 이유를 무엇이라고 말하는가?

3. 신플라톤주의는 무엇이며, 이교도 사상이었던 신플라톤주의가 초대교회에서 널리 받아들여진 이유는 무엇인지 말해보자.

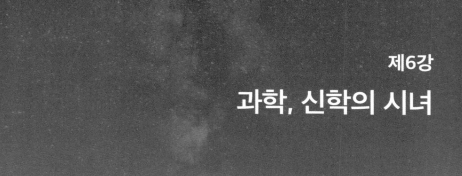

제6강

과학, 신학의 시녀

"직접 구원으로 인도하지 않는 모든 인간의 연구라는 것은
전적으로 맹목적이고 결국 지옥의 어둠에 떨어질 것이다."

로저 베이컨

　흔히 중세라고 한다면 로마를 중심으로 한 서로마제국395~476이 멸망한 476
년부터 콘스탄티노플현 이스탄불을 중심으로 한 동로마제국이 멸망한 1453년까
지의 약 1,000년의 시기를 말한다. 서로마제국이 게르만족의 대이동에 의해 멸
망한 이후 유럽의 역사는 새로운 국면을 맞이하게 되었다. 이전 로마식의 통일
성은 사라졌지만 민족의 대이동으로부터 내외적 통일성이 재건되었다. 이처럼
문화를 재건하는 과정에서 기독교와 고대 그리스-로마의 문화가 중추적인 역
할을 하였다.

　서로마제국은 멸망했지만, 제국의 종교였던 기독교는 그대로 이어져서 유럽
은 오늘 우리가 중세라고 부르는 시기로 접어들었다. 중세로 접어들면서 유럽
에서 기독교는 그리스-로마 문화와 새로운 국면에서 만나게 되었다. 하지만 초
대교회에서와 같이 중세 유럽에서도 신학과 학문의 정확한 관계를 파악하는 것
은 쉽지 않다. 학문, 즉 과학을 포함하는 학문 전반을 의미하는 철학은 기독교와
어떤 관계에 있었을까? 지나치게 단순화된 표현이라고 할 수 있지만, 대체로 역
사가들은 중세 내내 철학은 '신학의 시녀handmaiden to theology, *ancilla theologiae*'
였다고 말한다. 기독교가 그리스 철학과 어떤 관계였기에 이런 표현을 사용했
을까? 이를 살펴보기 위해 먼저 중세의 지적 여정이 어떻게 시작되었는지부터
살펴보자.

1. 지적 여정의 시작과 수도원[1]

초대교회는 자유인과 노예를 구분하지 않았다. 하나님 앞에서 인간은 자유민, 노예, 그리스인, 로마인, 남자, 여자로 구분되는 것이 아니라 모두가 똑같이 하나님의 형상대로 지음 받은 피조물이며 하나님의 자녀라고 선언했다갈3:28. 따라서 로마제국 말기의 무정부 상태와 이에 따른 질병과 기아라는 악조건에서도 백성들은 기독교에서 정신적 의지를 찾았고, 이로 말미암아 로마제국은 기독교화가 되었던 것이다.

서로마제국이 멸망한 후 정치권력이 분산되자 로마교회가 정치세력을 압도하게 되었다. 교회의 권한이 강해지고 신자의 수가 많아지자 교회는 로마제국의 행정체제를 모방하여 교회제도를 정비하였다. 로마교회는 프랑크 왕국과 손을 잡고 게르만 민족을 개종하는 일에 착수하면서, 서구에 기독교를 널리 전파하였다.

중세 유럽에서 기독교는 논쟁의 여지가 없이 사회의 기본 토대이자 기준점이었다. 교회는 교회의 내부는 물론이거니와 사회의 모든 것을 포괄하고 규정짓는 최고의 힘을 지니게 되었다. 그중 하나가 바로 교육이었다. 교회는 국가가 나서기 전에 백성들의 교육을 담당하였으며, 교육의 실질적인 제공자와 지도자가 되었다. 이와 관련하여 우리가 가장 먼저 살펴보아야 할 곳은 수도원이다.

어거스틴이 생존해 있을 때 시작된 수도원 운동은 중세 서구 기독교의 가장 중요한 특징이라고 할 수 있다. 수도자들은 성결holiness과 영성spirituality을 추구하기 위하여 시골에서 자급자족하는 분리된 공동체를 형성하였다. 이들은 노동, 묵상, 예배에 전념했는데, 특히 지배적이었던 도미니칸 수도회에서는 청빈poverty, 순결chastity, 순종obedience을 서약하였다. 이들은 서약했던 바를 지키기 위해 일평생 수도원에서 살았다. 하지만 중세교회에서 수도원은 단순히 영적 훈련의 장소만이 아니었다. 바로 이 수도원을 통해 단절된 고대 학문의 전승이 이루어졌다. 수도원은 크게 두 기관을 통해 학문을 전승했다.

첫째는 수도원 학교Monastery School였다. 일반적으로 수도원은 시골이나 외딴 곳에 위치했기 때문에 수사와 수녀들이 공부할 수 있는 기회가 없었다. 하지만 이들은 성경과 다른 신앙문헌들을 읽고 쓸 수 있어야 했기 때문에 점차 수도원에서 독자적으로 수도원 학교를 시작하게 되었다.

수도원 학교는 중세 전반기에 출현한 교육기관으로서 원래 수도사를 양성 및 훈련하기 위해 수도원에 부설된 학교였다. 하지만 나중에는 일부 수도원에서 인근 주민들의 자녀들을 받아 가르쳤다. 교육과정은 초등과정과 고등과정으로 나누어 실시되었다. 초등과정에는 읽기, 쓰기, 셈하기의 기본 교과와 음악, 라틴어, 문법, 시편 암기 등이 포함되어 있었다. 고등과정에서는 3학Trivium과 4학Quadrivium의 7가지 '교양교과liberal arts, artes liberales'를 교육시켰다.[2] 3학에는 문법grammar, 논리학/변증법 logic/dialectic, 수사학rhetoric이 포함되었고, 4학에는 대수학arithmetic, 기하학 geometry, 천문학astronomy, 음악music이 포함되었다. 그밖에 수도원은 농경, 목공, 야금, 직물 등의 노동을 통해 노동의 신성함을 보였으며, 고전을 필사하고 보존하여 고대의 문화를 전수하는 역할을 하였다.[3]

둘째는 서적원Scriptorium이었다. 이는 수도원 학교에서 필요한 문헌들을 필사, 보관하기 위한 기관이었다. 오늘날로 말하면, 도서관과 출판사를 겸한 기관이었다고 할 수 있다. 수도원이 서적원을 설립하여 운영한 이유를 알려면 책의 역사를 간단히 살펴보는 것이 필요하다.

인류는 문자를 발명한 기원전 약 3500년부터 글을 사용하여 책을 만들었다. 인류가 남긴 처음 기록은 점토판clay tablet에 기록되었다. 잘못 쓴 글씨는 점토판이 굳기 전에는 쉽게 수정할 수 있었지만, 일단 굳게 되면 더 이상 수정할 수가 없었다. 점토판에 이어 등장한 것은 비교적 쉽게 수정할 수 있는 왁스판waxed board이었다. 왁스판에 이어 가벼운 파피루스 두루마리papyrus scroll가 발명되었고, 4세기 후반 경에 이르러서는 양피지 코덱스parchment codex로 대체되었다. 코덱스는 책의 초기 제본 형식으로서 나무나 금속의 얇은 판자를 끈이나 금속으로 철한 것을 말한다. 13세기에 종이가 발명되면서 사라진 양피지는 값이 꽤 비쌌다. 활자가 발명되기 전까지 모든 책은 필사본이었기 때문에 오늘날에 비한다면 책값이 수백 배, 수천 배 비쌌다고 할 수 있다.

수도원 학교와 서적원은 각종 문헌과 지식이 사라질 수 있는 위험한 시기의 유럽에서 지적인 전통을 후대에 전하는 매우 귀중한 역할을 하였다. 물론 수도원에서 보관하고 공부하는 내용은 주로 성경이나 신앙에 관한 것들이었지만, 고전전통의 문헌들도 일부 존재했는데, 특히 이 문헌들이 성경해석이나 다른 종교적인 목적에 분명히 도움이 된다고 생각될 때는 실제로 사용되기도 했다. 이런 맥락에서 과학적인 문헌들도 수도원을 통해 희미하게나마 그 명맥을 유지했다. 때로는 수도원에서 교육받았거나 수도원 공동체와 관련된 사람들 중에 탁월한 학자들이 나와서 자연과학의 발전과 보존 및 전파에 크게 기여하기도 했다.

2. 중세의 창조론자 전통

자연에 대한 초대교회 지도자들의 합리적 관심이 중세의 학문적 전통으로 이어진 중심에는 초대교회의 교부였던 바실의 창조론자 전통이 자리했다. 앞 강에서 언급한 것처럼 창조론자 전통의 핵심은 세계에 대한 이성적 이해가능성과 자연의 상대적 자율성을 인정하는 것이었다.[4]

이러한 창조론자 전통에서 중세 유럽의 표준 교과과정을 만드는 데 크게 기여한 사람은 첫째로 이탈리아 보에티우스Boethius, 480~c.524였다. 그는 3학과 4학이라는 교양교육 포맷을 처음 만들었으며, 실제로 그 자신이 직접 4학의 교과서를 저술하기도 했다. 또한 그는 유클리드Euclid, 니코마쿠스Nichomachus, 프톨레마이오스Claudius Ptolemaios 예비서를 제작했으며, 플라톤과 아리스토텔레스의 저술을 번역하여 12~13세기 서구가 번역을 통해 그리스-아랍 과학Greco-Arabic science을 받아들일 수 있도록 준비하였다. 데일스Richard C. Dales가 말한 것처럼, "보에티우스의 교과서를 통해 중세는 …… 자연의 세계를 질서 있는 전체로서 인식하는 법을 배웠고 또한 그것을 합리적으로 다루는 법을 배웠다."[5] 보에티우스의 저작

<그림 6-1> 상좌로부터 시계방향으로 보에티우스, 카시오도러스, 투르의 그레고리, 보니파스, 티리 샤르트, 풀베르 샤르트, 제르베르 도딜락, 라바누스 마우루스

들은 주로 신피타고라스주의와 신플라톤주의 문헌에 근거하였지만, 분명하게 창조론자 전통에 서 있었다.

보에티우스와 더불어 두 번째로 언급할 수 있는 사람은 카시오도러스Cassiodorus, ca.487~ca.575였다. 그는 칼라브리아Calabria에 세운 수도원의 도서관을 통해 수도승들에게 교양학문arts & sciences을 가르쳤으며, 그 후 베네딕트 수도원 내에 학문을 사랑하는 마음을 심어주기도 했다. 베네딕트 수도원은 700년 동안 유럽 역사를 지배하며 서구 과학과 기술의 기초를 놓은 곳이었다. 카시오도러스는 성경을 이해하는 데서 교양학문의 유용성을 강조하였다. 실제로 그는 수도원에 맑은 날에는 해시계를, 흐린 날이나 밤에는 물시계를 도입하여 그리스도의 정병들은 항상 깨어 있어야 한다고 강조하였다.[6]

또한 카시오도러스는 수표Computus, computational table를 개정하여 새로운 부활절 날짜를 계산하였다. 그는 1세기 이래 사용되던 플리니Pliny의 부정확한 8년 주기보다 디오니시우스 엑시구스Dionysius Exiguus, 525의 19년 주기235개월를 사용하였다. 그 후에도 수표 전통은 투르의 주교였던 투르의 그레고리Gregory of Tours, 538~594, 이시도르 세빌Isidore of Seville, 560~636, 베너러블 베데Venerable Bede, c.672~735 등을 통해 전해 내려갔다.

셋째로는 보니파스Boniface, ca.675~ca.754를 꼽을 수 있다. 보니파스는 베네딕트Anglo-Saxon Benedictine 교육을 받았으며, 후에 독일에서 60개 이상의 수도원을 건립하였고, 프랑스 교회를 개혁하는 데도 이바지하였다. 그는 748년경 교황 자카리Pope Zachary에게 버질Virgil이 세계의 반대편에도 사람이 산다는 주장에피쿠로스주의자인 루크레티우스(Lucretius)의 주장을 한다고 비난하였다. 보니파스는 이방사상이 다시 부흥하는 것을 염려하였다.[7]

보니파스의 얘기를 듣고 자카리는 지구 반대편에 사람이 산다는 주장을 비난하면서, 이는 '하나님을 대적하는 것'이라고 선언하였다. 그는 만일 지구 반대편에 사람이 살고 있다면, 이는 아담과 하와로부터 유래하지 않은 인류가 있다는 뜻이라고 말했다. 자키리에게서 적도는 통과할 수 없는 지역이었다. 그러나 이렇게 '이단적인' 주장을 한 버질이었지만, 그에 대한 실제적인 처벌은 하지 않았으며, 도리어 교황은 그를 잘츠부르크의 주교로 임명하였다. 이것은 버질에 대한 비난이 과학과 종교의 갈등이 아니었음을 보여주며, 두 입장 모두 바실의 창조론자 전통Creationist Tradition에서 나온 것임을 보여준다.[8]

넷째로 라바누스 마우루스Rabanus Maurus, c.780~c.856 역시 창조론자 전통에 서 있었다. 마인츠의 대주교Archbishop of Mainz이자 '독일 최고의 선생primus praeceptor Germaniae, the foremost teacher of Germany'이었던 마우루스는 알쿠인 요크Alcuin of York, c.735~804의 학생이자 베너러블 베데Venerable Bede, c.672~c.735의 학생으로서 창조론자 전통을 이어갔다. 이렇게 바실의 창조론자 전통은 중세교회에 끊임없이 흘러내려갔다.[9]

다섯째는 제르베르 도딜락Gerbert d'Aurillac, ca 955~1003이다. 당시의 지도적인 유럽 수학자이자 독일 황제 오토 3세Otto III, 980~1002에 의해 교황 실베스타 2세Pope Sylvester II, 1대 French Pope가 된 도딜락은, 스페인에 가서 아랍 과학을 공부하고 라임Rheims의 성당학교에서 천문학을 가르쳤다. 그는 아랍 모델에 근거하여 천문관측기구를 제작하였으며, 복잡한 로마 숫자보다 아라비아 숫자Hindu-Arabic numerals를 사용한 최초의 서구 그리스도인이 되었다. 창조론자 전통에 서 있었던 도딜락은 그 후 3세기 동안 그리스-아랍 과학이 서구에 유입되는 길을 닦았다.[10]

여섯째는 풀베르 샤트르Fulbert of Chartres, 960~1026이다. 도딜락의 학생이었던 그는 샤트르Chartres 성당학교를 설립하였는데, 이 학교는 초기 11

(1) 베이컨의 생애와 학문

옥스퍼드에서 공부한 후 베이컨은 파리로 가서 파리 대학에서 신학박사 학위를 받고 그곳에서 강의도 하였다. 그는 파리 대학에서 '실험의 스승' 페레그리누스Petrus Peregrinus, fl.1261~1269로부터 경험의 중요성을 배웠다. 그 후 1240년대에 파리 대학에서 아리스토텔레스의 과학 문헌을 가르치는 첫 번째 교수가 되었다. 그때까지 파리에서는 아리스토텔레스가 기독교인이 아니었기 때문에 그의 저작을 가르치는 것을 금지하였다. 하지만 베이컨이 강의를 시작한 후로는 아리스토텔레스를 가르치는 것이 허용되었다. 파리에서 베이컨은 페레그리누스를 통해 과학에 관심을 갖게 되었다.

1247년에 베이컨은 옥스퍼드로 귀국하여 사재를 털어 수학, 자연철학 등에 대한 책과 도구 등을 만들기도 하고 구매하기도 했다. 그러는 과정에서 그는 그로스테스트Robert Grosseteste, c.1170~1253로부터 수학의 중요성을 배웠다.[20] 그의 저서에 영향을 받아 베이컨은 언어, 수학, 과학, 그리고 광학에 대해 더 깊이 연구하기 시작하였다. 특히 이때 베이컨은 아랍 바스라 출신의 알하젠Alhazen, 965~1040이 쓴 『광학Optics』을 읽으며 수학이 실제 세계에서 어떻게 적용되는가를 알게 되었다. 그는 렌즈와 거울이 대상을 확대 혹은 축소하는 것에 관해 연구하였다.

1251년에 베이컨은 잠시 파리를 다녀온 후 다시 옥스퍼드로 돌아와 그곳에서 탁발수도회Mendicant Order의 하나인 프란치스코 수도회Franciscan Order에 가입하였다. 옥스퍼드의 수도원에서 베이컨은 과학 공부를 계속했지만, 1256년에 콘웰의 리차드Richard of Cornwall가 영국 프란치스코 수도회의 장이 되면서 문제가 생겼다. 베이컨은 리차드의 생각에 비판적이 있었기 때문에 오래지 않아 그는 강제로 옥스퍼드의 수도원에서 파리의

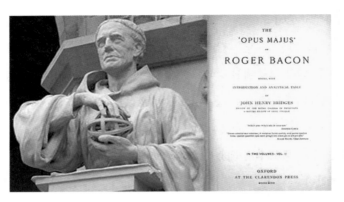

<그림 6-4> 로저 베이컨과 『대저작大著作, *Opus Majus*』

수도원으로 옮길 수밖에 없었다.

베이컨은 교황의 요청으로 세 편의 보고서Treatise를 작성했는데, 여기에는 새로 번역된 고전전통을 포함한 자연과학의 지식들에 근거해 기독교의 학문을 개혁하려는 야심적인 계획이 담겨 있었다. 그는 종교적인 기능이 없는 자율적인 세속 지식들, 하나님을 섬기는 것보다 인간 이성의 능력에만 기여하는 지식들, 즉 어거스틴이 '헛된 호기심vain curiosity'이라고 비난했던 지식들을 제시하는 한편, 동시에 교회의 지도자들이 이 새로운 지식의 위험성으로 인해 이 귀중한 보화들을 내칠까봐 두려워하였다. 그에게 학문은 성경에 있는 유일하고 완벽한 예지를 발견하기 위해 필요한 것이었다.[21]

베이컨은 기본적으로 어거스틴의 신학적 전통을 따랐다. 그러면서 그는 지식의 원천으로서 추리와 논증보다는 관찰과 실험을 중시하였다. 그는 백과사전적인 경향을 가졌으나, 아랍 광학의 영향을 받아서 아리스토텔레스 전통과는 다른, 독특한 스콜라학을 세웠다.[22] 그는 실험과학을 중시하고 원전연구를 위한 여러 언어의 습득을 역설했다. 그가 자연을 연구하는 데 수학과 실험을 강조한 것은 300여년 뒤에 일어날 과학혁명의 기초를 놓았다고 할 수 있다.

베이컨은 권위에 대해 자유를 요구하는 예리하고 격렬한 공격 때문에 대부분의 교회 지도자들과 불편한 관계 속에서 지냈지만, 교황 클레멘트 4세Pope Clement IV가 재위하는 짧은 기간 동안에는1265~1268 그의 보호로 비교적 평온한 저술활동을 할 수 있었다. 베이컨이 쓴 지리학은 2세기 후 이탈리아의 항해가였던 콜럼버스도 읽었다고 한다. 이 짧은 기간에 완성한 베이컨의 저술은 놀라울 정도로 방대하면서도 개혁적이었다. 하지만 클레멘트 4세가 1268년에 죽음으로써 베이컨은 그의 보호자를 잃게 되었다.[23]

1277년 3월 7일에 파리의 대주교였던 땅삐에Étienne Tempier는 교황 요한 21세Pope John XXI의 재가를 받아 파리 대학에서는 아리스토텔레스 철학에 기초한 219개의 철학적, 신학적 명제를 정죄The Condemnation of 219 Theses하고, 이들을 파리 대학에서 가르치는 것을 금지한다고 발표했다. 원래 교황은 파리 대학에서 부정확하고 이단적인 내용들이 유포되고 있다는 루머가 있어서 이에 대해 조사할 것을 지시했을 뿐이지만, 땅삐에는 아예 한 걸음 더 나아가 219개의 금지명제 리스트를 만들어서 발표했던 것이다.[24] 이에 대해서는 뒤에 좀 더 자세히 논의할 것이다.

이 정죄 사건으로 인해 베이컨은 1271년에 자신의 *Brief Study of Philosophy*Compendium Studii Philosophiae에서 비판했던 수도사, 교육자, 사제 등에 의해 잠시 파리에서 수감 혹은 가택연금 상태에 있었던 것으로 보인다. 하지만 1278년경에 그는 옥스퍼드에 있는 프란치스코 수도회 Franciscan House로 돌아왔고, 그 후 별세할 때까지 그곳에서 저술을 계속하였다. 그는 1292년에 *Brief Study of Theology*Compendium Studii Theologiae

를 마지막으로 저술한 직후 별세하여 옥스퍼드에 묻혔다.

(2) 고전전통과 교회의 갈등

새로운 그리스 과학들, 특히 베이컨이 소개하고 가르쳤던 아리스토텔레스의 주장들은 구체적으로 여러 면에서 당시의 기독교적 지식들과 신학적으로 갈등을 빚었다. 예를 들면 우주는 시작도, 끝도 없이 영원하다는 아리스토텔레스의 주장은 당시 기독교의 창조나 심판 교리와 부딪쳤다. 또한 하나님은 우주를 운행하는 데 결코 관여하지 않는다는 아리스토텔레스의 주장 역시 당시 기독교의 섭리 교리와 부딪쳤다.

아리스토텔레스의 사상이 중세 기독교에 가장 큰 위협을 준 것은 합리주의적 사고였다. 12~13세기의 번역작업을 통해 유럽에 전파된 고전전통은 합리주의를 교회 내에 심으려고 하였다. 이러한 시도는 교회 내에서 복합적인 반응을 불러 일으켰다. 파리 대학에서는 1210년과 1215년에 자연과학에 대한 아리스토텔레스의 저작들을 가르치지 못하게 했다. 급기야 1277년에는 땅삐에가 공식적으로 아리스토텔레스와 다른 고전전통의 저작물들로부터 이끌어낸 많은 명제들을 파리 대학에서 가르치지 못하도록 하는 "정죄The Condemnations"를 발표하기에 이르렀다.[25]

하지만 아리스토텔레스의 사상을 모두 반대한 것은 아니었다. 상당수의 학자들은 인간 지식의 제 영역에서 고전전통의 지식들이 갖는 놀라운 설명력 때문에 이를 크게 환영하기도 했다. 아리스토텔레스의 자연과학, 톨레미의 천문학, 유클리드의 기하학, 해부학이나 생리학 등을 포함한 의학 등은 성경이 주지 못하는 자연에 관한 많은 현상들을 설명하였다.

베이컨의 학문 혁신 캠페인은 그가 교황 클레멘트 4세의 요청으로 저술한 『대저작大著作, Opus Majus』1233에 잘 나타난다. 이 책의 중심적인 논지는 어거스틴의 『기독교 교양*De doctrina Christiana*, On Christian Doctrine』426에서 가져왔는데, 이는 완전하고 모든 것을 포함하는 지혜의 궁극적인 원천은 성경이라는 것이었다.[26] 사실 베이컨은 여기에서 한걸음 더 나아가 성경과 무관한 것은 성경을 대적하는 것이라고 주장하기도 했다. 그는 "[성경에] 연관되지 않는 것은 무엇이든지 성경을 대적하는 것이고 그리스도인들은 그것을 금해야 한다."라고 했다.[27]

언뜻 보기에 베이컨의 자세는 대부분의 고전전통 문헌들을 배척하는 것처럼 보인다. 그러나 그는 성경에 연관되지 않는다고 증명되지만 않는다면, 고전전통의 대부분의 것들은 '신학의 시녀'라는 지위에 합당한 것으로 받아들였다. 이와 관련하여 베이컨은 어거스틴이 『기독교 교양』에서 "모든 진리는 어디에서 발견하든지 하나님의 진리"라고 한 점을 상기시켰다. 이에 근거하여 그는 모든 철학적인 진리들은 자동적으로 기독교적인 진리이며, 모든 학문의 세계는 진리를 획득하는 한 합법적인 활동이라고 했다. 그는 철학에 대해서도 전체적으로 "가치가 있고 거룩한 진리에 속한다."라고 했다.[28]

이를 위해 몇 가지 예를 들어 보자. 베이컨은 외국어를 배우는 것은 성경을 이해하고 이방 선교를 위해 필요하므로 거룩한 일이라고 했다. 또한 수학은 그것이 마술이나 주술, 결정론적인 점성술 등에 연관되지만 않는다면, 과학 중의 첫 번째 과학이며 아담의 아들들이 발견하여 노아와 아브라함을 통해 이집트에 전달한 학문이라고 했다. 지리학 역시 해외 선교나 다른 기독교적인 목적을 위해 중요하다고 했다. 이런 정도로 학문을 기독교적인 용도에 연관 짓는다면, 이는 곧 모든 학문들을 기독교에 연관시킬 수 있으며, 또한 모든 학문들로부터 기독교적인 가치를 발견할 수 있다는 의미가 된다. 결국 베이컨은 종교는 시녀들에게 귀중한 가르침을 줄 수 있으며, 따라서 과학과 종교가 시녀의 관계를 유지하는 것은 양자 모두에게 유익하다고 생각하였다.[29]

베이컨은 "직접 구원으로 인도하지 않는 모든 인간의 연구는 전적으로 맹목적이고 결국 지옥의 어둠에 떨어질 것이다."라고 했다.[30] 그의 글 중에는 편편이 자연에 대한 지식을 정죄하고 가볍게 여기는 듯한 부분들이 있다. 하지만 그는 자연과학의 기독교적 유용성에 대한 관심을 가졌다는 점에서는 어거스틴과 같은 맥락에 있었다고 할 수 있다. 반면 어거스틴과 차이점도 있는데, 먼저 어거스틴은 과학 그 자체를 목적으로 받아들이지 않았으나, 베이컨은 기독교와 연관성을 발견하는 한 과학 그 자체를 목적으로, 귀중한 것으로 받아들였다. 또한 어거스틴은 고전 전통의 작은 일부만이 기독교에 유용하다고 생각했지만, 베이컨은 거의 대부분의 내용들이 기독교에 유용할 수 있다고 했다. 사실 베이컨의『대저작』은 '과학'이라고 부르는 '신학의 시녀'의 신뢰성과 종교적 유용성을 널리 호소하는 책이었다!

초대교회에서와 같이 중세교회에서도 기독교와 과학의 상호관계는 복합적이어서 간단하게 표현할 수 없다. 대학 교수들과 대학에서 교육을 받은 유럽인들은 기독교 전통과 고전 전통 모두가 귀중하다고 보았다. 그들은 기독교의 중심적인 교리들과 이들을 결정하는 교회의 권위를 믿으면서도 또한 고전 전통의 자연과학들이 갖는 놀라운 설명력을 인정하고 이들을 전파하는 데 열정적이었다.

중세가 끝날 때쯤 고전과학은 기독교 교리와 기독교 문화 속으로 수용되었고, 기독교 신학은 학문의 방법과 그것의 내용의 일부를 고전 전통으로부터 취하였다. 이로 인해 고전과학은 유럽문화의 주류로 자리를 잡게 되었고, 지금까지도 그것은 변함이 없다. 하지만 그렇게 된 것은 저절로 이루어진 것이 아니었다. 그것은 교회가 고전과학으로 인해 심한 갈등을 겪은 이후였다.

5. 점증하는 긴장

그리스 고전과학으로 인한 갈등은 신학에서부터 시작되었다. 고전과학이 확산되면서 신학자들은 기독교 신학의 변증의 필요를 느끼게 되었다. 현대와 같은 다원화된 사회는 아니었지만 지금까지 진리는 하나라는 의심할 나위 없는 주장이 헬레니즘의 등장과 더불어 도전받기 시작한 것이다. 기독교 신학에서는 세상은 전능하신 하나님이 창조하신 것이라고 주장했지만, 헬라 철학에서는 물질이 영원한 것이라고 생각하여 창조론자 전통과 정면으로 충돌하였다. 영원한 물질과 영원한 하나님이 공존할 수 있을까? 아리스토텔레스 과학은 기독교세계관의 성취인가, 적인가?[31]

기독교 신학이 아리스토텔레스 과학을 대적하기 위해 채택한 두 영역은 계시와 하나님 개념이었다. 이들 중 과학과 직접적으로 관련된 것은 계시 개념이었다. 이미 4~5세기에 어거스틴은 순수 이성과 계시는 둘 다 하나님의 조명이라고 보았다. 이런 전통은 교회 내에서 아리스토텔레스의 과학적 인식론을 수용하기 위한 길을 열었으며, 개념의 추상화와 감각 데이터의 원리에 집중하게 하였다. 이것은 계시에 기초한 어거스틴의 인식론과 대조되었다.[32]

하지만 이러한 화해의 조짐은 서로마제국이 멸망하고 중세로 접어들면서 얼어붙기 시작했다. 특히 플라톤이 세운 아테네의 '아카데미'를 폐쇄하고 이방 학자들이 그곳에서 가르치는 것을 금지한 529년, 동로마제국의 "유스티니아누스 황제의 칙령Justinian Edict"은 중요한 사건이었다. 비록 황제의 칙령 이후에도 '아카데미'는 다른 형태로 존속했다고 하지만, 표면적으로는 중세의 상당 기간 그리스의 고전과학은 유럽에서 긴 동면의 상태로 접어들었다.

하지만 이러한 동면은 영원하지 않았다. 11세기 대학의 등장과 발달, 여러 차례의 십자군 전쟁, 7세기에 시작된 이슬람의 확장, 고전학문의 번역운동 등 여러 가지 요인으로 그리스 고전과학은 다시 고개를 들기 시작했으며, 13세기에 이르러서는 고전과학과 기독교 신학의 대립이 분명해졌다. 지식에는 감각과 지각을 추상화함으로 얻는 지식이 있는가 하면, 하나님의 조명과 믿음에 의해 계시로부터 유래된 지식이 있었다. 어느 지식이 다른 지식에 비해 우월한지에 대한 일치된 해답은 없는 것 같았다. 몇 가지 예를 들어보자.[33]

① 브라반트의 시거Siger of Brabant, c.1240~c.1284: 시거는 1260년대에 아리스토텔레스 철학을 주해하면서 종種의 영원성과 인간의 마음의 통일성을 주장하였다. 1270년과 1277년에 그는 파리의 대주교 땅삐에Etienne Tempier에 의해 정죄되었지만, 과학과 신학의 조화를 위해 많은 노력을 했다.

② 알베르투스 마그누스Albertus Magnus, 1193~1280: 알베르투스 역시 이성과 계시, 철학과 신학을 구분하였다. 하지만 그의 학생이자 동료였던 아퀴나스는 스승의 입장에 반대하며 철학과 신학 사이의 통합을 시도하였다. 그는 스승의 저작에 나타난 이분법을 배제하고, 모슬렘을 전도하기 위해 선교적 차원에서 신학과 과학의 통합을 시도하였다. 이렇게 하는 데는 아리스토텔레스 과학이 매우 유용하였다. 그래서 그는 철학과 신학의 방법과 출발점은 분명히 다르지만, 원리와 결론은 중첩된다고 보았다.

③ 보나벤투라Sanctus Bonaventura, 1221~1274: 보나벤투라 또한 신앙과 이성의 통합을 시도하였다. 그는 세계의 창조와 같은 신학적 진리는 순수한 이성만으로도 증명이 가능하지만, 이성과 신앙 둘 다 있어야 진리를 완전히 이해할 수 있다고 믿었다. 그의 입장은 후에 갈릴레오 등에 의해 '두 책 이론The Doctrine of Two Books'으로 발전되었다.[34] 그에게 과학은 '자연의 책'에 해당하며, 성경은 윤리적, 신학적 지식의 독본이었다.

이러한 철학과 신학의 스콜라주의적 통합Scholastic synthesis은 신학의 연구에 몇 가지 눈에 띄는 변화를 가져왔다. 예를 들면 신학 교과과정의 순서를 결정할 때 특별계시계시신학로 직접 들어가기보다 일반계시자연신학에서 특별계시로 진행되는 경향이 나타났다. 또한 계시적 신학을 취급하는 방법에서도 그리스 고전과학의 방법론이 도입됨으로써 엄격한 연역혹은 추론deduction이 장려되었다.

6. '시녀'의 반란

5~6세기부터 그리스 과학은 기독교에서 조금씩 사용되기 시작했으나 그때에는 과학이 기독교의 전통이나 교리에 전혀 위협이 되지 않았다. 중세의 교양교육liberal arts education이라고 한다면 3학문법, 논리학, 수사학과 4학대수학, 기하학, 천문학, 음악이었는데, 이런 학문들은 '신학의 시녀'로서 잘 기능하였다.[35]

(1) '신학의 시녀'로서의 과학[36]

사실 '신학의 시녀'로서의 과학 개념은 초대교회 때부터 내려오던 전통이었다. 1세기의 필로Philo of Alexandria와 이후 클레멘트Clement of Alexandria, c.150~c.215 그리고 어거스틴 등이 대표적인 사람들이었다고 할 수 있다. 그런데 이러한 전통은 중세에도 그대로 이어졌다. 그중에서도 피터 다미안Peter Damian, 1007~1072, 생빅토르의 위고Hugo of Saint-Victor, c.1096~1141, 보나벤투라Sanctus Bonaventura, 1221~1274 등이 대표적인 인물들이었다. 이들은 과학은 '신학의 시녀handmaiden to theology, *ancilla theologiae*'이므로 그 자체만을 위해 추구해서는 안 되며, 성경해석을 제공할 수 있는 도구로서만 사용되어야 한다고 주장했다.

다미안의 경우, 가시적인 물질계에 대한 연구에는 두 가지 목적이 있다고 했다. 첫째는 물질계의 비가시적, 영적 특성을 제공하여 하나님을 더 사랑하고 경배하기 위해서였고, 둘째는 시편 8편 6~9절에 있는 바와 같이, 피조세계에 대한 통치권dominion을 얻기 위해서였다. "주의 손으로 만드신 것을 다스리게 하시고 만물을 그 발 아래 두셨으니 곧 모든 우양과 들짐승이며 공중의 새와 바다의 어족과 해로에 다니는 것이니이다 여호와 우리 주여 주의 이름이 온 땅에 어찌 그리 아름다운지요".

(2) '시녀'의 도전과 반란

하지만 그동안 고분고분하던 '신학의 시녀'로서의 과학은 11~12세기를 지나면서 고집이 세지기 시작했다. 학문적, 교회적 차원에서 자연의 자율성에 대한 확신이 점점 커져갔으며, 이는 곧 11~12세기의 자연철학의 흥기로 이어졌다. 이러한 자연철학의 흥기에는 아리스토텔레스의 변증법논리학이 성경해석과 신학연구에 도움이 되었기 때문이었다. 물론 아리스토텔레스의 자연철학을 그대로 도입하지는 않았지만, 이러한 운동은 12세기 말과 13세기 초에 아리스토텔레스의 사상이 대규모로 교회 내로 들어오도록 길을 예비하였다. 그리고 이러한 사상의 유입은 곧 신학 연구의 자유로도 이어졌다. 즉 자연의 자율성에서 출발하여 학문의 자율성, 영적, 성례전적, 도덕적 영역에서 자율성으로 이어진 것이다.[37]

고전전통의 중심을 이루는 고대 그리스 저작들이 번역작업과 십자군 전쟁 등을 통해 본격적으로 유럽으로 유입되면서 이성의 영역이 점점 더 넓어졌다. 결국 이러한 저작들로 인해 12세기쯤에 과학은 우주와 그것을 창조하신 하나님에 대한 해석에서 신학에 도전하기 시작했다. 특히 이러한 도전은 12세기 플라톤의 『티마이오스Timaeus』 공부를 통해 구체적으로 나타났다.[38] 처음에는 플라톤적, 신플라톤적 형태로 나타났다가 그 후에는 아리스토텔레스적인 형태로 도전하였다.

콩셰William of Conches, c.1080~c.1154는 한 걸음 더 나아가 물리적인 법칙이 교회의 권위보다 우선한다고 주장했다. 그는 자연현상의 원인을 설명할 때 그것을 단지 하나님의 전능하심이나 성경구절에만 호소하는 것은 무지의 고백과 같다고 생각했다. 그는 자연과 그것의 규칙적인 원인들, 사건들을 가르치는 것은 성경보다 철학의 의무라고 했다. 이때부터 과학과 신학의 분리 시도가 일어나기 시작했으며, 특히 창세기의 창조기록을 물리학의 요구에 부합되게 해야 한다는 요구가 나타나기 시작했다.

이러한 신학과 과학의 긴장은 1260년대와 1270년대를 지나면서 '열전'으로 변했다. 이제 신학과 과학의 조화로운 관계는 깨어졌다. 전통적인 신학자들은 노골적으로 그리스 철학의 중요한 부분은 기독교에 위험하다고 생각했다브라반트의 시거, 보에티우스. 그러나 파리 대학의 급진적인 문학부 교수들Arts Masters과 자유주의 신학자들은 하나님과 피조세계를 이해하기 위해서는 신학뿐 아니라 아리스토텔레스의 철학도 반드시 필요하다고 생각했다. 이들은 구체적으로 표현하지는 않았지만, 때로는 과학이 신학과 동등하거나 더 우월하다고 생각했다.

이러한 때에 나타난 큰 별이 바로 중세교회 최대의 신학자로 불리는 아퀴나스Thomas Aquinas, c.1225~1274였다. 그는 계시에 대한 신뢰성 때문에 신학이 최고의 과학이라고 주장하면서 계시가 없는 형이상학의 진리는 불완전하다고 보았다. 그러나 동시에 그는 아리스토텔레스와 그의 철학을 열렬히 수용했을 뿐 아니라, 그것을 계시가 없이 도달한 인간 사상의 최고봉이라고 생각했다. 아퀴나스에게 철학은 신학이나 신앙과 모순될 수 없었다.

(3) 정죄와 금지명제

이러한 그리스 고전학문에 대한 지도적인 신학자들의 노골적인 옹호에 대해 교회 지도자들은 불안감을 가졌다. 교황 요한 21세Pope John XXI는 로마 대학과 더불어 가톨릭의 지적 보루 중의 하나였던 파리 대학의 지적인 불안정에 관해 염려했다. 그래서 그는 1277년 1월 18일, 당시 파리의 주교Bishop of Paris였던 땅삐에Étienne (Stephen) Tempier, 1210~1279에게 분쟁을 조사하도록 지시하였다. 땅삐에는 1277년 3월 7일에 신학자들의 조언을 받아서, 이미 3년 전에 죽었던 아퀴나스의 저술들을 비롯해 많은 자료들로부터 들춰낸 219개의 명제들에 대해 일괄적으로 유죄판결을 내렸다. 그리고 누구든지 이 명제들 중 하나라도 받아들이게 되면 파문하겠다고 발표하였다. 이것이 바로 1277년에 있었던 그 유명한 "219개 명제에 대한 정죄The Condemnation of 219 Propositions"였다.[39]

219개 명제에 대한 정죄는 1270년에 있었던 "13개 명제에 대한 정죄 The Condemnation of 13 Propositions"에 이은 대규모의 정죄였다. 그러나 이 정죄 리스트에 포함된 명제들은 급하게 수집된 탓에 순서도 맞지 않고, 반복되기도 하고, 심지어 자체적으로 모순되는 것도 있었다. 뿐만 아니라 정통 교리와 이단 교리가 분별되지 않고 섞여있는 경우도 있었다. 그러나 아퀴나스에 반대하는 조항들propositions을 제외한 대부분의 조항들은 14세기까지 유효했다.[40]

그중 몇 가지 조항들은 결정론적이었고 자유로운 하나님의 절대적 능력을 의심하였기 때문에 유죄가 되었다. 몇 가지 예를 들어보자.[41]

- 21조 - 아무 것도 우연chance에 의해 일어나지 않고 모든 것들이 필연necessity에 의해 일어난다. 그렇게 될 미래의 모든 것들은 필연적으로 그렇게 될 것이고 그렇게 되지 않았을 것은 그렇게 되는 것이 불가능하다.
- 34조 - 첫 번째 원인The First Cause; 즉, 神도 여러 개의 세계를 만들 수는 없었다.
- 35조 - 사람에게는 아버지가 있듯이 적절한 작인作因이 없이는 사람이 신 혼자에 의해서는 만들어질 수 없다.
- 48조 - 신도 새로운 행동또는 사물의 원인이 될 수 없고 또한 새로운 것을 생성시킬 수 없다.
- 49조 - 신도 하늘을즉, 세계를 직선으로 움직이게 할 수 없다. 그 이유는 진공이 생기게 될 것이기 때문이다.
- 141조 - 신도 우연적 속성이 실체가 없이 존재하도록 할 수 없고, 또한 삼차원이 넘는 차원dimension을 동시에 존재하게 할 수 없다.
- 147조 - 절대적으로 불가능한 것은 신이나 다른 작인에 의해 행해질 수 없다. 불가능이란 말을 자연에 따라 이해하면 이것이 행

해질 수 있다는 것은 오류가 된다.

어떤 조항들은 철학자들에 대한 신학자들의 분노와 적대감을 나타내는 것들도 있었다. 이때 포함된 조항들은 기록 자료들은 물론 공개적 토론이나 사적 대화에서 구두로만 얘기된 것 등으로부터 급하게 편집된 조항들이 많았다. 몇 가지 예를 들어보자.

- 152조 - 신학적인 논의는 우화寓話에 바탕한 것이다.
- 153조 - 신학을 앎으로써 더 잘 알게 되는 것은 아무 것도 없다.
- 154조 - 이 세상에서 지혜로운 사람들은 철학자들뿐이다.

어떤 조항들은 신앙적 진리와 이성적 진리는 별개의 것이고, 따라서 진리는 두개라고 하는 이중진리론double-truth theory을[42] 지지하는 듯이 보여서 금지명제에 포함되었다.

- 90조 - 자연철학자는 자연적 원인과 자연적 이성에 의존하기 때문에 세계의 새로움즉, 창조을 단호히 부정해야 한다. 그러나 신자는 초자연적 원인들에 의존하기 때문에 세계의 영원성을 부정할 수 있다.

땅삐에가 발표한 "219개 명제에 대한 정죄"를 통해 위험스러운 시녀들의 '반란'은 일단 진압된 것처럼 보였다. 하지만 이것은 표면적인 진압이었을 뿐, 그 후에도 산발적인 시위는 계속되었다.

7. 시녀들의 '반란'과 그 이후

이처럼 그리스 과학과 기독교 신학의 활발한 접촉이 이루어지면서 아리스토텔레스의 자연주의는 기독교 신학에 대하여 여러 가지 도전을 제기하였다. 그 중에서도 특히 하나님과 자연세계에 대한 그리스 과학의 도전은 양립하기 어려운 듯이 보였다. 한 가지 예를 들면 시간 내적 인과율의 영원성이다. 아리스토텔레스에게 있어서 시간과 변화는 끝없이 일어나기 때문에 질료인material cause이나 형상인efficient cause과 같은 시간 내적 인과 사슬은 무한하며 세계는 영원할 수 있다. 하지만 이는 하나님만이 영원하고 다른 모든 것들은 하나님의 피조물이라고 보는 성경의 관점과 충돌하였다. 또한 하나님은 우주의 '제1기동자'이자 '시계제조자'라는 아리스토텔레스의 우주론이 들어옴에 따라 하나님의 섭리는 인간으로부터 더욱 멀어지게 되었다. 어쩌면 이것은 계몽시대 이후에 본격적으로 등장한 이신론의 전조라고도 할 수 있다.

(1) 기계론적 세계관

하나님을 제1기동자이자 시계제조자로 보기 시작한 것은 그리스 고전과학과 기독교 신학이 만나면서 생긴 하나님에 대한 새로운 관점이었다.[43] 이로 인해 13세기 후반부터 14세기 초반에 이르기까지 서유럽인들은 우주를 시계로 보기 시작했으며, 하나님을 시계제조자로 보는 새로운 신관을 갖기 시작하였다. 예를 들어 프랑스 리슈Lisieux의 주교이자 샤를 5세Charles V의 자문관이었던 니콜 오렘Nicole Oresme, c.1325~1382은 하나님은 피조물인 천구를 (시계처럼) 움직이게 했고, 인간으로부터 멀리 떨어져 계신다고 생각했다. 비슷하게 독일의 철학자이자 신학자요 수학자였던 헨리 랑겐슈타인Henry of Langenstein, 1325-1397도 오렘처럼 시계제조공으로서 하나님의 이미지를 제시하였다.

하지만 독일의 철학자이자 신학자요 법률가요 천문학자였던 니콜라스 쿠사Nicholas of Cusa, 1401~1464는 우주를 기계로 본 중세학자들의 견해를 반대한 르네상스 학자였다. 그는 우주에는 중심도, 원주도 없고, 모든 피조물들은 모두 하나님으로부터 등거리에 있으며, 하나님만이 진실한 중심이며 원주라고 주장했다. 그는 중세의 다양한 이론들이 제시되는 가운데 천지가 하나라는 초대교회의 창조론자의 전통을 회복했다.

이들은 세부적인 내용에 있어서는 상이한 주장을 했지만, 공통적으로 창조론자 전통의 기계론적 우주관을 발달시키는 데 기여했다. 창조론자 전통은 우주를 신이 제정한 법칙에 따르는 대상으로 간주했던 고대 근동의 견해이자 구약의 견해이기도 했다. 14세기에는 추시계weight-driven clock의 등장과 함께 시계 아이디어가 우주론과 신관에 등장하였다. 하나님을 시계제조자로 보기 시작한 것은 18세기 영국의 성직자이자 변증가요 철학자였던 페일리William Paley, 1743~1805의 주장보다 몇 세기 전에 제시된 아이디어였다.[44]

기계론적 우주관의 등장과 자연의 상대적 자율성, 자연 운행의 결정론 등은 새로 발견된 그리스 문헌들을 연구하고 이들을 기독교세계관 내에 동화되게 하는 과정에서 기독교 신학 속으로 들어왔다.[45] 사실 아리스토텔레스 철학은 근대 과학의 발전에 많은 방해거리를 제공하기도 했지만, 당시에는 그것 외에는 다른 자연에 대한 텍스트가 없었다. 이것은 중세인들에게 있어서 과학의 개념과 방법에 영향을 미쳤다. 아리스토텔레스의 철학은 신학과 관련하여 과학에 상대적인 자율성을 부여했으며, 수학이나 정량적 연구에 가치를 부여하였고, 관찰과 실험을 중시하였다.

하지만 중세교회가 모든 면에서 아리스토텔레스를 따랐던 것은 아니었다. 아리스토텔레스와는 달리 여전히 사람들은 자연을 하나님의 피조물로서 보았다. 또한 아리스토텔레스와는 달리 그들은 진공의 가능성을 예측하기 시작했고, 또한 임페투스 개념을 개발했다. 아래에서는 먼저 임페투스 개념을 살펴본 후 다중 및 무한 우주론에 대해 살펴본다.

(2) 임페투스 개념

아리스토텔레스 역학을 벗어난 역학의 중요한 개념이 임페투스 impetus였다. 아리스토텔레스는 "지속적인 운동은 지속적인 힘의 작용에 의존한다continuation of motion depends on continued action of a force."라고 믿었다. 그래서 그는 포물선 궤적을 그리는 물체의 운동은 아래로 혹은 위로 지속적으로 작용하는미는 공기의 힘에 의한 것이라고 주장했다. 그런데 이런 주장에 도전한 것 중 하나가 바로 임페투스 개념이었다. 임페투스는 오늘날의 운동량 혹은 관성 개념의 원시적인 형태라고 할 수 있다.[46]

이런 임페투스 개념을 도입한 사람은 14세기의 프랑스 철학자 뷔리당 Jean Buridan이었다. 뷔리당은 공기는 물체의 운동을 방해하는 요소이고, 물체에 처음 힘을 가하면 물체의 운동을 유지시켜주는 임페투스라는 힘의 덩어리가 생기는데, 이 임페투스는 공기가 물체의 운동을 멈추게 하기 전까지 공기에 저항한다고 생각했다. 그는 포물선 운동과 낙하 운동의 경우, 임페투스는 물체의 무게와 던진 속도에 비례한다고 보았다. 뷔리당은 임페투스 개념을 천문학에도 적용했는데, 곧 천체의 운동을 하나님에게서 유래한 임페투스에 의한 것이라고 했다. 그는 후에 하나님이 우주의 가장 바깥쪽 천구를 회전시켜 임페투스를 일으킨다고 주장하기도 했다. 갈릴레오 역시 젊은 시절 아리스토텔레스 역학을 벗어나는 과정에서 잠시 임페투스 이론에 이끌렸으나 후에 벗어났고 결국 현대의 관성 개념에 도달했다.

물론 뷔리당 이전에 임페투스라는 개념이 전혀 없었던 것은 아니다. 6세기 동로마의 학자 필로폰누스John Philoponus나[47] 11세기 페르시아의 이븐 시나Ibn Sīnā, 서구에서는 Avicenna로 알려짐 등의 학자들도 물체에 힘을 가하면 물체에 운동력이 생긴다고 주장했다. 뷔리당 본인도 실제로 자신의 주장에 대한 논거로 알 비트루지Al-Betrugi와 같은 이슬람 학자들을 인용했다.[48] 뷔리당은 천체는 지상계와 달라서 운동을 방해하는 매질인 공기가 없으므로 창조 당시에 창조주가 준 힘만으로도 영원히 운동할 수 있다고 주장했다. 또한 그는 진자의 움직임도 임페투스로 설명하려고 했다. 뷔리당은 옥캄의 면도날Ockham's Razor로 유명한 윌리엄 옥캄William of Ockham의 제자이기도 했다.

(3) 다중 우주와 무한 우주[49]

다음에는 다중 우주 및 무한 우주에 대해 살펴보자. 아리스토텔레스는 기본적으로 하늘과 땅천상계와 지상계이라는 이원론적이면서 지구중심적인 우주론을 주장하였다. 하지만 중세 후기로 오면서 사람들은 우리의 우주세상 외의 다른 우주의 존재창조 가능성을 생각하게 되었다. 예를 들면 벨기에 겐트Ghent에서 태어나 파리 대학에서 공부한 헨리 겐트Henry of Ghent, c.1217~1293, 프란치스코 수도회의 리처드 미들톤Richard of Middleton, c.1249~c.1308, 윌리엄 옥캄, 장 뷔리당, 니콜 오렘Nicole Oresme, 독일 스콜라 철학자이자 신학자인 헨리 랑겐스타인Henry of Langenstein, 역시 독일 철학자이자 신학자요 천문학자인 니콜라스 쿠사Nicholas of Cusa, 1401~1464 등이다.[50]

<그림 6-5> 니콜라스 쿠사

이들 중 니콜라스 쿠사의 우주론은 놀랍다. 그는 1446년부터 독일에 대한 교황특사가 되었으며, 1448년에는 교황 니콜라스 5세Pope Nicholas V에 의해 추기경으로 임명되었고, 1459년에는 교황령Papal States 내의 주교 총대표Vicar General가 되었다. 그런 그가 우주는 특정한 중심이나 경계circumference가 없이 무한하다고 주장하면서 지동설을 주장하기도 했다. 『가톨릭 백과사전』은 니콜라스 쿠사의 주장을 이렇게 요약한다.

지구는 다른 별들과 같은 하나의 별이며, 우주의 중심이 아니고, 정지해 있지도 않고, 그것의 극들[남극과 북극]이 고정되어 있지도 않다. 천체들은 엄격히 구형이 아니며, 그들의 궤도도 원이 아니다. 이론과 겉보기운동appearance 사이의 차이는 상대 운동에 의해 설명된다. 코페르니쿠스가 이런 주장들을 알았다면, 그는 아마 자신의 기념비적 업적을 출판하는 데 격려를 받았을 것이다.[51]

15세기 중엽, 가톨릭교회의 최고위 지도자의 한 사람이었던 니콜라스 쿠사가 코페르니쿠스가 『천구의 회전에 관하여』1543를 출간하기 100여 년 전에 이미 교회가 공식적으로 받아들이고 있었던 아리스토텔레스의 주장에 정면으로 반하는 주장을 했다는 것은 놀라운 일이다. 그는 하나님이 창조세계를 감싸고 있으며, 창조세계 안에서 드러난다고 했다. 그래서 몇몇 사람들은 그가 범신론적 신념을 갖고 있다고 의심했지만, 그의 글이 이단적이라고 비난받지는 않았다.[52]

8. 유명론과 스콜라 철학의 퇴조

아마 근대과학이 탄생하는 인식론적 뿌리를 제공한 사람으로는 윌리엄 옥캄을 들 수 있을 것이다. 급진적 경험주의radical empiricism로 알려진 그의 인식론은 소위 '옥캄의 면도날Ockham's Razor'로 표현된다. 이는 같은 현상을 설명하는 두 개 이상의 설명이 있다면 가장 간단한 설명을 선택해야 한다는 주장이었다.[53] 가장 간단한 설명이 진실이라면 어떻게 가장 간단한 설명을 결정할 것인가의 문제가 따라오지만, 이러한 그의 유명론적 인식론은 과학혁명의 주역들에게 인식론적 근거를 제공했다. 그는 이성과 경험은 원인과 있음직한 결과 사이의 필요한 관계에 대한 지식을 제공하지 못하며, 따라서 이성과 경험은 하나님과 그의 피조세계에 대한 근본적 진리를 증명하는 데 부적합하다고 했다. 여기서 중세 스콜라 철학의 보편 논쟁의 하나인 유명론이 등장한다.

11~12세기, 프랑스 철학자 로스켈리누스Roscellinus Compendiensis, c.1050~c.1125와 후에 아벨라르Peter Abelard, 1079~1142 등이 발전시킨 유명론

唯名論, Nominalism은 형이상학에서 보편자universal 혹은 보편적 개념, 추상적 개념abstract objects의 존재를 부정하는 지식 이론이다. 후기 스콜라주의c.1350~c.1500를 지배한 유명론은 실재론이 말하는 "보편자는 개별 사물에 앞서 존재한다universalia ante rem."라는 명제를 거부하고, "보편자는 개별 사물 뒤에 존재한다universalia post rem."라는 명제를 택하였다. 유명론자들은 이름뿐인 보편자보다는 개별자particular에 집중해야 된다고 보았다.

로스켈리누스의 핵심적인 주장은 개체만이 자연 내에 존재한다는 것이었다. 그에게 보편자는 어떤 사물을 지적하는 것이 아니라, 단지 문자들로 구성되어 있으며 언어의 발성에 의해 표현되는 한 단어에 지나지 않았다. 이러한 이유로 로스켈리누스에게 보편자에 대한 논의는 단어에 관한 것이지 실재 사물에 관한 것이 아니었다. 그는 이러한 논거로부터 삼위일체의 세 위격들은 제각기 독립적인 존재이며, 그들에게 공통된 것이라고는 한 단어에 불과하다고 하였다. 이에 대해 1121년에 열린 수아송 공의회Council of Soissons는 삼신론三神論을 주장하였다는 죄목으로 그를 기소하여 그로 하여금 스스로 자신의 주장을 번복하게 하였다. 그럼에도 불구하고 로스켈리누스는 어떤 유類의 추상, 즉 보편자는 하나의 사물과 대응되어서는 안 된다고 주장함으로써 실재론을 비판하였다.[54]

사실 보편普遍과 개체個體의 관계에 대해 실재론實在論, Realism과 유명론의 논쟁은 중세 초기부터 있었다. 두 이론을 비교한다면, 보편이 우선해서 존재한다고 하는 실재론에 비해 개체가 우선해서 존재한다고 생각하는 것이 유명론이다. 처음으로 유명론을 주장한 사람은 로스켈리누스였지만, 유명론을 실재론과 대비되는 하나의 큰 학파로 형성시킨 사람은 옥캄이었다. 그는 참된 명제는 직접 명료하게 증명되지 않으면 안 되며, 추상적 인식으로는 그 대상의 존재 여부를 확인하지 못한다고 했다. 확인되는 것은 특수한 개체의 인식뿐이다. 따라서 보편은 개념 또는 소리에 지나지 않으며, 실재하는 것은 개체뿐이다.

한 예로 생물의 '종species'이나 '속genus'과 같은 생물분류 단위들을 생각해 보자. 실재론자들Realists은 '종'이나 '속'과 같은 보편적인 것들은 그런 속성을 가진 개별적인 것들이 존재하는 것과는 별도로 존재한다고 믿었다. 후에 옥캄은 모든 본질substance은 개별적인 것이기 때문에 보편적인 것은 실체로는 존재하지 않고 다만 인간의 마음에만 존재한다고 했다. 옥캄과 더불어 가톨릭 주교이자 14세기의 가장 뛰어난 신학자요 자연철학자였던 니콜 오렘Nicole Oresme 역시 경험과 인간 이성은 자연적 진리를 결정하는 데 적합하지 않고, 오로지 신앙만이 확실한 진리를 제공할 수 있다고 했다.

<그림 6-6> 옥캄좌과 오렘

실재론과 유명론의 논쟁은 신학 영역에서 다양한 함의를 가졌다. 한 예로 유명론에 의하면 이성으로는 아무도 존재하는 만물의 제1원

인이 하나님이심을 증명하지 못한다고 했다. 이러한 유명론은 모든 믿음의 데이터를 이성의 영역으로부터 거두어들였고, 결국 스콜라주의의 붕괴를 가져오게 하였다.[55] 실재론으로 대표되는 초기 스콜라주의 c.1200~c.1350 신학자들과 비교해볼 때, 유명론으로 대표되는 후기 스콜라주의c.1350~c.1500 학자들은 인간의 능력에 대해 확신을 갖고 있지 않았다. 그래서 신앙과 계시를 통하지 않고는 하나님과 세계의 참된 본성에 대해 확실한 지식을 얻을 수 없다고 보았다. 이러한 지적 풍토에서 과학적 문제들은 가설 형식으로 표현될 수밖에 없었다. "상상에 의하면secundum imaginationem"이라는 말은 자연철학과 신학에서 언급된 많은 가설적 가능성을 표현하기 위해 당시에 흔히 사용하던 어귀였다.

사실 유명론 자체는 특정한 신학적 의견을 주장하는 것은 아니었다. 하지만 학문이란 서로 영향을 주고받기 마련이었다. 실재론은 신앙의 변증에 나선 반면, 유명론은 보편적인 무형 교회를 거부하고, 원죄 교리를 의심함으로써 중세교회와 불편한 관계를 가졌다. 중세교회는 범신론적이며 보편적인 인간의 구원과 전 인류의 보편성 등과 같은 이질적 주장이 담긴 플라톤의 실재론도 불편했지만, 유명론이 갖는 신학적 함의는 더 불편했다. 이렇게 유명론과 실재론은 그 철학적 주장에 담긴 신학적 요소들 때문에 종교개혁과 그 이후의 신학에도 영향을 주었다.[56]

9. 중세 신학과 과학

박해 기간은 물론 기독교 공인 이후에도 생존을 위해 몸부림쳤던 초대교회와는 달리 중세교회에서는 1260년대와 1270년대를 제외하고 과학과 신학은 비교적 조용한 관계를 유지하였다. 1272년의 "서약The Oath" 사건과 1277년의 "정죄The Condemnation"는 어떻게 보면 교회가 지적인 추구를 원천적으로 봉쇄한 듯이 보인다. 그러나 파리 대학의 교수들Arts Masters은 아리스토텔레스의 과학적 결론과 원리들을 주장하는 데 큰 문제가 없었다. 그들은 "자연적으로 말하자면loquendo naturaliter" 따위의 말을 붙임으로써 금지명제를 논하는 데 큰 제재를 받지 않았다.[57]

사실 중세는 어느 시기보다 과학과 신학 사이에 활발한 상호작용이 일어난 시기였다. 구약이나 초대교회 교부시대에는 자연은 하나님에 의해 창조, 유지되고 있다는 단순한 생각이 지배적이었으나, 그리스 철학의 영향이 본격적으로 유럽으로 유입되기 시작한 12세기 이후에는 하나님의 절대적 창조능력과 일상적인 운행 간에는 날카로운 구별이 이루어졌다. 이러한 중세 통합synthesis의 결과는 다음과 같은 신관의 변화로도 이어졌다.[58]

첫째, 종래 하나님 아버지의 이미지는 우주적 입법자Cosmic Legislator로 바뀌었다. 하나님은 제1기동자The First Mover 개념으로 바뀌었다. 그리스 과학아리스토텔레스의 용어를 빌면 목적인이 효과인으로 변한 것에 해당한다고 할 수 있다. 둘째, 창조론자 하나님의 개념은 하루에 하늘을 한번 돌리는 수정된 섭리자로서의 하나님의 이미지로 바뀌었다. 후에는 임페투스impetus와 같은 개념으로 변화하였으며, 이는 후에 고전역학의 배경이 되기도 했다.

그러나 이런 변화에 대한 저항도 만만치 않았다. 새로운 통합synthesis에 내포된 자연주의적 함의에 대해 보수주의자들이 저항했던 것이다. 그들은 하나님의 절대 능력을 강조하면서 우주가 움직일 가능성, 진공의 가능성, 다른 세계의 존재 가능성을 제시하면서 아리스토텔레스의 자연철학에 도전하였다. 그리고 천상계와 지상계에 통일된 역학체계를 개발하였다.

신학과 과학의 관계에 직접적인 인과관계는 없다. 엄밀하게 말하면 신학은 근대과학의 출현을 방해하지도, 격려하지도 않았다. 오히려 어쩌면 서로가 서로에게 영향을 끼치면서 서로를 형성했다고 할 수 있다. 임페투스나 천상계와 지상계의 통일성 등은 초대교회의 창조론자 전통에 근거하고 있다. 그러나 창조론자 전통도 계속 변하면서 아리스토텔레스 전통으로부터 영향을 받았다. 물론 아리스토텔레스 전통도 창조론자 전통의 영향을 받았다. 이렇게 두 전통이 주거니 받거니 하면서 유럽은 르네상스로 접어들었다.

10. 르네상스

르네상스는 중세와 근세 사이14~16세기에 서유럽 문명사에 나타난 문화운동이다. 이는 학문 또는 예술의 재생, 부활이라는 의미를 가지고 있으며, 프랑스어의 renaissance, 이탈리아어의 *rina scenza, rinascimento*에서 어원을 찾을 수 있다. 이것은 고대 그리스-로마 문화를 이상으로 하여 이들을 부흥시킴으로써 새 문화를 창출하려는 운동으로, 그 범위는 사상, 문학, 미술, 건축 등 다방면에 걸친 것이었다.

(1) 르네상스의 배경[59]
르네상스 사상의 기본요소를 설정한 이탈리아 인문주의자 페트라르카Francesco Petrarca, 1304~1374는 고대를 문화의 절정기로 보는 반면, 중세를 인간의 창조성이 철저히 무시된 '암흑시대'라고 봄으로써 문명의 부흥과 개선은 고전학문의 부흥을 통해서만 가능하다고 주장했다. 물론 이러한 생각은 당시 인문주의자들이 가지고 있던 크나큰 확신이었다. 이들은 단순히 라틴 학문의 부흥에 그치는 것이 아니라 인간의 지적知的, 창조적 힘을 재흥再興시키려는 신념으로 가득 차 있었다.

르네상스는 14세기 후반부터 15세기 전반에 걸쳐 이탈리아에서 시작되었다는 것이 통설이다. 이 문화운동은 곧 프랑스, 독일, 영국 등 북유럽 지역에 전파되어 각각 특색 있는 문화를 형성하였으며, 근대 유럽문화 태동의 기반이 되었다. 이때의 르네상스 외에도 문화부흥 현상이 돋보인 카롤링거 왕조의 르네상스The Carolingian Renaissance, 오토 왕조의 르네상스, 12세기의 르네상스, 상업의 르네상스, 로마법의 르네상스 등에도 동일한 용어가 사용된다. 르네상스라는 개념의 형성은 이미 그 시대에 이루어진 것이라고 할 수 있다.

처음으로 르네상스라는 용어를 사용한 사람은 프랑스 역사가 미슐레 Jules Michelet, 1798~1874인 것으로 알려져 있다. 그는 16세기의 유럽을 문화적으로 새로운 시대라고 하였다. 그러나 르네상스를 인간성의 해방과 인간의 재발견, 그리고 합리적인 사유思惟와 생활태도의 길을 열어 준 근대 문화의 선구라 보고 이와 같은 해석의 기초를 확고히 닦은 학자는 스위스의 문화사가 부르크하르트Jacob Burckhardt, 1818~1897라고 할 수 있다. 그는 1860년에 『이탈리아의 르네상스 문화』를 발표했는데, 여기서 비롯된 '시대'로서의 르네상스라는 사고방식이 지금까지 이어지고 있다. 그는 르네상스와 중세를 대립된 것으로 파악하고, 중세를 정체된 암흑시대라고 혹평하였다.

(2) 르네상스의 조류들

그러나 그 이후의 여러 연구자들은 중세를 암흑시대라고 단정 짓는 것에 이의를 제기한다. 이들 중에는 르네상스의 싹은 고대에서 구할 것이 아니라 중세에서 찾아야 한다는 주장도 대두되고 있다. 이는 르네상스를 특징짓는 몇 가지 사조들을 살펴보면 좀 더 분명히 알 수 있다. 그것들은 다음과 같다.

첫째, 형이상학Metaphysics이다. 형이상학이란 인간이 세계의 경험을 해석하고 조직화하는 가장 기본적인 체계를 제공하는 명제나 신념을 말한다. 그러므로 가장 중요한 질문은 세계를 어떻게 해석할 것인가이다.

둘째, 인문주의Humanism이다. 인문주의란 르네상스 운동으로서 고대 그리스와 로마의 문화를 연구하여 새로운 미학적, 철학적 원리를 추구하는 운동이다. 계몽시대의 인본주의나 교육학에서 말하는 인간주의와 영어 표현은 동일하지만 의미는 전혀 다르다.

셋째, 유물론Materialism이다. 유물론이란 모든 실재는 움직이는 수동적 물질로 환원된다고 하는 신념이다. 존재하는 것은 오직 물질뿐이라는 신념이다.

넷째, 물활론Animism이다. 만물에는 영혼이 깃들어져 있으며 그러므로 살아있는 것이다. 라틴어로 아니마*anima*는 영혼soul이라는 의미이다.

다섯째, 신비주의Hermeticism이다. 이는 『신비주의 책Hermetic Corpus』을 저술한 헤르메스 트리스메기스토스Ἑρμῆς ὁ Τρισμέγιστος, Hermes Trismegistos의 이름에서 유래한 용어이다. 헤르메스 트리스메기스토스는 '세 번째로 위대한 헤르메스thrice-greatest Hermes'라는 의미이다. 신비주의에서는 우주에는 온갖 종류의 숨겨진 힘들이 있으며, 귀신, 천사, 마술, 점성술, 숫자점 등으로 가득 차 있다고 본다.

11. 요약과 결론

지금까지 우리는 초대교회로부터 중세교회에 이르기까지 신앙과 학문, 신앙과 이성의 긴장에 대한 교회 지도자들의 입장이 매우 다양했음을 살펴보았다. "불합리하기 때문에 믿는다."라고 하는 터툴리안과 같이 신앙을 우위에 둔 입장으로부터 보에티우스처럼 계시적 진리를 받아들이는 동시에 이성적 진리를 강조하는 사람도 있었다. 이런 가운데서 아랍의 아베로이스Averroës, 1126~1198의 영향을 받은 신학자들은 신앙적 진리와 이성적 진리는 별개의 것이라는 이중진리론을 수용했다. 그러나 아퀴나스가 보기에 이중진리론은 하나의 현상에 대한 신앙적 진리와 이성적 진리가 충돌할 때도 여전히 둘 다 받아들일 수 있다는 모순이 있기 때문에 만족스런 대답이 아니었다.

아퀴나스는 신앙과 이성은 구별되지만 결코 서로 모순될 수 없다고 보았다. 그는 인간에게 이성으로 인식할 수 있는 것영역과 계시에 의해서 인식할 수 있는 것영역이 있다고 보았다. 그래서 그는 경험과 논리적 추론을 통해 이성적으로 인식할 수 있는 영역을 다루는 철학학문과 초자연적인 계시의 영역을 다루는 신학은 구별된다고 보았다. 하지만 이성에 의해 인식된 진리와 계시를 통해 얻게 된 지식은 서로 보완적일 수는 있으나 결코 모순적이지는 않다고 보았다. 이는 인간의 이성도 하나님이 창조할 때 그분의 형상으로 주어진 것이기 때문이었다. 따라서 이성적 진리와 계시적 진리는 충돌할 수 없다고 본 것이었다.

결국 어거스틴의 입장을 "나는 이해하기 위해 믿는다."라고 한다면, 아퀴나스의 입장은 "나는 믿기 위해서 이해한다."라는 말로 요약할 수 있다. 어거스틴이 신앙이 앎의 토대이자 이성적인 지식보다 우선한다는 점을 강조하였다면, 아퀴나스는 신앙과 이성은 보완적이며 이성을 통해 신앙으로 나아갈 수 있다는 합리적 신앙을 강조하였다. 하지만 어거스틴이나 아퀴나스는 둘 다 이성적 지식을 계시적 지식보다 낮은 단계의 것으로 보았고, 이성적 사고와 신앙적 사고가 함께할 때 세계를 바르게 이해할 수 있다고 보았다.

그런데 중세 후기로 접어들면서 이런 지적 분위기는 사뭇 달라졌다. 후기 스콜라주의c.1350~c.1500의 유명론자들은 전기 스콜라주의 c.1200~c.1350의 실재론자들에 비해 인간 이성에 대한 자신감을 상실하였다. 흥미롭게도 이성에 대한 자신감의 상실은 인간의 주의를 새로운 곳으로 인도하였는데, 그것이 곧 자연이었다. 과학혁명의 중심인물들은 자연의 핵심적 구조와 작동과정은 하나님의 형상대로 지음 받은 인간에게 알려질 수 있다고 믿었다. 초대교회 바실의 창조론자 전통이 다시 살아난 것이었다. 14세기 학자들과는 달리 이들도 가정을 도입하기는 했지만, 이것은 어디까지나 진리에 도달하기 위한 과정으로 도입되었다. 이처럼 인간 이성에 대한 스콜라적 자신감의 상실은 역설적으로 근대과학의 출현, 즉 과학혁명이라는 새로운 시대를 여는 기초가 되었다. 창조론자 전통에 서 있었던 코페르니쿠스, 케플러, 갈릴레오, 데카르트, 뉴턴 등은 자신들의 주의를 믿기 힘든 이성으로부터 자연 그 자체에 돌렸고, 이는 인류역사에서 전무후무한 과학혁명이란 거대한 물결을 일으켰다. 그리고 그 시기는 대체로 종교개혁기와 일치하였다.

토의와 질문

1. 중세 수도원과 대학이 어떻게 인류의 문명, 좀 더 구체적으로 과학의 발달로 이어 졌는지 말해보자.

2. 1277년 "정죄The Condemnation" 사건에 얽힌 종교적, 정치적 역학관계를 말해보라.

3. 이성에 대한 자신감의 상실이 인간의 주의를 자연으로 이끌었고, 이것이 과학혁 명으로 이어졌다는 주장은 합당한가? 유명론이 어떻게 근대과학의 탄생과 종교 개혁에 영향을 미쳤는지 말해보자.

제7강

종교개혁과 과학혁명

"태양아 너는 기브온 위에 머무르라
달아 너도 아얄론 골짜기에서 그리할지어다 하매
태양이 머물고 달이 멈추기를
백성이 그 대적에게 원수를 갚기까지 하였느니라"

여호수아 10장 12~13절

　종교개혁기는 1517년에 독일에서 루터Martin Luther, 1483~1546가 종교개혁의
기치를 든 때부터 1648년 10월 24일에 독일의 30년 전쟁Dreißigjähriger Krieg,
1618~1648을 종결시킨 베스트팔렌 조약Peace of Westfalen의 체결까지, 즉 개신
교와 가톨릭의 싸움이 끝날 때까지의 130년 기간을 말한다. 이 기간은 제2
차 세계대전 후, 케임브리지 대학의 근대사 교수 버터필드Herbert Butterfield,
1900~1979가 과학혁명기科學革命期, The Age of Scientific Revolution라고 부른 기간과
대부분 중복된다.[1]

　버터필드 이후 흔히 과학혁명기라고 하면 코페르니쿠스의 지동설 책『천구
의 회전에 관하여』가 발표된 1543년부터 뉴턴의 역학체계를 담은『프린키피
아』가 발표된 1687년까지를 말한다. 전통적으로 서양사에서는 근대를 르네상
스와 종교개혁에 의해서 구분하였지만, 2차 대전 이후 비서양 제국의 독립 및
흥기와 더불어 서양 중심적인 사상으로 세계사의 시대를 구분하는 것이 부적절
하다는 인식이 대두되었다. 그래서 버터필드는 비서양권에서도 받아들여질 수
있는 근대과학의 보편성에 주목하고, 과학혁명이라는 사건을 중심으로 근대를
구분할 것을 제창하였다.[2]

1. 천동설

이러한 버터필드의 주장에 반대하는 사람들이 없는 것은 아니지만, 오늘날 과학사 학계에서는 대체로 과학혁명을 통한 근대과학의 시작과 과학혁명의 방아쇠를 당긴 사건이 코페르니쿠스의 저서였음을 받아들이고 있다. 코페르니쿠스의 저서가 과학혁명의 방아쇠를 당긴 것이라고 한다면, 그때까지 유럽인들의 마음을 사로잡고 있었던 천동설은 대체 어떤 의미가 있었으며, 그들에게 지동설은 무엇이었을까?[3]

당시 교회가 공식적으로 인정하는 모델은 천동설이었으며, 천동설에는 대표적으로 아리스토텔레스 모델과 프톨레마이오스 모델이 있었다. 아리스토텔레스의 모델은 다음 두 가지로 요약할 수 있다. ① 해, 달, 행성들은 에테르aether라는, 완전하고 눈에 보이지 않는 물질로 된 커다란 천구들에 박혀있다. ② 각 천구들은 우주의 중심지구을 지나는 회전축 위에서 일정한 속도로 회전한다. 말하자면 아리스토텔레스의 모델은 중심에 지구가 있는 일종의 우주적 양파껍질 모형이었다.

그렇다면 이러한 아리스토텔레스 모델이 지닌 문제는 무엇이었을까? 가장 현실적인 문제는 아리스토텔레스 모델에서는 공전하는 과정에서 행성들의 밝기가 변하는 것과 역행운동逆行運動, retrograde motion을 설명할 수 없다는 것이었다. 지구가 우주의 중심이고 각 행성들이 지구로부터 일정한 거리에서 공전한다면 행성들의 밝기는 변할 수가 없으며, 궤도를 역행하는 역행운동도 일어날 수 없기 때문이었다. 이러한 현상이 일반인들에게는 사소한 일이었을지 모르나 당시 천문학자들은 도무지 이해할 수 없는 현상이었다. 이러한 딜레마에서 나온 모델이 바로 그리스의 천문학자점성학자이자 지리학자요 수학자인 프톨레마이오스Claudius

Ptolemaios, c.83~c.168, fl.150가 제안한 천동설 모델이었다.

프톨레마이오스는 이집트 알렉산드리아에 살면서 AD 140년경에 『알마게스트Almagest』를 저술하였다. 하지만 그의 저서는 서로마제국의 멸망과 함께 그리스 학문이 쇠퇴하면서 유럽에서 잠시 사라졌다. 하지만 그의 저서는 827년경 아랍어로 번역되었고, 12세기 후반에 유럽에 역수입되어 아랍어에서 라틴어로 재번역되었다. 총 13권으로 이루어진 『알마게스트』는 '최대의 책'이라는 의미로서 프톨레마이오스의 저서에 경의를 표하는 의미에서 명명되었으며, 그리스 천문학을 집대성한 책이었다.

<그림 7-1> 프톨레마이오스와 『알마게스트』 그리고 그의 우주 모델[4]

(1) 몇 가지 용어

프톨레마이오스가 『알마게스트』에서 제시한 우주모델에서는 다섯 개의 행성들의 역행운동아래 설명 참고과 밝기가 변화하는 것을 설명하기 위해 몇 가지 흥미로운 수학적 개념을 도입하였다. 우선 그는 고대 그리스의 이원론적 철학에 기초한 행성의 원운동 개념을 그대로 받아들였다. 천상계의 행성들이 원운동을 한다는 개념은 고대 그리스의 수학적기하학적 우주관과 천상계는 완전하고 영원불멸하다는 플라톤의 이원론적 세계관이 결합해 탄생하였다. 원이 가장 완벽하고 우아한 도형이라는 사실

은 피타고라스, 플라톤, 아리스토텔레스의 인식을 계승한 것이었다. 프톨레마이오스의 천문학을 이해하기 위해서는 다음 몇 가지 개념을 이해할 필요가 있다.

① 주전원周轉圓, epicycle: 프톨레마이오스는 행성이 지구를 중심으로 하는 완벽한 원 운동을 함과 동시에 그 공전궤도 상의 한 점을 중심으로 작은 원 운동을 한다고 가정했는데, 이때 이 작은 원을 주전원이라고 한다. 주전원은 행성까지의 거리변화와 이들의 공전속도 변화, 역행운동을 설명하는 데 필요한 기하학적 모델이었다. 주전원은 고대 히파르쿠스 Hipparchus of Nicea, BC 190~120가 처음 제시한 개념이며, 프톨레마이오스가 발전시켰다.

② 이심離心, eccentric point, deferent center: 항성구恒星求의 중심은 지구이지만, 이심원의 중심은 이심이다. 이는 항성구의 중심에서 벗어나 있기 때문에 이심이라고 부르며, 대심大心이라고도 한다. 프톨레마이오스는 천체들이 박혀 있는 거대한 수정천구가 지구를 중심으로 회전하는 것이 아니라 지구에서 약간 벗어난 이심을 중심으로 돌고 있다고 했다. 그는 개별 천체들의 원운동을 설명하기 위해 각 전체들의 이심의 위치가 다르다고 설명했다. 프톨레마이오스에 의하면, 지구는 여전히 우주의 중심이지만 천체들은 지구가 아닌, 각자의 이심을 중심으로 원 궤도를 돌고 있는 것으로 이해했다. 결국 그는 원운동이라는 조건과 관측 결과를 일치시키기 위해 주전원과 이심을 도입했다.

③ 이심원離心圓, deferent, eccentric cycle: 대원大圓이라고도 하는 이심원은 이심을 중심으로 회전하는 행성의 궤도를 말한다. 이심원은 주전원의 중심이 따라가는 원의 궤도이다.

④ 동시심同視心, equant: 동시심은 행성궤도의 중심 가까이에 있는 점으

로서 프톨레마이오스는 주전원의 중심이 이 점을 중심으로 등속이면서 동시에 원운동을 한다고 보았다. 동시심은 이심을 중심으로 지구와 반대편에 위치하고 있으며, 궤도에서 행성의 속도가 변하는 것을 설명하기 위해 프톨레마이오스가 고안한 순수한 수학적 개념이다. 주전원의 중심은 이심원 상에서는 일정한 속도로 돌지 않지만, 동시심에서 보면 일정한 속도로 돈다.

⑤ 역행운동逆行運動, retrograde motion: 퇴행운동이라고도 하는데, 이는 행성이 주전원을 따라 도는 속도가 이심원을 따라 공전하는 속도보다 빠를 때 공전하는 방향과 반대로 운동하는 것처럼 보이는 것을 말한다. 반면 주전원을 도는 행성의 방향이 공전방향과 같거나 주전원을 도는 행성의 겉보기 속도가 공전속도보다 느릴 때 행성은 공전방향과 같은 방향으로 움직이는데, 이를 **순행운동**順行運動, prograde motion이라고 한다.

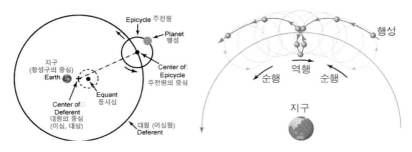

<그림 7-2> 프톨레마이오스의 천동설과 그의 우주모델에서 행성의 역행과 순행

(2) 프톨레마이오스의 천동설

이미 용어를 소개하면서 설명했지만 프톨레마이오스가 『알마게스트』에서 설명한 천동설은 이해하기가 쉽지 않다. 그의 모델을 다시 설명하자면, 그는 행성의 밝기 문제와 역행운동을 설명하기 위해서 기존의 주

전원, 이심원, 이심과 같은 개념을 확장시켰다. 즉 지구는 항성구의 중심에 있지만 행성들의 중심에서 벗어나 있다고 보았다. 프톨레마이오스 이전의 개념에서 이심원은 이심을 중심으로 하는 거대한 원이었고, 작은 주전원이 이심원의 원주에 중심을 두고 일정한 속도로 돌면서 공전하는 비교적 단순한 모형이었다. 하지만 이 이론만으로는 모든 행성들의 관측된 현상을 완전히 설명할 수 없었다. 그래서 프톨레마이오스는 여기에 이심, 동시심이라는 개념을 추가로 도입했다. 그는 행성의 주전원의 중심이 동시심이라고 부르는 점을 중심으로 일정한 속도로 원운동을 하고 있다고 가정했다. 이는 동시심에서는 주전원의 중심이 일정하게 운동하지만, 이심원에 대해서는 일정하지 않음을 의미한다. 동시심은 가상점으로서 이심원의 지름 위에 있으나, 이심을 기준으로 할 때는 지구의 반대쪽에 있다. 즉 이심은 지구와 동시심의 중간에 있게 된다.

이러한 모델로 프톨레마이오스는 관측된 많은 행성운동을 이전보다 더 잘 설명할 수 있었다. 즉 프톨레마이오스 모델로는 역행운동을 포함하여 행성의 공전속도와 밝기가 변하는 것을 설명할 수 있었다. 그러나 주전원은 중심에 있지 않은 동시심을 중심으로 일정하게 움직이지만, 주전원의 중심은 천구의 중심이나 지구에서 보면 일정한 속도로 움직이지 않는다. 이러한 동시심 모델은 행성의 속도와 밝기의 변화를 설명, 예측할 수는 있었지만, 어떻게 행성이 공전궤도의 중심에 대해서는 일정한 속도로 움직이지 않으면서, 눈이 붙어 있는 것처럼 중심에 있지도 않은 임의의 점동시심을 중심으로는 일정하게 움직일 수 있는가라는 문제가 생긴다.

하지만 이렇게 설명해도 전문가가 아니면 프톨레마이오스의 모델을 완전히 이해하는 것은 어렵다. 그의 천동설은 고대인들이 천상계는 완전하기 때문에 등속원운동뿐이라는 패러다임을 가지고 행성의 밝기가 변하는 것과 역행문제를 설명하기 위해 얼마나 고심했는지 잘 보여준다. 그의 모델은 어색함과 복잡함의 끝판왕이었다고 할 수 있다!

이 외에도 프톨레마이오스의 모델로는 금성의 위상변화나 별의 연주시차年周視差, parallax 등도 설명할 수 없었다. 결국 프톨레마이오스 모델은 수학적으로는 맞을지 몰라도 물리적으로는 매우 어색한 모델이었다. 하지만 그럼에도 이 모델은 당시로서는 매우 뛰어난 것이었으며, 지구를 항성구의 중심으로 가정하여 행성 및 태양의 운동을 설명하는 데 이보다 더 나은 모델은 없었다.

프톨레마이오스 모델이 갖는 어색함은 케플러의 행성운동법칙行星運動法則, Kepler's laws of planetary motion이 등장하면서 완전히 해결되었다. 모든 행성은 태양을 초점으로 하는 타원궤도를 돌고 있다는 케플러의 단순한 발상의 전환이 1500년 이상 지속된 플라톤, 아리스토텔레스, 프톨레마이오스의 우주관의 등속원운동 신화를 부수고 근대적인 우주관으로 가는 대문을 활짝 연 것이었다. 하지만 케플러의 등장은 순적하게 이루어지지 않았다. 그가 등장하기 전에 먼저 그의 길을 평탄케 하는 선구자가 있었는데, 그가 바로 코페르니쿠스였다.

2. 코페르니쿠스와 지동설[5]

코페르니쿠스Nicolaus Copernicus, 1473~1543는 오늘날의 폴란드 중북부의 도시 토룬Torun에서 관리이자 주철업을 하는 아버지 코페르니쿠스Nicolaus Copernicus와 부유한 토룬의 상인의 딸인 어머니 바첸로데Barbara Watzenrode

사이에서 네 자녀 가운데 막내로 태어났다. 그는 열 살이 되던 해에 아버지를 잃고 외삼촌 바첸로데Lukas Watzenrode 밑에서 초등학교 및 중고등학교를 다녔다. 그 후 그는 1491년에 폴란드 남부의 대도시 크라카우Kraków로 가서 대학에 입학하여 4년간 수학 및 천문학을 공부했지만, 1495년 가을에 학위를 받지 않고 대학을 떠났다.

　1495년, 코페르니쿠스는 1489년에 바르미아Warmia의 대주교로 선출된 외삼촌을 만나기 위해 프롬보르크에 갔다가 외삼촌의 추천으로 바르미아 대교구 참사회 위원이 되었다. 그리고 1496년에 외삼촌의 후원으로 이탈리아 볼로냐 대학에서 교회법을 공부하게 되었고, 그 후 외삼촌이 있는 바르미아 지방의 교회 행정가church administrator로 일했다. 그는 의학과 교회법 등을 공부하기도 했으나 평생 성직자가 아닌, 교회 행정가로 살면서 틈틈이 천문학을 연구했다. 그는 평생 결혼하지 않았으며, 자녀도 없었다. 하지만 바르미아의 두 주교가 여러 해 동안 그에게 입주 가정부housekeeper였던 안나 쉴링Anna Schilling과의 부적절한 관계를 청산할 것을 요구한 것을 보면 여러 해 동안 그녀와 사실혼의 관계를 가졌던 것으로 보인다.

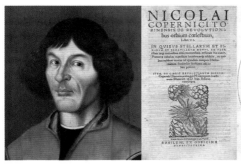

<그림 7-3> 코페르니쿠스와 『천구의 회전에 관하여』 그리고 그의 태양중심설 모델

(1) 『천구의 회전에 관하여』

코페르니쿠스는 『천구의 회전에 관하여』를 출간하기 오래 전인 1510년경에 이미 자신의 우주 모델의 기본 틀을 요약한 40쪽 짜리 『짧은 해설서Commentariolus, Little Commentary』를 필사본으로 발표했으며, 후에 이를 발전시켜 『천구의 회전에 관하여』를 출판하였다.[6] 이 『짧은 해설서』는 가까운 지인들과 동료들에게만 돌렸고, 그가 살아있을 때는 출판되지 않았다. 하지만 이 소책자를 통해 그의 주장의 핵심이 이미 여러 사람들에게 알려졌다.

이때까지만 해도 코페르니쿠스는 태양중심설을 공식적으로 출판했을 때 교회로부터 박해받을 위험을 크게 우려한 것 같지는 않았다. 실제로 1533년에 교황 클레멘스 7세Pope Clemens Ⅶ와 여러 추기경들이 참석했던 바티칸의 강연에서 교황의 비서였던 비드만스테터Johann Albrecht Widmannstetter는 코페르니쿠스의 이론의 대략적인 내용을 강의했다. 교황과 추기경들은 그 이론에 관심을 가졌으며, 1536년 11월 1일에 바티칸 강연에 참석했던 추기경 중 하나인 폰 쇤베르크Nicolas von Schönberg는 코페르니쿠스에게 편지를 써서 그 책의 출판을 재촉하기도 했다.[7]

지속적인 연구를 통해 코페르니쿠스는 이미 1532년에 자신의 우주모델을 거의 완성하였다. 1539년 5월에 오스트리아 출신의 수학자이자 천문학자였던 레티쿠스Georg Joachim Rheticus, 1514~1574는 코페르니쿠스의 원고를 읽고 코페르니쿠스 체계에 관한 해설서를 1540년에 출판하였다. 그는 코페르니쿠스 이론의 중요성을 깨닫고 그의 원고를 책으로 출판해야 한다고 강력하게 주장했다. 결국 1542년부터 루터파 신학자 오시안더Andreas Osiander, 1498~1552의 감독 아래에서 출판 작업이 시작되었다.

하지만 이들은 코페르니쿠스의 책이 많은 논쟁을 불러일으킬 것을 알았다. 책이 출판되기 전부터 루터Martin Luther는 코페르니쿠스 모델에 반대하면서 "여호와가 그 자리에 서 있으라고 명령했던 것은 지구가 아니라 태양"cf. 수10:12~13이라고 하며 그를 비난했다. 루터파였던 오시안더는 책이 사람들에게 환영받지 못하고 교회와 마찰을 일으킬 것이라 판단해서 저자의 허락 없이 서문에 코페르니쿠스의 체계는 "계산상의 편의를 위한 추상적인 가설에 지나지 않는다."라는 내용을 추가하기도 하였다.[8]

<그림 7-4> 좌로부터 레티쿠스, 오시안더, 루터

코페르니쿠스는 1543년 임종 시에 지동설 혹은 태양중심설 책인 『천구의 회전에 관하여』를 출판했다. 그는 태양중심설을 주장하는 이유로서 태양을 우주의 중심에 놓고 지구가 그 주위를 돈다고 할 경우 프톨레마이오스의 천동설보다 천체들의 운동에 관한 계산이 훨씬 간단해진다는 점을 들었다. 하지만 그는 당시 교회의 공식적인 입장인 지구중심설에 반하는 태양중심설에 관한 글을 쓴다는 것에 부담을 느꼈던 것으로 보인다. 그래서 평소에 친분이 있던 교황 바오로 3세에게 드리는 서문과 헌정문을 쓰기도 했다.

한편 오시안더는 서론에서 "이 책의 저자가 비난받을 만한 어떠한 일도 하지 않았음을 발견하게 될 것이다."라며 저자를 옹호했다. 그는 코페르니쿠스가 방대한 자료들을 수집한 후 가설을 설정한 것이기 때문에 비난받을 이유가 없다고 했다.

성실하게 숙련된 관찰을 통해 천체운동의 변천에 대한 자료를 수집하고, 그가 만들고 싶은 대로 가설이나 이유를 만들어서, 그 가설상의 가정과 기하학적 원리로부터 과거와 미래의 천체운동들을 관측된 것과 같게 계산해내는 것이 천문학자의 일이기 때문이다. 이 책의 저자는 이러한 자료의 수집과 가설의 설정이라는 두 가지 면에서 두드러지게 뛰어나다. 왜냐하면 위에서 말한 것과 같은 이러한 가설들은 반드시 사실일 필요는 없으며, 가설은 다만 관측값과 맞는 계산을 할 수 있을 정도면 충분하기 때문이다.[9]

『천구의 회전에 관하여』가 출판되었지만, 이 책은 교황청은 물론 일반인들로부터도 많은 관심을 받지 못했기 때문에 400부 발행된 초판도 다 팔리지 못했다.[10] 그 이유는 먼저 오시안더가 서문에서 코페르니쿠스의 주장이 사실일 필요도, 사실이 아닐 필요도 없는 그냥 가설이라는 점을 강조했기 때문이었다. 또한 코페르니쿠스의 책이 수학을 많이 사용하고 너무 전문적이었기 때문에 당시 유능한 천문학자가 아니면 내용을 이해할 수가 없었다. 그래서 이 책이 출간되었을 때 이 책을 이해할 수 있었던 사람은 유럽에서 10명 미만이었다는 말이 나온 것이다.

하지만 가톨릭교회는 교회의 공식적인 입장과 배치되는 태양중심설에 대해 언제까지나 침묵하지는 않았다. 16세기까지 침묵하던 로마 가톨릭은 1616년에 드디어 『천구의 회전에 관하여』를 금서목록禁書目錄, *Index librorum prohibitorum*, Index of Prohibited Books에 올렸다. 그런데 코페르니쿠스가 죽은 지 73년 뒤에 이 책을 금서로 지정한 이유가 흥미로웠다. 그것은 신비주의Hermeticism 추종자였던 브루노Giordano Bruno, 1548~1600가 코페르니쿠스 체계를 옹호했기 때문에 태양중심설을 주장한 코페르니쿠스도 신비주의의 영향을 받지 않았는가 하는 의문이 제기되었기 때문이었다.[11] 결국 브루노가 이단으로 유죄판결을 받으면서 덩달아 그와 관련된 코페르니쿠스의 책도 금서목록에 올랐던 것이다. 하지만 140여년 후인 1758년에 금서목록에서 삭제되었다.[12]

<그림 7-5> 금서목록의 표지1564, 베네치아[13]

코페르니쿠스 이론에 대한 가톨릭교회의 공식적인 반응은 1616년 3월 5일에 나왔다. 금서목록 위원회Congregation of the Index는 코페르니쿠스의 책은 "정정될 때까지 배포 중단suspended until corrected"이라는 처분을

받았다. 뒤에서 다시 살펴보겠지만, 코페르니쿠스의 책을 둘러싼 논쟁은 개신교와 가톨릭교의 대립, 교회 내의 개혁파와 전통주의파의 대립이었으나 금서목록에 기재됨으로써 개혁자들Reformers과 전통주의자들Traditionalists의 경쟁에서 일단 후자가 승리했다고 할 수 있다.

그런데 코페르니쿠스의 책이 금서목록에 오른 해에 또 하나의 중요한 사건이 일어났다. 그것은 1616년에 일어난 갈릴레오의 제1차 재판이었다. 이를 계기로 코페르니쿠스의 책뿐 아니라 그의 책을 지지하는 책들도 금서가 되었다. 한 예로 『주니가의 욥기서 주석Zuniga's Commentary on Job』은 성경을 코페르니쿠스 이론에 맞추어 해석하려고 시도했기 때문에 금서가 되었다.

코페르니쿠스의 지동설과 관련한 최대의 사건은 1633년에 갈릴레오Galileo Galilei, 1564~1642가 교리성성The Holy Office 혹은 종교재판소Tribunal of the Inquisition에서 재판 받은 것이었다. 후에 좀 더 자세히 살펴볼 이 재판에서 갈릴레오는 자기의 주장을 철회했으며, 코페르니쿠스의 이론을 "가르쳐서도, 주장해서도, 변호해서도teaching, holding, and defending" 안 된다는 금령을 받았다.[14]

(2) 코페르니쿠스 업적과 모델

코페르니쿠스는 처음에는 부활절이나 성탄절과 같은 교회 절기를 정확하게 예측하기 위해 천문학에 관심을 가졌다. 그는 훌륭한 천체 관측자는 아니었지만 기존의 아리스토텔레스 모델과 프톨레마이오스의 천동설적 우주 모델을 연구했으나, 이들의 모델이 복잡하고 어색하다는 결론을 내리고 지동설 모델을 제안하였다.[15]

코페르니쿠스는 자신의 모델에서 자연철학과 수리 천문학의 조화를 시도했다. 그가 천문학에 수학을 도입한 것은 자연철학에 신학을 도입했던 아리스토텔레스적 물리학의 중심 전제에 도전하는 것이었다. 하지만 그의 모델에서 가장 급진적인 요소는 역시 지구의 지위에 대해 혁명적인 주장을 했다는 점이었다. 그는 지구를 단순한 행성으로 보고 천문학과 수학을 사용하여 행성들의 운동을 기술했다. 또한 그는 당시에 저급한 학문이라고 여겼던 기하학에 입각해서 지구중심설에 도전함으로 전통적인 학문분과들의 계층적 질서를 깨뜨렸다. <그림 7-6>에서 보는 것과 같이 지구를 중심에 두었던 지구중심설에 비해 그의 모델에서는 태양을 중심에 두었다.

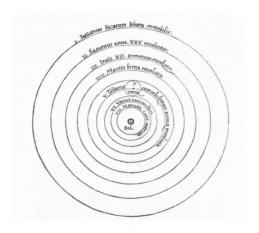

<그림 7-6> 코페르니쿠스의 태양중심모델

코페르니쿠스에 의하면, 지구가 자전하면서 태양 주위에서 궤도운동을 하고 있다고 가정하면 모든 천구 현상들이 프톨레마이오스 이론에서처럼 정확하게 설명될 수 있었다. 하지만 그는 자기가 태어났던 구체제와 자기가 창조한 신체제 양쪽에 다리를 걸치고 있었다. 자신의 책의 이름을

『천체의 회전에 관하여』가 아니라『천구의 회전에 관하여』로 표기한 것은 그가 여전히 아리스토텔레스의 세계에 살고 있음을 보여준다. 그는 여전히 플라톤적 이원론을 받아들이고 있었기 때문에 천상계에는 오로지 등속원운동만 있다고 생각했다. 그는 천구 개념을 유지하면서 천상계의 모든 운동은 원이고 일정한 속도로 움직인다고 선언함으로써 자연철학과 수리천문학을 화해시키려고 노력한 보수적인 천문학자였다.

지구가 아니라 태양을 우주의 중심에 두는 코페르니쿠스의 혁명적인 발상에도 불구하고 그의 모델이 모든 문제들을 없앤 것은 아니었다. 당시로서 코페르니쿠스 모델은 오시안더가 서문에서 쓴 것처럼 하나의 수학적 가설이었으며, 이를 결정적으로 입증할만한 증거가 없었다. 지구의 자전을 의심의 여지없이 직접 보여주는 증거는 그 후 몇 백 년이 지나 1851년에 등장한 푸코의 진자Foucault pendulum였다. 프랑스 물리학자 푸코 Jean Bernard Léon Foucault, 1819~1868가 고안한 이 진자가 하루에 한 바퀴씩 도

<그림 7-7> 파리 빵데옹Panthéon에 있는 푸코의 진자Wiki

는 것은 부인할 수 없는 지구의 자전을 증거하는 것이었다.

천구의 개념에 더하여 코페르니쿠스 모델은 천상계에 속하는 태양이나 항성들의 운동 문제를 다루면서 수학이나 기하학 등 소위 지상의 '저급한' 학문 분야로부터 유되었다는 점도 문제가 되었다. 실제로 코페르니쿠스 역시 주전원과 대원 등 프톨레마이오스 천문학에서 사용했던 요소들을 완전히 제거하지는 못했다. 그는 천구의 개념과 더불어 천체들의 등속원운동 개념을 받아들였으며, 다만 주전원 등의 숫자를 줄일 수 있었을 뿐이었다.

무엇보다 코페르니쿠스의 모델이 교회를 불편하게 했던 것은 성경이 '명백하게' 천동설을 주장한다는 점이었다. 한 예로 시편 19편 5~6절 등 태양의 운동을 지지하는 듯한 성경의 구절들과 지동설이 어떻게 조화될 수 있는지가 분명하지 않았다. "해는 그 방에서 나오는 신랑과 같고 그 길을 달리기 기뻐하는 장사 같아서 하늘 이 끝에서 나와서 하늘 저 끝까지 운행함이여 그 온기에서 피하여 숨은 자 없도다"시19:5~6.

3. 다른 우주모델들

코페르니쿠스의 태양중심설이 발표된 때를 전후하여 유럽에는 프톨레마이오스의 천동설과 코페르니쿠스의 모델만 있었던 것은 아니었다. 1570년 후반에는 개신교 천문학자들 사이에서도 다양한 우주모델들이 등장했다. 대표적인 것으로는 덴마크 천문학자 티코가 제안한 모델을 들 수 있다.

(1) 티코의 모델

코페르니쿠스가 죽은 후 3년 뒤에 태어난 티코 브라헤Tycho Brahe, 1546~ 1601는 광학기기의 도움 없이 맨눈으로 밤하늘을 관측한 최후의 천문학 자였다. 그는 시력이 엄청나게 좋아서 맨눈으로 하늘을 관측하기에 최적 의 조건을 타고 났다. 또한 손재주가 좋아서 관측기구를 직접 제작하였 고, 끈질기고 집요하게, 그리고 꼼꼼하게 밤하늘을 관측했다. 게다가 그 에게는 든든한 후원자도 있었는데, 바로 덴마크 왕 프레데릭 2세Frederick II, 1534~1588였다. 프레데릭 2세는 덴마크와 스웨덴 사이의 외레순 해협 에 위치한, 넓이가 약 7.5㎢ 정도인 벤섬Ven Island을 통째로 티코에게 영 지로 하사했다.[16] 티코는 이곳에 '하늘의 성'이라는 의미의 우라니보르 그Uraniborg라는 천문대를 세웠다. 우라니보르그는 한때 덴마크 총생산의 5%를 사용할 정도로 프레데릭 2세의 전폭적인 지원을 받았기 때문에 티 코는 당대 최고의 천문관측 데이터를 확보할 수 있었다.[17]

<그림 7-8> 벤섬Wiki과 우라니보르그Uraniborg 본관 건물[18]

하지만 불행히도 이러한 지원은 영원하지 않았다. 티코를 적극적으 로 지원했던 프레데릭 2세가 죽고 후임으로 크리스티안 4세Christian IV, 1577~1648가 즉위하자 신임 왕은 티코에 대한 지원을 대폭 줄였다. 티코는

어쩔 수 없이 벤 섬을 떠나 당시 신성로마제국 치하의 프라하로 갔다. 당시 신성로마제국의 황제 루돌프 2세Rudolf II, 1552~1612는 티코를 궁정수학자로 임명했다. 티코는 이듬해인 1600년에 독일의 수학자이자 천문학자인 케플러를 채용하여 그때까지 자신이 모은 데이터를 수학적으로 정리하는 일을 맡겼다. 천문관측에는 천부적인 능력을 발휘했던 티코였지만, 관측 데이터를 정리하고 분석해서 의미를 해석하는 일은 자신의 능력을 넘어서는 일이었다.

티코는 1580년대 초에 티코의 모델Tychonic system, 혹은 Geoheliocentric system이라는 새로운 우주 모델을 제시하였다. 그의 모델에 의하면, 모든 행성은 태양을 중심으로 돌고 있으며, 태양은 중심에 고정되어 있는 지구 주위를 돈다. 이 모델에서는 다른 행성들이 태양의 주위를 돈다는 점에서는 코페르니쿠스의 모델을 따랐지만, 태양이 자기를 돌고 있는 행성들을 대동한 채 다시 움직이지 않는 지구 주위를 돈다는 점에서는 아리스토텔레스 모델을 유지하고 있었다. 이 과정에서 태양과 화성의 궤도가 서로 가로지르기 때문에 티코가 단단한 천구 개념을 버렸다는 점은 주목

 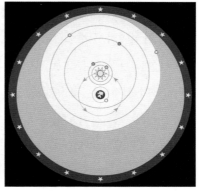

<그림 7-9> 티코와 그의 우주 모델Wiki

할 만하다.

티코와 케플러의 관계는 그리 좋지 않았던 것으로 알려져 있다. 관측 데이터를 분석하는 일을 맡긴다고 케플러를 채용했으나, 티코는 그에게 자료를 선뜻 다 넘겨주지도 않았다. 하지만 이들이 만난 바로 이듬해인 1601년에 티코가 갑자기 병으로 죽었기 때문에 티코의 관측자료는 케플러에게 고스란히 넘어가게 되었다. 흔히 사람들은 과학의 발달을 생각한다면 티코의 갑작스런 죽음이 다행스러운? 일이라고 생각한다. 케플러는 티코가 죽은 후 3년간의 각고의 노력 끝에 행성운동의 세 가지 법칙을 발견하기에 이르렀다. 티코가 갑자기 죽은 원인은 아직까지 확실하게 알려진 바가 없으나, 전해지는 바로는 그가 로젠베르크 남작의 만찬에 초대받았다가 식중독으로, 혹은 너무 소변을 오래 참아서 사망했다고 한다. 일설에 의하면, 그가 수은 중독으로 죽었다고도 한다.

(2) 길버트의 모델

코페르니쿠스나 티코와는 전혀 다른 모델을 제시한 사람도 있었다. 바로 케임브리지 대학 세인트 존스 칼리지Saint John's College에서 공부한 후 의사로서 일했던 길버트William Gilbert, 1544~1603였다. 그는 처음으로 지구가 거대한 자석이라고 주장하면서 이로 인해 나침판이 북극을 가리킨다는 지자기설을 주장했다. 그는 자석을 자르더라도 다시 잘라진 자석에는 S극과 N극이 생긴다는 것을 발견했을 뿐 아니라, 놀랍게도 지구의 중심에는 자장을 만드는 철이 있음을 처음으로 주장하기도 했다.

엘리자베스 1세의 주치의이기도 했던 길버트는 색다른 태양중심모델을 제시하였다. 그는 아리스토텔레스 철학을 반대하면서, 지구는 하나의 자석이며 자성적 특성의 영혼을 소유하고 있어서 그것이 지구로 하여

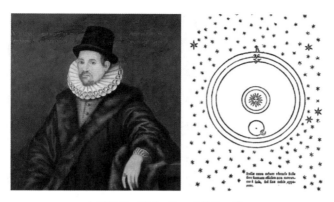

<그림 7-10> 길버트와 그의 우주 모델Wiki

금 회전하게 만든다고 주장하였다. 그러나 물활론적인 색채가 짙은 길버트의 주장은 지자기설의 효시로서는 가치가 있었으나, 우주체계의 모델로는 더 이상 논의되지 않았다. 길버트는 1603년 런던에서 페스트bubonic plague로 죽었다.

4. 초기 개신교의 반응

코페르니쿠스의 『천구의 회전에 관하여』가 출간된 1543년은 루터가 종교개혁의 기치를 들었던 1517년보다 한 세대 뒤였다. 비록 코페르니쿠스의 책이 널리 읽히지는 않았지만, 그의 태양중심설은 유럽의 식자들 사이에 어느 정도 퍼졌던 것으로 보인다. 그러면 이러한 태양중심모델에 대한 교회의 반응은 어떠했을까? 먼저 종교개혁자들의 반응을 살펴보자.[19]

루터는 자신의 『탁상담화Tischreden, Table Talks』에서 코페르니쿠스 이론을 가리켜 "그 어리석은 자는 모든 천문학을 뒤집어엎으려고 한다."1539

년라고 비난했다. 이에 비해 칼뱅은 코페르니쿠스와 그의 이론에 대해 들었다는 증거가 없다. 설사 그가 알았다고 해도, 그는 지동설에 대하여 공개적인 코멘트를 할 정도로 그것을 중요하게 생각하지는 않았던 것으로 보인다. 지동설에 대한 이 두 종교개혁가의 견해는 확실하게 알려져 있지는 않지만, 그들은 지동설이 널리 받아들여지게 하는 데 별로 중요한 역할을 하지 못했다.

코페르니쿠스의 이론을 개신교 진영에 퍼지게 하는 데 중요한 역할을 한 사람은 루터의 가까운 동료였던 멜랑히톤Philipp Melanchthon, 1497~1560이었다. 탁월한 학자이자 행정가였던 멜랑히톤은 교과과정에서 수학과 천문학은 하늘에 대한 연구를 통해 하나님의 창조의 질서와 아름다움을 알 수 있게 하기 때문에 특히 중요하다고 생각하였다. 그는 처음에는 코페르니쿠스의 이론에 적대적이었으나 후에 입장을 바꾸었다.

다음에는 "비텐베르크 해석Wittenberg Interpretation"을 살펴보자. "비텐베르크 해석"이란 루터가 재직했던 비텐베르크 대학University of Wittenberg의 수학자들과 물리학자들이 코페르니쿠스의 태양중심설에 대해 반응한 연구들이었다. 이 해석은 지동설에 대한 멜랑히톤 학파의 견해를 보여준다. 이들은 처음에는 성경의 문자적 해석과 아리스토텔레스의 단순 운동 원리에 어긋나기 때문에 코페르니쿠스 이론에 대하여 적대적이었다. 그러나 후에 라인홀드Erasmus Reinhold, 멜랑히톤, 레티쿠스Georg Joachim Rheticus, 퓨서Caspar Peucer, 호헨졸레른Albrecht Hohenzollern 등의 영향으로 코페르니쿠스의 이론이 보수적인 혁명이라고 생각하게 되었다.[20] 이들은 코페르니쿠스를 혁명가라기보다는 멜랑히톤과 같은 온건 개혁가로 인식하여 초기의 적대적인 태도를 우호적으로 바꾸었다. 비텐베르크 해석은 태양중심설이 확산되는 데 중요한 역할을 했으며, 이를 오늘날 과학사가들은 과학혁명의 시작이라고 본다.

멜랑히톤이나 비텐베르크 해석이 코페르니쿠스의 모델을 보수적인 혁명이라고 보았던 것과는 달리 레티쿠스는 코페르니쿠스의 개혁이 얼마나 급진적인가를 알고 있었다. 그래서 그는 주저하는 코페르니쿠스로 하여금 『천구의 회전에 관하여』를 출판하도록 적극 권유했다. 그는 코페르니쿠스의 첫 제자로서 코페르니쿠스 우주론의 중심적 전제들을 전적으로 지지하였다. 그는 오랫동안 코페르니쿠스를 방문하고, 1542년에 다시 비텐베르크 대학 교수로 돌아왔다. 그리고 비텐베르크의 많은 학생들로 하여금 『천구의 회전에 관하여』를 읽고 공부하게 했다. 그는 단순히 지동설을 가르치는 데 머물지 않고 태양중심설과 성경을 조화시키려고 많은 노력을 했다. 이러한 노력 덕분에 1580년대까지 비텐베르크는 물론 많은 개신교 지역에서 비텐베르크 해석이 받아들여졌다.

5. 초기 가톨릭의 반응

하지만 태양중심설에 대한 가톨릭교회의 반응은 달랐다. 코페르니쿠스가 가톨릭교회 내의 인물이었지만, 그의 지동설 모델은 처음에는 교회 지도자들의 관심을 끌지 못했다. 1545년에 교황 바오로 3세Paul III, 1534~1549가 트렌트 공의회Concilium Tridentinum, Council of Trent, 1545~1563를 소집했지만, 이 회의에서는 코페르니쿠스의 이론이나 달력 개혁에 대해서 별 다른 논의를 하지 않았다. 이것은 코페르니쿠스의 이론이 사람들에게 별로 받아들여지지 않았기 때문이었다. 16세기 후반에 코페르니쿠스의 책이 식자들 사이에 널리 읽혀지기는 했어도, 1543년에서 1600년 사

이에 코페르니쿠스주의자가 된 것은 개신교도 7명과 가톨릭교도 3명 등 10여 명에 불과했다.[21]

하지만 가톨릭교회에서도 코페르니쿠스가 기존의 교회 입장에 반한다는 것을 눈치 챈 사람들이 있었다. 그중 한 사람이 플로렌스의 도미니칸 신학자이자 천문학자였던 톨로사니Giovanni Maria Tolosani, 1470/1~1549였는데, 그는 달력 개혁이 주요 현안이었던 제5차 라테란 공의회Lateran Council, 1515에 참석하여 달력 개혁에 대한 글을 썼다. 그는 1544년에『성서의 진실에 대해On the Truth of Sacred Scripture』의 원고를 완성하였으며미 출간, 1544~1547년 사이에 일부 내용을 추가하였다. 여기서 그는 코페르니쿠스의 이론은 아리스토텔레스 자연철학의 기본 원리에 모순된다고 보고『천구의 회전에 관하여』를 비판하였다. 그는 코페르니쿠스 이론이 아리스토텔레스의 자연철학의 기본 원리와 충돌하며,『천구의 회전에 관하여』가 토마스 아퀴나스의 학문적 분류원리를 위반한다고 지적하였다.[22]

> 그코페르니쿠스는 수학과 천문학에는 상당히 뛰어났지만 물리학이나 변증법에는 매우 서툴렀다. 더욱이 성서에 대해서는 잘 알지 못하는 듯이 보인다. …… 그러므로 물리학과 논리학을 이해하지 못한 코페르니쿠스가 그러한 무지 때문에 판단 착오를 저질러 거짓된 것을 참된 것으로 받아들이고 있다는 것은 어찌 보면 당연한 결과이다. 그 학문 분야에 일가견이 있는 사람들을 불러 지구의 운동과 하늘의 부동성을 주장하는 코페르니쿠스의 책 첫 권을 읽게 해보라. 분명히 그들은 코페르니쿠스의 주장이 설득력이 없이 속단하고 있음을 발견할 것이다. 이의를 제기하는 자가 더욱 강력하고 논박 불가능한 예증을 사용하여 반대되는 근거들을 완전하게 해

명하지 못한다면, 확고한 근거를 가지고 매우 오랫동안 모든 사람들이 인정하였던 견해를 논박한다는 것은 어리석은 짓이다. 그러나 그코페르니쿠스는 이에 대하여 조금도 해명하지 않는다.

톨로사니는 코페르니쿠스를 혹독하게 비판했지만, '다행히' 트렌트 공의회 개혁정신에 입각하여 쓴 그의 글은 출판되지 않았고, 피렌체에 있는 산 마르코San Marco, Florence의 도미니크 수도회 도서실 서고에 꽂혀있었다. 결국 이로 인해 16세기 가톨릭 천문학자들은 금서목록이나 종교재판소로부터 아무런 제재를 받지 않고 천문학 연구에 전념할 수 있었다.[23]

개별 학자들의 반대와 더불어 가톨릭의 대표적인 지성인 집단이었던 예수회Societas Iesu, The Society of Jesus가 『천구의 회전에 관하여』에 관해 보여준 태도는 가톨릭 전체의 입장을 대변한다고 할 수 있다. 1534년에 이그나시우스 로욜라Ignatius of Loyola, 자비에르Francis Xavier, 파베르Peter Faber 등에 의해 시작된 예수회는 반종교개혁 세력의 중심이었다. 이들은 유럽 각지에 가톨릭 소속 대학들을 설립했는데, 이 대학들의 본교는 로마 대학Collegio Romano이었다.

로마 대학에서 지동설 논쟁을 주도한 사람은 탁월한 천문학자요 수학자였던 클라비우스Christopher Clavius, 1537~1612였다. 그는 후에 예수회 사람들의 권위 있는 교과서가 된 『연구의 원리Ratio Studiorum』1580 작성에 주도적인 역할을 했다. 그는 자연학과 신학 등 모든 학문에서 거짓된 전제들ex falsa vervum에서도 참된 결론이 나올 수 있다고 주장하였다. 그러면서 코페르니쿠스 이론의 수학적 조화로움만 갖고서 그 이론을 참이라고 할 수 없다고 주장하고, 프톨레마이오스 천문학을 자연철학과 일치시키기 위해 노력했다. 하지만 시간이 지나면서 프톨레마이오스 체계의 문제점은 점점 더 드러났다. 그는 티코의 새로운 우주론을 공개적으로 지지하는 데는 주저하였지만, 그의 사후 그의 제자들은 티코의 우주론을 수용하였다.[24]

6. 지동설과 성경해석

지동설의 성경적 기초에 대해 개신교와 가톨릭 신학자들은 다른 입장을 가졌다. 개신교 신학자들은 부분적으로 영적, 알레고리적 독법을 사용하기도 했지만, 대체로 문자 그대로의literalistic 사실적 의미를 중시하였다. 이에 비해 가톨릭 신학자들은 성경에 대한 알레고리적이고 유비적인 해석을 중시했다. 하지만 이들 모두가 공감할 수 있는 유용한 성경해석법은 소위 "적응 원리principle of accommodation"였다. 적응 원리란 성경이 청자들의 상황, 구조, 성격, 지적 수준, 감정 상태에 적응, 조절하여 기록되었다고 보는 것이다. 즉 창조 기사는 학식 있는 사람만이 아니라 배우지 못한 사람들도 이해할 수 있도록 청자들의 수준에 적응한 것이라고 보고 해석하는 것이다. 이런 관점에서 지동설과 관련된 구체적인 성경 구절 카테고리는 다음의 네 가지로 요약될 수 있다.[25]

① 지구의 부동성

"여호와께서 통치하시니 스스로 권위를 입으셨도다 여호와께서 능력을 입으시며 띠셨으므로 세계도 견고히 서서 요동치 아니하도다"시93:1

"한 세대는 가고 한 세대는 오되 땅은 영원히 있도다"전1:4

② 지평선에 대한 태양의 운동

"여호와께서 달로 절기를 정하심이여 해는 그 지는 것을 알도다"
시104:19
"해는 떴다가 지며 그 떴던 곳으로 빨리 돌아가고"전1:5

③ 아말렉과의 전쟁이나 히스기야 왕 때 태양의 멈춤

"여호와께서 아모리 사람을 이스라엘 자손에게 붙이시던 날에 여호수아가 여호와께 고하되 이스라엘 목전에서 가로되 태양아 너는 기브온 위에 머무르라 달아 너도 아얄론 골짜기에 그리할지어다 하매 태양이 머물고 달이 그치기를 백성이 그 대적에게 원수를 갚도록 하였느니라 야살의 책에 기록되기를 태양이 중천에 머물러서 거의 종일토록 속히 내려가지 아니하였다 하지 아니하였느냐"수10:12~13
"보라 아하스의 일영표에 나아갔던 해 그림자를 뒤로 십도를 물러가게 하리라 하셨다 하라 하시더니 이에 일영표에 나아갔던 해의 그림자가 십도를 물러가니라"사38:8

④ 지구의 운동: 성경에는 지구가 움직인다는 구절은 없다.
① 지구의 부동성과 ② 태양의 운동에 대해 멜랑히톤과 같은 개신교 신학자들은 성경의 문법적, 문자적 해석 때문에, 톨로사니와 같은 가톨릭 신학자들은 이전 해석자들의 권위 때문에 문자적으로 해석하였다. 개신교와 가톨릭의 천동설주의자들이 인용하는 성경 구절로서는 주로 ①,

②와 같았으며, ③, ④는 지동설과 관련해서 무시되었다.

당시의 여러 신학자들 중에서 눈에 띄는 사람은 브루노Giordano Bruno, 1548~1600와 케플러Johannes Kepler, 1571~1630였다. 나폴리 출신의 도미니크 수도사인 브루노는 지동설을 비롯하여 당시의 진보적인 주장들을 받아들였다.[26] 그는 지동설을 지지하면서 성경의 메시지는 물리적 사실이라기보다는 윤리적, 구속사적인 의미를 담고 있다고 주장했다. 그는 하나님은 전능하시므로 태양을 중심으로 하는 우주와 같은 것을 무한히 많이 만드실 수 있다고 주장하였다. 그는 『사순절 첫날의 만찬The Ash Wednesday Supper』에서 전도서 1장 5절에 대해 다음과 같이 말했다.[27]

> 그래서 만일 현자Sage가 "태양은 떴다가 지고, 남쪽을 향하여 돌다 북쪽으로 내려갔다."라고 말하지 않고, "지구는 서 있는 태양을 뒤로 하고 동쪽으로 돌아가다가 북회귀선과 남회귀선으로 내려간다."라고 말한다면, 이 말을 들은 사람들은 문득 걸음을 멈추고 이렇게 물을 것이다. "뭐라고. 지구가 움직인다고? 이게 무슨 황당한 얘기야?" 그들은 결국 그 현자를 미친놈으로 여겼을 것이고, 실제로 그는 미친놈이었을 것이다.

케플러는 『새로운 천문학New Astronomy, Astronomia nova』1609에서 지동설을 지지하면서 성경의 저자는 자신들의 이야기를 청자들의 시각에 적응시켰다고 했다.[28] 케플러 역시 브루노처럼 성경의 목적은 인간에게 진리를 가르치기 위한 것이지, 물리학적 문제를 다루는 것이 아니라고 했다. "삶의 이야기는 언제나 동일하다. 해 아래 새 것은 없다. (성서에서는) 물리학적 문제를 다루고 있지 않다. 성경의 메시지는 도덕적인 가르

<그림 7-11> 좌로부터 브루노, 케플러, 『새로운 천문학』

침이다."[29]

코페르니쿠스가 『천구의 회전에 관하여』를 출판한 후 70여 년 동안 진보적인 지식인들 중에는 지동설을 받아들이는 사람들이 있었지만, 대부분의 가톨릭 학자들은 아리스토텔레스의 주장을 그대로 수용한 교황청의 입장에 이의를 제기하지 않았다. 물론 개신교 학자들 중에도 천동설을 지지하는 사람들이 있었다. 하지만 지동설을 주장하는 사람이나 천동설을 주장하는 사람들 사이에 논쟁은 있었어도, 그렇게 뜨거운 열전으로 확대되지는 않았다.

코페르니쿠스의 『천구의 회전에 관하여』로 인해 촉발된 태양중심설 논쟁에 대하여 드레이퍼John William Draper와 화이트Andrew Dickson White는 보수적인 종교 세력들이 지구의 부동을 가르치는 성경의 주장과 맞지 않는다고 코페르니쿠스를 핍박했다고 주장했다. 그러나 코페르니쿠스의 책은 수리천문학 책으로서 처음 책이 출판되었을 때에는 그 분야에 있는 몇몇 사람들 외에는 대부분 이해하지 못했다고 전해진다.[30]

코페르니쿠스 책에 대한 최초의 반응은 비텐베르크 대학University of

Wittenberg의 몇몇 물리학자 및 천문학자들이 내어놨다. 그들은 코페르니쿠스의 신플라톤주의 태양중심 천문학이 수학적으로 매력 있는 가설이라고 생각했다. 그런데 그들에게서는 실제로 지구가 움직인다는 혁신적인 생각이 별로 중요하지 않았기 때문에 사람에 따라 간과하기도 하고 거부하기도 하였다. 그들이 거부한 데는 과학적 이유도 있었고 신학적 이유도 있었지만, 분명한 사실은 지동설은 명백히 아리스토텔레스 물리학의 원리에 위배된다는 점이었다.[31] 하지만 이러한 지동설 논쟁에 대한 정중동靜中動의 상태는 영원하지 않았다. 그것은 바로 논쟁자 갈릴레오의 등장 때문이었다.

7. 갈릴레오 재판[32]

흔히 기독교와 과학의 적대적 관계를 주장하는 사람들은 교황청에 의한 갈릴레오의 지동설 재판을 가장 중요한 사례로 제시한다. 하지만 지금까지 우리가 살펴본 것처럼 기독교와 과학은 본질적으로, 그리고 역사적으로 갈등 관계만을 형성하지는 않았다. 그렇다면 갈릴레오의 지동설 재판을 어떻게 보아야 할까?

갈릴레오는 이탈리아 피사의 투스카니 지역에서 태어났다. 그 지역에서는 맏아들의 이름을 붙일 때 성을 변형시켜 붙이는 관습이 있었다. 그래서 아버지 빈센치오 갈릴레이Vincenzo Galilei는 맏아들의 이름을 성인 Galilei의 끝 철자 -i를 이탈리아 남자이름 형태인 -o로 바꾸어여자는 -a 갈릴레오 갈릴레이Galileo Galilei라고 지었다. 참고로 대부분의 인물들은 성을 부르지만, 앞에서 언급한 티코Tycho Brahe와 더불어 갈릴레오는 전체 이름을 표기하지 않을 때는 관행적으로 첫 이름first name을 부른다. 즉 성인 갈릴레이라고 부르기보다 이름인 갈릴레오라고 부른다.

갈릴레오는 코페르니쿠스나 케플러와 같이 많은 주전원, 이심, 동시심 등을 가정해야 하는 어색한 아리스토텔레스와 프톨레마이오스의 천동설이 하나님의 창조원리에 맞지 않는다고 생각했다. 그러던 중 1609년에 자신이 만든 망원경으로 거친 달 표면을 관측하고, 또한 네 개의 목성위성을 발견하면서 강력한 지동설 주장자로 변신하였다.

이러한 갈릴레오의 태도는 당시 교황청이 천동설을 공식적으로 인정하고 있던 터라 곧 마찰이 생겼다. 갈릴레오의 재판은 1616년과 1633년 두 차례에 걸쳐 진행되었다. 그중 1616년 3월 5일 재판 때는 교황 바오로 5세Pope Paul V, 1552~1621 시절이었다. 이 재판에서 갈릴레오 사건을 심리한 사람은 교황청 추기경이었던 벨라르민Robert Bellarmine, 1542~1621이었으며, 그는 갈릴레오에게 지동설을 가르치는 것에 경고조치 했다. 그러나 제1차 재판 때의 경고와는 달리 1633년 제2차 재판에서는 무겁지는 않았으나 가택연금이라는 실형이 선고되었다.

지금까지 갈릴레오 재판은 기독교와 과학의 적대적인 관계를 보여주는 고전적인 예로서 제시되어왔다. 그러나 20세기 중반 이후의 연구들은 갈릴레오 재판은 과학에 대한 기독교의 적대 관계 때문이 아님을 보여준다. 현재 받아들여지고 있는 갈릴레오 재판에 대한 재해석의 불씨를 당긴 것은 이탈리아 태생의 과학사가이자 MIT 교수였던 산티아나Giorgio De Santillana가 발간한 『갈릴레오의 죄악The Crime of Galileo』1955이었다. 당시 교황청의 재판기록을 면밀히 분석한 산티아나는 갈릴레오 재판은 과학과 기독교의 갈등, 즉 지동설 재판이라기보다 오히려 과학 외적인 원인이 주원인이었다는 결론을 내렸다. 즉 그는 갈릴레오 재판은 과학과 신앙, 혹은 교회와 과학자 공동체 간의 충돌이라기보다는 갈릴레오의 논쟁적 성격, 당시 진보주의자들과 보수주의자들로마 대학 교수들이 중심의 갈등, 교황청과 갈릴레오를 후원하던 토스카나 공국 간의 정치적 긴장 때문에 생긴 사건 등 세 가지로 요약하였다. [33]

<그림 7-12> 산티아나와 *The Crime of Galileo*

(1) 갈릴레오의 논쟁적인 성격

첫째는 갈릴레오의 논쟁적 성격이다. 당시 교황 우르반 8세Pope Urban VIII, 1568~1644, 원래 이름은 Cardinal Maffeo Barberini는 추기경 시절부터 갈릴레오의 가까운 친구였으며, 실제로 그는 갈릴레오에게 여러 가지 편의를 제공하였다. 그는 1623년에 교황으로 선출되었으며, 갈릴레오와 같은 플로렌스 출신이었다. 갈릴레오는 그 이듬해인 1624년 봄에 로마에 갔는데, 그가 로마에 머무는 동안 교황은 적어도 6차례 이상 그에게 알현의 기회를 주었다. 그는 갈릴레오에게 그림도 주고, 두 개의 메달도 주었으며, 그의 아들사생자을 위한 연금도 약속했다. 그리고 마지막으로 갈릴레오가 실재가 아니라 과학적인 가설로서만 가르친다면 지구가 움직인다는 데 대한 글을 써도 좋다는 윤허까지 해 주었다.[34] 그런데 갈릴레오를 재판에

회부하게 된 것은 1632년에 출판된 『두 우주 체계에 관한 대화』라는 그의 저서 때문이었다.[35]

<그림 7-13> 갈릴레오와 『갈릴레오의 두 우주 체계에 관한 대화』

이 책은 우르반 8세가 지동설을 엄격하게 가설로서만 제시한다는 조건 하에 출판을 승인한 책이었다. 그러나 갈릴레오는 우르반과의 약속을 어겼다. 출판과정에서 이러한 가설은 빠졌으며, 갈릴레오는 교황을 자극하는 내용을 그대로 책 속에 포함시켰다. 이 책에서 갈릴레오는 세 명의 인물을 등장시켜 바른 우주의 체계가 어느 것인지에 대해 토론하도록 했다. 등장인물로는 갈릴레오 자신을 나타내는 살비아티Salviati, 아리스토텔레스주의자들을 대변하는 심플리치오Simplicio, 바보라는 뜻, 지적 호기심에 넘치는 제삼자인 사그레도Sagredo였다. 이 세 사람은 베네치아에 있는 사그레도의 집에 모여 장장 나흘 동안 토론을 벌였다.

심플리치오는 전통적인 스콜라 학자로 프톨레마이오스의 지구중심체계와 아리스토텔레스의 자연철학을 옹호하였다. 살비아티는 코페르니쿠스의 태양중심체계와 새로운 과학을 주장하였다. 이 토론에서 갈릴레오는 살비아티의 입을 통해 심플리치오로 표현된 교황과 일부 아리스토텔레스를 지지하는 예수회 학자들의 바보스러움을 예리하게 비꼬았다. 그리고 놀라운 글 솜씨로 새로운 우주 체계, 즉 지동설의 우위성을 주장하였다. 이 책이 출판되자 어렵지 않게 책에 등장한 심플리치오가 자신들임을 알아챈 예수회 학자들주로 로마 대학 교수들은 분노했으며, 보좌관 Advisor을 통해 별로 지적이지 못한 우르반 8세를 끌어들였다. 즉 갈릴레오의 책에서 심플리치오는 바로 교황을 가리킨다고 우르반 8세를 자극한 것이다. 이로 인해 우르반 8세는 격분하게 되었고, 급기야는 배은망덕한 행위를 한 갈릴레오를 종교재판에 회부하기에 이르렀다. 그리고 그 후로 다시는 갈릴레오와 우르반은 만나지 않았다.[36]

1633년 6월 22일에 끝난 재판의 결과는 갈릴레오의 유죄선언이었다. 물론 끝까지 진실한 가톨릭 신자로 남아있기를 열망한 갈릴레오였기 때문에 그는 자신의 유죄를 평결한 교황청의 결정에 절대 순종할 수밖에 없었다. 그가 재판정을 나오면서 "그래도 지구는 돈다."라고 중얼거렸다는 것은 당시의 정황으로 미루어 전혀 사실일 수 없으며, 이는 아마 갈릴레오를 존경하는 후대의 제자들이 만들어서 그의 비문에 새겨 넣은 것으로 생각된다.[37]

(2) 보혁 갈등

둘째는 보혁 갈등이었다. 당시 갈릴레오는 진보 그룹들을 대변하고 있었고, 로마 대학을 중심으로 한 보수주의자들은 진보주의자들에 대해서 불안을 느끼고 있었다. 1550년 이후, 가톨릭 교회는 점점 더 보수화, 권위주의화 되어갔다. 권력은 점점 중앙으로 집중되었으며, 종교개혁으로 인해 이단이나 이데올로기들에 대한 경계도 강화되었다. 로마 교회는 점점 더 문자적인 성경해석으로 기울었으며, 성경해석의 자유는 점점 제한되었다.

이런 상황에서 마침 갈릴레오가 교황청의 공식적인 주장과는 다른 지동설을 주장하자 아리스토텔레스의 이론을 하늘처럼 받들고 있었던 보수주의자들은 이 기회를 놓치지 않았다. 이들은 함께 공모하여 갈릴레오를 함정에 빠뜨릴 기회를 찾고 있었던 터였다. 그래서 갈릴레오가 유죄 평결을 받도록 하기 위해 1616년에 벨라르민 추기경 앞에서 심문받은 결과를 담은 문서를 제출하였으며아무런 사인이 없는 memorandum, 거기에는 다음과 같은 내용이 있었다. "갈릴레오는 상기 위원벨라르민 추기경에 의하여 …… 지구가 움직인다는 견해를 포기할 뿐만 아니라 말로든지 글로든지 어떤 형태로도 주장하거나 가르치거나 옹호하지 말라not to hold, teach or defend in any way whatsoever는 명령을 받았다. 만약 이를 어길 때에는 교리성 성종교재판소이 그에 대하여 합당한 행동을 취할 것이다. 이 금령에 대하여 갈릴레오 본인은 수락하였으며 순종하기로 약속하였다."[38]

그러나 갈릴레오는 벨라르민으로부터 지동설을 가르치지 않겠다는 어떤 금령도 받지 않았으며, 자신이 지동설을 가르치지 않겠다고 서약한 적도 없었다. 심지어 상당히 학문적이었던 벨라르민은 당시에는 지동설도 천동설과 같이 결정적인 증거가 없었기 때문에 단지 가설로서만 가르친다면 괜찮다는 말까지 했다.[39] 이러한 당시의 정황을 설명하기 위해 갈릴레오는 벨라르민이 실제로 그에게 주었던 통지서까지 제출했지만 이것은 받아들여지지 않았다. 아쉽게도 당시 벨라르민은 이미 죽었기 때문에 그의 직접 증언을 기대할 수도 없었다. 최근의 연구에 의하면, 재판에 사용되어 갈릴레오를 단죄하는 근거가 되었던 그 문서는 상사의 서명이 없는 괴문서로서 갈릴레오의 적들이 교리성성The Holy Office 서기를 매수하여 만든 위조문서가 아니었을까 생각한다.

이 외에도 당시의 복잡한 정치, 외교상의 알력도 있었다. 갈릴레오의 후원자였던 메디치 가문의 토스카나 대공이 교황과 정치적으로 갈등을 빚고 있었다는 것도 갈릴레오의 유죄 평결과 무관하지 않은 것으로 평가된다. 이탈리아 반도 내에서 토스카나 공국의 영향력이 점점 증가하자 교황청은 이를 우려하기 시작했다. 그리고 이를 견제하기 위한 하나의 방편으로 토스카나 대공이 후원하는 갈릴레오를 희생양으로 삼았으리라고 생각하는 것이다.

<그림 7-14> 교리성성종교재판소 앞에 선 갈릴레오

(3) 최종 판결과 갈릴레오의 회개

어쨌든 재판관들은 이 의심스러운 문서를 유효한 증거로 받아들였으며, 이로 인해 갈릴레오는 다시 교황청의 소환을 받았다. 갈릴레오는 1633년 2월 13일에 로마에 도착하여 4월 12일에 교리성성에 출두하였고, 5월 10일과 6월 21일 두 차례에 걸쳐 재판을 받았다. 그리고 6월 22일 아침에 로마에 있는 산타 마리아 소프라 미네르바Santa Maria sopra Minerva 수도원 홀에 끌려갔으며, 거기서 무릎을 꿇고 자신의 지동설을 철

회하였다. 갈릴레오가 교리성성에서 자신의 주장을 철회하는 말은 다음과 같다.[40]

플로렌스의 고故 빈센지오 갈릴레이의 아들 저 갈릴레오 갈릴레이는 …… 맹세코 제가 항상 믿어왔고 지금도 믿고 있으며, 하나님의 도움으로 미래에도 거룩한 가톨릭 및 사도 교회Holy Catholic and Apostolic Church가 견지하고, 선포하며 가르치는 바를 믿겠습니다. 그리고 교리성성으로부터 태양은 우주의 중심이고 움직이지 않으며, 지구가 우주의 중심이 아니라는 거짓된 의견을 버리라는 훈계를 받은 후에 저는 이 전술한 거짓된 주장들을 말이나, 글이나 어떤 방법으로도 주장하거나 방어하거나 가르치지 않을 것이며, 이미 정죄된 전술한 주장들을 다룬 글이나 책을 발표하지도 않을 것이며, 우호적으로 지지하지도 않을 것입니다. 저는 태양이 우주의 중심이며, 움직이지 않으며, 지구는 우주의 중심도, 부동도 아니라는 것을 주장하고 믿음으로 인해 엄청난 이단의 혐의vehement suspicion of heresy가 있다는 판결을 받았습니다. 이제 추기경님들과 모든 신심 깊은 신자들의 마음으로부터 제게 적절하게 내려진 큰 이단 혐의가 제거되기를 바라오며, 저는 간절한 마음과 진실한 믿음으로 앞에서 말한 오류와 이단적 주장을 저주하며 혐오하며 버리겠나이다. …… 그리고 이제 후로 저는 의혹을 받을만한 그런 것들을 결코 말하지도, 주장하지도, 글로 쓰지도 않을 것임을 맹세합니다.

지금까지도 종교재판이 끝나고 재판정을 나서면서 갈릴레오가 "그래도 지구는 돈다."라고 말했다는 일화가 전해지고 있다. 이는 많은 사람들에게 갈릴레오의 과학적 진리 탐구에 대한 열정을 나타내는 말로 널리 알려져 있지만 사실은 그렇지 않다. 이 말은 갈릴레오 사후 100여 년 정도 지난 후 그를 추모하는 글에 등장하는 것으로서 신빙성이 없다.[41]

이렇게 해서 갈릴레오의 제2차 재판이 끝났다. 1633년에 갈릴레오는 종교재판소에서 궐석재판으로 유죄 판결을 받고 투옥될 예정이었지만, 건강이 나쁘고 고령이라는 점을 감안해서 곧바로 가택연금으로 감형을 받았다. 재판 후 그는 두어 달 동안 로마에 있는 토스카나 공국의 대사관저에서 가택연금을 당했다. 그 후 그가 살던 피렌체로 돌아와 나머지 생을 가택연금 속에 살았지만, 시간이 지나면서 여러 전설과 루머들이 생겨났다.

일부에서는 갈릴레오가 종교재판에서 많은 고문을 당했다고 하지만 이는 전혀 근거가 없다. 비록 재판 후 몇 달 동안 가택연금을 당했지만, 그는 외부인들을 만나지 못하는 제한 외에는 토스카나 공국의 대사관저에서 별다른 제재를 받지 않고 편안하게 지냈다. 학문적인 자존심은 많이 상했겠지만, 그는 그곳에서 하녀의 섬김을 받았고, 고급 포도주를 즐기면서 지냈다. 1634년에는 피렌체 인근 아르케트리Arcetri에 있는 자신의 빌라로 돌아가도록 허락받았으며, 그곳에서 남은 생을 비록 가택연금 상태였지만 하녀와의 사이에서 난 딸과 다른 방문객들을 만나면서 '편안하게' 살았다.

갈릴레오 재판에 대해서는 20세기에 들어와서 본격적인 재평가가 이루어졌다. 1965년에 교황 바오로 6세Pope Paul VI, 1897~1981가 이 재판에 대하여 언급하면서 재판에 대한 재평가가 이루어지게 되었다. 최종적으로는 1992년 10월 31일에 교황 요한 바오로 2세Pope John Paul II, 1920~2005

가 갈릴레오의 재판이 잘못되었음을 인정하고, 갈릴레오에게 사죄하였다. 그는 "갈릴레오를 정죄했던 신학자들이 성경과 그것의 해석 사이에는 양식적 차이가 있음을 깨닫지 못했다."라고 했다. 갈릴레오가 죽은 지 350년 후의 일이었다.[42] 갈릴레오의 책은 일찌감치 1835년에 금서목록에서 제외되었다.

8. 청교도와 과학

많은 사람들이 오랫동안 갈릴레오에 대한 1, 2차 종교재판을 기독교와 과학의 적대적 관계에 대한 아이콘으로 사용했지만, 내막을 살펴보면 그렇게 간단하게 말할 수 있는 사건이 아님을 알 수 있다. 이것은 영국 과학의 성숙기라고 할 수 있는 17세기 전반의 상황을 살펴보면 분명해진다. 구체적으로 1600~1660년의 기간은 영국 과학이 유럽 과학의 중요한 일부로 부상하는 기간이었다. 이 기간에 등장한 주요한 영국 과학자들의 업적을 예로 든다면, 길버트William Gilbert, 1544~1603의 『자석에 관하여 De Magnete, 1600』, 베이컨Francis Bacon의 『학문의 진보Advancement of Learning, 1605』, 하비William Harvey, 1578~1657의 『심장 운동에 대하여De Motu Cordis, 1628』와 같은 책들의 출간과 더불어 런던왕립협회Royal Society of London, 1660의 탄생 등을 들 수 있다. 당시 대부분의 영국인들이 기독교인이었지만, 이들 중에서도 17세기 전반, 영국 청교도들의 과학관을 살펴보는 것이 중요하다.

(1) 청교도와 분리주의자

먼저 청교도Puritans라고 불리는 이들이 누군지를 간단히 살펴보는 것이 필요하다. 사실 당시 영국 사회에서 청교도와 분리주의자들Separatists을 구분하는 분명한 기준은 없었다. 대체로 청교도는 개신교의 '열성주의자들hotter sort" of Protestants'로서 엘리자베스 여왕이 즉위하면서 설립한 교회지도부의 타협적인 형태를 거부하는 자들이었다. 차이라고 한다면 청교도들은 포괄적 교회comprehensive church 개념, 즉 신자들의 전 공동체를 교회로 받아들였던 것에 비해 분리주의자들은 교회를 개별적 회중으로 제한하였다.[43]

청교도들은 과학에 대하여 과학은 하나님의 영광을 이해하고 그분의 성품을 이해하는 데 도움이 된다는 매우 긍정적인 과학관을 가졌다. 이들은 과학적 활동에 종교적 모티브를 제공하였다. 16세기말까지만 해도 영국의 학문 활동, 특별히 과학 활동은 미미했으나 청교도혁명영국혁명이 끝나고 왕정이 복고된 1660년에는 눈부신 발전을 이루었다. 무역이 늘어나고 자본주의가 발전하는 등 전 분야에 걸친 사회 변화는 종교계의 변화와 더불어 과학발전에 많은 영향을 미쳤다.[44]

17세기에 영국 과학자들은 대부분 성직자이거나 경건한 평신도들이었다. 그러나 어느 종파의 과학자들이 가장 큰 업적을 남겼는가는 간단한 문제가 아니다. 가톨릭이나 분리주의자들의 과학자들은 숫자가 적었지만, 이들은 전체 교인들의 숫자도 적었기 때문에 종파에 따른 과학적 관심을 얘기하는 것은 쉽지 않다. 그래서 일부 과학사가들은 종파와 과학 사이에는 아무런 관련이 없다는 극단적인 주장도 하였다.[45]

청교도, 국교도, 분리주의자 등을 포함하는 영국의 개신교도들은 긍정적이든 부정적이든 새로운 과학에 대한 태도에서 많은 공통점을 지니고 있었다. 그러므로 일부에서 주장하는 것처럼, 청교도들만이 유난히 반과학적이었다는 주장은 부당하다. 새로운 학문에 대한 회의적인 태도는 새로운 학문을 저해하기 위해서라기보다는 영적인 면의 우월성을 강조하기 위한 것이었다. 청교도들 중에서도 종교적인 동기로 과학 활동을 하고 있다고 주장하는 사람들이 상당수 있었다.[46]

후에 독일의 사회학자 베버Max Weber, 1864~1920는 개신교인들에게 있어서 과학은 선한 일을 행함으로써 얻어지는 부산물로 생각했으며 하나님의 예정과 선택의 증거라고 보았는데, 당연히 그 속에는 청교도들도 포함되어 있었다. 선택이나 예정의 증거를 찾는 수단으로서의 실험과학이라는 개념과 로마서 1장 20절의 말씀은 청교도들을 포함한 영국 실험과학자들의 작업을 정당화했다. 칼뱅의 예정교리가 여러 가지 과학법칙들의 기초가 되었다는 주장은 좀 무리가 있지만, 청교도들이 유난히 더 강조했던 하나님의 예정이나 절대주권 등의 교리들이 과학적 활동에 어느 정도 영향을 미쳤을 것이라고 생각하는 것은 충분히 가능하다.[47]

(2) 청교도와 성경 그리고 과학

성경의 권위에 대하여 국교도들은 간접적으로 인정했으나, 청교도들은 직접적으로 인정했다. 청교도들은 국교도들의 이교적인 교회 체계와 예배 형식에 크게 반발했으며, 특히 과학 내부의 마술적인 요소들을 제거했다. 한 예로 보스토크Richard Bostocke, fl.1580는 성경에 근거한 고전적인 의술보다 연금술사 파라켈수스Paracelsus, 1493~1541가 고안한 파라켈수스 요법Paracelsianism을 옹호하였다.[48] 이 요법은 연금술사였던 파라켈수스가 제시한 의학적 이론과 치료에 기초한 초기 현대 의학 운동이었다. 현대적 관점에서 본다면, 연금술도 신비적이고 마술적인 요소가 강했다고 보지만, 아이러니컬하게도 당시에는 연금술을 과학이나 의학에 가까운 것으로 보았다.

또한 청교도들은 성경으로 사회 하층민들을 지적으로 깨우치면서 실제적이고 과학적인 면이 강조된 의무교육 체계에 대해 커다란 관심을 가졌다. 한 예로 청교도 평신도였던 페티William Petty, 1623~1687는 의학과 응용수학 분야에서 개혁을 일으켰다.

이 외에도 청교도들은 개인적인 생활 및 사회생활에서의 성결을 이상으로 생각하였다. 이런 이상은 17세기 중반에 설립되었던 보일Robert Boyle의 "인비지블 칼리지Invisible College",[49] 이와 비슷하게 독일 태생의 영국 만능 천재 하트립Samuel Hartlib, c.1660~1662이 만든 "하트립 써클Hartlib Circles" 등의 결성으로 이어졌다. 이러한 단체들은 공리주의적 성격을 띠었으며, 당시 국교도들 외에 입학을 금했던 대학제도에 불만을 가졌다. 이들은 성경적이고 형이상학적인 관점을 견지했으며, 신비주의적이고 급진적인 성향을 가졌다.

물론 청교도들의 이런 기여에 대해 비판적인 견해가 없는 것은 아니다. 비판적인 견해를 가진 사람들은 일반적으로 청교도가 집권한 시기 1649~1660를 문화의 후퇴기라고 말한다. 그러나 이는 모든 전쟁기와 혁명기의 공통된 특징이다. 오히려 청교도의 집권기에는 상대적으로 문화 후퇴의 징후가 미미했다. 이 시기에는 철학적 사고가 자유롭게 전개될 수 있었기 때문에 도리어 과학이 발전하였다. 청교도들과 분리주의자들의 과학관은 매우 다양했는데, 단지 베이컨의 귀납적 방법론이나 실험철학 정도만이 공통적이었다.[50]

요약하자면 1560~1660년 사이의 영국 과학발전을 개신교주의, 국교주의, 청교도주의 등의 특정 종파와 연결시키는 것은 쉽지는 않지만, 어떤 형태로든 청교도주의와 관계가 있는 것은 사실이다. 당시 대부분의 과학적 활동은 기독교적인 의식과 하나님의 도우심이라는 개신교적 개념 하에서 이루어졌기 때문이다. 당시 영국의 개신교인들 중에서는 청교도들과 분리주의자들이 과학적 활동에 가장 적극적이었고 또한 큰 영향을 미쳤다.[51]

9. 진정한 근대 과학자 케플러

물론 과학혁명기에 청교도는 아니었지만 유럽 곳곳에는 독립적으로 근대과학의 발흥에 참여한 위대한 과학자들이 여러 사람 있었다. 대표적으로 독일의 천문학자 케플러, 프랑스의 데카르트, 영국의 뉴턴 등을 들 수 있지만, 그 중에서도 특히 케플러는 앞에서도 언급했지만, 그의 신앙과 과학 연구와 관련하여 좀 더 자세히 살펴볼 가치가 있다.

케플러Johannes Kepler, 1571~1630는 개신교 천문학자이자 우주론자였다. 그는 전통적인 교리의 지지자는 아니었지만, 개인적 경건이 그의 과학 연구의 배경이 된 것은 분명해 보인다.[52] 그는 전통적인 개신교 그리스도인으로서 천문학적 재능과 신앙적 헌신이 결합된 과학자였다. 그는 인간에 대한 하나님의 구속, 타락한 인간을 구원하시기 위한 그리스도의 성육신, 성경을 통해 영원한 삶을 계시하시는 하나님 등 전통적인 중세적 관심사에서 창조주 하나님으로 관심을 돌렸다.

케플러는 천문학자를 전능하신 창조주의 제사장으로 보았다. 그래서 그는 '자연의 책에 관한 하나님의 제사장'으로서 1618년에 출간한 『코페르니쿠스 천문학 요론*Epitome astronomiae Copernicae*』을 창조주를 찬양하는 데 헌정했다. 이 책에서 그는 "나는 단지 하나님만을 생각하고 있었다. 우리 천문학자들은 자연의 책과 관련된 하나님의 대제사장이기 때문에 우리 마음의 영광이 아니라 무엇보다도 하나님의 영광을 깊이 생각하는 것이 유익하다."라고 했다. 케플러는 자신을 계시하시는 하나님, 피조세계에 자신의 지혜를 드러내시는 하나님에 대해 관심을 집중했다. 그에게 자연은 성경과 같이 하나님의 계시의 매체였다. 또한 천문학 연구는 하나님의 영광을 드러내는 것이었다. 그에게서 자연에 나타난 하나님의 솜씨를 발견하는 것은 성경을 연구하는 것과 본질적으로 다르지 않았다![53]

케플러는 다른 여러 과학혁명기 과학자들과 같이 전형적인 신플라톤주의자로서 하나님은 기하학적 원리와 질서를 가지고 우주를 창조하셨다고 믿었다. 그는 우주는 코스모스카오스의 반대이며, 자연에 질서가 존재함을 통해 과학과 기독교가 만난다고 보았다. 그는 자신의 자연철학 체계를 세우는 데 있어서 성경에서보다는, 자연적 실재에는 수학적 질서가 있다는 플라톤적 사상에서 영향을 받았다. 이러한 케플러의 사상은 과학혁명기의 가장 위대한 업적의 하나로 꼽히는 행성운동법칙行星運動法則, Kepler's laws of planetary motion으로 이어졌다.

행성운동법칙은 뉴턴이 만유인력법칙을 발견하기 약 반세기 전, 케플러가 티코Tycho Brahe의 행성 관측 자료들을 20여 년간 분석하여 발견한 세 개의 법칙이다. 타원궤도의 법칙Law of Elliptical Orbit이라 불리는 제1법칙에 의하면, 모든 행성은 태양을 한 초점초점1으로 하는 타원궤도를 그리면서 공전한다. 면적속도 일정의 법칙Law of Constant Areal Velocity이라 불리는 제2법칙에 의하면, 행성과 태양을 연결하는 가상적인 선분이 같은 시간 동안 쓸고 지나가는 면적쓸고 간 면적1=쓸고 간 면적2은 항상 같다. 조화의 법칙 Law of Harmonics 혹은 주기의 법칙Law of Period이라고도 불리는 제3법칙에 의하면, 행성의 공전주기T의 제곱은 궤도의 긴반지름R의 세제곱에 비례한다$T^2 \propto R^3$.

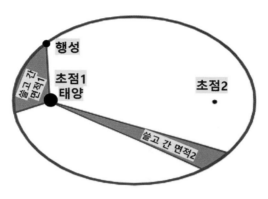

행성

초점1
태양

초점2

쓸고 간 면적1

쓸고 간 면적2

<그림 7-15> 케플러의 행성운동법칙

뉴턴은 자신이 발견한 운동법칙과 케플러 법칙 등을 기반으로 만유인력법칙을 유도해냈다. 즉 케플러가 발견한 행성운동법칙은 뉴턴의 운동법칙에 따르는 두 개의 질점 간의 상호작용에 해당한다는 것을 밝혀낸 것이다. 후에 케플러의 행성운동법칙은 태양과 행성 사이에만 성립하는 것이 아니라, 행성과 그 위성, 위성과 위성, 지구와 인공위성 사이에도 성립함이 증명되었다. 케플러는 2천년 동안 지속된 천상계의 등속원운동 개념을 탈피해서 행성의 타원궤도, 가변적 궤도 속도 개념을 도입하였다. 케플러의 행성운동법칙은 고대와 중세의 이원론적 세계관에서 탈피한, 진정한 근대를 알리는 신호탄이었다. 그래서 일부에서 근대를 연 것은 코페르니쿠스가 아니라 케플러였다는 주장이 나오는 것이다. 케플러의 행성운동법칙이 등장하면서 이전의 모든 우주체계에서 '흉하게' 따라다니던 주전원, 대원, 이심 등의 개념들은 깨끗이 사라졌다. 케플러는 완

전하신 하나님은 이 세상을 보기에 좋도록, 질서 있게 창조하셨다는 전형적 신플라톤주의적 확신을 갖고 있었다.

10. 과학혁명의 완성자 뉴턴

신플라톤주의적 확신은 다만 케플러에게만 국한된 현상이 아니었다. 과학혁명의 완성자라고 할 수 있는 뉴턴 역시 케플러의 뒤를 이은 신플라톤주의자였다. 과학혁명기에 수많은 기라성 같은 인물들이 활동했지만, 과학혁명기의 가장 중요한 인물은 영국의 수학자이자 물리학자인 뉴턴Isaac Newton, 1642~1727이었다는 것에 이의를 제기할 사람은 없다. 뉴턴이 태어나던 시기에 달력이 율리우스력1642.12.25.~1727.3.20.에서 그레고리력 1643.1.4.~1727.3.31.으로 바뀌고 있었기 때문에 뉴턴의 연대는 어느 달력을 기준으로 하느냐에 따라 달라진다.[54]

인류 역사상 가장 영향력 있는 사람 중 한 사람으로 평가받는 뉴턴은 1687년에 발간된 『자연철학의 수학적 원리Philosophiæ Naturalis Principia Mathematica, Principia』를 통해 고전역학을 완성한 인물로 평가된다. 그는 비이성주의를 배격하였으며Foe of Irrationality, 이러한 그의 노력은 과학과 종교 양쪽 모두에서 나타났다.[55] 먼저 과학에서 뉴턴의 업적은 미적분의 발견 등 수학에서의 업적을 비롯하여 반사천체망원경 제작, 광학 이론을 비롯하여 여러 분야에 걸쳐 있다. 하지만 그중에서도 과학혁명의 중심축이었던 역학혁명과 관련한 두 가지 업적만을 든다면, 운동법칙과 만유인력법칙이라고도 하는 중력법칙이라고 할 수 있다.

운동법칙은 세 개의 법칙으로 이루어져 있다. 제1법칙은 갈릴레오의 법칙으로 알려진 관성의 법칙인데 이 법칙에 의하면, 물체는 외부 힘이 작용하지 않는 한 일정한 속도로 움직인다. 예를 들어 달리는 버스가 브레이크를 잡으면 사람들이 앞으로 쏠리는 현상이 바로 관성 때문이다. 가속도의 법칙으로 알려져 있는 제2법칙에 의하면, 물체에 가하는 힘의 크기F에 비례해서 가속도a가 생기는데 이 때 비례상수가 바로 질량m이라는 것이다. 이는 흔히 F=ma라는 간단한 공식으로 표현된다. 같은 질량의 물체의 경우 큰 힘을 가할수록 더 큰 가속도가 생기는 것이다. 작용과 반작용의 법칙으로 알려져 있는 제3법칙에 의하면, 물체 A가 다른 물체 B에 힘을 가하면, 물체 B는 물체 A에 크기는 같고 방향은 반대인 힘을 동시에 가한다. 이 원리를 응용한 대표적인 장치가 바로 우주탐사에 사용되는 로켓이다. 이 세 가지 법칙들은 대부분 우리의 일상생활에서 경험하고 있는 현상을 법칙화한 것이라고 할 수 있다.

운동법칙에 이어 역학 분야에서 뉴턴이 또 하나의 업적은 만유인력법칙萬有引力法則, Law of Universal Gravity이다. 이 법칙도 『프린키피아』에서 처음 소개되었다. 이 법칙에 의하면 질량을 가진 물체사이의 중력F은 두 물체의 질량m1, m2의 곱에 비례하며, 두 물체 사이의 거리r의 제곱에 반비례한다. 이를 수식으로 나타내면 다음과 같다.

$$F = G \times (m1 \times m2) / r^2$$

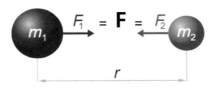

<그림 7-16> 뉴턴의 중력법칙. m1이 m2를 당기는 힘 F1과 m2가 m1을 당기는 힘 F2는 같다.

뉴턴은 이 법칙을 그의 운동의 제2법칙에 넣어 행성의 가속도를 구할 수 있었고, 이를 통해 행성의 궤도가 타원형임을 증명할 수 있었다. 더욱이 뉴턴은 중력이 행성의 운동뿐만 아니라, 달의 세차운동歲差運動, precession, 혜성의 궤도 운동 등에도 적용되는 일반적인 힘이라고 인식하였다. 이것이 바로 뉴턴이 중력을 만유인력universal force, 중력법칙을 만유인력법칙이라 부르게 된 이유이다. 뉴턴이 사과가 떨어지는 것을 보고 만유인력법칙을 발견했다고 하는 것은 갈릴레오가 종교재판소를 나오면서 "그래도 지구는 돈다."라고 중얼거렸다는 전설과 더불어 과학사적 근거가 없는 전설로 알려져 있다.

대부분의 사람들에게 뉴턴은 과학자로만 알려져 있지만, 그는 기독교에서 비이성주의를 배제하기 위한 노력의 일환으로 예수 그리스도의 신성에 대해 의문을 제기하기도 했다. 그리고 신비적 삼위일체를 거부하고, 325년에 니케아 공의회에서 이단으로 정죄된 아리우스Arius파의 단성설Monophysitism을 받아들였다.[56] 그는 아타나시우스Athanasius가 이방인들의 개종을 쉽게 하기 위해 삼위일체설을 고안해냈다고 주장했다.[57] 그는 1670년대 초에 삼위일체 교리에 대해 집중적으로 연구하였으며, 1680년대 초에는 『이교 신학의 철학적 기원The Philosophical Origins of Gentile Theology』을 출판하였다. 그는 이 책에서 예수 그리스도는 선지자 중의 한 사람이므로 인간인 예수 그리스도를 하나님처럼 숭배하는 것은 우상숭배라고 생각했다. 또한 그는 구약은 유대나라의 역사적 기록이며, 이집트, 페니키아, 칼데아인들이 쓴 것보다 더 근원적인 진리는 아니라고 보았다.

뉴턴의 신앙은 한 가지로 규정하기가 어려운 점이 있다. 공식적으로 그는 성공회 신자였지만, 그의 생활은 청교도적이었다. 동시에 그는 삼위일체를 믿지 않고 초대교회에서 이단으로 정죄된 아리우스파의 단성설을 믿었다. 그는 그리스도의 신성을 믿지는 않았지만, 그리스도가 재림한다는 것은 믿었다. 그는 우주가 하나님의 피조물이며, 우주의 운행은 하나님의 계획과 주관 아래서 이루어진다고 믿었다.

과학의 영역에서 비이성주의를 배격하려는 뉴턴의 노력은 그리스의 자연철학과 인문주의를 거부하고 역학적 철학체계를 도입하게 했다. 그러면서 동시에 그는 종래의 아리스토텔레스적 세계관을 배격하고 새로운 기계론적 철학을 수용하였다. 그는 케플러와 같이 자연도 성경 못지않게 하나님을 계시한다고 믿었다. 그는 물질 속에 내재하는 내적 능력을 부정하고物質의 受動性, 어떤 법칙을 따라 일정하게 작용하는 작인Agent을 창조자로 보았다.

11. 결론

결론적으로 케플러, 데카르트, 뉴턴 등 가장 중요한 과학혁명기 과학자들은 공통적으로 자연에서 하나님에 대한 증거를 발견하려고 하였다. 이들에게 자연은 창조주 하나님의 솜씨를 과학자들이 발견해주기를 기다리는 수동적인 존재였다. 과학자들은 그런 자연을 연구하면서 과학을 통해 드러나는 창조주 하나님의 모습에 집중하였다. 그들에게서 과학을 연구하는 가장 크고 중요한 목적은 창조주 하나님을 영화롭게 하는 것이었기 때문이었다.

과학자들은 자연을 연구하면서 새로운 발견과 더불어 새로운 자연철학을 등장시켰다. 하지만 이 자연철학은 과학자들의 열정 및 바람과는 달리, 후에 이신론적인 자연신학의 기초가 되었다. 이들은 성경에서 말하는 인격적인 하나님보다는 자연의 법칙 속에서 하나님을 발견하려고 하였다. 이들은 인격적 섭리에 의한 하나님의 돌보심이나 기적을 통해서가 아니라 불변하는 법칙 속에 드러나는 하나님을 찾았다. 이들에게 수동적인 자연은 수학으로 표현할 수 있는 하나의 기계였고, 하나님의 섭리는 자연에 내재되어 있는 수리적 질서로 설명될 수 있는 것으로 보였다.

그러나 코페르니쿠스, 케플러, 갈릴레오, 뉴턴 등 위대한 과학자들의 원래 의도와는 달리, 근대과학의 등장은 기독교의 뿌리를 흔들면서 서구인들의 '의심할 수 없는 신앙'은 점차 약화되어 갔다. 이들의 업적에 기댄 후배들은 자연을 설명할 때 정량화할 수 없는 하나님보다는 자연을 하나의 수동적인 기계로 보고 이를 수리적으로 표현하는 것이 훨씬 더 자연스럽다고 생각하게 되었다. 자연을 수리적으로 설명 가능한 하나의 기계로 보기 시작한 것은 현대에 이르기까지 근대과학의 가장 중요한 특징이 되었다.[58]

토의와 질문

1. 프톨레마이오스, 코페르니쿠스, 티코의 우주론에서 주전원, 등속원운동 등의 개념이 끈질기게 남아 있었던 이유는 무엇일까?

2. 갈릴레오의 1, 2차 재판이 지금까지도 과학과 기독교의 충돌로 오해되고 있는 원인은 무엇일까? 갈릴레오의 재판과 관련된 오해들을 말해보자.

3. 기독교 신앙, 그중에서도 개신교 신앙이 근대과학의 발흥에 직접 기여했다는 호이카스나 머튼 등의 주장을 어떻게 평가할 것인가?

제8강

기계론적 세계관의 등장과 진화

"이제 모든 짐승에게 물어 보라 그것들이 네게 가르치리라
공중의 새에게 물어 보라 그것들이 또한 네게 말하리라 땅에게 말하라
네게 가르치리라 바다의 고기도 네게 설명하리라
이것들 중에 어느 것이 여호와의 손이 이를 행하신 줄을 알지 못하랴
모든 생물의 생명과 모든 사람의 육신의 목숨이 다 그의 손에 있느니라"

욥기 12장 7~10절

갈릴레오 재판이 있었던 시기는 종교개혁 이후 가톨릭과 개신교 진영 간의
30년 전쟁Dreißigjähriger Krieg, 1618~1648의 시기이기도 했다. 유럽에서 가톨릭교
회를 지지하는 국가들과 개신교를 지지하는 국가들 사이에서 벌어진 이 종교
전쟁은 죽은 사람만 800만 명에 이르는, 유럽뿐만 아니라 인류 전체의 전쟁사
에서 가장 잔혹하고 사망자도 많았던 전쟁 중 하나였다. 이런 전쟁의 와중에 교
황청은 갈릴레오의 지동설 자체의 문제보다 그로 인한 교회의 분열, 교황권의
약화 등을 우려했다. 그럼에도 불구하고 갈릴레오 재판은 표면적으로는 지동설
재판이었고, 이는 이후 오랫동안 과학에 대한 교회의 핍박이라는 프레임을 벗
어버릴 수 없게 만들었다.

1. 과학혁명과 수리적 접근

과학혁명기를 지나면서 갈릴레오 재판과 같은 교회와 과학계의 갈등이 있기는 했지만 과학계 내부에서는 조용하면서도 거스를 수 없는 두 가지 조류가 확산되고 있었다. 그것은 자연에 대한 수리적 접근과 기계론적 자연관의 등장이었다.

기본적으로 과학혁명은 자연에 대한 수리적 접근에 근거를 두고 있었다. 이러한 접근을 했던 과학자들의 예를 다시 살펴보면 갈릴레오를 비롯하여 데카르트Rene Descartes, 1596~1650, 하위헌스Christiaan Huygens, 1629~1695, 뉴턴 등이었다. 자연에 대한 수리적 방법의 도입은 고대과학과 근대과학을 구분하는 중요한 기준이었다. 자연에 대한 수리적 접근은 플라톤적 관점을 반영한 것이다.[1]

플라톤Platon, fl. BC 420~391과 아리스토텔레스Aristoteles, BC 384~322는 모두 자연의 연구에 수학을 사용하였지만 그 모티브가 달랐다. 플라톤은 최고의 실재reality는 형상form이나 이데아이며, 이는 물리적 사물보다는 수학적 표현 속에 들어있다고 보았다. 플라톤에게 이데아는 현상 세계 밖의 세상이며, 모든 사물의 원인이자 본질이었다. 그는 최고의 실재는 수학으로 표현된다고 보았고, 물리적 실재는 불완전하다고 생각했다. 그래서 그는 자연에 대한 분석을 수학에서 출발하였으며, 물리적 실재를 수와 기하학적 형태로 환원하는 것을 목적으로 하였다.

피타고라스 학파의 필롤라오스Philolaus, BC c.470~c.399를 통해 피타고라스의 수 이론과 수학적 우주관을 받아들인 플라톤은 비록 수학자는 아니었지만, 위대한 철학자로서 피타고라스학파의 수에 대한 철학을 계승했다. 수학에 대한 플라톤의 열정 덕분에 주전 4세기의 아테네는 세계적인 수학의 중심지가 되었고, 플라톤의 아카데미아Ἀκαδημία, BC 387년에 설립는 고대 세계에서 유독수스Eudoxus, BC 408~355와 유클리드Euclid, fl. BC 300 등의 탁월한 수학자들을 배출했다.

이에 비해 플라톤의 제자였던 아리스토텔레스는 수학적 특성과 형태는 물리적 실재를 추상화한 것이라고 보았다. 나아가 세계는 고유한 경향과 계속적인 변형을 통해 목적론적으로 발전한다고 보았기 때문에 수학적 기술로부터 벗어난다고 생각했다. 그래서 아리스토텔레스는 물리학을 연구함에 있어서 수학을 도구로 사용하기보다는 철학을 도구로 사용하였다.

근대에 이르러 자연을 연구하는 데서 수리적 전통을 강조했던 대표적인 수학자는 프랑스의 데카르트였다. 그는 "내 생각에 자연에서의 모든 일들은 수학적인 방법으로 일어난다."라고 말했다. 이러한 수리적 자연관은 과학혁명의 촛불을 밝혔던 코페르니쿠스로부터 과학혁명을 완성했던 뉴턴에 이르기까지 과학혁명기 과학자들에게서 공통적으로 볼 수 있었다.[2]

2. 종교개혁자들과 기계론적 자연관

수리적 자연관의 등장과 더불어 과학혁명기에 등장한 또 하나의 중요한 조류는 기계론적 자연관의 등장이었다. 기계론적 철학의 역사적 뿌리는 원자론이었다.[3] 1417년에 로마의 시인이자 철학자였던 루크레티우스Lucretius, BC 99~55의 『사물의 본성에 관하여De rerum natura』가 재발견됨으로써 르네상스 원자론 철학이 기계론적 철학의 뿌리가 되었음이 증

명되었다.[4]

주전 5세기경에 살았던 루키푸스Leucippus와 그의 제자 데모크리투스 Democritus, BC c.460~c.370, 에피쿠로스Epicurus, BC 341~270, 루크레티우스 등의 고대 원자론에 의하면, 원자는 창조되지 않으며 영원하다. 신들은 원자가 모여 생성되며 원자가 자연에 합리적인 질서와 목적을 정한다고 보았다. 다른 고대 자연철학자들과는 달리 원자론자들은 세계에 합리성이나 존재 목적에 대한 근거를 제공하지 않았다.

기계론적 철학은 원자론적 전통에 기초하고 있었다. "물질은 수동적이다matter is passive."라는 가정에 근거한 기계론적 자연관에서는 물질은 활동적이지도active 내적인 힘을 갖지도 않으며, 외적 법칙에 의해서만 조절된다고 보았다. 이런 견해는 아리스토텔레스의 관점으로부터 벗어나는 것이었다. 실제로 케플러, 갈릴레오, 데카르트, 네덜란드의 스테빈 Simon Stevin, 1548~1620 등의 발견은 자연을 외부의 수학법칙에 의해 지배되는 불활성 물질 입자들의 집합으로 볼 수 있다는 근거를 제공하였다.

(1) 물질의 수동성과 하나님의 절대주권

흥미롭게도 이러한 기계론적 자연관은 종교개혁자들의 신학과 무관하지 않았다.[5] 종교개혁자들은 고대 원자론에다가 우주의 입법자로서의 하나님을 도입하였다. 칼뱅과 루터는 기계론적 철학에서 물질계의 수동성과 종교개혁 사상에서 하나님의 절대주권 사상을 관련지었다. 개혁주의자들은 하나님이 절대 주권적인 분이시라면 물질 속에 능동적 능력 active power이 없으며, 같은 맥락에서 인간이 하나님의 구원의 섭리에 기여하는 바가 없음을 받아들이는 것이 하나님의 주권을 회복하는 것이라고 보았다. 이것은 구속 사역에서 인간이 하나님께 협력한다는 중세적인 개념을 배격하는 것이었다.

종교개혁자들이 보기에 아리스토텔레스 사상과 스콜라 신학은 인간의 능력을 과대평가하고 하나님의 은혜를 축소시키려고 했다. 중세의 아퀴나스 신학은 구원에 있어서 인간도 적극적으로 참여해야 한다고 보았지만, 루터가 보기에 이것은 하나님의 은혜의 충분성을 훼손하는 것이었다. 개혁주의자들은 "모든 것은 하나님이 하시고 인간은 아무 것도 하지 않는다."라고 생각했다.[6] 루터는 인간은 자력으로 의롭게 될 수 없으며, 하나님이 그리스도 안에서 이루셨음을 믿음으로 의롭게 된다고 주장하였다. 그는 '능동적 의active righteousness'와 '수동적 의passive righteousness'를 구분하면서 복음은 오로지 인간의 수동적 의에만 의존한다고 하였다. 이런 루터의 사상은, 자연은 스스로를 만들거나 발전할 수 없으며 세계의 내적 능력과 목적은 하나님의 독점적이고 주권적인 섭리를 훼손하는 것이라고 본 기계론자들의 자연관과 일맥상통하였다.[7] 하나님의 능력과 수동적 자연에 대한 개혁주의자들의 이해는 전적으로 일치하는 것이었다.

루터와 칼뱅은 하나님과 피조세계의 관계에 관하여 가장 중요한 부분을 공유하고 있었다.[8] 즉 두 사람 다 '무로부터의 창조creatio ex nihilo'를 확고히 믿고 있었다. 하나님보다 선재先在하는 물질은 없으며, 하나님은 말씀으로 무에서 만물을 만드셨다. 그리고 피조세계는 하나님의 부단한 섭리가 없이는, "그분의 능력의 말씀으로 만물을 붙드시"지 않으면 설 수 없다고 믿었다히1:3. 하나님의 창조creation와 인간의 번성procreation이 있었기 때문에 피조세계는 존재하게 되었다고 믿었다. 피조세계의 유일한 활동원리는 하나님의 명령 혹은 말씀이며 자연은 수동적이라고 주장함으로써 개혁주의자들은 아리스토텔레스의 운동, 변화의 원리로서의 자연이라는 정의에 반대하였다. 루터와 칼뱅이 보기에 사물의 목적과 행동은 전적으로 하나님의 의지에 달려있었다.

(2) 기독교 과학자들과 기계론적 자연관

기계론적 자연관은 종교개혁자들에게만이 아니라 기독교 신앙을 가졌던 과학혁명기의 과학자들에게도 지대한 영향을 미쳤다. 대표적인 몇몇 인물들을 살펴보면 다음과 같다.[9]

첫째, 근대 원자론을 창시했다고 하는 프랑스의 신부이자 물리학자요 수학자인 가상디Pierre Gassendi, 1592~1655이다. 그는 고대 원자론이 부활하는 데 가장 큰 영향을 미친 에피쿠로스를 따랐으며 아리스토텔레스에 반대하였다. 그러나 그는 에피쿠로스와는 달리 물질 내에 어떤 내적 동기가 존재한다고 주장하지는 않았다. 그는 하나님이 세계를 창조하실 때에 원자에 운동을 부여했다고 주장하면서 자연의 독립성을 극복하였다.

<그림 8-1> 좌로부터 가상디, 보일, 찰톤, 뉴턴

둘째, 기계론적 철학에 깊은 영향을 받은 사람은 아일랜드 출신의 영국 자연철학자이자 물리학자요 화학자였던 보일Robert Boyle, 1627~1691이다. 기체의 양과 온도가 일정하면, 압력P과 부피V는 서로 반비례한다PV=일정는 보일의 법칙으로 널리 알려진 보일은 기계론적 철학의 열정적인 옹호자였다. 그는 아리스토텔레스의 '자연' 개념을 비판하고, 창조자와

피조물의 분명한 구별은 기독교 신앙의 근본이라고 주장하였다.[10]

셋째, 영국의 자연철학자이자 작가인 찰톤Walter Charleton, 1619~1707이다. "에피쿠로스 사상을 영국에 전달하는 주된 통로"라고 불렸던 찰톤은 고대 원자론의 여러 가지 가능성들을 종교적으로 받아들일 수 있는 자연철학으로 보았다.[11] 그는 무감각한 원자나 수동적 물질은 세계 내의 질서와 활동성을 설명하지 못하며, 따라서 하나님이 없는 세상은 불가능하다고 추론하였다.

넷째, 근대역학 체계를 완성한 뉴턴Isaac Newton이다. 그는 케임브리지에 있는 동안 보일, 가상디, 찰톤의 글들을 읽었다. 그는 이들의 영향을 받았으면서도 가상디와 찰톤이 주장한 하나님으로부터 독립된 공간론을 비판했다. 뉴턴은 공간은 실체도, 가상적인 것도 아니며 하나님이 창조하신 것이므로 하나님으로부터 독립된 것으로 보아서는 이해할 수 없다고 했다. 자연의 완전한 수동성과 세계 속에서 하나님의 활동의 독점성이라는 뉴턴의 관점은 개혁주의자들의 견해와 완전히 일치했다.[12]

뉴턴은 자연현상을 두 가지의 기본 원리로 나누었다. 하나는 물질과 관련된 '수동적 원리Passive Principle'로서 이 원리만 주어진다면 세계는 형성될 수도, 유지될 수도 없을 것이다. 그리고 다른 하나는 '능동적 원리 Active Principle'로서 이는 하나님의 섭리와 관련되며 이 원리에 의해 세계는 유지하고 생명이 이어진다. 뉴턴에 의하면, 자연은 그 자체로서는 무생명 세계이지만 하나님의 생기life가 투입된 것이다. 무감각하고 불활성인 물질에 생명력을 부여하는 이 '능동적 원리'는 하나님의 주권적 능력을 보여준다. 뉴턴의 과학에서는 이 세계를 은혜로 유지시키는 창조주를 필요로 한다. 즉 뉴턴은 기계론적 세계관이 하나님의 영광의 분명한 증거를 보여준다고 보았다.

3. 회의주의자 데카르트

과학혁명기에 있어서 기계론적 세계관과 관련하여 뉴턴보다 먼저 살았던 중요한 인물은 데카르트Rene Descartes, 1596~1650이다. 그의 학문에서 우리는 두 가지를 주목해야 한다. 하나는 그가 모든 신념, 아이디어, 생각, 중요성을 의심 혹은 회의에 두었다는 점이고, 다른 하나는 기계론적 철학mechanical philosophy이다.

첫째, 반항적 회의자Reluctant Skeptic로서 데카르트는 체계적 의심systematic doubt을 자신의 학문적 방법론으로 채택하였다. 그는 "당신이 정말 진리를 추구하는 사람이라면 적어도 일생에 한 번은 모든 것들을 가능한 한 널리 의심해야 한다."라고 하면서,[13] 지식에 대한 어떤 근거나 추리도 거짓일 수 있다고 보았다. 지식의 초기 상태인 감각적 경험은 잘못되었을 확률이 높기 때문에 의심되어야 한다. 그는 자신의 존재조차도 의심의 방법을 적용해야 한다고 생각했는데, 여기서 "나는 생각한다, 고로 존재한다Cogito ergo sum."라는 명제가 탄생되었다.[14] 즉 그는 자신의 존

<그림 8-2> 데카르트와 『방법서설』

재까지 의심하려고 했지만 자신이 존재하지 않는다면 의심할 수 없기 때문에, 의심하고 있는 자신이 존재한다는 사실은 의심할 수 없음을 깨달았던 것이다.

하지만 그는 학문 방법으로 조직적 회의를 제시함으로써 학문에서 종교를 배제시켰다. 그는 회의의 과정에서 신앙적 부분을 제거하고 객관적 방법을 도입하고자 시도하였다. 그는 자연철학, 즉 과학의 목적은 기적에 대해 물리적으로 설명하는 것이라고 생각했다. 하지만 그는 그렇게 하는 것이 새로운 '신앙'이라는 사실은 미처 깨닫지 못했다.[15]

둘째, 데카르트는 기계론적 철학을 제시하면서 세상을 보는 우리의 방식을 새롭게 규정했다. 그는 육체를 일종의 기계로 간주하여 운동현상에 대한 기계론적 설명을 내세웠다. 모든 동작과 운동을 기계론적으로 설명하는 그의 방식은 근대적 생리학에 큰 영향을 끼쳤다. 결국 그는 자연에서 영혼을 제거시켜 중세적 자연관을 밀어내고 기계론적 세계관을 정당화함으로써 자연계의 만물을 물체의 위치와 운동으로 설명 가능한 것으로 만드는 데 크게 기여했다. 그의 기계론적 철학은 후에 자연주의적이고 유물론적인 과학의 기초가 되었다.[16]

데카르트의 기계론적 이상을 실현시키고 과학혁명을 완성한 사람은 뉴턴이었다. 데카르트와 같이 뉴턴도 자연 현상의 기본을 운동으로 이해했지만, 뉴턴은 운동을 표현하는 방식에서는 데카르트보다 한 걸음 더 나아가 입자의 운동을 수학적으로, 정량적으로 분석했다. 뉴턴은 힘을 운동의 원인으로 설정하고, 힘의 수학적인 표현을 찾아내고, 거기서부터 가속도, 속도, 물체의 움직이는 궤적 등을 계산하는 역학 체계를 세웠다. 뉴턴은 데카르트를 뛰어넘었지만, 근본적인 부분에서는 데카르트와 공유하는 부분이 많았다. 복잡한 자연을 단순하게 분해해서 이해하는 방식이나 운동을 수학적인 언어로 풀어내려고 했던 점 등은 두 사람 모두의 공통점이었다.

기계론적 철학에서는 자연이 눈에 보이지 않는 미세한 물질로 이루어져 있다고 보았다. 그리고 자연 현상이란 이런 물질들의 운동에 의해서 일어나며, 각종 자연 현상들을 미세한 물질들의 충돌로 설명했다. 앞에서 르네상스 자연주의자들이 자석을 공감, 반감을 이용해서 설명했던 것에 비해 데카르트의 기계론적 철학에서는 입자와 운동이라는 개념을 이용해서 설명한다. 데카르트는 자연을 합리적이고 명쾌하게 이해가 가능한 대상으로 보았다.

기계론적 철학에서는 생명체와 비생명체의 구분조차 불필요했다. 데카르트에게 자연은 단지 기계에 불과했으며, 그 자체의 목적이나 비물질적 생명은 존재하지 않았다. 그는 자연에서 영혼을 제거하여 중세적 자연관을 밀어내고 기계론적 세계관을 정당화했다. 그에게서 자연은 기계적 법칙에 따라 움직인다. 따라서 자연계에서 물체는 위치와 운동만으로 설명 가능하다고 보았다. 이처럼 데카르트는 과학혁명의 기본 구조를 만들었지만, "자연은 정확한 수학적 법칙에 의해 지배되는 완전한 기계"라는 그의 생각은 일생동안 증명할 수 없는 하나의 가설로 남아있었다.

데카르트의 사상은 언뜻 보기에 무신론이나 유물론을 연상시키는 것 같지만, 사실 그는 자신의 인식론의 기초를 하나님의 존재를 인정하는 것으로 생각했다. 물론 그의 하나님은 철학의 하나님이었지 인격적 하나님은 아닌 것으로 보인다. 그는 우주에서 운동법칙으로 지배되는 물리적 필연성이 세계의 원인이라고 생각하면서 이 세계를 유지하는 법칙을 규정하는 자로서 하나님이 필요하다고 생각했다. 즉 그는 자신의 보혈로 인류를 구원하시는 하나님이 아니라 세계의 존재를 위한 논리적이고 철학적인 필연의 하나님을 찾았던 것이다.

데카르트의 기독교 신앙은 지금까지도 논쟁거리이다. 그 시대 많은 사람들이 보기에 데카르트는 이원론자 내지 무신론자로 보였을 것이다. 같은 시대를 살았던 파스칼Blaise Pascal, 1623~1662조차 "데카르트를 용서할 수 없다. 데카르트는 신 없이 지내기 위해서 최선을 다했다."라고 했다. 하지만 데카르트는 형이상학에 관한 저서 『제1철학에 관한 성찰Meditationes de prima philosophia』1641의 목적 중 하나가 기독교 신앙을 옹호하기 위한 것이라고 하면서 자신을 가톨릭 신자라고 했다. 데카르트의 전기를 쓴 고크로져Steven Gaukroger는 데카르트 전기에서 그가 죽는 날까지 진리를 발견하기 위한 단호하고, 열정적인 열망과 함께 로마 가톨릭 교회에 깊은 종교적 믿음을 가졌다고 기술하고 있다.[17]

4. 기독교와 뉴턴주의 세계관

17세기 영국의 정치적, 경제적 상황은 프랑스와는 다른 과학을 만들어가고 있었다. 1688~89년에 일어난 명예혁명名譽革命, Glorious Revolution을 통해 영국에서는 지주계급과 상인계급들이 권력을 잡았다.[18] 이들에게 영향을 미친 기독교는 1630~40년대의 칼뱅주의가 아니라 자유주의적인 국교회였다. 그 선구자격인 모어Henry More, 1614~1687, 컬워쓰Ralph Cudworth, 1617~1688 등 케임브리지 플라톤주의자들The Cambridge Platonists이[19] 뉴턴에게 영향을 끼쳐서 그로 하여금 평화주의적, 반칼뱅주의적, 천년왕국주의적, 반유물론적 기독교 신앙을 갖게 하였다.[20] 이런 지적 분위기의 케임브리지에서 양성된 성직자들은 17세기의 새로운 과학을 이용하여 자유주의적인 신앙을 전파했다. 그들에게 과학은 자연에 내재된 조화, 하나님에 의해 결정된 조화를 증명해주는 역할을 했다.[21]

이러한 상황 가운데 과학 분야에서 두각을 드러내기 시작한 이들은 영국 개신교인들이었다. 17세기 영국 개신교인들은 전통적인 기독교 신앙과 배치되지 않는 한 새로운 과학을 받아들였다. 특히 개혁주의자들은 기계론자들의 견해를 환영하지는 않았지만, 물질의 수동성passivity이 갖는 신학적 함의만큼은 받아들였다. 그리고 그리스도인 과학자들도 교회와 신앙을 보호하기 위해 자연철학의 내용을 수정하고 이의 유물론적 경향을 배제하였다. 그러나 그와 동시에 과학도 잘만 이해하면 종교의 도움이 없이 실재를 잘 설명할 수 있으리라는 생각이 싹트기 시작했다. 이러한 기계론적 철학은 후에 이신론으로, 그리고 무신론으로, 18세기 유럽의 계몽주의로 나아갔다. 그 출발점에 있었던 중요한 사건이 '보일 강의'였다.

(1) 보일 강의

1692년 1월부터 벤틀리Richard Bentley, 1692, 1694, 클락Samuel Clarke, 1704~1705, 데르함William Derham, 1711~1712, 휘스톤William Whiston, 1707 등의 초기 뉴턴주의자들에 의해 보일Robert Boyle, 1627~1691의 이름을 딴 '보일 강의 The Boyle Lecture'가 매년 8회 개최되었다. 뉴턴의 자연철학은 뉴턴의 기대와는 달리 당시 자유주의적이고 관대하고 현학적인 기독교와 이신론적 성향을 가진 자연 종교의 기반이 되었다. 하지만 초기 뉴턴주의자들이 이신론에 완전히 빠지지 않은 것은 뉴턴 자신의 적극적인 역할 때문이었다. 뉴턴은 자신이 천체물리학 분야에서 발견한 것을 통해 드러난 자연 법칙의 보편적 특성은 '하나님의 설계'를 잘 보여주리라고 기대했다.[22]

하지만 18세기 뉴턴주의는 오래지 않아 이신론으로 변질되었다는 비난에 직면하게 되었다. 이런 비난은 초기 뉴턴주의자가 아니라 주로 2대 뉴턴주의자들에게 쏟아졌다. 이들은 1720년대 휘그당의 과두정치 시절에 등장한 과학자와 사상가들로서 새로운 문화 단체들과 철학체계를 설립하였다.[23] 그중 하나가 1717년에 런던에서 결성된 '프리메이슨 Freemasonry'이라는 비밀 결사였다. 이 단체는 처음에는 기술자들의 조합으로 시작했으나 휘그당원들과 뉴턴주의자들에 의해 점차 귀족들의 친목 단체가 되어갔다. 그들은 종교적인 관대함, 베이컨적 경험주의, 법 중심의 정부 등을 지향하였다.[24]

런던에 있는 프리메이슨 본부는 당시의 지식인들이 새로운 과학을 배우고 조물주의 솜씨에 간접적으로 참여함으로써 조물주를 경배하는 장소가 되어갔다. 여기에서는 개인적인 견해는 별로 중요하지 않았기 때문에 18세기 프리메이슨에서는 뉴턴주의자를 비롯하여 범신론자, 유물론자, 이신론자들이 자연스럽게 어울렸다. 2대 뉴턴주의자였던 미국 펨버턴John Stith Pemberton, 1831~1888은 아예 이신론화된 뉴턴주의를 주장했다. 이처럼 이신론화된 뉴턴주의는 프랑스 계몽주의자 볼테르Voltaire, François-Marie Arouet 1694~1778나 네덜란드 수학자 그라베상데Willem Jacob's Gravesande, 1688~1742와 같이 딱딱한 교리에 흥미를 잃은 유럽 식자들에게 널리 받아들여졌다. 그 결과 유럽에는 교리나 신조, 성직자들의 권위에 대한 믿음보다는 우주의 질서에 대한 믿음이 더욱 매력적인 것이 되는 세대가 등장하게 되었다.

(2) 뉴턴주의에 대한 기독교인들의 반발

하지만 이신론화된 뉴턴주의에 대한 반발도 적지 않았다. 18세기 중엽부터 영국 개신교인 사이에서는 이신론과 유물론의 득세, 공적·사적인 도덕의 부패, 정치적 부패 등의 원인이 바로 자유주의적인 국교회와 과학을 기반으로 하는 자연신학이라는 생각이 확산되었다. 열심 있는 감리교인들과 케임브리지 대학 사람들도 종교와 과학의 동맹관계를 비난하였다. 체인George Cheyne, 1672~1743 같은 사람은 처음에는 '하나님의 설계'를 굳게 믿는 열렬한 뉴턴주의자 의사였으나, 1730년대부터 당시 국가의 부패 원인이 '지나친 자유주의자들' 때문이라고 생각하게 되어 감리교인이 되었다. 이처럼 하나님과 멀어진 새로운 과학을 반대하는 경향은 18세기의 유럽 전체에 크게 유행하였다.[25] 그러나 여전히 세상은 진보적인 휘그당원들이 득세하고 있었기 때문에 보수적인 토리당원들은 18세기 말까지 목소리를 높이지 못했다.[26]

반뉴턴주의자였던 독일의 호른Georg Horn, 1620~1670과 같은 사람들은 뉴턴주의적 자연신학의 중심부에 깔려있는 체제 유지적인 사회사상을 정확히 간파하였다. 그러나 뉴턴주의자들, 즉 과학을 기반으로 하는 자유주의적인 국교회를 배경으로 하고 있던 사람들은 19세기 다윈주의가 등장할 때까지는 별로 영향을 받지 않았다. 1690년대부터 시작하여 근한 세기 동안 뉴턴 과학은 산업혁명을 포함하여 급격히 발전하는 산업사회에서 정치적 안정을 유지하고 종교적 관대함을 가능하게 하는 기독교 정신의 기초 역할을 했다.

4. 라플라스와 기계론적 우주

영국에 있는 뉴턴주의자들에 이어 기계론적 우주론을 유럽 대륙으로 확산시키는 데 큰 역할을 한 사람은 프랑스의 수학자이자 천문학자, 물리학자인 라플라스Pierre-Simon Laplace, 1749~1827였다.

(1) 라플라스

라플라스는 1749년에 프랑스 노르망디Normandy 지방에서 사이다 사업으로 돈을 번 아버지 피에르 라플라스Pierre Laplace와 뚜르제빌Tourgeville에 땅을 소유한 부유한 집의 딸 마리-안느 쇼숑Marie-Anne Sochon 사이에서 태어났다. 라플라스는 7~16세까지는 베네딕트 수도원 학교Benedictine priory school in Beaumont-en-Auge를 다녔으며, 그의 아버지는 아들이 목사가 되기를 기대했다. 16세에 라플라스는 카엔 대학Caen University에 입학했지만, 그는 여전히 목사가 되기를 바랐기 때문에 신학과에 등록했다. 그러나 카엔 대학에서 보낸 첫 2년 동안 라플라스는 자신이 수학에 재능과 흥미가 있음을 발견하였다. 그래서 그는 졸업하지 않고 그 대학 교수인 르카뉘Le Canu의 추천서를 들고 파리의 달랑베르Jean le Rond d'Alembert, 1717~1783를 찾아갔다. 재빨리 그의 탁월한 재능을 알아본 달랑베르의 도움으로 라플라스는 군사학교Ecole Militaire 교수로 임명되었다.[27]

이때부터 라플라스의 연구가 본격적으로 시작되었다. 1770년 3월 28일, 약관 21세의 나이로 파리과학아카데미Academie des Sciences in Paris에서 처음으로 수학 논문을 발표한 이래 그는 탁월한 수학 논문들을 줄기차게 발표했다. 두 차례의 낙선 후, 그는 1773년 3월 31일에 과학아카데미 회원으로 선출되었으며, 첫 논문을 발표한 이래 불과 3년 동안 13편의 탁월한 논문을 과학아카데미에서 발표하였다. 때문에 이미 1780년대에 라플라스는 당대 최고의 학자로서 인정받았지만, 아쉽게도 동료들과의 관계는 그리 좋지 않았다.

1784년에 라플라스는 왕립포병대Royal Artillery Corps의 시험관으로 선출되었으며, 1785년에 시험관으로서 당시 16세였던 나폴레옹 보나파르트Napoleon Bonaparte, 1769~1821를 합격시켰다. 시험관에 있는 동안 그는 정부 고관들에게 널리 알려지게 되었고, 많은 위원회에서 활발하게 일했다. 1785년에 라플라스는 과학아카데미의 선임연구원으로 승진하였다. 1788년 5월 15일, 39세의 라플라스는 당시 19세인 마리-샬롯트 로망제Marie-Charlotte de Courty de Romanges와 결혼하여 두 명의 자녀를 두었다.

승승장구하던 라플라스였지만, 그도 프랑스혁명의 광풍을 피하지는 못했다. 다행히 1793년, 로베스피에르Maximilien Robespierre, 1758~1794의 공포정치Reign of Terror가 시작되기 직전에 라플라스는 가족들을 데리고 파리를 탈출하여 남동쪽 50㎞ 떨어진 곳에 기거하였다. 이로 인해 1794년 5월에 콩코드 광장 단두대斷頭臺, guillotine의 이슬로 사라진 화학자 라부아지에Antoine-Laurent de Lavoisier, 1743~1794의 전철을 밟지 않을 수 있었다. 그 후 1795년에 사범학교Ecole Normale가 설립되자 라플라스는 여기서 수학을 가르쳤다. 또한 같은 해에 라플라스는 라그랑제와 더불어 과학아카데미를 국립과학예술원Institut National des Sciences et des Arts으로 개명하여 다시 문을 여는 데 참여하였다.

(2) 라플라스의 우주론

라플라스는 1796년에 전 5권으로 된 『세계체계 요론Exposition du systeme du monde』의 마지막 권에서 유명한 성운가설nebular hypothesis을 발표했다. 이 이론에 의하면, 태양계는 크고 평평한, 그러면서도 크고 납작하게 소용돌이치며 빛나는 기체가 냉각, 응축하여 만들어졌다. 이 이론은 지금까지 우주의 창조에 관해서는 창세기 기록만을 접했던 사람들에

게는 가히 충격적이었다. 『세계체계』는 3년 뒤에 출판된 라플라스의 가
장 중요한 업적인 『천체역학 논총Traite du Mecanique Celeste』의 서론격인 책
이었다.

<그림 8-3> 라플라스와 『천체역학 논총』

　　과학사에서 라플라스의 위치를 정하는 것은 쉽지 않다. 그는 갈릴레
오와 같이 논쟁적이고 다른 사람들과 잘 다투는 사람으로 알려져 있었지
만, 그에 대해 기록된 자료가 별로 없다. 그러므로 라플라스에 대한 연구
는 그가 남긴 여러 가지 글들을 통해 연구할 수밖에 없다. 그런데 그의 글
들에도 자신의 신앙이나 신앙과 연구, 혹은 하나님 등에 대한 언급이 거
의 나타나지 않는다. 이런 점이 도리어 라플라스를 연구하는 열쇠가 되
기도 한다. 정말 라플라스가 하나님을 불필요한 가설로 보았다면, 그는
하나님의 문제를 전혀 다룰 필요를 느끼지 않았을 것이기 때문이다.[28]
　　라플라스의 신앙에 대해 추측할 수 있는 것은 그가 『세계체계』를 출
간한 직후 엘리제궁에서 나폴레옹과 나눈 대화이다.[29]

나폴레옹: "라플라스씨, 사람들이 내게 당신이 우주의 구조에 대
　　　　　 한 큰 책『세계체계』을 썼다고 하는데, 그 책에서 창조주라
　　　　　 는 말을 언급조차 하지 않았다고 하던데요."
라플라스: "저는 이런 가설을 할 필요가 없었습니다."

　라플라스가 우주를 연구하는 데 하나님의 존재를 가정할 필요가 없다
고 말했다는 사실이 그에 관해 여러 가지를 추측하게 할뿐이다. 근대 과
학의 역사에 족적을 남긴 중요한 학자가 하나님의 존재를 가정하는 것이
불필요하다면서 하나님에 대해 침묵하고 있는 것은 지적 역사에 일어난
중요한 변화라고 볼 수 있다.

(3) 천문학에서의 진보[30]

　라플라스가 태어나던 1749년경에는 이미 세계의 체계에 대한 뉴턴
의 대부분의 주장들이 과학 공동체에서 확고한 위치를 얻고 있었다. 뉴
턴의 운동법칙들은 스위스 수학자이자 물리학자요 천문학자인 오일러
Leonhard Euler, 1707~1783에 의해 수학적으로 간결하게 표현될 수 있게 되었
다. 만유인력의 개념은 때때로 데카르트주의자들에 의해 도전을 받았지
만, 유효한 가설로 자리를 굳혀가고 있었다.[31]

　1760년대에 라플라스가 노르망디에서 표준적인 교육을 받고 있는 동
안 뉴턴의 『프린키피아』와 이어지는 논문들이 만족스럽게 해결하지 못
하는 문제들이 두 가지 있었다. 하나는 지구 축의 다양한 운동에 대한 정
확한 계산이었고, 다른 하나는 달의 운동에 관한 정확한 이론이었다. 라
플라스는 천문학자들이 천체역학 분야에 남아있는 이 두 가지 수수께끼
들을 풀려고 고심하던 시대에 자라났다.

1786년 5월과 7월에 '파리과학아카데미'에 제출된 라플라스의 가장 뛰어난 천문학적 업적은 목성의 가속이 토성의 감속에 의해 균형이 잡혀지고 약 900년 후에는 그것이 반전될 것이라는 수학적 예측이었다. 이로써 지금까지 태양계의 역학을 이해하는 데 걸림돌이 되었던 것이 제거되었다. 이어 라플라스는 뉴턴의 원리들만으로도 태양계의 운행을 이해하는 데 충분하다는 가정 하에 『천체역학』을 발표하였다. 이것은 태양계의 안정성을 밝힌 것으로서 그가 나폴레옹 앞에서 하나님의 존재를 가정해야 할 필요가 없다고 주장한 근거가 되는 저서였다. 그러나 많은 천문학자들이나 우주론자들은 라플라스가 그 책을 출간하기 오래 전에 이미 자신들의 연구에서 창조주 개념을 버렸기 때문에 라플라스의 논문은 큰 반향을 불러일으키지는 못했다!

(4) 계몽주의와 라플라스의 무신론

대부분의 학자들이 동의하는 바와 같이 전반적으로 계몽주의는 전통적 기독교의 생명력을 약화시키는 운동이었다. 특히 라플라스가 성장한 프랑스에서는 그 운동이 다른 어떤 곳보다 더 분명했고 또한 널리 퍼졌다. 이러한 풍조 속에서 18세기 전반기에는 미신과 이방철학 등에 대한 공격과 함께 성경에 대한 혹독한 자유주의적 역사 비평 작업들이 등장하였다. 전통적인 기독교에 대항하는 다양한 자유주의 사상가들이 출현했으며, 이러한 논의는 상당 부분 당시의 과학적 업적들과 연관되어 있었다. 과학혁명기의 중요 과학자들의 연구 동기가 되었던 기독교 신앙이 계몽주의 과학자들에 의해서는 도리어 공격의 대상이 되었다.[32]

그 대표적인 학자가 바로 라플라스였다. 『천체역학』 등을 통해 드러난 것처럼 그는 우주의 기계적 결정론을 믿었다. 그래서 그는 "자연 체계의 현재 상태는 분명히 그것이 진행하는 순간의 결과이다. 그리고 만일 우리가 주어진 순간과 우주의 존재와 모든 관련된 것들을 알게 된다면 과거와 미래의 그들의 운동, 그리고 일반적인 영향을 결정할 수도 있다." 라고 했다.[33]

라플라스의 결정론과 무신론적 확신은 그의 성운론에서도 볼 수 있다. 그는 우주기원론의 문제를 자신의 천문학 선생이었던 가드블레 Christophe Gadbled, 1734~1782를 통해 알게 되었다. 그 후 그는 유물론자들 및 무신론자들과 교류하면서 자신의 이론을 개발시켜갔으며, 결국에는 무신론적이고 유물론적인 성운설에 도달했다. 태양계의 기원과 다른 태양계 존재 가능성에 관한 라플라스의 견해는 19세기에 널리 퍼졌으며, 이는 신학자들과 철학자들, 그리고 과학자들 사이에서 뜨거운 토론을 일으켰다. 라플라스의 무신론적 주장은 종교와 과학의 관계에 대한 새로운 지평을 열었다.

라플라스의 무신론적 성향은 하루아침에 이루어진 것이 아니었다. 그는 이미 1795년에 파리 사범학교Ecole normal의 수학 강의에서 하나님의 존재를 증명하려고 시도했던 독일의 철학자이자 수학자인 라이프니츠 Gottfried Wilhelm Leibniz, 1646~1716를 조롱했다. 1802년에는 나폴레옹Napoleon Bonaparte 앞에서 "자연적 원인의 체인은 놀라운 [세계] 체계의 구조와 보존을 설명할 것"이라고 주장했다. 마지막으로 『세계체계 요론』의 1813년 판에서 그는 노골적으로 전통적 기독교 견해로부터 자신을 멀리하면서 뉴턴의 신앙을 비난했다. "여기서 내가 말하지 않을 수 없는 것은 어째서 뉴턴이 이 시점에서 그렇지 않으면 훨씬 더 효과적으로 사용할 수 있었던 방법을 옆으로 비켜갔는지 하는 점이다." 다시 말해 라플라스는 뉴턴이 자연세계의 영역에서 하나님의 개념을 도입하지 않았더라면 더욱 더 많은 것들을 발견할 수 있었을 텐데 왜 하나님을 가정했는지 도무지 알 수 없다는 말이었다.

(5) 철학과 신학으로부터의 자유

18세기가 끝날 무렵에 이르러 라플라스는 이미 많은 사람들에 의해 무신론 과학자의 전형으로 인식되기 시작했다. 1800년에 그는 『무신론자 사전Dictionnaire athees』에서 가장 유명한 무신론자의 한 사람으로 등재되었다. 그는 자연 연구에서 종교를 배제했고, 자연에 대한 지식으로부터 유도된 어떤 신적 요소에 관해서도 회의적이었다. 그는 기독교나 다른 형이상학적인 사상의 체계보다 명백한 증거와 계산을 중시했다. 그는 기독교나 전통적인 철학으로부터 자신의 생각을 자유롭게 함으로써 철학과 신학에 관해 완전히 새로운 의미를 만들어낼 수 있다고 믿었다.[34]

계몽주의 역사가들은 라플라스가 출생한 18세기 중엽을 중요한 지적 관심의 변화기로 보았다. 프랑스의 콩디약Étienne Bonnot de Condillac, 1714~1780과 스코틀랜드의 흄David Hume, 1711~1776은 경험주의 인식론을 제시했고, 뷔퐁Georges-Louis Leclerc de Buffon, 1707~1788은 진화론적 사고에 바탕을 둔 『자연의 역사Histoire naturelle』를 출판했다. 프랑스에서 실증주의 선구자가 된 달랑베르와 디드로Denis Diderot, 1713~1784는 『백과전서 Encyclopedie』를 편찬하였다.[35]

하지만 라플라스를 비롯한 계몽주의자들은 학문이 철학과 신학으로부터 자유하게 되면 다른 철학과 신학의 지배를 받게 된다는 사실을 간과했다. 라플라스는 전통적인 철학과 기독교 신학을 의도적으로 거부함으로써 철학과 신학 그 자체로부터 자유하게 된 것이 아니라, 그 시대를 풍미하고 있었던 새로운 유물론적 철학과 무신론적 신학의 우산 아래로 들어갔다. 라플라스는 인간은 흘러가는 강물 위에서 배를 타고 있는 것 같아서 가만히 있게 되면 그 시대를 지배하고 있는 강물의 흐름을 따라 가게 된다는 점을 다시 한 번 우리에게 보여주었다.

5. 기계론적 생명관

역학이나 천문학에서 시작된 기계론적 세계관의 영향은 오래지 않아 물리학이나 우주론의 영역에만 머물지 않고 생명에 대한 연구 분야로 확 장되었다. 아래에서는 기계론적 생명관의 역사를 간단히 살펴보고 이것 이 창조론이나 기독교세계관에 미친 영향을 살펴보고자 한다.

(1) 고대와 중세의 생명관[36]
고대인들은 동물과 같은 생명체에는 '영혼'이 내재한다고 생각하 였다. 플라톤은 인간의 영혼이 불멸한다고 보았으며, 아리스토텔레스 Aristoteles, BC 384~322는 모든 생명체에 존재하는 '영혼'에 관한 이론을 주 장하였다. 그래서 그는 식물혼, 동물혼, 유전되지 않고 외부로부터 오는 인간혼 등으로 나누었다. 아리스토텔레스는 인간의 경우에는 이성을 가 졌다는 점이 독특하다고 주장했다.

최초의 생명에 관한 자연발생설Theory of Spontaneous Generation도 역시 고 대 그리스인들에 의해 제안되었다. 이오니아Ionia 학파의 탈레스Thales나 그의 제자 아낙시만드로스Anaximandros와 같은 자연철학자들은 생물은 열과 공기와 태양에 의하여 진흙에서 우연히 발생하였다고 하였다. 아리 스토텔레스도 『동물지Historia animalium』에서 건조하면서도 축축하거나 축축하면서도 건조한 것으로부터 생명이 발생한다고 했다. 그는 무척추동물을 위시하여 뱀장어, 개구리, 쥐에 이르기까지 자연발생 한다고 주장하였다. 그 후 그의 제자들은 아무런 실험이나 관찰의 근거도 없이 자연발생에 대한 스승의 신앙을 점점 더 공고하게 만들었다. 그래서 아리스토텔레스로부터 근 2000년 동안 유럽에서는 간단한 생명체의 자연발생을 의심하지 않았다.

이런 그리스인들의 생명관은 폭넓게 중세 그리스도인들에게 수용되었다. 아리스토텔레스의 자연철학에서 영혼은 자연의 질서를 유지하고 생명체를 자연환경에 적응시키는 역할을 하였으므로 목적인Final Cause: 최종적인 목적을 파악하는 것이 과학탐구의 중요한 부분을 차지했다. 중세에는 하나님이 자연을 창조하신 목적을 발견하는 것이 과학의 목적으로 받아들여졌다.

하지만 이러한 중세에도 목적인이란 단지 환상에 불과할 뿐 이 세상은 하나님의 의도적인 창조물이 아니라고 생각하는 고대 그리스의 원자론적 전통에피쿠로스, 루크레티우스, 데모크리투스 등 역시 함께 공존했다. 원자론적 세계관에 따르면, 생명체도 '원자'들이 진공 속을 빨리 돌아다니며 일으키는 무수한 충돌로부터 발생한 우연의 산물이다. 대표적으로 데모크리투스는 생명체는 더 이상 나눌 수 없는 원자atomos로 구성되어 있다고 생각했다.[37]

(2) 근대의 생명의 자연발생론

16~17세기의 과학혁명 때문에 자연에 대한 연구에서 기하학에 기초한 추론이 유행하였다. 당시 철학계에 퍼져있던 하나님의 절대주권설과 피조물의 무능력설의 영향으로 루터와 칼뱅은 인간이 의로워지는 과정

에서도 하나님의 절대주권만이 작용한다고 주장했다. 자연계 역시 아무런 능동적인 작용을 하지 못하는 것으로 간주했기 때문에, 당시 과학자들은 자연 현상의 이해에 수학이 중요하다고 생각했다. 초기의 근대과학자들은 우주가 하나님에 의해 창조되었지만, 일단 운행하도록 시동이 걸린 후에는 역학법칙에 의해 움직이는 거대한 시계와 같다고 보았다. 이들은 원자론과 역학법칙의 영향을 받아 세계는 미립자들로 구성된 역학체계이므로 생명현상도 미립자들의 조합과 운동으로 설명할 수 있다고 보았다.[38]

이러한 생각은 자연스럽게 생명의 자연발생에 대한 생각으로 이어졌다. 생명현상을 기계론적 입장에서 설명하려는 첫 번째 시도는 데카르트Rene Descartes, 1596~1650에 의해 이루어졌다.[39] 아리스토텔레스의 영향으로 데카르트는 생물은 축축한 흙에 햇볕을 쬐든지 또는 부패시킬 때 우연히 발생한다고 주장하였다. 네덜란드의 레이우엔훅Antonie van Leeuwenhoek, 1632~1723이 현미경을 발명하여 미생물 세계를 볼 수 있는 창이 열린 후에도 사람들은 여전히 자연발생의 환상을 버리지 못하고 있었다. 그래서 용불용설用不用說을 주장했던 프랑스 진화론자 라마르크Jean de Lamarck, 1744~1829조차도 현미경으로 보이는 무수한 '미세동물animalcule'은 자연발생된 것이라고 주장하였다.[40]

하지만 데카르트와 같이 생명의 자연발생설을 받아들인 사람들에게는 생명 세계에 나타나는 고도의 질서를 설명하는 것이 큰 과제였다. 데카르트는 하나님에 의해 만들어진 운동법칙에 따라 미립자들이 정확하게 조정되므로 생명체에 질서가 나타난다고 주장했다. 그는 목적인Final Cause이 존재한다면 하나님의 지혜 내에 존재하며 자연현상 내에 존재하는 것이 아니라고 주장하였다. 데카르트 철학이 갖는 결정론적인 특성과 목적인의 부정 때문에 흔히 그의 철학은 숨겨진 무신론이라고 비판하는 사람도 있지만 이는 잘못이다. 오히려 데카르트의 철학에는 하나님의 의지와 불변성 등이 강조되고 있다. 데카르트 철학이 갖는 약점이라면 하나님으로부터 주어진 자연법칙이 하나님 자신보다 더 강력하게 자연에 작용한다고 생각하는 것이었다.

데카르트에 이어 생명체에 나타난 고도의 질서를 설명하려고 시도했던 사람은 기체법칙을 만든 영국의 보일Robert Boyle, 1627~1691이었다.[41] 자연신에 가까웠던 데카르트의 신과는 달리 보일의 하나님은 성경의 하나님이었다. 그는 "나는 현명한 창조주가 태초에 우주 내에 보편적인 물질을 만들었고그중의 일부는 생식기관 내에, 그 물질들 사이에 작용하는 법칙을 제정했다고 본다. 물질과 운동의 보존은 최초인First Cause에 의해, 특수한 현상들은 물질을 구성하고 있는 작은 입자들의 특성크기, 모양 등에 의해 설명할 수 있다."라고 말했다. 보일에게 자연계의 질서는 자연법칙이 갖고 있는 질서가 아니라 하나님이 창조하신, 그래서 자연구조가 갖고 있는 질서였다. 파스칼이 지적했듯이, 데카르트의 신은 "수학적 진리와 원소들 사이의 조화"를 관장하는 신이었고, 보일의 신은 성경에 등장하는 하나님이었다. 보일에 의하면, 목적인은 존재하고 밝혀질 수 있었다.[42]

데카르트의 기계론적 세계관을 생명관에 가장 잘 적용한 사람은 프랑스 의사이자 계몽주의 철학자인 라메트리Julien Offray de La Mettrie, 1709~1751였다.[43] 그는 『인간기계론L'Homme machine』1748을 통해 생체 내에 자율적인 활성이 있다고 주장하였다. 그에 의하면, 자연은 스스로 활동적이므로 신은 더 이상 필요 없었다. 생물은 일종의 기계와 같은 시스템이며, 인간의 모든 행동과 사고를 기계적인 과정으로 보았다. 그는 동물은 물질들의 무수한 결합의 결과로 생겨난 것으로 보았으며, 이성을 포함하는 인

<그림 8-4> 라메트리와 『인간기계론』

간의 활동까지도 기계론적으로 이해했다.

이 외에도 프랑스 수학자이자이자 철학자인 모뻬르튀Pierre Louis Moreau de Maupertuis, 1698~1759 역시 물질을 구성하는 미립자들에게 의지력, 기억력, 인식력 등이 있다고 보았으며, 자연법칙은 바로 하나님이 창조하신 것이라고 생각했다. 뷔퐁Georges-Louis Leclerc de Buffon, 1707~1788은 '유기분자'로 구성된 '생명물질'과 그들 사이에 작용하는 '투과력'의 존재를 가정하였다. 그 결과 하나님 대신 '자연'과 '역사'로서 생명현상을 설명하였는데, 이로부터 초보적이지만 진화론이 태동되었다.

(3) 기계론적 생명관과 진화론

이러한 기계론적 생명관은 19세기 생물학적 기계론자이자 처음으로 완전한 진화론을 주장한 라마르크의 등장으로 이어졌다.[44] 생물학적 기계론자인 라마르크는 모든 생물학적인 과정을 세포조직을 통과하는 여러 유기체들의 운동으로 파악하였다. 그는 식물이나 하등동물들에 존재하는 유체는 열과 전기라고 주장하였다. 또한 그는 마음의 작용까지 물질로서 설명할 수 있다고 주장하는 철저한 유물론자이며 환원주의자였다.

이런 기계론적 생명관을 주장하는 몇몇 사람들이 있었지만 19세기 전반까지만 해도 유럽의 생리학계는 "생물체는 초자연적인 생명력에 의해 생명을 유지한다."라는 생기론vitalism이 지배하고 있었다. 하지만 1840년대에 독일의 에밀 두 보이스-레이몬드Emil du Bois-Reymond, 1818~1896와 카를 루드비히Carl Ludwig, 1816~1895 등과 같은 일군의 생리학자들이 생명현상을 생리화학과정으로 환원해야 한다고 주장하면서 생기론은 도전받기 시작하였다. 이들은 생기론이 미신적인 철학에 불과하다고 배척했으며, 영혼과 활력 등은 생명현상을 설명하는 데 불필요하다고 주장했다. 이들 중 몇몇 급진적인 사람들은 독일의 화학자 뵐러Friedrich Wöhler, 1800~1882가 성공한 요소의 합성을 근거로 종교를 공격하기도 했다. 다윈의 진화론은 종교계와 과학계, 특히 생물학계 사이에서 일어난 이러한 반목의 틈바구니에서 등장하였다. 기독교와 삐거덕거리며 시작된 기계론적 세계관은 결국 진화론을 통해 기독교를 공격하기에 이르게 되었다.

진화론에 대해서는 후에 다윈을 다룰 때 좀 더 자세히 살펴보겠지만, 다윈의 진화론은 기계론적 생명관의 결론이라고 할 수 있다. 물론 다윈 자신은 『종의 기원』에서 생물 종의 기원에 대한 논의만을 했을 뿐 생명의 발생에 대한 구체적인 모델을 제시하지는 않았다. 그러나 그 시대 대부분의 사람들이 예언했던 것처럼, 다윈의 진화론은 생물종의 기원에만 국한되지 않았다. 생명의 발생, 인간의 기원, 우주의 기원 등의 영역에 『종의 기원』과 비슷한 '정서'의 이론들이 출현하는 길을 열었다. 먼저 생명의 발생과 관련하여 기계론적 생명관의 대표적인 이론인 자연발생설을 살펴보자.

6. 자연발생설 논쟁

(1) 자연발생설 찬반

아리스토텔레스 이래로 데카르트, 라메트리, 라마르크 등을 통해 꾸준히 전해지던 자연발생설이 본격적인 도전을 받기 시작한 것은 17세기부터였다고 할 수 있다. 자연발생설에 대한 공격을 처음으로 시작한 사람은 이탈리아의 의사 레디Francesco Redi, 1626~1698였다. 레디의 실험은 아리스토텔레스 이래로 끈질기게 이어지던 자연발생설을 부정하고 하나님만이 유일한 생명의 창조주라는 교회의 주장에 손을 들어주었다. 레디의 실험으로 보일의 자연철학은 신학자들에 의해 크게 환영받았고, 데카르트의 주장은 불경한 것으로 간주되었다. 그리스도인 기계론자들은 물질은 전적으로 수동적이며 어떤 새로운 것도 자연적으로 발생하지 않는다고 주장함으로써 레디의 주장에 힘을 보탰다.

이탈리아 과학원Academia del Cimento의 유명한 회원이기도 했던 레디는 1668년에 두 개의 플라스크에 고기를 넣고 한쪽은 무명천으로 된 망을 씌우고 다른 쪽은 그대로 두었다.[45] 그랬더니 망을 친 플라스크에는 구더기가 안 생기고 망을 치지 않은 플라스크에는 구더기가 생겼다. 이것을 보고 레디는 생물은 반드시 생물로부터만 발생한다는 생물속생설 혹은 생물발생론Theory of Biological Generation을 발표하였다. 그 이전에 자연발생한 것처럼 보였던 고기 국물의 구더기는 사람이 알지 못하는 사이에 파리가 낳은 알에서 나온 것임을 밝힌 것이다. 그러나 레디의 주장이 구더기의 경우에는 맞을지 모르나 다른 모든 생물들에게까지 그 주장을 확대시킬 수 있을지에 관해서는 구체적인 근거가 없었다.[46]

그러던 중 네덜란드의 현미경 학자 레이우엔훅Anthonie van Leeuwenhoek,

1632~1723은 현미경으로 미생물에 대해 자세하게 관찰하였다.[47] 레이우엔훅이 유기 추출물들을 오랫동안 공기와 접촉시켜두었다가 현미경으로 관찰하면 거기에는 항상 많은 새로운 미생물들이 존재했다. 그래서 그는 미생물들은 자연발생 한다고 믿었다. 그러나 레이우엔훅은 자신이 관찰하는 새로운 미생물들이 자연발생 한 것이 아니라 공기 중에서 새로 들어온 것일 수 있음에 관해 확실하게 답할 수는 없었다.

이것을 확인하기 위해 실험한 사람이 바로 프랑스 자연학자인 조블로Louis Joblot, 1645~1723였다. 1711년에 조블로는 식물 추출물들을 몇 분 간 끓임으로 멸균滅菌시킨 후 이 멸균액을 두 개의 그릇에 나누어 담았다. 그런 다음 하나의 그릇은 열어 두었고 다른 하나는 양피지로 단단히 덮어두었다. 얼마 후 이 두 그릇을 현미경으로 조사해 보니 뚜껑을 덮어두지 않은 그릇에는 많은 미생물이 생겼으나 양피지로 덮어둔 그릇에는 전혀 미생물이 생기지 않았음을 확인하였다. 이 실험으로부터 조블로는 미생물일지라도 자연발생 하지 않는다고 결론 내렸다.

그러나 생명의 자연발생론에 대한 논쟁은 쉽사리 해결되지 않았다. 조블로의 실험 후에도 영국 생물학자이자 로마 가톨릭 신부였던 니담John de Turbeville Needham, 1713~1781은 다시 일련의 실험을 통해 자연발생설을 주장하였다. 그는 고기 국물 혼합물을 잠시 끓인 다음 열린 용기에서 혼합물을 실온으로 냉각시켰다. 이어 이 혼합물을 플라스크에 넣어 밀봉하고 며칠 후에 현미경으로 살펴보니 미생물이 관측되었다. 그는 이것이 자연에는 자연발생을 일으키는 생명력이 있음을 보여준다고 주장하였다. 하지만 오늘날의 관점에서 살펴보면 고기 국물을 끓이는 시간이 미생물의 포자를 죽이기에 불충분하거나 공기 중에 개방된 플라스크를 냉각하는 과정에서 미생물의 오염이 발생했을 수 있다. 니담은 신앙이 좋

은 신부였음에도 불구하고 이 실험을 통해 자연발생설을 주장하였다.[48]

니담의 주장에 대해 1765년, 이탈리아 생리학자인 스빨란짜니Lazzaro Spallanzani, 1729~1799는 모데나Modena에서 발표한 논문을 통해 니담의 주장을 반박하였다. 그는 니담이 뚜껑을 덮은 그릇의 멸균을 충분히 하지 않았기 때문이라고 비판하면서 좀 더 철저한 실험을 하였다. 그리고는 이 새로운 실험을 통해 그는 다시 자연발생설을 부정하는 실험결과를 얻었다. 여기에 대해 니담은 스빨란짜니가 플라스크를 너무 세게 가열하여 미생물이 자랄 수 있는 영양분이 없어서 미생물이 자라지 못했다고 비판하였다.[49]

니담의 비판에 대하여 스빨란짜니는 다시 연구에 전념하여 니담의 비판이 잘못이었음을 증명하였다. 그러나 완전히 멸균된 용액을 얻는 일과 더불어 당시 사람들이 워낙 자연발생설을 깊이 신뢰하고 있었던 터라 스빨란짜니의 탁월한 실험결과에도 불구하고 생물발생론과 자연발생론의 대립은 좀처럼 해결되지 않았다.[50]

(2) 파스퇴르와 백조목 플라스크 실험

그러는 가운데 프랑스과학아카데미는 생명의 기원을 밝히는 가장 신빙성 있는 실험을 한 사람에게 상금을 주겠노라고 제안하면서 알룅베르상Prix Alhumbert이라고 알려진 상을 내걸었다. 많은 학자들이 이 상에 도전하기 위해 연구하였는데, 그중에는 프랑스 미생물학자인 파스퇴르Louis Pasteur, 1822~1895도 있었다. 1861년에 39세의 가톨릭 신자였던 파스퇴르는 이전 실험들이 가졌던 오염이나 불완전 멸균 등의 문제점들을 분석하고 이를 해결할 수 있도록 정교하고도 독창적인 실험을 고안하였다. 그는 백조목swan-neck과 같이 입구가 S자 형으로 휘어진 플라스크로 실험하였다.

그는 이 실험으로 미생물이 번식하는 데 온도, 습도, 공기 및 영양이 적당하더라도 밖으로부터 미생물이 들어가지 않는 한 미생물은 생기지 않음을 증명하였다. 또한 그는 같은 플라스크라도 백조목 부분을 잘라서 플라스크의 내용물이 공기와 직접 닿게 되면 곧 미생물이 생기는 것을 발견하였다. 이 실험으로 자연발생론은 미생물 차원에서조차 완전히 폐기되었으며, 생물은 모체에서만 유래한다고 결론짓게 되었다. 파스퇴르는 1861년, 그의 나이 39세 때 『자연발생설의 검토』라는 제목의 책으로 발표하였으며, 이로 인해 알룅베르상을 받았다.[51]

<그림 8-5> 파스퇴르좌와 다스뜨르

『자연발생설의 검토』는 불과 100여 쪽 정도의 작은 책자였지만, 고대로부터 19세기까지 이어져 온 생명의 자연발생 신화에 종지부를 찍었다. 소르본느 대학의 생리학 교수인 다스뜨르Albert Dastre, 1844~1917는 『생명과 죽음』이라는 자신의 저서에서 파스퇴르의 업적을 이렇게 평가하였다.

관찰과학의 역사는 자연발생설 퇴락의 역사에 지나지 않는다. 생물은 선행된 살아있는 생물이 존재할 때만 태어난다고 하는 보편적 법칙의 사례는 아주 간단한 미생물이라 하더라도 예외일 수 없다는 사실을 보여줌으로써 파스퇴르는 이 억설에 대해 최후의 일격을 가하였다.[52]

7. 20세기의 자연발생설

이렇게 완전히 부정되었던 자연발생설이 다시 고개를 든 계기는 1917년 러시아에서 10월혁명+月革命으로도 알려진 볼셰비키 혁명Bolshevik Revolution이었다. 볼셰비키 혁명은 레닌Vladimir Lenin, 1870~1924의 지도 아래 볼셰비키들Bolsheviks이 일으켰으며,[53] 이는 마르크스Karl Heinrich Marx, 1818~1883 사상에 기초한 최초의 공산주의 혁명이었다. 이를 통해 볼셰비키 중심의 소비에트노동자, 농민, 인민위원회로 권력이 집중되었고, 이어 일어난 러시아 내전1917~1922으로 결국 1922년에 최초의 공산주의 국가인 소련이 탄생하였다. 공산주의 국가의 탄생은 생명의 기원을 연구하는 데도 영향을 미쳤다.[54]

(1) 오파린의 가설

파스퇴르에 의해 생명의 자연발생설이 부정되었음에도 불구하고 20세기에 들어와 자연발생설은 좀 더 정교한 이론의 형태를 갖추어 나타났다. 구 소련의 생물학자이자 생화학자인 오파린Aleksandr Ivanoivitch Oparin, 1894~1980은 1922년 봄에 모스크바에서 열린 식물학회에서 처음으로 원시지구에서 자연발생적으로 생명체가 탄생할 수 있다고 제안했고, 그의 주장은 1923년에 출판되었다. 하지만 그 내용이 일반인들은 이해하기 어려웠기 때문에 1936년에 다시 쉽게 썼으며, 이것이 1953년에 영어판으로 번역되었다. 영어판의 번역자인 모굴리스Sergius Morgulis는 일반인들이 더 쉽게 이해할 수 있도록 이 책에 관주를 달았다. 오파린은 1936년에 이 책에서 생명체는 지구상에서 자연발생 하였다는, 생명의 유기화합물설을 제시하였다.[55]

<그림 8-6> 오파린과 『생명의 기원』

그에 의하면 지구상에는 긴 세월에 걸쳐서 무기물로부터 유기물로 진화화학진화가 일어났고, 이 유기물이 최초의 생물원시생물을 형성했다고 하였다. 그는 원시 지구를 덮고 있던 대기는 오늘날의 대기와는 달리 산소가 없고, 메탄CH_4, 수소H_2, 수증기H_2O, 암모니아NH_3, 네온Ne, 헬륨He, 아르곤Ar 등으로 되어 있었을 것이라고 가정하였다. 이들 기체는 태양으로부터 자외선이나 번개와 같은 공중방전 된 에너지를 흡수하므로 서로 반응하여 아미노산을 비롯한 여러 가지 간단한 유기물로 되고, 이것이 비에

용해되어 바다로 흘러들어가 교질상태膠質狀態가 되었다가 다른 종류의 교질과 반응하여 반액상半液狀의 코아세르베이트coacervate라는 작은 알맹이 형태로 만들어졌을 것이라고 가정하였다.[56]

코아세르베이트란 단백질 등의 콜로이드 입자가 결합하여 주위의 매질과 명확한 경계가 이루어져 분리 독립된 입상구조粒狀構造를 말한다. 이 코아세르베이트는 내부 교질입자가 서로 정해진 위치에 붙어서 초기 구조를 이루며, 한편으론 여러 효소계가 형성되어 다른 유기물을 분해하여 그 에너지에 의해 자신을 합성하여 성장하여 간다고 가정했다. 화학진화론자들은 이와 같이 코아세르베이트가 성장한 것이 바로 최초의 생명체로 발전되었다고 본다.

원시 생물이 유기물의 화학진화 과정에서 생겼다면, 당연히 그것은 유기물에 의존하는 종속영양적인 생물이었을 것이다종속영양 기원설.[57] 오파린에 따르면 원시지구의 대양에는 유기물만이 녹아 있었고, 대기에는 유리된 산소가 존재하지 않았다고 보았다. 그러므로 이와 같은 환경에서 최초로 나타난 생물은 바닷물 속에 있는 유기물을 받아들여 무기호흡을 한 결과 점차로 이산화탄소가 해수나 대기 중에 축적되고 유기물은 소비되어 소멸되었다고 본다. 이때 빛, 물, 이산화탄소를 이용해서 탄수화물을 만들고, 산소를 방출하는 독립영양적인 생활을 할 수 있는 일반적인 광합성형 생물로 진화했다고 가정한다.

이런 오파린의 가설은 터무니없었지만 소련 공산주의 이념과 부합하였고, 이로 인해 오파린은 출세가도를 달리게 되었다. 그는 1935년에 '러시아과학아카데미' 창립에 참여하였으며, 1946년에는 '러시아과학아카데미'에 소속된 '바흐 생화학 연구소A. N. Bach Institute of Biochemistry' 소장이 되었다.[58] 1957년에 오파린은 인공 생명체를 만들어 낼 수 있다는 이론을 발표하였다. 후에 그는 유엔세계평화협회United Nation World Peace Association 위원으로 활약하기도 하였다. 오파린의 학문과 삶은 과학이 종교뿐만 아니라 국가의 정치적 이념에도 종속될 수 있음을 보여준다.

(2) 밀러-유레이 실험

원시 대기에서 아미노산이 생겼을 것이라는 오파린의 가설은 1953년에 시카고 대학의 화학자인 유레이Harold Urey, 1893~1981와 그의 대학원 학생인 밀러Stanley L. Miller, 1930~2007에 의해 실험되었다. 밀러는 5ℓ들이 플라스크에 물을 넣은 다음 공기를 빼어 진공으로 하고 일정한 비율의 수소H_2, 메탄CH_4 및 암모니아NH_3의 가스 혼합물을 채웠다. 플라스크의 물을 끓여 수증기H_2O가 위의 기체들과 섞이게 하고 여기에 높은 전압을 걸어 방전이 일어나는 전극 사이를 혼합기체가 지나가게 하였다.

이 실험에서 방전 에너지에 의해 화합물이 생기고, 이 화합물은 냉각기를 통해 콜드 트랩cold trap에 모여 농축되는 것이 확인되었다. 밀러와

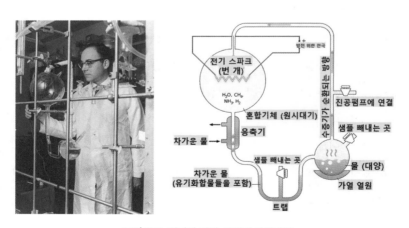

<그림 8-7> 밀러와 밀러-유레이 실험장치

유레이는 이 장치로 방전을 수 주일간 계속하고, 방전으로 생성된 화학 물질을 냉각기를 통해 콜드 트랩에 모았다. 그 농축물을 분석한 결과 글리신Glycine, 아스파르트산Aspartic Acid, 글루탐산Glutamic Acid 등의 아미노산과 핵산에 쓰이는 염기 등의 유기물이 얻어졌다.[59]

(3) 폭스의 실험: 밀러 실험의 다음 단계?

밀러 실험의 다음 단계 실험은 1959년에 마이애미 대학University of Miami 분자 및 세포진화연구소Institute for Molecular and Cellular Evolution 소장인 폭스Sidney W. Fox, 1912~1998에 의해 이루어졌다. 그는 원시지구 상에서 단백질과 같은 복잡한 유기분자가 생성되는 한 모델을 제시하였다. 폭스는 원시지구 위에서 가장 얻기 쉬운 에너지원은 화산이 폭발할 때 뜨거운 용암에서 오는 열이라고 가정하고 다음과 같은 실험을 하였다.

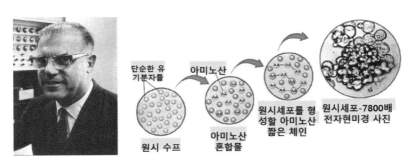

<그림 8-8> 폭스와 아미노산의 짧은 체인들이 모여서
원시세포를 만들 수 있다고 주장한 그의 실험

우선 그는 여러 가지 다른 L-아미노산들을 혼합하여 섭씨 150~180도에서 4~6시간 동안 가열함으로써 단백질과 유사한 고분자 화합물인 프로테노이드protenoid를 만들었다.[60] 그리고 프로테노이드를 온수에 녹였다가 용액을 냉각시킴으로써 미소구체微小球體, microsphere라는 2㎛정도의 작은 입자가 만들어졌다. 폭스는 이 미소구체가 최초의 생명체를 만드는 전생체前生體, prebiological system로 진화되었을 것이라고 하였다. 그는 이 실험이 단백질 뿐 아니라 세포와 비슷한 것이 자연적으로 합성되는 모델이라고 제안하였다. 그는 습한 대기 중에서 생성된 아미노산들이 화산 둘레의 뜨겁고 건조한 곳에 정착하여 고분자화 되고, 이들이 비에 의해 씻겨 내려가 연못 같은 곳에 모여 미소구체로 변한 후, 궁극적으로 생명세포로 진화되었다고 가정하였다.[61]

8. 반기독교화 되어가는 생물학

생명의 자연발생설을 증명하려는 실험이나 가설들은 모두 생물기계론 위에 세워져 있으며, 생물기계론은 17세기에 수동적 '자연'이라는 개념에서 출발했다. 과학혁명기의 모든 과학자들은 자연 현상을 창조주의 간섭에서 비롯된 것이라고 보았으나, 기계론적 철학이 등장하면서 사람들은 창조주를 자연으로부터 분리시키게 되었고이신론, 결국에는 추방으로 이어지게 되었다무신론. 이러한 현대 생물학의 발전 과정은 곧 기독교와의 갈등으로 이어졌으며, 기독교는 주류 생물학계로부터 점차 멀어지게 되었다.

생물기계론이 생물학 속으로 들어오면서 생물학은 생명체와 영혼의 관계에서 유물론적 접근이 주류를 이루게 되었다. 기계론자들에게 영혼이란 매우 모호한 개념이었다. 아리스토텔레스 철학에서의 활력vitality, 플라톤이나 데카르트 철학에서는 자율적인 인간의 이성, 하나님이 인간에게 주신 하나님의 형상 등의 개념에는 공통적으로 '영혼'이라는 개념이 전제되어 있었다. 생물 기계론자들은 우선 아리스토텔레스의 영혼 개념을 없애고자 하였으나, 영혼 개념은 쉽게 없어지지 않고 생기론자들을 통해 활력이란 이름으로 살아남았다. 그럼에도 불구하고 그 후 생물 기계론자들은 계속 데카르트의 영혼 개념과 생기론자들의 활력 개념을 없애고자 노력하였다. 그리고 그 과정에서 신학자들이 성급하게 기독교의 영혼 개념을 데카르트의 영혼 개념과 동일시했기 때문에 기독교도 함께 공격을 받게 되었다.[62]

과연 생물도 무기물들과 같이 기계적 법칙으로 설명될 수 있을까? 데카르트의 기계론적 철학의 광풍에 이어 뉴턴의 역학체계의 위력이 유럽을 휩쓸고 간 후 18세기 중엽에 이르러서는 아리스토텔레스의 유기체적 자연관은 더 이상 유용하지 않다고 여겨지기 시작했다. 그리고 과학적 설명은 점점 더 기계론적 설명을 의미하는 것으로 받아들여졌다. 계몽 시대 사람들도 세계를 '지성이 없는 기계mindless machine'라고 생각하면서 모든 과학적 설명을 기계적 설명으로 다루려고 하였다.[63]

이 논쟁의 시발점에 있었던 사람이 바로 프리이스Jacob Friedrich Fries, 1773~1843와 칸트Immanuel Kant, 1724~1804였다. 독일의 후기 칸트 철학자 프리이스는 기계적 법칙들이 물리학에 적용되었듯이 유기체들에게도 적용될 수 있다고 주장하였다. 하지만 계몽주의 철학자인 칸트는 생물은 기계적인 방법만으로는 만들어질 수 없으며, 그것의 목적론적 요소를 생각하지 않고는 이해할 수 없다고 했다. 또한 생물들의 구성은 적극적이고 자발적인 마음mind의 특성에 호소하지 않고는 설명할 수 없다고도 했다. 사실 그는 생물학 분야에서 완전한 과학적 설명이란 불가능하다고 생각했다.

기계론적 설명이 무기물 자연계를 설명하는 것처럼 유기물 자연계 organic nature도 설명할 수 있는가 하는 논쟁은 처음 독일에서 일어난 작은 논쟁이었지만, 곧 철학자뿐만 아니라 과학자, 신학자들 간의 논쟁으로 확산되었다. 이것은 유기체에 관한 완전한 기계론적 평가가 가능한가 하는 논쟁이었다. 칸트와 프리이스의 논쟁은 19세기까지 계속되었으며, 과학자와 신학자 사이에는 의견의 일치를 볼 수 없었다.

이러한 논쟁은 독일 이외의 국가에서도 활발하게 일어났다. 프랑스, 영국, 미국 등 여러 나라에서도 유기체에 대한 기계론적 평가를 지지하는 사람들이 있었지만, 이에 대한 반대 주장도 만만치 않았다. 기계론적 설명에 반대하는 사람들은 유기체는 환경에 따라 적응된 것이며, 적절한 인과 관계가 없다고 주장했다. 이들은 생물체들은 엄격한 기계론적 방법으로는 설명할 수 없다고 생각했다.

그러나 19세기에 접어들면서 기계론적 설명이 점점 더 힘을 얻기 시작하였다. 다윈의 『종의 기원Origin of Species』이 발표되기 수십 년 전에 이미 자연법칙으로 생물체들을 설명하려는 입장은 일부 학자들 사이에서 수용되고 있었다.[64] 그런 가운데 『종의 기원』이 발표되면서 자연계를 설명하는 데 신학적 요소는 무시되었을 뿐 아니라, 유기체의 명백한 질서와 디자인을 기계적 수단으로 설명할 수 있는 길이 열리게 되었다. 지구상의 생명체들의 물리적 역사에 관해서는 더 이상 하나님이 필요하지 않다는 도전이 더욱 더 노골화되기 시작했다.

9. 요약과 결론

  뉴턴의 운동법칙과 중력법칙을 위시한 과학혁명기의 역학혁명은 물리학이나 천문학의 영역에만 머물지 않았다. 이러한 물리학이나 천문학의 업적들은 오래지 않아 자연을 보는 사람들의 근본적인 세계관에 영향을 미쳤고, 이는 기계론적 세계관의 등장으로 이어졌다. 기계론적 자연관의 등장은 이어서 생물학 분야에서 영향을 미치게 되었다. 진화론은 이러한 생물학 분야에서 기계론적 세계관의 열매라고 할 수 있다. 특히 진화론의 여러 분야 중에서도 최초의 생명체가 어떻게 생겨났을까를 연구하는 화학진화 분야에서 기계론적 세계관이 커다란 영향을 미치게 되었다.

  최초의 생명이 자연계에서 저절로 발생한다는 '자연발생설'과 생명은 생명으로부터만 발생할 수 있다는 '생명속생설' 사이의 논쟁은 고대 그리스 시대까지 거슬러 올라간다. 하지만 근대적 형태의 논쟁은 이탈리아 의사인 레디에서 출발하였다고 할 수 있다. 레디 이후 여러 사람들이 생명의 기원 논쟁에 뛰어들었다. 일부에서는 자연발생설을 찬성하기도 하고, 일부에서는 반대하기도 하였다. 하지만 이 모든 논쟁들은 1861년, 파스퇴르의 백조목 플라스크 실험을 통해 생명은 오직 생명체로부터만 발생한다는 생명속생설이 일단 승리한 듯이 보였다. 사실 파스퇴르의 실험은 그 이전의 다른 여러 실험들과 원리적으로 다르지 않았다. 하지만 파스퇴르의 실험의 엄밀성은 타의 추종을 불허했다. 그래서 파스퇴르의 실험 이후 반세기 이상 자연발생설은 고개를 들지 못했다.

  자연발생설이 다시 고개를 든 계기는 볼셰비키 혁명으로 탄생한 최초의 공산주의 국가 소련에서였다. 유물론에 기초한 오파린의 가설은 무기물이 오랜 시간이 지나면서 유기물로 변화하고, 이 유기물이 화학반응을 일으켜 최초의 원시생명체로 진화한다는 주장이었다. 이 가설을 입증하기 위해 오파린은 원시대기가 수증기, 수소, 암모니아, 네온, 헬륨, 메탄, 아르곤 등의 성분으로 구성되어 있을 것이라고 가정하였다. 그는 이 기체들이 방전에너지와 자외선을 흡수하여 서로 반응하면서 간단한 아미노산과 그밖에 유기물이 생성되었으며, 이들이 빗물에 녹아 바다로 흘러들어가 코아세르베이트Coacervate가 만들어졌고, 이것이 오랜 시간이 경과되면서 변화를 거듭하여 원시생명체가 생성되었다고 했다.

이러한 생명의 기원에 대한 오파린의 이론은 그 후 많은 학자들에 의해 반박되었지만, 유물론과 자연주의 세계관이 시대정신으로 널리 퍼진 20세기에는 학문적 형태를 갖춘 거의 유일한 이론이 되었다. 자연에서 한 번도 관찰된 적이 없고 실험실에서도 증명된 적이 없지만, 오파린의 가설은 과학적 이론으로, 나아가 과학적 사실로 사람들에게 받아들여지게 되었다. 뉴턴으로부터 시작된 역학혁명은 기계론적 세계관을 낳게 되었고, 이는 결국 무신론적, 유물론적 생명과학에 이르게 되었다.

이러한 무신론적, 유물론적 분위기는 과학 분야에만 머물지 않았고, 성경해석, 특별히 창세기 초반의 해석과 갈등을 빚게 되었다. 창조연대 문제, 창조방법의 문제 등이 대표적으로 과학과 관련하여 많은 논쟁을 일으켰던 주제들이었다. 그러므로 지구와 생명의 역사를 중심으로 과학과 기독교, 좀 더 구체적으로 과학과 성경해석의 문제를 살펴보는 것이 필요하다.

토의와 질문

1. 뉴턴은 근대적 역학체계를 세웠지만 그의 역학체계를 바탕으로 한 기계론적 철학에는 반대했다. 하지만 17세기 후반부터 뚜렷이 드러나기 시작한 기계론적 철학은 결국 18세기 이신론과 자연주의, 19세기 진화론과 무신론으로 이어진 것을 어떻게 설명할 수 있을까?

2. 과학혁명기와 그 후 1~2세기 동안 영국과 프랑스 과학계 내에서 보여준 기계론적 철학에 대한 반응들을 살펴보자. 무엇이 같고 무엇이 다른가?

3. 기계론적 세계관이 생명의 자연발생설로, 나아가 진화론으로 발전해 가는 흐름에서 볼 수 있는 중심적인 요소는 무엇인가?

근대적 진화 개념의 등장과 기독교

"사랑하는 자들아 주께는 하루가 천 년 같고
천 년이 하루 같다는 이 한 가지를 잊지 말라"

베드로후서 3장 8절

근대과학의 등장과 더불어 시작된 기계론적 세계관은 생명에 대한 견해에만
영향을 미친 것이 아니었다. 종래의 신비적 우주관에서 벗어난 새로운 주장들
이 등장하게 되었고, 지구의 역사에 대해서도 좀 더 체계적인 연구가 시작되었
다. 18세기를 지나면서 기계론적 세계관에 기초한 지질학과 우주론이 시작되
었고, 창세기의 문자적 해석에 기초한 종래의 지구와 우주의 연대에 대해서도
과학적인 연구들이 등장하였다. 본 강에서는 중세 이후 지구와 우주의 창조연
대에 대한 견해들이 어떻게 변화해 왔는가를 개괄하고, 이 견해들이 사회적으
로나 종교적으로 어떤 함의를 가졌는가를 살펴보고자 한다.

1. 창세기의 문자적 해석에 기초한 창조연대

지구의 창조연대는 학자들마다 견해가 다르긴 했지만 근대에 들어오기까지 교회 내에서는 별로 큰 갈등을 일으키지 않았다. 그러다가 창조연대 문제를 두고 대립과 분열의 씨앗을 뿌린 것은 영국의 두 학자였다. 17세기 중엽, 흠정역欽定譯, KJV 성경번역에 참여한 이 두 명의 영국 학자는 정확한 성경해석에 대해 남다른 열심을 보였다. 하지만 이는 수 세기 후에 경직된 독단으로 변질되어 오랫동안 기독교인들을 분열시키고 신앙을 사실과 분리시키는 결과를 가져왔다.[1]

1642년, 흠정역 성경이 출간된 지 31년 정도 지났을 때 케임브리지의 주교이자 케임브리지 대학 총장vice chancellor이며 유명한 히브리어 학자였던 라잇풋John Lightfoot, 1602~1675은 우주가 주전 3928년 9월 17일에 창조되었다고 발표했다. 이러한 연대는 창세기, 출애굽기, 열왕기상·하, 역대상·하에 나타난 사람들의 계보를 근거로, 그리고 1년을 현재와 같은 365일로 계산하여 나온 것이었다.

<그림 9-1> 어셔좌와 라잇풋

그로부터 8년 후, 아일랜드 아르마의 대주교Archbishop of Armagh 어셔 James Ussher or Usher, 1581~1656는 라잇풋의 연대를 약간 수정하여 지구의 역사는 주전 4004년율리우스曆 710년 10월 "스물 셋째 날의 전날 밤이 시작될 때"라고 발표하였다.[2] 이것은 율리우스력Julian Calendar에서 BC 4004년 10월 22일 오후 6시경에 해당하였다.[3]

어셔는 성경에 나타난 모든 계보와 역사적인 사건의 연대를 고려하여 창조연대를 계산하였다. 처음에는 라잇풋과 어셔의 연대가 약간 달랐지만 한 동안의 논쟁 끝에 라잇풋은 어셔의 연대에 맞추었다. 그는 모든 창조 역사는 주전 4004년 10월 18~24일 사이에 일어났으며, 아담의 창조는 10월 23일 오전 9시에 이루어졌다는 결론을 내렸다! 이 기가 막히게 정확한 창조연대는 당시 성경학자들과 비평가들 사이에 널리 받아들여졌다.[4]

하지만 어셔나 라잇풋은 둘 다 히브리 학자들의 연구결과를 무시했으며, 성경에 생략된 계보가 있음을 고려하지 않았다. 그들은 흠정역KJV 성경의 단어에만 근거하여 창조주간은 여섯 번의 연속적인 24시간 하루로 구성된다고 결론지었다. 하지만 창세기 1장에 나타난 모든 사건들은 오늘날 태양력으로 1주일 이내에 일어났으며 성경에 나타난 인류의 계보들은 빠짐없이 기록되었다는 가정은 타당한 것인가?

계보에 관한 성경의 몇몇 기록들을 비교해 보면 아담으로부터 시작되는 계보에 빠진 세대가 있음을 알 수 있다.[5] 성경에 계보를 기록할 때는 기록자에 따라 중요하지 않다고 생각되는 인물을 빼고 기록하는 경우가 종종 있기 때문이다. 특히 인간이 창조되기 전 창조주간의 길이는 근대 과학이 탄생하기 이전부터 다양한 해석이 존재하고 있었다. 그러므로 우주와 인간의 정확한 창조연대는 아무도 알 수 없으며, 우리는 단지 성경의 해석과 과학적 증거들로부터 개략적이고 잠정적인 연대만을 추정할 수 있을 뿐이다.

그럼에도 불구하고 18세기가 시작될 무렵의 흠정역 성경에서부터는 어셔의 연대가 성경의 관주나 제목으로까지 삽입되었다. 많은 독자들은 영감으로 기록된 성경의 구절과 주석가들이 추기한 각주의 연대를 잘 구별하지 못했다. 더욱이 흠정역 성경은 재빨리 영어권 나라들에서 독보적인 성경으로 자리를 잡게 되었고, 기독교가 유럽을 벗어나 세계로 퍼질 때 이 영어권 나라들이 바로 개신교의 주요 지지자들이 되었다. 그 이후 오랫동안 어떤 진지한 논의도 없이 어셔의 창조연대와 성경이 결합하게 되었고, 결국 어셔의 계산이 개신교가 퍼지는 대부분의 국가들에서 권위 있는 창조연대로 받아들여지게 되었다.

2. 넓어지는 지평과 갈등의 조짐

하지만 성경기록만을 근거로 제시된 창조연대는 과학의 발달과 더불어 도전받게 되었다. 이를 살펴보기 위해 우리는 먼저 중세의 우주관을 잠시 살펴본 후, 이러한 우주관이 근대에 들어와 어떻게 변화하게 되었는지를 살펴보는 것이 필요하다.

(1) 중세의 우주관

앞에서 언급한 것처럼 중세에는 지구가 우주의 중심에 위치하고 있으며, 그 위로 구형으로 형성되어 있는 우주는 한정된 시스템bound system 이라고 생각하였다. 이것은 당시 계급 사회의 안정된 균형이라는 사회적 요구를 반영할 뿐만 아니라, 발전하지 않고 단순히 주기적 변화cyclic change만을 반복하는 역사관을 반영하는 것이기도 했다. 이런 개념은 우주가 영원하며 자기 보존적이어서 스스로 자연과 사회질서의 유지자라는 이론으로부터도 추론될 수 있었다.[6]

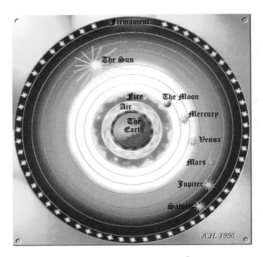

<그림 9-2> 중세의 우주관[7]

안정된 사회질서를 추구하는 사람들은 주기적 변화라는 제한된 인식과 우주의 유한함, 그리고 방향이 결정된 세계 역사를 통합하려고 하였다. 이런 견해는 하나님이 창조와 함께 종말을 예정하셨으므로 세계 역사란 임시적이며 유한하다는 의미를 내포하고 있었다. 에덴동산의 창조, 인간의 타락, 그리고 미래의 심판과 천년왕국이라는 성경 역사의 구조는 우주의 과거와 현재와 미래에 인간적 의미를 부여한 것이었다. 이것은 인간의 삶의 무질서한 흐름 속에 질서를 부여했으며, 사회적 활동을 정당화하면서 동시에 초월적 의미도 제공하였다. 이런 견해는 창세기의

창조 기사를 문자적으로 받아들이고 인간의 역사를 지구의 역사, 우주의 역사와 동등하게 간주한 결과였다.[8]

(2) 르네상스 이후의 지구의 연대

하지만 이런 단순한 성경해석은 르네상스를 지나면서 변하기 시작했다. 르네상스기와 종교개혁기에는 성경 본문 연구textual scholarship 방법이 성경 내부의 모순을 제거하는 데 사용되었다. 본문 연구의 진보로 인해 성경에 나타난 사건과 연대기를 다른 사건들과 비교하는 연구가 활발히 이루어지면서 원문과 고대 유적에 대한 관심이 크게 증가하였고, 여기서 풍부한 역사적 정보들이 제공되었다. 또한 이것은 성경의 이야기들을 전체적으로 통합할 수 있도록, 그리고 정량적으로 명확한 설명이 이루어지도록 했다. 이런 작업들이 천문학적 계산들과 비교되면서 지구의 역사는 '수천 년'이라는 결론에 이르게 되었다.

그러나 이런 결론은 곧 여러 가지 문제점에 봉착하였다. 당장 15세기 초반부터 시작된 대항해기를 통해 드러나고 있던 고대 이집트 왕조의 기록과 중국 문명의 기록과도 잘 맞지 않았다. 또한 유럽인들의 잇따른 신대륙 발견으로 인해 신대륙에 분포하고 있는 상이한 동식물의 분포도 설명하기 어려웠다. 즉 노아의 홍수 이후 방주에 탔던 동물들이 어떻게 그처럼 빠른 시간 안에 전 세계에 퍼질 수 있었으며, 어떻게 지역에 따라 동식물의 분포가 그처럼 다른지를 설명할 수가 없었다. 또한 신대륙에 거주하고 있는 원주민들이 노아의 후손이라고 한다면, 노아 홍수 이후 노아와 그 자녀들이 어떻게 그처럼 빨리 퍼질 수 있었는지도 설명하기 어려웠다.

이전에는 거의 신화적인 지역이었던 사하라 이남의 아프리카Sub-

Saharan Africa 지역에 대한 탐사가 본격적으로 이루어지고 무역이 시작되면서 전혀 다른 관습과 방언을 가진 많은 사람들이 있음도 알려지게 되었다. 그러면서 "만일 인간이 동일한 조상으로부터 시작되었다면 어떻게 이처럼 다를 수 있을까, 어떻게 넓은 대양으로 분리된 지역들에까지 인간이 흩어져서 살 수 있었을까?"라는 의문이 제기되기 시작했다.[9]

이처럼 세계에 대한 이해가 넓어지면서 과학은 전통적인 성경 이해와 갈등을 일으키는 일이 잦아졌다. 한 예로 18세기 과학자들은 지구의 연대를 크게 확장시켰다. 1775년에 프랑스 박물학자이자 수학자요 우주론자인 뷔퐁Georges-Louis Leclerc de Buffon, 1707~1788은 지구의 연대를 75,000년이라고 주장했다. 이것은 현대 지질학이 말하는 지구연대에 비해서는 매우 짧지만, 당시의 6,000년 연대에 비해서는 엄청나게 늘어난 연대였다.[10]

<그림 9-3> 뷔퐁좌과 퀴비에

또한 프랑스 박물학자이자 동물학자였던 퀴비에Georges Cuvier, 1769~1832는 지구는 더 이상 시간에 따라 변화하지 않는 것이 아니라, 여러 차례의 격변들이 일어나 지구 표면의 모양을 변화시켰다는, 소위 다중격변설 Multiple Catastrophic Theory을 주장했다. 그러면서 화석에 대한 해석도 달라졌다. 이전에는 화석을 동식물을 닮은 광물질이라고 생각했지만, 이제는 과거에 살았던 실제적인 동식물들의 유해나 흔적이라고 생각하게 되었다. 그래서 19세기가 시작될 때쯤, 서구 지성인들은 지구와 인간 이외의 동식물들은 아담과 하와가 출현하기 전부터 이미 오랜 역사를 갖고 있었음을 알게 되었다.[11]

지구 연대에 대한 확장을 수용한 그리스도인들은 대체로 다음의 두 가지 이론 중 하나를 선택했다. 그중 하나는 소위 '간격이론Gap Theory'이라는 것으로서 창세기 1장 1절과 2절 사이에 지질학적 시간을 삽입할 수 있는 간격이 있다는 것이었다.[12] 이 이론은 에든버러 대학University of Edinburgh 교수이자 스코틀랜드 자유교회Free Church of Scotland 창설자인 차머스Thomas Chalmers, 1780~1847가 1814년에 오랜 연대와 성경을 조화시키기 위해 처음으로 제창한 이론이었다.[13]

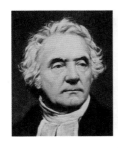

<그림 9-4> 좌로부터 차머스, 라이트, 브라이언, 로스

다른 하나는 창조주간의 하루하루를 태양일이 아닌, 긴 기간으로 보는 소위 '날-시대 이론Day-Age Theory'이었다. 사실 날-시대 이론은 5세기

의 어거스틴까지 거슬러 올라간다. 어거스틴은『창세기의 문자적 해석에 관하여De Genesi ad Litteram, On the Literal (Interpretation of) Genesis』라는 책에서 창세기의 "날"은 문자적 하루로 해석할 수 없다고 말했다.[14] 날-시대 이론은 어거스틴 이후 과학과 성경을 조화시키려고 노력했던 많은 사람들에 의해 지지되었다. 근대로 와서는 영국 지질학자 라이엘Charles Lyell이 자신의 유명한 저서『지질학의 원리Principles of Geology』를 통해 날-시대 이론을 주장했다. 또한 19세기 중반, 미국 지질학자 기요Arnold Guyot, 19세기 후반, 캐나다 지질학자이자 주석가였던 도손John William Dawson,[15] 미국 지질학자이자 오벌린 신학교Oberlin Theological Seminary 교수였던 라이트George Frederick Wright, 1838~1921,[16] 미국 반진화론 정치가이자 스콥스 재판 검사 Scopes Trial prosecutor였던 브라이언William Jennings Bryan, 1860~1925,[17] 미국 침례교 목사이자 반진화론 캠페인을 벌렸던 릴리William Bell Riley, 1861~1947,[18] <믿는 이유 선교회Reasons to Believe>의 창설자이자 천문학자 로스Hugh Ross, 1945~ 등이 날-시대 이론을 지지했다. 근래에 와서 간격이론은 지질학적 증거와 맞지 않음이 점점 드러났기 때문에 퇴조하였고, 현재는 복음주의권에서 날-시대 이론이 가장 널리 받아들여지고 있다.[19]

3. 새로운 지구 이론

창조연대와 더불어 사람들의 관심은 역시 자신들이 거주하는 지구였다. 지구는 우주의 일부라는 개념이 나온 후에야 지구의 기원이 탐구의 대상이 되었다. 흥미롭게도 이런 개념은 코페르니쿠스의 태양중심설에 의한 것이 아니라 16세기 말 이탈리아 철학자이자 도미니칸 수도사 브루노Giordano Bruno, 1548~1600와 17세기 중반 데카르트Rene Descartes, 1596~1650
의 우주론에 기인한 것이었다. 이들의 우주론에 의하면 우주는 중심도,
경계도 없으며, 심지어 창조되지도 않았을 가능성이 있다는 것이었다.
전통적인 우주론에서는 지구가 우주와 동시에 시작되었다고 보았지만,
이들은 우주는 무한하고 영원하다고 보았다. 이런 생각은 성경이 말한다
고 주장하는 젊은 지구의 역사와 맞지 않았다. 그래서 데카르트는 지구
의 역사를 우주의 역사와 분리하였다. 이 새로운 모델에 따르면, 성경이
말하는 역사는 우주 전체보다는 인간과 직접적으로 관계된 지구상의 사
건을 언급했다는 것이다.

　영국 신학자 버어넷Thomas Burnet, 1635~1715도 데카르트와 비슷하게 생
각했다. 그는 『지구에 관한 거룩한 이론Sacred Theory of the Earth』에서 지구
와 인간이 하나님에 의해 창조되지 않았다는 생각을 명백히 거부하면서
지구의 유한하고 짧은 역사가 거대한 우주 역사의 일부라고 생각하였다.

<그림 9-5> 버어넷과 『지구에 관한 거룩한 이론』

버어넷의 이론을 필두로 지구의 역사에 대한 여러 이론들이 쏟아져 나왔다. 그중 영국의 자연학자이자 지질학자인 우드워드John Woodward, 1665~1728는 화석과 지층에 대한 직접적인 지식으로 노아 홍수를 설명함으로써 성경의 문자적 해석의 범주를 넘어섰다. 이런 해석의 배후에는 당시 계몽주의적 지성의 수용이라는 전제가 깔려 있었다. 이것은 이전에 성경 외적 자료를 성경해석에 적당하게 수용함으로써 의미 있는 것이 되게 한 것을 뒤집어서, 성경해석을 성경 외적 자료의 틀에 적당하게 수용함으로써 의미 있는 것이 되게 한 것이었다. 즉 과거에는 지구의 역사에 대한 철학적, 역사적 이론이 성경의 원리에 비추어 합당한 것인지가 평가되었으나 이제는 성경의 원리가 다른 이론들에 의해 그 정당성을 확인받는 형편이 되었다.

나아가 프랑스 계몽주의 철학자들은 노골적으로 반기독교적 우주론을 장려하였다. 그들은 지구 이론을 기독교 교리와 교회를 공격하는 수단으로 사용하였다. 어떤 이론도 검증되거나 명확한 과학적 사실에 근거하지 않았음에도 불구하고, 그들은 지구는 지금까지 항상 동일한 자연법칙의 지배하에 있었고 앞으로도 그럴 것이라는 주장을 인간의 역사에까지 확장, 적용시켰다. 그래서 그들은 인간은 창조되지 않았고, 따라서 전통적 도덕과 사회적 강압에 순종하지 않을 수 있다고 하였다.

이러한 반기독교적 우주론이나 인간의 역사에 대한 해석은 지구의 역사에도 적용되었다. 18세기에 화석이 발견되는 지층보다 더 오래된 암석이 발견됨에 따라 성경에 기록된 노아의 홍수는 상대적으로 최근에 일어난 사건이 되었다. 홍수 지층 아래의 지층이나 암석은요즘 용어로 선캄브리아기 지층 창세기에 기록되어 있지도 않았고 화석도 없으므로, 인간 이전의 지구 역사에 대한 기록으로 받아들이게 되었다. 이로 인해 '기록된' 사료가 없는 역사라는 새로운 종류의 역사학이 등장했다. 그리고 18세기 자연주의자들은 인간의 유물보다 화석과 지층의 증거를 더 믿을만한 것으로 생각했다. 이로 인해 18세기 말, 사람들은 인간 이전의 지구 역사가 1만 년 혹은 10만 년 정도라고 생각하게 되었다. 물론 이때도 '영원한 우주론'의 영향을 받은 사람들은 지구의 역사를 터무니없이 길게 잡기도 했지만, 그런 사람들의 숫자는 소수였다.

그런 가운데서도 성경을 거부하지 않으면서도 지구의 역사를 길게 보는 사람들이 있었다. 이들은 독일을 중심으로 한 성경비평학으로부터 영향을 받았다. 성경비평학 자체가 반기독교적인 우주론을 지지하지는 않았지만, 이 분야에 있던 사람들은 성경 창조 기사의 문자적 의미를 이해하기 위해 자연의 증거를 찾는 것은 무의미하다고 보았다. 그들은 지구역사의 시간은 종교적인 해석과는 무관하며, 오히려 그 속에서 인간의의미를 찾는 것이 종교의 과제라고 보았다.

4. 모세 지질학과 새로운 지질학

성경에 나타난 창조연대에 대한 논의와 더불어 지질학에서도 새로운 이론들이 등장했다. 먼저 종래의 노아 홍수를 중심으로 제시된 모세 지질학을 살펴보자. 홍수지질학Flood Geology이라고도 불리는 모세 지질학은 16~17세기 성경 연대기로부터 물려받은 것으로서 지금도 창조과학자들을 중심으로 활발히 연구되고 있다. 이들은 지구와 인류의 기원에 대한 성경적 기록으로부터 시작하여 화석이나 암석, 지층 등을 연구하고 해석한다. 특히 지구의 역사에 관한 현대 지질학이 점차 일반인들이 쉽게 이해할 수 없는 난해성을 띠어감에 따라 모세 지질학자들은 일반인들이 알 수 있는 언어로, 특히 기독교 신자들이 이해할 수 있는 언어로 현대 지질학의 문제점들과 모순을 지적하고 있다.

모세 지질학의 대표적인 저서로는 1882년에 킨즈Samuel Kinns, 1826~1903가 출간한 『모세와 지질학Moses and Geology』, 캐나다 안식교 신자인 프라이스George McCready Price, 1870~1963가 출간한 『새로운 지질학The New Geology』, 안식교가 시작한 창조과학운동을 개신교계에 들여온 토목공학자 모리스Henry Madison Morris, 1918~2006와 근본주의 침례교 구약학자 윗콤John C. Whitcomb, Jr., 1924~2020이 1961년에 공저한 『창세기 대홍수The Genesis Flood』 등을 들 수 있다.[20]

 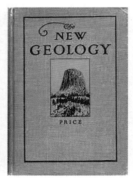 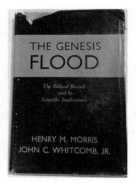

<그림 9-6> 모세 지질학 혹은 홍수지질학을 퍼뜨린 대표적인 책들

하지만 18세기 후반과 19세기 초반에 접어들면서 성경에 기초한 지질학이 아니라 야외탐사에 기초한 새로운 지질학이 등장하였다. 지질학자들은 세상의 기원에 대한 종교와 과학의 상반된 견해에서 자신들을 분리한 채 객관적인 증거들을 연구하는 데만 몰두했다. 지질학자들은 전통적

인 성경 연대기 학자들과는 무관하게 지질학을 연구했다. 그 결과 19세기에 들어와 지질학은 지구에 관해 많은 지식을 제공하게 되었다.[21]

당시의 지질학은 지질학의 연구 범위를 분명히 했다. 즉 지질학은 비과학적인 것, 지구의 기원이나 궁극적 운명, 인류의 역사와 기원 등은 아예 연구에서 배제하였다. 이들은 지구의 나이와 그들의 종교적 신념은 무관하다는 성경비평학자들의 견해를 수용하였다. 지질학자들은 화석으로만 출토되고 지금은 사멸한 많은 생명체들을 연구함으로써 성경에만 기초해서 해석하던 지구의 역사를 확장하고 대신 인류의 문명사를 축소시켰다.

5. 절대연대 측정법의 등장[22]

지질학에 대한 연구가 본격화되면서 자연스럽게 지구연대에 대한 문제가 제기되었다. 19세기 말까지만 해도 지질학자들은 지층에 근거한 상대적 연대는 알 수 있었지만, 절대적 연대를 측정할 수 있는 방법은 갖지 못했다. 하지만 20세기에 가까워지면서 물리학계에는 지구의 절대연대를 측정하는 방법들이 개발되기 시작하였다. 가장 대표적인 것으로는 1896년, 프랑스 물리학자 앙리 베끄렐Henri Becquerel, 1852~1908의 방사능 발견이었다.[23] 그는 방사능이 발견된 지 오래지 않아 방사성 원소의 일정한 붕괴가 연대측정에 사용될 수 있음을 발견하였다.

지각을 구성하고 있는 암석들은 많은 개별적인 결정들로 구성되어 있고, 각각의 결정은 서로 다른 원소들철, 마그네슘, 실리콘로 구성되어 있다. 이러한 원소들의 대부분은 자연 상태에서 안정적이고 변하지 않지만, 몇몇

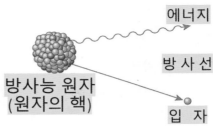

에너지

방 사 선

방사능 원자
(원자의 핵)

입 자

<그림 9-7> 베크렐과 방사능 원소의 붕괴

원소들은 방사능 붕괴라는 과정에 의해서 한 원소에서 다른 원소로 변해 갔다. 원래의 모원소parent element가 자원소daughter element로 붕괴하는 데 소요되는 시간은 감소한 모원소와 증가한 자원소의 비율에 의해 계산되었다. 방사성 동위원소는 일정하게 지수함수적으로 붕괴하기 때문에 연대 측정 과정에서 방사성 동위원소의 손실이나 첨가가 생기지 않도록 주의하면대부분의 연대 측정법들에는 방사성 동위원소의 손실이나 첨가를 정확하게 알 수 있는 방법들이 있음, 암석의 절대연대를 비교적 정확하게 측정할 수 있었다.[24]

　수많은 방사성 동위원소들이 연대측정에 이용되었지만, 시간이 지나면서 믿을만하게 사용할 수 있는 방사성 동위원소는 몇 가지로 압축되었다. 일반적으로 암석의 연대를 측정하는 데 사용되는 방법으로는 반감기가 긴 우라늄-납Ur-Pb, 토륨-납Th-Pb, 루비듐-스트론튬Rb-Sr, 포타슘-아르곤K-Ar 등의 방법이 주로 사용되고 있다. 현재는 매년 수천 건 이상의 암석과 광물질들에 대한 방사성 동위원소 연대측정이 잘 정립된 표준 과정을 따라 이루어지고 있으며, 일반적으로 오랜 지구 연대를 보여주고 있다. 영국의 물리학자 켈빈은 이미 1900년대 초반에 지질학적인 연대를 암석의 방사능에서 발견되는 것으로 한정지어야 한다고 주장하기도 했다.[25] 그러나 암석의 방사성 동위원소법의 폭넓은 사용은 20세기 중엽부터 본격화되었다.

방사능 동위원소를 이용한 지구의 연대는 성경의 문자적 해석이 제시하는 연대를 훨씬 넘어섰다. 그리고 암석들의 연대측정이 계속되면서 지구 연대는 계속 확장되어 갔다. 지구 연대가 점차 확장되면서 오래 지구 연대는 중요한 원군을 하나 만나게 되는데, 그것이 바로 19세기 중엽에 본격적으로 시작된 다윈의 진화론이었다. 진화론자들은 진화가 천천히 일어난다고 가정하고 이러한 과정을 통해 다양한 생명세계가 출현했다는 것을 설명하기 위해서는 필연적으로 매우 오랜 연대가 필요했다. 그런데 바로 그 중요한 근거를 지질학이 제공해 준 셈이었다.

서로 다른 여러 가지 방사능 연대측정 기술들은 지구가 오랜 시간 전에 만들어졌다는 일관된 증거를 제시하고 있지만, 아직도 성경을 문자적으로 해석하는 사람들은 방사능 연대를 신뢰하지 않는다. 이들은 여전히 창세기의 내용을 문자적으로 해석하여 창조주간의 하루를 현재의 태양일 하루로 해석하고, 성경의 족보에 나온 인물들의 수명을 더해서 지구와 인류의 나이는 10,000년을 넘지 않는다고 주장한다. 그리고 방사능 연대측정법이 제시하는 46억 년의 지구연대는 진화론과 동의어라고 생각한다.[26]

6. 인류의 오랜 연대와 선아담 인류Pre-Adamites 논쟁

지구나 우주의 창조연대에 대한 논쟁이 먼저 시작되었으나 이 논쟁은 불가피하게 인류의 기원에 대한 논의로 이어졌다.[27] 17세기 중엽까지만 해도 대부분의 사람들은 인류는 6,000여 년 전에 창조된 아담과 하와로부터 시작되었다는 생각을 의심하지 않았다. 또한 1850년대 후반까지만 해도 지구나 우주가 수백만 년 이상 오래되었다는 증거는 많았지만, 인류의 연대가 6,000년 이상 되었다는 증거는 별로 없었다. 그러나 『종의 기원』의 발표를 전후하여 인류의 기원과 관련된 성경의 문자적 해석 및 문자적 해석에 기초한 창조연대도 도전받기 시작했다.[28]

(1) 라페이레르의 선아담 인류론

먼저 과학혁명이 진행되던 시기에 살았던 유대인이자 프랑스 개신교도 목사였던 라페이레르Isaac de La Peyrere, 1596~1676의 주장을 살펴보자. 그는 1655년에 라틴어로 출간된 『아담 이전의 사람들Prae-Adamitae』1656년에는 Men before Adam 제목으로 영어판 발행이라는 저서를 통해 아담과 하와는 첫인간이 아니며 다만 유대인들의 조상일 뿐이라는 충격적인 주장을 제시했다. 그는 구약은 오직 유대인들만을 위한 것이기 때문에 유대인 이외

<그림 9-8> 라페이레르와 그의 책

의 이방 민족들은 아담과 하와보다 먼저 창조되었다고 했다.

아담 이외의 인류가 존재했다는 주장은 가인과 아벨이 아담과 하와의 유일한 자녀들이었다고 할 때 가인이 어디서 아내를 얻었는지를 설명할 수 있다. 또한 가인이 하나님 앞에서 추방당한 후 자기를 죽일까봐 두려워했던 사람들, 즉 성경에 등장하는 놋 땅에 거하는 사람들이 누구인지를 설명할 수 있다.

이 주장은 그 후에도 이따금씩 지지자들을 모았으며, 자연스럽게 인류의 다중기원론Polygenism으로 이어졌다. 스코틀랜드 귀족이자 식자man of letters였던 홈Henry Home, Lord Kames은 1774년에 출간한 『인류의 역사에 관한 스케치Sketches of the History of Man』에서 모든 인종들은 처음부터 자신들이 살고 있는 기후와 환경에 적합하게 독립적으로 창조된 것이라고 주장했다. 이것은 많은 사람들이 주장하던 단일기원설Monogenism을 반박하는 주장이었다. 단일기원설은 모든 인류는 한 조상으로부터 시작되었으며 후에 다른 환경과 기후가 있는 곳으로 이주했을 때 그 기후와 환경에 맞게 적응했다는 주장이었다.[29]

(2) 19세기의 선아담 인류

19세기 중반에 이르러 선아담 인류와 인류의 다중기원설은 좀 더 많은 전문학자들에 의해 제시되었다. 특히 『종의 기원』이 출판되던 1850년대부터 과학자들에 의해 인류의 기원과 인류의 연대에 대해 종래의 성경의 가르침을 반박하는 주장들이 본격적으로 제시되기 시작했다. 아래에서는 이 시기의 대표적인 학자들을 중심으로 살펴본다.

첫째, 하버드 대학의 동물학 교수인 애거시즈Louis Agassiz였다. 1850년에 애거시즈는 대중 종교 잡지인 *Christian Examiner*에 쓴 글에서 하나님이 각 지역마다 인종을 따로 창조하였으며, 그러므로 대부분의 민족들은 "아담과 하와에게 연결되지 않는다not related to Adam and Eve."라는 충격적인 주장을 제시했다.[30]

둘째, 영국의 유명한 지질학자인 라이엘Charles Lyell이었다. 1863년에 라이엘은 『인간이 오래되었다는 지질학적 증거Geological Evidences of the Antiquity of Man』라는 책에서 인류는 6,000여 년 전에 아담과 하와가 창조되었다는 일반적인 상식보다 훨씬 오래 전에 출현했다는 과학적 증거를 제시했다.[31] 이런 책들은 1871년, 다윈의 『인류의 유래Descent of Man』가 출판되기 훨씬 이전에 진화론적 인간관이 출현할 수 있는 길을 닦았다.[32] 이 책에서 다윈은 본격적으로 인간의 오래됨antiquity과 통일성unity을 제시하였다. 그는 인류의 단일기원설을 지지하였다.

과학에서의 선아담 인류설은 오래지 않아 신학자들에 의해, 특히 인류의 진화와 인류의 오래됨을 인정하는 기독교 신학자들에 의해 수용되었다. 예를 들면 프린스턴 대학Princeton College의 교수 쉴즈Charles Woodruff Shields, 1825~1904, 그의 신학교 동료인 워필드Benjamin Breckinridge Warfield, 1851~1921, 성경무오설의 열렬한 옹호자였고 단일기원적 선아담 인류론

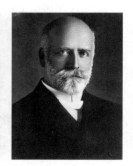

<그림 9-9> 선아담 인류설을 받아들인 신학자들. 좌로부터 쉴즈, 워필드, 토레이

Monogenetic Pre-Adamism을 받아들였던 토레이Reuben A. Torrey, 1856~1928 등은 현대 고고학과 인류학의 발견물들을 엄격한 성경해석과 조화시킬 수 있는 한 방법으로서 선아담 인류론을 받아들였다.[33]

(3) 미국에서 인류의 다중기원설과 흑인 인종차별[34]

인류의 다중기원설은 영국과 프랑스 학자들을 중심으로 시작되었으나 후에 이 이론을 가장 열렬하게 받아들인 것은 미국인들이었다. 미국에서의 다중기원설은 소위 '아메리칸 인종학파American School of Ethnology'로 알려진 몰톤Samuel G. Morton, 1799~1851, 글리돈George R. Gliddon, 1809~1857, 노트Josiah Clark Nott, 1804~1873, 애거시즈Louis Agassiz, 1807~1873 등을 중심으로 활발하게 연구되었다.

미국이 다중기원론에 특별히 적극적인 관심을 보인 것은 적어도 부분적으로는 흑인들에 대한 차별과 관련이 있었다. 남북전쟁Civil War으로 인해 노예제도는 사라졌지만, 백인들의 인종적 우월감은 사라지지 않았다. 이의 대표적인 한 예가 내쉬빌Nashville 출신의 백인 목사이자 인종차별주의자인 페인Buckner H. Payne, 1799~1889이었다.

페인은 1867년에 『흑인: 그들의 인종적 지위는 무엇인가?The Negro: What is His Ethnological Status?』라는 소책자를 통해 아프리카 흑인들은 열등할 뿐만 아니라 인간에 가까운 유인원subhuman이라고 주장했다. 그는 성경의 히브리 원문을 자세히 해석한 것을 자신의 어설픈 과학지식과 결합시켜 아프리카에서 온 미국인들의 지위가 더 높아지게 되면 사회적, 정치적 재난이 닥칠 것이라고 주장했다.[35]

페인은 성경의 창조기사를 자세히 읽어보면 흑인은 노아의 세 아들 중 하나인 함Ham의 자손이 아니며, 따라서 아담과 하와의 후손이 아니라

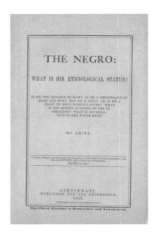

<그림 9-10> 페인의 인종차별주의 책들

고 주장했다. 그는 흑인들은 아담과 하와 이전에 창조되었다고 주장했다. 뿐만 아니라 그는 흑인들은 노아의 홍수 때 방주에 탔던 동물들로부터 유래했기 때문에 동물계animal kingdom에 속해 있으며, 영혼soul이 없다고 믿었다. 그는 흑인이 원숭이와 유일하게 다른 점은 그들이 말을 할 수 있는 능력이라고 했다. 심지어 그는 에덴동산에서 하와를 유혹했던 '뱀serpent'이 바로 흑인이라고 주장했다. 이는 에덴동산의 다른 동물들은 말을 할 수 없었기 때문이었다.

페인은 '진짜 인간true humans'이 흑인과의 사이에서 아이를 낳는 것 interbreeding은 용서받을 수 없는 죄를 범하는 것이며, 하나님은 그들을 혹독하게 처벌하실 것이라고도 했다. 노아의 홍수 이전에 하나님의 아들들이 사람의 딸들과 결혼함으로 말미암아 하나님이 노아의 홍수라는 재앙을 내리셨듯이, 만일 미국 정부가 자연과 하나님의 명령에 반하여 흑인들에게 정치적 평등권을 부여한다면 하나님은 미국을 반드시 멸망시키실 것이라고 경고하기까지 했다. 물론 이러한 페인의 주장은 바로 앞에서 언급한 글리돈 및 노트의 글과 주장들로부터 나온 것이었다.

백인 우월사상에 심취되어 한평생 흑인들을 증오하고 살았던 페인은 1879년에 테네시주 데이비슨 카운티의 보호 시설an asylum in Davidson County, Tennessee에 수용되었다가 1889년 90세의 나이로 가난하고 맹인이 된 채로 죽었다. 그리고 그의 시신은 테네시주 내슈빌에 있는 마운트 올리벳 공동묘지Mount Olivet Cemetery in Nashville, Tennessee에 나사가 없는 사각 목재 상자lumber square box without screws에 담겨 매장되었다.[36]

(4) 도전 받는 인류의 연대

선아담 인류론과 인류의 다중기원론에 더하여 그 동안 성경을 문자적으로 해석한 연대도 도전받기 시작했다. 1858년, 영국 남부의 브릭스햄 동굴Brixham Cave에 대한 발굴 결과는 인류의 연대가 오래되었다는 과학적인 증거를 제시했으며, 1860년까지 지도적인 과학자들은 한때 인류는 지금은 멸종한 동물들 중에 살았다고 결론내렸다. 비록 인류의 연대는 정확하게 결정되지 않았지만 적어도 성경의 6,000년보다는 오래되었으며, 아담과 하와의 창조보다도 오래되었을 수 있다고 생각했다.[37] 이와 같은 인류의 기원에 관한 과학자들의 주장에 대해 미국 그리스도인들의 반응은 다양했다.

우선 이미 아담과 하와를 역사적 인물이라기보다 신화적 인물로 생각하고 있었던 자유주의자들liberals은 인류의 연대가 오래되었다는 주장을 받아들이는 데 아무런 어려움이 없었다. 하지만 보수적인 기독교인들은 인류의 연대를 확장하는 것은 과학이 신학의 영역을 침해하는 예라고 생각하며, 고고학자들이 사용하는 발굴물들의 연대측정법을 비판하였다.

그러나 몇몇 정통 기독교인들은 성경이 인류의 역사를 6,000년으로 한정하지 않는다고 주장하면서 고고학적 발굴 결과와 성경의 문자적 해석을 조화시키려고 노력했다. 심지어 몇몇 사람들은 선아담 인류론조차 과학과 성경의 문자적 해석을 조화시키는 데 사용하였다. 이들은 창세기 1장 1절과 에덴동산 사이에는 아담과 하와가 아닌 다른 초기 인류들이 살았다고 주장했다.[38]

이러한 조화를 시도했던 초기의 대표적인 사람 중 한 명은 존경받는 경건한 감리교도이자 지질학자였던 윈첼Alexander Winchell, 1824~1891이었다. 그는 많은 논문들을 통해 현대과학을 기독교적인 관점에서 해석하려고 노력했다. 그는 다른 경건한 과학자들과 같이 다윈의 철저한 자연주의적 진화론을 배격하고, 대신 하나님이 자연의 법칙을 통해 생물들의 진화를 인도했다는 유신진화론을 주장했다. 그는 인류의 출현을 설명하는 데도 역사적 아담을 유대인의 가장 오랜 조상이라고 주장하면서 진화론을 받아들였다.[39]

<그림 9-11> 윈첼과 그의 저서

윈첼은『선아담 인류; 혹은 아담 이전에 인류가 존재했다는 것의 증명 Preadamites; or, A Demonstration of The Existence of Men before Adam』이라는 책을 통해 니그로족은 선아담 인류에 속했다고 주장했지만, 흥미롭게도 인종차별주의자들과는 달리 코카시안족들도 니그로 조상들로부터 발달했다고 주장했다. 그는 선아담 인류론이 과학적으로 정확하고correct, 성경적으로도 보증되며warranted, 신학적으로도 건전하다고sound 생각했다.[40]

미국에서 인류의 기원에 대한 이런 여러 논쟁들이 뜨거웠던 배경에는 19세기 미국의 인종차별 논쟁과 무관하지 않았다. 사람들은 자신의 주장을 위해 여러 과학적 증거들을 제시했지만, 그것은 자신들의 '비과학적' 이데올로기들을 정당화하기 위함이었다. 예를 들면 17세기 프랑스 출신의 신학자 라페이레르Isaac de La Peyrere, 1596~1676는 유대인의 중요성을 부각시키기 위해, 프린스턴 대학전 College of New Jersey의 7대 총장이었던 스미스Samuel Stanhope Smith, 1751~1819는 자신의 정치이론을 지지하기 위해, 미국 외과의사이자 인류학자인 노트Josiah Clark Nott, 1804~1873는 남북전쟁 이전의 미국을 방어하기 위해, 그리고 앞에서 언급한 페인Buckner H. Payne은 흑인평등권을 반대하기 위해 인류의 다중기원설을 주장했다.[41]

<그림 9-12> 좌로부터 라페이레르, 스미스, 노트

7. 19세기 지질학과 창세기 해석

　18~19세기를 지나면서 창세기에 대한 새로운 해석과 더불어 지구와 인류의 기원, 창조연대, 인종의 기원 등에 대한 다양한 이론들은 결국 근대적 지질학의 등장과 창세기에 대한 새로운 해석으로 이어졌다. 아래에서는 먼저 과학혁명기 동안 제시되었던 베이컨의 절충안을 살펴보고, 이어 비평적 성경해석학의 등장에 관해 소개한다.[42]

(1) 베이컨적 절충안[43]

　베이컨Francis Bacon, 1561~1626 이전의 철학자들은 자연과 성경을 엄격히 구분하지 않았다. 그들에게는 하나의 거대한 단일 교재text, 즉 성경이 있었을 뿐이었다. 그러나 과학혁명기에 이르러서는 혁명의 여러 주역들은 자연과 성경은 서로 다른 두 권의 교재라고 보았다. 이에 대해 베이컨은 『학문의 진보』에서 이렇게 말했다. "하나님은 사실 한 권이 아니라 두 권의 책을 쓰셨다. 물론 우리 모두는 첫 번째 책, 즉 성경에 더 익숙하다. 그

<그림 9-13> 베이컨과 『학문의 진보』

러나 그분은 자연이라고 하는 두 번째 책도 쓰셨다."[44]

흔히 '두 책 이론The Doctrine of Two Books'으로 알려진 이 입장을 지지한 베이컨은 "자연은 성경에 대한 열쇠이다. 하나님의 솜씨가 나타난 책자연을 공부하는 사람은 하나님의 말씀이 기록된 책성경을 해석하는 자들을 가르칠 자격이 있다."라고 했다.[45] 그는 진정한 지식은 피조세계에 나타난 하나님의 전능하심을 나타내며, 신앙으로 인도한다고 보았다. 또한 자연에 대한 지식은 하나님의 말씀에 대한 이해를 증진시킨다고 보았다. 그러나 거꾸로 자연을 성경에 맞추려는 시도는 "이 지식들을 어리석게 혼합 또는 혼동하는 것이다."라고 봤다.

베이컨의 '두 책 이론'은 신학자들에게는 하나님의 전능하심, 성경의 참 뜻, 타락에 의한 지적 능력의 훼손이라는 개념들을 정당화해주고, 자연을 연구하는 사람들에게는 성경을 해석하는 사람들로부터의 자유를 허락해주는 일종의 정치적인 절충안이었다. 이 베이컨적 절충안The Baconian Compromise은 베이컨 이후 근 200여 년 간 받아들여졌다.

예를 들면 스코틀랜드 지질학자 허튼James Hutton, 1726~1797은 성경의 문자적 해석을 탈피해서 오래된 지구를 주장하였다. 반면 스코틀랜드 목사이자 신학자인 차머스Thomas Chalmers, 1780~1847는 창세기 1장 1절과 2절 사이에 긴 시간적 간격이 있었다는 간격이론Gap Theory을 주장하였다. 또한 프랑스 가톨릭 지질학자이자 해부학자인 퀴비에Georges Cuvier, 1769~1832는 지구의 역사에서 노아의 홍수 한 차례만이 아니라 여러 차례의 격변이 있었다는 다중격변설Multiple Catastrophic Theory을 주장했다. 이에 비해 스코틀랜드 기독교 광물학자인 제임슨Robert Jameson, 1774~1854과 영국 신학자인 버클랜드William Buckland, 1784~1856는 최근의 격변이 바로 노아의 홍수라고 주장하였다. 이러한 어색한 분리는 결국 신학자들로 하여금 지질학적 결과들에 대해 의문을 갖게 하였고, 지질학자들로 하여금 창세기의 과학적 의미에 경계를 정하게 하는 논쟁을 촉발시켰다.

<그림 9-14> 상좌로부터 허튼, 차머스, 퀴비에, 하좌로부터 제임슨, 버클랜드

(2) 비평적 성경해석학의 등장과 전문가들의 불일치

19세기에 들어오자 베이컨의 절충안에서 과학의 입김이 점차 강해졌다. 이는 종래 성경이 과학을 해석하는 데 영향을 끼치는 것에서 이제는 반대로 점차 학문적인 틀 속에서 성경을 해석하려는 자연주의자들의 움직임이 강하게 대두하였음을 의미한다.[46] 이와 관련하여 신학자들 사이에서 일어난 두 가지 조류가 있었다.

첫째는 '과학적 해석학scientific hermeneutics'이었다. '과학적 해석학'에서는 객관적이고도 보편적인 해석을 중시했다. HOW가 중요하지 WHO는 중요하지 않다는 것이었다. '과학적 해석학'의 대표자로서는 독일 개신교 신학자이자 성경학자인 슐라이어마허Friedrich D.E. Schleiermacher, 1768~1834를 들 수 있다. 객관적이고 보편적인 해석을 위해 그는 성경 텍스트를 해석할 때 '문법적 해석grammatical interpretation'과 '심리적혹은 기술적 해석psychological(or technical) interpretation'을 분리했다. 그에게서 문법적 해석은 텍스트의 언어를 다루는 것이었고, 심리적 해석은 저자의 사상과 목표를 다루는 것이었다.[47]

둘째는 '비평적 해석학critical hermeneutics'이었다. 이는 창세기 해석은 누가 해석하느냐에 따라 그 방법까지 전적으로 결정된다는 견해였다. 이 이론에서는 창세기 해석의 궁극적인 논점은 이야기의 사실성, 성경의 영감 교리, 창조, 타락, 홍수 등에 근거한 신학 체계가 아니라 창조되고 타락한 인간 본성에 의존한다고 보았다.

하지만 신학계에서 일어난 이러한 운동과는 별개로 근대적 지질학의 등장으로 성경해석에 새로운 지평이 열리게 되었다. 곧 지질학과 신학 분야 전문가들의 의견이 불일치하게 된 것이었다.[48] 흥미롭게도 19세기에 들어와서 창세기의 해석권을 처음 주장했던 그룹은 지질학자들이었다. 19세기 초에 런던왕립학회 회원이었던 영국의 라이엘Charles Lyell은 자신의 저서『지질학의 원리Principles of Geology』를 통해 동일과정설uniformitarianism만이 전문가적인 지질이론이라고 주장했다. 그는 노아 홍수에 근거한 격변설catastrophism 지질학을 버리고 다시 지질학 체계를 구축해야 한다고 생각하였다. 그는 자연을 통해 지구 역사를 연구했던 지질학자이자 자유주의적 기독교인으로서 "지질학의 물리적인 부분은 마치 성경이 세상에 없는 것처럼 간주하고 연구되어야 한다."라고 했다.[49]

라이엘의 견해는 성경을 통해 지구의 역사를 해석했던 영국의 신학자이자 지질학자였던 버클랜드William Buckland, 지질학자이자 성직자였던 코

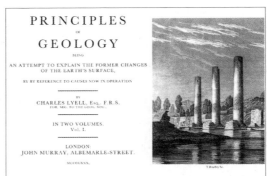

<그림 9-15> 라이엘과 『지질학의 원리』

니베어William D. Conybeare, 1787~1857, 지질학자이자 성직자였던 세지윅Adam Sedgwick, 1785~1873 등 성직자들의 전문가적 의견과는 전적으로 달랐다. 이로 인해 비록 스코틀랜드나 잉글랜드, 미국 등에서 성공적이지는 못했지만, 성직자들에 대한 성경해석학 분야의 '전문적 교육'을 위한 논쟁이 일어나게 되었다.[50]

(3) 독일의 성경 비평학

영국의 상황과는 달리 독일에서는 전임 성직자들이 목회에 대한 부담 없이 학문에만 열중할 수 있는 분위기가 형성되어 있었다. 그들은 정부에 고용되어 있었기 때문에 미국이나 영국과는 달리 교리에 묶이지 않는 학문적인 자유도 누릴 수 있었다. 그래서 할레Halle, 괴팅겐Göttingen, 베를린Berlin 대학 등에서는 구약성경이 목회와는 무관하게 비판적이면서 전문적으로 연구되기 시작하였다. 한 예로 아이크혼Johann Gottfried Eichhorn, 1752~1827은 창세기 앞부분을 분석하면서 현대 비평 운동과 고등 비평을 시작하였다.[51]

19세기 초반 독일에서는 영국과 미국에서 지질학을 연구하는 것 같이 창세기를 비평적, 전문적으로 연구하였다. 따라서 이제 창세기 연구는 지질학 연구와 유사하게 되었다. 독일에서 비롯된 이런 구약의 해석학적 방법과 지식, 정신은 영국과 미국의 창세기 해석에도 영향을 끼쳤다.

영국에서는 전문적인 과학자들과 광교회신자들A. Sedwick, W. Whewell, Peacock, Stanley, B. Jowett 등이 연합하여 독일화에 앞장서며 옥스퍼드나 케임브리지 대학의 교육과정 개혁에 참여하기도 했다.[52] 옥스퍼드 대학의 조윗Benjamin Jowett, 1817~1893과 같은 사람은 "성경을 여느 다른 책들처럼 해석하라."고 주장했다. 그는 독일식 학문 전통과 슐라이어마허를 따라서 성경은 반드시 경험적, 현실적으로만 해석해야 한다고 선언했다. 그는, 라이엘이 자연이라는 책에 대해서 경험주의적, 현실주의적, 전문가적 해석을 해야 한다고 주장했듯이, 성경 역시 같은 방법으로 해석해야 한다고 주장하였다. 라이엘은 자연의 책에게, 그리고 조윗은 성경에게 경험적이고 현실적이며 전문가적 해석을 제시했던 것이다.[54]

이런 영국의 분위기는 미국에도 일어났다. 그래서 1870년대 후반에 미국 동부의 주요 신학교들과 대학들에서는 독일식 구약 연구가 도입되면서 비평신학이 들어오게 되었다. 비평신학이 들어오면서 지질학과 창세기 해석학은 '분업화' 되기 시작했다. 이제 성경과 자연은 전문적으로 분리하여, 공통의 방법론으로 연구하게 되었다. 그래서 지질학자들과 창세기 해석자들은 더 이상의 베이컨적 절충안이 필요 없게 되었다. 이제 그들은 자유롭게 협력할 수 있게 되었다.

(4) 위기에 처한 베이컨적 절충안

베이컨적 절충안은 양자가 같은 목적을 추구하던 19세기 초까지는 공존하며 널리 받아들여졌다. 하지만 성경과 무관하게 자연만을 대상으로 연구하는 자연주의자들naturalists이 등장하면서 베이컨적 절충안은 위협을 받게 되었다. 결국 베이컨 이래 200여 년 간1630~1830 지속되던 '두 책 이론'은 해체되었고, 지질학과 창세기 해석학은 '분업화'되었다. 즉 지질학과 창세기 해석은 서로서로 무관하게 전문화되었다.[54]

지질학은 창세기 해석학보다 2~30년 빨리 전문화가 이루어졌다. 이 기간 동안 '성경적' 지질학자이자 창세기 해석자였던 스튜어트Moses Stuart, 1780~1852, 코크번W. Cockburn, 1773~1858 등과 창세기와 지질학의 조화론자이자 구세대 지질학자였던 버클랜드William Buckland, 1784~1856, 코니베어William D. Conybeare, 1787~1857, 맨텔Gideon Mantell, 1790~1852 등이 등장하여 베이컨의 절충안을 무시하였다. 목사나 언어학자, 골동품 수집가들이 많았던 '성경적' 지질학자들은 주로 라이엘의 주장과 같은 과격한 주장 때문에 자극을 받아 성경을 근거로 지구의 역사를 연구했다. 그들은 지구의 역사를 주로 창세기만으로 해석했으며, 지질학적 사실들은 가끔씩 예로 드는 정도였다.

반면 전문 지질학자들이자 성직자들이 대부분이었던 조화론자들은

<그림 9-16> 좌로부터 버클랜드, 코니베어, 맨텔

자신들의 연구 결과와 조화를 이루도록 창세기를 얼마든지 마음대로 해석할 수 있음을 보여주려고 했다. 조화론자들은 비록 성경이 과학적 진리를 가르치는 것은 아니지만, 성경의 진술들은 언제나 지질학 이론들과 조화된다고 해석했다. 이들에게는 지질학이나 성경해석학은 둘 다 각기 거룩한 하나님의 책을 연구하는 것이므로 진정한 과학과 진정한 종교는 쌍둥이 자매와 같은 것이라고 생각했다. 하지만 조화론자들이 활동하던 시기1830~1860에는 이미 베이컨적 절충안이 위기를 맞고 있었다.

조화론자들의 시기에서 전문가들이 지배하는 시기로 넘어가는 데 주도적 역할을 한 사람은 바로 다윈Charles Robert Darwin, 1809~1882이었다. 장구한 세월 동안 작은 변화가 꾸준히 쌓여 지질학적 변화가 일어난다는 라이엘의 동일과정설은 다윈에게 직접적인 영향을 미쳤다. 자신의 지질학 이론을 담은 『지질학의 원리』 제1권이 출간되자, 라이엘은 이 책을 비글호HMS Beagle의 선장 피츠로이Robert FitzRoy, 1805~1865에게 주었고, 피츠로이는 이 책을 1831년 12월 비글호 항해를 시작하기 직전에 박물학자의 자격으로 비글호에 승선하게 된 22세의 다윈에게 주었다. 또한 다윈은 1832년에 출간된 『지질학의 원리』 제2권을 비글호를 타고 항해하는 중에 들렀던 남아메리카에서 받았다. 다윈은 비글호 항해 도중에 이 책들을 탐독하면서 지질 탐사를 했고, 라이엘의 동일과정설 아이디어에 매료되었다. 다윈의 생각은 비글호 항해를 마친 후 몇 권의 책으로 출간되었지만, 역시 그의 역작은 1859년에 출간된 『종의 기원』이었다.

『종의 기원』이 출간된 후 시간이 지나면서 지질학 연구에서는 자연주의자들이 점차 주도권을 장악하게 되었다.[55] 성경의 도움 없이도 지질학 연구에 큰 어려움이 없게 되면서 조화론자들의 주장은 힘을 잃게 되었다. 또한 초창기 조화론자들이었던 맨텔, 제임슨Robert Jameson, 버클랜드 등이 세상을 떠나자, 조화론은 점차 아마추어 이론으로 전락했다. 이에 자연주의 진화론에 반대하는 전문가들은 1859년 11월 24일에 다윈의 『종의 기원The Origin of Species』이 출간되고, 그로부터 4개월 뒤인 1860년 3월에 『에세이와 리뷰Essays and Reviews』가 출간되자,[56] 1865년에 성경 진리를 수호하기 위한 '빅토리아 연구소The Victoria Institute'를 설립하였다.[57]

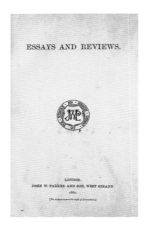

<그림 9-17> 『에세이와 리뷰』 표지와 차례

1860년 3월, 즉 다윈의 『종의 기원』이 출간된 후 4개월 만에 출간된 『에세이와 리뷰』는 일곱 편의 에세이논문로 이루어져 있으며, 파커John William Parker가 편집하였다. 본서는 기독교에 관한 7개의 에세이로 구성되어 있으며, 지질학과 생물학 분야의 과학자들이 도전하는 주장을 요약했다. 기고자 중 한 사람인 포웰Baden Powell은 진화론을 강력하게 지지하면서, 『종의 기원』이 "곧 전체 혁명을 일으키지 않으면 안 된다."라고 주장했다. 종교적 의심의 시대가 열린 것이었다.

『종의 기원』과 『에세이 및 리뷰』에 반대해서 설립된 빅토리아 연구소의 명시적인 목적은 "성서에 계시된 위대한 진리들…… 소위 과학의 거짓된 반대에 대항하여" 방어하는 것이었다. 쿠퍼Anthony Ashley Cooper, 1801~1885를 초대 총재로 선출한 빅토리아 연구소는 유신진화론의 입장을 취했으나, 자연주의 진화론에 대한 반대 입장을 분명히 했다. 빅토리아 연구소는 도슨John William Dawson과 기요Arnold Guyot를 포함하여 다윈주의에 회의적인 과학자들을 많이 끌어들였다.

하지만 다수의 지질학이나 성경해석학 분야의 전문학자들은 이미 '사이좋은' 분업이 이루어지고 있었다. 그들은 연합하여 창세기를 태초에 관한 하나의 '원시적인' 설명으로 간주했다.

8. 진화론에 관한 세 가지 반응

19세기 후반에 들어와 자연에 관한 설명에서 성경의 영향력이 줄어들게 된 배경에는 여러 요소가 있었지만, 그 중심에는 역시 다윈이 1859년에 출간한 『종의 기원』이 있었다. 이 책은 발간되자마자 동물학자, 식물학자, 지질학자들뿐만 아니라 다른 과학자들도 비상한 관심을 갖게 되었다.[58] 그리고 이때를 전후하여 철학, 종교, 인간의 본성, 우주의 형성 등에 대한 다양한 이론들이 발표되기 시작하였다. 사람들은 다양한 입장을 가졌지만, 이들에게 가장 중요한 것은 역시 자신들의 전통 '사상'이었다.[59] 사상이란 모두 '그 시대의 자식'이듯이, 다윈의 사상 역시 1859년을 전후한 서구의 시대적, 종교적 사상에서 나온 것이었다. 이 시기에 다윈과 과학자들의 종교적 입장의 관계는 크게 다음 세 가지로 분류해 볼 수 있다.

첫째 그룹은 다윈의 반대자들이다.[60] 이 입장의 대표적인 인물은 캐나다 노바 스코시아 출신의 장로교인이자 19세기 캐나다를 빛낸 두 명의 지질학자들 중의 한 사람이었던 도손John William Dawson, 1820~1899이었다. 그는 1840년에 에든버러 대학University of Edinburgh에서 지질학을 공부하였으나 경제적인 어려움으로 그만두었다. 그 후 광산 등에서 일하면서 끊임없이 지질학 연구에 매진하였다. 1854년에 그는 맥길 대학McGill College의 교장이 되었으며, 여기서 지질학, 고생물학 등을 가르쳤다. 1859년 이전부터 종교와 과학을 종합하려고 노력했던 도손은 종교적으로는 물론 과학적으로도 다윈의 사상에 반대하였다.

<그림 9-18> 도손좌과 애거시즈

다윈의 다른 중요한 반대자로는 스위스 프랑스어권에 살다가 1846년에 미국으로 이민 온 애거시즈Louis Agassiz, 1806~1873를 들 수 있다. 그는 이민 오기 전부터 이미 유럽에서 잘 알려진 학자였기 때문에 이민 온 후에는 유럽과 미국 등 양 대륙 모두에서 영향력이 컸다. 그는 창조자는 물질을 가지고 실제로 어떤 것을 창조하기보다는 다만 계획만으로 창조사역

을 한 것으로 생각했다는 점에서 관념론자였다고 할 수 있다. 그는 다윈
의 사상을 반대하는 운동을 폭넓게 전개하면서 당시의 기독교 진화론자
였던 그레이Asa Grey, 1810~1888와 대립했다.

둘째 그룹은 기독교인이면서 다윈의 진화론을 받아들였던 기독교인
다윈주의자들이었다.[61] 대표적인 예로 하버드 대학의 식물학 교수 그레
이를 들 수 있다. 그는 『생리학과 동물학, 인간의 자연사 강좌Lectures of
Physiology, Zoology, and the Natural History of Man』의 저자 로렌스William Lawrence,
1783~1867의 영향을 받았다. 다윈에게도 영향을 미친 것으로 알려진 로렌
스의 책은 과학으로부터는 기적을, 생리학으로부터는 영혼을 제외시켰
다. 그레이는 18세기 합리주의의 영향을 받아서 정통종교에 대한 불신과
로렌스에 대한 영국 법정의 압력 등에 불만을 품고 유물론자로, 그리고
교권 반대주의자로 살았다. 그는 다윈과 더불어 경험주의와 자유주의 등
의 사상적 공감대를 갖고 있었다.

구체적인 연구에 있어 그레이는 식물분류학에 힘썼다. 그는 종의 불
변을 믿었으며, 이러한 고정된 종들 사이의 장벽을 허무는 데 기여할 수
있는 자연선택을 받아들였다. 그는 자연의 과학적, 종교적 원인을 계속

<그림 9-19> 좌로부터 로렌스와 『생리학과 동물학, 인간의 자연사 강좌』 그레이

추구하면 언젠가 일관된 진화, 자연선택, 형이상학적, 신학적 입장이 합쳐질 것이라고 생각하였다. 이런 점에서 그는 과학과 종교를 연결시키려고 노력하였다고 할 수 있다. 한 예로 다윈주의에 관련된 글에서 그는 하나님의 섭리를 자연선택과 연결시키려고 하였다. 그에게서 진화과정은 그 자체가 생물계를 향한 창조주의 계획이고 방법이었다. 다윈 이후에 과학과 종교가 단절되어 그 영역의 독자성을 주장했던 것과 대조적으로, 그레이는 과학과 종교를 연결시키려고 부단히 노력하였다.

세 번째 그룹은 불가지론과 기독교 상징주의를 받아들인 사람들이었다.[62] 이들은 애초부터 과학에서 종교의 역할을 제거하고, 계시에 근거한 종교가 진리의 중재자가 되는 것에 반대했다. 헉슬리Thomas H. Huxley, 1825~1895가 대표적인 인물이었다. 그는 과학이 종교적인 계시를 완전히 대치할 수 있다고 믿었다. 이것은 실증주의 과학의 영향으로 급속히 확산되었고, 결국 창조자가 활동할 수 있는 초월적 영역을 제거하였다. 그는 1860년 옥스퍼드 논쟁에서 다윈의 대변자로 나서서 진화론을 옹호하였으며, 이로 인해 '다윈의 불독'이란 별명까지 얻었다. 그의 손자였던 줄리안 헉슬리Julian Sorell Huxley, 1887~1975 역시 유명한 진화론자였다.

<그림 9-20> 좌로부터 다윈, 토마스 헉슬리, 줄리안 헉슬리

하지만 홍미롭게도 다윈은 헉슬리와 동시대 사람이었지만, 몇 가지 점에서 달랐다. 다윈은 신약을 믿지 않았지만, 전통적 자연신학이 말하는 신적 디자인에 대한 개념만큼은 가지고 있었다. 또한 그는 진화의 메커니즘으로서 라마르크의 자연선택을 도입하였으나, 과학과 종교의 통합에 대해서는 부정적이지 않았다. 그는 죽기 3년 전인 1879년 5월 9일에 그레이와 헉슬리 등에게 자신의 입장을 밝힌 편지를 동시에 썼다. "한 사람이 열렬한 유신론자이면서도 진화론자가 될 수 있다는 것을 의심하는 것은 어리석어 보인다. 나의 판단은 자주 흔들린다. ……나는 하나님의 존재를 부인하는 의미에서의 무신론자는 결코 아니지만 일반적으로 나의 마음의 상태를 가장 정확히 표현하자면 나는 **불가지론자**이다."[63]

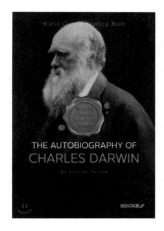 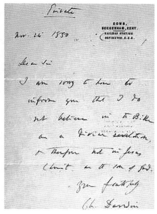

<그림 9-21> 다윈의 자서전과 성경과 예수를 믿지 않는다고 고백한 편지[64]

하지만 다윈은 별세하기 1년 반 전인 1880년 11월에 독실한 기독교 신자인 변호사 프랜시스 맥더모트Francis McDermott가 다윈에게 신약성서를 믿느냐고 질문하자, 다윈은 편지 내용을 비공개에 부칠 것을 조건으로

이렇게 말했다. "이렇게 말씀드릴 수밖에 없음이 죄송하지만, 나는 성경을 신의 계시라 믿지 않으며, 그에 따라 예수 그리스도를 하나님의 아들이라 믿지 않습니다."

다윈의 이론에 대해 다양한 반응이 있는 가운데서도 진화론은 점차 교회 내로 스며들었다.[65] 도손은 1859년 이전에 영향력이 있었고, 애거시즈의 관념론도 잠시 영향을 미쳤을 뿐이지만, 그레이는 미국의 교회나 대학들에 오랫동안 영향을 미쳤다. 특히 그레이는 기독교 지성계에 다윈의 진화론 개념을 도입하는 데 크게 기여했다. 그러나 1900년까지 영어권에서 가장 영향력이 있었던 것은 과학에서 계시의 영역을 제거하는 데 일생을 보낸 헉슬리였다. 2차 대전 후에 과학과 종교를 조화시키려는 노력이나 신학적 문제와 성경적 설명에 관해 숙고하는 것을 모두 거부한 채 과학과 종교의 관계를 '전쟁'으로 몰고 갔던 것은 바로 헉슬리의 유산이었다. 그는 결국 과학 그 자체를 종교화하는 데로 인도하였다.

진화의 사실 여부는 차치하고라도, 진화론은 우주의 시작과 끝, 인생의 의미 등에 대해 이야기해주지 못한다. 또한 과학은 명료한 설명을 제공할 수는 있겠지만, 그것으로부터 사상적 풍성함과 인생의 궁극적 진리를 이끌어내지는 못한다. 헉슬리는 종교에서의 절대적인 권위주의는 비판했지만, 다윈 이후 과학에서 새로운 절대적인 권위주의를 만드는 데 기여했다고 할 수 있다. 오늘 우리는 곳곳에서 과학의 이름으로 우리의 삶에 파고드는 과학주의라는 새로운 권위주의의 횡포를 목격하고 있다. 그리고 그러한 대표적인 예를 진화론 논쟁에서 볼 수 있다.

9. 진화론의 등장과 교회의 반응

다윈의 『종의 기원』이 발표되었을 때 몇몇 학자들은 다윈의 영향을 과대평가하여 종교적 위협으로 보기도 하였지만, 일부 영국 국교도들은 20세기 초까지만 해도 진화론을 거부할 수 있는 것으로 생각했다. 사실 다윈 이론의 종교적 위협의 심각성은 생각보다 늦게 인식되었다. 이는 1859년 전에도 이미 자연과학이 초자연적, 성경적 관점에 반대하여 신앙을 재평가하게 하였을 뿐 아니라, 독일에서도 이미 소위 과학적 유물론자들의 업적이 기원 문제를 다루고 있었기 때문이다. 그러므로 당시에 다윈의 진화론에 크게 놀란 신학자는 별로 없었다.[66]

또한 그 이전 2세기에 걸친 자연신학의 전통 역시 하나님으로부터 창조주의 지위만을 남겨둔 채 섭리자로서의 지위는 박탈한 상태였다. 이러한 이신론적 운동은 곧 무신론으로, 자율적인 세계에 대한 개념으로 확대되었다. 모세의 격변론적 홍수지질학은 새로운 동일과정설 지질학으로 대체되었으며, 성경의 문자적 해석에 근거한 연대는 더 이상 받아들여지지 않게 되었고, 노아의 홍수의 의미는 축소되었다.

한편 19세기 중엽을 지나면서 영국교회에서는 복음주의 운동이 크게 일어나고 있었다. 더불어 인구의 증가 및 급격한 도시화와 산업화 등의 여러 가지 사회적인 변화들이 일어났다. 또한 기성 제도 교회와 같은 대우를 받고자 하는 수많은 교회의 분파들이 생기면서 교회의 권위는 더욱 약화되고 복잡하게 되었다. 바로 이러한 때 다윈의 진화론이 등장하였고, 그것은 곧 교회와 신학의 미래에 큰 영향을 주게 되었다.

전통적 신학자들이 보기에 다윈의 진화론에서 가장 문제가 된 것은 진화의 메커니즘으로 제시한 **자연선택**이었다. 이것은 하나님의 능력과 무관하게 자연계에서 나타나는 디자인을 설명할 수 있는 듯이 보였기 때문이다. 즉 만약 자연선택에 의해 모든 생물의 탄생과 존재를 설명할 수 있다는 다윈의 가설이 사실이라면 성경은 허구에 불과하며, 기독교인들은 2천년 동안 잘못된 것을 믿었다는 말이 된다고 생각했던 것이다.

미국 교회에서도 『종의 기원』이 출판된 직후에는 별다른 반응이 없었으며, 첫 반응은 1874년에 뉴욕에서 열린 복음주의연합회Evangelical Alliance에서 나왔다. 그 모임에서는 진화론의 문제를 다루었지만, 성경에 대한 고등비평과 독립적으로 다루어졌으며, 반응도 사람들마다 다양했다. 미국 프린스턴 대학Princeton College의 제11대 총장이었던1868년부터 맥코쉬 James McCosh, 1811~1894는 생물진화는 기독교 신앙과 양립하지 못할 이유가 없으며, 과학과 성경은 평행한 계시로 화해될 수 있다고 했다.

하지만 프린스턴의 모든 교수들이 진화론을 수용했던 것은 아니다. 대표적인 사람은 당시 가장 영향력 있는 장로교 신학자였던 핫지Charles Hodge, 1797~1878였다. 그는 하나님의 인도하심을 믿는 것과 우연에 의하여 지배되는 물질적인 과정을 믿는 것은 서로 타협될 수 없는 것이라고 했

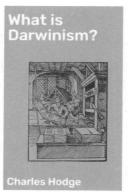

<그림 9-22> 핫지와 『다윈주의는 무엇인가?』

다. 다윈의 주장은 결국 모든 동식물과 그들의 본성, 그리고 지적 능력까지도 하나님의 목적이나 인도하심 없이 설명될 수 있다는 것이었고, 그런 의미에서 다윈의 이론은 라마르크의 이론보다 훨씬 더 무신론적이었다. 성경을 하나님의 말씀으로 받아들였던 사람들에게 진화론에서 말하는 우연chance이란 스스로 모순적이며 불가능한 것이었다.

핫지는 『다윈주의는 무엇인가?What is Darwinism?』에서 단호하게 "자연계의 디자인을 부인하는 것은 하나님을 부인하는 것이다."라고 했다. 이러한 진화론 비평은 개신교 진영은 물론 가톨릭 교도들에게까지 널리 알려졌다. 핫지는 성경의 권위를 지키려고 했고, 성경적 생명의 기원, 지옥, 예수님의 동정녀 탄생, 하나님의 전능하심, 예수 그리스도를 통한 구속과 영생, 하나님의 섭리 등을 주장했다.[67]

10. 진화론과 종교를 화해시키려는 시도

이처럼 진화론을 비판하는 소리가 있었음에도 보수적인 교단이나 복음주의 진영에서는 이에 대한 적극적인 신학을 개발하지는 못했다.[68] 그 결과 진화론에 대한 신학적 반응은 보수적 단체에서 진화론을 보다 관용적으로 다루려는 연구자들에게로 옮겨졌다.[69]

진화론과 종교를 화해시키려는 좀 더 자유로운 움직임들은 일부 영국과 독일 등의 신학자들 사이에서 일어났다. 이들은 자연선택이 하나님의 의도intent와 양립할 수 없다는 점에서는 핫지에게 동의했지만, 진화론의 핵심이 자연선택이라는 그의 주장에는 동의하지 않았다. 『종의 기원』의 출판 이래로 많은 과학자들은 자연선택을 비판했지만 진화는 받아들였으며 때로는 라마르크 계열의 다양한 진화론을 수용하기도 했다. 그러면 진화론과 신학은 어떻게 화해를 시도하였는가? 이것은 세 부류로 나누어 볼 수 있다.

첫째 부류는 정통교리를 변화화지 않고 진화론을 신학에 도입하는 사람들로서, 앞에서 언급한 프린스턴의 맥코쉬, 『조직신학Systematic Theology』1907의 저자 스트롱Augustus Hopkins Strong, 1836~1921 등이 여기에 속한다. 로체스터 신학교Rochester Theological Seminary의 총장이었던 스트롱은 "우리는 진화의 원리를 인정한다. 그러나 우리는 그것이 단지 하나님의 지혜의 한 방법이라고 여긴다."라고 했다. 그는 자연선택은 비합리적 가정으로서 무신론적이고 무목적적이라고 했지만, 인류의 조상만큼은 짐승이라고 보았다. 한편 맥코쉬는 자연선택은 진화가 일어나는 여러 가지 방법 중의 하나이며 초자연적인 설계와 모순이 없다고 했다. 다윈은 두 개의 개념을 반대되는 것으로 말했지만, 그는 "초자연적 디자인이 자연선택을 만들어낸다."라고 말했던 것이다.[70] 또한 그는 스트롱과 같이 진화론을 하나님의 창조방법이라고 생각했다. 이들은 지구의 연대를 단순히 6천 년으로 보지 않았고, 또한 새로운 종들이 하나님의 특별한 창조적 선언으로 만들어졌다고도 생각하지 않았다.

<그림 9-23> 좌로부터 맥코쉬, 스트롱, 템플, 비춰

둘째 부류는 전통적인 기독교의 교리들을 보존하기보다 그 시대의 사상과 기독교 교리를 재구성하려는 사람들로서, 영국 국교회 성직자인 템플Frederick Temple, 1821~1902 등이 여기에 속한다. 템플은 진화론의 토대가 하나님이 아니라 세계의 현재 조건들의 결정에 의한 것, 곧 결정론이라고 주장하였다. 그는 하나님은 창조 이후로 더 이상 자연에 간섭하지 않는다는 이신론적인 견해를 피력했다.

세 번째 부류는 진화론을 자신들의 신학적 조망의 모퉁이돌로 삼는 사람들로서, 미국의 설교가 비춰Henry Ward Beecher, 1818~1887 등이 여기에 속한다. 비춰는 당시 미국의 번영 및 낙관론적 기류와 일치하여 자연선택과 생존경쟁에 근거한 다윈의 진화론을 수용하였다.

결국 기독교와 진화론을 화해시키려는 시도의 핵심은 진화의 메커니즘으로서 자연선택의 수용 여부였다. 그레이나 라이트 등은 자연선택은 하나님의 창조질서와 양립하지 못할 하등의 이유가 없다고 보았지만, 핫지 이후의 대부분의 보수적인 신학자들은 자연선택과 하나님의 설계를 조화시키려는 시도를 포기했다.[71] 이는 결국 많은 신학자들로 하여금 전통적 기독교와 진화론은 화해할 수 없는 것으로 생각하게 만들었다.

진화론과 기독교, 그중에서도 복음주의 기독교와의 화해 가능성이 사라지면서 다윈 이후 독일의 자유주의 신학자들은 과학적 설명이 종교적 설명과 충돌하지 않는다는 쪽으로 종교의 영역과 특권을 재정의하기 시작하였다. 종교는 더 이상 과학적 설명에 제한받지도, 결정되지도, 조건 지워지지도 않으며, 물질계에 대한 지식 또한 종교적 영역에 속해 있지 않다고 생각하게 되었다. 그래서 독일 루터교 신학자 오토Rudolf Otto, 1869~1937는 "분명히 자연과학을 통해 하나님과 그분의 목적을 발견하는 방법은 없다."라고 했다.[72]

11. 진화론과 유전법칙

기독교가 진화론을 수용하는 것과 무관하게, 그리고 진화론의 진위와 무관하게, 다윈의 『종의 기원』은 19세기 생물학 분야는 물론 그 이후의 모든 학문, 나아가 사회 전반에 큰 영향력을 미쳤다. 실제로 오늘날 진화론대진화은 단순한 생물 이론의 하나로 머물지 않고 학문 전체를 재단하고 평가하는 세계관이 되고 있다. 진화론에 반대하는 책이나 이론은 무차별적 비난에 노출되기 십상이다. 이전에 종교가 가졌던 절대주의의 폐해를 우리는 오늘날 진화론에서 목도하고 있다. 그 한 예로 진화론과 더불어 19세기 생물학 혁명의 하나로 평가되는 유전법칙을 살펴보자.

(1) 멘델의 유전법칙

다윈의 이론에서 진화가 일어나려면 꼭 필요한 요소가 바로 유전이다. 즉 대물림되는 어떤 형질의 변화가 있어야만 한다. 물론 19세기에도 유전이론이 없었던 것은 아니다. 물감이 섞이듯이 부모를 절반씩 닮는다는 융합유전론이라는 것도 있었고, 1868년에 다윈이 주장한 것같이 생물체의 각 세포마다 소분체小分體, gemmule라는 자기증식성自己增殖性 입자가 있고 이 소분체가 생식세포로 모여 자손에게 전해진다는 판제네시스Pangenesis 이론도 있었다. 하지만 이런 이론들은 모두 유전현상을 부분적으로는 설명할 수 있었지만 모든 것을 설명하지는 못했다.

올바른 유전이론은 주류 학계와는 거리가 멀었던 오스트리아 브린Brünn; 오늘날에는 체코 공화국의 브르노(Brno)의 한 수도원에서 싹트고 있었다. 브르노에 위치한 성 토마스 수도원Abbey of St. Thomas의 수도사였던 멘델Gregor Johann Mendel, 1822~1884은 1856년, 수도원 정원에 작은 가든을 만들

고 그곳에 34그루의 완두로 잡종교배 실험을 시작했다. 1863년까지 200
회가 넘는 교배를 통해 1만 종이 넘는 잡종을 수확한 멘델은 1865년에
자신의 실험결과를 정리하여 그 지역 자연사 학회에서 발표했고, 그 다
음 해에는 "식물의 잡종에 관한 실험"이라는 논문으로도 발표했다.[73]

<그림 9-24> 멘델과 "식물의 잡종에 관한 실험," 성 토마스 수도원

멘델의 결과는 '멘델의 유전법칙'으로 알려져 있다. 여기에는 세 가지
가 있다.

제1법칙은 우열의 법칙Law of Dominance and Uniformity이다. 모양이 둥근
순종의 콩과 모양이 주름진 순종의 콩이런 형질을 대립형질이라 함을 교배하면,
그 결과는 융합유전론의 예상과는 달리 잡종1대의 모든 콩들이 둥글었
다. 또한 노란색 콩 순종과 녹색 콩 순종을 교배했더니, 그 결과는 모두
노란색 콩이었다. 멘델은 부모의 형질 중 잡종1대에서 표현되는 형질둥근
모양, 노란색 등을 우성형질, 표현되지 않고 숨어 있는 형질주름진 모양, 녹색 등을
열성형질이라 불렀다. 이처럼 잡종1대에서 우성형질만 나타나는 현상을
'우열의 법칙'이라 한다.

제2법칙은 분리의 법칙Law of Segregation이다. 멘델은 잡종1대에서 얻
은 완두콩끼리 교배해서 잡종2대에 어떤 결과들이 나오는지 살펴본 결

과 우성과 열성이 3:1의 비율로 나타남을 발견하였다. 이처럼 잡종1대에서 숨어 있던 열성형질이 잡종2대에서 25%의 비율로 나타나는 것을 '분리의 법칙'이라 한다. 흔히 멘델의 법칙을 확인했다는 것은 잡종2대에서 우성과 열성형질이 3:1로 분리돼 나왔음을 확인했다는 의미이다. 멘델은 이를 설명하기 위해 각 개체의 세포 속에 쌍으로 들어 있는 유전인자훗날 유전자라 부름를 가정했다.

제3법칙은 독립의 법칙Law of Independent Assortment이다. 이는 서로 다른 두 개의 형질이 각각 독립적으로 유전된다는 내용이다. 예컨대 둥글고 노란 순종과 주름지고 녹색인 순종을 교배하면, 콩의 모양과 색깔은 서로 독립적인 형질로 발현돼 각각이 잡종2대에서 3:1의 비율로 우열 형질이 드러난다. 멘델은 두 쌍의 대립형질뿐만 아니라 세 쌍의 대립형질에 대해서도 비슷한 실험을 했고, 이 경우에도 각각의 대립형질이 서로 상관없이 독립적으로 후대에 전해짐을 확인했다.

(2) 유전법칙의 재발견

멘델의 법칙은 유전을 설명하는 간단하고도 놀라운 법칙이었지만, 멘델이 이를 세상에 발표한 이래 35년 동안이나 아무의 주목도 받지 못했다. 여기에는 몇 가지 이유가 있었다. 우선 멘델이 당시 학계의 주류에서 벗어난 아웃사이더였다는 점을 들 수 있다. 게다가 멘델이 유전법칙을 발표한 1865년은 『종의 기원』이 출간된 지 불과 6년 뒤였기 때문에 당시 사람들의 관심은 온통 진화론에 쏠려 있었다. 그리고 무엇보다 당시 생물학 분야에서 숫자를 세고 통계적으로 데이터를 처리하는 것은 전에 없었던 연구방법으로, 당시 생물학자들에게는 매우 생소하고 어색한 것이었다.

하지만 이 위대한 발견이 영원히 묻혀있을 수는 없었다. 1900년에 이르러 세 명의 유럽 생물학자들이 멘델의 법칙을 독립적으로 재발견하게 되었다. 서로 모르는 사이였던 네덜란드의 더프리스Hugo DeVries, 1848~1935, 독일의 코렌스Carl Correns, 1864~1933, 오스트리아의 체르막Erich von Tschermak, 1871~1962이 서로 다른 종류의 식물 잡종 연구를 하다가 멘델의 법칙을 발견한 것이었다. 그들은 자신의 연구결과를 발표하기 위해 과거 문헌조사를 하는 과정에서 이미 35년 전에 멘델에 의해 자신들의 결과가 발표된 것을 알고 깜짝 놀랐다.

<그림 9-25> 좌로부터 더프리스, 코렌스, 체르막, 베이트슨

이들 중 패랭이꽃과 양귀비 등을 이용한 실험에서 멘델의 법칙을 확인한 더프리스는 멘델의 공로를 자신이 가로채려 한 게 아닌가, 또는 표절한 것이 아닌가 하는 의혹을 받고 있다. 왜냐하면 1900년 3월에 발표한 그의 논문에 멘델에 대한 언급이 없었으며, 또한 그가 지금 '멘델의 법칙'이라 불리는 것들이 '더프리스의 법칙'이라 불리기를 원했기 때문이다.[74]

거의 비슷한 시기에 독립적으로 멘델의 법칙을 재발견한 코렌스는 보다 양심적이었던 것으로 보인다. 멘델을 모른 채로 멘델과 같은 실험결과를 얻었던 코렌스는 논문을 준비하며 문헌을 찾아보던 중 멘델의 연구결과를 발견했다. 이미 멘델이 한 일을 알고 있던 그는 1900년에 더프리스의 논문을 받아보고 더프리스가 멘델의 공을 가로채려 한다고 주장했다. 그는 더프리스가 멘델을 전혀 언급하지 않으면서도 멘델이 쓴 용어를 그대로 쓰고 있다고 지적했다. 코렌스는 자신과 더프리스의 연구결과뿐만 아니라 멘델의 업적까지 제대로 평가했다.

세 명 중 가장 젊었던 체르막은 멘델과 마찬가지로 완두콩으로 실험하여 멘델과 같은 결과를 얻었다. 그 역시 자신의 연구결과를 정리하던 중 멘델의 논문을 알게 되었고, 1900년에는 더프리스의 논문도 받아보았다. 시간적으로 체르막이 가장 늦게 논문을 발표했지만, 시차는 불과 세달 정도밖에 되지 않았다. 이런 경우 누군가의 연구결과가 다른 사람의 연구에 영향을 줄 만큼 충분한 시간이 없었으리라 판단되기 때문에, 과학사에서는 이들 셋을 모두 멘델의 법칙의 재발견자로 인정한다.

이 세 사람 외에도 멘델의 업적을 널리 알린 사람으로는 케임브리지대학의 생물학자 윌리엄 베이트슨William Bateson, 1861~1926을 들 수 있다. 그는 1900년 5월, 왕립원예협회Royal Horticulture Society에 강연하러 가기 위해 케임브리지에서 런던으로 가는 기차 안에서 멘델의 법칙과 관련된 논문을 읽고 원고를 수정했다고 한다. 이를 계기로 열렬한 멘델주의자가 된 그는 멘델의 법칙의 중요성을 널리 알렸다. 그는 새로운 용어와 개념을 도입하여 멘델의 이론을 보다 쉽고 정확하게 정리해서 보급했다. 베이트슨은 유전학이라는 용어를 처음 만든 사람이기도 한데, 그 해가 1905년이었다. 이때 이미 그는 인간이 인간의 유전에 적극적으로 개입할 가능성을 예상하고 있었다.

(3) 진화론과 유전법칙의 결합?

지금까지 살펴본 것처럼 멘델의 유전법칙은 멘델 자신의 연구는 물론, 멘델의 사후 세 사람의 재발견자들의 연구를 통해 확인되었다. 법칙이라는 이름이 붙는데 요구되는 모든 필요충분조건을 갖춘 발견이라고 할 수 있다.

그렇다면 진화론은 어떤가? 다윈은 『종의 기원』을 출간할 때는 물론, 그 이후에도 자연선택의 결과로 형성된 종들이 유전적 다양성을 갖는 메커니즘을 설명하지 못했다. 즉 다윈은 유전형질을 한 세대에서 다음 세대로 물려주는 메커니즘이 무엇인지 설명하지 못했던 것이다. 이런 가운데 멘델의 유전법칙이 발견, 혹은 재발견되자 수많은 사람들이 진화론과 유전법칙을 결합시키기 위해 노력했다.[75]

1890년대에 이르러 유전학과 생물통계학은 멘델의 유전법칙을 진화론에 접목시켜서 자연선택을 거친 유전형질이 다음 세대로 전달되는 메커니즘을 설명하였다. 유전법칙이 진화론에 접목되면서 "다양한 개체차를 일으키는 유전형질이 자연선택에 의해 선별되고, 그 가운데 적응에 성공한 유전형질만이 자손에게 전달되어 진화가 이루어진다."라는 현대 진화 이론의 기본적인 토대가 확립되었다.[76] 하지만 이론적 토대가 마련되었다는 것이 증명되었음을 의미하는 것일까?

진화론자들은 진화론과 유전법칙이 결합함으로 가장 강력한 이론이 되었다고 하지만, 이것이 진화가 증명되었음을 의미하는 것은 아니다. 다만 최적자最適者, the fittest의 유전자가 자연에 의해 계속 선택되어 새로운 개체, 나아가 지구상의 다양한 생명세계를 형성한다고 설명, 혹은 주장하는 것이다. 유전자의 변이가 무한하고 자연이 최적자를 선택하는 과정이 무한하다는 주장은 자연이나 실험실에서 관찰되는 매우 제한된 변이와 매우 제한된 자연선택으로부터 유추한 것일 뿐이다.

이런 질문들에 대해 진화론은 대답할 수 없을 것이다. 아니 대답은 할 수 있을지 모르지만 증명할 수는 없다. 그러기에 멘델의 발견은 일찌감치 법칙으로 인정받았지만, 진화론은 지금도 여전히 이론에 머물고 있는 것이다. 물론 주변에는 침을 튀기면서 진화는 증명이 되었다고 주장하는 사람들이 많다. 지구가 둥근 것이 사실이듯이 진화는 사실이라고 주장하는 사람도 있다. 하지만 일정한 변이의 한계, 때로는 종 내에서, 때로는 종 간에서의 변화는 자연에서나 실험실에서 관찰되지만 그것이 과거에 존재했던화석이 보여주는, 지금도 존재하는 수백 만 종의 생명세계의 존재를 설명할 수 있을까? 진화론은 생명세계를 설명하는 하나의 자연주의적 이론으로서는 문제가 없지만, 생명세계의 존재를 증명하는 이론은 아니라고 할 수 있다.

12. 요약과 결론

지금까지 우리는 근대과학의 탄생 이후 지구와 생명의 기원과 관련하여 과학과 기독교의 상호작용을 살펴보았다. 이 긴 상호작용을 통해 자연을 연구하는 과학도, 성경을 해석하는 신학도 많이 다듬어졌다. 특히 19세기 말과 20세기 초, 진화론과 기독교를 화해시키려는 노력은 다양하게 표출되었다.[77] 그리고 각각의 시도들마다 나름대로 지지자들도 있었다. 그런데 진화론과 기독교를 완전히 분리하려는 급진적인 시도는 지지자들이 가장 적었다. 반면에 19세기 후반에서 20세기 초반에 어떤 형태로든 이들을 화해시키려는 노력들은 광범위한 지지를 받았다. 그러면서도 대중들의 필요를 충족시키기 위해 아담과 하와의 이야기는 계속되었다. 그 이래로 신학적인 전통들은 몇 가지 도전들에 직면했다.

첫째, 기독교의 정통 신앙을 지키려는 사람들이 경험하는 도전이었다. 그들은 진화론이 성공할수록, 성경의 전통적 이해와 부딪칠 때면 실증주의적 과학의 가정들은 항상 거부되어야 한다는 자신들의 요구가 점점 설 자리가 줄어드는 것을 경험하게 되었다.

둘째, 기독교와 진화론의 조화를 시도하는 사람들이 경험하는 도전이었다. 그들은 성경과 기독교 교리를 재해석함으로 진화론과 기독교의 조화를 시도하면서 동시에 기독교가 자연을 목적론적으로 해석하는 권리를 가졌다고 주장했다. 하지만 이런 주장은 자연에 나타난 목적telos의 증거가 희미해지거나 자연이 임의적이라는 증거가 나타날수록 끊임없는 위험 속에 있게 되었다.

셋째, 하나님은 자연에 대한 참조점이 될 수 없다고 생각한 사람들이 경험하는 도전이었다. 이들은 비신화화된 기독교는 더 이상 기독교가 아니라고 생각하는 대다수의 신자들을 위해 신학이라고 인정되지 않는 신학을 만들었다. 예를 들면 20세기 장로교 신학은 『종의 기원』에 의해 많은 영향을 받았다. 다윈의 책이 발표된 후에는 이전과 같이 하나님, 인간, 자연의 관계가 분명치 않았다.

결국 이러한 어정쩡한 상황이 지속되면서 교회와 일반 기독교 신자들은 혼란을 겪게 되었고, 좀 더 분명한 기독교의 근본을 세우는 운동이 일어나기를 기대하게 되었다. 이렇게 해서 20세기 초에 등장한 근본주의와 그 열매의 하나라고 할 수 있는 창조과학의 부흥을 위한 필요충분조건들이 무르익어갔다.

토의와 질문

1. 기계론적 자연관의 출현과 19세기 진화론의 출현 사이에 어떤 상관관계를 찾을
   수 있는가?

2. 다윈의 생물 진화론과 현대 지질학의 출현, 오랜 창조연대는 어떤 관계가 있는가?

3. 베이컨적 절충안은 무엇이며, 이것의 위기는 무엇을 의미하는가?

제10강

근본주의의 등장과
창조과학의 부흥

> "천지가 없어지기 전에는 율법의 일점 일획도
> 결코 없어지지 아니하고 다 이루리라"
>
> 마태복음 5장 18절

다윈의『종의 기원』이후 20년 동안 생물 진화 이론에 항복하지 않은 주요한 지질학자로는 캐나다 맥길 대학의 도손John William Dawson, 1820~1899과 프린스턴 대학의 기요Arnold Guyot, 1807~1884, 예일 대학의 다나James Dwight Dana, 1813~1895 등이었다. 하지만 이들이 오늘날 용어로 창조과학적 입장, 즉 젊은지구론을 지지한 것은 아니었다. 19세기 후반, 크리스천 전문 지질학자로서 다윈의 진화론을 받아들이지 않았던 사람들은 대체로 진행적 창조론의 입장에서 날-시대 이론Day-Age Theory을 받아들임으로 신앙과 지질학의 조화를 이루었다.[1] 이들은 특히 인간의 진화를 반대하였으며, 대체로 오랜 연대를 받아들였지만 인간의 연대는 최근이라고 생각했다.

  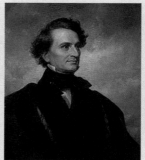

<그림 10-1> 좌로부터 도손, 기요, 다나

19세기 말엽부터 진화론은 신학과 복음의 영역까지 광범위하게 침투하였지만 어디까지나 이것은 전문학자들의 영역에 국한되었다. 19세기 이후 대부분의 자유주의자들은 진화론 진영에 합류했지만 창조론자들은 사라지지 않았다. 19세기 말까지도 일반 기독교인들은 대부분 창세기를 문자 그대로 믿었다.

지난 2019년 6월 3~16일에 미국 여론조사기관인 갤럽Gallop이 1,000명의 미국인들을 대상으로 조사한 바에 의하면, 미국인들의 40%가 하나님이 현재와 같은 모습으로 인간을 창조했다고 믿고 있고, 33%가 하나님이 인도하셔서 현재와 같은 모습으로 개발되었다고developed 믿고 있었다. 22%만이 하나님이 아무런 역할도 하지 않은 채 인간은 개발되었다고 믿는다고 했다. 결국 전체의 73%가 창조론을 믿는다는 것인데, 이는 1983년도의 82%에 비해서는 감소한 수치지만 여전히 절대 다수의 미국인들이 창조론을 믿고 있음을 보여주고 있다.[2]

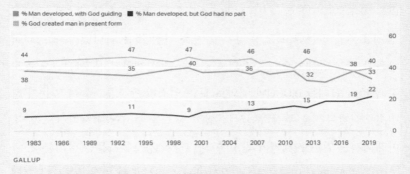

<그림 10-2> 1983년부터 2019년까지 인류의 기원에 대한 갤럽 조사

1. 다양한 창조론

창조론의 다양한 이론들 중 20세기 창조과학 운동은 성경의 축자적 해석에 근거한 가장 중요한 근본주의 운동이라고 할 수 있다. 창조과학자들은 창세기를 문자적으로 해석하고 6,000년 내외의 젊은 지구와 노아의 홍수를 통한 전 지구적 지층과 화석의 형성을 믿었다. 그러므로 처음부터 진화론을 주장하는 사람들은 물론 오랜 지구의 연대를 주장하는 다른 창조론자들날-시대 이론가 등과도 갈등을 빚었다.[3]

창조론을 믿는다고 모두 같은 의견을 가진 것은 아니었다. 창조과학자들과 같이 창세기 창조주간의 하루하루를 현재와 같은 24시간으로 보고 우주의 연대를 6,000년 내외로 보는 엄격한 창조론자들이 있는가 하면,[4] 오랜지구론을 주장하면서 진행적 창조를 지지했던 사람들도 있다. 아래에서는 먼저 19세기 후반 이후의 다양한 창조론자들을 살펴본다.

19세기 말까지 미국의 많은 지식인들은 진화론을 받아들였으나 프린스턴 대학교 신학자였던 핫지Charles Hodge는 단호하게 다윈주의를 무신론이라고 주장하였다.[5] 성경의 문자적 해석을 믿었던 근본주의자들은 진화론은 성경에 대한 불신의 원인이 되며, 고등 비평의 뿌리는 다윈의 진화론이라고 생각하였다. 전천년설 주장자들도 진화론에 적대적이었는데, 이들도 성경의 문자적 해석을 믿고 있었다.

하지만 19세기 후반 이후로 『종의 기원』에서 제시한 진화의 메커니즘으로서 자연선택에 대해서는 신중한 자세를 가졌지만, 1880년대쯤부터는 대다수의 전문 과학자들이 지구의 긴 역사나 일부 생물 진화를 받아들였다. 창조과학자 휴즈Scott M. Huse가 『진화론의 붕괴』에서 지적하는 것처럼, 과학자들은 진화론을 쉽게 포기하지 않았다.[6]

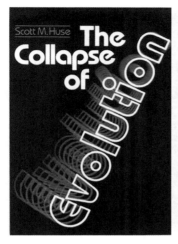

<그림 10-3> 휴즈의 『진화론의 붕괴』

미국 오벌린 신학교Oberlin Theological Seminary의 라이트George Frederick Wright, 1838~1921 역시 성경 자체가 진화를 가르친다는 입장과 모든 생물은 그 종류대로 한 쌍씩 창조되었다는 입장 간에 양다리를 걸치는 사람들이 많았음을 지적하였다. 라이트 자신은 처음에는 다윈의 진화론을 받아들였으나 후에는 근본주의자로 돌아섰다.[7]

19세기 창조론의 최종 주자들이라고 할 수 있는 기요와 도손 등은 진행적 창조론 입장을 취하면서 창조의 과정에서 초자연적인 간섭을 극소화하고 자연법칙의 작용을 극대화하였다.[8] 19세기 미국의 많은 대학과 신학교에서도 진행적 창조론이 널리 퍼졌다. 그러나 진화론이 널리 퍼지면서, 그리고 엄격한 문자적 창조론을 받아들이는 사람이 줄어들면서, 개인들을 중심으로 진화론에 대한 경계심도 아울러 커지기 시작했다. 이로부터 20세기 반진화론 운동이 시작된 것은 자연스럽다.

2. 스콥스 재판과 그 이후

20세기 전반, 반진화론 운동의 가장 중요한 사건은 소위 '원숭이 재판Monkey Trial'으로 불리는 스콥스 재판Scopes Trial이었다. 테네시주 하원의원이자 세계기독교근본주의연맹World Christian Fundamentals Association의 지도자였던 버틀러John Washington Butler, 1875~1952는 동료 의원들을 설득해서 반진화론법을 통과시키게 했다. 이것이 바로 1925년 5월 25일에 주의회를 통과한 인간 진화 교육 금지법흔히 The Butler Act라고 부르는이었다.

스콥스John Thomas Scopes, 1900~1970는 테네시주의 데이톤이라는 작은 도시의 교사였다. 진화론을 지지하던 스콥스는 당연히 이 법에 반대했다. 그래서 그는 동일하게 진화론을 지지하는 미국시민자유연맹American Civil Liberties Union의 지원을 받아 일부러 교실에서 학생들에게 진화를 가르쳤고, 이로 인해 기소되었다. 이 재판의 창조론측 변호사는 창조론자 브라이언William Jennings Bryan, 1860~1925이었고, 진화론측 변호사는 대로우Clarence Darrow, 1857~1938였다. 두 거물급 변호사는 자신들의 신념에 따라 치열한 공방을 벌였다.

<그림 10-4> 좌로부터 스콥스, 브라이언, 대로우

브라이언은 진화론의 과학적 기반과 마찬가지로 창조론에도 오히려 진화론보다 나은 과학적 근거가 있다고 주장하고자 했다. 그러나 브라이언은 세계는 6천년 이상의 나이를 가졌으며, 창조주간의 6일에서 각 하루는 24시간 이상을 의미하는 것임을 인정했다. 이것은 안식교 지질학자 프라이스George McCready Price, 1870~1963가 주장한 엄격한 창조론Strict Creationism과는 거리가 먼 진행적 창조론Progressive Creationism의 입장이었다.

판사는 비록 진화론이 맞는다고 해도 스콥스는 주 법을 어긴 것이기 때문에 스콥스에게 100달러의 벌금형을 선고하였다. 이것은 외형적으로는 창조론자들의 승리였지만, 언론들은 모두 진화론자들의 편을 들었다. 그래서 재판 후 창조론자들은 그들의 전략을 바꾸었다. 주 입법기관에 로비하는 대신에 지방교육위원회로 그 대상을 옮겼는데, 이것은 훌륭한 전략이었다. 학교위원회, 교과서 출판자, 교사들은 이들의 압력에 승복했으며, 그 결과 다윈이즘은 실제로 고등학교 교과서에서 사라졌고, 수년 동안 많은 미국 교사들은 진화론에 대한 자신의 입장을 표명하는 것을 두려워했다.

반진화론 운동은 미국의 조직화된 교회로부터가 아니라 브라이언과 같은 개인이나 릴리William Bell Riley, 1861~1947 등이 만든 단체들에 의해 주도되었다. 릴리는 세계기독교근본주의연맹, 미국반진화론연합Anti-Evolution League of America, 1924, '전천년설 옹호 단체'1919 등 진화론에 반대하는 보수적인 단체들을 만들었다. 릴리는 진화론은 과학이 아니고 가설이자 억측이기 때문에 교육되어서는 안 된다면서, 정통 기독교가 반대하는 것은 과학이 아니라 과학의 이름으로 불려서는 안 될 진화론이라고 하였다. 이들은 다윈이즘이 전쟁을 정당화하고, 인간의 양심을 타락시키고, 민주주의와 기독교에 위협을 가하고 있다고 비난했다. 이들은 기독

<그림 10-5> 릴리좌와 마틴

학생들이 반진화론자들의 모임에 참석하면 믿음을 잃지 않을 것이라고
했다.

심지어 창조론자 마틴T. T. Martin, 1862~1939은, 2차 대전 중에 독일 군인
들은 독이 든 사탕을 가지고 벨기에와 프랑스의 아이들을 죽였지만, 오
늘날 진화론자들이 아이들의 영혼을 더럽혀서 영원한 죽음에 이르게 하
는 것을 생각한다면 당시 독일 군인들은 오히려 천사라고 말하였다.[9] 이
런 노력으로 인해 많은 미국의 그리스도인 부모들은 진화론을 가르치는
학교에 자신들의 자녀들을 보내는 것을 신중하게 생각하게 되었다.

하지만 흥미로운 것은 스콥스 재판 전까지 반진화론 운동의 선봉에
서 있었던 브라이언이나 릴리를 비롯한 여러 반진화론 지도자들이 오늘
날의 창조과학, 즉 젊은지구론이 아니라 오랜지구론의 하나인 날-시대
이론Day-Age Theory을 지지하였다는 사실이다.[10] 창조과학을 단순한 반진
화론 운동으로만 볼 수 없는 이유가 바로 여기에 있다. 그래서 아래에서
는 창조과학의 광풍이 지나간 현재의 관점에서 창조과학의 정체성을 다

시 한 번 돌아보고, 나아가 창조과학의 안식교적 뿌리를 살펴봄으로써 왜 창조과학 운동을 단순히 반진화론 운동으로만 볼 수 없는지를 살펴보고자 한다.

3. 창조과학의 정체성

창조과학 운동은 20세기 후반 개신교 진영에서 일어난 대표적인 근본주의 운동의 하나라고 할 수 있다. 이 운동은 미국을 진원지로 하여 호주, 한국, 캐나다, 일본, 러시아 등 몇몇 나라들에 국한된 운동이지만, 다른 여러 학문 운동이나 신학 운동들과는 달리 유난히 선명성이 강하고 전투적인 대중과학 운동이다.

특히 대부분의 교단들이 보수적이고 근본주의적인 색채가 강한 한국 교회에서 지난 한 세대 동안 창조과학 운동의 영향은 지대하였고, 사회적으로도 적지 않은 파장을 남겼다. 아마 근래 한국 기독교 역사에서 어떤 운동도 창조과학 운동만큼 세속 언론이나 매스컴들의 주목을 받은 운동도 없었을 것이다. 창조과학 운동은 그 전투성과 선명성으로 인해 교계는 물론 때로는 정치계에, 때로는 교육계에 영향을 미치기도 했다. 그런데 흥미롭게도 대중들에게는 큰 영향을 미친 창조과학 운동이 정작 해당 학문 분야의 전문가들이나 그들의 학문 내용에는 거의 영향을 미치지 못했다. 또한 이 운동은 기독교 학자들 간의 분열과 다툼을 일으켰고, 나아가 교회 바깥에 있는 많은 사람들, 특히 기독교에 적대적인 세력들에게는 교회를 비난하는 빌미를 제공하였다.

겉으로 보기에는 학문 운동인 듯이 보이는 창조과학 운동이 다른 학문 운동이나 신학 운동에 비해 유난히 교조적이고 전투적인 이유는 무엇일까? 아래에서는 이 질문에 대한 답을 얻기 위해 창조과학의 뿌리를 살펴보고자 한다. 먼저 창조과학이 무엇인가에 대한 정의로부터 시작하여 창조과학의 시원적 뿌리를 살펴보자.

(1) 신학적 정체성

창조과학은 신학적 근본주의, 세대주의적 종말론, 성경에 대한 문자적 해석 등의 특성을 갖는다. 이들은 성경을 문자적으로 해석하는 것이야말로 성경을 바르게 해석하는 것이라고 확신하고 있다. 그래서 창세기 1장의 창조주간의 날들을 지금과 같은 24시간으로 해석해서 우주와 지구의 창조와 인류의 창조가 시간적으로 불과 6일, 즉 144시간 내에 일어났다고 주장한다.

하지만 이들이 항상 성경을 문자적으로만 해석하는 것은 아니다. 때로는 문자적으로 해석한 것도 아닌데 문자적 해석이라고 주장하는 경우도 있고, 때로는 명백히 문자적으로 해석해서는 안 되는 것들까지 문자적으로 해석하기도 한다. 창조과학의 대표적인 주장 두 가지를 예로 들어보자.

성경에는 어디에도 지구가 46억년 되었다는 기록도 없지만, 마찬가지로 6천년 되었다는 기록도 없다. 하지만 창조과학자들은 우주가 6천년 되었다는 주장이야말로 성경이 말하는 우주와 지구의 창조연대라는 주장을 굽히지 않는다.[11] 또한 노아의 홍수가 코로 기식하는 모든 동물들의 멸망이었다는 점은 성경이 말하고 있지만예를 들면, 창7:21~23, 그 홍수로 인해 고생대로부터 신생대에 이르기까지 전 세계의 모든 지층과 화석이 1년 미만의 짧은 기간에 갑자기 형성되었다는 주장은 성경이 말하는 바가 아니다. 하지만 창조과학자들은 그렇게 해석하는 것이 성경을 문자적으로 해석하는 것이라고 믿고 있다.

왜 성경의 문자적 해석을 주장하면서 때로는 성경이 명시적으로 말하지 않는 것까지 성경의 가르침이라고 믿는 것일까? 창조과학 운동을 단순히 신학적 근본주의 운동이라고 볼 수 없는 이유가 바로 여기에 있다. 아래에서 좀 더 살펴보겠지만, 이는 창조과학의 뿌리가 안식교의 핵심 교리인 안식일 교리와 교주 화이트Ellen Gould White, 1827~1915의 환상과 연계되어 있기 때문이라고 할 수 있다.

(2) 정서적 정체성

일반적으로 창조과학자들은 자신의 성경해석이나 과학해석은 틀릴 수 없다는 확신이 강하다. 그래서 학문적 논의의 기본자세인 학문적 잠정성이 없기 때문에 이들은 때로 학문성이 있는 주장을 하면서도 입장이 다른 사람들과 대화하거나 교류하기가 어렵다. 자신들의 주장에는 오류가 있을 수 없다고 생각하기 때문에, 때로는 자신과 다른 생각이나 주장을 하는 사람들에 대해 공격적인 성향을 보이기도 한다. 이것은 한국에서만의 현상이 아니라 미국이나 호주를 포함하여 창조과학이란 이름으로 모인 대부분 단체들의 공통된 특성이다.

수년 전 미국 Christianity Today가 보도한 사건은 이러한 전투적이고 흑백논리적인 창조과학의 정서를 잘 보여준다. 호주창조과학 단체인 AiGAnswers in Genesis와 켄터키주 피터스버그Peterburg 소재 창조과학박물관Creation Museum을 창설한 켄 햄Kenneth Alfred Ham, 1951~은 2011년, 전미홈스쿨 대회Great Homeschool Conventions가 주최한 시리즈 대회 강사로 초빙 받았다.[12] 그런데 처음 두 차례의 대회에서부터 켄 햄은 자기를 초청한 대회측과 그 대회에 강사로 초빙된 다른 강사들을 원색적으로 비난하였다. 이로 인해 대회 조직위원회에서는 많이 고민하다가 결국 이어지는 대회에 햄을 계속 강사로 세우는 것을 취소할 수밖에 없었다. 다른 사람들의 주장에 동의하지 않거나 학자적인 매너를 가지고 이의를 제기하는 것이 아니라 다른 주장을 하는 사람들을 원색적으로 공격하는 그의 정서가 문제가 된 것이다.[13] 왜 창조과학자들 사이에서는 이런 공격적인 정서가 생기는 것일까? 여기에는 두 가지 이유가 있다고 본다.

<그림 10-6> 켄 햄과 창조과학박물관

첫째, 창조과학 운동이 안식교 정서 위에 세워져 있기 때문이다. 안식교는 그 뿌리에서부터 신비주의와 시한부 종말론, 성경의 문자적 해석의 전통을 갖고 있는 근본주의 교파라고 할 수 있다. 당연히 정통 교단으로부터 이단 시비에 휘말릴 수밖에 없다. 일반적으로 이단 시비에 휘말리는 단체들일수록 생존을 위해 양면작전을 구사한다. 하나는 구성원들의 결속을 위해 자신들의 주장을 더 선명하게 전투적으로 제시하고, 다른 하나는 진리를 위해 '고난 받는 종'으로서의 이미지를 부각시키는 것이다. 이 문제에 대해서는 아래에서 좀 더 자세히 살펴볼 것이다.

둘째, 창조과학 운동이 단순한 공학도들의 정서 위에 세워져 있기 때문이다. 창조과학 운동은 명칭으로만 봐서는 신학자나 과학자들의 운동인 듯하고 실제 다루는 내용들도 구약학이나 기초과학 분야에 속한다. 하지만 정서적으로는 다른 분야에 비해 유연성이 떨어지는 공학도들의 운동이라고 부르는 것이 적절한 것으로 보인다. 미국에서 개신교 진영에서 이 운동을 본격적으로 시작하는 데 중추적인 역할을 한 모리스Henry Madison Morris, 1918~2006가 토목공학자였다는 것이나, 한국창조과학회 출범과 그 이후의 활동에 재료공학자나 응용과학자들의사 포함이 주축이 된 것은 우연이 아니다.

이들 외에도 창조과학 운동이 강하게 일어났던 미국, 호주, 캐나다 등에서도 창조과학에 열정적으로 참여한 사람들 중에는 공학이나 응용과학 분야의 인사들이 많으며, 다른 분야를 전공한 사람들도 공학도적 정서를 가진 사람들이 많았다. 창조과학의 과학적 측면을 다루는 대부분의 논의들이 생물학 분야의 분류학, 발생학, 유전학, 지질학 분야의 층서학, 고생물학, 천문학 분야의 우주론, 생화학, 물리학 등 과학 중에서도 기초과학 영역에 속한 주제들이 대부분이지만, 정작 그 분야의 전공자들로서, 혹은 그 분야에서 제대로 연구하고 있는 학자들로서 창조과학 운동에 열정적으로 참여하는 사람들은 거의 없다.

(3) 과학적 정체성

창조과학은 다른 여러 창조론들 중에서 독특하게 두 가지 과학적 주장을 제시하고 있다.

첫째, 우주와 지구, 그리고 그 가운데 있는 모든 생물과 인류가 6천년 전에 144시간의 간격 내에서 동시에 창조되었다고 주장한다. 소위 젊은지구창조론Young Earth Creationism 혹은 젊은우주창조론Young Universe Creationism을 신봉한다. 그러면서 오래된 연대를 보여주는 모든 연대 측정 방법이나 그 연대 위에서 해석된 사실들은 잘못 측정하였거나 잘못된 가정 위에 서 있다고 주장한다.

예를 들면 오늘날 지층이나 암석의 절대연대 측정법으로 널리 받아들여지고 있는 방사능 연대측정법이나 고고학적 유물의 절대연대 측정법으로 잘 확립된 탄소 연대측정법도 받아들이지 않는다. 그 이유는 단 한 가지이다. 방사능 연대측정법에 의하면, 지구와 우주는 예외 없이 오래되었음을 보여주기 때문이다. 남북극 얼음층을 시추하여 끄집어낸 아이스 코어ice core에서 헤아릴 수 있는 수십만 개의 '나이테'도 일 년에 여러 개씩 생성된 결과라고 주장하면서 6천 년을 고집한다. 100억 광년 이상 떨어진 천체들에서 오는 빛도 천체까지의 거리 측정이 잘못되었다거나, 과거에는 광속이 지금보다 훨씬 빨랐다거나, 하나님이 오는 빛을 창조했다는 식으로 설명했다. 창조과학자들은 젊은 지구와 우주 주장은 절대로 틀릴 수 없다고 보기 때문이다.[14]

둘째, 창조과학에서는 지구 역사에서 노아의 홍수라는 단 한 차례의 전지구적 격변만이 있었다고 주장한다. 그리고 이 격변으로 인해 오늘날 우리가 보는 대부분의 지층과 그 속의 화석들이 형성되었다고 주장한다. 깊이 1.6㎞에 이르는 그랜드 캐니언Grand Canyon의 퇴적암 협곡도, 거대한 요세미티 화강암 계곡도, 수백 미터 깊이의 워싱턴주 컬럼비아 계곡의 현무암 지층도 1년 미만의 노아의 홍수의 결과라고 주장한다. 모든 화석과 석탄과 석유, 천연가스 등 화석연료들도 모두 노아의 홍수 때 형성된 것이고, 빙하기도 노아의 홍수를 전후해서 도래한 것이라고 주장한다. 심지어 대륙이동도 노아의 홍수를 전후해서 급격하게 일어났다고 주

장한다.[15]

　노아의 홍수와 젊은 지구 연대는 손바닥의 앞뒷면처럼 붙어 있다. 불과 1년 미만의 홍수 기간 동안 오늘날 지질학에서 얘기하는 고생대 캄브리아기 지층으로부터 신생대 제4기 홍적세 지층까지 한꺼번에 형성되었다고 보기 때문이다. 주류 지질학에서는 5억 4천만 년 전의 지층이라고 주장하는 캄브리아기 지층을 창조과학자들은 5,400년도 되지 않았다고 보기 때문에 창조과학과 주류 지질학의 지구 연대는 어떤 형태로든 양립할 수 없다.

4. 창조과학과 안식교

　이러한 창조과학의 정체성을 염두에 두고 창조과학의 뿌리를 살펴보자. 언뜻 보기에 창조과학이란 말에 과학이란 단어가 들어있기 때문에 일반인들은 창조과학 운동을 일종의 과학운동으로, 창조과학회를 과학자들의 학문공동체로 잘못 이해할 수 있다. 하지만 창조과학의 주장들, 특히 위에서 언급한 과학적 정체성과 관련한 두 가지 주장은 해당 분야의 전문 학회들에서는 더 이상 논의의 대상으로 삼고 있지 않다. 이미 오래 전에 이 두 가지 주장에 대해서는 결론이 났기 때문이다. 그렇다면 전문학자들 사이에서는 전혀 논쟁이 되지 않는 문제가 왜 아직까지 창조과학자들을 결속시키는 동아줄이 되고 있을까? 혹 여기에는 학문 외적인, 종교적 확신이나 이데올로기적 뿌리가 있는 것은 아닐까?

　진화는 유추이자 가설일 뿐이라는 확신 때문에 창조과학자들은 최고의 과학자들이 자신들에게 동의할 것이라고 생각했으나, 아쉽게도 창조과학자들을 지지하는 '합법적인' 과학자들은 별로 없었다. 그래도 창조과학의 부흥을 준비하던 20세기 전반기에 림머Harry Rimmer, 1890~1952와 안식교 신자 프라이스George McCready Price, 1870~1963와 같은 사람들이 있었던 것은 다행한 일이었다. 하지만 림머도 의과대학에서 잠시 수학하고 성경학교를 이수했을 뿐 전문 과학자는 아니었다. 그는 "과학과 문자적 성경은 상충되지 않는다."라고 주장하면서 연구보다는 강연에 주력했다. 림머보다 안식교 신자였던 프라이스는 현대 창조과학의 홍수지질학 뼈대를 만들었다는 점에서 훨씬 더 중요한 인물이었다. 하지만 프라이스도 제대로 지질학적 훈련을 받은 적이 없었다.

일반적으로 많은 사람들은 창조과학 운동을 미국 남부의 개신교 근본주의자들의 운동으로 생각한다. 하지만 그들이 개신교 내에서 창조과학 운동을 시작하기 오래 전에 이미 안식교는 교단적 차원에서 창조과학의 교리적 기초를 갖고 있었다. 그러므로 우리가 창조과학의 뿌리를 생각할 때 가장 먼저 살펴보아야 할 교파는 바로 안식교이다.

안식교 신자인 프라이스는 고등학교 과학교사였다가 후에 안식교 계통 대학의 지질학 교수가 되었다. 그는 『비논리적 지질학Illogical Geology: The Weakest Point in the Evolutionary Theory』1906, 『새로운 지질학The New Geology』1923 등의 저서들을 통해 빠진 지층들과 순서가 역전된 지층들이 있음을 지적하며, 이를 창세기의 대홍수 때문이라고 주장했다. 하지만 이러한 프라이스의 소위 홍수지질학은 자신의 지질학 연구에서 비롯되었다기보다 그가 속한 안식교의 실질적인 창립자 화이트Ellen Gould White, 1827~1915의 천국 환상에서 비롯되었다. 창조과학의 안식교 뿌리는 현대 창조과학 운동을 이해하는 데 매우 중요하므로 좀 더 자세히 살펴보아야 하지만, 이를 위해 먼저 안식교의 전신이라고 할 수 있는 19세기 중엽의

재림파Adventists 혹은 밀러파Millerites 운동을 살펴보는 것이 필요하다.[16]

(1) 밀러와 재림파

안식교의 뿌리는 재림파의 창시자인 윌리엄 밀러William Miller, 1782~1849
로 거슬러 올라간다.[17] 1782년에 미국 매사추세츠주에서 태어난 밀러는
원래 침례교인이었으며 농부였다. 아홉 살까지는 집에서 어머니로부터
교육을 받다가 그 후에 새로 생긴 인근 학교에 입학하여 공부하기 시작
했다. 그는 독학으로 많은 공부를 했지만, 18세 이후에는 공식적인 교육
을 받은 적이 없다.

그는 기독교 가정에서 신앙교육을 받고 자랐지만 성경이 하나님의 계
시라는 것을 믿을 수가 없었다. 한동안 신앙적으로 방황한 후 그는 2년간
성경을 혼자 깊이 연구하였다. 이때 그는 다니엘서와 요한계시록을 집중
적으로 연구하면서 예수님의 재림이 임박했다는 확신을 갖게 되었다. 특
히 그는 다니엘서에서 "그가 내게 이르되 이천삼백 주야까지니 그 때에
성소가 정결하게 되리라 하였느니라"단8:14는 말씀에 주목하였다. 여기서
그는 "성소가 정결하게 되리라"는 말씀을 예수님이 재림하실 때 지구가
불로 정결하게 되는 것이라고 해석하였다. 그는 하루-일년 원리Day-year
principle를 적용하여 이천삼백 주야는 BC 457년에 시작된 것으로 해석하
였다. 그리고 간단한 계산을 해서 이 기간은 1843년에 끝나고 예수님이
재림하는 것으로 해석했다.[18]

정작 재림 당사자인 예수님은 "그 날과 그 때는 아무도 모르나니 하늘
의 천사들도, 아들도 모르고 오직 아버지만 아시느니라"마24:36고 말씀하
셨지만, 밀러는 자신이 "그 날과 그 때"를 알 수 있다고 확신했다. 그래서
그는 곧 자신의 확신을 전파하는 재림운동을 일으켰다. 구체적으로 그는

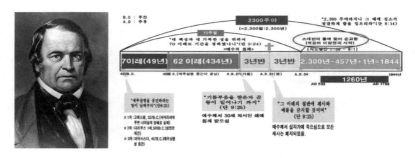

<그림 10-7> 재림파 지도자 밀러와 그의 다니엘서 해석

1843년 8월 21일에 예수님이 재림하신다는 시한부 종말론을 주장하였다. 그러나 그날 재림이 이루어지지 않자 밀러는 자신이 유대력으로 날짜 계산을 했기 때문이라고 하면서 로마력으로 다시 재림 날짜를 계산하였다. 하지만 그가 다시 계산한 1844년 10월 22일에도 예수님은 재림하지 않았다. 두 차례에 걸쳐 재림 예언이 불발로 끝나자 밀러 추종자들은 크게 실망하였다. 이 '대실망The Great Disappointment'의 중심에 서 있었던 사람들 중 한 사람이 바로 밀러의 열혈 신봉자였던 에드슨Hiram Edson, 1806~1882이었다.

1844년 10월 22일, 에드슨은 그의 친구와 함께 자기 집에서 예수님의 재림을 확신하면서 눈이 빠지도록 기다렸지만 예수님은 오시지 않았다. 그러자 기다림의 간절함 만큼 실망과 절망도 컸다. 그는 당시의 절망을 이렇게 표현했다. "우리의 가장 소중한 소망과 기대가 산산조각이 났고, 내가 전에 한 번도 경험한 적이 없는 울음의 영이 덮쳐왔다. 이 세상의 모든 친구들을 잃어버린 것은 다른 무엇과도 비길 수가 없었다. 우리는 그 다음날 새벽이 될 때까지 울고, 또 울었다."[19]

재림 불발은 에드슨의 재림 신앙에 엄청난 위기였지만, 그는 이 위기를 '슬기롭게' 극복하였다. 시간이 지나면서 에드슨은 한 해 전의 사건을 돌아보면서 마음을 추스렸다. 원래 감리교 신자였던 에드슨은 동료 한 사람과 실망한 재림파 교인들밀러파 교인들을 위로하였다. 동시에 자신들을 조롱하는 이웃들을 피해 자신의 옥수수 벌판을 지나가던 중 환상을 보았다. 바로 두 번째 재림 예언이 불발로 끝난 그 다음 날인 1844년 10월 23일 아침이었다.[20] 그 환상은 1844년에 예수님께서 하늘의 성소에서 지성소로 들어가시는 모습이었다.

<그림 10-8> 에드슨과 그가 보았다는 하늘 성소 환상

에드슨은 자신의 환상을 놀랍게, 창의적으로 해석했다. 그는 지금까지 예수님은 하늘의 성소에서 죄를 용서하시는 사역을 하셨으나, 1844년 10월 22일부터는 성소가 아니라 하늘의 지성소로 자리를 옮기셔서 죄를 완전히 없애는 작업을 하고 계신다고 해석했다. 이러한 에드슨의 해석은 실망에 빠진 재림파 교인들에게 회생의 돌파구를 마련하게 하였다. 이러한 주장은 후에 안식교의 실질적 창시자라고 할 수 있는 화이트 Ellen G. White, 1827~1915에 의해서 확장되었다.

윌리엄 밀러가 BC 457년을 기산점으로 2300년이천삼백 주야의 1일을 1년으로 해석 후인 AD 1844년에 예수님이 재림하실 것임을 주장했다가 불발되자 화이트는 에드슨의 환상과 자신의 계시를 근거로 이를 창의적으로 확장하였다. 즉 그녀는 예수님이 1844년 10월 22일에 하늘의 성소에서 하늘의 지성소로 들어가서서 속죄atonement를 받을 자격이 있는 사람들을 선별하는 조사를 하고 선별된 자들을 위하여 속죄를 행한다는 소위 '조사 심판Investigative Judgment' 교리를 만든 것이다. '조사 심판' 교리는 오늘날 안식교의 핵심교리의 하나이다.

(2) 화이트와 안식교

화이트는 1827년에 미국 오레곤주 포틀랜드 인근 마을에서 태어났다. 그녀는 9살 때 다른 아이가 던진 돌에 얼굴을 맞아 크게 상처를 입고 3주간이나 의식을 잃었고, 얼굴도 몹시 흉하게 되었다. 이 사건의 충격으로 그녀는 병약하고 신경성 질환의 소녀가 되었다.

이러한 화이트의 인생에 큰 전기가 된 것은 바로 밀러의 집회였다. 수년 후인 1840년과 1842년, 그녀는 포틀랜드에서 열린 밀러의 부흥 집회에 참석하게 되었고, 그곳에서 큰 은혜를 경험했다. 밀러가 재림에 관해 설교했을 때 그녀는 크게 감동을 받고 그의 열렬한 추종자가 되었다. 그리고 그때까지 자신이 속했던 감리교회를 미련 없이 떠났다.

1844년 10월 22일에 예수님이 재림한다는 밀러의 재림예언이 불발로 끝나고 화이트는 불과 두 달 후에 새로운 계시?를 받음으로써 명실상부한 밀러의 계승자가 됐다.[21] 그녀가 첫 계시를 받은 것을 『예언자 엘렌 G. 화잇』에서는 이렇게 묘사하고 있다. "대실망으로부터 두 달 후인 1844년 12월의 어느 날 엘렌은 포틀랜드 남쪽에 사는 가족의 친구인 헤인스

<그림 10-9> 제임스와 엘렌 화이트 부부와 엘렌의 책들

Haines의 집에서 다른 네 자매와 함께 무릎을 꿇고 기도하고 있었다. 그때 갑자기 성령께서 엘렌에게 임했다. 그는 성경의 거룩한 예언자가 받았던 계시를 회상케 하는 방식으로 계시를 받게 되었다."[22]

안식교에 의하면, 화이트는 1844년에 첫 계시를 받은 때로부터 1915년까지 약 70년 동안 2,000번 정도의 계시를 받았다고 한다. 에드슨이 보았던 것처럼, 화이트도 1845년 2월에 예수님께서 하늘의 지성소에 들어가시는 환상을 보았고, 1847년 4월 7일에는 자신이 성소를 거쳐 지성소에 들어가는 환상을 경험했다고 한다. 그때 그녀는 천국에서 법궤와 십계명을 보았는데, 특히 십계명 중에 안식일 계명인 제4계명이 광채를 발했다고 한다. 화이트는 이것을 하나님이 안식일을 지키라고 하시는 계시로 확신했으며, 이때부터 안식교는 제 칠일을 안식일로 고정하게 되었다.

오늘날 안식교의 신조나 활동은 거의 모두 화이트의 환상과 말에 기초하고 있다. 화이트는 컴퓨터도 없었던 시절이지만, 자신이 보았다는 환상을 정열적인 집필활동으로 자세히 남겼다.[23] 안식교도들은 화이트를 성령의 인도를 받는 여선지자로 믿었으며, 지금도 그녀가 환상 중에

본 것은 안식교인들에게 성경과 동등한 권위를 갖는다.[24] 화이트는 밀러의 재림 예언, 에드슨의 하늘 지성소 환상과 여러 가지 교리들을 이론적으로 체계화하였고, 오늘의 안식교를 탄생시켰다.[25]

밀러 추종자들과 같이 안식교인들도 임박한 종말을 믿었으며, 제4계명에 있는 것과 같이출20:8~11 문자적인 6일 창조에 대한 기념으로 토요일에 예배를 드렸다. 화이트의 환상에 기초한 이 독특한 안식일 교리 때문에 안식교인들은 창조주간의 하루하루를 24시간이 아닌 다른 해석을 하는 것에 대해 극렬하게 반대할 수밖에 없었다. 천국 환상을 본 후 그녀 스스로 창세기 1장에 기록된 사건들이 "완성되는데 일곱 번의 오랜, 불특정한 기간이 필요하다고 주장하는" "믿음 없는 지질학자들"을 따르는 것은 "제4계명인 안식일 계명의 기초를 직접 공격하는 것이다."라고 주장했다. 그녀는 창세기 1장과 관련하여 잘 이해되지 않는 점이 있으면, 곧 이어지는 환상을 통해 명확하게 알 수 있었으며, 그러면 의혹은 곧 사라졌다고 했다.[26]

(3) 화이트와 창조과학

그렇다면 화이트의 환상과 창조과학은 어떤 관계가 있는가? 안식교의 문헌들을 보면 창조과학은 그녀의 환상에서 시작되었다고 할 수 있다. 그녀는 환상 중에 자신이 천지창조 주간으로 돌아가서 창조현장을 직접 보았다고 했다. "그때 나는 천지창조 사건현장the creation으로 옮겨졌고, 하나님이 엿새 동안 창조사역을 행하시고 일곱째 날 안식하셨던 바로 그 첫 주간은 다른 여느 주간과 다를 바가 없음이 보였다."[27] 여기서 그녀는 창조주간이 요즘의 일주일과 다를 바가 없음을, 다시 말해 창조주간의 하루하루는 요즘과 같이 24시간 하루와 다르지 않음을 주장하고 있다. **창조과학의 가장 중요한 특징인 전투적인 젊은 지구 개념이 그녀의 환상에서 출발**한 것임을 분명히 하고 있다.

물론 교회사를 살펴보면 화이트 이전에도 젊은지구론을 주장했던 신학자들이 여럿 있었다. 하지만 대부분의 사람들은 창세기에 관한 여러 해석들 중 하나로 제시된 것이어서 오늘날 창조과학자들이 갖는 이데올로기적이고 교조적인 특성은 없었다. 다시 말해 젊은지구론은 창조주간에 대한 하나의 해석으로 제시되었으며, 다른 견해를 가진 사람들과 대화가 열려 있었다. 하지만 화이트의 환상에 근거한 젊은지구론은 더 이상 학문적 대화의 주제가 아니라 신앙고백적 차원의 교리가 되었다.

화이트의 환상은 비단 창조주간의 길이에만 국한되지 않았다. 그녀는 창조과학의 또 하나의 기둥이라고 할 수 있는 노아의 홍수에 대해서도 환상을 보았다고 했다. 홍수 전 동물들의 크기와 관련하여 그녀는 "홍수 전에는 대단히 크고 힘센, 지금은 존재하지 않는 동물들이 존재했음을 보았다."라고 했다.[28] 또한 다른 곳에서는 노아의 대홍수 이전에는 "사람들, 동물들, 나무들이 지금 존재하는 것들보다 훨씬 더 컸다."라고도 했다.[29] 현재의 창조과학자들은 150여 년 전에 화이트가 환상에서 본 것을 그대로 주장하고 있다.

화이트의 독특한 창조관은 다만 창세기의 해석에만 국한된 것이 아니었다. 그녀의 창조관은 안식교의 다른 주요 교리들과 긴밀하게 연결되어 있다. 이 점에 관해 안식교 학자 하셀Frank M. Hasel은 이렇게 말한다. "창조과학 교리는 성경과 엘렌 화이트의 저술에서 너무 두드러지게 나타나고 있고 다른 근본적인 신념들과 긴밀하게 연결되어 있어서 이 논점에서의 변화는 불가피하게 우리 안식교도들이 지지하는 성경의 다른 근본적인 가르침들에 영향을 미칠 것이다."[30] 이 말은 창조과학적 창세기 해석이 아니라면 안식교 교리 자체가 심각한 문제에 봉착할 것임을 시사한다. 안식교에서 창조과학에 목을 매는 이유가 바로 여기에 있는 것이다!

<그림 10-10> 안식교의 안식일 관련 전도지

화이트는 젊은지구론과 노아의 홍수라는 창조과학의 핵심 주장만을 제창한 것이 아니었다. 그녀는 성경은 과학적 내용에 있어서도 교과서가 되어야 함을 분명히 하고 있다. 오늘날 창조과학자들은 이러한 화이트의 과학관을 그대로 반복하고 있다. 그녀는 "성경 역사가 없이는 지질학은 아무 것도 증명할 수 없음을 보았다."라고 했다.[31] 이러한 생각은 창조와 홍수의 역사에 관한 모든 정보가 신적인 환상으로부터 왔다고 보는 그녀의 입장에서 보자면 그리 놀라운 일이 아니다.[32] 그녀는 "홍수 역사에서 계시는 지질학만으로는 결코 알 수 없는 것을 설명한다."라고 했다.[33]

안식교인들이 성경, 그중에서도 창세기의 독특한 해석에 집중하고 있는 듯이 보이지만 이들에게 있어서 영감의 근거는 성경만이 아니다. 비록 안식교 신자들이 화이트의 저술이 '다른 성경'이라고 믿지는 않았지만, 처음부터 안식교는 엘렌 화이트가 성경의 선지자들과 같은 방법으로, 그리고 같은 정도로 영감되었다고 주장했다. 비록 하셀은 안식교 학자이지만 이 점을 솔직히 시인하고 있다.[34]

안식교인들이 화이트의 말과 글에 성경과 비슷한 권위를 부여하는 것은 그녀가 성경을 기록한 모세 등과 같은 계시를 받았다고 믿기 때문이다. 화이트는 자신이 주장한 지질학은 모세의 지질학이고, 모세의 지질학은 하나님의 인도 하에 기록되었기 때문에 오류가 있을 수 없다는 논리를 펴고 있다. "하나님의 거룩한 말씀의 권위에 대한 확립된 믿음이 있어야 한다. …… 모세는 하나님의 영의 인도 하에서 썼고, 그래서 정확한 지질학 이론이라면 그 모세의 말과 일치하지 않는 발견을 주장하지 않을 것이다."[35]

화이트는 그녀가 보기에 여러 화석이나 유물들이 현재와 다른 것은 그것들이 지금과 전혀 다른 환경에서 형성되었기 때문이며, 그런 특별한 환경에 대해서는 오직 성경을 통해서만 알 수 있다고 했다. "지구에서 발견되는 유물들은 여러 면에서 현재와는 다르다는 증거를 제시하지만, 이런 조건들이 존재했던 시기에 대해서는 오직 계시된 기록을 통해서만 배울 수 있다."[36]

화이트는 이미 그녀의 생전에 학자들의 야외탐사 연구 결과가 본인이 제시하는 성경해석과 일치하지 않는 면이 있다고 시사했다. 그래서 그녀는 모든 지질학 연구는 성경이 인도하는 곳까지만 가야 하고, 그 이상을 넘어서는 안 된다고 경고했다. 즉 기독교 지질학자들이 야외탐사 데이터로부터 도출하려는 함의는 성경적 주장에 의해 인도되어야 한다는 말이었다.[37] 오늘날 창조과학자들은 성경을 과학 교과서로 사용할 수 있다는 화이트의 주장을 그대로 차용하고 있다.

지금까지의 논의를 요약한다면, 젊은 지구와 노아의 홍수로 대변되는 창조과학은 창세기 기록보다는 안식교 교주 화이트의 환상에 근거하고 있다고 할 수 있다. 이를 요약해서 엘렌 G. 화이트 유산협회Ellen G. White Estate 부책임자인 터치Cindy Tutsch는 이렇게 말한다. "위에서 언급한 창조시간과 홍수에 대한 그녀화이트의 관점을 미루어 볼 때, 만약 엘렌 화이트가 지금 살아있다면, 설령 방사능 연대와 고생물학 연구가 제시하는 도전들 앞에서도, 그녀는 여전히 젊고 역사적인 창조주간과 전 지구적 홍수를 주장할 것이라고 무리 없이 말할 수 있다."[38]

그렇다면 이러한 화이트의 환상과 그것에 근거한 성경해석이 곧 바로 오늘날의 창조과학 운동을 일으켰다고 할 수 있을까? 교회사가 마크 놀 Mark A. Noll, 1946~은 현대 창조과학 운동은 젊은지구론과 노아홍수론을 주장한 화이트의 '성문서들sacred writings'이 지구 역사 연구의 구조를 제공할 수 있음을 보여주기를 원했던 열성적인 안식교 신자들에 의해 시작되었다고 지적한다.[39] 이 열성적인 안식교 신자들 중에 가장 중요한 사람이 바로 아마추어 지질학자였던 프라이스George McCready Price, 1870~1963였다.

(4) 프라이스와 그의 제자들

프라이스는 캐나다 뉴브른스윅주 해브록Havelock, New Brunswick에서 출생했다. 그의 아버지는 그가 12세이던 1882년에 별세했고, 그로부터 2년 뒤, 그의 어머니는 두 아들을 데리고 안식교에 출석하기 시작했다. 이어 1891~1893년까지 프라이스는 오늘날의 앤드류 대학Andrews University의 전신인 배틀 크릭 대학Battle Creek College에 다녔고, 1896년에는 오늘날 뉴브런즈윅 대학University of New Brunswick의 전신인 뉴브런즈윅주립사범학교Provincial Normal School of New Brunswick에 등록했다. 여기서 그는 광물학을 포함하여 자연과학의 기초과목들을 수강했다.[40] 놀랍게도 이것이 프라이스가 받은 과학 분야의 공식적인 훈련의 전부였다.

1897년 이후부터 프라이스는 중등학교 교사, 건축공사장의 인부, 핸디맨, 안식교 전도사, 안식교 계통의 학교 교장, 안식교 대학의 교수로서 근무하면서 창조과학에 대한 여러 책들을 저술했다. 1907년부터 1912년까지 프라이스는 오늘날 로마 린다 대학Loma Linda University의 전신인 의료전도사 대학College of Medical Evangelists에서 가르치면서 독학으로 학사학위 BA를 받았고, 1920년부터는 퍼시픽유니온 대학Pacific Union College에서 가르치면서 석사학위MA를 받았다. 과학사가 넘버스 교수에 의하면, 이 석사학위도 정식 과정을 밟아서 받았다기보다는 일종의 '선물gift'이었다![41]

<그림 10-11> 프라이스와 『새로운 지질학』

프라이스는 마크 놀Mark A. Noll이 지적한 것처럼, "거의 공식적인 [지질학] 훈련을 받지 않았고 야외탐사 경험이 거의 전무했던 이론뿐인 지질학자armchair geologist"였다.[42] 하지만 자신의 연구보다는 화이트의 환상을 지질학적 용어로 다듬는 일을 하는 데는 그 정도의 훈련만으로도 충분했다. 그는 창세기 초반부를 '단순하고simple' '문자적으로literal' 해석하여 지

구는 창세기의 내용처럼 6,000~8,000년 전에 6일 동안 창조되었으며, 지구의 지층과 화석 기록은 노아의 홍수 때 일시적으로 형성된 것이라는 오늘날 창조과학의 과학적 정체성을 확립했다. 이런 점을 생각한다면 화이트의 환상과 오늘날의 창조과학 주장이 완전히 같다는 것은 전혀 이상한 일이 아니다.

프라이스는 자신의 주장을 1923년, 『새로운 지질학The New Geology』이라는 두꺼운 책을 통해 발표했다.[43] 이 외에도 프라이스는 여러 권의 책을 저술하였는데, 기본적으로 프라이스의 창조과학 저술은 안식교 교주 화이트가 환상 중에 보았다고 주장한 창조와 노아의 홍수를 체계화한 것이었다. 시간이 지나면서 이러한 프라이스의 충성심은 안식교 교단 전체적으로 확산되었다. 교주의 환상에 근거한 창조과학이기 때문에 오늘날 창조과학을 교단적으로 가장 활발하게 연구하는 곳이 안식교라는 것은 전혀 이상한 일이 아니다.

안식교의 첫 고등교육기관인 미시건주의 앤드류스 대학Andrews University; 1874년 Battle Creek College로 시작의 신학대학원은 2010년 4월 30일에 발표한 "창조교리에 관한 성명서"에서 창조주간을 "오늘날과 같은 여섯 번의 일상적이고 역사적인 날들로 이루어져 있음"을 재확인하였다. 또한 "화석을 포함하는 지층 기둥의 대부분은 전지구적 홍수동안 퇴적된 것"이라는 점을 재확인하였다.[44] 설립 후 140여년이 지났지만 화이트의 계시를 의심 없이 받아들이고, 나아가 프라이스의 제자로서 맡은 바 책임을 다할 것을 서약한 것이다.

또한 캘리포니아에 위치한 로마 린다 대학 내에 있는 지구과학연구소Geoscience Research Institute, GRI는 안식교 교단에서 설립한 공식적인 연구소로서 화이트의 환상에 근거한 창조과학을 본격적으로 연구하기 위해

1950년대 후반에 설립된 기관이다. 1973년에는 『오리진Origins』이라는 학술지를 창간하여 지금까지 부정기적으로 출간하면서 화이트의 환상을 과학적인 연구를 통해 증명하기 위해 노력하고 있다.

프라이스의 영향력은 다만 북미주에만 국한되지 않았다. 1906년에 의명학교로 시작된 한국의 최초 안식교 대학인 삼육대학교도 프라이스 버전의 창조과학 연구에 노력하고 있다. 저자의 친구이자 고생물학자인 최종걸 교수가 이끌고 있는 안식교 북아시아태평양지회 지구과학연구소GRI는 (코로나 대유행 전까지만 해도) 매년 미국 캐나다 서부 지역에서 창조과학 현장 탐사를 진행했다. 창조의 과학적인 증거를 통해 그리스도의 증인이 되려는 화이트 후계자들의 노력은 지금도 전세계적으로 계속되고 있다.

5. 안식교에서 개신교로

프라이스의 『새로운 지질학』이 제시하는 젊은지구론과 노아홍수론은 안식교 바깥에 있는 학자들에게는 거의 관심거리가 되질 못했다. 이는 그 책의 학문성의 문제도 있었지만 두께가 726쪽이나 되고 일반인들이 읽기가 쉽지 않았기 때문이다. 그런 중에서도 안식교 바깥에서 그의 생각을 진지하게 받아들인 소수의 사람들이 있었는데, 그중 한 사람이 바로 루터란 미주리총회Missouri Synod의 목사였던 넬슨Byron Christopher Nelson, 1893~1972이었다.

넬슨은 프라이스의 책이 출간된 지 4년만인 1927년에 『그 종류대로After Its Kind』를, 1931년에 『돌에 새겨진 홍수 이야기The Deluge Story in Stone』

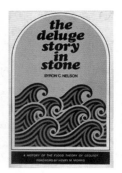

<그림 10-12> 넬슨과 『그 종류대로』, 『돌에 새겨진 홍수 이야기』

를 출간했는데, 이 두 책은 지질학적인 측면에서 프라이스의 견해를 그대로 수용하였다.[45] 특히 『돌에 새겨진 홍수 이야기』는 프라이스의 책을 일반인들이 읽기 쉽도록 잘 소개한 책이었다. 홍수지질학의 역사를 다룬 본서에서 넬슨은 프라이스를 20세기에 "홍수를 옹호하는 대단히 탁월한 사람"이라고 칭찬했다.[46] 넬슨의 책은 한국창조과학회가 창립될 때 초기 지도자들에게 많은 영향을 미친 책이기도 했다.

<그림 10-13> 림머좌와 버딕

이 외에도 개신교 진영에는 림머Harry Rimmer, 1890~1952와 같은 프라이스의 제자가 있었지만, 역시 가장 큰 영향을 미친 사람은 토목공학자 모리스Henry Madison Morris, 1918~2006였다. 모리스는 프라이스의 직접적인 제자라고 할 수는 없지만, 프라이스의 제자인 안식교도 버딕Clifford L. Burdick, 1919~2005의 책을 통해 창조과학자로 전향했기 때문에 프라이스의 '손자 제자' 내지 화이트의 '증손자 제자'라고 할 수 있다. 물론 모리스는 생전에 창조과학의 뿌리를 안식교와 연관 짓는 것을 매우 조심스러워 했지만 말이다.

모리스는 1946년, 자신의 생애 첫 책인『당신이 믿어야 할 것That You Might Believe』의 출간이 진행되는 동안 방사능 연대측정법을 비판한 버딕의 글을 읽고 젊은지구론자로 전향하였다.[47] 그로부터 모리스는 "간격 이론이나 지구의 긴 연대를 허용하는 다른 어떤 방법에도 더 이상 미련을 갖지 않게 되었다." 버딕이 방사능 연대측정과는 전혀 무관한 사람이었고, 모리스가 그의 글을 읽을 때는 방사능 탄소 연대측정법은 아직 개발도 되지 않았을 때지만 모리스는 세상 떠날 때까지 60여 년 동안 자신의 확신이 틀릴 수 있다는 가능성을 단 한 번도 생각하지 않은 채 젊은지구론만을 확신하면서 살았다. 그리고 사람의 죽음은 물론 모든 동물들의 죽음도 오직 아담의 범죄의 결과로 세상에 들어왔으며, 화석들은 아담 이전의 죽음의 흔적이라는 생각을 절대로 받아들이지 않게 되었다.[48] 그는 화이트의 주장만이 아니라 그녀의 단순하고 전투적인 정서까지도 그대로 이어받았다!

하지만 모리스의 변화가 곧바로 개신교 창조과학 운동으로 이어지는 않았다. 개신교 복음주의 진영은 1940년대 후반에 발명된 탄소 연대측정법을 둘러싸고 내분을 겪고 있었다.[49] 이 내분을 통해 개신교 내 복

<그림 10-14> 좌로부터 버딕, 모리스, 『당신이 믿어야 할 것』

음주의 진영과 근본주의 진영이 분열되었으며, 모리스를 중심으로 한 근본주의 진영은 창조과학 운동의 모판이 되었다.

1960년대에 들어와서야 개신교 내에서 창조과학운동이라고 부를 수 있는 움직임이 본격화되었다. 이 운동의 방아쇠를 당긴 것은 근본주의 신학교인 그레이스 신학교Grace Theological Seminary의 구약학자였던 존 윗콤John C. Whitcomb, Jr., 1924~2020과 토목공학자였던 모리스가 공저하여 1961년에 『창세기 대홍수The Genesis Flood』란 책을 발표한 사건이었다. 윗

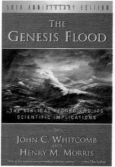

<그림 10-15> 윗콤과 『창세기 대홍수』

콤의 박사학위 논문에서 출발한 이 책은 모리스가 자신에게 큰 영향을 준 안식교도 프라이스의 신학적 설명과 과학적 설명을 추가해서 확장한 책이었다.[50]

모리스와 윗콤은 처음에 이 책의 원고를 출판해줄 출판사를 구하지 못해 고생을 많이 했다. 하지만 일단 출판되자 예상과는 달리 이 책은 폭발적인 반향을 불러 일으켰고, 짧은 시간 안에 미국 기독교인들에게 기독교 창조론의 표준과 같이 받아들여지게 되었다. 모리스는 이 책의 성공을 바탕으로 창조과학협회Creation Research Society와 창조과학연구소Institute for Creation Research, ICR를 설립하고 창조과학운동을 체계화해 나갔다. 그리고 오래지 않아 창조과학 운동은 미국을 벗어나 호주, 한국, 캐나다, 일본, 러시아 등지로 수출되어 20세기 후반 창조과학의 시대가 열리게 되었다. 화이트의 환상이 개신교 진영의 창조과학을 통해 전 세계로 뻗어나갈 수 있게 된 것이다.

6. 넘버스의 평가

마지막으로 창조과학의 뿌리와 관련하여 살펴볼 인물은 창조과학자가 아닌, 과학사가 넘버스Ronald L. Numbers, 1942~ 교수이다. 창조과학 역사에 대한 최고의 권위자라고 할 수 있는 넘버스 교수는 필자가 미국 위스콘신 대학 대학원 과학사학과에서 공부할 때 배운 스승이기도 하거니와 석사학위 논문 지도교수이기도 했다. 그가 1992년에 출간한 『창조론자들: 창조과학의 진화The Creationists: The Evolution of Scientific Creationism』는 전문가들은 물론 일반인들에게까지 창조과학 역사에 대한 최고의 책으로 평가되고 있다. 이 책은 2006년에 지적설계운동을 추가한 후『창조론자들: 창조과학에서 지적설계까지The Creationists: From Scientific Creationism to Intelligent Design』란 제목으로 하버드 대학 출판부에서 증보개정판으로 출간되었다.

<그림 10-16> 넘버스와 *The Creationists*, 조지 사턴 메달

넘버스 교수는 할아버지, 아버지가 모두 유명한 안식교 목사인 가정에서 태어났고, 남부 차타누가Chattanooga 외곽에 있는 안식교 계통의 기독교 대학인 서던 미셔너리 대학Southern Missionary College을 졸업했다. 그후 그는 캘리포니아 대학University of California at Berkeley 사학과에서 과학사로 박사학위를 받았다. 박사학위를 마친 후 그는 첫 직장으로 LA 인근에 있는 안식교 계통의 로마 린다 대학Loma Linda University에 교수로 부임

했다. 부임한 직후 그가 했던 첫 번째 연구는 안식교 교주인 화이트의 생애에 대한 연구였다. 이 연구는 1976년에 『보건의 여선지자Prophetess of Health: A Study of Ellen G. White』라는 책으로 출간되었다.[51] 기본적으로 이 책은 안식교 교주이자 예언자인 화이트와 당시의 미국 보건에 대한 일반적인 생각들의 관계를 다룬 책이었다. 그러면서 동시에 중간 중간에 화이트의 생애와 그녀의 글에 대한 평가가 들어있었다.

넘버스의 말에 의하면, 화이트가 천국에서 본 환상이라고 주장하면서 쓴 글이나 말의 많은 부분들이 다른 사람들의 글을 베낀 것이었다.[52] 그래서 그는 역사학자답게 화이트의 말의 출처들을 꼼꼼하게 추적했고, 그녀의 말들의 많은 부분들이 이곳저곳에서 베낀 표절임을 구체적인 문헌들을 인용하면서 밝혔다. 당연히 그의 책은 출간되자마자 그가 재직하던 로마 린다 대학 지도자들의 마음을 매우 불편하게 만들었고, 얼마 지나지 않아 그는 그 학교에서 파면당했다! 오래전 일이어서 그런지 넘버스 교수가 필자에게 그 얘기를 할 때는 남의 얘기를 하듯 담담했다. 그리고 그 사건을 계기로 그는 안식교의 보건과 위생 관련 전통은 따르지만 교회 출석은 그만두었다.

하지만 넘버스 교수의 파면은 연구 활동에 관한 한 도리어 그에게 전화위복이 되었다. 그 후 그는 미국에서도 유수한 위스콘신 대학University of Wisconsin at Madison 석좌 교수로 부임하였고, 이곳에서 위스콘신 대학 과학사학과를 하버드 대학 과학사학과와 쌍벽을 이루는 미국 최고의 학과로 만드는 견인차의 역할을 했다. 그는 여러 해 동안 미국과학사회History of Science Society 총재와 학회지 *ISIS*의 편집장을 역임했으며, 2008년에 미국과학사학회가 최고의 과학사가에게 수여하는 사턴 메달The George Sarton Medal을 받았다. 넘버스의 사턴 메달 수상을 축하하는 글에서 위스콘신 대학 동료 린드버그David C. Lindberg, 1935~2015는 사턴 메달을 수상한 사람들 중에서 자신의 학문적 업적 때문에 직장으로부터 파면당한 사람은 넘버스가 처음일 것이라고 했다.[53]

7. 신앙고백으로서의 창조과학

지금까지 우리는 창조과학의 안식교 뿌리에 대해 살펴보았다. 젊은 우주와 노아의 홍수로 대변되는 창조과학은 신학적으로는 독특한, 그러면서도 치우친 창세기 해석의 하나라고 할 수 있다. 하지만 6,000년 우주연대와 단일격변설은 단순한 창세기 해석이 아니라 천문학이나 지질학 분야에서 엄청난 과학적 함의가 있는 주장이다. 당연히 이 주장은 진지한 그리스도인 과학자들의 관심사가 될 수밖에 없다. 그렇다면 과학자 공동체의 결론은 무엇일까?

지난 반세기 이상 여러 복음주의 학자들이 창조과학 논쟁에 참여했다. 그리고 해당 분야의 전문학자들은 젊은지구론과 노아의 홍수에 기초한 창조과학은 천동설이나 평면지구설보다도 못한 오류라는 데 이견이 별로 없다. 이제는 창조과학자들의 모임이나 일반 기독교인들의 모임이 아니라면 어떤 과학자 공동체에서도 젊은우주창조론과 단일격변설을 논의하지 않는다. 그렇다면 이미 해당 분야 학자들은 더 이상 논의의 대상으로 삼고 있지 않는 '과학'이 아직도 보수적인 일부 교회, 특히 한국에서 번성하고 이유는 무엇일까?

여기에는 창조과학의 태생적 뿌리가 있음을 지적할 수 있다. 앞에서 지적한 것처럼 창조과학은 구약성경이나 창세기 연구가 아니라 안식교 교주 화이트의 환상에 기초하고 있다. 교주의 환상에 근거하고 있기 때문에 안식교에서는 처음부터 6,000년 우주연대와 노아의 홍수로 대변되는 창조과학적 성경해석은 신앙의 대상이었지 연구의 대상이 아니었다. 창조과학의 핵심적 주장은 화이트가 혼자 환상 중에 본 것이기 때문에 그 환상의 진정성에 대해서는 아무도 증명할 수도, 가타부타할 수도 없었다.

한 가지 염두에 두어야 할 사실은 화이트의 정서적 상태이다. 어린 시절의 큰 사고와 그로 인해 일그러진 외모, 3주간의 의식불명 상태 등으로 고통스러웠던 소녀 시절의 경험을 그녀의 예민한 원래의 성품과 결부시켜 본다면 화이트가 정상적인 정서로 산 것이 아니었을 것으로 생각된다. 넘버스가 『보건의 여선지자The Prophetess of Health』에서 지적한 계시의 표절은 그녀의 정서적 상태에 대한 간접적인 증거가 될 수도 있다. 화이트의 환상에 대한 기록을 보면 그녀는 알고 싶은, 혹은 궁금한 사항만 있으면 곧바로 이어지는 환상에서 그 해답을 보았던 것으로 보인다. 어떤 의미에서 그녀는 첫 환상을 본 이래 나머지 인생을 늘 현실과 환상 사이를 오가면서 살았던 것으로 보인다.

창조과학은 이러한 상태의 화이트의 말과 글에 뿌리를 두고 있다. 물론 창조과학자들은 자신들의 뿌리가 창세기라고 주장하지만 창세기는 창조를 말할 뿐 어디에서도 창조과학을 말하지 않는다. 창조과학은 창세기에 대한 화이트의 환상에 기초한 안식교인들의 독특한 해석일 뿐이다. 성경은 어디에서도 지구나 우주의 연대, 인류의 연대에 관해 말하지 않는다. 아니 성경 기자들은 그런 과학적인 이슈들에 대해 아예 관심이 없었다고 보는 것이 바른 표현일 것이다. 성경은 일관되게 구원의 계시, 나아가 그 계시가 확장되는 과정에 집중하고 있지 지사학이나 발생학, 생물분류학, 지구나 우주의 절대연대 등에 관심을 갖고 있지 않다. 성경에 없는 것을 성경에 있는 것처럼 주장하는 것도 문제지만, 성경이 강조하지 않는 것을 지나치게 강조하는 것도 동일하게 문제가 된다.

성경이 젊은지구론과 홍수지질학을 말하고 있다는 것은 창조과학자들의 생각일 뿐이다. 그것도 독창적인 생각이 아니라 안식교 교주 화이트의 환상으로부터 차용한 생각일 뿐이다. 창조과학 운동은 그 뿌리의 특성상 처음부터 주장의 진위를 규명하기 위한 연구는 있을 수가 없고, 오직 그 주장이 진실임을 증명하기 위한 연구만 있을 뿐이었다. 이는 지금까지 살펴본 것처럼 창조과학이 구약학자들의 성경연구나 전문 과학자들의 연구에서 출발한 것이 아니라 화이트의 환상에서, 그리고 그 환상은 틀릴 수 없다는 안식교인들의 신앙고백에서 출발했기 때문이다. 넘버스 교수가 출간한 『보건의 여선지자』의 내용, 그리고 화이트가 보았다는 환상의 내용을 살펴볼 때 필자는 그녀의 정서적 상태가 온전했는지를 의심한다.

8. 창조론 잠복기

20세기 후반에 창조과학의 전성기가 도래한 것은 20세기 전반의 잠복기가 있었기 때문이었다. 1920년대에는 창조론자들에게 두 가지 어려움이 있었는데, 하나는 과학적으로 훈련된 창조론자들 모임이 없었다는 것이고, 다른 하나는 그들 내부에서 의견의 일치를 도출하지 못했다는 점이다. 그래서 1930년대에 창조론자들은 에너지를 내적으로 돌려서 학회 결성과 학술잡지 발간에 주력했다.

19세기 후반에 설립된 빅토리아 연구소The Victoria Institute에 이어 영국에서는 1930년대까지도 반진화론 운동이 있었다. 이 운동의 대표자는 듀워Douglas Dewer, 1875~1957였다. 듀워는 원래 진화론자였으나 부분적으로 특수 창조를 인정한 자신의 논문이 학술지 게재를 거절당하자 반진화론 운동을 시작하였다. 1931년에 창조론으로 입장을 바꾼 그는 진화론은 하나의 과학적 신조라는 것을 확신했다. 이후에 그와 영국의 반진화론자들은 1932년에 '진화론반대운동Evolution Protest Movement'을 결성하여 진화론에 조직적으로 도전하였다.

1935년, 북미주에서 프라이스는 진화론에 대항하기 위해 '종교와 과학협회Religious and Science Association'를 만들었다. 여기에는 프라이스, 기자였던 위트니Dudley Joseph Whitney, 위튼 대학 교수였던 히글리L. Allen Higley 등이 중심이 되어 반진화론 연합전선을 구축하였다.

1938년에는 '홍수지질학협회Deluge Geology Society'를 결성하였다. 여기에는 프라이스를 비롯하여 LA지역 안식교 의사들이 주축이 되었다. 이들은 1941년부터 1945년까지 『홍수지질학 및 관련 과학 회보Bulletin of Deluge Geology and Related Science』를 발간하여 홍수지질학을 확산시켰다. 이때에 창조론자들은 새로운 문제에 직면하게 되었다. 이것은 복음주의 기독교를 과학의 주류 흐름으로 가져오기를 원했던 젊고 학구적인 그리스도인 과학자들이 교회 내부에 등장했다는 사실 못지않게 복음주의 과학자들이 만든 '미국과학자협회American Scientific Affiliation, ASA'에 세속적 과학이 들어왔다는 점이었다.

1941년에 설립된 '미국과학자협회'는 처음에는 엄격한 창조론의 입장을 견지했으나 1940년대 말부터 학구적, 진보적 회원들이 들어오면서 프라이스의 지질학을 비판하기 시작했고, 이들의 수가 증가함에 따라 ASA의 입장은 진행적 창조론Progressive Creationism과 유신진화론Theistic Evolutionism으로 기울었다. 결국 ASA는 엄격한 창조론자들과의 분리가 불가피해졌다. '홍수지질학협회Deluge Geology Society'도 그중의 하나였다. 이 때 중심적인 역할을 한 사람이 바로 헨리 모리스Henry Madison Morris, 1918~2006였다.

9. 헨리 모리스와 창조과학의 부흥

1960년대부터 20세기가 끝나기까지 창조과학 운동의 대표자는 헨리 모리스였다. 그는 대학시절 성경공부를 통해 창조에 대한 확신을 갖게 되었다. 그는 하나님은 거짓말을 하시는 분이 아니므로 문자 그대로 6일 동안 창조가 일어났다고 생각했다. 성경뿐 아니라 자연을 통해서도 그는 창조에 대한 확신을 가지게 되었다. 그래서 1940년에 그는 ASA에 참여했고, 거기에서 노아홍수에 대해 연구했다.

1961년에 그가 윗콤과 공저한 『창세기 대홍수The Genesis Flood』는 1923년에 출판된 프라이스의 『새로운 지질학The New Geology』이후 홍수지질학에서 가장 크게 공헌한 책이었다. 모리스와 윗콤은 전 우주의 창조, 열역학 제2법칙에 의해 일어나는 퇴락, 세계적인 홍수로 인해 대부분의 지층이 물에 잠긴 것 등을 주장했으며, 이러한 주장을 통해 진화의 가능성은 없는 것이고, 암석의 흔적들은 하나님의 창조에 대한 중요한 증거가 된다고 주장했다.

이러한 주장은 홍수지질학의 놀랄만한 부흥을 일으켰으며, 1963년에 창조연구협회The Creation Research Society, CRS를 설립하는 계기가 되었다.

CRS는 ASA를 변질시킨 진화론자들의 영향을 막기 위해 CRS 멤버들에게 성경의 무오성과 생명체의 특별창조에 대한 고백에 서명하도록 요구했다.

CRS가 과학자들의 모임이라면, 1964년에 설립된 성경과학협회The Bible-Science Association, BSA는 대중들의 창조론 모임이었다. 1960년대에는 캘리포니아의 공립학교 교과서에서 진화론과 함께 창조론도 가르치게 되었는데, 이것은 BSA와 CRS에 둘 다 가입했던 두 주부 세그레이브스Nell Segraves와 섬랄Jean Sumrall의 노력의 결과였다.

1970년대에는 창조론 운동의 중요한 전환점이 있었다. 창조론자들은 진화론을 반박하는 대신에 창조론이 진화론과 동등한 위치에서 가르쳐질 수 있도록 하는 데 초점을 맞춘 소위 '균등시간교육Equal Time Education' 전략이라는 것을 제시하였다. 그 결과 모리스는 공립학교에 창조론에 대한 과학적 측면만 가르칠 것을 요청했고, 따라서 6일간의 창조, 노아방주는 사라지고 대격변의 증거, 그리고 진화를 부정하는 많은 증거들만 남게 되었다. 진화에 대한 과학적 대안으로서 창조론의 입장은 창조론자들이 귀납적 과정에 의해 창조론을 증명하는 것보다 상대 이론이 오류임을 입증하는 것을 통해 자신의 진리성을 증거했다는 점에서 프란시스 베이컨보다 칼 포퍼나 토마스 쿤을 더 의존했다고 할 수 있다.

1960년대 초 이후로 창조론자들은 꾸준히 증가했으며, 1960년대에는 미국의 창조론자들과 그들의 책에 의해 창조론 운동이 한국을 비롯해 호주, 일본, 러시아, 캐나다 등 전 세계로 급속도로 확산되게 되었다. 그결과 1980년대까지 창조론은 국제적인 현상이 되었다.

20세기 후반의 특징적인 창조과학 운동은 토목공학자인 모리스를 생각하지 않고는 상상할 수 없다. 그는 처음에는 ASA에 가입하여 활동하였지만, 안식교인 버딕Clifford L. Burdick의 책을 통해 프라이스의 홍수지질학으로 선회하였다. 그리고 하나님은 거짓을 말하지 않으신다는 확신을 가지고 6일 창조에 대한 확고한 신앙을 가졌다. 후에 그는 ASA가 진행적 창조론으로 선회하게 되자, 1946년에 『당신이 믿어야 할 것That You Might Believe』의 출판을 계기로 독자적인 창조과학 운동을 시작했다. 모리스의 업적은 크게 네 가지로 나누어 볼 수 있다.

그는 수많은 책을 썼으나 그중에서도 1961년에 근본주의 신학교인 인디애나주 그레이스 신학교Grace Theological Seminary의 구약학 교수인 윗콤 John C. Whitcomb, Jr.과 공저하여 『창세기 대홍수The Genesis Flood』를 발표하면서 창조과학 운동의 방아쇠를 당겼다. 이 책은 지금까지 거의 50여 쇄를 기록하면서 20세기 후반, 창조과학 운동의 최고의 명저로 자리매김을 하였다.

또한 모리스는 CRS의 창립 멤버로도 참여하였다. CRS는 계간지 『창조연구협회지Creation Research Society Quarterly』를 통해 연구와 홍보를 하였다. 1960년대 말까지 CRS는 정회원 450명, 후원회원 1,600명을 확보하는 데 이르렀다.

아마 모리스의 가장 중요한 업적이라면 1972년에 샌디에이고 인근에 '창조과학연구소Institute for Creation Research'를 설립한 것이라고 할 수 있다. 한때 ICR은 자체적으로 창조과학 대학원 과정을 개설하여 이학석사 과정을 운영하기도 했지만, 이로 인해 주 교육부와 지속적인 마찰이 있었다. 또한 유학생들이 미국에서 공부하기 위해 미 국무부가 발급해주는 I-20을 발급하지 못했기 때문에 외국인 학생들이 공부할 수가 없었다.

모리스는 ICR의 설립과 더불어 1970년에 크리스천 헤리티지 칼리지Christian Heritage College도 설립하여 학부 교육을 시작했는데, 이 대학은

2005년에 샌디에이고 기독교대학San Diego Christian College으로 개명하였다. 처음에 ICR은 엘카흔El Cajon의 CHC 캠퍼스 내에 있었지만, 후에 10㎞ 정도 떨어진 인근 샌티Santee에 독자적인 건물을 세워 운영하였다. 지금은 텍사스주 댈러스로 확장, 이전하였고, 현재는 헨리 모리스의 아들 존 모리스John D. Morris, 1946~가 소장으로 일하고 있다.

모리스와 더불어 창조과학 운동의 가장 중요한 과학자를 들자면, '창조론의 불독' 기쉬Duane T. Gish, 1921~2013를 빼놓을 수 없다. 명문 캘리포니아 대학University of California at Berkeley에서 생화학으로 박사학위를 한 기쉬는 탁월한 언변과 박식한 지식으로 교회, 대학 캠퍼스 등에서 창조과학을 전파하는 전위가 되었다. 그는 300여 회에 이르는 공개 토론회를 통해 수많은 사람들을 창조과학으로 인도하는 데 공을 세웠다.

<그림 10-17> 존 모리스좌, 기쉬

10. 요약과 결론

　　지금까지 우리는 지난 20세기에 일어났던 근본주의 운동과 창조론 운동을 개괄하였다. 그중에서도 안식교를 중심으로 일어났던 창조과학 운동은 미국에서 시작되었으나 20세기 후반에 전 세계로 퍼지게 되었다. 하지만 창조과학은 오늘날 과학철학적 관점에서 보더라도 과학이라고 보기가 어렵다. 과학철학자 포퍼Sir Karl Raimund Popper, 1902~1994는 『과학적 발견의 논리The Logic of Scientific Discovery』에서 과학은 반증falsification의 위협, 다시 말해 오류임을 입증하려는 끊임없는 위협 가운데서 진보한다고 보았다. 이 기준에 의하면 반증되는 과학은 틀린 과학wrong science이라고 할 수 있으며, 반증 시도를 잘 견디고 있는 과학은 진정한 과학authentic science 혹은 좋은 과학이라고 할 수 있다. 하지만 처음부터 반증가능성이 없는, 혹은 반증가능성을 허용하지 않는 과학은 과학이 아니라 비과학 non-science, 혹은 유사 과학pseudo-science일 뿐이다.[54]

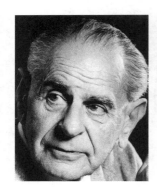  

<그림 10-18> 포퍼와 『과학적 발견의 논리』

창조과학은 언뜻 보기에 과학적 주장들을 하고 있고, 과학자 공동체에서 사용하는 용어들을 사용하며, 많은 과학자들이대부분 전공분야가 아닌 사람들이지만 참여하고 있기 때문에 과학적 활동인 듯이 보인다. 하지만 그 뿌리와 실제 활동을 살펴보면 반성의 여지가 없는, 오류 가능성을 염두에 두고 있지 않는, 반증가능성을 원천적으로 허용하지 않는 일종의 신앙고백이라고 할 수 있다. 이 신앙고백은 구약학자들의 진지한 창세기 연구에 기초한 것도 아니고, 해당 분야 과학자들의 진지한 연구에 기초한 것도 아닌, 안식교 교주의 환상에 기초한 것이다. 필자는 창조과학이 이처럼 유사과학적 뿌리를 갖고 있기 때문에 다른 과학운동들과는 근본적으로 다름을 지적하였다.[55]

이러한 지적에 대해 한국창조과학회는 웹사이트에 "한국 창조과학회에 대한 오해와 진실"이라는 제하의 해명의 글에서 "한국창조과학회는 안식교에서 출발하지 않았습니다."라고 주장하고 있다.[56] 다음 제11강에서 살펴보는 것처럼, 한국창조과학회는 안식교에서 출발하지 않은 것은 분명하다. 모두가 아는 것처럼, 한국창조과학회는 1980년에 헨리 모리스를 비롯한 미국 남부의 보수적인 침례교 계통의 창조과학자들에 의해 시작되었다. 하지만 앞에서 지적한 바와 같이, 창조과학은 안식교에서 시작한 것이 분명하다. 그리고 안식교 여선지자 엘렌 G. 화이트에서 안식교인 프라이스로, 프라이스에서 안식교인 버딕으로, 버딕에서 헨리 모리스로, 그리고 모리스 등에 의해 한국으로 전파되었다.

이런 창조과학이었지만, 헨리 모리스 등을 통해 보수 개신교 진영으로 소개되면서 창조과학은 정통 기독교의 옷을 입게 되었다. 미국 바깥의 여러 나라들은 창조과학을 처음 소개받았을 때, 그것의 뿌리가 안식교인 것을 인지하지 못했다. 안식교를 정통 기독교라고 보지 않는, 심지어 일부에서는 이단으로 보는 한국 교계에서도 안식교에서 출발한 창조과학을 미국 남부에서 출발한 정통 기독교 운동의 하나로 받아들였다. 특히 한국에서는 1980년에 처음 창조과학이 소개되었을 때, 한국교계의 보수적, 근본주의적 특성으로 인해 요원의 불길처럼 번졌다. 그리고 창조과학의 불길은 한국에서만 머물지 않고 세계 곳곳에 창조과학의 불씨를 제공했다. 도대체 어떻게 창조과학 운동이 한국에서 그렇게 뜨겁게 타올랐을까? 이것은 비단 한국 기독학자들의 관심사일 뿐만 아니라 전 세계 교계와 과학사가들의 관심사이기도 하다.

토의와 질문

1. 저자는 창조과학이 과학적 증거나 신학적 논증에 의해서가 아니라 안식교 교주의 천국 환상에서 시작되었다고 말한다. 그러한 독특한 창조과학의 기원이 오늘날 창조과학 운동에 어떤 영향을 미쳤다고 생각하는가?

2. 창조과학과 그 이전의 다른 여러 창조론의 근본적인 차이는 무엇일까?

3. 창조과학이 유난히 전투적인 원인은 무엇일까?

한국에서의 창조론 운동[1]

"집마다 지은 이가 있으니 만물을 지으신 이는 하나님이시라"

히브리서 3장 4절

    2017년 8월 하순, 국회에서 문재인 정부의 중소벤처기업부 초대 장관 후보자로 지명된 포항공대 박성진 교수의 인사청문회가 열렸다. 인사청문회에서 제기된 여러 문제들 중 특히 박 후보자의 한국창조과학회이하 창조과학회 이사 이력이 도마에 올랐다. 박 후보자는 논란이 일자 인사청문회를 앞두고 창조과학회 이사직을 전격 사퇴했지만 논란은 수그러들지 않았고, 결국 그는 후보직을 사퇴했다.

    사실 고위 공직자 임명과 관련된 창조과학 논란은 이번이 처음은 아니었다. 그로부터 한 달 전인 7월에는 유영민 미래창조과학부 장관도 후보자 시절 창조과학자로 분류되는 한 학자와 공동으로 저서를 발간한 사실이 밝혀져 논란이 일었다. 하지만 다행히 그는 당시 국회 청문회에서 "창조과학 내용에 동의하지 않는다."라는 사실을 명확히 밝혀서 논란을 피했고, 성공적으로 장관이 되었다.

    창조과학 운동이 시작되던 1980년대만 해도 창조과학은 기독교 내의 보수 근본주의 운동의 하나였다. 한국 창조과학 운동의 산파역할을 했던 CCC 총재 김준곤 목사1925~2009는 창조과학회의 창립을 "우리나라 기독교 100년사에 길이 남을 일"이었다고 했지만,[2] 이는 어디까지나 기독교 내에 국한된 얘기였고, 일반인들에게는 별로 알려지지 않았다. 하지만 이제 한국에서 창조과학 운동이 시작된 지 40년이 지나면서 창조과학 운동은 기독교 내부에서는 물론, 학계나 문화계, 정치계 등 사회 곳곳에서 논란을 제기하고 있다. 필자는 한국에서 창조과학 운동이 시작되는 데 깊이 관여했던 한 사람으로서 이 운동의 전말을 살펴보고, 이 운동이 기독교 내부는 물론 한국 사회에서 갖는 의미를 살펴보고자 한다.[3]

1. 선구자들

모든 사건이나 역사가 진공에서 생겨나지 않듯이, 한국에서의 창조
과학 운동도 무에서 생겨나지 않았다. 제10강에서 밝힌 것처럼, 20세
기 후반에 미국에서 시작된 창조과학 운동은 진화론에 대한 반박과 창
조에 대한 과학적 변증으로부터 출발했다. 미국 창조과학연구소Institute
for Creation Research, ICR의 설립자이자 소장이었던 헨리 모리스Henry Madison
Morris, 1918~2006는 1984년에 이미 『현대 창조론의 역사History of Modern
Creationism』를 한 권의 책으로 출간했으며, 이 책에서 창조과학의 부활이
야말로 20세기 말의 가장 주목할 만한 현상 가운데 하나라고 했다.[4]

한국에서 창조과학 운동이 시작된 지 10여년 정도 지났을 때 이 운동
은 일반 과학사학자들도 주목하는 운동이 되었다. 미국 위스콘신 대학
과학사학자인 넘버스Ronald L. Numbers, 1942~는 1992년에 『창조론자들The
Creationists』이라는 저서를 통해 20세기 후반 북미주에서 출발한 창조과
학 운동이 어떻게 오세아니아, 유럽, 아시아를 지나 전세계적으로 확산
되었는지를 자세히 추적하였다.[5]

20세기 후반에 전성기를 이룬 창조과학 운동은 반창조론 운동이 조
직적으로 생겨날 만큼 전세계적이었다. 이 운동은 과학계, 특히 진화론
과 직·간접적인 관련이 있는 학계들에는 주목의 대상이 되어왔고, 반창
조론 논문도 다양하게 발표되었다.[6] 이는 진화론을 신봉하는 학계뿐 아
니라 기독교세계관에서 중요하게 여기는 창조를 다루고 있기 때문에 기
독교계와 신학계에서도 지대한 관심을 가질 수밖에 없었다. 이 운동은
일반인들의 생각에도 큰 영향을 미쳤는데 미국에서 창조과학 관련 소송
사건이 있었던 1990년대 초반 갤럽조사1991에 의하면, 미국인들의 47%

가 하나님이 과거 1만년 이내에 한 번의 창조행위를 통해 사람을 현재와 같은 모습으로 창조했다고 믿는다고 했다.[7]

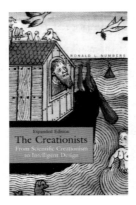 

<그림 11-1> 넘버스의 『창조론자들』

한국에서의 본격적인 창조과학 운동은 1981년 1월 31일에 한국창조과학회가 창립되면서 시작되었다고 할 수 있다. 하지만 창조과학회가 시작되기 훨씬 전부터 해외의 창조론 논쟁은 일부 한국 교계의 식자들 및 선교사들에게 알려져 있었고, 이들은 후에 한국에서 창조론 운동의 전성기를 이루는 기초가 되었다. 창조과학회가 창립되기 이전, 한국에서 창조론 운동을 대표하는 학자라면 당시 숭전대현 한남대 화학과 교수였던 계의돈Robert Louis Goette, 1929~2015과 건국대 물리학과 교수였던 쥬영흠 Yeong-Heum Jyoo, 1934~2019이 있었다.

계의돈은 숭전대현 한남대 초대 학장이었던 미국 장로교 선교사 인돈 William A. Linton, 1891~1960으로부터 화학과 설치를 도와달라는 요청을 받아 1960년 한국에 도착하였다. 남장로교PCUSA 선교사로 파송 받은 계의돈은 이듬해부터 1987년까지 26년간 숭전대 화학과 교수로 재직하면서

<그림 11-2> 계의돈2002[8]과 쥬영흠

1976년에 '성경과 과학'이라는 과목을 개설하여, 한국에서는 처음으로 창조론을 가르쳤다.[9] 이정순은 "당시 한국사회에서는 진화론이 일반화 돼 학생들이 신앙과 과학을 이원화시키는 경향이 있었다."라고 했는데, 계의돈의 "창조론 강의는 기독교세계관을 정립하는 계기가 됐고, 1981 년 한국창조과학회 설립에 초석이 됐다."라고 했다.[10]

계의돈 외에도 한국 내에서 자생적으로 창조론에 관심을 갖고 깊이 연구한 사람은 건국대 물리학과 교수 쥬영흠이었다. 서울대 사대 물리과 를 졸업한 쥬영흠은 총신대, 장신대 등에서 과학과 기독교의 관계를 강 의하면서 창조론을 강의했다. 필자양승훈(이하 양승훈)가 처음 창세기와 과학 의 관계에 관심을 갖게 된 것도 쥬영흠을 통해서였다. 1978년에 당시 한 국과학원Korea Advanced Institute of Science, 현 KAIST 물리학과 석사과정 1학년 학생이었던 양승훈은 그해 가을, 학교 석림축제碩林祝祭 초청강사로 온 쥬 영흠으로부터 "창세기의 우주과학적 해석"이라는 제목의 강연을 들었 다. 창세기를 과학적인 연구결과들과 비교하면서 연구할 수 있다는 쥬영 흠의 강연은 양승훈을 비롯한 젊은 기독 대학원생들에게 큰 충격을 주었 다.[11] 하지만 창세기 1장의 창조의 날히브리어 "욤"을 시대로 보았던 전형적인 진행적 창조론Progressive Creationism 혹은 날-시대 이론Day-Age Theory을 지지했던 쥬영흠의 도전은 젊은지구론자 헨리 모리스를 위시하여 미국 창조과학자들이 인도한 1980년의 창조과학 강연을 기점으로 대부분의 사람들의 관심에서 멀어져갔다.[12]

한국에서 창조론 운동의 분수령을 이룬 것은 1980년 8월 11~15일까지 여의도 5.16 광장현 여의도공원에서 열린 '80세계복음화대성회였다. 이 대규모 기독교 부흥회 기간 중인 8월 12~15일까지 서로 다른 장소에서 12개의 분야별 위성집회가 열렸는데, 그중 하나가 바로 한국대학생선교회 CCC 강당에서 열린 "창조냐? 진화냐?"라는 세미나였다. 다른 분야별 집회는 고등학생 수련회, 여교역자 수련회, 외국인 목회자 세미나 등 특정한 그룹의 사람들을 대상으로 한 집회였지만 "창조냐? 진화냐?" 세미나는 구체적인 주제를 가지고 모든 사람들을 대상으로 열린 유일한 세미나였다.[13]

이때 강사로는 ICR 설립자이자 소장이었던 헨리 모리스와 당시 텍사

<그림 11-3> 한국창조과학회 운동의 시발점이 되었던 '80세계복음화대성회1980.8.12.~15.

스 A&M 대학Texas A&M University 교수였던 월터 브래들리Walter L. Bradley, 1943~,[14] ICR 부소장 기쉬Duane T. Gish, 1921~2013,[15] 그리고 국내 강사로는 유일하게 당시 한국과학원Korea Advanced Institute of Science, 현 KAIST 재료공학과 교수였던 김영길1939~2019 등이 참여했다. 그 외 김영길과 친분이 있었던 김해리, 민성기, 양승훈필자을 비롯한 일부 기독과학자들이 통역과 세미나 진행 도우미로 봉사하였다. 이 세미나는 예상을 뒤엎고 학생, 일반인, 교역자, 과학자 등 연인원 4천여 명이 참석하는 놀라운 모임이 되었다.

　나흘간의 세미나를 통해서 일반인들이 기원 문제에 대하여 커다란 관심을 가지고 있음이 확인되자, 1980년 8월 16일에 롯데 호텔에서 김영길과 국내외 기독과학자 25명은 한국창조과학회 창립 예비모임을 갖고 국내에서의 창조과학 운동을 지속하기 위한 조직을 만들기로 결정하였다.[16] 이때 논의된 내용으로는 창조론에 관한 한글 서적을 시급하게 발간하자는 것과 이 일을 추진하기 위한 계획 세우기, 그리고 ICR과의 긴밀한 협력 등이었다. 이들 참석자들의 면면을 보면 복음화 대성회의 강사였던 ICR 임원들과 당시 주로 미국 유학파로서 이들의 통역을 맡았던 홍릉 과학 단지에 근무하던 과학자들이 주축이 되었다. 후에 이들이 중심이 되어 한국창조과학회 창립준비위원회가 만들어졌다.

　이후 몇 개월 동안 창립준비위원회는 30여 차례의 모임과 기도회를 가지면서 한국창조과학회 창립을 준비했다. 1980년 12월에 들어서서 한국창조과학회 창립총회를 1981년 1월 31일에 여의도에 있는 전경련회관에서 개최하기로 결정했다. 이를 위해 창립총회 직전이었던 1월 29일에는 두란노서원에서 창립총회를 위한 철야 기도회를 가졌다. 지금은 두란노서원이 큰 출판사로 성장하였으나, 당시는 하용조1946~2011 목사를 중심으로 하는 작은 성경공부 모임 장소였다. 철야 기도회에서는 당시 김영길이 출석하던 새서울순복음교회 조병호 목사가 출애굽기 3장 6절의 본문을 가지고 "창조"라는 제목으로 설교했다.[17] 이날 모임에는 김영길, 최영상, 송만석, 김해리, 민성기 박사와 당시 초대 간사이던 심영기 등이 참석하였다.

이처럼 창조과학회 창립을 위한 모임이 진행되기까지에는 두 사람의 미국인 평신도 선교사 계의돈과 원이삼Wesley J. Wentworth, 1935~의 숨은 수고가 큰 역할을 했다. 계의돈은 1987년에 미국으로 영구귀국하기 전까지 ICR과도 긴밀한 관계를 유지하면서 강의와 문서를 통해 한국에 창조과학 운동을 소개하였다. 또한 1965년에 청계천 복개 공사를 하면서 텔레스코픽 엔지니어링Telescopic Engineering 사의 도시위생공학 엔지니어로 한국에 온 원이삼은 근무시간 외에는 주로 지성인들을 상대로 문서 선교 사역을 하고 있었다. 흥미롭게도 원이삼은 1962년 9월부터 1964년 6월까지 헨리 모리스가 교수로 있었던 버지니아 공대Virginia Polytechnic Institute 위생공학 석사과정에서 공부한 적이 있어서 모리스의 창조과학 활동을 잘 알고 있었다.[18] 비록 원이삼은 후에 창조과학회의 입장이 치우쳤다는 것을 발견하고 비판적인 입장으로 돌아서기는 했지만, 초기 창조과학회 지도자들에게 창조과학 분야의 영문도서를 보급하는 데 큰 역할을 하였다.[19]

<그림 11-4> 원이삼과 그의 한국선교 50주년을 기념하는 모임2015

2. 큰 시작

드디어 창립준비위원회가 몇 달 동안 준비해 온 한국창조과학회 창립 총회가 1981년 1월 31일토에 여의도 전경련회관에서 개최되었다. 창립총 회에서는 당시 중앙대 농화학과 교수인 김준평이 대표기도를, 이틀 전 철야기도회를 인도한 조병호 목사가 사도행전 17장 24~27절을 본문으로 설교하였다. 1부 예배에 이어 진행된 2부 창립총회에서는 만장일치로 김 영길1939~2019이 초대회장으로 선임되었고, 수일 후인 2월 11일에는 18명 의 임원과 7명의 고문도 확정되었다.[20]

(1) 창조과학 지도자들

창립준비위원회에서부터 창조과학회 설립에 중심적인 역할을 했던 김영길은 1939년에 안동에서 태어났으며, 1964년에 서울대 금속공학과 를 졸업하고, 1967년에 미국으로 유학을 떠나 1969년에 미주리 대학교 에서 금속공학 석사학위를, 1972년에 미국 RPIRensselaer Polytechnic Institute 에서 재료공학 박사학위를 취득하였다. 학위를 마친 후, 그는 오하이오 주 클리블랜드에 위치한 NASA 루이스 연구소Lewis Research Center에서 연 구원 생활을 시작하였다.[21] 그곳에서 근무하던 중 1974년, 부활절을 앞 둔 3월 말에 시온주의자이자 세대주의자인 린세이Harold Lee Lindsay, 1929~ 의 저서 『대유성 지구의 종말The Late Great Planet Earth』을 읽으면서 회심했 다.[22] 그 후 1979년에 한국과학원KAIS, 현 KAIST 재료공학과 교수로 임용되 었으며, 1995년에는 KAIST를 떠나 신설 한동대학교 초대총장으로 취임 하여 2014년 1월에 총장직에서 물러날 때까지 19년간 네 차례 한동대 총 장을 연임하였다.[23]

김영길은 포항공과대학교 초대 총장을 지낸 김호길1933~1994의 친동생이기도 하다. 흥미롭게도 기독교 신자가 아니었던 물리학자 김호길은 김영길이 지구와 우주가 6천년 되었다는 젊은지구론을 주장하는 것에 도대체 정신이 있느냐고 꾸중한 적도 있었다. 물론 그렇다고 그런 꾸중이 이미 김영길의 마음을 사로잡고 있었던 젊은지구론에 대한 확신을 흔들지는 못했다.

<그림 11-5> 한국창조과학회 창립총회1981.1.31. 여의도 전경련 회관

창조과학회 창립에는 김영길을 포함한 19명의 발기인과 두 명의 고문이 참여했는데, 발기인으로는 김영길KAIST 재료공학과 교수, 정명균KAIST 기계공학과 교수, 김정욱KAIST 환경공학부 선임연구원, 남수우KAIST 재료공학과 교수, 노정구KAIST, 생물공학부 선임연구원, 양승훈KAIST 물리학과 박사과정 학생, 유병우KAIST 지역개발부 선임연구원, 이은호KAIST 환경시스템부 선임연구원, 장근식KAIST 항공공학과 교수, 문한규한국표준연구소 재료시험실장, 민성기홍릉기계, 송만석홍릉기계, 유완영한국전기통신연구소 부소장, 김해리서울대 생화학 교수, 심영기고려대 화학과 석사과정 학생, 최영상고려대 화학과 교수, 김정기중앙대 전자과 교수, 채명준한양대 화학과 교수, 원이삼

Wesley J. Wentworth, 텔레스코픽 엔지니어링사 등 19명이었고, 고문은 김준평중앙대 농화학과 교수, 계의돈Robert Louis Goette, 숭전대 유기화학 교수 등이었다.[24] 이 명단에서 볼 수 있는 것처럼, 19명의 발기인들은 대학원 학생이었던 양승훈과 심영기를 제외하고는 모두 당시 한국 최고 대학과 연구소의 교수나 연구원들이었다.

<그림 11-6> 「한국일보」1981.1.27.가 보도한 한국창조과학회 창립총회 소식

초기 지도자들을 보면 KAIST, 고려대, 서울산업대, 홍릉기계국방과학연구소 등 주로 홍릉 인근의 대학과 연구기관에 소속된 사람들이 많았다. 이는 대덕연구단지가 본격적으로 시작되기 전까지는 홍릉 인근에 여러 과학 연구기관들이 밀집해 있었고, 그곳에 재직하고 있는 기독과학자들이 많았기 때문이다.[25] 특히 지도자들 중에는 KAIST 소속이 많았는데, 이는 당시 가장 큰 과학연구기관인 한국과학기술연구소KIST와 한국과학원KAIS이 창조과학회 창립총회가 열리기 한 달 전인 1980년 12월 31일자로 한

국과학기술원KAIST이란 이름으로 통합되었기 때문이다. 하지만 이 통합은 당시 전두환 군사정권에 의해 강제적으로 이루어졌기 때문에 통합된 후에도 실질적으로는 다른 기관으로 존재하였다. 위에서 언급한 사람들 중 김영길, 남수우, 정명균, 장근식, 이병호 등은 KAIS에 소속되어 있었고, 노정구, 유병우, 이은호, 김정욱, 김정한 등은 KIST 소속이었다.[26]

초기 창조과학회 지도자들의 면면을 살펴보면, 그들의 과학자로서의 위상만으로도 교계는 물론 일반 매스컴의 주목을 받기에 충분했다. 창립 전후로 매스컴들은 한국 최고의 과학 엘리트들이 창조론을 주장하면서 진화론을 반대하는 조직적 활동을 시작했다고 보도했다. 기독교방송CBS, 극동방송FEBC, 교계의 여러 신문들은 물론 KBS를 비롯하여 조선일보 1981.2.3., 중앙일보, 한국일보1981.1.27., 경향신문1981.1.28., 동아일보1982.2.22. 등은 창립총회 소식과 이어지는 창조과학회 초기의 여러 활동들을 우호적으로 보도해주었다. 매스컴의 주목을 받으면서 출범한 창조과학회는 과학과 신앙을 양립할 수 없어 고민하던 수많은 한국 기독교인들과 일반인들에게 큰 충격을 주기 시작했다. 이처럼 창조과학회는 처음부터 크게 시작하였다.

(2) 요원의 불길처럼

대부분의 창조과학 지도자들은 생명이나 우주의 기원과 직접적으로 관련된 분야에서 연구하는 사람들이 아니었지만 미국 창조과학자들의 격려에 크게 고무되었다. 이들은 과학은 물론 신학을 포함한 대부분의 학문분야에서 뚜렷한 과학적 타당성이나 증거도 없이 오랫동안 진화론이 마치 사실인 듯이 제시되어 왔다고 비판하면서 창조에 대한 과학적 증거들을 담대하게 제시하였다. 이때 창조과학자들이 진화를 비판하고 창조를 증거하기 위해 사용한 대부분의 자료들은 미국 ICR 중심의 창조과학자들로부터 제공받은 것들이었다. 헨리 모리스를 비롯한 미국 창조과학자들은 자신들의 대중강연 슬라이드 세트를 김영길에게 제공하였고, 그 슬라이드 세트는 수없이 복제되어 필자양승훈를 비롯한 임원들에게 보급되었다. 창조과학회 임원들은 그 슬라이드 세트를 기초로 자신의 전공과 관련된 몇몇 슬라이드를 추가하여 자신의 버전을 만들었고, 이를 대중강연에 반복적으로 사용하였다.

엘리트 기독과학자들을 중심으로 일어난 창조과학 운동은 한국 교계에 엄청난 파장을 일으켰다. 기독과학자들의 '과학을 통한 창조론 전파'는 학계의 주류 이론인 진화론에 반박하지도 못하고, 그렇다고 받아들일 수도 없어서 끙끙거리고 있었던 한국교회의 많은 목회자나 성도들에게 가뭄의 단비와도 같았다. 이것은 곧 교회나 선교회 등으로부터 물밀듯이 쏟아지는 강연요청으로 나타났다. 대부분의 임원들이 대중강연에 나섰지만, 특히 김영길, 김해리, 심영기, 노정구, 채명준, 김정욱, 김정한, 양승훈 등이 대중강연에 많이 초대받았다. 창조과학 운동은 요원의 불길처럼 번지기 시작했다.

초기 창조과학회 지도자들의 열정적인 활동은 두 가지 결과로 나타났다. 첫째, 급격한 회원 숫자의 증가였다. 창립총회 때 정회원 54명, 준회원 40명으로 조촐하게 출발한 창조과학회였지만, 불과 10여년 사이에 회원들은 근 1천 여 명으로 증가했고,[27] 1990년 11월 12일에는 교육부 산하 비영리 사단법인으로 정식 등록되었다. 둘째, 쏟아지는 교회의 재정적 지원이었다. 물론 교회가 직접 창조과학회에 헌금하기도 했지만, 초기 창조과학회 재정의 상당 부분은 창조과학 지도자들이 강사료를 헌금한 것이었다. 대부분의 초기 강사들은 김영길의 모범을 따라 자신의 강사료를 모두 창조과학회에 헌금했다.

창조과학 운동이 급격히 확산된 배경에는 지도자들의 열정적인 헌신과 더불어 창립을 전후하여 기도와 물질적 후원을 아끼지 않았던 한국대학생선교회ccc가 있었다. '80세계복음화대성회를 주관한 것이 CCC였고, "창조냐? 진화냐?"라는 세미나를 주최한 것도, 세미나 장소를 제공한 것도 CCC였다. 창립 후 수 년 간 창조과학회 사무실도 당시 CCC 총재 김준곤 목사의 배려로 정동에 있는 CCC 건물에 있었다. 학회 사무실이라고 해야 CCC 간사들이 사용하는 큰 공간의 한 구석에 창조과학회 사무간사의 책상 하나를 둔 정도였지만, CCC는 창조과학회가 자기들의 사무실 집기 등을 마음대로 사용할 수 있도록 배려했을 뿐 아니라 잘 정비된 CCC 조직을 통해 창조과학 세미나를 각 캠퍼스별로 개최하여 창조론 운동이 확산되도록 도왔다. 초대 행정간사였던 심영기도 CCC 협동간사였기 때문에 창조과학회는 여러 모로 CCC와 남다른 관계를 유지하였다. 김준곤은 젊은 기독인들에게 많이 읽히던 자신의 저서 『예수 칼럼』에서 복음과 성경이 한국에 전해진 것과 더불어 창조과학회가 발족한 것을 한국 기독교의 3대 사건으로 과찬하기도 했다. 이처럼 창조과학회의 창립은 처음부터 한국 교계와 사회를 떠들썩하게 한 큰 사건이었다.

(3) 간사들의 헌신

초기 창조과학 운동이 요원의 불길처럼 번지게 된 것에 대해 간과하지 말아야 할 또 하나의 중요한 요소는 젊은 간사들의 헌신이었다. 초기 간사들로는 1대 심영기, 2대 양승훈, 3대 이웅상, 4대 배용수, 5대 조정일 등이었다. 창립총회가 열렸던 1981년 1월 31일부터 6대 조덕영 간사가 취임하던 1984년 7월까지 5명의 간사들이 교체되었다. 이들 중 심영기,

양승훈, 이웅상 등은 대체로 1년 가까이 간사를 했으나, 배용수, 조정일 등은 뉴스레터 「창조」를 한 번씩 발간하는 정도의 짧은 기간대체로 2~3개월 동안 간사를 했다. KAIST 물리학과에서 박사학위를 받고 모교인 경북대학교 교수로 부임한 양승훈을 제외한 나머지 심영기, 이웅상, 배용수, 조정일 등은 잠시 간사를 하다가 미국으로 유학을 떠났지만, 유학을 떠나기 전까지 다른 창조과학 임원들의 손발이 되어서 불철주야 수고했다.

창조과학회의 행정을 담당했던 초대 간사는 학회 태동의 궂은일들을 마다하지 않은 심영기현 인제대 명예교수였다. 당시 고려대 대학원생이었던 심영기는 원만한 성품으로 인해 창립준비위원회 시절부터 창조과학회 여러 지도자들의 손발이 되었지만, 창립총회 후 얼마 지나지 않아 캘리포니아 대학University of California at Davis으로 유학을 떠났다. 그 후임으로는 당시 KAIST 물리학과 박사과정 2년차에 재학 중이던 양승훈현 Eswatini Medical Christian University 총장이 2대 간사로 수고하였다. 하지만 그도 박사학위를 받고 경북대 교수로 부임하면서 행정간사는 다시 공백이 되었다. 이어 서울대 생물교육과 출신의 이웅상현 명지대 명예교수이 3대 간사로 헌신하였지만, 그도 1983년 여름에 미국으로 유학을 떠났다. 그 뒤를 이어 서울대 미생물학과 출신의 배용수현 성균관대 생명과학과 교수가 1~2개월 정도 잠시 간사를 하다가, 그도 역시 미국으로 유학을 떠났다. 그 뒤를 이어 서울대 생물교육과를 졸업한 조정일이 간사를 맡았지만, 그도 얼마 있지 않아 국비 유학생으로 오하이오 주립대Ohio State University, Columbus로 유학을 떠났다. 이 5명의 간사들은 창조과학회가 출범했던 1981년 1월부터 1984년까지, 모두 합쳐서 불과 4년 미만 근무하였다. 그러므로 창조과학회 지도자들은 좀 더 안정적으로 창조과학회 사역을 할 수 있는 전임간사의 필요성을 절감하였다.

이러한 필요에 따라 1984년에 영입한 인물이 바로 창조과학회의 중흥기를 이끌었던 조덕영이었다. 제6대 간사로 취임한 조덕영1956~은 충북대 식품영양학과를 졸업하고 서주우유, 네슬레 식품 등의 회사에 근무하고 있었으나, 좋은 직장을 마다하고 창조과학회 간사가 되었다. 후에 조덕영은 간사를 하면서도 주경야독晝耕夜讀하여 숭실대에서 환경화학공학으로 석사학위를 받았고, 이어 성결대 대학원에서 목회학 석사학위M.Div.를, 평택대에서 조직신학으로 신학석사Th.M. 및 신학박사학위Th.D.까지 받았다.[28] 조덕영은 과학도로 시작하였으나 공학도로, 그리고 신학도로 훈련받았을 뿐만 아니라, 문인으로 등단하기까지 했다. 이러한 훈련을 근거로 조덕영은 창조과학회 간사를 하면서도 여러 대학과 신학교에서 창조과학을 강의했고, 기독교와 과학 분야의 20여 권의 저서 및 역서를 발표하였다. 또한 이러한 배경에 힘입어 후에 그가 창조과학회를 사직하고 시작한 창조신학연구소KICT, Korea Institute for Creation Theology 웹사이트는 지금까지 창조론과 관련된 방대한 자료와 정보의 보고 역할을 하고 있다. 그는 2007년에 양승훈과 더불어 창조론의 다양한 이슈들을 다루는 창조론 오픈포럼을 창립하여 2021년까지 공동대표 및 학술지 편집장으로 재직하였다.

조덕영이 창조과학회 대표간사 겸 뉴스레터 「창조」의 편집인, 그리고 출판부 편집인으로 취임한 1984년 7월부터 창조과학회의 본격적인 전임간사 시대가 열렸다. 전임간사를 채용함으로써 창조과학회는 행정의 기반을 닦고 정기적인 창조과학 연수회와 장기적인 계획을 세울 수 있게 되었다. 뉴스레터 「창조」는 창립총회 직후인 1981년 2월 25일에 창간되었으나, 그동안 제대로 이어지지 못했다. 하지만 조덕영의 취임으로 「창조」를 정기적으로 발간할 수 있게 되었을 뿐 아니라 창조과학 도서 및 시청각 교재도 지속적으로 개발할 수 있게 되었다. 비록 대외적으로는 김영길이 창조과학회를 대표하는 회장이었으나, 내부적으로는 조덕영이 창조과학회 전성기를 이루는 데 중심적인 역할을 하였다.

활동이 확장되면서 창조과학회는 조덕영에 이어 다른 여러 전임간사들을 채용하기 시작했다. 그 중 한 사람이 1992년에 KAIST 재료공학과에서 박사학위를 받은 김명현이었다. 그는 최초의 박사급 간사였지만, 1994년 후반에 한동대가 신설되고 1995년에 창조과학회 회장 김영길이 초대총장으로 내정됨에 따라 한동대 교수로 자리를 옮겼다.

창조과학회 초기에 수고했던 여러 간사들 중에서도 특별히 기억할만한 사람은 현천호 박사였다. 비록 전임간사도 아니고 다른 간사들처럼 젊어서 헌신한 것도 아니었지만, 현천호 역시 창조과학에 순수한 열정을 가진 사람이었다. 그는 서대전 성결교회 장로였는데, 국방과학연구소 부소장을 끝으로 공직에서 은퇴하고, 1995년부터 대전 창조과학회 전시관의 자문역으로 봉사했다. 1996년 여름에는 ICR을 방문하여 한국창조과학회의 사역을 자세히 알렸는데, 그 내용이 ICR의 뉴스레터인 「액츠 엔 팩츠Acts & Facts」의 "임팩트"Impact, 1996.10.에 영어로 상세히 소개되기도 했다.[29]

이 외에도 고려대를 졸업한 서종학은 창조과학회 대구·경북지부 간사로 사역하면서 침례교 신학대학원에서 공부하여 목사가 되었고, 충남대를 졸업한 김승범은 대전지부에서 오랫동안 간사로 헌신했다. 전남대를 졸업한 전남·광주 지부의 임연미 간사도 오랫동안 지부간사로 헌신했다. 창조과학회 지도자들은 대부분 대학이나 연구소에 적을 가진 사람들이었고, 창조과학 운동과 관련해서는 자원봉사자들이었기 때문에 한국 창조과학 사역과 관련해서는 간사들의 사역이 매우 중요했다.[30]

(4)「창조」발간과 대중강연

간사들의 헌신이 본격화되면서 창조과학회의 출판활동도 활발해지기 시작했다. 창립 이후 1984년 중반까지 3년 반 동안 창조과학회는 국내외 많은 유명 인사들이 참여하였지만, 사륙배판188mm×254mm 크기의 뉴스레터「창조」를 겨우 14번 발간하는 데 그쳤다. 한 번 발간할 때 발행부수도 불과 400~600여부에 그쳤다. 하지만 조덕영이 전임간사로 헌신하던 1984년 후반기부터「창조」는 매월 4,000부씩 발행되기 시작했고, 이때부터 한국교회 전체에 창조과학 운동이 본격적으로 알려지게 되었다.[31]

하지만「창조」를 대량으로 보급하면서 웃지 못할 해프닝이 일어나기도 했다. 창조과학회의 활동이 갑자기 커지자 일부 교회들이 통일교의 후원을 받는 것으로 오해하여「창조」발송 중단을 요구하는 일이 일어났다. 후에 자체적으로 조사한 바에 의하면, 그 배경에는 두 가지 이유가 있었다. 첫째, 창조과학회 발기인의 한 사람이자 초대 임원 중 한 사람이었던 KAIST 정 모 교수의 배경 때문이었다. 그는 실제로 대학 시절 원리연구회 등 통일교 써클에 가입하여 활발하게 활동했음이 밝혀졌다. 둘째, 창립 초기부터 오랫동안 창조과학회를 후원했던 한국기독교선교원현 횃불회관의 최순영 장로당시 신동아그룹 회장가 통일교와 관련되었다는 루머로 한동안 곤욕을 치렀기 때문이었다. 이 루머는 최순영의 누나 최 모가 문선명의 정부로서 혼외자를 출산했다는 소문으로 인해 생긴 것으로 보인다.[32] 실제로 LA 교포신문인「코리아 선데이 저널」의 발행인인 연훈은 1987년 11월부터 1988년 1월까지 "최 회장은 독실한 통일교 신자이며 신동아그룹이 통일교 자금으로 운영되고 있고, 최 회장의 전주대 인수도 통일교의 지시에 따른 것"이라는 허위기사를 아홉 차례에 걸쳐 실은 혐의로 출판물에 의한 명예훼손 및 공갈미수혐의로 구속되기도 했다.[33] 다행히 최순영은 통일교와 무관하다는 것이 해명되었지만, 정 모 교수는 결국 통일교 관련 배경으로 인해 창조과학회를 떠나게 되었다. 아무튼 「창조」를 통한 적극적인 교계 홍보는 창조과학 운동에 대한 일부 교단의 오해를 풀었다.

「창조」를 무가지無價誌로 매월 발행하는 것은 창조과학회의 재정으로는 큰 부담이었지만, 이로 인해 구독회원이 급격하게 증가해서 정규회원보다 많아졌다.[34] 또한 「창조」가 발행되면서 창조과학 초청세미나 요청 횟수도 급격히 증가하였다. 「창조」의 보고를 보면 창립 때부터 1984년까지 4년간 총 282회에 머물던 창조과학 세미나 횟수는 1985년 한 해 동안 서울과 수도권에서만도 214회에 달했으며, 1986년에는 322회에 달하였다. 「창조」에 보고된 통계는 학회를 통하여 직접 확인된 집회만을 집계한 것이므로 전국적인 회원들의 창조과학 강연 현황은 이보다 훨씬 더많았을 것이라 생각된다.[35] 「창조」에 편집실 제공으로 소개된 내용들은 대부분 편집인이었던 조덕영의 글이었다.

한국에서의 폭발적인 창조과학 운동의 확산은 이를 전해준 ICR에서도 전혀 예상치 못했던 일이었다. 그래서 창조과학회의 사역이 점점 더활기를 띠기 시작하자 ICR 소장 헨리 모리스와 더불어 부소장 기쉬가 1985년에 다시 방한하였다. 두 사람 중 기쉬는 캘리포니아 대학University of California at Berkeley 박사, 코넬대 의대 교수Cornell University Medical College, 업존사Upjohn Company 연구원 등 화려한 경력을 가졌기 때문에 전국을 누비는 강연을 통해 달리는 말에 채찍을 가하였다. 그는 서울대학교를 비롯하여 여의도 순복음교회, CCC, KAIST, 사랑의 교회, 한국과학기술대학교, 경북대학교, 영남대학교 등에서 창조과학 연속 집회를 가졌고, 국내과학계에도 커다란 관심을 불러일으켰다.

1981년에 창조과학회가 창립된 후 10년 동안 창조과학 지도자들은 수천회에 이르는 창조과학 대중강연을 했다. 한국의 주요 교회들은 적어도 한 번 이상 창조과학 집회를 개최하였으며, 기독교 대학들은 물론 일반 대학에서도 기독학생 단체들의 초청으로 창조과학 강연이 끊이지 않았다. 1990년대 초까지만 해도 일부 신설 대학을 제외한 전국의 거의 대부분의 대학이 창조과학 집회를 해마다 열었으며, 단국대 등에서는 미생물학과 주관으로 창조와 진화에 대한 정규 심포지엄을 열기도 하였다.[36]

창조과학회의 간판 강사는 역시 회장 김영길이었다. 그는 창조과학 강연을 요청하는 곳이면 어느 곳이나 만사를 제쳐두고 달려갔다. 그는 똑같은 내용의 강의를 수백 번 반복해도 지치지 않는 놀라운 멘탈을 갖고 있었다. 이러한 그의 모범을 따라 초창기 김정한, 송만석, 김해리, 김정욱, 양승훈, 이웅상, 조덕영 등도 헤아리기 어려울 정도로 많은 강연을 하였다. 이들 '제1세대' 창조론 강사는 MIT에서 핵공학으로 박사학위를 받고 KAIST 핵공학과 교수로 부임한 노희천과 영국에서 박사학위를 받고 건국대로 부임한 김종배, 독일에서 박사학위를 받고 역시 건국대로 부임한 신현길, 당시 생산기술연구원에 근무하던 김영인 등 2세대 강사들이 가세함으로써 더욱 보강되었다.

특히 1984년 2월에 강남지역 교역자 연합회가 주최한 영등포의 한 예식장에서 개최된 노희천의 "노아의 홍수" 강의는 창조과학회에서 가장 많이, 지속적으로 사람들을 창조과학 운동에 참여시키는 역할을 했다. 김종배의 생명의 존엄성, 김정욱의 환경 강의 등도 많은 호응을 얻었고 창조과학 사역의 폭을 넓히는 데 기여하였다. 조덕영이 개발한 공룡 강의도 창조과학 사역을 어린이들에게 확장하는 좋은 도구가 되었다. 후에 조덕영은 여러 해 동안 꾸준히 관심을 갖고 상담하며 추적 중이던 UFOUnidentified Flying Object 현상에 대한 연구를 『UFO와 신비주의』라는 책으로 출간하기도 했다.[37] 조덕영에 의하면, 1995년 9월까지 전국적으로 창조과학 강사로 활동한 강사들은 66명의 총회 대의원을 포함하여 100여명에 이르렀다.

창조과학회 지도자들의 열정적인 대중강연 사역의 반응은 여러 형태로 나타났다. 창조과학 강연을 통해 변화된 삶을 간증하는 편지들이 전국에서 답지하였고, 자발적으로 창조과학 사역에 참여하는 회원들이 급속도로 늘어났다. 전 부산지부장 허성욱, 전 경남지부장 허종화별세, 전북대 한윤봉전 회장, 백우현별세, 연세대 교수 김정훈, 의사 조승운, 의사 김록권, 이광원현 교과서진화론개정추진위원회 회장, 이홍배, 최희원, 교포 이상덕, 회사원 유은상, 백영종, 김대회, 윤석찬 등은 열성적인 회원들의 예였다고 할 수 있다.

(5) 출판 및 문서 활동

대중강연과 더불어 초기 창조과학 운동이 확산되는 데 가장 큰 기여를 한 요소를 들라면 역시 출판 및 문서 사역이라 할 수 있다. 학자들이 중심이 된 창조과학회의 특성상 회원들이 증가하고 재정적으로 넉넉해지면서 가장 먼저 눈을 돌린 것이 문서 사역이었다. 이 문서 사역의 포문을 연 한 권의 책을 꼽는다면 말할 것도 없이 『진화는 과학적 사실인가?』였다. 이 책의 프로젝트는 창조과학회가 출범한지 얼마 지나지 않아 창조과학 서적 간행의 필요를 느낀 몇몇 임원들의 제안으로 시작되었다. 물론 문서에 대한 필요성은 창조과학회 창립준비위원회 시절부터 제기되었다. 하지만 자체적으로는 연구된 것이 없으니 일단 ICR에서 나온 자료들을 번역, 정리하여 책을 만들기로 하고, 양승훈이 이 책 편집의 총대를 맺다.

당시 KAIST 물리학과 박사과정 2년차 학생으로서 창조과학회 행정 간사를 맡고 있던 양승훈은 단순히 책의 편집만 한 것이 아니라 이 책의 거의 절반에 해당하는 "V. 화석학적 고찰"과 마지막 "VI. 연대 측정의 과학성"을 번역, 저술하였다. 그 외 김영길, 최영상, 남수우, 노정구, 박동원, 김해리 등이 책의 나머지 집필을 맡았다. 1차로 완성된 원고는 편저에 참여한 임원들이 돌아가며 수정, 보완하였다. 이렇게 하여 만들어진 원고를 가지고 양승훈이 영세 제판업자와 더불어 을지로 2가 인쇄소 골목에 있는 허름한 여관방에서 이틀간 거의 밤을 새며 편집하였다.[38] 아마추어가 급하게 편집했기 때문에 『진화는 과학적 사실인가?』에는 어설픈 부분이 많았지만, 당시로서는 과학자들이 집단적으로 진화론에 반기를 들고 일어나서 이를 책으로 비판했다는 사실 자체만으로도 많은 사람들의 관심을 끌기에 충분했다. 아무튼 지금은 절판되었지만 1981년 8월 25일에 첫 출간된 이후 『진화는 과학적 사실인가?』는 수십 쇄를 거듭하면서 오랫동안 진화론 비판의 고전이 되었다.[39]

<그림 11-7> 『진화는 과학적 사실인가?』

이 책의 출판에 있어 한 가지 집고 넘어가야 할 흥미로운 사실이 있다. 때마침 1980년 10월 16~19일까지 시카고자연사박물관Field Museum of Natural History에서 진화론 전문가 160여명이 모여 "대진화"Macro Evolution란 제목으로 학회를 열었다. 이 학회에서 논의된 결과는 영국의 저명한 과학저술가 르윈Roger Lewin, 1944~이 *Science*에 "Evolutionary Theory under Fire"란 제목의 글로 요약, 발표하였다.[40] 이 제목을 한국말로는 '뜨거운 논쟁이 일고 있는 진화론' 정도로 번역할 수 있기 때문에 진화론 학계의 실상을 몰랐던 창조과학회 지도자들은 이 글이 창조론을 지지하는 것으로 오해하였다. 그래서 이 글을 원문 그대로 『진화는 과학적 사실인가?』의 권말 부록으로 삽입하였다.

책을 편집하는 중에 김영길은 르윈에게 그가 *Science* 잡지에 쓴 글을 잘 읽어보았다는 감사의 말과 더불어 다음과 같은 내용의 편지를 보냈다. "당신은 소진화로부터 외삽外揷, Extrapolation하여 대진화가 될 수는 없다는 입장을 밝혔다. 우리는 한국에서 한 권의 책을 내면서 당신이 쓴 원문을 우리의 책에 부록으로 수록하였다. 혹시 다른 참고 문헌이 있는가? 그리고 혹 당신들이 하는 컨퍼런스에 우리들이 옵서버로 참석할 수는 없겠는가? 어쩌면 당신은 거듭난 크리스천으로 보이는데 그렇지 않은가?" 하지만 실망스럽게도 르윈의 답장은 전혀 기대 밖이었다. "당시 참석한 시카고 학회의 과학자 중 진화의 사실성을 문제 삼은 사람들은 한 사람도 없었다. 단지 우리는 진화의 메커니즘에 대해서 토론했을 뿐이었다." 이어 그는 "편지는 고마우나 자신의 입장을 창조론의 근거로는 삼지 말아 달라."고 요청했다.[41] 창조과학 운동의 시발점에서 받은 르윈의 실망스런 답장은 이 운동의 앞길이 순탄치만은 않을 것임을 암시했다. 이미 모든 학문은 대부분 진화론으로 점령당해 있었다. 조덕영은 르윈의 글이

후에라도 창조론을 지지하는 글로 잘못 해석될 여지가 있기 때문에 이렇게라도 근거를 남겨놓는다고 하였다.[42]

(6) 조덕영과 문서활동

『진화는 과학적 사실인가?』가 창조과학회 출판사역의 포문을 열었지만, 실제로 창조과학 문서운동의 본격적인 시대를 연 것은 전임간사 조덕영이 취임하면서부터였다. 그가 간사로 헌신했던 1984년부터 1998년까지마지막 1년은 안식년 14년간은 창조과학회 문서운동은 물론 한국 창조과학 운동의 전성기였다.[43] 등단한 시인이기도 했던 조덕영은 열정적인 창조과학자였을 뿐 아니라 매우 학구적인 사람이었다. 외부적으로는 김영길이 창조과학회의 아이콘이었으나 실질적으로는 조덕영이 현재의 창조과학회의 기초를 놓았다고 할 수 있을 정도로 그의 기여도는 매우 컸다. 김영길과 조덕영이 공저한 글은 모두, 아니 심지어 김영길의 이름으로 발표된 글의 상당수도 실제로는 조덕영이 쓴 글이었다.[44]

창조과학회 문서 운동은 1989년 창조과학회 출판부 인가발행인 김종배, 편집인 조덕영로 이어졌으며, 조덕영은 창조과학회를 떠나던 1998년까지 40여 권의 전도지와 단행본들을 출간하는 데 중심적인 역할을 했다.『창조는 과학적 사실인가?』번역, 간증집『열리는 영의 세계』, 『신비한 인체 창조 섭리』김종배,『노아의 홍수는 역사적 사실인가?』노희천,『공룡도 하나님이 만드셨을까?』조덕영,『놀라운 창조 이야기』기쉬,『신비한 생물 창조섭리』손기철, 성인화, 조정일,『과학으로 푸는 창조의 비밀』김영길, 조덕영 등은 모두 베스트셀러가 되었고, 오랜 시간이 지난 지금도 스테디셀러로 꾸준히 독자들의 사랑을 받고 있다. 특히 1990년 발행된 창조론적 관점에서 서술한『자연과학』김영길 외 26인은 커다란 관심을 불러일으켰으며, 신학교들

뿐 아니라 명지대, 우석대, 고신대, 경희대 등에서 앞 다투어 교양과정 교재로 사용하기에 이르렀다.[45] 중고등학교의 교과서 분야는 교육부 검정이라는 제도에 묶여서 쉽게 접근할 수 없는 상황에서 창조과학 교재가 대학교재로 먼저 사용되었다.

조덕영이 출판을 담당하던 시기에 출간된 여러 책들 중에서 1994년에 번역, 출간한 덴톤Michael John Denton, 1943~의 『진화론과 과학Evolution: A Theory in Crisis』은 격이 다른 책이었다.[46] 대부분의 창조과학회 문서사역이 비전공자들이 저술한 일반인들을 위한 것이었다면, 이 책은 일종의 전문가를 위한 책이었다.[47] 영국 브리스톨 대학Bristol University에서 의학박사를1969, 런던 킹스 칼리지King's College in London에서 이학박사1974를 받은 덴톤은 뉴질랜드 오타고 대학University of Otago에서 생화학을 가르쳤으며 1990~2005, 현재 시애틀에 있는 디스커버리 연구소Discovery Institute의 과학문화센터Center for Science and Culture 선임연구원Senior Fellow - Center on Human Exceptionalism으로 일하고 있다. 그의 『진화론과 과학』특히 14, 15장은 1980년대 후반에 법학자 존슨Phillip E. Johnson, 1940~2019이 지적설계운동을 시작하는 데 큰 영향을 미쳤다. 또한 이 책은 지적 설계의 중요 개념인 환원불가능한 복잡성irreducible complexity을 제창한 생화학자 비히Michael J. Behe, 1952~에게도 큰 영향을 미쳤다.[48]

화려한 경력의 덴톤은 본서에서 자신의 전공인 분자생물학으로부터 해부학에 이르기까지 생물학의 전 영역에 걸쳐 광범위하게 진화론을 다루고 있다. 다윈 이후 오늘날까지도 대부분의 생물학자들은 진화론을 입증된 사실로 받아들이며, 다만 모순이 드러나는 부분들은 고쳐가면서 새로운 진화론을 만들어나가면 오늘날의 생명세계를 설명할 수 있다고 보았다. 하지만 덴톤은 모든 과학적 자료들을 살펴본 결과 진화론은 근본적으로 잘못된 가설이며, 이를 대신할 수 있는 새로운 이론이나 사상이 나와야 한다고 주장하였다. 하지만 아쉽게도 이 책에서 그는 진화론을 대체할 새로운 이론을 제시하고 있지는 않다.[49] 아무튼 스스로를 불가지론자라고 표현하는 덴톤의 저서는[50] 지금까지도 국내에서 출간된 가장 탁월한 다윈 진화론 비판서로 인정되고 있다.

이 외에도 비록 학술적인 서적은 아니었지만 초기 창조과학회의 문서사역에서 번역, 출간한 흥미 있는 문서는 일본 요네자와米澤 시市에 사는 쓰끼오까月岡世光의 창조론 전도지였다. 1993년 봄에 창조과학회는 쓰끼오까로부터 한통의 편지를 받았다. 자신이 만든 작은 창조론 전도지가 하나 있는데, 이것이 한국에서 번역, 출판되었으면 좋겠다는 내용이었다. 그 전도지 내용은 이미 잘 알려진 창조론 내용이었으나 일본인답게 깔끔하게 편집이 되어있었다. 그리고 이 소책자는 이미 일본어뿐 아니라 영어, 러시아어, 중국어로도 번역이 되어있었다. 더구나 그의 편지와 그를 잘 아는 일본선교사 김신호金信鎬 목사를 통하여 그가 북한 선교에 커다란 비전을 갖고 있음도 알려졌다. 그는 편지를 통해 하나님이 자신에게 북한을 위해 기도하고 복음을 전하라는 마음을 주셨는데, 이 전도지가 한국어로 제작되어 북한에 전달될 수 있으면 좋겠다는 소망과 더불어 일본돈 13만 엔까지 동봉했다. 창조과학회는 헌금까지 받을 생각은 없었지만, 저자의 강력한 요청으로 이 헌금은 전도지 제작에 사용되었다. 그리고 이 전도지는 국내뿐 아니라 모퉁이돌 선교회의 일군들에 의하여 북한으로도 운반될 수 있었지만, 그 전도지의 영향은 확인할 길이 없다.

(7) 창조과학 연수

출판에 이어 창조과학회가 창립된 후에 창조과학 운동을 확산시키는 데 중요한 역할을 한 것은 창조과학 연수였다. 첫 창조과학 연수회는 창립 1주년 기념으로 1982년 2월 22일부터 24일까지 연세대학교 장기원 기념관에서 있었다. 이미 창립총회 이전부터 수많은 대중강연과 매스컴을 통해 홍보를 했기 때문에 참가자들을 모집하는 것은 어려운 일이 아니었다. 제1회 창조과학 연수회에는 무려 연인원 400여명이 참석하여 대성황을 이루었다. 이 연수회를 시발로 창조과학회는 해마다 정기적인 창조과학 연수회를 개최하였다.[51] 정기적인 연수회 개최는 한국 교계가 창조과학 운동을 이해하는 데 좋은 통로가 되었을 뿐 아니라, 많은 창조과학 강사들을 배출하여 창조과학을 대중들에게 알리는 데 크게 기여하였다.

여러 해 동안의 정기적인 연수회를 개최한 것을 기반으로 창조과학회는 1991년에는 8월 22일부터 24일까지 온누리교회에서 창립 10주년 기념 국제심포지엄을 성대히 개최하였다. 이 행사에는 국내 강사로는 생물학을 전공한 조정일, 이웅상이, 미국 강사로는 ICR의 기쉬, 블리스Richard B. Bliss, 오스틴Steven A. Austin, 존 모리스John Morris, 1946~ 등 미국의 핵심 창조과학자들이, 호주 창조과학재단Creation Science Foundation에서는 대표인 스넬링Andrew A. Snelling이, 일본 창조과학연구회에서는 『창조의 과학적 증거들』의 저자 우사미 마사미宇佐神 正海 박사가 참여하였다.[52] 이 국제 심포지엄은 연인원 4,000여 명이 참석한 대규모 행사였기 때문에 일반 매스컴에서도 관심을 가졌다. 조선일보, 한국일보 등 주요 일간지들은 기쉬 등의 인터뷰 기사를 실었으며, MBC TV에서는 인터뷰 내용을 방영하기도 하였다. 교계 일간지인 국민일보는 연일 관계 기사를 보도하였으며, 심지어 무료 5단 광고를 수시로 실어주었다. 국민일보는 심포지엄이 끝난 이후에도 주요 강의 내용을 발췌, 수록하여 대중들에게까지 창조과학을 홍보해주었다. 이를 계기로 종합대에서는 처음으로 명지대 이웅상이 창조과학을 공식 강좌로 개설하기에 이르렀다.[53]

사실 대학에서 처음 창조과학 강의가 시작된 것은 이때가 처음은 아니었다. 창조과학회가 발족된 이듬해부터 당시 창조과학회 간사였던 이웅상은 총신대와 성서침례신학교 등에 출강하여 창조과학을 강의하였다.[54] 그 후 부산 고신대, 장신대1986, 성결대, 총신대, 침신대, 서울신대 등 여러 신학대에서 교양 선택 강좌로 개설된 적이 있었지만, 종합대로서는 명지대가 처음 창조과학 강좌를 개설하였다. 처음으로 창조과학 강좌가 개설된 명지 대학에서는 그간 창조과학회의 대중적 캠페인에 힘입어 무려 258명이나 되는 많은 학생들이 수강신청을 했다. 이를 시작으로 1997년까지 신학대학들 뿐 아니라 전주 우석대, 덕성여대, 안양대1995, 강남대1996, 나사렛대1996, 성결대1996, 기독신학원, 대전 배재대, 천안 호서대, 한동대 등 여러 종합대학에서 창조과학 강좌를 신설하게 되었다. 많은 강좌가 개설되기는 했지만, 이는 여전히 대중적인 캠페인의 일부였고, 진지한 연구는 별로 이루어지지 못했다.[55]

(8) 창조과학회 지부

국내 창조과학회의 사역이 급속히 확산되는 데 크게 기여한 또 하나의 요소는 곳곳에 설립된 지부들이었다. 가장 먼저 지부가 만들어진 곳은 자연스럽게 많은 과학자들이 모여 있는 대덕연구단지였다. 창조과학회가 창립되던 바로 그해 한국표준연구소현 한국표준연구원에 재직하던 문한규 박사를 지부장으로 대전·충남지부가 만들어졌다. 이를 기점으로 1982년에는 전북 지부전북대 임병무, 전남 지부조선대 기계공학과 김종일, 부산 지부부산대 기계공학과 김경천, 미주 지부최인식, 의사가 설립되었으며, 이어 1984년에는 대구·경북 지부경북대 물리교육과 양승훈, 1985년에는 경남 지부경상대 식품공학과 허종화, 강원 지부강원대 물리학과 차성도, 이스라엘 지부서병선, 1986년에는 충북 지부충북대 약대 윤여표, 1988년에는 울산 지부울산대 정천석, 신용호, 목포 지부목포대 조경학과 김농오, 1990년에는 창원 지부정길용, 의사, 1991년에는 일본 지부우제태, 포항 지부포항공대 김경태, 원주 지부상지대 정찬선, 1993년에는 제주 지부제주대 오덕철, 1994년에는 공주 지부공주대 지구과학교육과 이원국, 천안 지부순천향대 정계헌 등이 차례로 설립되었다.[56]

요원의 불길처럼 지부들이 설립된 것은 창조과학회 본부의 노력으로 이루어졌다기보다 대부분 자생적으로 학회 사역에 열정을 가진 해당 지역 회원들의 헌신으로 이루어졌다. 많은 지부들이 설립되었지만 가장 적극적인 활동이 이루어진 곳은 대덕연구단지가 있는 대전·충남 지부와 양승훈이 중심이 된 대구·경북 지부, 김경천이 중심이 된 부산 지부였다. 대덕연구단지에 풍부한 박사급 인력을 가진 대전·충남 지부는 가장 많은 강사진들을 가지고 중부지역의 대학, 교회, 기독교 방송국 등의 창조과학 강연요청에 응하였다. 특히 대덕에는 당시 원자력연구소에 근무하면서 창조과학회 부회장이었던 원동연이 자신의 소유인 대덕기독교문화센터 건물의 일부를 창조과학회 사무실로 무료 제공함에 따라 그곳을 중심으로 창조론 운동이 활발하게 진행되었다. 흥미로운 것은 대구·경북 지부에서는 안강제일교회 장로 김무위가 이란 건설 공사에 근무하면서 아라랏 산맥에서 수집한 40여점의 화석을 기증하여 대구·경북 지부 사무실에 조그만 창조론 전시관이 만들어졌다는 점이다.

대부분의 창조과학회 임원들이나 지부장들이 박사학위를 받고 대학이나 연구소에 취직한 후에 창조과학회 활동에 적극 참여한 것과 달리 KAIST 대학원 학생들 중 상당수는 학생의 신분으로 창조과학 강사로 봉사하였다. 양승훈현 Eswatini Medical Christian University 총장을 비롯하여 김경천현 부산대, 김기태, 김경태현 포항공대, 제양규현 한동대, 현창기현 한동대, 고재형현 몽골 후레대, 박문식현 한남대, 정희권현 미국 필라델피아 거주 등은 KAIST 박사과정 학생으로서 창조과학 강사를 했던 대표적인 과학도들이었다. 순수한 열정을 가진 대학원 박사과정 학생들은 교수들의 손이 모자라거나 가기 어려운 강연을 마다하지 않고 전국을 누볐다. 특히 작은 교회 중고등부나 오지에서 수련회를 하는 경우에는 이들 학생 강사들이 많이 봉사했다.

(9) KAIST 교회와 RACS

젊은 창조론 강사들이 지속적으로 배출된 곳은 장갑덕 목사가 담임하고 있던 KAIST 교회였다.[57] KAIST 3회 물리학과 석사과정 학생이었던 신성철전 KAIST 총장 등이 중심이 되어 시작된 한국과학원 기독학생회는 5회 김광수생명과학과, 현 하버드대 의대 교수, 김영기, 박성모, 신명헌, 정재석 앞의 넷 모두 전기 및 전자공학과 등의 리더십을 통해 KAIST 교회로 이름을 바꾸었으며, 6회 김신재료공학과, 양승훈수학 및 물리학과, 김영길, 서경학전기 및 전자공학과, 장경산업공학과 등을 지나면서 주보 「겟세마네」 창간 등 교회로서의 면모를 다듬어갔다. 물론 과학원 교회는 여전히 이름만 교회였지 형태는 목요일 저녁에 모이는 기독학생회 체제였다. 이렇게 시작된 KAIST 교회는 한동안 담임목사가 없는 기독학생회 체제로 운영되었지만, 1988년에 고신대 신대원을 졸업한 장갑덕 목사가 담임으로 청빙되면서 교회로서의 모습을 갖추게 되었고, 주일 예배를 별도로 모이는 교회로 출범하게 되었다. 군목 시절부터 창조과학 운동에 관심을 가졌던 장갑덕은 예편한 후 지금까지 30년 이상 KAIST 교회 담임목사로 시무하고 있다.

KAIST 교회 학생들은 창조과학 강사로서 수고하는 데 그치지 않았다. 젊고 똑똑한 대학원 학생들이라 공부에 대한 열정과 더불어 강연에도 열심이었다. 당시 KAIST 교회 리더였던 고재형생명과학과 박사과정에 의하면, KAIST 학생들은 별도의 서클을 만들기 전인 1990년부터 이미 창조과학 운동에 적극 참여하고 있었다. 고재형과 당시 항공우주공학과 박사과정 학생이었던 정희권에 의하면,[58] 1992년 5월 14일에는 고재형 등 20여 명의 대학원생들이 모여 KAIST '창조과학연구회Research Association of Creation Science, RACS'1993년 지도교수 화학과 이병석라는 서클을 만들었다.

초기 RACS 멤버들 중 열심이었던 사람들은 고재형, 정희권 외 현창기생명공학과 박사과정, 현 한동대, 김승호항공우주공학과 박사과정, 김병남기계공학과 박사과정, 권오병경영과학과 박사과정, 현 경희대, 박오진화학공학과 박사과정, 이동민항공우주공학과 박사과정, 배신규생명공학과 박사과정, 이병택, 박용화, 신재헌, 백승구, 김광훈 등이었다. 이들은 자기 전공에 따라 생명과학 분과, 지질화석 분과, 천문우주 분과, 인류고고학 분과, 과학사 및 세계관 분과로 나누어 창조론에 관련된 공부를 했다. 이들은 아직 번역되지 않은 영어 신간서적을 읽고 토론하는 북스터디 모임을 했고, 이러한 활동은 강연과 출판으로 이어졌다.

기록에 의하면, 1992년 5월에 RACS를 창립한 후 1993년 1월까지 RACS 회원들은 9회의 창조과학 강연회와 30여 회의 지부요청 창조과학 세미나를 인도했다.[59] 이들은 초기에는 주로 교회의 중고등부 및 대학 청년부, 지부 자체 정기 세미나 등에서 강의했지만, 후에는 성인들을 대상으로 하는 강연도 했다. 이러한 활동들은 자연스럽게 번역과 출판으로 이어졌다. 이때 이들이 번역한 책으로는 후에 한국에서 지적설계운동을 시작하게 했던 존슨Phillip E. Johnson의 『다윈주의 허물기』IVP, 2000, 베히 Michael J. Behe의 『다윈의 블랙박스』풀빛, 2001 등이었고, 또 『궁금해 궁금해:

창조와 진화에 대한 199개의 질문과 답』두란노, 2002을 공저하기도 했다.[60]

정희권에 의하면, RACS 활동이 가장 활발했던 1997년 11월에는 회원이 30여 명에 이르렀다. 대학원 학생 시절부터 활발하게 모여 차세대 한국 창조과학 운동의 지도자들로 준비된 이들은 졸업 후 직장을 따라 가는 곳마다 창조과학회 지부를 결성하거나 이미 지부가 결성되어 있는 곳에서는 적극적으로 강사를 자원했다. 흥미로운 것은 후에 이들이 창조과학의 문제점들을 인식하면서 RACS라는 약칭은 그대로 두고 한글로 쓸 때는 '창조론연구회Research Association of Creation and Science'로 이름을 바꾸었다는 점이다. 근래에 와서 RACS는 규모가 줄었지만, 여전히 KAIST 교회 내에서 활동을 이어가고 있다.

KAIST 기독학생들을 포함한 여러 창조과학 강사들의 열정적인 강연과 강사료 헌금을 통해 창조과학 운동은 전국적으로 더 빨리 번져나갔다. 창세기에 대한 세속 학문들의 공격으로 지적 콤플렉스 속에 있었던 한국교회의 교인들, 신학자들, 목회자들은 이러한 창조과학회를 열광적으로 지원하였다. 그 결과 김영길이 회장에서 물러나던 1995년까지 창조과학회는 사단법인으로 등록된 것은 물론, 300여 명의 이공계 박사들과 1500여 명의 회원을 가진 국내 최대의 기독과학자들의 단체가 되었다.

(10) 노아의 홍수와 방주 연구

이처럼 창조과학회의 외형이 커지면서 가장 성공적인 분야는 대중을 상대로 하는 강연이나 대중들을 위한 서적발간, 대중강연용 시청각 자료 제작 등이었다. 하지만 한국 최고 과학자들의 집단이라는 외형과는 달리 내부적인 연구는 활발하지 않았다. 연구에 대한 부정적 견해는 창조과학회만의 문제가 아니었다. 김영길이 미국에서 공부하는 동안 가깝게 지냈고 후에 창조과학회 미주지부장을 역임했던 의사 최인식 역시 비슷하게 생각하고 있었다. 양승훈이 과학사를 공부하기 위해 경북대를 휴직하고 위스콘신 대학University of Wisconsin-Madison 대학원에서 공부하고 있던 1990년 후반, 클리블랜드에 있는 최인식과 장시간 통화를 한 적이 있었다. 그는 우려 섞인 목소리로 양승훈에게 "왜 더 공부하려고 하느냐?" "ICR 연구만으로도 충분하다," "우리는 다만 그들이 연구한 것을 전하기만 하면 된다."라는 등의 권유를 하였다.

이처럼 창조과학 연구활동이 장려받지 못하고 있는 속에서도 몇몇 젊은 회원들은 연구에 대한 열정을 억누를 수가 없었다. 1987년에 창조과학회 회원이자 숭실대에서 화학공학으로 석사학위를 받았던 박우삼 목사는 한국목회대학원 성서신학 전공 석사학위 논문으로『노아 홍수에 대한 과학적 고찰A Scientific Consideration of the Noahchian Flood』을 제출하였다. 이 논문은 노아의 홍수에 대하여 주로 창조과학회의 문헌들을 참고하여 정리한 논문이었으나, 창조과학에 대한 첫 학위논문이었다는 점에서 의의가 있었다. 이 논문에서 박우삼은 노아의 홍수가 역사상 실제 있었던 사건이며, 방주는 매우 안정성이 있는 배였고, 홍수는 전 세계적이었다는 창조과학의 주요 주장을 그대로 따랐다.[61]

박우삼의 졸업논문은 단지 한 편의 신학논문으로 머물지 않았다. 1992년 6월부터 1993년 5월 30일까지는 창조과학회가 의뢰하여 한국기계연구원 산하 해사기술연구소 선박해양공학연구센터 해양기술운동성연구실장인 홍석원 박사팀이 "노아 방주의 안전성 연구"를 수행하였다. 조선공학적 측면에서 홍수 당시 방주의 거동성과 안정성을 조사한 이 연구는 대전 창조과학전시관 개관에 맞추어 그 결과를 발표하였는데, 국내 매스컴의 커다란 반향을 불러일으켰다. 국가출연 연구기관인 해사기술연구소는 선박의 선형 시험 및 관련 성능 평가 업무에서 세계적으로 인정받은 공인 기관으로서 당시 세계 조선 2위 국가인 한국에서 수출되는 선박의 대부분이 이곳에서 성능 평가를 받고 있으며, 그 결과는 외국의 선주들이 그대로 인정하고 있었다. 이 연구소에서는 1993년까지 약 480척의 선박에 대한 실험 평가 업무가 수행되었다고 한다.

노아 방주 연구에 참여한 연구팀은 연구책임자 홍석원을 중심으로 9명으로 구성되어 있었다. 이는 모형 제작과 실험에 관련된 기능직 인력을 제외한 연구 인력인데, 박사 5명과 석사 3명으로 구성되어 수시로 모임을 가지며 합리적인 추정이 가능하도록 하였다. 서울대 공대 조선공학과를 졸업한 홍석원은 의도적인 결론이 유도되지 않도록 결벽증이 있는 것처럼 비의도성非意圖性을 강조하면서 연구를 진행했다고 했다.

홍석원에 의하면, 현대 선박의 안정성은 크게 구조적 안정성, 복원 안전성, 그리고 파랑 안정성 등으로 나누어 평가한다. 구조적 안정성은 파도에 의해 배가 부서지지 않고 견딜 수 있는 정도를 말하며, 복원 안정성은 배가 파도에 의해 기울어졌을 때 평형을 이루려는 힘이 얼마나 강한가를 말한다. 그리고 파랑 안정성은 배에 실려 있는 사람과 화물과 각종 구조물들이 얼마나 안정되게 유지될 수 있는가를 말하는데, 배멀미와 같이 인체에 미치는 영향을 평가하는 것이 이에 속한다.

연구는 먼저 동일한 부피를 가지면서 길이나 폭과 높이의 비율을 다르게 한 다음 13척의 배를 선정하여모의하여 이론적인 안정성을 검토하였다. 그 결과 노아방주와 같은 길이, 폭, 높이의 비율을 가진 배가 최고의 복원 안정성을 갖고 있음이 밝혀졌다. 나머지 구조적 안정성, 파랑 안정성까지 포함한 종합 안정성 평가에서도 노아의 방주 비율이 최적의 안정성을 나타냈다. 노아의 방주는 통상적으로 말하는 배는 아니었다. 오늘날의 배와 같이 빠른 속도로 항해하는 배가 아니라 단지 거대한 홍수에 떠 있고 견딜 수 있으면 되는 상자와 흡사하였다.

선박 번호	길이(L)/L_0	폭(B)B_0	높이(D)D_0
0	1	1	1
1	1	1/1.5	1.5
2	1	1/1.2	1.5
3	1	1.2	1/1.2
4	1	1.5	1/1.5
5	1/1.5	1	1.5
6	1/1.2	1	1.2
7	1.2	1	1/1.2
8	1.5	1	1/1.5
9	1/1.5	1.5	1
10	1/1.2	1.2	1
11	1.2	1/1.2	1
12	1.5	1/1.5	1

<그림 11-8> 홍석원이 사용한 13척의 비교 선박. 0번이 노아방주.[62]

다음에는 노아방주의 50분의 1에 해당하는 축소 모형을 만들어 해사기술연구소 내에 설치되어 있는 대형 수조에 띄우고 인공파도를 만들어 배의 안정성을 정밀 측정 장비들로 계측하였다. 수조에서의 실험 결과를 실제 바다에 확장해 보면 파도의 높이가 43m보다 작다면 방주는 파랑 안정성에 문제가 없었다. 방주의 복원 안정성과 관련해서는 미국선급협회American Bureau of Shipping에서 사용하는 평가규정을 적용하면 방주에 물이 넘쳐 들어오려면 파도의 높이가 40m 이상이어야 했다. 구조적 안정성과 관련해서도 방주를 건조한 나무의 두께가 30㎝이상이었다면 약 30m의 파고에도 안정성을 유지한다고 평가되었다. 현재까지 해양에서 발생한 가장 격심한 파도가 높이 약 30m로 기록된 것으로 본다면 방주는 최악의 환경에서도 놀라울 정도로 안전하다는 것을 알 수 있었다.

1992년 6월에 있었던 마지막 수조실험은 김영길, 양승훈 등 여러 창조과
학회 지도자들이 지켜보는 가운데 이루어졌다.

<그림 11-9> 해사기술연구소 수조에서 실시된 노아방주 모형의 파도 실험

　노아 방주에 관한 연구에 대하여 양승훈은 "창조론을 지지하는 연구
결과가 나온다면 이는 그동안 창조론 사역에 있어 수입만 해오던 창조과
학회가 국제 창조과학 운동에 내놓는 첫 번째 창조과학 수출품이 될 것
이다."라고 기대를 표현했다.[63] 하지만 당시 대부분의 창조과학 지도자들
은 두 가지 우려를 갖고 있었다.

　첫째는 예산 문제였다. 당시 한국원자력연구소에 근무하던 원동연의
제안에 의해 시작된 이 연구는 3천만 원 이상 소요되는 예산문제로 창조
과학회 안에서도 찬반 논란이 거듭되었었다. 이공계 분야의 일반적인 연
구 프로젝트를 생각한다면 큰 예산이라고 할 수 없지만, 전문 연구기관
이 아닌 창조과학회로서는 상당히 부담이 되는 예산이었다. 하지만 하나
님은 이 일을 위해서도 사람을 예비하고 계셨다. 창조과학 지도자들이

예산 문제로 고민하고 있을 때, 창조과학회 고문인 한의사 권도원 장로(8체질 한의학으로 유명한가) 실험에 소용되는 모든 비용을 선뜻 헌금하겠다고 나선 것이었다.

둘째는 과연 과학만을 가지고 노아방주를 해석하는 것이 필요할까 하는 좀 더 본질적인 우려였다. 창세기 8장 1절은 홍수가 진행되는 동안 하나님께서 노아 및 그와 함께 방주에 있는 모든 들짐승과 육축을 특별히 돌보셨다고 말한다. 그런데 방주가 홍수를 견딜 수 있을 정도로 튼튼하다는 것이 하나님의 돌보심과 충돌하는 것은 아닐까? 방주의 안정성이 방주의 우수성 때문만은 아니기 때문에, 방주의 안정성에 대한 과학적 접근이 또 다른 부작용을 낳을 수 있지 않을까 하는 염려였다. 사실 연구가 진행되는 동안 창조과학 지도자들은 어떤 연구 결과가 나올지에 대해 우려 반 기대 반이었다. 이런 우려에도 불구하고 연구를 진행한 것은 노아의 방주를 하나님께서 직접 설계하셨기 때문에 방주 자체의 구조에도 분명히 하나님의 섭리와 지혜와 계시가 담겨 있을 것이라는 믿음 때문이었다.

마침내 최종적인 연구결과가 나왔을 때 창조과학자들은 모두 하나님을 찬양하지 않을 수 없었다. 그동안 창세기에 묘사된 대홍수의 역사성이나 노아방주의 과학성에 대해 반신반의하는 사람들이 많았지만, 실험 결과 창세기에 기록된 방주는 현대 조선공학적 관점에서도 매우 안정성이 있는 배였음이 증명되었기 때문이다. 이번 연구의 팀장이었던 홍석원은 연구결과를 발표하는 자리에서 조선 전문가로서의 자신도 실험을 전후하여 성경과 믿음에 대한 큰 인식의 변화가 일어났다고 간증했다. 노아 방주에 대한 연구결과는 하나님께서 과학을 통해 창조과학회에 허락하신 좋은 선물이었다.

연구팀은 "노아의 방주는 현재의 조선공학적 관점에서 볼 때 운항안전 면에서 매우 현실성 있는 길이-폭-높이를 가지는 선박으로 평가되었으며, 또한 30m 파고波高의 열악한 파랑波浪 중에서 선체, 승무원, 화물이 손상을 입지 않고 안전하게 항해할 수 있음을 알 수 있었다. 현실적으로 입증하기 힘든 가설 아래 연구가 수행되었지만 성경에 명시되어 있는 방주의 주요 치수가 우리가 가상할 수 있는 어느 경우에 비하여도 안정성 면에서 바람직한 것으로 평가된 본 결과는 기독교인들 뿐 아니라 일반인에게도 상당한 의미가 있을 것으로 여겨진다."라고 결론을 내렸다.

최종적인 연구결과는 1992년 12월 11일에 발표되었다. 이 결과는 창조과학회 총회에서 발표됨은 물론 KBS와 MBC TV가 저녁 9시 정규 뉴스 시간에 상세히 보도하였으며, 국민일보를 비롯한 조선일보, 동아일보, 한국일보, 중앙일보 등 주요 일간지들도 실험결과를 자세히 보도하였다. 특히 월간 『과학동아』 1993년 8월호에는 홍석원이 기고한 글 전체가 게재되기도 했다.[64]

3. 실패를 통한 교훈

하지만 창조과학회 초기의 눈부신 성장에도 그늘이 없지는 않았다. 창조과학자들의 헌신과 열정적인 사역이 항상 성공적인 것만은 아니었다. 초기 창조과학회 사역들 중에서 가장 큰 좌절을 경험한 것은 과학교과서 개정과 창조과학교육관 건립이었다.

(1) 교과서 개정의 실패

창조과학회는 창립 당시부터 이미 부회장을 위원장으로, 학술간사 및 분과위원장을 위원으로 하는 교과서 개정 추진 위원회를 조직하였다. 교과서 개정이라는 것이 쉬운 일은 아니었지만, 창조과학회는 처음부터 의욕적으로 교과서 개정을 위한 의지를 보였다. 초등학교 교과서는 국정화되어 있어서 파고들 여지가 없었기 때문에 창조과학회는 처음부터 검인정 체제인 중고교 생물교과서 개정에 관심을 가졌다. 공식적으로 학교에서 교과서를 통해 진화론을 가르치고 있는 상황에서는 창조론 운동 자체가 원천적으로 한계가 있다고 보았기 때문이다. 하지만 교과서 개정을 위해서는 이를 출판해줄 출판사와 지명도가 있는 저자가 필요했다.

마침 1988년 4월 20일, 문교부현 교육부는 제5차 교육과정1987.7.~1992.9. 에 따라 1990학년도부터 연차적으로 사용할 고등학교 2종 교과서용 도서에 대한 검정 공고를 내었다. 이에 따라 창조과학회는 서울대 교수 김해리의 제안으로 출판이 가능한 몇몇 기독 출판사를 물색하였다. 처음에는 두란노서원, 생명의 말씀사 등 기독 출판사들을 염두에 두었으나 기독 출판사들은 교과서 출판 경험이 전무했다. 그러던 중 조덕영의 제안으로 교과서 출판 경험이 풍부한 계몽사와 연결이 되었다. 당시 계몽사는 사옥 신축으로 분주한 가운데 있어서 창조론 교과서 출판에 신경을 쓰기가 쉽지 않은 상황이었다. 그러나 김영길과 계몽사 김춘식 부회장은 첫 만남이었음에도 불구하고 두 사람 모두 기독교인이라는 것과 더불어 동향同鄕이고 본이 같은 김씨라는 사실 때문에 금방 가까워지게 되었다. 두 사람의 의기가 투합하자 계몽사 실무진들의 반대에도 불구하고 김춘식은 문교부 채택 여부에는 크게 개의치 않고 하나님이 주신 사명으로 알고 창조론 교과서 출판을 결정하였다.

출판사를 찾은 다음에는 적절한 저자를 찾는 일이었다. 다행히 당시 이화여대에서 동물발생학을 가르치는 이양림과 서울과학고등학교 생물교사인 이광원이 접촉되었고, 그 해 5월 교육부에 검정 신청 예정자 등록을 했다. 이양림은 창조과학회 창립 때는 적극적으로 참여하지 않았지만, 순수 생물학 분야의 학자가 절실했던 창조과학회는 그에게 교과서 집필을 의뢰하게 되었다. 교과서 개정작업을 맡으면서 이양림은 창조과학회에 적극적으로 참여하게 되었다. 또한 조덕영과 동향인 이광원은 서울대 생물교육과를 졸업한 유능한 생물교사였다.

사주社主가 기독교인이면서 동시에 국내 유수의 출판사인 계몽사가 출판을 맡기로 하고, 저명한 저자들이 확정되자 창조과학회 지도자들은 크게 고무되었다. 이양림, 이광원은 곧 진화론의 문제점을 거론한 생물 교과서를 집필하기 시작했다. 저자들은 생물학이나 생물교육 쪽에 경험이 많고 탁월했기 때문에 훌륭한 교정쇄가 완성되었다. 교정쇄는 당시 경북대 사대 물리교육과 교수였던 양승훈을 비롯해 여러 사람들이 돌아가면서 읽었다. 두 사람이 공저한 고등학교 2종 생물과목 교과서용 검정 심사본은 내용은 물론 문장이나 사용한 사진, 그림, 도표 등 흠 잡을 데가 없었다.

두 저자는 창조론 교과서의 취지를 조심스럽게 살려서 집필을 완료하였고, 드디어 1989년 1월 13일에 1차 심사를 위해 계몽사를 통해 교육부에 심사본을 제출하였다. 그 결과 1989년 3월 14일에 문교부로부터 고등학교 2종 교과서 검정 1차 심사 합격 통보를 받았고, 다만 4장 "생물의 진화"에서 20여 군데를 재구성 내지 진화론에 입각하여 재진술하라는 수정 지시를 받았다. 하지만 그 지시 사항이 본래 의도했던 창조론 교과서 취지에 문제가 될 정도는 아니었기 때문에 지시대로 수정한 후 2차 심사본을 제출하게 되었다. 그 동안 교사용 지도서도 제출하였는데, 이에 대해서도 몇 군데 수정지시와 함께 합격통보를 받았다. 그리고 1989년 8월 1일에 예상대로 이 심사본은 문교부의 2차 심사도 무난히 통과하였다. 아직 최종 심사가 남아있기는 했지만, 최종 심사에서는 교과서의 포맷이나 그림 등의 판권문제 등 당락과는 무관한 소소한 지적만 하기 때문에 창조과학회에서는 창조론 교과서가 채택되었음을 대외적으로 발표하였다.

하지만 이 발표는 예상치 못한 진화론자들의 반발을 불러일으켰다. 1차 심사본에 대한 수정지시를 따라 수정하여 제출한 2차 심사본에 대하여 문교부는 1989년 8월 1일 자로 원칙적인 합격통보를 해왔으나, 도저히 이행할 수 없는 수정지시를 해 온 것이다. 최종 심사를 불과 며칠 앞두고 문교부는 1차 심사를 통과한 교과서의 4장 "생물의 진화" 단원에서 16곳을 전면 삭제할 것을 지시하였다. 게다가 2차 통지서는 발송 기간이 일주일도 채 안 되는 8월 9일까지 수정본을 제출하라고 지시하고 이행치 않을 시 불합격 조치한다는 내용이었다. 하지만 이렇게 심각한 개정지시는 단시간 내에 개정하기도 어려울뿐더러 창조론 교과서의 특징을 담은 내용을 전면 삭제하라는 것은 교과서 집필의도와도 맞지 않았다. 게다가 1, 2차 심사에서는 아무런 문제가 없다고 통과된 부분 중에서만도 무려 12곳을 삭제하라고 지시한 것이었다. 이는 1, 2차 심사의 의미를 무색케 하는 것일 뿐 아니라 이를 따를 경우 4장은 앞뒤의 연결에 지장이 있을 정도로 왜곡되게 된다. 또한 이는 애초의 집필의도를 살리는 것은 고사하고 나머지 부분들의 교육내용 전달조차 불가능하게 하는 것이었다.

사실 이 교과서는 창조론 교과서라고 했지만, 실제로 '창조'라는 말은 불과 두어 번 정도 밖에 들어가지 않았다. 창조과학회가 발표만 하지 않앉더라면 창조론 교과서인지 구분하기조차 어려운 책이었음에도 불구하고 창조과학회가 후원한 교과서라는 사실이 문제가 된 것이었다. 창조과학회에서는 이 문제를 두고 여러 차례 모임을 했지만 저자 대표 이양림은 행정지시에 불복하고, '교과서 검정신청 포기'를 서면으로 제출하기에 이르렀다. 검정신청 포기서를 제출하자 문교부는 즉각 1989년 8월 19일 자로 도서집필 포기에 따른 검정 최종심사 불합격 처분을 내렸다. 지금까지 2차 심사 합격 후 불합격된 교과서는 교과서 검정 역사상 처음이었다고 한다.

(2) 소송과 패소

하지만 교과서 문제는 이것으로 끝나지 않았다. 저자들이 교과용 도서에 관한 개정 규정1977. 8. 22 대통령 제8660호, 개정 1988. 8. 22, 동령 제122508호을 알게 된 후에 문교부의 불합격 처분이 부당함을 발견한 것이다. 교과서 검정방법을 규정한 개정 규정 제16조 제2항에 "2차 심사는 가쇄본에 의하여 1차 심사 결과 통보와 지시가 있는 사항의 이행여부와 체제 등의 적합성 여부를 심사한다."라고 규정한 것을 발견한 것이다. 이 규정대로라면 문교부가 2차 심사 후 내린 내용 등에 대한 대폭적인 수정 지시는 규정에 어긋나는 것이었다. 1, 2차 심사의 경우 표지의 저자와 출판사가 삭제된 상태에서 심사하므로 심사의 객관성이 유지될 수 있지만, 최종 심사에서는 출판사와 저자가 공개된 상태에 심사를 받기 때문에 심사자의 편견이 작용할 수 있었다. 그래서 1, 2차 심사에서 내용심사를 대부분 마감하고, 최종 심사에서는 1, 2차 심사 때 지시한 사항을 이행했는지 여부와 체재의 적합성 여부 등만 심사하도록 되어 있었던 것이다. 그런데 창조과학회가 후원한 교과서의 경우 1, 2차 심사에서 수정지시를 하지 않은 내용을 최종 심사에서 대폭 수정지시를 한 것은 심사위원들이 저자와 출판사가 공개된 가운데서 편견을 갖고 심사한 결과임이 분명한 것으로 보였다.

이에 저자와 출판사는 문교부에 탄원서를 제출하였다. 서신에서 저자와 출판사는 교과용 도서에 관한 개정 규정을 인지하지 못했기 때문에 문교부의 수정지시 내용을 기간 안에 제출할 수도 없을 뿐 아니라 집필 의도에 어긋난 지시를 따르느니 학자적 양심에 따라 포기하는 것이 올바르다고 판단되어 검정신청 포기의사를 표시한 것임을 밝혔다. 그러므로 검정신청 포기를 취소함과 아울러 문교부에 합리적 해결책을 촉구하는 탄원서를 보냈다. 1차 심사에서 지적된 것을 기초로 재수정할 기회를 건의하고, 기회가 주어진다면 1, 2차 심사의 의도를 충분히 살리겠다는 내용이었다. 하지만 문교부에서 별다른 조치가 없자 저자들과 출판사는 1989년 2월 5일에 불합격 처분된 교과서에 대해 문교부를 상대로 "교과서 검정 불합격 처분 무효확인 청구소송"을 서울고등법원에 제기하였다.

이 행정소송에는 주명수 변호사^{현 목사 겸 변호사}와 권영상 변호사가 무료 변론을 했다. 하지만 1990년에 주명수가 갑작스럽게 신학공부를 위해 미국 유학길에 오르자 강명준姜明俊 변호사가 무료 변론에 참여하였다. 1990년 5월 7일, 첫 공판을 시작으로 수차례의 법정공방이 있었으나, 결국 1991년 1월 17일에 서울고등법원정기호 부장판사은 이 소송을 기각하였다. 대법원에도 상고하였지만, 역시 기각되었다. 1992년에 이 소송은 권영상을 대리인으로 하여 "교과서 검정 불합격 처분 취소"에 대한 헌법소원을 제기하였으나, 1992년 5월 12일에 헌법재판소 역시 기각결정을 내렸다.[65] 헌법재판소는 "이 사건 수정 지시에 위헌성이 있다 하더라도 그 사유만으로는 청구인들에 대한 검정불합격처분이 취소될 수 없다고 한다면 그 수정지시의 위헌 여부를 가릴 실익이 없다고 할 것으로서, 그 수정 지시의 위헌성만을 내세워서 이 사건 검정 불합격 처분의 취소를 구하는 이 부분 심판 청구는 결국 권리보호의 이익이 없음에 귀착된다고 재판관 전원 일치된 의견으로 이 사건 심판청구를 각하한다."라고 결론을 내렸다.[66]

비록 고등학교 창조론 삽입 생물교과서는 채택되지 않았으나 창조과학회와 계몽사의 만남은 그 뒤에도 사무실 문제와 관련된 교류로 이어졌다. 초기 창조과학회는 정동에 있는 CCC 본부 공간의 일부를 사용했지만, 학회 활동이 확장되면서 자체 공간의 필요성이 대두되었다. CCC 본부 공간은 서울 중심에 위치했지만 좁았고 사람들이 찾아오기 쉽지 않았다. 그래서 창조과학회에서는 지하철역과 가까운 사무실을 위해 기도하고 있었는데, 이 문제를 해결해 준 사람이 바로 계몽사의 김춘식 부회장이었다. 1988년 11월에 김춘식은 처남 명의로 되어 있었지만 실질적으로는 자신이 소유한 서초구 영빌딩의 19평 사무실을 창조과학회가 무상으로 사용하도록 허락한 것이다. 하지만 영빌딩으로 이사한지 3년이 되던 1991년에 김춘식의 부인이 별세하면서 영빌딩이 매각되었다. 이에 김춘식은 창조과학회에 1억 3천만 원을 헌금했고, 창조과학회는 이 헌금으로 그 후 여러 해 동안 학회 사무실로 사용한 잠실 올림피아 빌딩 811호를 구입하게 되었다.

계몽사를 통한 창조론 교과서 채택이 실패한 후에도 창조과학회에서는 한 번 더 교과서 개정을 위한 위원회를 구성하여 창조론 교과서의 검인정 통과를 시도했다. 두 번째 교과서 집필 때는 고려문화사 권영석 사장이 후원했지만 아쉽게도 뜻을 이루지 못했다.[67] 하지만 창조과학회가 두 차례에 걸쳐 검인정 교과서 채택에 실패한 것은 단순한 실패로 끝나지 않았다. 이로 인해 문교부에서는 1992년 10월에 발표된 제6차 교육과정 고등학교 생물Ⅰ의 내용에서 "진화는 인간 중심으로 다루되, 창조론은 다루지 않는다."라고 명시하게 되었고, 생물Ⅱ의 내용에도 "진화를 다룰 때 창조설은 다루지 않는다."라고 명시했다.[68] 이것은 교과서 저자들을 위한 집필 가이드이기 때문에 창조론 교과서 집필 통로가 원천적으로 봉쇄된 것이었다. 그나마 다행스러운 것은 2009년 고등학교 생물교과서의 "유전과 진화" 영역의 성취기준에 "진화론과 창조론의 주요 내용을 이해한다."란 문구가 들어가 있다는 점이었다.[69]

창조론 검인정 교과서는 끝내 채택되지는 못했으나. 이 일을 계기로 창조론에 대한 일반 대중들의 관심이 커졌으며, 교계는 오랜만에 일치된 목소리로 교과서 문제에 대해 문교부의 처사를 비판하는 한편, 창조과학회의 노력을 지지했다. 그리고 이 소송은 진화론을 고수하고자 하는 문교부의 입장이 얼마나 견고한가를 확인하는 계기가 되었다. 하지만 이 일을 통하여 한 가지 결실도 있었다. 창조론 교과서에 실으려고 했던 진화론의 문제점들을 계몽사에서 『진화론의 실상』이라는 책으로 출간한 것이었다. 여러모로 창조과학회를 도왔던 계몽사 부회장 김춘식은 그 후에도 창조과학회 이사로 계속 봉사하며 창조과학회를 많이 후원하였다.

(3) 진화론자들과의 논쟁

교과서 개정 운동이 시작되면서 진화론자들은 창조과학자들의 존재를 위협적으로 생각하게 되었다. 처음 창조과학회가 활동을 시작했을 때는 진화론자들은 다만 몇몇 아마추어 극성 기독교인들의 활동으로 생각하면서 별 다른 대응을 하지 않았지만, 창조과학회의 활동이 확장되어감에 따라 진화론자들도 더 이상 침묵할 수만은 없다고 생각하기 시작했다. 이로 인해 급기야 1988년 4월 3일에 국내 최초로 "창조냐, 진화냐?"라는 제하의 TV 심포지엄이 공영 방송인 KBS 3TV현 EBS에서 개최되기에 이르렀다. 이때 창조과학측에서는 창조과학회의 김정한연세대, 김정욱서울대, 당시 창조과학회 회원은 아니었지만 교류가 있었던 신길성결교회 장로 이양림이화여대 생물학과 등이 토론자로 나섰다. 반면에 진화론측에서는 이인규서울대 식물학과, 장기홍경북대 지질학과, 양서영인하대 지질학과 등이 토론자로 참여하였다. 이 토론은 기독교인들 뿐 아니라 일반인들에게도 큰 반향을 불러일으켰다. 흥미 있는 사실은 창조론측 토론자들은 물론 진화론측 토론자로 나선 세 사람들도 모두 창조를 믿는다고 고백하는 기독교인들이었다는 점이다. 다만 그들은 창조는 사실이나 진화의 방법으로 창조되었다고 믿는 유신진화론자들이었다.

같은 해 11월 7, 8일에는 대학 캠퍼스에서는 처음으로 단국대천안캠퍼스 미생물학과 주최로 "창조와 진화" 두 주제가 동시에 다루어진 학술집회가 개최되기도 하였다. 이 집회의 창조론측 강사로는 창조과학회 김종배당시 건국대 축산대가 참가하였고, 진화론측 강사로는 이병훈전북대 생물학과이 참석하여 이틀간 차례로 각자의 입장을 발표하였다. 원래 이 집회에서는 두 교수가 같은 날 함께 발표와 논쟁을 벌일 예정이었으나 이병훈이 사양해서 그는 하루 전날 발표하고 그 다음날 김종배가 발표하였다. 집회는 이틀간 계속되었는데, 연인원 500여 명이 참석하였고 양측을 대변하는 영화상영도 있었다.

이 집회는 대학에서 처음으로 창조론과 진화론을 차례로 제시한 집회였고, 창조과학에 무지했던 생명과학분야 교수들에게 큰 충격이 되었던 집회였다. 창조론적 입장의 강의를 들어본 적이 없었던 생명과학분야 교수들은 김종배의 강의가 진행되면서 크게 당황했다. 이들은 주제발표를 마치기도 전에 질문을 퍼붓기 시작했고, 급기야 집회를 도중에 마무리 지어 버렸다. 당시 창조과학회의 대표간사로서 이 집회를 직접 참관했던 조덕영은 이렇게 말했다.

> 미생물학과 학생들이 주관한 집회로 이 심포지엄의 대상은 주로 생명 과학 분야를 공부하는 학생들이었다. 그러므로 질문 또한 주로 학부생들이나 대학원생들에게서 나와야 되는 것이 원칙이었다. 그럼에도 불구하고 학생들에게는 질문할 기회조차 주지 않은 채 영문도 모르고 당당하게 참석하였다가 무례한 질문만 퍼붓다가 집회를 그대로 끝내버린 당시 단국대 교수들의 처사를 본 연구자는 지금도 이해할 수가 없다.

창조와 진화 논쟁은 그 이후에도 다양한 형태로 계속되었다. 1991년 7월에는 국내 최대의 과학 대중지인 『과학동아』가 창조론자들과 진화론자들의 입장을 동일하게 다룬 특집을 발간하였다. 이 지상논쟁에 대한 독자들의 반응이 예상 외로 뜨겁자 『과학동아』는 이어지는 8월호와 10월호에서도 계속 양측의 논쟁을 실었다. 『과학동아』는 수년 후인 1995년 10월호에서 다시 한 번 창조론과 진화론 양측의 주장을 게재하였다.

단국대 논쟁 이후 흥미로운 또 하나의 논쟁은 1995년 11월에 대구 계명대에서 개최된 창조와 진화 논쟁이었다. 계명대 논쟁은 양측 토론자가 한날 한곳에서 논쟁한 최초의 집회였다. 계명대 철학과 목요철학세미나 실무책임: 안세권 교수가 주최한 이 토론에는 경북대 물리교육과 양승훈창조과학회 부회장과 동 대학 지구과학교육과 양승영이 각각 창조론과 진화론을 대표하는 토론자로 나섰다. 자연과학 전공자, 생물학자, 교사, 학생, 기자

등 2백여 명의 청중들이 참석한 이 집회의 두 가지 주요 논쟁은 "창조 신앙이 과학적 논의의 대상이 될 수 있는가?"와 "생명의 연속성을 증명하는 중간 형태missing link의 화석과 지질학적 증거가 있는가?"였다.

토론을 위해 원고와 시청각 자료 등을 치밀하게 준비했던 양승훈에 비하여 양승영은 간단한 메모지 한 장만을 들고 나왔다. 일본에서 중생대 고생물학으로 박사학위를 받은 양승영은 탁월한 고생물학자였지만, 창조과학자들의 주장에 대해 충분히 숙지하지 못한 채 토론에 나왔다. 그래서 양승훈은 창조과학자들이 사용하는 여러 과학적 증거들을 제시하였지만 양승영은 진화론은 과학이요 창조론은 신화에 불과하다고 간단한 비판을 제시하는 정도였다. 이날 토론자로 나섰던 양승훈은 이날 창조의 증거를 제시할 수 없어서 당황되었던 것이 아니라 오히려 학교의 대선배요 같은 종중宗中의 형님 뻘인 양승영과 토론에 나섰다는 것이 마음에 부담이 되었다고 했다.[70]

양승훈과 양승영은 몇 달 후에도 대구·경북 지역 물리교육연구회와 지구과학교육연구회가 대구과학교육원에서 개최한 토론에서 격돌하였다. 사실 물리교육연구회는 대부분 양승훈이 재직하고 있던 경북대 사대 물리교육과 동문 교사들의 모임이었고, 지구과학교육연구회는 대부분 양승영이 재직하고 있는 동 대학 지구과학교육과 동문 교사들의 모임이어서 분위기가 다소 묘했다. 하지만 이 날 논쟁에서도 양승훈은 창조론적 관점을 논리적으로 제시하였고, 양승영은 진화는 증명되었고, 창조는 신앙이라는 원론적인 관점을 제시하였다.

창조와 진화에 대한 공개적인 논쟁이 확산되면서 1980년대 중반부터 반창조론자들의 조직적인 저항도 강하게 일어나기 시작했다. 그 선봉에는 당시 한림대 송상용1937~이 있었다. 송상용은 다양한 글을 통해 창조과학 운동은 비과학적, 반과학적 운동이라고 비판했다. 송상용이 한국과학사학회에 깊이 관여했기 때문에 과학사학회 인사들 중에 그의 영향으로 반창조론적 입장을 가진 사람들이 많았다. 그 가운데는 당시 전북대 이병훈, 숙명여대 김명자, 경북대 지질학과 장기홍, 지구과학교육과의 양승영과 더불어,[70] 서울대 화학과 주광열, 물리학과 장회익 등이 있었다.[72]

하지만 이런 학자들의 비판에 대해 창조과학자들의 반론은 많지 않았다. 대표적으로 양승훈이 『한국과학교육회지』에 송상용, 장기홍, 주광열의 주장을 구체적으로 반박했고,[73] 서울대 김정욱이 언론과 잡지를 통하여 반론을 폈다. 그리고 당시 물리교사였던 허성욱이 책을 통해 이들의 견해를 반박하는 정도였다.[74]

(4) 식어가는 연구열정

이런 가운데 창조과학회가 창립된 이 후 처음으로 자체적인 창조과학 연구가 수행되었다. 이것은 부회장 원동연의 제안으로 시작된 학회 운영 기획위원회 학술편집 분과위원회위원장 부산대 김경천의 주관으로 1995년 5월 1일부터 1996년 4월 30일까지 1년 동안 수행된 5개 연구 프로젝트였다. 연구과제 신청을 받은 결과 비교적 참신한 연구 제안들이 많이 들어왔다. 그 가운데 5편의 연구 제안이 채택되었다. 그 연구 주제를 살펴보면 "하나님의 창조 사역과 치유 능력에 대한 자연과학적 문헌 고찰-창세기에 나타난 창조사역을 중심으로"연구 책임자: 한양대 의대 이하백, "동일과정설의 오류"연구 책임자: 공주대 지구물리학과 이원국, "창조론적 관점에서 인류의 기원 연구들에 대한 분석"연구 책임자: 전남대 생물교육과 조정일, "식물계의 이차대사의 창조론적 평가"연구 책임자: 공주대 생리생태 전공 최병주, "과학적 연대측정법의 비교 연구"연구 책임자: KAIST 생명공학과 최병석 등이었다.

이 연구 프로젝트들은 창조과학회가 재정적으로 여유가 없는 가운데서도 의욕적으로 추진한 기획이었지만, 결국 1회의 연구 성과로 그치고 말았다. 당시 실무를 맡았던 대표간사 조덕영은 창조과학회 내에 창조론 연구와 관련하여 소극적 내지 부정적 분위기가 많았던 것에 대해 아쉬움을 토로했다. 즉 창조과학회 안에 의욕적인 연구들이 모두 하나님을 영화롭게 하는 귀한 연구가 될 것이라고 격려해주는 풍토가 있어야 하는데, 도리어 의욕을 꺾는 분위기가 많았다는 것이다. 이러한 분위기에는 김영길 이후 창조과학회의 방향을 암시하는 측면이 있었다.

한국에서의 창조론 운동은 처음부터 신학적 기초가 빈약한 상태에서 진행되었다. 일단 정회원이나 임원이 되려면 이공계 분야의 석사학위 이상을 소지해야 한다는 정관의 조항 때문에 신학자들의 참여가 원천적으로 봉쇄되었다. 그러면서 신학적 소양이 빈약한 과학자, 공학자들이 신학적 함의가 큰 창조라는 주제를 과학적인 측면에서만 접근했기 때문에 문제가 되었다. 이공계 분야를 전공한 창조과학회 지도자들은 신학적 함의가 강한 주제를 다루면서도 자신들의 신학적 입장에 대해서 무관심했고, 그것의 중요성을 이해하지 못했다. 이는 과학기술 시대에 과학자들에 대한 대중들의 전폭적인 신뢰를 바탕으로 창조과학 운동이 진행된 탓이었다. 또한 연구논문이 아니라 대중강연과 학술적이지 않은 외국문헌 번역에 치중하다보니 창조론 연구는 신학과 과학 양쪽에서 침체기에 들어갈 수밖에 없었다.

(5) 창조과학교육관 건립의 좌절

연구에 대한 열정은 식어갔지만, 교육에 대한 열정은 식지 않았다. 창조과학에 대한 국내 교계의 뜨거운 관심은 창조과학회로 하여금 창조론을 체계적으로 교육하고 가르칠 수 있는 기관의 필요성을 인식하게 했다. 창조과학교육관 논의는 창조과학회 창립 10주년을 앞두고 학회의 새로운 비전이 필요하다는 미주美洲 지부장 최인식의 제안으로 시작되었으며, 김영길은 1989년에 창조과학교육관 건립 계획을 서둘러 발표하였다. 김영길은 미국이나 호주, 일본 창조과학회도 꿈꾸지 못하는 500억 원 규모의 '창조과학교육관'을 건립하겠다고 공언하였다. 1989년 당시로서는 그 정도 예산의 창조과학교육관은 국내 기독교 역사상 가장 많은 재정이 소요되는 사업이었고, 당연히 호주 창조과학회Creation Science Foundation와 미국 창조과학연구소Institute for Creation Research는 이 계획을 크게 보도해주었다.

어디서나 큰 프로젝트를 위한 사람들의 관심과 후원을 받기 위해서는 도발적인 홍보 카피가 필요했다. 예를 들면 창조과학회는 "현대 과학은 창조주의 설계와 그 존재를 뚜렷하게 증거하지만, 세계 어느 곳에도 자연사 박물관이나 과학관에서 그것을 보여주는 곳이 없다." 혹은 "모든 자연사박물관들이나 과학전시실은 최신기술을 동원하여 무신론적인 진화론을 주입시키고 전시하고 있다." 혹은 "세계 모든 자연사 박물관들은 마치 화석들이 진화론을 증거하는 것처럼 전시하고 있다."라는 등의 주장을 하면서 엄청난 예산이 필요한 창조과학교육관 건립의 필요성을 홍보하였다.

나아가 창조과학회는 창조과학교육관에서 창조를 증거하는 과학자료들, 특히 화석들을 각각 그 종류별로 전시하여, 화석들이 "그 종류대로"의 창조를 증거하는 것을 분명하게 증거하도록 하겠다고 했다. 또 인간생명의 존엄성이 부각되도록 생명과학 자료들을 전시하며, 지구촌의 환경관리 중요성이 인식되도록 심각한 환경오염 실태도 전시하겠다고 했다. 그리고 생명의 자연발생을 부정하고, 창조론적인 해석을 도입하여 자라나는 청소년들과 자연과학도들에게 다양한 과학적 사고의 폭을 넓혀주겠다고 약속했다.

창조과학교육관은 생명과 지구 및 우주가 진화론적인 우연의 산물이 아니라 창조되었음을 과학적으로 증거하고, 그것을 사람들에게 교육할 수 있는 시설로서 3여년에 걸쳐 건립될 것이라고 했다.[75] 구체적으로 창조과학교육관은 경기도 용인군 내사면 추계리에 소재한 재단법인 베델센터이사장 한경직 목사 내에 부지를 확보하여 착공할 예정이었다. 전시하게 될 본관은 3만평 부지에 창조를 증거하는 지질화석관, 생명과학관, 지구환경관 등 모두 3개 동으로 지어질 것이며, 창조과학교육관의 본관은 노아의 방주와 동일한 크기와 모양으로 건립될 것이라고 하였다. 이를 위해 미국 창조과학연구소와 호주 창조과학회와도 협력하며, 이들이 기증한 화석들도 전시할 것이라고 했다.[76]

자금 계획이나 운영 계획 등이 전무한 가운데서도 엄청난 자금이 투입되는 거대한 프로젝트가 발표되자 많은 사람들이 관심을 보였다. 손영헌재미 건축가, 윤홍갑, 이창남 등 건축 설계 전문가들이 자원봉사자로 참여의사를 밝혔고, 또한 미국의 유명한 화석복제 전문가인 팀 리들미국 스미스소니언 박물관(Smithsonian Institution) 계열의 미국국립자연사박물관(National Museum of Natural History) 등에 복제 화석을 전시한 전문가은 공룡화석 조립 및 복제를 맡을 것이라고 했다. 특히 당시 부산대 고생물학자 김항묵의 협조로 경북 의성에서 발굴된 당시 세계 최대 공룡약 120톤의 화석을 전시할 예정이라고도 했다.

하지만 많은 매스컴과 교계의 주목을 받았던 창조과학교육관은 거창한 발표와는 달리 후속적인 조치가 따르지 않았다. 계획대로라면 이 교육관은 이미 1992년에 완공되어 운영되었어야 했지만, 1년, 2년 점점 계획이 수정되고 연기되더니만 창조과학회 자체의 재정적인 어려움과 급작스러운 베델센터 내부 문제가 발생함으로 말미암아 부지사용도 불가하게 되었다. 대외적으로 많은 홍보를 한 탓에 계획이 한 발자국도 나가지 못하고 무산된 것에 대해 많은 사람들에게 큰 아쉬움을 가져다주었다.

창조과학교육관 건립 계획의 무산과 관련하여 명지대 박명균은 1996년에 창조과학회 운영기획위원회에서 <창조과학관 재건립에 대한 의견>을 제시하였다. 그는 1990년에 계획하였던 창조과학관의 실패 원인은 창조과학의 우선순위 설정 및 현실감이 결여된 무모한 계획 등에 있었다면서 다음과 같이 몇 가지 문제점들을 지적하였다.[77]

첫째, 창조과학회를 위한 사업의 우선순위를 설정하는 데 문제가 있었다. 즉 사업을 위한 아이디어 도출과 이를 검토, 분석하는 충분한 의견수렴과정이 부족했다는 것이다. 창조과학회를 위한 우선사업 선정과정과 절차가 부족했기에 전체적으로 좋은 의견을 규합할 수가 없었다. 또한 창조과학교육관 건립에 대한 전문적인 타당성 조사feasibility study도 부족하였고, 다만 창조과학교육관을 짓는다는 대전제 하에서 모든 것이 계획되고, 검토되고, 결정되고, 진행되고, 시도되었다는 것이다.

둘째, 너무 큰 창조과학교육관의 규모와 이에 따른 무모한 모금액수를 책정했다는 것이다. 현재 기독교 단체들마다 자신들의 사업을 위해 모금하고 있으므로 모금을 위해서는 좀 더 구체적인 전략이 필요했다. 그리고 보다 냉정하고 현실감 있는 규모의 창조과학교육관을 계획했어야 했다. 결국 외부적인 모금이 쉽지 않게 되자 먼저 창조과학회 회원들과 지도자들에게 헌금을 독려하였지만 그것마저도 실적이 미미했다.

셋째, 건축과 운영을 위해 필요한 전문 인력이 절대적으로 부족했다는 것이다. 예를 들면 엄청난 건물을 설계하면서 설계비를 책정하지 않고 자원봉사 설계자에게 설계를 맡기게 되면 제대로 된 설계가 나올 수 없다는 것이었다. 또한 정해진 기간 내에 설계 도면이 완성되는 것도 무리라고 볼 수 있었다. 따라서 설계 전문 인력의 인건비도 정상적으로 계상되고 확보되어야 했다. 이를 위해서는 초기 모금액의 대부분이 인건비로 지출됨을 유념했어야 했다.

(6) 창조과학전시관으로 변경

이러한 자체적인 평가를 기초로 박명균이 제안한 것이 바로 대전 엑스포 기간 동안 대전에 창조과학전시관이하 전시관을 개설하는 것이었다. 박명균은 500억 원의 예산을 필요로 하는 창조과학교육관 건립은 먼저 전시관과 같은 작은 규모의 대체 프로젝트를 해 본 후에 그 경험을 바탕으로 시작하는 것이 합리적이라고 제안했다. 이렇게 해서 창조과학전시관 프로젝트가 시작되었다.

대전 엑스포는 1993년 8월 7일에서 11월 7일까지 연구소들이 모여 있는 대덕연구단지 일대에서 "새로운 도약에의 길 - 전통기술과 현대과학의 조화"와 "자원의 효율적 이용과 재활용"이라는 주제로 93일간 개최되었다. 대전 엑스포는 우리나라 최초로 국제박람회기구의 공인을 받아 개최한 국제박람회였기 때문에서 정부에서 막대한 예산을 투입하여 각종 시설을 건설했고, 매스컴에서도 대대적인 홍보를 했기 때문에 엄청나게 많은 사람들이 이 지역을 방문할 것으로 예상되었다. 이런 좋은 기회에 대전 엑스포 장소와 멀지 않은 곳에 창조과학전시관을 만들자는 것이었다.

이 제안 역시 급하게 결정되기는 했지만 전시관 프로젝트는 빠르게 진행되었다. 우선 건물을 짓거나 사는 것이 아니라 기존의 건물을 활용하자고 했는데, 마침 원동연이 대덕연구단지 내에 자신이 소유하고 있는 청룡빌딩의 일부 공간을 무료로 제공하겠다고 함으로써 가장 큰 문제가 해결되었다. 그리고 이어 창조과학회 임원들이 강사료를 헌금하고 여러 교회에서 헌금하는 등 필요한 예산이 모아지기 시작했다. 또한 KAIST 핵공학과^{현 원자력 및 양자공학과} 노희천 교수의 지도로 정희권^{현 미국 필라델피아 거주} 등을 중심으로 KAIST 교회 학생들이 자원하여 전시관 내용 중 중요한 Q&A 코너를 제작하는 등 전시물 제작도 빠르게 진행되었다.

총 1.5억 원 정도가 소요된 전시관 프로젝트는 이렇게 시작되었고, 성공적으로 운영되었다. 불과 3개월 동안 진행된 엑스포 기간 동안 전시관을 방문한 사람들은 2만여 명에 이르렀고 방문자들의 반응도 좋았다. 하지만 엑스포 이후 전시관을 계속 운영하는 것은 재정적으로 쉽지 않았다. 그래서 얼마간 운영되던 전시관은 결국 문을 닫게 되었다.

전시관 운영은 창조과학교육관 건립과 관련하여 여러 가지 중요한 의의가 있었지만 가장 중요한 것은 역시 모금의 어려움을 확인한 것이었다. 전시관 건립은 건물로 인한 비용이 전혀 필요하지 않았고, 다만 자료 제작에만 비용이 들었음에도 불구하고 1.5억 원 정도의 비용이 소요되었다. 그리고 이 비용도 2/3정도는 창조과학 지도자들의 강사료나 개인적 헌금이었고, 1/3정도만이 교회의 후원이었다. 사실 엑스포 이후에는 교회의 관심도 더욱 줄어들어서 창조과학회의 재정도 점점 어려워졌고, 전담 인력을 채용하는 것은 상상할 수도 없게 되었다. 전시관 건립과 운영에 교회의 후원이 생각보다 적은 것으로 인해 500억 원 규모의 창조과학교육관 계획이 과연 가능한가에 대해 심각한 회의를 불러왔다.

전시관 경험을 한 창조과학회 지도자들은 창조과학교육관 설립을 위해서는 시행착오를 줄이고, 현실 가능한 구체적 목표를 설정하고, 신속한 모금과 사업 착수가 중요하다는 결론에 이르게 되었다. 또한 교육관을 건립한다고 해도 운영경비가 만만치 않기 때문에 운영경비가 최소가 되도록 하고, 전시에 치중하기보다 수익 사업을 병행해야 한다는 결론도 얻었다. 한편 창조과학 지도자들이 창조과학회가 직접 나서서 모금하는 것이 생각보다 쉽지 않다는 교훈을 얻게 된 것도 다행한 일이었다. 그래서 창조과학회의 차원을 넘어 범 기독교적인 모금을 위해 조직된 것이 창조과학교육관 건립 교회후원회회장: 대전 찬양교회 이홍남 목사였다. 하지만 이 후원회는 오래지 않아 창조과학회 2대 회장 송만석과 이홍남의 불화로 관계가 단절되었고, 창조과학교육관 건립 프로젝트는 한동안 매스컴만 뜨겁게 달군 채 무산되고 말았다.

(7) 쿠즈네초프 사기 사건

이러한 가운데 또 하나의 실망스러운 사건이 터졌는데 그것은 러시아창조과학협회Russian Creation Science Fellowship 리더인 쿠즈네초프Dmitri A. Kouznetsov, 1955~ 사기 사건이었다. 그는 1990년대 초 박사학위를 세 개나 받았다고 주장한 러시아의 스타 창조과학자였다. 그는 1992년과 1994년에 모스크바에서 국제적인 창조과학 심포지엄을 개최하여 국제적으로 창조과학자들에게 알려지게 되었다. 그가 개최한 두 번째 모임에는 무려 400여 명의 러시아 과학자들이 참석하여 전국적인 주목을 받았다. 이 심포지엄을 계기로 러시아에서는 창조과학이 러시아 공립학교 과학교육 커리큘럼에 반영되기도 했다.

러시아창조과학협회의 활발한 활동에 감동을 받은 창조과학회는 1993년 8월 6~7일, KAIST에서 열린 제2회 창조과학 국제학술대회에 쿠즈네초프를 비롯한 미국, 호주, 러시아, 일본 등으로부터 몇몇 창조과학자들을 초청하였다. 대회를 통해 한국 창조과학자들에게 얼굴을 알린 쿠즈네초프는 곧이어 흥미로운 제안을 했다. 그는 창조과학회가 자신에게 미화 3만 불의 연구비만 제공하면 화석자료를 통해 확실하게 창조를 증명하겠다고 호언했다. 창조과학회는 귀가 솔깃했지만 당장 그렇게 많은 돈을 마련할 수가 없었다. 그래서 고민하고 있던 차에 이번에도 8체질 의학의 창시자이자 제선한의원 원장인 권도원 장로가 선뜻 헌금하겠다는 뜻을 밝혔다. 하지만 쿠즈네초프는 그 돈을 받고 러시아로 귀국한 뒤에는 입을 닦았다. 뭔가 일이 잘못된 것을 알게 된 창조과학회는 부랴부랴 쿠즈네초프에 대해 알아보니 그는 사기꾼이었다!

과학사가 넘버스에 의하면, 1994년에 스웨덴 웁살라 대학의 생물학자 라하마르Dan Larhammar, 1956~가 쿠즈네초프의 논문 한 편을 자세히 조사해 본 후 "증거 자료가 없는 실험들, 정확하지 않은 불합리성, 그리고 존재하지 않는 곳을 지시하는 각주들"을 발견했다고 했다. 후에 이탈리아의 리날디Gian Marco Rinaldi, 1942~는 쿠즈네초프가 그런 식으로 조작한 논문의 숫자가 무려 50여 편에 이른다고 했다. 이런 사실이 발각된 후에도 쿠즈네초프는 튜린의 수의壽衣를 연구한다고 하면서 존재하지도 않는 박물관으로부터 거짓 샘플을 사용하는 등 사기행각을 계속했다. 그는 1997년에 미국으로 이주했는데, 미국에서도 그는 부도 수표를 사용한 혐의로 체포되어 5개월 동안 감옥살이를 했다.[78]

쿠즈네초프의 어이없는 사기극은 창조과학회 내에 제대로 된 의사수렴이나 검증 시스템이 없었음을 보여주었다. 사기꾼의 세 치 혀 놀림에 속아 거금의 돈이 허공으로 날아갔지만 아무도 책임지는 사람은 없었다. 이 사건은 당시 창조과학회의 대표간사였던 조덕영의 기억에만 남아있고 다른 어디에도 기록으로 남아있지 않다!

(8) 실망스러움 속에서도……

이런 실망스러운 일들 가운데서도 창조과학회의 한 가지 칭찬할만한 것은 선교였다. 앞에서 언급한 것처럼 창조과학회는 창립 당시부터 학술적인 활동보다는 과학을 앞세운 대중강연에 주력했고, 창조과학 지도자들은 창조과학이 선교의 중요한 도구임을 강조했다. 특히 창조과학자들은 무신론적 유물사관에 젖어 있는 공산권의 20억 명의 사람들에게 창조의 과학적 증거는 유용한 전도의 도구가 될 수 있다고 생각했다. 마르크시즘은 인간이 완전한 사회를 창조할 수 있다는 진화론적 낙관론에 기초하고 있었다. 공산주의자들에 의하면 사회 진화의 최고 형태는 공산주의이고, 이 공산주의로 가는 데 방해가 되는, 즉 진화가 일어나는 데 장애가 되는 것이 있다면 적자생존이나 자연도태에 의해 제거되어야 한다. 이런 공산권 사람들에게 진화론의 모순을 지적하고 창조과학을 전파하는 것은 매우 중요하다고 보았다. 실제로 당시 북경의 한 캠퍼스에서 선교하고 있던 선교사는 무신론적, 진화론적 유물사관에 세뇌되어 있는 중국 학생들에게 신앙을 과학적으로 변증해줄 수 있는 중국어 서적이 거의 없어 매우 안타깝다고 했다.

이러한 안타까움은 실제로 일본 선교에 대한 열정으로 나타났다. 창조과학회는 1987년에 한국보다 뒤늦게 창조과학 단체를 조직한 일본 교계에 창립 경험을 제공하였다. 마침 창조과학회 임원이었던 임번삼은 미원 일본지사장으로 전출되어 전문인 선교사로서 창조론 선교를 했다. 이를 시작으로 1994년에는 조덕영이 글을 쓰고, 만화가 임수 화백이 그림을 그린『공룡도 하나님이 만드셨을까?』가 변상대 러시아 선교사[예장 합동]

에 의해 러시아어로 번역, 출간되기도 했다.

1995년에는 고재형, 정희권, 신재헌 등 세 명의 KAIST 박사과정 학생들로 이루어진 RACS 창조과학 선교팀이 창조과학회로부터 400여만 원의 여비를 지원받아 몽골을 방문했다. 2박3일 동안 이들은 울란바타르 대학University of Ulaanbaatar에서 창조과학 세미나도 하고, 울라바타르 대학의 유명한 진화 생물학자들과 토론도 했다. 이들의 강의 내용은 몽골 국영 TV 방송을 통해 방영되기도 했다. 그 외에도 김정욱은 1995년 카자흐스탄 공화국에 창조과학 선교를 다녀왔으며, 조덕영은 1997년 우즈베키스탄 공화국에 가서 창조과학 교육을 통한 단기 선교를 했다. 창조과학회 인천지부장이었던 김상현 박사는 전문인 창조과학 선교사로 연변에서 사역했다. 이처럼 창조과학의 선교적 활용은 창조과학회를 학술단체가 아닌, 선교단체로 생각했던 초기 창조과학 지도자들의 비전에 부합되는 것이었다.

이러한 선교에 대한 열정은 급기야 해외로 창조과학 선교사를 파송하는 것으로 이어졌다. 2000년 7월 22일에 창조과학회는 제1호 창조과학 선교사인 전광호1958~2005를 이슬람 지역인 인도네시아로 파송하였다. 서울대 학사, KAIST 석사, 동경대 박사, 미국국립보건원National Institute of Health 연구원 등 화려한 경력을 가졌던 생화학자 전광호는 국내 여러 대학과 연구소의 초청을 뿌리치고 창조과학회 제1호 선교사로 인도네시아 말랑Malang으로 떠났다. 하지만 안타깝게도 그는 2005년 6월에 폐암으로 별세했다. 그의 뒤를 이어 그의 부인 김혜란 선교사는 지금도 인도네시아 브라위자야 국립대학Universitas Brawijaya에서 창조과학과 한국어를 가르치면서 복음을 전하고 있다.[79]

이 외에도 창조과학회는 2002년 1월 31일에 제2호 창조과학 선교사를, 2012년 10월 13일에 제3호 창조과학 선교사를 파송하였다고 하지만, 자세한 사항은 알려지지 않고 있다.

4. 조용한 출애굽과 새로운 시작

김영길이 회장으로 재임했던 첫 14년간 창조과학자들은 국내외에서 수 만회에 걸친 대중강연을 했으며, 5만여 한국교회들은 대부분 한 차례 이상 창조과학자들을 초청하여 강연을 들었다. 이러한 창조과학자들의 열정적인 활동은 창조과학회에 대한 교회들의 재정적, 인적 지원으로 이어졌으며, 창조과학회는 신생 '학회'였지만, 국내 어느 기독교 단체나 선교단체들 못지않은 교회의 후원을 받았다. 창조과학회를 후원했던 전국의 수많은 교회들 중에서 가장 중심적인 교회는 하용조1946~2011가 담임하고 김영길이 장로로 봉직하던 서빙고 온누리교회였다.[80]

(1) 김영길과 온누리교회 그리고 한동대

CCC와 김준곤이 그러했던 것처럼 온누리교회와 하용조도 창조과학운동과 뗄 수 없는 관계에 있었다. 문화사역에 탁월한 감각을 가졌던 하용조는 1980년 12월에 두란노서원을 시작하였으며, 이어 1985년 10월에 78명의 성도들을 모아서 오늘날 서빙고 온누리교회 창립예배를 드렸다. 그 후 온누리교회는 경이적인 성장을 하였으며, 하용조가 별세하기 직전인 2010년 6월에는 9개 캠퍼스, 4개 기도처, 25개 비전교회, 1,220명 선교사, 301개 선교지 교회, 75,525명의 등록교인에 이르렀다. 초기 온누리교회의 부흥과 두란노서원의 사역은 창조과학회와 밀접한 관련이 있었다.

건국대 축산과 출신의 하용조는 창조과학회 임원이자 같은 학과 후배인 김종배, 신현길과 같은 대학 원예학과 출신의 손기철 등을 비롯하여 새서울 순복음교회를 출석하던 김영길, 민성기, 다른 교회를 출석하던 송만석, 김해리, 김정한, 김경례, 노희천 등 창조과학회 임원들의 상당수를 온누리교회로 영입하였다. 자연스럽게 온누리교회는 창조과학의 '중심' 교회가 되었고, 후에 창조과학을 표방하면서 시작된 한동대학교와도 불가분의 관계를 갖게 되었다. 실제로 한동대 초대 총장으로 취임한 김영길을 비롯하여 한동대 초기 교수진들의 상당수는 창조과학회와 온누리교회에 속한 인사들이었고, 한동대학교가 초기에 심각한 재정적인 어려움을 당할 때 온누리교회는 결정적인 도움을 주었다. 초기 온누리교회, 두란노서원, 창조과학회는 기관은 달랐지만 주요 지도자들이 같은 사람들이었기 때문에 한 단체처럼 움직였다. 1985년 4월에 하용조가 두란노서원을 통해 창간한 『빛과 소금』 창간호에는 창조과학회 임원들의 명단이 실렸다. 김영길은 한동대 총장직에서 물러난 후 별세할 때까지도 온누리교회의 장로로 봉직했다.

김영길은 훌륭한 공학자였지만 창조과학회 활동이나 한동대 총장 시절에 보여준 모습은 반지성주의적인 면이 있었다. 양승훈, 원동연 등 소장 학자들은 기회가 있을 때마다 한국창조과학회도 미국 창조과학자들이 만든 자료들을 번역, 소개만 할 것이 아니라 독자적인 연구를 해야 한다고 제안하였다. 하지만 그때마다 김영길은 창조과학회는 연구기관이 아니라 선교기관임을 강조하면서 연구를 장려하지 않았다. 이러한 김영길의 생각은 후에 한동대 총장을 역임하면서도 그대로 이어졌다. 김영길은 밤에 한동대 교수연구실에 불이 켜져 있으면 아직도 누가 연구를 하고 있느냐고 물었다는 얘기가 전설처럼 내려오고 있다. 김영길은 늘 한동대는 연구하는 학교가 아니라 교육하는 학교라는 점을 강조하였다. 이러한 분위기 속에서 이건창, 권오병, 김두식 등 연구력이 뛰어난 젊은 교수들은 견딜 수가 없었다. 결국 이건창은 성균관대로, 권오병은 경희대로, 김두식은 경북대로 자리를 옮겼다. 한동대는 1995년, 개교 때부터 지금까지 주류 과학계에서 오래 전에 폐기처분한 젊은지구론과 노아홍수론을 중심으로 한 창조과학을 모든 학생들에게 졸업을 위한 필수과목으로 가르치고 있다. 그것이 성경이 가르치는 바라고 주장하면서…….

한동대는 1999년 9월에 창조과학연구소를 만들기도 하였다. 17개의 대학 부설 연구소들 중의 하나인 창조과학연구소는 "하나님의 창조질서에 대한 과학적 고찰, 성경에 기록된 사실에 대한 증거의 확보, 진화론에 대한 과학적 비판, 자연과학 및 과학철학의 기독교적 관점 정립 등"을 설립 목적으로 하고 있다. 주요사업으로는 창조론의 과학적 연구, 진화론의 증거에 대한 비판적 연구, 창조세계의 과학적 해석, 창조과학 학술지의 발간, 창조과학 (가상) 전시관의 설립 및 운영 등을 내세우고 있지만, 창조과학을 학생들에게 가르치는 것 외에는 실질적인 연구 활동이 없는 것으로 보인다.[81]

연구와 새로운 지식에 대한 추구가 없이 미국 근본주의자들로부터 전수받은 젊은지구론과 노아홍수론을 금과옥조金科玉條처럼 지키려고만 하다 보니 창조과학 운동은 초기의 유연함과 겸손함을 잃어버리기 시작했다. 게다가 창조과학 운동에 대한 한국교회의 절대적인 지지와 후원을 받으면서 창조과학회는 재정과 힘을 가진 단체가 되었다. 김영길 이후 회장이 연세대 송만석, 명지대 이웅상, 순천향대 정계헌, 고려대 이은일, 전북대 한윤봉, 이경호 등으로 이어지면서 창조과학회는 점점 더 경직된 단체로 변해갔다. 그러면서 연구의 필요성을 주장하는 학자들은 점점 더 설 자리를 잃게 되었고, 창조과학회는 점점 더 연구보다는 대중적인 캠페인으로 기울었다. 회장은 바뀌었으나 창조과학회는 지금도 '김영길의 정신'을 이어받아 연구보다는 대중적인 캠페인에 주력하고 있다.

(2) 조용한 출애굽

창립총회 이전부터 창조과학 운동을 이끌어왔던 김영길이 1995년에 '하나님의 대학'을 표방하는 한동대 초대총장으로 취임하면서 창조과학회는 당분간 리더십의 공백이 생겼다. 그러다가 2년 후인 1997년 2월 22일에 연세대 교수로 재직하던 송만석이 제2대 회장으로 취임하였다. 조덕영에 의하면, 원래 김영길의 의중은 이웅상이나 원동연을 차기 회장으로 세우려는 것이었으나 송만석이 본인이 회장을 해야겠다고 나서는 바람에 얼떨결에 송만석이 2대 회장이 되었다고 한다. 창립 이후 십 수 년의 세월이 지났지만 창조과학회에는 외형에 걸맞는 민주적인 의사수렴과 지도자 선출문화가 정착되지 않았기 때문에 일어날 수 있는 일이었다.

송만석이 2대 회장으로 취임하면서 창조과학회는 몇 가지 큰 진통을 겪게 되었는데, 그중 가장 큰 사건은 창조과학회 중흥의 기초를 놓았던 조덕영을 사임하게 한 일이었다. 송만석은 회장이 된 후 얼마 지나지 않았을 때 별 다른 사유를 얘기하지 않고 조덕영에게 사임을 종용하였다. 결국 조덕영은 송만석과 1998년 여름까지 안식년을 가진 후 퇴직하기로 합의하였다. 어차피 창조과학회를 떠나지 않을 수 없다고 생각한 조덕영은 1997년에 서울 구로구에 참기쁜교회를 개척하였고, 1998년 2월에는 틈틈이 공부하던 안양 성결교신학대학원에서 목회학 석사과정M.Div.을 졸업하였다. 조덕영에 이어 (후에 창조과학회 회장을 역임한) 이은일의 부인 김경이 자원봉사로 창조과학회 사무총장을 맡게 되었지만, 그도 송만석과 좋은 관계를 갖지 못했다. 그 후에는 김오현이 사무총장을 하였지만 전투적인 성품의 김오현은 창조과학회에서도 답답함을 느끼게 되었고, 결국은 창조과학회와는 별도로 교과서진화론개정추진위원회교진추라는 단체를 만들면서 나가게 되었다.

조덕영은 창조과학회 전임간사로서 회장 송만석이 불편해 했기 때문에 사임했지만, 그를 제외하고도 조용하게 창조과학회를 떠난 초기 지도자들이 많았다. 창조과학회 창립 당시 발기인으로, 혹은 초대 임원으로 선임된 사람들은 대부분 김영길이 창조과학회 회장으로부터 물러나기 전에 이미 창조과학회를 떠났거나 활동에 참여하지 않았다. 앞에서 언급한 것처럼 학생 시절 통일교 조직에 참여했다는 의혹을 받았던 KAIST 정 모는 자연스럽게 창조과학회를 떠나게 되었고, KAIST 항공우주공학과 교수 장근식은 후에 가톨릭으로 개종하였다. 고려대 최 모는 동 대학 부총장까지 역임했지만 주초문제로 활동의 전면에 나서지 못하고 있었다. 그 외에도 노정구, 유완영, 이은호, 유병우 등의 창립발기인들도 정확한 시점은 알 수 없지만 '사일런트 엑소더스' 그룹에 속했다.

특히 창조과학회를 떠난 초기 지도자들 중 원이삼, 김정한, 김정욱 등은 별도로 언급할 필요가 있다. 미국인 선교사 원이삼은 1990년대 초반, 어느 창조과학회 집회에서 모리스Henry Madison Morris를 비판하는 책을 판매한 것으로 인해 김영길로부터 다시는 창조과학회 모임에 오지도 말고 책을 팔지도 말라는 금령을 받았다. 이로 인해 창조과학회 준비위원회 때부터 창조과학회를 성실하게 돕던 원이삼은 더 이상 창조과학회 모임에 참여할 수 없게 되었다.

또한 온누리교회의 회계를 맡고 있었던 김정욱현 서울대 환경대학원 명예교욱은 처음부터 대부분의 창조과학회 임원들이 온누리교회에 모여 있는 것에 대해 이것이 하나님의 뜻인지 모르겠다고 다소 회의적인 태도를 갖고 있었다. 그러다가 김정욱은 결정적으로 하용조의 교회재정 사용에 실망해서 온누리교회를 떠났다.[82]

당시 연세대 교수였던 김정한은 조금 다른 일로 인해 온누리교회와 창조과학회를 떠나게 되었다. 개교한 지 얼마 되지 않은 한동대에서 분규가 나고 이로 인해 대학이 재정적으로 어려워지자 김영길은 하용조에게 도움을 요청했고, 온누리교회는 한동대를 재정적으로 지원하였다. 하지만 김정한은 온누리교회가 한동대를 지원하는 것에 대해 비판적이었다. 한 때 온누리교회에서 창세기를 가르치기도 했던 김정한이었지만 한동대 분규를 뒤에서 부추긴 것이 아니냐는 의심을 받으면서 결국 온누리교회와 창조과학회를 떠나게 되었다. 하지만 김정한은 이 문제 이외에도 창조론 문제에 있어 이미 창조과학회와 다른 입장에 있었기 때문에 자연스럽게 온누리교회와 창조과학회를 함께 등지게 되었다. 이처럼 창조과학회 내부의 불협화음과 갈등은 한국에서 몇몇 대안적인 창조론 운동들이 시작되는 단초가 되었다.

(3) 지적설계운동의 배경

창조과학 운동에 이어 한국 교계에서 일어난 대표적인 대안 창조론 운동을 든다면 미국에서 시작된 지적설계운동이라고 할 수 있다.[83] 비록 미국에서 시작된 운동이지만 지적설계운동은 오래지 않아 한국 지식인들 중에서도 지지자들을 찾았다. 창조과학 운동이 미국 창조과학자들이 한국에 와서 대규모 집회를 개최함으로써 대중들의 지지를 받으며 시작된 것과는 달리, 지적설계운동은 외국 학자들의 저서가 한국에 소개되면서 자연스럽게 학자들을 중심으로 시작되었다.

한국에서 지적설계운동은 아무래도 과학과 신앙의 관계에 관심이 많으면서도 영어 원서를 읽을 수 있는 이공계 대학원 학생들을 중심으로 시작될 수밖에 없었다. 자연스럽게 지적설계연구회가 가장 먼저 시작된 곳은 창조과학 운동이 시작될 때 중심적인 역할을 했던 KAIST였다. 하지만 창조과학 운동이 주로 KAIST 교수들이 중심이 되어서 시작되었다고 한다면, 지적설계운동은 석·박사 과정 학생들이 중심이 되어 시작되었다.

지적설계운동은 1994년 5월 14일에 KAIST 교회에 출석하는 학생들을 중심으로 결성된 KAIST 창조과학연구회RACS가 중심이 되어 진행되었다. 처음에는 고재형1대 회장, 신재헌, 박용화, 이재용, 정희권2대 회장 등이 중심적인 역할을 했고, 이어 백성구, 김정재, 김광훈 등이 중심 멤버로 참여했다. 또한 1998년에 결성된 서울대 창조연구회SNU Creation Research, SCR와 같은 해에 시작된 창조과학회 산하 청년 모임인 NOAH도 지적설계를 연구하는 대학원 학생들의 연구회였다. 이들 모임의 홈페이지에는 지적설계운동에 대한 여러 가지 글들이 올라와 있으며, 이들 세 모임이 협력하여 지적설계운동의 주요 저서들인 『다윈의 블랙 박스』, 『균형 잡힌 이성』, 『다윈주의 허물기』 등을 번역·출간했다. 이러한 모임들은 수년 동안 비교적 활발하게 활동하였으나 대부분 대학원생들로 구성된 중심 멤버들이 학교를 졸업하면서 다소 시들해졌다.

교수들 차원에서 한국에서 지적설계운동이 본격적으로 시작된 것은 2004년 8월 21일, 서강대 기계공학과 교수 이승엽을 중심으로 '지적설계연구회Korea Research Association for Intelligent Design'가 창립된 후라고 할 수 있다. 지적설계연구회는 "지적 설계 관련한 순수 연구단체로서 국내 지적 설계 관련 연구를 통합하고 활성화하여 진화론에 대한 학술적인 비판과 과학적인 대안 이론을 이루어가는 것을 목표"로 하고 있다고 밝히고 있다. 그러면서 이 연구회는 지금까지 지속적으로 지적설계 심포지엄을 개최하며 관련 서적을 번역 및 출간하고 있다.[84]

한국에서 지적설계운동은 '비교적' 창조과학회와 우호적 관계를 유지하고 있다. 창조과학회는 앞에서 언급한 것처럼 지적설계운동의 시작에 크게 기여했던 덴톤Michael .John Denton의 『진화론과 과학』을 1994년에 번역·출간했다. 실제로 대부분의 창조과학 지도자들은 대중강연에서 지적설계 지도자들의 주장들을 많이 소개했다. 하지만 이 우호적 관계라는 것은 창조과학회가 지적설계를 볼 때의 입장이고, 지적설계가 창조과학을 볼 때는 그렇게 우호적인 것만은 아니었다. 한 예로 SCR을 만드는 데 중심적인 역할을 했던 김영식 박사는 「뉴스앤조이」와의 인터뷰에서 자신이 지적설계운동에 참여한 배경을 이렇게 설명한다.[85]

[저는] 고등학교 시절에 창조과학을 처음 접했는데, 처음에는 너무 신선하고 재미있었지만 그 한계를 금방 알게 되었습니다. …… 당시에는 순진한 마음에 혼자서라도 찾아봐야겠다고 생각하기도 했었지만, 1998년에 서울대 창조과학 모임을 결성하면서 지금의 많은 동역자들을 만날 수 있었습니다. 모임에서는 창조과학의 한계를 극복할 새로운 대안을 찾는 데 초점을 맞추고 오랜 시간동안 많은 논의를 하였습니다. …… 많은 경우 자연과학이나 공학을 하는 그리스도인은 창조과학에 실망하게 됩니다. 공부를 해 보면 창조과학에서 얘기하는 '젊은지구론'에 대한 데이터도 분명히 존재하지만, 오래된 연대를 보여주는 데이터가 훨씬 더 많이 있기 때문

입니다. 이 데이터들을 단순히 부정하는 것은 좋은 해결책이 아닙니다. 하지만 창조과학의 진화론에 대한 문제의식 자체는 공감할 수 있다고 봅니다. 그러나 그렇다고 해서 이 문제를 해결하기 위해 꼭 창조과학식으로 해야 할 필요는 없습니다. 특히 성경과 과학을 연계시키는 시도는 중세에 아리스토텔레스적인 천동설을 성경의 올바른 해석으로 못 박았을 때의 오류들을 그대로 답습할 우려가 있습니다.

한국 창조과학자들과는 달리 창조론 분야의 다양한 주장들을 비교적 진지하게 받아들이는 미국의 상황은 더욱 달랐다. 한 예로 창조과학 운동을 시작했던 헨리 모리스는 지적설계운동은 창조과학 운동에 이어진 운동이기는 하지만, 몇 가지 이유로 인해 창조과학과 양립할 수 없는 운동임을 간파했다. 그는 다음과 같은 세 가지 이유로 지적설계를 비판했다.

첫째, 지적설계를 주장하는 사람들의 종교적 배경이 다양하다는 점을 들어 지적설계를 혼합주의라고 비판했다. 4강에서 언급한 것처럼 지적설계의 탁월한 저서의 하나인 『진화의 아이콘Icons of Evolution』의 저자 조나단 웰스는 통일교 신자이며, 마이클 덴톤은 불가지론자, 비히는 가톨릭 신자이다. 이는 창조과학자들이 지적설계론을 혼합주의라고 배척하게 하는 빌미가 되었다.

둘째, 지적설계에서 말하는 그 '지적설계자'가 기독교의 하나님인지 이슬람의 알라인지 힌두교의 브라만인지 알 수 없다는 것이다. 그러므로 창조과학자들은 지적설계가 성경적 창조론이 아니라고 공격한다.

셋째, 과거 자연신학이 그러했던 것처럼 지적설계는 '틈새 하나님God-of-the-Gaps'이라는 함정을 피할 수 없다는 것이다. 즉 지적설계론에서 지금까지 과학으로 설명하지 못하는 부분이 있고, 그런 부분을 지적설계자의 개입으로 설명한다면, 어느 날 그 부분을 설명하는 과학적 사실이나 이론이 밝혀질 경우 지적설계자의 영역은 자연히 축소되고, 나아가 과학이 발전하면 발전할수록 점점 더 신의 활동 범위가 줄어드는 결과가 될 것이라는 말이다.

조덕영에 의하면, 이러한 이유들 때문에 미국의 창조과학자들도 처음에는 지적설계가 창조과학의 우군이라고 생각했지만 후에는 창조과학과 지적설계는 양립할 수 없다는 결론을 내렸다.[86] 이것은 근래 창조과학자 켄 햄Kenneth Alfred Ham, 1951~이 지적설계론자 비히를 공격한 데서도 잘 드러난다.[87]

하지만 한국의 창조과학자들은 헨리 모리스와는 달리 아직도 지적설계가 창조과학의 우군이라고 생각하는 듯하다. 이러한 태도는 지적설계를 지지하는 창조과학자들의 태도에서도 볼 수 있다.[88]

창조과학회도 앞에서 언급한 NOAH 등을 통해 어느 정도 지적설계운동이 시작되는 데 기여하기는 했지만, 기본적으로 이 운동은 창조과학회 외부에서 시작된 운동이었다. 그러므로 지금도 지적설계운동은 창조과학회와 상호교류는 하고 있지만 직접적인 관계를 가지고 있지는 않다. 하지만 지적설계운동과는 달리 창조과학회는 그 구조가 점차 경직되면서 창조과학회 멤버들이 독립해서 새로운 단체를 만들기 시작했다.

(5) 새로운 창조과학 운동들

그중 첫 번째로 생각할 수 있는 단체가 바로 2010년 1월 23일에 출범한 교과서진화론개정추진위원회교진추, Society for Textbook Revision이다. 창조과학회 회원인 김오현, 임번삼, 이광원 등을 중심으로 시작된 교진추 인사들은 창조과학회가 시도했던 창조론 생물 교과서 채택이 실패한 후에도 무언가를 해야 한다고 생각한 사람들의 모임이었다. 그들은 창조론을 생물 교과서에 삽입할 수 없다면 진화론을 생물 교과서에서 삭제하기라도 해야 한다고 생각했다.[89] 그래서 교진추는 정관과 웹사이트 Q&A에서 밝히고 있는 것처럼, "(사)교진추의 연구 영역은 창조론이나 지적설계론이 아니고 오직 반진화론"임을 명시하고 있으며, 교과서 개정을 자신들의 "사회적 의무"라고 주장하고 있다.

교진추가 결성된 후 그 지도자들이 첫 번째로 한 일은 2012년, 교육부에 생물 교과서에서 진화의 대표적인 아이콘으로 제시되고 있는 시조새와 말 진화계열 그림을 삭제해달라는 요구였다. 이들은 이러한 청원서를 두 차례에 걸쳐 한국 교육부Ministry of Education, Science and Technology에 보냈고, 교육부가 이들의 청원을 주요 교과서 출판사들에게 보냄으로써 알려지게 되었다. 또한 이 사실은 국제 학술지인 *Nature*에 보도됨으로써 국제적으로도 알려지게 되었다.[90]

하지만 교진추의 이런 청원이 언론을 통해 알려지자 한국고생물학회와 한국진화학회는 즉각 "교진추교과서진화론개정추진위원회의 청원서에 대한 공식 반론문"을 발표하였다. 반론문은 기본적으로 두 건의 교진추 청원서는 진화의 구체적인 과정에 대한 학계의 논쟁을 진화의 유무에 대한 논쟁인양 호도하고 있다고 지적하면서, 그동안 고생물학계는 진화 자체에 의문을 제기해본 적이 없으며 제기할만한 이유도 없다고 했다. 또한 교진추의 주장을 "검증과 논박에 의한 과학적 지식체계의 발전 과정조차 이해하지 못한 무지에서 비롯된 것"이라고 비판하면서 그 이유를 조목조목 제시했다.[91]

교진추는 지금도 워크숍, 학술심포지엄 등을 개최하는 등 활동을 했지만, 자신들의 주장만을 일방적으로 제시했을 뿐 진화론자들의 반박에 대해 별다른 반박을 하지 못했다. 진화론자들의 반박이 본격화되면서 교진추의 활동은 주류 언론은 물론 교계의 관심에서도 멀어졌다.[92] 교육부 역시 교과서 출판사에 대해 시조새와 말 진화 그림을 삭제하라는 교진추의 요구를 무시하라고 지시했다.[93]

교진추와 더불어 창조과학의 내용을 대중들에게 전파하고 있는 단체는 김명현이 만든 성경과학선교회이다. 김명현은 김영길이 근무하던 KAIST 재료공학과에서 박사학위를 받았는데, 학위를 마치기 전에도 창조과학 운동에 적극적으로 참여하고 있었다. 그는 박사학위를 받은 후에는 창조과학회 전임간사로 헌신하다가 김영길이 한동대 초대총장으로 취임한지 오래지 않아 한동대 교수로 자리를 옮겼다. 한동대로 자리를 옮긴 후에도 김명현은 얼마동안 창조과학회 활동에 열심히 참여했지만, 오래지 않아 다른 교수들과의 관계에서 어려움을 겪으면서 한동대를 사임하고 서울로 올라와 현재의 성경과학선교회를 만들어서 적극적으로 대중강연 사역을 하고 있다.

김명현은 성경과학선교회의 사역을 "진화론 교육으로 훼손되고 무너져버린 기독교 신앙의 기초인 창조신앙을 회복시키고, 역사를 통치하시는 하나님의 존재와 섭리를 과학적, 역사적 증거들을 통해 구체적으로 교육"한다고 요약하고 있다.[94] 비록 창조과학과 직접적인 관련이 있는 기초과학이나 신학 분야의 훈련을 받지는 않았지만, 타고난 달변가인 김명현은 지금도 유명한 창조과학 강사이자 유튜브 강사로 활약하고 있다. 근래 김명현은 공식적으로 신학적인 훈련을 받은 적이 전혀 없는데도 종말론, 튜린의 수의, 다니엘서 연대기 등 신학적으로 예민한 주제로까지 지경을 넓혀가고 있다.

성경과학선교회와 더불어 창조과학을 전파하는 데 앞장서고 있는 또 다른 단체는 미주 교포 이재만이 LA에서 만든 창조과학선교회Association for Creation Truth이다. 강원대 지질학과에서 학부와 석사과정을 마친 이재만은 미국으로 건너가 미국 창조과학연구소ICR에서 창조과학으로 석사학위를 마친 후캘리포니아주 교육부로부터 정식 인가를 받지 않은 그랜드 캐니언 창조과학 탐사를 인도하고 있다. 그는 강원대에서 지질학을 공부할 때는 주류 지질학을 공부했으나지도교수 이문원 ICR에서 공부한 후 지구와 우주 연대가 6천년 내외라는 젊은지구론, 그랜드 캐니언이 4,400년 전 노아홍수 때 형성되었다는 대홍수론으로 입장을 바꾸었다. 근래에는 온누리교회와의 협력으로 CGN TV 등을 통해서도 활동하고 있다. LA에 한인이 많고 한국에서 그랜드 캐니언 여행을 오는 사람들이 많다는 것에 착안한 이재만의 예측은 적중해서 많은 사람들이 그의 인도로 그랜드 캐니언 창조과학 탐사를 다녀오고 있다.

19세기 중엽, 지질학자들이 본격적으로 그랜드 캐니언Grand Canyon의 기원을 연구하기 시작할 때는 대홍수설도 여러 이론들 중 하나였다. 하지만 지난 150년 이상 수많은 지질학자들이 그랜드 캐니언 연구에 매달렸고, 지금은 그 연구결과들이 산더미를 이루고 있다. 그런데 지금은 창조과학자들을 제외한 전문학자들은 그랜드 캐니언이 대홍수에 의해 생겼다는 주장을 터무니없는 주장이라고 일축하고 있다. 하지만 이재만은 아랑곳하지 않고 지금도 그랜드 캐니언이 노아 홍수 때 생겼다고 주장하면서 창조과학 탐사를 지속하고 있다.[95]

이재만과 비슷하게 미주에서 창조과학 탐사를 인도하는 사람은 미국 오리건주 포틀랜드에서 세계창조선교회World Creation Ministries를 만들어서 운영하고 있는 박창성이다. 서울대 지구과학교육과를 졸업한 박창성은 처음에는 워싱턴주 컬럼비아 계곡, 세인트 헬렌즈 화산 등 본인의 집에서 가까운 곳에서 창조과학 탐사를 인도했으나, 근래에는 그랜드 캐니언을 비롯한 미국 남서부 캐니언 랜드까지 탐사지경을 넓히고 있다. 도미한 후 ICR에서 공부한 박창성 역시 젊은지구론과 대홍수론에 근거하여 탐사여행을 인도하고 있다. 그는 "창조부터 종말에 이르기까지의 성경적 세계관을 전시하는 창조박물관을 미국 그랜드 캐니언 지역에 건립하여, 전 세계에서 방문하는 수많은 사람들에게 성경에 대한 기본적인 지식을 알려주고 복음을 전하려는 계획을 추진"하고 있다.[96] 이재만이나 박창성의 주장에 대해 전문 과학단체에서는 말도 안 되는 주장이라고 무시하고 있지만, 기본적으로 창조과학회가 주장하는 바를 그대로 따르기 때문에 다른 창조과학자들과는 심각한 갈등 없이 국내외에서 탐사나 대중강연 활동을 하고 있다.

1980년대 초에 요원의 불길처럼 시작되었던 창조과학 운동은 교회의 전폭적인 지지를 받으면서 불과 십 수 년만에 한국교회의 가장 중요한 '선교단체'의 하나가 되었다. 하지만 경직된 근본주의적 성향의 단체가 권위와 힘을 갖게 되면서 곳곳에서 삐거덕 거리는 소리가 나기 시작했다. 재정이나 회원들의 숫자로는 여전히 막강한 듯이 보였지만 속은 점차 비어가고 있었다. 비록 새로운 회원들이 유입되기는 했지만, 창립 당시에 적극적으로 참여했던 대부분의 지도자들은 이런저런 이유로 학회를 떠났거나 비활동적이 되었다. 또한 지적설계운동이나 교진추, 창조과학 탐사 단체와 같이 창조과학에 우호적이긴 하지만 창조과학회에는 속하지 않는 단체들도 생겨나기 시작했다.

창조과학 운동은 사회적인 영향력 면에서도 한계가 뚜렷이 드러나기 시작했다. 전력을 쏟았던 교과서 개정과 창조과학 교육관 건립의 실패는 창조과학회가 주류 학계나 사회로 진입하는 데 실패했음을 보여주는 대표적인 예였다. 탁월한 창조론 과학사가인 넘버스Ronald L. Numbers는 이런 점들을 날카롭게 인식하였다. 그는 한국어판으로 933쪽이나 되는 『창조론자들』이라는 방대한 창조과학 역사서에서 한국창조과학회를 '창조론을 위한 발전소' 역할을 했다고 평가하면서도[97] 한국에서의 창조과학 운동을 소개하는데 불과 1.5쪽 정도의 지면만 할애했다. 이것은 그가 창조론 교과서 개정과 주류 사회 인사들을 설득시키는 데 성공한 터키 무슬림들의 창조과학 운동을 소개하는 데 11쪽 이상을 할애한 것과는 너무나 대조적이었다.[98]

5. 내파內破의 시대

지적설계운동이나 교진추, 그랜드 캐니언 탐사 등 이름과 면면이 다양해지기는 했지만, 이러한 운동들은 크게 창조과학의 범주 내에 있다고 할 수 있다. 하지만 창조과학회가 창립된 지 20여 년이 지나면서, 그리고 창조과학자들의 활동이 주류 학자들에게 널리 알려지면서 이의를 제기하는 복음주의 기독학자들이 점차 생기기 시작했다. 창조과학회 내부에서조차 곳곳에서 파열음이 들리기 시작한 것이다. 이는 창조과학의 본산인 미국에서는 이미 오래 전에 일어난 일이었다.[99] 한국 사회에서도 창조과학과 관련된 분야를 연구하는 학자들 사이에서는 이미 여러 해 전부터 창조과학의 핵심적 주장인 젊은지구론에 관해 문제를 제기하는 사람들이 있었다. 하지만 2000년대에 들어와서는 창조과학회 내부에서조차 젊은지구론에 관한 문제가 본격적으로 제기되기 시작했다.

젊은지구론의 내부 논쟁의 중심에는 물리학자 양승훈이 있었다. 당시 그는 14년간 근무했던 경북대 정교수직을 사직하고 복음주의 기독학자들의 모임인 기독학술교육동역회현 기독교세계관학술동역회의 파송을 받아 밴쿠버에 와서 밴쿠버기독교세계관대학원VIEW를 설립·운영하고 있었다. 하지만 그의 마음에 있었던 가장 큰 관심사는 그가 20대 중반부터 학문적 열정을 불태우고 있었던 창조과학이었다. 한국을 떠나 창조과학만을 공부할 수 있게 되면서 그의 공부와 탐사의 폭은 넓어지게 되었다.

하지만 창조과학에 대해 공부하면 할수록 그는 젊은지구론에 기초한 창조과학의 문제점들을 점점 더 깨닫게 되었다. 창조과학의 문제점을 깨닫게 된 데는 그가 그 동안 미국에서 대학원 학생으로 과학사창조과학의 역사와 신학 등 인문학 공부를 한 것과 미국의 여러 복음주의 학자들과 교류한 것, 그리고 결정적으로는 VIEW를 시작하면서 본격적인 창조과학 공부를 시작한 것이 크게 기여했다. 그는 이러한 과정을 거치면서 젊은지구론의 과학적 문제는 말할 것도 없고 심각한 신학적, 성경해석학적 문제가 있다는 데 눈을 뜨게 되었다.

(1) VIEW에서의 창조론

첫째, 창조과학의 문제들이 체계적으로 드러난 것은 VIEW에서의 체계적인 연구를 통해서였다. 양승훈은 여러 해 전부터 창조과학의 문제를 어렴풋이 깨닫고 있었지만, 젊은지구론이 워낙 선명성이 강했기 때문에 선뜻 젊은지구론을 버리지 못하고 여러 해 동안 방황했다. 그러다가 1997년에 VIEW를 시작하기 위해 한국을 떠나 밴쿠버로 이주하면서 본격적인 창조론 공부를 시작하였다. 특히 밴쿠버는 가까이 캐나다 록키산맥과 앨버타주 공룡박물관인 로열티렐박물관Royal Tyrrell Museum, 공룡주립공원Dinosaur Provincial Park, 워싱턴주의 세인트 헬렌즈 화산Mount Saint Helens, 컬럼비아 계곡Columbia Valley, 좀 더 멀리는 옐로우스톤 국립공원, 그랜드 캐니언 국립공원 등 격변 지질학을 공부할 수 있는 탐사지들이 많이 있었다. 양승훈은 창조론 공부를 하면서, 동시에 틈나는 대로 야외 탐사를 하면서 여러 증거들을 수집하였다.

또한 1999년에 정식으로 VIEW에서 대학원 강의를 시작하면서 양승훈은 창조론을 "SCS 503 기독교와 창조연구Christianity and Creation Studies"라는 3학점 과목으로 가르치기 시작했다. 비록 신학대학원에서 목회자들을 포함한 비전공자들을 대상으로 한 강의였지만, 36시간의 대학원 강의는 여러 해 동안 산발적으로 이루어진 창조론 운동의 내용들을 과학적으로는 물론, 신학적으로, 성경해석학적으로 정리할 수 있는 좋은 계기가 되었다. 또한 SCS 503 강의는 "SCS 502 과학사 및 과학철학History and Philosophy of Science" 강의와 더불어 창조과학의 과학적 지위를 객관적으로 평가할 수 있는 계기가 되었다. 이러한 강의들은 후에 양승훈이 창조론 대강좌 시리즈를 저술하는 좋은 계기를 제공하였다.

창조론 대강좌 시리즈는 양승훈이 오래 전부터 기획하던 개인적인 프로젝트였다. 프로젝트에 대한 구상은 1981년 1월에 시작했지만 구체적인 집필 작업은 여러 해 후에 시작되었다. 1988년에 대구의 어느 야간 신학교에서 『기원론 서설』이란 제목의 단권 강의록을 만들면서 시작된 이 프로젝트는 1996년에 『창조론 대강좌』CUP라는 제목으로 출간되었고, 이것이 후에 SFC 출판부를 통해 전 7권으로 확장·발전된 "창조론 대강좌 시리즈"로 이어졌다. 현재까지 시리즈의 제1권 『다중격변 창조론』2011, 제2권 『생명의 기원과 외계생명체』2011, 제3권 『창조와 진화』2012, 제4권 『인류의 기원과 역사적 아담』2021, 제5권 『대폭발과 우주의 창조』2016, 제

6권 『창조연대 논쟁』2017 등 여섯 권이 출간되었고, 마지막 제7권이 바로 본서이다.

시간이 흐르면서 VIEW에서의 창조론 강의는 점점 더 풍성해지고 다양해졌다. 2014년부터는 "SCS 691 창조론 탐사Creation Studies Field Trip"라는 3학점 탐사여행 과목이 공통필수 과목으로 시작되었는데, 이 과목은 코로나-19 팬데믹으로 인해 공통필수에서 선택으로 변경되었다. 2016년부터는 "SCS 690 창조론 세미나Creation Studies Seminar"라는 3학점 세미나 강의도 시작하였다. 특히 록키산맥과 캐나다 앨버타 공룡박물관과 공룡주립공원을 다녀오는 SCS 691 과목은 VIEW 학생들과 더불어 창조론에 관심이 있는 외부인들도 참여하고 있다. 4박 5일간 버스를 타고 2,800km를 다녀오는 창조론 탐사는 8시간의 비디오 시청과 10여 시간의 버스 내 강의, 공룡박물관을 포함하여 총 스물 두 개의 사이트 방문을 포함하고 있다.

양승훈이 인도하는 창조론 탐사의 핵심적인 주제는 격변이다. 지구의 역사에는 다양한 격변들이 일어났고, 이러한 격변들의 흔적이 가장 잘 남아있는 지역이 바로 서부 캐나다와 록키산맥 지역이기 때문에 록키산맥 탐사는 양승훈이 제안한 다중격변창조론을 살펴볼 수 있는 좋은 기회를 제공하고 있다.

(2) 다중격변창조론

둘째, 창조과학 모델에 대한 대안으로 제시된 모델은 다중격변창조론이었다. 이 이론은 원래 양승훈의 아이디어가 아니었다. 2000년대 초반에 19세기 프랑스 생물학자이자 유명한 창조론자였던 퀴비에Georges Cuvier, 1769~1832의 다중격변론을 접하면서 양승훈은 젊은지구론이 틀렸다는 확신을 갖게 되었다.[100] 그는 퀴비에의 다중격변론을 다듬으면서 학문적으로 단칼에 나가떨어지는 대홍수론이나 젊은지구론의 문제를 해결할 수 있을 거라고 생각하게 되었다. 그러면서 그는 퀴비에 당시 증거가 빈약했던 다중격변론을 현대적 데이터들을 통해 다듬기 시작했다.

양승훈이 첫 번째로 주목한 것은 퀴비에 시대에는 상상하지도 못했던 다양한 지구의 격변들을 살펴보는 것이었다. 그러면서 그는 캐나다 뉴브런즈윅 대학University of New Brunswick 지질학과에서 운영하는 운석공 연구에 집중하게 되었고, 지표면에 존재하는 200여 개에 이르는 크고 작은 운석공들이 지구역사에서 엄청난 대격변을 일으켰을 것이라고 가정하였다.[101] 그러면서 그때까지 지질학에서 제시하고 있는 지구역사상의 대멸종을 운석공 충돌시기와 비교하기 시작했다. 그러면서 그는 거대 운석충돌 시기와 지구역사상의 대멸종 시기가 대체로 일치함을 발견하고 다중격변창조론이라는 새로운 지구역사 모델을 제시했다. 이 이론에서는 지층의 형성은 주류 지질학 모델과는 달랐지만, 지구역사를 오랜 기간으로 해석한다는 점에서는 동일하였다. 또한 이 이론에서 격변으로 지구역사를 해석하려고 한 것은 창조과학과 흡사했지만, 단 한 차례의 대격변만을 주장한 젊은지구론, 단일격변론노아홍수론, 혹은 창조과학과는 달리 오랜지구론과 다중격변을 주장하였다.

양승훈은 이러한 자신의 주장을 2003년에 캐나다 트리니티 웨스턴 대학Trinity Western University에서 모였던 캐나다 기독과학자 협회Canadian Scientific and Christian Affiliation 연차 대회에서 처음으로 발표하였다. 그리고 더 많은 증거들을 수집한 후에 2006년 『창조와 격변』이라는 단행본으로 출간했다.[102] 이 책을 출간하면서 동시에 그는 젊은지구론적 입장을 담고 있었고, 1996년 이래 여러 해 동안 국내 여러 대학에서 창조론 교과서로 널리 사용되고 있었던 자신의 『창조론 대강좌』를 더 이상 출간하지 말 것을 출판사에 요청했다.[103] 자신이 다시 다듬어서 내놓은 다중격변창조론은 맞을 가능성이 높지만 젊은지구론은 확실히 틀렸기 때문에 더 이상 미련을 가질 필요가 없다고 생각한 것이었다. 『창조와 격변』이 오랜 지구론적 입장을 담고 있지만, 양승훈은 여전히 창조과학회 평생회원이요, 이사요, 부회장이었다. 다행인지는 모르겠지만 창조과학회 지도자들이 그의 책을 읽지 않았기 때문에 내부에서 곧바로 그의 입장의 변화를 문제 삼는 사람은 없었다.

(3) 창조론 오픈포럼

셋째, 창조과학회의 내부 논의의 한계를 극복하기 위해 창조론 오픈포럼을 시작한 것이었다. 창조과학회의 침묵은 2007년, 양승훈이 조덕영과 더불어 창조론 오픈포럼Open Forum for Creationists, 이하 오픈포럼이라고 하는 새로운 모임을 시작하면서 깨지기 시작했다. 오픈포럼은 지금과 같이 학문적 반성이 없고 폐쇄적인 창조과학 운동으로는 건강한 창조론 운동을 할 수 없다는 자각에서 출발하였다. 그리고 좀 더 다양한 창조론 논의를 위한 토론의 장이 필요하다고 생각한 사람들이 시작하였기 때문에 처음부터 창조과학에 대해 약간의 비판적 입장을 가진 사람들이 모이게 되었다. 하지만 오픈포럼의 기본적인 취지는 포럼의 이름이 시사하는 것처럼 다양한 창조론에 관한 열린 논의였다. 실제로 창조과학회 몇몇 인사들은 오픈포럼 모임에서 논문을 발표하기도 했다.

2007년 8월 13일, 경기도 팔당에 위치한 분원초등학교 검천분교에서 처음 모인 오픈포럼은 양승훈의 제안으로 시작되었지만 창조과학회 대표간사로서 한국 창조과학 운동의 중흥기를 이끈 조덕영이 공동대표로 참여하면서 지속적인 모임이 되었다. 학술지『창조론 오픈포럼』창간사를 보면 이 모임의 목표는 세 가지였다. "첫째, 창조론에 관심이 있는 분들 간의 대화와 교제를 위한 모임 …… 둘째, 창조론 운동의 회고와 평가를 위한 모임 …… 셋째, 창조론 연구의 전망과 계획을 위한 모임……."[104]

오픈포럼은 처음부터 하나님의 창조를 믿고 창조론에 대해 열린 마음을 가진 사람들이라면 누구나 환영했다. 여기서 열린 마음이란 "성경에 나타난 창조 기사에 대한 자신의 해석이나 창조에 대한 과학적 증거에 대한 자신의 해석을 절대시 하지 않는 마음"을 의미했다. 즉 "다양한 과학적, 신학적 주장을 나누면서 다른 사람들의 주장이나 의견을 존중할 수 있는 마음을 갖고 있는 분이라면 누구나 환영"했다.[105]

오픈포럼은 캐나다에 거주하는 양승훈이 학교 일로 한국을 방문하는 때에 맞추어 정기모임을 가졌다. 양승훈은 늘 1년에 두 차례 방한했기 때문에 오픈포럼은 자연적으로 매년 2~3월과 7~8월 두 차례 모이게 되었고,『창조론 오픈포럼』이라는 학술지는 1년에 두 번 출간되었다. 논문집의 편집은 양승훈, 조덕영이 공동으로 책임을 맡았다. 조덕영은 여러 해동안 창조과학회 대표간사를 맡았기 때문에 한국 교계나 학계에서 학술적인 글을 쓸 수 있는 인물들을 많이 알고 있었다. 그래서 그는 주로 저자섭외와 홍보를 맡았고, 양승훈은 논문집의 실제적인 편집을 맡았다.

오픈포럼은 처음에는 별도의 조직을 갖지 않고 출발하였으며, 편의상 양승훈, 조덕영이 공동대표를 맡았다. 회원 제도를 만든 것도 아니고 포럼 당일 논문집 구입비를 포함한 참석회비를 받는 것이 전부였다. 오픈포럼에 모이는 사람들의 숫자는 일정하지 않았지만 대체로 30~70명 정도였고, 참석자들도 목회자, 교수, 학생, 교사 등 면면이 다양했다. 모임

장소도 일정하지 않았고, 주로 양승훈과 친분이 있는 기독교수들이 재직하는 대학이나 기관, 교회들을 섭외해서 모였다.

그러다가 백석대학교에서 모인 제4회 오픈포럼 때부터는 박찬호^{백석대, 조직신학}, 양승훈, 이선일^{소망정형외과}, 이용국^{성민대, 화학공학}, 조덕영^{참기쁜교회}, 최태연^{백석대, 철학} 등을 공동대표로 선출하여 약간의 조직을 갖게 되었다.[106] 다행히 공동대표인 조덕영이 창조과학 시절부터 꾸준히 교계 언론들을 통해 홍보를 해왔기 때문에 오픈포럼은 기독교 계통의 언론들을 통해 꾸준히 홍보되었고, 모이는 횟수가 늘어나면서 조금씩 사람들에게 알려지게 되었다.

2007년 이래 지속된 오픈포럼이 한국교회에 기여한 바를 든다면 두 가지를 들 수 있을 것이다. 첫째, 창조론이라 하면 창조과학 일색이었던 한국교계에 복음주의적 성경관에 입각한 다양한 창조론도 있음을 소개한 것이었다. 둘째, 학술적인 활동에 소극적이면서 대중적 캠페인에 치중했던 창조과학회와는 달리 오픈포럼은 대중적 캠페인보다는 논문발표회와 논문집 발간을 지속하여 창조론 연구의 장을 열었다는 것이었다. 오픈포럼의 논문을 유료로 보급하고 있는 DBPia의 통계에 의하면, 지난 2007년 8월에 제1회 모임을 한 이래 2021년 3월까지 『창조론 오픈포럼』 28개 권호에 214편의 논문과 21편의 서평이 게재되었고, 놀랍게도 이 논문들에 대한 유료 이용 회수가 2만 건을 넘고 있다. 각주 없이 무료로 동일한 논문을 제공하는 "창조신학연구소" 홈페이지 이용자까지 합친다면 이용 회수가 10만 명을 훨씬 넘는다. 이는 오픈포럼을 시작할 때는 상상도 할 수 없었던 일이고, 한국에서 새로운 창조론 운동의 가능성을 보여주었다.

하지만 오픈 포럼이 조금씩 사람들에게 알려지고, 포럼에서 발표한 논문들이 인용되는 횟수가 증가하면서 예상치 않은 문제가 발생했다. 포럼에서 발표된 논문들 중에서 창조과학의 젊은지구론이나 성경의 문자적 해석을 비판하는 논문들에 대해 창조과학회가 노골적인 불만을 표시한 것이었다. 경직된 단체들은 자신들과 조금이라도 다른 얘기를 하는 것을 참을 수 없다는 공통점이 있었다. 이로 인해 생긴 사건이 바로 양승훈에 대한 징계였다. 2008년 8월, 정계헌이 회장을 하는 동안 오랜지구론을 제기한 것으로 인해 창립 발기인이자 당시 부회장, 이사, 평생회원이었던 양승훈을 제명하기로 결정한 것이다.[107]

양승훈을 제명하는 것과 관련해서 모인 이사회에서는 그의 오랜지구론을 비판하고, 젊은지구론의 증거라고 주장하는 문건을 작성했다. 하지만 그 문건에서 인용한 30개 이상의 문헌 중에는 학술적 가치가 있는 문헌은 거의 전무했고, 참여한 사람들 중에는 지구나 우주 연대 분야의 전문가가 한 사람도 없었다. 그 문건 작성의 대표는 서울 인근에 있는 어느 대학의 웹디자인 학과 교수였다. 당시 양승훈은 여러 경로를 통해 창조과학회 지도자들에게 만나서 대화할 것을 요청했지만 아쉽게도 받아들여지지 않았다.[108]

오픈 포럼에 대한 불편함은 단지 창조과학회 지도자들에게만 국한되지 않았다. 창조과학회가 창립되는 데 산파역할을 했던 CCC 총재 김준곤1925~2009 역시 오픈 포럼에 대해 부담을 느끼고 있었다. 2008년 8월 11일, 서울대학교에서 모였던 제3회 창조론 오픈 포럼이 진행되고 있는 중에 김준곤은 양승훈에게 직접 전화를 했다. 단도직입적으로 김준곤은 양승훈에게 "양 교수님, 창조론 오픈 포럼을 중단할 수 없습니까?"라고 말했다. 이에 대해 얼떨결에 전화를 받았지만 양승훈은 "김 목사님, 창조론을 전공하는 사람으로서 한국교회를 위해서라도 이 일을 그만 둘 수는 없습니다."라고 정중하게 거절하였다.

(4) 유신진화론

오픈포럼 지도자들은 젊은지구론에 대해 비판적이기는 했지만, 그렇다고 생물의 대진화를 받아들이지는 않았다. 그런데 근래에 와서는 대진화를 인정하는 유신진화론자들의 움직임도 무시할 수 없다. 유신진화론Theistic Evolutionism은 하나님의 창조를 받아들이기는 하지만, 진화라는 메커니즘을 통해 창조하셨다는 주장이다. 유신진화론은 진화적 창조론Evolutionary Creationism, 진화적 유신론Evolutionary Theism, 하나님이 인도하는 진화God-guided Evolution 등으로 불리기도 하지만, 본고에서는 일반인들에게 가장 널리 사용되는 유신진화론이란 용어를 사용하기로 한다.

국내에서는 창조론 운동의 변방이지만 유신진화론은 1990년대에 시작된 지적설계론은 물론 1960년대에 본격적으로 시작된 창조과학보다 훨씬 더 오랜 역사를 갖고 있다. 어떤 의미에서 유신진화론은 다윈의 진화론보다 오래되었다. 하지만 창조과학이 지배적인 한국교회에서는 많이 알려져 있지도 않고, 일반 기독교인 중에서는 지지자들도 많지 않다. 그래서 많은 사람들이 창조과학이 기원논쟁에서 주류라고 생각하는 경향이 있지만, 실제로 미국을 비롯한 해외에서 복음주의 진영 학자들의 다수가 유신진화론 쪽으로 기울어져 있다. 대표적으로 북미주 복음주의 과학자 단체인 ASAAmerican Scientific Affiliation나 CSCACanadian Scientific and Christian Affiliation, 프랜시스 콜린스Francis Collins, 1950~가 시작한 바이오 로고스BioLogos, 위튼 대학Wheaton College, 칼빈 대학Calvin College을 비롯한 다수의 복음주의 기독교 대학 교수들 중에 유신진화론을 지지하는 사람들이 많다.

하지만 국내 교계나 신학교에서 스스로를 유신진화론자라고 공개적으로 밝히는 사람들은 별로 없다. 비록 진보적인 교단 신학교들이라고 해도 교단 교회들은 여전히 보수적이기 때문이다. 국내에서 스스로 유신진화론자임을 내세우는 대표적인 복음주의 학자들로는 서울대 지구과학교육과 명예교수 최승언, 물리천문학부 교수 우종학 등을 들 수 있다.[109]

서울대 천문학과 학부, 대학원을 거쳐 미국 미네소타 대학에서 천체물리학으로 박사학위를 마친 최승언은 박사학위를 마치고 귀국한 1985년 초, "빅뱅이론이 우주를 가장 잘 설명하는 가설임에도 불구하고" 창조과학자들이 "빅뱅이론이 틀린 이론이라는 것을 이야기"하는 데 놀랐다. 그리고 그때부터 그는 "창조과학이 없어지기를 희망"하였지만 없어지기는커녕 창조과학은 보수적인 한국교회의 주류 입장으로 자리를 잡았다. 후에 최승언은 서울대 교수로 재직하면서 장신대에서 목회학 석사학위M.Div.를 받는 등 신학적 훈련을 받았지만 지금까지도 창조과학에 대한 비판을 계속하고 있다.[110]

국내 유신진화론자들 중 가장 적극적으로 이를 드러내고 홍보하는 사람은 IVF 출신의 우종학이라고 할 수 있다. 연세대 천문학과를 졸업하고 예일대 천문학과에서 박사학위를 받은 후 서울대 물리천문학부로 부임한 우종학은 "과학과 신학의 대화과신대"라는 페이스북 상의 공간을 통해 적극적으로 과학과 신학의 대화를 시도하면서 동시에 창조과학을 비판하고 있다.[111] 과신대는 "과학과 무신론이 던지는 다양한 도전에 응답하고 균형 있는 창조신앙을 세우기 위해 사역하는 비영리 단체"로서 입회신청서에는 "성경의 권위를 존중하고 일반계시를 통해 주시는 하나님의 지혜를 추구"한다고 선언하고 있다. 또한 "과신대 비전 선언문"에는 "하나님의 창조세계를 연구하는 과학의 결과와 하나님의 특별계시인 성경의 내용을 함께 읽어가며 창조주와 창조세계를 연구"하며, "과학과 신학의 대화를 통해 창조주와 창조세계를 바르게 배울 수 있도록 한국교회에 균형 있는 교육을 제공"한다는 두 가지 비전을 제시하고 있다.

하지만 우종학의 유신진화론은 진화라는 말에 거부감을 가진 목회자들이나 50대 이상의 기독교인들에게 받아들여지는 것이 쉽지 않았다. 이들은 지난 한 세대 이상 창조과학의 세례를 받았기 때문이다. 실제로 2015년에는 한동대 학생들이 우종학을 초청해서 공개강연을 개최하려다가 취소되었고, 그해 연말에는 예장 고신측 SFC 수련회에서 우종학을 초청해서 강의한 일로 인해 교단 내에 큰 분란이 일어났다. 이로 인해 서울지역 대표간사가 사임하는 사태까지 일어났다. 또한 2016년 11월 1일 저녁, 총신대 신학과 주최로 예정된 우종학의 명품특강은 학교 당국의 허락을 받고 추진된 행사였지만, 강연을 불과 나흘 앞두고 학교 측이 일방적으로 취소해서 시끄러웠다.[112]

이런 교계의 반발에도 불구하고 우종학은 페이스북 등 SNS를 활발하게 활용하여 20~30대 신세대들에게 효과적으로 다가가고 있다. 비록 교회나 목회자 그룹들로부터 초청받는 경우는 드물지만 그의 탁월한 언변과 과학자답지 않은 예리한 필치는 청년 지식층을 열광하게 하고 있다. 2017년 초부터는 그가 만든 과신대가 오프라인 단체로 정식 출범하여 콜로퀴움 개최 등 다양한 활동을 하고 있다.[113]

6. 조로무로의 징후?

미국에서 시작된 창조과학 운동이 한국에 상륙하여 본격적으로 시작된 지 이제 40년이 지났다. 그동안 수 만 회에 이르는 대중 강연과 대중 매체들을 통해 확산된 창조과학 운동은 20세기 후반 한국에서 시작된 기독교 운동 중에서 가장 많은 사람들에게 영향을 끼치는 운동이 아닐까 생각된다. 하지만 창조과학 운동은 그동안 국내에서 이 운동의 성격을 신학적으로나 역사적으로 규명하거나 정리한 문헌이나 논문이 별로 없었다. 외형적인 크기에 걸맞지 않게 창조과학회에는 안정적인 행정체계가 없었기 때문에 초기의 "많은 자료들이 소실되거나 기록으로 남아있지 않아" 연구자들이 안타까워하고 있다.[114] 이것은 창조과학 운동이 학문 운동이라기보다 대중 운동이었기 때문에, 또한 신학자나 역사가들 중심의 운동이 아니라 과학자나 공학자들 중심의 운동이었기 때문이라 생각된다.[115]

해당 분야 전문가들이 참여하지 않은 창조과학 운동의 문제는 다만 과학 분야에서만 불거진 것이 아니었다. 신학분야에서도 점점 비판의 목소리가 높아지고 있다. 한 예로 김영길은 이재만의 『창조과학 콘서트』두란노, 2006를 추천하면서 "성경은 진정한 과학 교과서다!"라고 주장했다. 하지만 성경을 과학교과서라고 주장하는 것에 대해서는 성경의 무오성을 받아들이는 복음주의 진영에서조차도 비판의 목소리가 높다. 또한 창조과학회 회장을 역임했던 송만석이 주도하고 있는 "백 투 예루살렘 운동"KIBI은 한국의 대표적인 요한계시록 학자인 이필찬에게 성경적·종말론적으로 심각한 문제를 지닌 운동이라고 평가받고 있다. 나아가 창조과학회 임원을 역임한 건국대 손기철의 치유 사역은 국내 최대 교단인 예장합동 교단으로부터 이단에 준한 양태론적 문제점과 신사도적인 경향성이 있다는 비판을 받았다. 이처럼 창조과학적 배경을 지닌 인사들의 치우친, 혹은 불건전한 신학운동은 김영길 등 창조과학 지도자들이 창조과학회 창립 때부터 신학에 대해 냉소적 태도를 견지해 온 것의 필연적 결과라고 볼 수 있다.

(1) 대중 사역의 한계

21세기에 들어오면서 창조과학 운동은 여러 면에서 축소되는 모습을 보이고 있다. 특히 인터넷 시대가 만개하면서 많은 정보에 쉽게 접근할 수 있게 된 대중들은 더 이상 창조과학자들의 개인적인 명성 자체에 일희일비—喜—悲하지 않을 만큼 다양한 정보 습득의 통로를 갖게 되었다. 조덕영의 지적과 같이 이제는 아무리 유명한 과학자라도 슬라이드혹은 PPT 몇 장만 가지고 다니면서 자신의 전문분야가 아닌 내용을 교회에서 강연하는 것을 대중들이 일방적으로 수용하던 시기는 지났다. 이제는 그런 주장들에 대한 반론들이 인터넷에 널려 있기 때문이다. 대중들은 창조과학의 핵심 주장인 젊은지구론이나 대홍수론에 대해서도 다양한 관점의 신학과 기독과학자들이 있다는 것을 알게 되었다.[116]

한국에서의 창조과학 운동은 교회적으로는 여전히 많은 추종자들을 확보하고 있고 앞으로도 상당 기간 그러할 것이다. 하지만 분명한 것은 해당 과학이나 신학 분야에서는 학술적으로 확실하게 변방으로 밀려났다고 할 수 있다. 창조과학이 학술적으로 주변으로 밀려난 외적 이유는 지적으로 열려 있지 못했다는 점과 아마추어들의 운동이었다는 점을 들 수 있다. 이로 인해 결국 창조과학 운동은 과학의 이름을 달고 있었지만, 해당 분야의 과학자 공동체로부터는 물론 사회적으로도 유리되었다. 게다가 과학과 기술의 위상이 지나치게 높아짐으로써 신학적 함의가 큰 창조라는 주제에 대해 신학자들조차 기여할 수가 없게 되었다. 그 결과 창조과학은 자연스럽게 학계로부터 외면되었고, 창조과학자들은 학계로부터 존재감을 상실하고 말았다.

　그 동안 창조과학회는 전문가 회원들의 확보를 위해 많은 애를 썼지만 별 소득이 없었다. 지금도 양승영, 장기홍, 이문원 등의 기독지질학자들, 양서영, 이인규 등의 기독생물학자들, 최승언, 이영욱, 우종학, 윤석진, 권영준 등의 기독물리학자들 및 천문학자들은 창조과학의 주장에 강력하게 반대하고 있다.[117] 이것은 국내 복음주의 학계의 상황일 뿐 아니라 해외 복음주의 학계의 상황이기도 하다. 칼빈대 물리학자 밴틸Howard J. Van Till, 1938~, 동 대학 지질학자 영Davis Young, 위튼대 생물학자 펀Pattle P.T. Pun, 노트르담대 역사학자 놀Mark A. Noll, 1946~, 인간 게놈 연구의 세계적 권위자 콜린스Francis Collins, 1950~, 캐나다 출신의 천문학자이자 '믿는 이유 선교회Reasons to Believe' 창립자 로스Hugh Ross, 1945~ 등 세계 복음주의 원로 과학자들은 하나 같이 창조과학에 반대하고 있다.

<그림 11-10> 창조과학에 비판적인 복음주의 학자들.
상좌에서 시계방향으로 밴틸, 영, 펀, 로스, 콜린스, 놀

창조과학은 보수적 근본주의 성향이 강한 국내 신학계와는 달리 국
제적으로는 이미 오래 전에 신학 분야에서도 주변으로 밀려났다. 탁월
한 복음주의 조직신학자였던 램Bernard L. Ramm, 1916~1992, 트리니티신학교
TEDS 구약학자였던 아처Gleason Leonard Archer, Jr., 1916~2004, 고든-콘웰 신학
교Gordon-Conwell Theological Seminary의 탁월한 구약학자 카이저Walter C. Kaiser
Jr., 1933~, 옥스퍼드 대학에서 분자생물물리학으로 박사학위를 취득한 복
음주의 신학자 맥그래스Alister Edgar McGrath, 1953~, 성공회 신부이자 물리학
자인 폴킹혼John Polkinghorne, 1930~2021, 물리학자이자 과학과 신학의 관계
를 정립한 바버Ian Barbour, 1923~2013, 가톨릭 조직신학자 호트John F. Haught,
1942~ 등도 모두 창조과학에 대해 비판적이다. 심지어 20세기 신학을 이
끈 스위스 신학자 바르트Karl Barth, 1886~1968는 창조과학 류의 자연신학은
쓰레기 신학일 뿐이라고 비판했다.[118]

<그림 11-11> 창조과학에 비판적인 학자들.
상좌에서 시계방향으로 램, 아처, 카이저, 맥그래스, 폴킹혼, 바버, 호트, 바르트

이런 여러 학자들의 비판에도 불구하고 창조과학 운동은 국내외 기독학자들의 동향에 대해 잘 알지 못하는 일반신자들을 중심으로 확산되었다. 비록 2007년 창조론 오픈포럼을 통해 본격적인 창조과학 운동에 대한 재평가가 시작되었지만, 그것은 오픈포럼을 통해 발표된 논문에 접근할 수 있는 대학생들이나 청년들, 학자들에게만 제한된 일이었다. 복음주의 과학자, 신학자들 사이에서조차 창조과학의 젊은지구론에 대한 비판이 꾸준히 이어지고 창조과학 운동의 문제점이 지적되었지만, 근래까지도 창조과학은 여전히 일반성도들이나 목회자들 사이에서는 한국교회의 주류였고 이를 비판하는 것은 믿음 없는 태도라는 오해가 사라지지 않고 있었다. 그러나 이런 상황을 일거에 뒤집은 사건이 일어났으니 그것이 바로 2017년, 문재인 정권의 장관 후보 지명이었다.

(2) 박성진, 그리고 그 이후

첫 부분에서 잠시 언급한 것처럼 문재인 정권이 시작되면서 지명한 창조과학 관련 인사는 두 명이었다. 첫 번째는 미래창조과학부 장관 후보자인 유영민이었다. 그는 2017년 7월 4일에 미래창조과학부후에 정부조직법 개정으로 과학기술정보통신부가 됨 장관 후보자의 인사청문회장에서 국민의당 오세정 의원이 진화론에 대한 유 후보자의 입장을 물었을 때, "진화론과 창조론을 놓고 여러 가지 이야기가 있기에 미래부 장관으로서 답변하기가 적절치 않다."라고 답하면서 논쟁이 시작됐다. 하지만 후에 그는 명확하게 "진화론은 과학적인 근거를 갖고 있고 동의를 한다. 창조과학에 대해서는 동의하지 않는다."라고 답함으로써 청문회를 통과했다.[119]

하지만 문재인 정권이 2017년 8월 24일에 지명한 박성진 중소벤처기업부 초대 장관 후보자는 사정이 달랐다. 그는 국회 산업통상자원중소벤처기업위원회가 실시한 인사청문회에서 더불어민주당 의원 김병관이 "지구의 나이를 몇 살이라 보는가?"라고 묻자 "지구 나이는 신앙적인 나이와 과학적인 나이가 다르다."라고 답했다. 또한 그는 "창조과학, 창조신앙을 믿는 입장, 교회에서는 지구의 나이를 6,000년이라고 한다."라면서 "과학자들이 탄소동위원소 등 여러 가지 방법에 근거해서 …… 말하는 나이는 다르다."라고 주장했다. 또한 그는 김병관이 "창조과학이 지구의 나이를 6,000년이라 말하는 것에 동의하는가?"라고 재차 묻자 "동의하지 않는다."라면서도 "(지구의 나이를) 신앙적으로 믿고 있다."라고 밝혔다.[120] 그는 "창조과학자의 주장에 동의하는가?"라는 질문에 대해서는 "창조과학자들이 과학적 방법론으로 전문가들에게 입증된 부분은 당연히 인정해야 한다고 생각한다."라고 밝혔다. 이런 어정쩡한 대답과 창조과학회 이사 이력 등으로 인해 그는 '부적격' 의견이 명시된 청문회경과보고서가 국회에 채택된 지 이틀 만에, 지명된 지 19일 만에 장관 후보에서 자진 사퇴했다.[121]

박성진의 사퇴는 창조과학회 분위기를 확 바꾸었다. 어쩌면 박성진 사건은 창조과학회의 분위기 뿐 아니라 향후 한국에서 창조과학 운동의 미래를 확 바꿀 가능성이 크다. 그의 청문회 과정을 TV를 통해 온 국민이 지켜보았고, 그에게 질문을 던진 사람이 진화론자가 아니라 그의 청문회 통과를 간절히 바라는 여당 의원이었다는 점, 그리고 이를 보도한 여러 일반 언론에서 창조과학을 '비과학' 혹은 '사이비 과학,' 창조과학회를 '사이비 과학집단' 등으로 매도한 것 등은 창조과학에 대해 일반 기독교인들은 물론 창조과학에 관심이 있었던 기독학자들마저 몸을 사리게 만들었다.

창조과학회 내부의 한 인사는 박성진의 사퇴 후 젊은 학자들의 참여가 눈에 띄게 줄었다고 했다. 창조과학회와의 연루가 자신의 미래에 어떤 불이익을 가져올지 모른다고 생각했기 때문이다. 심지어 창조과학자들과 논문이나 책을 공저하는 것조차 후에 문제가 될 수 있다고 생각하게 된 것이다. 실제로 앞에서 언급한 과학기술정보통신부 장관 유영민은 후보자 시절, 창조과학자로 알려진 모 인사와 책을 공저한 일이 장관 후보자 인사청문회에서 문제가 되었다. 다행히 그는 명확하게 "창조과학에 대해서는 동의하지 않는다."라고 선을 그음으로써 청문회를 통과하여 장관이 되었다.[122]

아직 박성진 이후의 창조과학 운동이나 창조과학회가 어떻게 될 지는 예측하기 어렵다. 앞으로도 창조과학은 상당 기간 동안 한국 목회자들과 일반 신자들 사이에서 많은 지지자들을 얻을 것이다. 하지만 한 가지 분명한 것은 창조과학은 더 이상 해당 분야 학계에서는 존재감이 없다. 또한 창조과학 운동이 전성기였던 1990년대 중·후반 이후 불과 20여 년이 지난 시점에서 창조과학회에는 조로早老의 징후가 뚜렷이 나타나고 있다.

토의와 질문

1. 1981년에 한국창조과학회가 창립된 이후 20여 년 동안 창조과학이 한국교회에 폭발적으로 수용된 원인은 무엇이라고 생각되는가?

2. 근래에 와서 한국에서의 창조과학 운동이 유관한 주류 학계로부터 외면당하게 된 원인이 무엇인지 말해보라.

3. 지난 40여 년 간, 한국에서의 창조과학 운동이 한국 사회와 교회에 끼친 긍정적인 영향과 부정적인 영향을 말해보라.

제12강

요약과 결론

"오직 사랑 안에서 참된 것을 하여 범사에 그에게까지 자랄지라

그는 머리니 곧 그리스도라"

에베소서 4장 15절

    과학 연구에 대한 기독교인의 태도는 시대마다, 사람마다 다양해서 몇 마디로 요약하기는 어렵다. 갈등 관계일까? 동지 관계일까? 독립적인 관계일까? 서로 통합할 수 있는 관계일까? 지금까지의 논의를 근거로 아래에서는 교회사에서 과학과 기독교의 상호 작용을 요약하고 이를 근거로 잠정적인 결론을 제시한다.

1. 초대교회[1]

　역사적으로 볼 때 2세기 교회는 그리스 철학에서 나온 영지주의 따위의 이단으로 인해 골머리를 앓고 있을 때여서 전반적으로 그리스 학문을 기독교 신앙에 대한 위협으로 간주하여 배격하였다. 먼저 터툴리안 Tertullian, ca.155~ca.230은 이방학자들과 이들의 연구를 배격하기 위해 혼신의 힘을 기울였다. 그는 생체 및 사체를 해부했던 그리스 의사이자 해부학의 아버지라 불리는 헤로필러스Herophilus, BC 325~255를 자연을 연구하기 위하여 수많은 시체를 자르고 지식을 위하여 인간을 저주하는 백정이라고 비난하였다.[2] 또한 그는 그리스 철학을 비난하며 다음과 같은 유명한 말을 했다.

> "예루살렘과 아테네가 무슨 관계가 있는가? 아카데미와 교회, 이단과 기독교인 간에 어떤 조화가 있을 수 있는가? 우리의 가르침은 단순한 마음으로 여호와를 구하는 것을 깨달은 솔로몬의 행각 The Porch of Solomon으로부터 나온다. 기독교를 더럽히는 스토아 철학, 플라톤 철학, 변증법의 모든 시도로부터 떠나라. 우리는 그리스도를 소유한 후에 호기심 어린 논쟁을 원치 않게 되었으며 복음을 맛본 후에 어떤 탐구도 원치 않게 되었다. 믿음faith이 있으므로 우리는 더 이상의 신념belief을 필요로 하지 않는다. 일단 이것을 믿게 되자 우리가 믿어야 할 것 외에는 아무 것도 없게 되었다."[3]

　그러나 이러한 단호한 터툴리안의 태도에도 불구하고 시간이 지남에 따라 그리스 학문은 점차적으로 기독교 신학 속으로 침투하였다. 기독교인이 되기 전에 철학자였던 2세기 저스틴 마터Justin Martyr, 162~168년 사이에 순교는 기독교 신앙과 철학이 양립하지 못할 하등의 이유가 없다고 믿었다. 그는 이성을 하나님의 선물로서, 철학을 기독교 신앙을 변증할 수 있는 귀중한 도구로 보았다. 그는 플라톤의 형이상학이나 스토아 학자들의 윤리학 속에도 기독교를 지지하는 바가 있다고 주장하였다.

이러한 저스틴의 견해는 2세기 교부이자 아테네 철학자였던 아테나고라스Athenagoras, 133~190, 클레멘트Clement of Alexandria, 150~215, 클레멘트의 제자 오리겐Origen of Alexandria, c.184~c.253 등에 의해 계승·발전되었는데, 이들은 플라톤 사상에서 유일신론이나 영혼불멸설 등이 기독교 신앙을 변증하는 데 사용될 수 있다고 보았다. 특히 3세기 초에 활동했던 오리겐은 플라톤 사상을 공부하는 것은 부분적으로 기독교에 대한 예비적 공부가 될 수 있다고 믿었다. 바실Basil of Caesarea, 330~379은 플라톤의 데미우르게Demiurge를 기독교의 창조주 하나님과 동일시하면서 지상계의 플라톤적인 위계질서를 받아들였다. 바실은 그리스 철학에 의해 압도되지 않으면서도 기본적인 그리스 우주론과 자연철학을 받아들인 것이다.

초대교회 사도들 이후 기독교의 형성에 가장 지대한 영향을 끼쳤다고 평가되는 어거스틴Augustine of Hippo, 354~430은 그 이전의 누구보다 그리스 철학에 친숙한 사람이었다. 그는 덧없는 지상의 일보다 영원한 천상의 일에 우리의 관심을 두어야 한다고 가르치면서도 기독교 교리를 설명하고 성경을 해석하기 위해 자주 자연적 지식이 유용함을 인정하였다. 그는 이방 지식도 하나님을 경배하는 데 필요한 어느 정도의 진리를 포함하고 있다고 말했다. 예를 들면 그는 그리스의 빛과 시각적 지각vision 이론을 사용하여 자신의 신학과 인식론을 발전시켰다. 특히 그는 신플라톤철학의 유출설Doctrine of Emanation을 사용하여 삼위일체의 비밀을 설명하였다. 또한 씨앗원리Seed-like Principle를 사용하여 태초에 하나님께서 자연적 형태의 점진적 발전을 통해 모든 생물들을 창조하였다고 주장하여 현대의 점진적 창조론Progressive Creationism과 유사한 주장을 하였다.[4] 그는 이방 학문에 대한 그의 태도를 "모든 선하고 진실한 기독교인은 그가 어디서 진리를 발견하든지 그것은 여호와의 것임을 알아야 한다."라는 말로 요약하였다.[5]

초대교회 교부들은 과학을 핍박하지 않았으며, 가치 없는 것으로 생각하지도 않았다. 그들은 과학적 지식, 즉 가시적 세계에 대한 연구는 성경을 해석하고 믿음을 변증하기 위해 필요한 것이라고 보았다. "과학은 신학의 시녀"였으나 신학과 과학이 갈등관계는 아니었다. 오히려 교부들의 글, 교회와 수도원의 건립, 도서관의 건립 등을 통해 과학적 지식을 보존·전달하는 데 중요한 역할을 하였다. 비록 아리스토텔레스의 과학보다 플라톤의 철학을 더 선호했지만, 바실과 어거스틴 이래 중세 말까지, 아니 그 이후까지 그리스 과학은 기독교세계관의 중요한 요소였다.[6]

2. 중세교회

중세에도 세속적 지식이 거룩한 용도로 사용될 수 있다는 어거스틴의 주장이 여러 사람들에 의해 끊임없이 되풀이되었다. 그중에서도 영국의 유명론자有名論者 로저 베이컨Roger Bacon, c.1219~c.1292의 활약이 가장 두드러진다고 할 수 있다. 베이컨은 어거스틴이 성경주해와 같은 데서 과학적 지식을 사용할 수 있다고 한 것에 동의하는 데 그치지 않고 한걸음 더 나아가 이방의 자연과학이 교회를 위해 직접적인 도움을 줄 수 있다고 주장하였다. 한 예로 한때 우상에게 제사 지내는 제삿날을 결정하는 데 사용되던 천문학이 달력을 제작하는 일에 기여함으로 교회의 절기를 정확히 아는 데 사용될 수 있다고 했다. 또한 광학은 거울이나 그 외 여러 가지 기구를 제작하여 불신자들에게 공포감을 불러일으킬 수 있을 뿐 아니라 외적의 침입으로부터 기독교 국가를 보호하는 데 사용될 수 있다고 주장하였다.

광학의 유용성과 관련하여 베이컨은 성경에서 빛, 색깔, 시력, 거울만큼 많이 언급되는 것이 없다고 지적하면서, 성경주석가들은 반드시 광학 Perspectiva을 공부해야 한다고 강조하였다. 그는 점성술은 미래를 예측할 수 있을 뿐 아니라 복잡한 인체와 질병을 이해하는 것을 돕는다고 보았으며, 궁극적으로 이 모든 것들이 성경해석을 돕는다고 보았다. 또한 수학이나 '실험과학'도 하나님을 섬기는 데 사용될 수 있다고 강조하였다. 특히 실험과학은 성경해석과 전도에 유용할 뿐 아니라 교회를 이단과 적 그리스도로부터 보호하는 데 사용될 수 있다고 하였다. 사실 베이컨만큼 생생하게 과학적 지식이 교회를 위해 사용될 수 있음을 증명한 사람은 없었다고 할 수 있다.[7]

고대 그리스 사상인 이원론이 철학적 체계를 갖고 정식으로 기독교에 들어온 것은 13세기 이탈리아 신학자 아퀴나스Thomas Aquinas, 1225~1274에 의해서라고 할 수 있다. 플라톤주의자였던 아퀴나스는 플라톤의 이원론적 세계관을 받아들여 그의 신학 체계를 세웠다. 그는 자연이 하나님의 은총에 의해 완성되는 것처럼 이성은 신앙의 전단계로서 신앙에 봉사하는 것이라고 주장함으로써 자연과 은총, 이성과 신앙을 독립된 부분으로 나누었다. 따라서 이성은 신앙의 간섭 없이 지상세계에 관한 한 마음대로 탐구할 수 있었으며, 신앙 역시 이성의 도움이나 간섭 없이, 학문적 연구결과와 무관하게 초자연적이고 영적인 일들을 다룰 수 있었다. 이러한 주장은 지금까지도 가톨릭의 정통 견해로 받아들여지고 있다.

3. 초대교회 및 중세교회에서의 갈등

물론 기독교 역사상 학문에 대한 교회의 태도가 항상 우호적인 것만은 아니었다. 기독교가 로마제국의 국교로 채택된 이후 이방 철학자들과 과학자들은 적대적인 환경에 둘러싸이게 되었고, 때로는 법적인 제재를 받기도 하였다. 이의 가장 유명한 예로는 플라톤이 세운 아테네의 '아카데미'를 폐쇄하고 이방 학자들이 그곳에서 가르치는 것을 금지한 529년, 유스티니아누스 황제의 칙서Justinian Edict를 들 수 있다. 이 칙서로 인해 이방 학자들은 기독교의 세례를 받지 않으면 유배를 당하거나 재산을 몰수당하는 위험에 처하게 되었다. 그러나 이러한 조치는 흔히 생각하는 것보다 가혹하지 않았다. 과학사가 로이드Geoffrey E.R. Lloyd, 1933~에 의하면, 유스티니아누스 황제의 칙서 이후에도 아카데미는 다른 형태로 존속했으며 이방 학자들은 다른 도시에서 계속 가르칠 수 있었다.

또 하나의 예는 1272년, 파리 대학에서 가르치는 모든 교수들Arts Masters에게 이방 철학이나 학문을 가르치거나 논의하지 않겠다고 서약하게 한 사건을 들 수 있다. 14~15세기 동안 파리 대학 교수들에게 강요되었던 이 서약은 명백히 파리에서의 학문적 자유에 대해 의문을 제기하였다. 그러나 교수들이 기독교의 기초 교리를 받아들이는 한 기독교 진리와 반대되는 주장을 하더라도 그것에 '철학적으로 말하자면Speaking philosophically', 혹은 '자연적으로 말하자면Speaking naturally' 등의 말을 붙임으로써 얼마든지 논의할 수 있었다. 중세과학사가 그랜트Edward Grant, 1926~2020에 의하면, 신앙에 관한 교리적 진리를 명시적으로 받아들이고 자연철학이나 과학의 영역에 자신들을 국한시킴으로써 파리 대학 교수들은 자연에 관해 어떠한 논의도 할 수 있었다. 예를 들면, 장 뷔리당Jean Buridan, c.1315~1358은 힘을 연구하면서 신학적으로 다루기 어려운 초자연적 가능성을 도입하기보다 자연적 요인에 치중하였다. 그는 대담하게 자연철학에서는 모든 의존성들과 힘의 작용들을 마치 자연적인 방법으로 일어나는 것처럼 받아들여야 한다고 주장하였다.[8]

1277년에 파리 대주교 땅삐에Etienne Tempier, 1210~1279가 교황 요한 21세 Pope John XXI의 윤허를 얻어 자연과학에 관한 219가지의 명제를 정죄한 사건도 다시 생각해봐야 하는 측면이 있다. 이때 <금령>에 포함된 명제들은 세계의 영원성, 천체의 기동자, 다른 세계의 존재 가능성, 지상 사건에 대한 천체의 영향 등에 관한 것이었다. 그러나 이러한 정죄에도 불구하고 파리 대학 교수들은 금지명제를 논의하는 데 매우 자유스러웠으며, 어떤 결론에 이르게 되면 이를 마음대로 표현할 수 있었다. 이때 파리 대학 교수들이 작성한 수백 가지의 질문들이 적힌 리스트가 전해지는 것으로 미루어 당시 파리 대학의 학문적 자유가 어느 정도였는지를 짐작할 수 있게 한다. 그랜트가 지적한 바와 같이, <금령>은 도리어 당시 학자들의 지적인 호기심을 자극하는 역할을 하였다. 심지어 프랑스 과학사가 뒤앙Pierre Duhem 같은 사람은 이 <금령>으로 인해 현대과학이 탄생했다고 과장하기까지 했다. 비록 그의 주장이 과장된 것은 분명하지만, 몇몇 명제들은 과학적으로 커다란 의미가 있다는 것은 부인할 수 없다.[9]

13세기 이후에는 기독교 신앙과 아리스토텔레스적인 자연철학을 통합하려는 노력이 끊임없이 이루어졌다. 기독교 사상과 형이상학, 우주론 등에서는 통합이 자리를 잡았으며, 과학은 학교를 비롯해 여러 가지 제도적 지원을 받았다. 물론 그리스 과학이 문제가 되지 않았던 것은 아니었다. 아리스토텔레스적 자연철학은 결정론을 주장하며 창조를 부정하였기 때문에 신학계에서 논쟁이 되었다. 1270년과 1277년에 두 차례에 걸친 <정죄The Condemnations>를 통해 과학적 유추에 대한 신학적 제재가 가해지기도 했다. 그러나 중세 신학과 중세 과학은 주거니 받거니 하면서 때로는 기꺼이, 때로는 마지못한 동지로 공존했다.[10]

4. 종교개혁기

지금까지 논의한 대부분의 기독교인들은 과학, 넓게는 학문의 가치를 기독교 신앙의 변증을 위하여, 성경의 해석을 위하여, 혹은 교회를 직·간접으로 돕기 위하여 가치가 있다고 보았다. 이에 비해 종교개혁기의 학자들과 이들의 개혁주의적 전통을 이어받은 학자들은 학문이 단지 기독교라는 제도 교회를 돕는 도구로서만 유용한 것이 아니라 학문하는 그 자체가 하나님의 명령이기 때문에 기독교적일 수 있다는, 훨씬 더 개방적인 학문관을 가졌다. 이들에게 학문활동이란 넓은 의미에서 하나님을 섬기는 행위요 본질적으로 예배의 한 형태였다. 이들은 "그런즉 너희가 먹든지 마시든지 무엇을 하든지 다 하나님의 영광을 위하여 하라"고전 10:31는 말에는 분명히 학문적인 활동까지 포함된다고 생각하였다. 더 이상 목회만이 가장 헌신된 자의 표가 아니며, 신학만이 의미 있는 학문도 아니었다. 모든 직업은 그 자체가 소명calling이었으며, 학문은 무엇을 연구하든지 하나님의 피조세계를 연구하고 그 연구된 결과를 이웃을 위해 사용함으로써 하나님을 섬기는 행위가 되었다.

이러한 학문 및 직업에 대한 견해는 전업으로 교회의 일을 하지 않는 많은 일반 신자들에게 자신의 일에 대한 내적 긍지를 심어주었다. 그들은 자신의 일을 귀하게 생각하게 되었고, 나아가 일상적인 삶의 모든 영역에서 어떻게 하나님을 섬기는 자로서의 모습을 드러낼 수 있을까를 생각하게 되었다. 이러한 생각의 변화는 교회와 직접적으로 관련되지 않은 분야에 종사하면서 종교적인 형식에 얽매인 사람들에게 큰 위로를 주었으며, 사람들로 하여금 하나님을 섬기는 다양한 방법을 모색하는 데 크게 기여하였다.

5. 갈릴레오 재판에 대한 재해석

과학사에서 기독교와 과학의 갈등을 대변하는 대표적인 사건이라면 갈릴레오Galileo Galilei의 지동설 재판을 들 수 있을 것이다. 1610년에 갈릴레오는 처음 망원경을 만들어 천체를 관찰했으며, 그 관찰 결과를 근거로 지동설을 주장하고 지구의 부동을 가르치는 교회의 성경해석에 대해 의문을 제기하였다. 이것을 계기로 갈릴레오는 결국 1616년과 1633년 두 차례에 걸쳐 소위 '지동설 재판'을 받았다.[11]

그중 대부분의 사람들이 알고 있는 갈릴레오 재판이라고 한다면, 1633년에 있었던 제2차 재판이라고 할 수 있다. 1633년에 교황청은 늙고 병든 갈릴레오를 강제로 소환하여 그의 이단적인 지동설 주장을 철회하라고 강요했다. 이에 갈릴레오는 자신의 주장을 철회하고 회개하였다. 근래까지 이 사건은 기독교와 과학의 적대적 관계를 보여주는 상징적인 사건으로서 수없이 많이 인용되어 왔다. 그러면 과연 갈릴레오 재판은 과학과 신앙의 충돌이었을까?

이탈리아 태생의 과학사가이자 MIT 교수였던 산티아나Giorgio de Santillana는 갈릴레오 재판이 단지 갈릴레오의 인간관계나 당시의 진보세력과 보수세력종교적, 사회적 간의 알력 때문에 빚어진 것임을 설득력 있게 제시하고 있다. 예를 들어 코페르니쿠스는 가톨릭교회의 녹을 먹고 있는 사람으로서 지동설을 주장했지만물론 그의 지동설 책은 그의 사후에 출판되기는 했지만, 그는 교황청과 아무런 마찰이 없었다. 뿐만 아니라 사실 코페르니쿠스가 지동설 책을 출판한 1543년 이후 갈릴레오의 제1차 재판이 이루어진 1616년까지 여러 사람들이 지동설 주장을 했지만, 아무도 지동설을 주장했다는 그 자체로 교황청과 마찰을 빚은 적은 없었다.

최근의 다른 많은 연구 결과들도 갈릴레오와 교회의 갈등은 성경과 충돌하는 분명한 과학적 증거와 관련된 것이 아니라, 오히려 불확실한 과학적 증거 때문임이 드러나고 있다. 실제로 갈릴레오는 당시에 지구가 움직인다는 분명한 증거를 제시하지 못했다. 케플러나 뉴턴 등에 의해 수학적으로 다듬어지기까지 지동설은 천동설의 문제점만큼이나 천체관측 결과를 설명하는 데 문제가 많았다.[12] 또한 갈릴레오도 바다의 조수현상이 지구의 자전 때문에 생긴다는 등의 (오늘날 관점에서 보면) 말도 안 되는 주장을 한 것을 보면, 갈릴레오의 주장은 모두 맞고 교황청의 주장은 모두 틀렸다는 식의 흑백논리적 태도는 잘못이라고 할 수 있다.

6. 기계론적 철학으로 인한 갈등

17세기에는 아리스토텔레스의 자연철학을 대체하는 기계론적 철학이 등장하였다. 프랑스에서는 철학자 데카르트Rene Descartes, 수사 메르센 Marin Mersenne, 사제 가상디Pierre Gassendi 등이 기계론적 철학을 확산시키고 있었고, 영국에서는 보일Robert Boyle, 뉴턴Isaac Newton 등이 하나님의 주권과 만물의 의존성 등 종교개혁의 사상을 지지하면서 역학 체계를 수립하였다. 뉴턴은 과학으로 삼위일체를 증명하지는 못했지만, 자연이 하나님의 존재와 활동을 증명한다고 믿었다. 비록 뉴턴 자신은 기계론자가 아니었지만, 그의 역학 체계는 기계론적 세계관의 프레임을 형성하였다. 기계론적 세계관의 등장은 기독교와 긴장의 시작이었다.[13]

18세기에는 기계론적 세계관이 다른 과학의 영역으로 확산되기 시작하였다. 천문학에서는 우주의 기원에 대한 과학적 설명들이 나타나기 시작했다. 천문학자들은 점점 더 태양 중심 체계에 근거한 해석 뿐 아니라 태양계의 기원 등에 대해서도 과학적인 설명을 시도하였다. 『천체역학』을 발표한 라플라스는 거대한 기계와 같은 우주에서 하나님의 존재를 더 이상 가정할 필요가 없었다. 태양계의 기원을 설명하기 위한 칸트-라플라스 성운설이 한 예라고 할 수 있다.

생물학자들은 기적이 포함된 기독교의 설명이나 형이상학적인 영혼에 대한 개념을 과학과 분리하였다. 이에 사람들은 과학이 기독교로부터 떠내려가는 것을 걱정했으며, 그래서 하나님에 대해 '신적 건축가Divine Architect'라는 개념이 등장하게 되었다. 즉 중세와 종교개혁기에는 인간의 역사에 친히 개입하셔서 죄인을 구원하신 구세주 하나님이었으나, 18세기에는 '시계제조자 하나님God as Watchmaker'이라는 이신론적 개념으로 전락한 것이었다.

19세기에 기독교 신앙은 지질학과 충돌하였다.[14] 19세기 전반에는 기독교의 격변설과 지질학의 균일설이 충돌하였다. 당시 사람들은 성경의 기록보다 암석의 기록을 더 중시하였다. 균일설의 대표자였던 라이엘Charles Lyell은 지질학을 공부할 때는 "마치 성경이 존재하지 않는 것처럼as if the Scriptures were not in existence" 공부했으며, 조윗Benjamin Jowett은 "성경을 다른 여느 책과 동일하게 해석interpret the Scriptures like any other book"하였다.

7. 진화론과 교회의 충돌[15]

지질학에서 긴장이 높아져 가던 중 1859년에 다윈Charles Robert Darwin의 『종의 기원』이 발표되면서 기독교와 과학계는 정면으로 충돌하였다. 1860년에 유명한 옥스퍼드 논쟁에서 기독교 대표로 나온 윌버포스 주교Bishop Samuel ('Soapy Sam') Wilberforce와 '다윈의 불독Darwin's Bulldog' 헉슬리Thomas H. Huxley는 원색적으로 충돌하였다. 이 논쟁에서 헉슬리는 "원숭이가 조상인 것은 부끄럽지 않으나 위대한 은사를 사용하여 진리를 가리는 사람과 연관된 것은 부끄럽다."라고 말했다.[16]

기독교와 진화론의 충돌은 미국에서도 일어났다. 미국의 개신교 목사였던 핫지Charles Hodge는 다윈의 진화론은 무신론과 동일하다고 선언하며 무신론의 해악을 지적하였다. 그는 창세기의 설명은 진화론과 양립할 수 없으며 인간의 원숭이 기원설을 정죄했다.[17]

19세기 후반, 기독교와 진화론 논쟁은 20세기 창조론 논쟁으로 발전하였다.[18] 안식교에서 시작된 창조과학 운동이 가장 중요한 반진화론 운동이었다. 비록 창조과학이란 말은 20세기 후반에 등장했지만 말이다. 창조과학자들이 제시하는 성경의 문자적 해석에 대해 일부 복음주의 신학자들은 반대했지만, 그럼에도 창조과학은 가장 강력한 반진화론 세력을 형성하였다. 1925년에 스콥스 재판Scopes Trial을 계기로 부흥하기 시작한 창조과학 운동은 1961년에 모리스Henry Madison Morris와 윗콤John C. Whitcomb, Jr.의 『창세기 대홍수』의 출판으로 새로운 전기를 맞게 되었다. 그 후 창립된 창조과학협회Creation Research Society와 창조과학연구소Institute for Creation Research는 전세계적으로 반진화론 운동을 펼치는 진원지가 되었다.

20세기 마지막 4반세기는 창조과학 운동이 국제화되는 시기였다. ICR의 영향력은 1981년에 한국에서 창조과학회를 조직하는 데 결정적으로 기여했고, 이어 일본과 호주, 캐나다, 러시아 등으로 확산되었다. 근대과학의 발흥 초기에는 압도적인 다수의 과학자들이 경건한 그리스도인들이었지만, 그로부터 400여 년이 지난 후 기독교는 과학의 이름으로 기독교 신앙과 대립하는 진화론과 정면으로 대치하게 되었다.

8. 사랑으로 진리를 말하라!

지금까지의 논의들로부터 우리는 다음과 같이 세 가지 결론을 내릴 수 있다.

첫째, 기독교가 역사적으로 학문적 추구와 본질적으로 갈등하는 관계에 있었다고 주장하는 것은 과장되었거나 실상을 잘못 알았기 때문이다. 기독교 신앙이 학문과 전적으로 공명되는 것은 아니었지만, 그렇다고 불구대천의 원수는 더더욱 아니었다. 기독교와 과학의 관계를 적대적 관계로 이해해서는 과학혁명이 비슷한 정도의 과학수준을 갖고 있었던 중국이나 인도, 이슬람 세계에서 일어나지 않고 기독교적인 배경을 가진 유럽에서 일어난 것을 설명하기가 어렵다.

이와 관련해 호이카스Reijer Hooykaas는 자연을 신성시하여 두려워하고 육체적 노동을 경시한 그리스적 사고에서는 과학이 발달할 수가 없고 따라서 현대 과학적 정신은 기독교 정신의 발로라고 주장했다. 머튼Robert Merton 역시 과학혁명 당시 개신교도들, 특히 청교도들 중에 실험학자들이 많았던 것은 육체적인 노동을 신성하게 여기는 청교도적 윤리 때문이라고 주장했다.[19]

둘째, 과학의 자율성을 주장하면서 신앙으로부터 과학을 분리하려는 시도는 결국 다른 신앙을 받아들이게 된다는 사실이다. 바실의 창조론자 전통 속에 배태되어 있었던 자연의 상대적 자율성, 로저 베이컨의 유명론, 근대 과학자들의 기계론적 철학, 다윈의 진화론 등은 결국 자연주의적 세계관으로 그 막을 내렸다. 처음에는 지나친 신앙의 간섭이 자연의 연구에 도움이 되지 않는다는 차원에서 과학 연구에서 신앙적 영향을 제한하기 시작했지만, 결국에는 과학에서 신앙의 영역이 완전히 사라져 버렸고, 어느 순간 과학은 전통적인 신앙에 비해 경직된 자연주의라는 이데올로기의 종이 되어버리고 말았다.

자연의 자율성으로부터 출발하여 과학적 연구에서 신앙의 영역을 없애버린 지금까지의 역사는 그리스도인들이 왜 과학에 대해 무관심해서는 안 되는지를 말해준다. 과학에서 신앙의 영향을 제거하려는 것은 하나님을 떠나 자기 마음대로 살려는 타락한 인간의 본성의 발로라고 할 수 있다. 이것은 이미 에덴동산에서부터 시작되었으며, 르네상스와 계몽주의를 지나면서 과학의 영역에서도 뚜렷이 나타났다. 그러므로 모든 생각을 사로잡아 그리스도께 복종시키려는 하나님의 사람들은 과학의 영역에서도 하나님을 경외하고 그분의 명령을 지키는 것이 필요하다. "일의 결국을 다 들었으니 하나님을 경외하고 그 명령을 지킬지어다 이것이 사람의 본분이니라"전12:13.

셋째, 과학과 신앙의 논쟁은 때로 논쟁의 핵심보다 논쟁하는 사람들의 자세로 인해 소모적인 논쟁이 된 적이 많았다. 갈릴레오 재판이나 근래의 창조과학 논쟁이 그 대표적인 예라고 할 수 있다. 자연에 대한 해석이나 성경에 대한 해석에 있어서 우리는 언제나 잠정성을 갖는 것이 필요하다. 기독교 교리에는 분명히 불변의 핵심 교리가 있는가 하면 시대에 따라, 또는 사람에 따라 해석이 달라질 수 있는 '주변 교리'가 있다. 달라질 수 있는 '주변 교리'를 핵심 교리로, 혹은 핵심 교리와 불가분의 관계를 갖고 있는 것처럼 과장하게 되면 결국 아군들끼리 전투하는 불행한 일이 일어날 수밖에 없다. 저자는 한국에서 창조과학 운동으로 인해 생긴 소모적인 논쟁의 상당 부분도 아군들끼리의 전투였다고 생각한다.

본서를 마무리하면서 우리는 바울 사도의 권면을 다시 한 번 되새기는 것이 필요하다. "오직 사랑 안에서 참된 것을 하여 범사에 그에게까지 자랄지라 그는 머리니 곧 그리스도라"엡4:15. 아무리 참된 것을 말하더라도 사랑이 없으면 아무 것도 아닌 것처럼 아무리 사랑으로 행해도 참된 것, 즉 진리가 아닌 것은 진정한 사랑이 아니라고 할 수 있다. 그러면 어떻게 해서 그리스도에게까지 자라갈 수 있을까? 그 방법은 "오직 사랑 안에서 참된 것을 하여"이다. 이것은 영어 표현이 더 구체적이다. "speaking the truth in love". 즉 사랑 안에서 진리를 말함으로써 자라가라는 것이다. 사랑 없이 진리를 말함으로써 교회 안에 분쟁과 시기, 증오, 분열이 생기는 경우가 얼마나 많은가! 그러므로 진리라고 해도 사랑이 없거든 차라리 침묵하는 편이 낫다.

주

서문

1. J.G. Gracia and T.B. Noone, 『A Companion to Philosophy in the Middle Ages』, (London, 2003) p.35
2. Christopher Kaiser, 『Creation and the History of Science』 (Grand Rapids, MI: Eerdmans, 1991); David C. Lindberg and Ronald L. Numbers, editors, 『God and Nature: Historical Essays on the Encounter between Christianity and Science』 (Berkeley, CA: University of California Press, 1986) - 한국어판: 박우석, 이정배 역, 『신과 자연』 (이화여자대학교출판문화원, 1998); Del Ratzsch, 『Science and Its Limits: The Natural Sciences in Christian Perspective』 (Downers Grove, IL: IVP, 2000) - 한국어판: 김영식, 최경학 역, 『과학철학: 자연과학에 대한 기독교적 조망』 (IVP, 2002); Hendrik van Riessen, 『The Christian Approach to Science』 (Hamilton, ON: Association for Reformed Scientific Studies, 1966).

제1강 과학의 기원과 종교

1. 철학박사(Philosophiæ Doctor, Doctor of Philosophy, Ph.D., PhD,)는 대학교에서 제공하는 최고 학위이다. 철학박사 명칭의 '철학'은 현대의 분과적 철학만을 가리키는 것은 아니며 전체적 과학분야인 인문과학과 자연과학을 아우르는 모든 분야를 의미한다. '철학박사'가 여러 분야의 박사 통칭으로 불리게 된 것은 독일의 대학에서 기인한다.
2. 증기기관을 이용한 현대적 증기기관차(steam locomotive)는 1814년 조지 스티븐슨이 만들었다. 하지만 2차 대전 후에는 무겁고 손이 많이 가는 증기기관차 대신 무연, 고속, 고성능을 가진 디젤기관차를 이용하기 시작하였다. 증기기관차는 1950년대를 정점으로 점차 일선에서 사라지기 시작하여 1970년 이후로 주요 산업국가에서 증기기관차를 찾아보기 어렵게 되었다.
3. Friedrich Engels, *The Condition of the Working Class in England (Die Lage der arbeitenden Klasse in England)* (Leipzig: Otto Wigand, 1845[German], 1887[English]).
4. Arnold J. Toynbee, *Lectures on the Industrial Revolution of the Eighteenth Century in England* (London, New York: Longmans, Green, and Co., 1894).
5. "List of countries by life expectancy" in https://en.wikipedia.org/wiki/List_of_countries_by_life_expectancy
6. 나라의 발달과 국민의 평균 수명의 비교를 위해서는 Hans Rosling, Anna Rosling Rönnlund, Ola Rosling, *Factfulness: Ten Reasons We're Wrong About the World-and Why Things Are Better Than You Think* (Flatiron Books, 2018)를 참고하라. 한국어판으로는 『팩트풀니스』(김영사, 2019)의 1장 간극 본능(The Gap Instinct)을 참고하라.
7. 예를 들면 "中, 좁쌀만한 스파이칩으로…美기업·CIA 기밀 털었다," 「매일경제」 (2018.10.5.)을 보라. cf. https://www.mk.co.kr/news/world/view/2018/10/622374/
8. 엄격하게 말하면 기원전 46년부터 1592년까지는 1628년이 경과했다. 그래서 1628년 × 0.0078일/년 = 12.7일의 차이가 났다.
9. 3,300년 동안 3,300년 × 26초/년 = 85,800초가 길어지며, 이는 하루 86,400초(24시간 × 3,600초/시

간)와 거의 같은 길이가 된다.

10. 벤 섬(스웨덴어: Ven, 덴마크어: Hven)은 면적이 7.5㎢이며, 현재 스웨덴 스코네 주 란스크로나 시에 속한다.

11. "Alchemy" in <Wiki>; <위키>, "연금술" 각주들 참고.

12. Knvul Sheikh, "Isaac Newton's Recipe for Magical 'Philosopher's Stone' Rediscovered," *Live Science* (2016. 3. 24.) - cf. https://www.livescience.com/54162-newton-recipe-for-philosophers-stone-rediscovered.html.

13. William R. Newman, *Newton the Alchemist: Science, Enigma, and the Quest for Nature's "Secret Fire"* (Princeton University Press, 2018).

14. http://www.newsroad.co.kr/news/articleView.html?idxno=10457 (2018.10.15.)

15. http://www.newsroad.co.kr/news/articleView.html?idxno=10456 (2018.10.12.)

16. http://www.newsroad.co.kr/news/articleView.html?idxno=10035 (2018.7.31.)

17. 이능화, 『조선무속고(朝鮮巫俗考)』, 79쪽. 1927년에 『계명(啓明)』(제19호)에 발표되었으며, 1968년 4월에 한국문화인류학회에서 출간하였다.

18. 예를 들면, 뤼시앙 레비브륄, 김종우 역, 『원시인의 정신세계』(한국연구재단 학술명저번역 총서: 서양편 308) (나남, 2011.8.); 재레드 다이아몬드, 강주헌 역, 『총·균·쇠』(김영사, 1998).

19. 현존하는 유럽의 기록 중에 아라비아 숫자를 처음 언급한 것으로는 976년에 제작된(Albeldensis 라고도 알려진) 비길라누스 코덱스(Codex Vigilanus)이다. 비길라누스 코덱스는 현재 마드리드 에스쿠리알 도서관(Escurial Library)에 소장되어 있다. cf. https://en.wikipedia.org/wiki/Arabic_numerals#cite_note-14

20. cf. 김용운, 『김용운의 수학사』(살림, 2013).

21. Robert K. Merton, "Science, Technology and Society in Seventeenth Century England," *Osiris* 4(2): 360~632 (1938); Robert K. Merton, Science, *Technology and Society in Seventeenth Century England* (New York: Howard Fertig, 1938, 2001).

22. Reijer Hooykaas, *Religion and the Rise of Modern Science* (Edinburgh: Scottish Academic Press, 1972) - 한국어판: 손봉호, 김영식 역, 『근대과학의 출현과 종교』(정음사, 1987).

23. 창세기 4장 16~24절

24. Hendrik van Riessen, *The Christian Approach to Science* (Hamilton, ON: Association for Reformed Scientific Studies, 1966), 30.

25. van Riessen, *The Christian Approach to Science*, 45에서 재인용.

제2강 과학과 종교의 관계

1. Ian G. Barbour, *When Science Meets Religion* (HarperOne, 2000) - 한국어판: 이철우 역, 『과학이 종교를 만날 때』(김영사, 2002) 12쪽에서 재인용.

2. 과학과 종교의 관계에 대한 요약으로는 다음 한국어 위키를 참고하라: https://ko.wikipedia.org/wiki/과학_종교의_관계.

3. Barbour, 『과학이 종교를 만날 때』, 13쪽에서 재인용.

4. Barbour, 『과학이 종교를 만날 때』, 19쪽에서 재인용.

5. cf. archiv.ethlife.ethz.ch.

6. 그 외의 바버의 저서를 살펴보면, *Myths, Models and Paradigms* (1974), *Religion in an Age of Science* (1990), *Foreword in Religion & Science: History, Method, Dialogue* (1996), W.

Mark Richardson (ed.) and Wesley J. Wildman (ed.), *Religion and Science: Historical and Contemporary Issues* (1997) (revised and expanded version of *Religion in an Age of Science*), *When Science Meets Religion* (2000) 등이 있다.

7. "has been credited with literally creating the contemporary field of science and religion." from "The PBS Online Newhour May 28, 1999". Retrieved 2008-06-30.

8. 이 네 가지 모델에 대한 자세한 해설을 위해서는 "A Biologist's View of Science & Theology - Opportunities at the interface of science and religion" 제하에 쓴 글을 참고할 것: https://scienceandtheology.wordpress.com/2011/03/17/integration-its-not-just-calculus-and-social-science

9. John F. Haught, *Science and Religion: From Conflict to Conversation* (NY: Paulist Press, 1995); Barbour, 『과학이 종교를 만날 때』, 22쪽에서 재인용.

10. Ted Peters, "Theology and Science: Where Are We?," *Zygon* 31(2): 323~343 (1996.6.). 논문의 전문은 다음 웹사이트에서 볼 수 있다. https://holtz.org/Library/Philosophy/Metaphysics/Theology/Theology%20and%20Science%20by%20Peters%201996.html

11. Barbour, 『과학이 종교를 만날 때』, 23쪽에서 재인용. cf. Willem B. Drees, *Religion, Science and Naturalism* (Cambridge University Press, 1996).

12. cf. J. Wentzel van Huyssteen, *The Shaping of Rationality: Toward Interdisciplinarity in Theology and Science* (Wm. B. Eerdmans Publishing Company, 1999).

13. "'창조론은 종교… 학교선 못가르친다' | 아칸소주 교사들, 진화론 지지 합세," 「중앙일보」 (1981.12.12.). cf. https://www.joongang.co.kr/article/1608239#home

14. "Kent Hovind" in Wíkipedia.

15. By Bill Butler.Crop TheHerbalGerbil at en.wikipedia - http://www.durangobill.com/JasonGastrich.html, Copyrighted free use, https://commons.wikimedia.org/w/index.php?curid=18411675

16. "I have a standing offer of $250,000 to anyone who can give any empirical evidence (scientific proof) for evolution.* My $250,000 offer demonstrates that the hypothesis of evolution is nothing more than a religious belief." in DrDino.com.

17. Donald Prothero, "The Holocaust Denier's Playbook and the Tobacco Smokescreen," in Pigliucci, Massimo; Boudry, Maarten, editors, *Philosophy of Pseudoscience: Reconsidering the Demarcation Problem* (University of Chicago Press, 2013), 341~360. 「Wiki」 "Kent Hovind"에서 재인용.

18. Kent Hovind FAQs talk.origins

19. "A Journey to Hovind's Dinosaur Adventure Land", CSICOP in the November 2004 issue of *Skeptical Inquirer*; Case Number 2002 CF 004020 A; Greg Martinez, "Stupid Dino Tricks: A Visit to Kent Hovind's Dinosaur Adventure Land," *Skeptical Inquirer* Volume 28.6, November/December 2004; Rabb, William, "Park could face extinction: Lack of building permits closes dinosaur museum," *Pensacola News Journal*, 2006-04-07; Don Michael, "The Hovind connection: Check your facts, legislators," *Northwest Arkansas Times*, April 05, 2001; Hovind, Kent, "Part 6, The Hovind Theory," *CSE Ministry*, 2002.

20. Arguments we think creationists should NOT use. Answers in Genesis. Retrieved on 2006-04-12; Maintaining Creationist Integrity. Creation Ministries International. Retrieved on 2006-06-

08.

21. "Kent Hovind" in Wikipedia.

22. Hovind v. Commissioner, Tax Court Memorandum Opinion 2006-143.

23. "Biblical theme park's finances investigated," *St. Petersburg Times*, April 18, 2004.

24. "A Journey to Hovind's Dinosaur Adventure Land," *CSICOP* in the November 2004 issue of Skeptical Inquirer.

25. "Radical Religion: Creationism gets a dash of anti-Semitism," *Southern Poverty Law Center*: (2001). Retrieved on 2006-04-14.

26. Associated Press, "Online Biblical theme park's finances investigated-The government says 'Dr. Dino' owes taxes dating back to 1997," *St. Petersburg State Times* (2004.4.18.).

27. "Facing new legal woes," *Pensacola News Journal*」(Nov. 9, 2014). cf. "Kent Hovind" in Wikipedia (2020.8.27.).

28. "Arguments we think creationists should NOT use." *Answers in Genesis*. Retrieved on 2006-04-12.

29. "Maintaining Creationist Integrity," *Creation Ministries International*. Retrieved on 2006-06-08.

30. "Response to Kent Hovind," *Answers in Genesis*.

31. From DrDino.com: "Our position at CSE is that God has preserved His Word for the English-speaking people in the King James Version."

32. 공인본문은 신약학계에서 19세기 말에 이미 가장 빈약한 신약 본문으로 판정을 받고 있었다. 공인(公認)된 본문, 수용본문(受容本文), 전통본문(傳統本文) 등으로 불리기도 한다.

33. http://www.drdino.com/downloads.php, download #1

34. 헨리 브랙은 그의 아들 로렌스 브랙(William Lawrence Bragg, 1890~1971)과 함께 1915년도에 "X선에 의한 결정 구조 분석에 관한 공헌"을 인정받아 노벨상을 받았다.

35. Kerr Grant, *The Life and Work of Sir William Bragg* (1952), 43. cf. "From religion comes a man's purpose; from science, his power to achieve it. Sometimes people ask if religion and science are not opposed to one another. They are: in the sense that the thumb and fingers of my hands are opposed to one another. It is an opposition by means of which anything can be grasped." in Sir William Henry Bragg, "The World of Sound: Six Lectures Delivered at the Royal Institution" (1942).

36. John William Draper, *History of the Conflict between Religion and Science* (D. Appleton and Co., 1874).

37. 박기모, "마이클 세르베투스의 신앙과 과학." 「창조론오픈포럼」, 7(2) (2013.7.): 53~65.

38. John William Draper, *History of the Conflict*……, (D. Appleton and Co., 1881).

39. Andrew Dickson White(1832~1918): 뉴욕 태생의 미국 외교관, 역사가, 교육자. 코넬대(Cornell University) 창설 및 초대 총장(1866~1885), 미국역사협회(American Historical Association) 초대 총재(1884~1885), 독일, 러시아 주재 미국 대사를 역임했다.

40. Andrew Dickson White - https://archive.org/details/historyofwarfare01whit, Public Domain, https://commons.wikimedia.org/w/index.php?curid=87311903

41. Andrew Dickson White, *A History of the Warfare of Science with Theology in Christendom* (1896).

42. "a war waged longer, with battles fiercer, with sieges more persistent, with strategy more shrewd than in any of the comparatively transient warfare of Caesar or Napoleon of Moltke." from Andrew Dickson White, *A History of the Warfare of Science with Theology in Christendom* vol.1 (London, 1896), Introduction; 와다나베, 『과학자와 기독교: 갈릴레이에서 현대까지』, 205~6쪽에서 재인용. White의 책은 그 이전에 나왔던 John W. Draper, *The Conflict between Science and Religion*에 이어 나왔다.

43. "the great majority of the early fathers of the Church, and especially Lactantius, had sought to crush it beneath the utterances attributed to Isaiah, David, and St. Paul" from http://www.infidels.org/library/historical/andrew_white/Chapter2.html#I

44. "…… while [John] Brooke's view [of a complexity thesis rather than an historical conflict thesis] has gained widespread acceptance among professional historians of science, the traditional view remains strong elsewhere, not least in the popular mind." Gary Ferngren, ed., *Science & Religion: A Historical Introduction* (Baltimore: Johns Hopkins University Press, 2002), x.

45. "The conflict thesis, at least in its simple form, is now widely perceived as a wholly inadequate intellectual framework within which to construct a sensible and realistic historiography of Western science."(p. 7) Colin A. Russell, "The Conflict Thesis," *Science & Religion: A Historical Introduction*, Gary Ferngren, ed. (Baltimore: Johns Hopkins University Press, 2002).

46. "In the late Victorian period it was common to write about the 'warfare between science and religion' and to presume that the two bodies of culture must always have been in conflict. However, it is a very long time since these attitudes have been held by historians of science" in S. Shapin, *The Scientific Revolution* (Chicago, IL: University of Chicago Press, 1996), 195.

47. "In its traditional forms, the conflict thesis has been largely discredited." in J.H. Brooke, *Science and Religion: Some Historical Perspectives* (Cambridge University Press, 1991), 42.

48. Bertrand Russell, *Religion and Science* (London: Oxford University Press, 1935) - 한국어판: 송상용 역, 『종교와 과학』 (서울: 전파과학사, 1977), 9쪽.

49. Russell, 『종교와 과학』, 180쪽.

50. Russell, 『종교와 과학』, 13쪽.

51. "the only worldview compatible with science's growing knowledge of the real world and the laws of nature" in *Harvard Magazine* December 2005, 33.

52. "Famed biologist: Religion 'is dragging us down' and must be eliminated 'for the sake of human progress'." Rawstory.com. 2015-01-28. Retrieved 2015-12-06.

53. Penny Sarchet (2015-01-21): "E.O. Wilson: Religious faith is dragging us down." *New Scientist*. Retrieved 2015-12-06. "Religion 'is dragging us down' and must be eliminated 'for the sake of human progress'," and "So I would say that for the sake of human progress, the best thing we could possibly do would be to diminish, to the point of eliminating, religious faiths."

54. Penny Sarchet, (2015-02-01). "Why Do We Ignore Warnings About Earth's Future?" Slate. "In fact, I'm not an atheist … I would even say I'm agnostic."

55. E.O. Wilson, *Consilience: The Unity of Knowledge*, (New York, Knopf, 1998).

56. "Naturalist E.O. Wilson is optimistic," *Harvard Gazette* (June 15, 2006).

57. 예를 들면, John C. Greene, Paul F. Boller, Jr., Roy Porter, Herbert Hovenkamp 등.

58. Neal C. Gillespie, *Charles Darwin and the Problem of Creation* (University of Chicago Press, c1979).

59. James Moore, *The Post-Darwinian Controversies: A Study of the Protestant Struggle to Come to Terms with Darwin in Great Britain and America*, 1870-1900 (Cambridge University Press, 1979).

60. Margaret C. Jacob, "Newtonianism and the Origins of the Enlightenment: A Reassessment," *Eighteenth-Century Studies* 11(1): 1-25 (Autumn 1977).

61. Friedrich D.E. Schleiermacher, *Der christliche Glaube nach den Grundsätzen der evangelischen Kirche im Zusammenhange dargestellt* (Berlin, German: G. Reimer, 1884).

62. Søren Aabye Kierkegaard, *The Present Age: On the Death of Rebellion* (Harper Perennial Modern Classics, 2010). Originally published in 1846.

63. Karl Barth, *The Epistle to the Romans*, E. C. Hoskyns, trans. (London: Oxford University Press, 1933). Original German edition, *Der Römerbrief I* was published in 1919.

64. '공약 불가능하다'라는 말은 쿤(Thomas Kuhn)이 『과학 혁명의 구조』(1962)에서 제시한 개념이다. 이는 서로 다른 패러다임들끼리 경쟁할 때는 ① 패러다임에 따라 해결해야 할 '과학적 문제들의 목록'에 관한 의견이 다르고, ② 같은 용어조차도 의미가 다르며, ③ 다른 패러다임에 속한 과학자는 "서로 다른 세계에서 활동하며 …… 동일한 방향에서 같은 지점을 볼 때에도 서로 다른 것을 본다." 라는 의미에서 공통된 척도를 적용할 수 없다는 의미이다.

65. Emil Brunner, *The Word and the World* (New York: C. Scribner's Sons, 1931).

66. Paul Johannes Tillich, "The relationship today between science and religion," *The Spiritual Situation of our Technical Society*, ed. J.M. Thomas, 77~82 (Macon, GA: Mercer, 1988); Tillich, "Religion, Science and Philosophy," *The Spiritual Situation* …, 159~172. Tillich, "Theology and Science: A Discussion with Einstein," *Theology of Culture* (London: Oxford University Press, 1964), 127~132.

67. Reinhold Niebuhr, "The Tyranny of Science," *Theology Today* 10(4): 464~473 (January 1, 1954). https://doi.org/10.1177/004057365401000404.

68. Langdon Brown Gilkey, *Religion & Scientific Future* (Mercer University Press, 1970).

69. Helge Kragh, "Pierre Duhem, Entropy, and Christian Faith," *Physics in Perspective* 10: 379~395 (2008); "Pierre Duhem," *Stanford Encyclopedia of Philosophy* first published July 13, 2007; substantive revision July 26, 2018.

70. 양승훈, "두 근본주의의 충돌", *Scientific American* 한국어판 (2009.2.).

71. William Paley, *Natural Theology: or, Evidences of the Existence and Attributes of the Deity* 1st ed. (London: J. Faulder, 1802).

72. By William Paley - https://archive.org/stream/naturaltheologyo1802pale#page/n5/mode/2up, Public Domain, https://commons.wikimedia.org/w/index.php?curid=27956683.

73. cf. Alister E. McGrath, *A Scientific Theology: Nature* (Volume 1) (Grand Rapids, MI: William B. Eerdmans, 2001).

74. McGrath가 맡고 있는 옥스퍼드대학교 석좌교수직 이름은 Andreas Idreos Professorship in Science and Religion in the Faculty of Theology and Religion이다. 맥그래스는 *Christianity's Dangerous Idea: The Protestant Revolution--A History from the Sixteenth Century to the Twenty-First* (HarperOne, 2009)에서 지적설계론이 비단 기독교내에서만 통용되는 것이 아니라,

이슬람의 창조 신학에서도 통용된다고 지적한다.

75. Allan H. Batten, "A Most Rare Vision: Eddington's Thinking on the Relation between Science and Religion," *Quarterly Journal of Royal Astronomical Society* 35: 249~270 (1994). cf. Arthur Stanley Eddington, *Science and the Unseen World* (Quaker Press, 1980).

76. 지적설계운동의 중심지는 시애틀에 있는 디스커버리 연구소(Discovery Institute's Center for Science and Culture)라고 할 수 있다. 비히, 뎀스키, 덴톤을 비롯한 중요한 지적설계론자들이 이곳을 중심으로 활동하고 있다.

77. Michael John Denton, *Evolution: A Theory in Crisis* (Adler & Adler, 1985). 이 책은 Phillip E. Johnson이나 Michael J. Behe와 같은 사람들에게 영향을 미친 것으로 알려지고 있다.

78. 국내 지적설계연구회 현황에 대해서는 「크리스천 투데이」의 김진영 기자와 지적설계연구회의 이승엽 회장의 대담 기사를 참고하라. "빈틈의 하나님? '빈틈의 다윈'은 왜 못 보나?" 「크리스천 투데이」 (2018.1.10.) - cf. https://www.christiantoday.co.kr/news/308205

79. 보어가 불확정성 원리를 해명하기 위하여 도입한 상보성원리(相補性原理, complementarity principle)는 양자역학적 대상에 어떤 실험을 하느냐에 따라 파동적 특성 혹은 입자적 특성을 보인다는 원리이다. 상보성원리에 의하면, 연구의 대상은 절대로 동시에 입자이며 파동일 수는 없다. 대상의 입자성을 명확하게 하려면 할수록 대상의 파동성은 더욱 찾아볼 수 없게 된다.

80. 보어의 종교관에 대해서는 몇몇 연구들이 이루어졌다. 예를 들면, Finn Aaserud and J.L. Heilbron, *Love, Literature and the Quantum Atom: Niels Bohr's 1913 Trilogy Revisited* (Oxford: Oxford University Press, 2013); Melville Y. Stewart, *Science and Religion in Dialogue*, Two Volume Set (Maiden, MA: John Wiley & Sons, 2010).

81. 쿨손은 기독교와 관련하여 몇 권의 얇은 저서를 남겼다. Charles Alfred Coulson, *Christianity in an Age of Science* (Oxford University Press, 1953), 53; *Science, Technology and the Christian* (Abingdon Press, 1960), 111; *Science and Christian Belief* (Oxford University Press, 1956), 127. 쿨손은 처음으로 "간격의 하나님(God of the gaps)"이라는 개념을 만들었다. Adrian L. Hough, "Not a Gap in Sight: Fifty Years of Charles Coulson's Science and Christian Belief," *Theology* 109 (847): 21~27 (2006).

82. Eric Lionel Mascall, *Christian Theology and Natural Science* (Ronald Press, 1956).

83. Bernard L. Ramm, *The Christian View of Science and Scripture* (Grand Rapids, MI: Eerdmans, 1954) - 한국어판: 박지우 역, 『과학과 성경의 대화』 (IVP, 2016).

84. Gordon H. Clark, *Philosophy of Science and Belief in God* (Trinity Foundation, 1987).

85. Donald MacCrimmon MacKay, *The Clockwork Image: A Christian Perspective on Science* (Downers Grove, IL: IVP, 1974) - 한국어판: 이창우 역, 『현대과학의 기독교적 이해』 (전파과학사, 2019). 본서는 주로 영국 BBC 방송강의를 위해 준비했던 것이며, 기독교 신앙과 과학의 관계를 좀 더 깊고 바르게 이해하고 싶은 일반 독자들을 위한 것이다.

86. Doug Linder, "The Vatican's View of Evolution: Pope Paul II and Pope Pius," from http://law2.umkc.edu/faculty/projects/ftrials/conlaw/vaticanview.html (2021.2.9.).

87. Mary Lukas, "Teilhard and the Piltdown 'Hoax'," *America* (May 1981) - https://www2.clarku.edu/faculty/djoyce/piltdown/map_prim_suspects/teilhard_de_chardin/Chardin_defend/teilhardandpilthoax(lukas).html (2021.2.9.).

88. David C. Lindberg & Ronald L. Numbers, editors, "Introduction," *God and Nature* (Berkeley, CA: University of California Press, 1986) - 한국어판: 이정배, 박우석 역, "서론," 『신과 자연: 기독

교와 과학, 그 만남의 역사』 상, 하 (이화여자대학교 출판문화원, 1998), 16~38쪽.

89. John Hedley Brooke, *Science and Religion-Some Historical Perspectives* (Cambridge University Press, 1991).

90. David C. Lindberg and Ronald L. Numbers, editors, *God and Nature* (Berkeley, CA; University of California Press, 1986); David C. Lindberg & Ronald L. Numbers, editors, *When Science & Christianity Meet* (The University of Chicago Press, 2003).

91. Lindberg and Numbers, "Introduction," *God and Nature*, 10.

92. Lindberg & Numbers, *When Science & Christianity Meet*, 5.

93. 예를 들면, O.E. Sanden, *Does Science Support the Scriptures?* 2nd edition (Grand Rapids, MI: Zondervan, 1951) 등을 보라.

94. "a God to whom one may pray in expectation of receiving of receiving an answer" from Edward J. Larson and Larry Witham, "Scientists are still Keeping the Faith," *Nature* 386(1997): 435~436.

95. Robert K. Merton, *Science, Technology and Society in Seventeenth-Century England* (originally published in *Osiris* 4: 360~632 (1938) (New York: Howard FertigHarper Torchbooks, 1970); cf. I. Bernard Cohen, K.E. Duffin and Stuart Strickland, eds., *Puritanism and the Rise of Modern Science: The Merton Thesis*, Afterword by Robert K. Merton (New Brunswick, New Jersey: Rutgers University Press, 1990).

96. Gary A. Abraham, "Misunderstanding the Merton Thesis: A Boundary Dispute between History and Sociology," *Isis* 74 (1983), 368~387.

97. Reijer Hooykaas, *Religion and the Rise of Modern Science* (Grand Rapids, MI: Eerdmans, 1972) - 한국어판: 손봉호, 김영식 역, 『근대과학의 출현과 종교』 (서울: 정음사, 1987).

98. Reijer Hooykaas, "The Rise of Modern Science: When and Why?," *British Journal for the History of Science* 20 (1987), 453~473.

99. John L. Heilbron, *The Sun in the Church: Cathedrals as Solar Observatories* (Cambridge: Harvard University Press, 1999), 3.

100. Georges Lemaître, "Un Univers homogène de masse constante et de rayon croissant rendant compte de la vitesse radiale des nébuleuses extra-galactiques" (A homogeneous Universe of constant mass and growing radius accounting for the radial velocity of extragalactic nebulae), *Annales de la Société Scientifique de Bruxelles* (in French) 47: 49 (April 1927).

101. https://ko.wikipedia.org/wiki/바티칸_천문대

102. http://m.cpbc.co.kr/paper/view.php?cid=489218.

103. cf. 양승훈, "기독교와 과학," 「통합연구」 (1994).

104. cf. Kenneth Howell, *God's Two Books: Copernican Cosmology and Biblical Interpretation in Early Modern Science* (Notre dame, IN: University of Notre Dame Press, 2002).

제3강 과학관과 과학의 중립성

1. Del Ratzsche, *Science & Its Limit*, 2nd edition (Downers Grove IL: IVP, 2000), 11.

2. Thomas Uebel, "Vienna Circle," in *Stanford Encyclopedia of Philosophy Archive*, Edward N. Zalta (ed.) (Spring 2016 Edition) (Metaphysics Research Lab, Stanford University, 2016.1.1.),

3. 이 말은 칸트(Immanuel Kant)가 『순수이성비판』에서 "내용 없는 사고는 공허하며, 개념 없는 직

관은 맹목적이다(Gedanken ohne Inhalt sind leer, Anschauungen ohne Begriffe sind blind)."라고 한 말을 과학철학자 임레 라카토스(Imre Lakatos)가 *The Methodology of Scientific Research Programmes* (1978)에서 패러디한 표현이다. 칸트 이후 종종 "A 없는 B는 공허하며, B 없는 A는 맹목적이다."라는 형식의 패러디를 사용하는 사람들이 있었다. 아인슈타인은 『과학과 종교(Science and Religion)』(1941)에서 "종교 없는 과학은 공허하며, 과학 없는 종교는 맹목적이다."라고 했다.

4. 서울대 과학사 및 과학철학 협동과정은 이 분야 국내 첫 대학원 과정이었고, 지금은 고려대 과학기술학 협동과정, 전북대 과학학과 등 과학사와 과학철학 분야의 학과나 전공이 여럿 개설되고 있다. KAIST 과학기술정책대학원에서는 과학철학, 과학사, STS(Science, Technology and Society)를 중심으로 과학기술정책의 이슈를 다루고 있다.

5. cf. Alan Chalmers, 『현대의 과학철학』; Ratzsch, *Science and Its Limits*, Chs. 2~4.

6. 툴민(Stephen Toulmin)의 논리 경험주의(logical positivism)라고도 불리는 세련된 귀납주의 개념이 등장한 후로 기존의 귀납주의는 베이컨의 경험주의 혹은 소박한 귀납주의(naive inductivism) 등으로 불리기도 한다.

7. Karl Popper, *Logik der Forschung* (Tübingen, 1976) - 영어판: *The Logic of Scientific Discovery* (Psychology Press, 2002). 한국어판: 박우석 역, 『과학적 발견의 논리』 (고려원, 1994). 반증논리는 신중섭, 『포퍼와 현대의 과학철학』 (서광사, 1992) 196~198쪽에서 잘 설명하고 있다.

8. Norwood Russell Hanson, *Patterns of Discovery: An Inquiry into the Conceptual Foundations of Science* (Cambridge University Press, 1958) - 한국어판: 송진웅, 조숙경 역, 『과학적 발견의 패턴: 과학의 개념적 기초에 대한 탐구』 (서울: 민음사, 1995).

9. Ronald L. Numbers, *The Creationists: From Scientific Creationism to Intelligent Design*, Expanded Edition (Harvard University Press, 2006) - 한국어판: 신준호 역, 『창조론자들』 (새물결플러스, 2016), 576쪽.

10. Stephen Thornton, "Karl Popper," in *Stanford Encyclopedia of Philosophy Archive*, Edward N. Zalta (ed.) (Winter 2016 Edition) (Metaphysics Research Lab, Stanford University, 2016.1.1.),

11. Imre Lakatos, "Falsification and the methodology of scientific research programmes," in *Can Theories Be Refuted? - Essays on the Duhem-Quine Thesis*, Sandra G. Harding editor (Dordrecht, Holland: D. Reidel Publishing Company, 1976), 205~259.

12. Thomas S. Kuhn, *The Copernican Revolution: Planetary Astronomy in the Development of Western Thought* (Cambridge: Harvard University Press, 1957).

13. Thomas Samuel Kuhn, *The Structure of Scientific Revolutions* (Chicago: University of Chicago Press, 1962).

14. Paul Feyerabend, *Against Method: Outline of an Anarchist Theory of Knowledge*, third edition (New Left Books, 1993) - 한국어판: 정병훈 역, 『방법에의 도전 : 새로운 과학관과 인식론적 아나키즘』 (한겨레, 1987).

15. Herman Dooyeweerd, *A New Critique of Theoretical Thought: The Necessary Presuppositions of Philosophy* (Edwin Mellen Pr.: new edition 1997, originally published in 1955).

16. 카프라(Fritjof Capra): 초, 중등 교육에서 생태계와 시스템 사고를 하도록 장려하는 Center for Ecoliteracy (Berkeley, California)의 창설 소장이다. 신과학 운동의 기초가 된 대표적인 저서들: Fritjof Capra, *The Tao of Physics: An Exploration of the Parallels Between Modern Physics and Eastern Mysticism* (1975). 43판을 인쇄했으며, 23개 언어로 번역되었다. *The Turning Point: Science, Society, and the Rising Culture* (1982); *The Web of Life: A New Scientific*

Understanding of Living Systems (1996). 14판을 인쇄했으며, 10개 언어로 번역되었다.

17. van Riessen, *The Christian Approach to Science*, 12.

18. 홍성욱, 『과학은 얼마나』 (서울대학교출판부, 2004), 102쪽.

19. 학문이론과 종교적 믿음의 관계에 대해서는 Roy A. Clouser, *The Myth of Religious Neutrality: An Essay on the Hidden Role of Religious Belief in Theories* (University of Notre Dame Press, 2005) - 한국어판: 홍병룡 역, 『종교적 중립성의 신화』 (아바서원, 2017)를 보라. 특히 이 책의 Part 3 "사례집"은 수학이나 물리학, 심리학 등 개별학문의 영역에서 종교적 신념이 어떤 역할을 하는지를 잘 설명하고 있다.

20. cf. https://www.allofliferedeemed.co.uk/vanriessen.htm

21. van Riessen, *The Christian Approach to Science*, 18.

22. 아퀴나스의 『신학대전』에 나타난 신앙과 이성의 문제는 많은 사람들이 연구하였다. 예를 들면, 박승찬, "토마스 아퀴나스의 『신학대전』에 나타난 신앙과 이성—제1부 제1문제 신학과 철학의 관계를 중심으로," 「가톨릭 신학과 사상」 제30호 (1999.12): 154~187쪽.

23. van Riessen, *The Christian Approach to Science*, 19

24. 영국 케임브리지대학교의 역사학 교수이자 총장(Vice Chancellor)이었던 버터필드(Herbert Buttefield, 1900~1979)는 1952년에 출간한 『근대 과학의 기원』에서 과학혁명이라는 용어를 소개했다. 버터필드는 코페르니쿠스의 『천구의 회전에 관하여』가 발표된 1643년부터 뉴턴의 『프린키피아』가 발표된 1687년까지를 과학혁명기라고 주장했다.

25. van Riessen, *The Christian Approach to Science*, 21.

26. 이 말은 프랑스의 철학자이자 사회학자인 꽁트(Auguste Comte, 1798~1857)가 『실증철학강의(A Course of Positive Philosophy』(1832~1842)에서 "아는 것은 예측하기 위해, 예측하는 것은 행동을 위해(Savoir pour prevoir et prevoir pour pouvoir)"라고 한 말을 패러디한 말이다.

27. 위키백과, "실증주의"를 참고하라.

28. van Riessen, *The Christian Approach to Science*, 22.

29. 실존주의는 자신의 인생을 개척해 나가는 주체적 삶을 강조한 철학으로서 20세기 전반, 합리주의와 실증주의 사상에 대한 반동으로 일어났다. 대표학자들로는 니체, 하이데거, 사르트르 등을 들 수 있다. 사르트르는 인간은 어떤 본질의 지배를 받는 고정된 존재가 아니라, 스스로 삶을 개척해 나가는 실존적 존재라고 주장하며, "실존(현실 존재)은 본질(정해진 운명)을 앞선다."라는 유명한 말을 남겼다. cf. 오가와 히토시, 『곁에 두고 읽는 서양철학사』 (다산에듀, 2015). http://blog.naver.com/trendkey/221095224956

30. van Riessen, *The Christian Approach to Science*, 25.

31. van Riessen, *The Christian Approach to Science*, 25.

32. van Riessen, *The Christian Approach to Science*, 48.

33. van Riessen, *The Christian Approach to Science*, 48.

34. 위키백과, "가치중립"을 참고하라.

35. van Riessen, *The Christian Approach to Science*, 42.

36. van Riessen, *The Christian Approach to Science*, 47.

37. van Riessen, *The Christian Approach to Science*, 50.

38. https://ko.wikipedia.org/wiki/튀코_브라헤

39. https://www.nasa.gov/image-feature/the-tycho-supernova-death-of-a-star X-ray: NASA/CXC/RIKEN & GSFC/T. Sato et al; Optical: DSS

40. van Riessen, *The Christian Approach to Science*, 51.

41. 도예베르트의 양상구조에 대해서는 L. Kalsbeek 책을 참고하기 바란다. L. Kalsbeek, *Contours of a Christian Philosophy: An Introduction to Herman Dooyeweerd's thought*, Bernard and Josina Zylstra, editords (Toronto: Wedge Publishing Foundation, 1975). 본서의 네덜란드어 원본은 *De Wijsbegeerte der Wetsidee: Proeve van een christelijke filosofie* (Amsterdam: Buijten & Schipperheijn, 1970). 한국어판: 황영철 역, 『기독교인의 세계관: 기독교 철학개론』, (서울: 평화사, 1981).

42. van Riessen, *The Christian Approach to Science*, 53.

43. L. Kalsbeek, 『기독교인의 세계관』 참고.

44. Rene Descartes, *Discours de la méthode pour bien conduire sa raison, et chercher la verité dans les sciences* (1637); 한국어판: 이현복 역, 『이성을 올바르게 이끌어, 여러 가지 학문에서 진리를 구하기 위한 방법서설(方法序說)』 (문예출판사, 1997).

45. 예를 들면, Henri Bergson, *La Pensée et le mouvant* (1934) - 한국어판: 이광래 역, "형이상학 입문," 『사유와 운동』 (문예출판사, 2015).

46. van Riessen, *The Christian Approach to Science*, 55.

47. van Riessen, *The Christian Approach to Science*, 57.

48. van Riessen, *The Christian Approach to Science*, 59.

제4강 과학과 기독교 그리고 설계

1. http://www.hani.co.kr/arti/society/schooling/244537.html#csidx208dff2323dde6fb13a854b44b3c3a5.

2. Ratzsch, 『과학철학』, 133~134쪽.

3. 디모데전서 4장 4절.

4. Ratzsch, *Science and Its Limits*, Ch.7.

5. 한 예로 유럽우주국(ESA)이 중심이 되어 추진한 플랑크 미션(Planck Mission)의 결과를 보면 우주는 전혀 등방적이지도, 균일하지도 않다. Matthew Francis, "First Planck results: the Universe is still weird and interesting," 「ARS Technica」 (2013.3.21.) - https://arstechnica.com/science/2013/03/first-planck-results-the-universe-is-still-weird-and-interesting/.

6. God-of-the-Gaps 개념에 대해서는 *Perspectives on Science and Christian Faith* (PSCF)나 *Journal of American Scientific Affiliation* (JASA)에 게재된 여러 논문들을 참고하기 바란다. 예를 들면, David Snoke, "In Favor of God-of-the-Gaps Reasoning," *PSCF* 53: 152~158(September 2001); Jack Collins, "Miracles, Intelligent Design, and God-of-the-Gaps," *PSCF* 55(1): 22~29 (March 2003); Ronald G. Larson, "Revisiting the God of the Gaps," *PSCF* 61(1): 13~22 (March 2009); Randy Isaac, "From Gaps to God," *PSCF* 57(3): 230~233 (September, 2005); R. Laird Harris, "The God of the Gaps," *JASA* 15: 101~104 (December 1963) 등이다.

7. William Paley, *Natural Theology: or Evidences of the Existence and Attributes of the Deity; Collected from the Appearances of Nature* (Philadelphia: John Morgan, 1802). 신 존재에 대한 목적론적 논증(teleological argument)이란 자연세계 속의 증거를 통해 신의 존재를 증명하는 방식이다.

8. Barbara Forrest and Paul R. Gross, *The Blasphemy of Intelligent Design: Creationism's Trojan Horse. The Wedge of Intelligent Design* (New York: Oxford University Press, 2004). 아얄라가 이 책에 대해 쓴 아얄라의 서평을 참고하라. Francisco J. Ayala, "The Blasphemy of Intelligent Design:

Creationism's Trojan Horse. The Wedge of Intelligent Design," *History and Philosophy of the Life Sciences* 28(3): 409~421 (2006), URL: https://www.jstor.org/stable/23334140.

9. 이러한 생각은 비단 쿤만의 주장이 아니라 앞에서 언급한 것처럼 새로운 과학철학 운동에 참여했던 라카토스 등 여러 학자들의 공통적인 생각이다.

10. Ratzsch, *Science and Its Limits*, 134~136.

11. 창세기 2장 15절.

12. 창세기 1장 28절

13. "Imagination is more important than knowledge. The true sign of intelligence is not knowledge but imagination." by Albert Einstein.

14. 예를 들면, Bernard L. Ramm, *The Christian View of Science and Scripture* (London: Paternoster, 1955), 25.

15. 예를 들면, 창세기 1장 31절, 빌립보서 4장 8절.

16. 성경은 곳곳에서 약자들을 도울 것을 명한다. 신명기 10장 17~19절; 시편 68편 5, 6절, 146편 9절; 이사야 1장 15, 17절; 야고보서 1장 27절; 디모데전서 3장 2절; 마태복음 25장 35, 36, 40절 등.

17. 지구온난화를 허구라고 주장하는 사람들로는 전 미국 대통령 트럼프(Donald Trump), 노벨물리학상 수상자인 예베르(Ivar Giaever), 전 MIT의 대기과학자 린즌(Richard Lindzen), 대기물리학자 프레드 싱어(Fred Singer) 등을 들 수 있다. 예베르는 2012년에 "지구온난화는 유사과학이다"란 제목으로 강연하였고, 린즌은 2014년에 "기후 민감도란 무엇인가"란 제목의 강연에서 지구온난화를 부정하였다. 우리나라에서도 강용석, 전경련 산하의 한국경제연구원 등이 지구온난화를 부정하고 있다. 2007년 3월 8일, 영국 채널4 방송에서는 "지구온난화 대사기극"(The Great Global Warming Swindle)이라는 다큐멘터리를 방송하기도 했다.

18. 양승훈, "기독교와 과학 - 기독교 신앙과 근대과학정신에 대한 역사적, 신학적 조망," 「통합연구」 7(2): 227~254 (1994.6.).

19. "아는 것이 힘이다(*scientia potentia est*)."란 말은 흔히 베이컨(Francis Bacon)이 한 말로 알려져 있지만, 사실 베이컨의 영어나 라틴어 저술에서는 이와 정확히 일치하는 말이 발견되지 않는다. 다만 1597년에 베이컨이 출간한 *Meditationes Sacrae*에서 "지식 그 자체는 힘이다(*ipsa scientia potestas est*)."란 말이 등장한다. 정확하게 "아는 것이 힘이다."라는 말이 처음 사용된 것은 1668년에 홉스 (Thomas Hobbes)가 출간한 *Leviathan*에서였다. 홉스는 젊었을 때 베이컨의 비서를 했다.

20. 창세기 3장 16~9절.

21. 와다나베 마사오(和田部正雄),『과학자와 기독교: 갈릴레이에서 현대까지』(전파과학사, 1988), 79~80쪽.

22. 하나님은 우리에게 '자연이라는 책'과 '성경이라는 책'을 주셨다고 처음으로 말한 사람은 중세의 바로니우스(Varonius)라고 알려져 있다. 그러나 이 말은 갈릴레오가 인용함으로써 널리 퍼지게 되었다.

23. Galilei Galileo, "Letter to the Grand Duchess Christina" (1615).

24. 베이컨의 견해는 Francis Bacon,『학문의 진보』,『신논리학(*Novum organum*)』등에 나타나 있다.

25. Isaac Newton, *Philosophiae Naturalis Principia Mathematica* (Mathematical Principles of Natural Philosophy) (1687.7.). 원래 이 책은 라틴어로 저술되었으며 흔히 *Principia*(프린키피아)라고 부른다.

26. Cotton Mather, *Manuductio ad Ministerium* (1726).

27. Cotton Mather, *The Christian Philosopher* (1721), Introduction and Ch.1. 와다나베,『과학자와 기독교』, 125~126쪽에서 재인용.

28. 케플러 시대에는 여섯 개의 행성만 알려져 있었기 때문에 여섯 개 행성들 간의 틈새가 다섯 개 있었다.

29. 1595년 10월 3일 편지. 와다나베 마사오, 『과학자와 기독교』, 28쪽에서 재인용.

30. Kepler's "Letter to Herwart von Hohenberg" (1598.3.26.). Hooykaas, 『근대과학의 출현과 종교』, 113쪽에서 재인용.

31. 시편 19편 1~4절.

32. 양승훈, 『그리스도인으로 공부를 한다는 것은』 (CUP, 2009), 제7장.

33. 창세기 1장 26~27절.

34. Whitehead, 『과학과 근대세계』, 18쪽.

35. 와다나베, 『과학자와 기독교』, 제6장. 하나님으로부터 받은 은사를 따라 남을 섬기는 데 사용하라는 사도들의 가르침은 고린도전서 12장, 요한1서 3~5장 등에 잘 나타나 있다.

36. 이하 몇몇 예들은 와다나베, 『과학자와 기독교』, 146~153쪽에서 인용.

37. Charles E. Hummel, *The Galileo Connection: Revolving Conflicts between Science & the Bible* (Downers Grove,IL: Inter-Varsity Press, 1986) - 한국어판: 황영철 역, 『갈릴레오 사건』 (서울: 한국기독학생회출판부, 1991), 165쪽.

38. 보존 법칙(Conservation Law)이란 어떤 물리량이 일정하게 유지된다는 것으로, 물리학에서 가장 중심이 되는 법칙이다. 예를 들면, 질량은 생성되거나 소멸되지 않는다는 질량보존법칙, 한정된 공간 내의 총 전하량은 변하지 않고 보존된다는 전하보존법칙, 어떤 계에 외력이 작용하지 않으면 그 계의 총 운동량은 일정하게 유지된다는 운동량보존법칙, 계(系)가 가지는 에너지의 총합은 불변하다는 에너지보존법칙 등이 있다.

39. Jean Sloat Morton, *Science in the Bible* - 한국어판: 양승훈 역, 『성경과학백과』 (서울: 나침판사, 1983).

40. Ratzsch, *Science and Its Limits*, 136~139.

41. Ratzsch, *Science and Its Limits*, 136.

42. 플라톤의 『국가(πολιτεία, The Republic)』에 나오는 '동굴의 비유'는 감각이라는 동굴의 틀 속에 갇혀 허상을 바라보는 인간을 잘 묘사하고 있다.

43. "The most incomprehensible thing about the universe is that it is comprehensible." in Albert Einstein Quotes. BrainyQuote.com, BrainyMedia Inc, 2020. https://www.brainyquote.com/quotes/albert_einstein_125369, accessed September 14, 2020.

44. 마태복음 7장 7~11절.

45. Ratzsch, *Science and Its Limits*, 139~140.

46. There are two ways to live your life. One is as though nothing is a miracle. The other is as though everything is a miracle.

47. If quantum mechanics hasn't profoundly shocked you, you haven't understood it yet.

48. Ratzsch, *Science and Its Limits*, 110.

49. Charles Thaxton, Walter L. Bradley and Roger Olson, *The Mystery of Life's Origin* (Philosophical Library, 1984).

50. Michael Denton, *Evolution: A Theory in Crisis* (Alder & Adler, 1986) - 한국어판: 임번삼, 우제태, 전광호 역, 『진화론과 과학』 (서울: 한국창조과학회, 1994).

51. Dean Kenyon and Percival Davis, Of Pandas and People (Haughton, 1993).

52. Phillip E. Johnson, *Darwin on Trial* (IVP, 1991) - 한국어판: 이수현 역, 『심판대 위의 다윈』 (과학과

예술사, 1993). 이 외에도 Johnson은 *Reason in the Balance* (IVP, 1995), *Defeating Darwinism by Opening Minds* (IVP, 1997) 등 진화론 반박과 지적 설계에 대한 책들을 여러 권 출간했다.

53. Michael J. Behe, *Darwin's Black Box* (Free Press, 1996).

54. 지적설계운동은 Access Research Network가 1년에 두 차례 출간하는 *Origins & Design*이라는 학술지를 가지고 있다(http://www.arn.org/odesign/odesign.htm). 시애틀 시내에 위치한 The Discovery Institute의 Center for the Renewal of Science and Culture 역시 지적설계운동을 지지 하는 연구를 진행하고 있다(www.discovery.org).

55. William A. Dembski, *The Design Inference* (Cambridge, 1998); William A. Dembski, editor, *Mere Creation: Science, Faith & Intelligent Design* (IVP, 1998).

56. Ratzsch, *Science and Its Limits*, 129.

57. Wikipedia에 의하면, 웰스는 뉴욕 맨해튼(Midtown Manhattan)에 본부를 두고 있는 통일교 신학교 (Unification Theological Seminary)에서 공부했다. - "Jonathan C. Wells" in Wikipedia.

58. Michael J. Behe, *Darwin's Black Box: The Biochemical Challenge to Evolution* (New York: Free Press, 1996) - 한국어판: 김창환 외 역, 『다윈의 블랙박스』 (풀빛, 2001).

59. Steven D. Schafersman, "Naturalism is Today An Essential Part of Science" (1996); See also "Methodological Naturalism" in Wikipedia - cf. https://en.wikipedia.org/wiki/Naturalism_(philosophy)#Methodological_naturalism

60. Richard Dawkins, *The Blind Watchmaker: Why the Evidence of Evolution Reveals a Universe without Design* (Norton & Company, 1986) - 한국어판: 『눈먼 시계공』 (사이언스 북스, 2004).

61. Ratzsch, *Science and Its Limits*, 112.

62. Ratzsch, *Science and Its Limits*, 113.

63. Ratzsch, *Science and Its Limits*, 114.

64. Stonehenge: 영국 잉글랜드 지방의 솔즈베리(Salisbury) 평원(Amesbury, Wiltshire SP4 7DE, United Kingdom)에 있는 석기 시대의 원형 유적. 하지 무렵에 해가 뜨면 햇빛이 이 원형의 중심을 지나는 지름을 형성한다.

65. Ratzsch, *Science and Its Limits*, 115.

66. "Happy birthday, Giovanni Schiaparelli: Observer of Canali on Mars" (Saturday, March 14, 2009) - http://apatheticlemming.blogspot.ca/2009/03/happy-birthday-giovanni-schiaparelli.html.

67. Ratzsch, 『Science and Its Limits』, pp.114-119.

68. https://thereforeithink.wordpress.com/tag/seti/.

69. http://atv.seti.org/archive.html.

70. http://creationwiki.org/Panspermia.

71. 생명의 외계기원설을 주장하는 대표적인 과학자로는 영국의 천문학자 호일(Fred Hoyle), DNA의 공 동발견자이자 노벨수상자인 크릭(Francis Crick), 영국 카 대학(Cardiff University)의 천문학자 위 크라마싱(Chandra Wickramasingh) 등을 들 수 있다.

72. Nick Matzke, "On the Origins of Methodological Naturalism," *The Pandas Thumb* (March 20, 2006).

73. Ratzsch, *Science and Its Limits*, 122.

74. "Science began as an outgrowth of theology, and all scientists, whether atheists or theists ...... accept an essentially theologically worldview." Paul Davis, *Are We Alone?* (New York: Basic,

1995), 138.

75. 간격을 디자인의 증거로 사용한 대표적인 글로는 "the Power, wisdom, and goodness of God as manifested in the Creation."의 모토로 *The Bridgewater Treatises*에 발표된 Whewell과 Chalmers의 글들을 예로 들 수 있다.

76. 예를 들면, Francis Mason, ed., *The Great Design* (Freeport, NY: Books for Libraries, 1972) Reprint of 1934 edition에 기고한 사람들은 모두 과학자들이지만 디자인과 간격을 연관시키지 않았다.

77. "방법론적 자연주의" in https://namu.wiki/w/방법론적%20자연주의.

제5강 모든 진리는 하나님의 진리

1. Christopher Kaiser, *Creation and the History of Science* (Grand Rapids, MI: Eerdmans, 1991), 15~34.

2. Kaiser, *Creation and the History of Science*, 1~2.

3. 벤시락(Jesus ben Sirach)은 시락의 아들이라는 의미이다. Sirach은 히브리 이름 Sira 뒤에 -ch를 붙여서 만든 그리스형 이름이다. 벤시락은 『집회서』의 저자로서 자기 이름을 '시락의 아들(히브리어로, 벤시락) 예수'라고 밝히는데, 여기서 그리스어로 된 책 이름 『시라키데스』가 나왔다. 성 치프리아노 시대 이후부터 『집회서』는 라틴어로 『에클레시아스티쿠스』('교회의 책' 또는 '집회의 책')라 불리면서 새신자들을 가르치는 데 사용되었다.

4. Kaiser, *Creation and the History of Science*, Ch.1.

5. 1 Macc. 1:11~15; 2 Macc. 4:4~17.

6. First (Coptic or Ethioptic) Enoch vi~xi.

7. Book of Baruch 3:9~4:4

8. Ecclus. 3:21~24

9. Ecclus. 38:1~15, 특히 히브리 텍스트를 보라.

10. John William Draper, *History of the Conflict between Religion and Science* (D. Appleton and Co., 1874); Andrew Dickson White, *A History of the Warfare of Science with Theology in Christendom* (1896).

11. David C. Lindberg, "The Medieval Church Encounters the Classical Tradition: Saint Augustine, Roger Bacon, and the Handmaiden Metaphor," *When Science & Christianity Meet*, David C. Lindberg & Ronald L. Numbers, editors (Chicago: The University of Chicago Press, 2003), 11.

12. Kaiser, *Creation and the History of Science*, 3~4.

13. 발렌티누스 영지주의(Valentinian Gnostics)는 2세기 발렌티누스(Valentinus, c.100 ~ c.160/180)가 시작한 영지주의의 일파이다. 터툴리안에 의하면, 발렌티누스는 로마의 주교 후보였으나 다른 사람이 주교가 되자 자신의 그룹을 만들기 시작했다고 한다. 이레니우스 등에 의해 이단으로 정죄되었다.

14. "indulge a stupid curiosity on natural objects, which they ought rather (intelligently direct) to their Creator and Governor."

15. "What indeed has Athens to do with Jerusalem? What concord is there between the Academy and the Church? What between heretics and Christians? Our instruction comes from 'the porch of Solomon,' who had himself taught that 'the Lord should be sought in simplicity of heart.' Away with all attempts to produce a mottled Christianity of Stoic, Platonic, and dialectic composition! We want no curious disputation after possessing Christ Jesus, no inquisition after

enjoying the gospel! With our faith, we desire no further belief. For this is our primary faith, that there is nothing which we ought to believe besides!" from Tertullian, *On the Proscription of Heretics*, trans. T. Herbert Bindley, (London: SPCK, 1914).

16. Latin text in Tertullian, *De praescriptione haereticorum, VII, Tertulliani Opera*, ed. Nic. Rigaltius (Paris, 1664), 204~205.

17. Kaiser, *Creation and the History of Science*, 17.

18. Lindberg, "Science and the early church" in *God and Nature*, 22.

19. Kaiser, *Creation and the History of Science*, 3.

20. Lindberg, *When Science & Christianity Meet*, 12.

21. "The astronomers have measured the distances to the stars, yet they have not realized that God is their Creator and Judge."

22. "a slender spark, capable of being fanned into flame, a trace of wisdom and an impulse from God" in Athenagoras, *A Plea for the Christians*, VI, and Clement, *Stromata*, I.17, both trans. B.P. Pratten, in Alexander Roberts and James Donaldson, eds., *The Ante-Nicene Fathers* (Grand Rapids, MI: Eerdmans, 1986), 2:131~132, 320.

23. Lindberg, *When Science & Christianity Meet*, 12.

24. "fabric of this machine and mass[of the universe]" in F.L. Cross and E.A. Livingstone, editors, *The Oxford Dictionary of the Christian Church* 2nd revised edition, (Oxford University Press, 1983), 92.

25. Lindberg, "Science and the early church," 『God and Nature』, p.22.

26. Ode 16.

27. 클레멘트 1세 교황(Pope Clement I)으로도 알려진 로마의 클레멘트는 2세기 알렉산드리아의 교부 클레멘트와 다른 인물이다.

28. 『아나그노세이스』(Αναγνωσεις, Recognitions)는 전 10권으로 이루어진 전집이며, 211-231년 사이의 문헌으로 추정된다.

29. Kaiser, *Creation and the History of Science*, 4~6,19.

30. Richard C. Dales, "A Twelfth-Century Concept of the Natural Order," *Viator* 9: 179~192 (1978).

31. 창조론자 전통에 대한 논의를 위해서는 다음 문헌을 참고하라: Christopher B. Kaiser, "The Creationist Tradition in the History of Science," *Perspectives on Science and Christian Faith* 45: 80 (June 1993). cf. https://www.asa3.org/ASA/PSCF/1993/PSCF6-93Kaiser.html.ori

32. Kaiser, *Creation and the History of Science*, 7~11.

33. Kaiser, *Creation and the History of Science*, Ch. 1.

34. Kaiser, *Creation and the History of Science*, 11~15.

35. "God's eternal providence is equally over us all."

36. 『솔로몬의 지혜서(Wisd.)』 1:7; 7:24

37. 『엑클루스(Ecclus)』는 『시락의 책(The Book of Sirach)』, 『시락의 지혜서(The Wisdom of Sirach)』, 『전도자의 책(The Book of Ecclesiasticus)』 등으로도 불리는데, 간단하게 마지막 책의 제목을 줄여서 『엑클루스』라고 부르는 것이다. cf. "그의 능력의 말씀으로 만물을 붙드시며(sustaining all things by his powerful word)"(히11:3).

38. 『솔로몬의 지혜서(The Wisdom of Solomon)』에서는 "the Spirit of the Lord ⋯ holds all things together"고 했다(1:7).

39. 골로새서 1장 17절.

40. Kaiser, *Creation and the History of Science*, 21.

41. "served not to my use, but rather to my destruction" from *Confessions*, trans. J. G. Pilkington, in *The Basic Writings of Saint Augustine*, ed. Whitney J. Oates (New York: Random House, 1948), X. 35, vol. 1, 174(with one change of wording) and IV. 16, 56.

42. 한국 학자로서 신플라톤주의를 깊이 연구한 저술로는 전광식, 『신플라톤주의의 역사: Proklos의 철학을 중심으로 한 신플라톤주의 사상과 서구정신사에서의 그 영향사』 (서광사, 2002)를 들 수 있다.

43. "to arouse your faith to a love of understanding, to which true reason conducts the mind and for which faith prepares it" - Guyot. Lindberg, "Science and the early church," *God and Nature*, 22에서 재인용.

44. "crede ut intellegas(believe so that you may understand)" from St. Augustine, *Tractates on the Gospel of John, 29.6, in The Fathers of the Church*, Vol. 88, trans. John W. Rettig (Washington, D.C.: The Catholic University of America Press, 1993), 18. cf. https://www.anselm.edu/sites/default/files/Documents/Institute%20of%20SA%20Studies/The%20Primacy%20of%20Faith%20and%20the%20Priority%20of%20Reason.pdf

45. Lindberg, "Science and the early church" in *God and Nature*, 29.

46. 요한일서 4장 2절.

47. 요한이서 1장 7절.

48. "We should use this world and not enjoy it" from *On Christian Doctrine*, trans. D. W. Robertson, Jr., (Indianapolis, IN: Bobbs-Merril, 1958), I.4, 10 with minor change). All page citations.

49. "For the Christian, it is enough to believe that the cause of all created things, whether in heaven or on earth, whether visible or invisible, is nothing other than the goodness of the Creator, who is the one and the true God." from Saint Augustine, *The Augustine Catechism: The Enchiridion on Faith, Hope and Charity* (Boniface Ramsey, 2008).

50. 어거스틴, 『창세기의 문자적 주석(Literal Commentary on Genesis, *De Genesi ad litteram*)』.

51. 신플라톤주의에 대한 가장 포괄적인 국내 저술로는 전광식, 『신플라톤주의의 역사』 (서광사, 2002)를 참고하라.

52. 로마법에 대한 집대성은 유스티니아누스 황제가 533년부터 그가 사망할 때까지의 모든 법력을 집대성하여 편찬한 『로마법 대전(*Corpus Juris Civilis*)』 등에서 볼 수 있다. cf. 위키 "로마법 대전" https://ko.wikipedia.org/wiki/로마법_대전 (211210).

53. Lindberg, "Science and the early church," in *God and Nature*, 29.

54. Lindberg, "Science and the early church" in *God and Nature*, 29.

55. "Wherever truth may be found it belongs to the Lord" from Augustine of Hippo, *On Christian Doctrine*.

제6강 과학, 신학의 시녀

1. David C. Guyot, "The Medieval Church Encounters the Classical Tradition: Saint Augustine, Roger Bacon, and the Handmaiden Metaphor," in David C. Lindberg and Ronald L. Numbers, editors, *When Science & & Christianity Meet* (Chicago: The University of Chicago Press, 2003), 19~29.

2. 교양대학은 원래 유럽에서 시작되었지만 현재는 쇠퇴하고 오히려 북미주의 학부 교육에서 그 전통을 이어가고 있다. 밴쿠버기독교세계관대학원(VIEW)이 위치한 캐나다 Trinity Western University(TWU)도 기독교 교양대학으로 시작하였다. 근래에는 이러한 대학들도 점차 직업교육을 제공하는 쪽으로 나아가고 있다. TWU도 교육학부, 경영학부, 간호학과 등을 개설하고 있다.

3. "서양 중세의 교육", <위키피디아>(2017.3.15.)를 참고하라.

4. 이하 중세 초기의 창조론자 전통은 Kaiser, *Creation and the History of Science*, 15~34에서 잘 요약하고 있다.

5. "From Boethius's textbooks, the Middle Ages … learned to conceive of the world of nature as an ordered whole and to deal with it rationally."

6. Kaiser, *Creation and the History of Science*, 23.

7. Kaiser, *Creation and the History of Science*, 25~26.

8. Kaiser, *Creation and the History of Science*, 25.

9. Kaiser, *Creation and the History of Science*, 27.

10. Kaiser, *Creation and the History of Science*, 27.

11. Kaiser, *Creation and the History of Science*, 27~28.

12. 근래 국내에서 유럽 대학의 성립과 발전을 다룬 역사서로는 Wolfgang E.J. Weber, *Geschichte der europäischen Universität* - 한국어판: 김유경 역, 『유럽 대학의 역사』(대구: 경북대학교출판부, 2020)를 참고하라.

13. 현재 볼로냐 대학은 국립 종합대학교로서 교수 1인당 학생수는 33명, 전임 교원수는 2,677명(1999), 학생수는 9만 명(1999)에 이르는 대규모 대학이 되었다.

14. The emergent role of Pavia put forward by Charles M. Radding, *The Origins of Medieval Jurisprudence: Pavia and Bologna, 850-1150* (Yale University Press, 1988), 서문 ix.

15. File:Bologna-vista02.jpg in https://commons.wikimedia.org/wiki/File:Bologna-vista02.jpg

16. Lindberg, *When Science & Christianity Meet*, 21.

17. William R. Shepherd: Historical Atlas, New York, Henry Holt and Company, 1923, in the Public Domain (also to be found in the 1911 edition, 100). "Map of Medieval Universities.jpg" from https://commons.wikimedia.org/wiki/File:Map_of_Medieval_Universities.jpg.

18. Lindberg, *When Science & Christianity Meet*, 21~29.

19. "Roger Bacon" in <Wikipedia>; <위키>, "로저 베이컨"을 참고하라.

20. 베이컨이 옥스퍼드에 도착하기 직전에 그로스테스트는 옥스퍼드를 떠난 것으로 알려져 있지만, 그로스테스트의 연구와 유산은 베이컨에게 분명히 영향을 미쳤던 것으로 보인다. Jeremiah M.G. Hackett, (1997), "Roger Bacon: His Life, Career, and Works," *Roger Bacon and the Sciences: Commemorative Essays*, Studien und Texte zur Geistesgeschichte des Mittelalters, No. 57, Leiden: Brill, 10. (ISBN 90-04-10015-6).

21. Kaiser, *Creation and the History of Science*, Ch.2.

22. Thomas F. Glick, Steven John Livesey, Faith Wallis, "Medieval Science, Technology, and Medicine," *An Encyclopedia*, 1st Edition, Routledge, (September 29, 2005), 71.

23. 1267년 혹은 1268년경 베이컨은 아리스토텔레스 논리학과 과학을 어떻게 새로운 신학과 통합시킬 수 있는지를 제시한 『대저작(大著作, *Opus Majus*)』(1233)을 교황에게 보냈다. 그 외에도 그는 『소저작(小著作, *Opus Minor*)』, 『제3저작(*Opus Tertium*)』, 『곱셈 표본(*De Multiplicatione Specierum*)』, 『안경(*De Speculis Comburentibus*)』 등과 더불어 연금술, 점성술, 지리학 등에 관한

저작들을 교황에게 보냈다.

24. "Condemnation of 1277," *Stanford Encyclopedia of Philosophy*. cf. https://plato.stanford.edu/entries/condemnation/

25. 중세 파리 대학에서의 '정죄 사건'이라고 한다면 아리스토텔레스의 자연관에 기초한 중세 신학적 지식들을 정죄한 사건을 말한다. 13세기에는 1210년, 1270년, 1277년 등 세 차례의 정죄가 있었으며, 흔히 우리가 알고 있는 '정죄'는 1277년에 교황 요한 21세의 제가를 받아 파리의 대주교 땅삐에가 시행한 '정죄'를 말한다.

26. Augustine of Hippo, 『기독교 교양(*De doctrina Christiana*, On Christian Doctrine)』(426).

27. "Whatever is not connected to [Scripture] is proved to be against it and is to be abhorred by Christians." *The Opus Majus of Roger Bacon*, ed. John Henry Bridges, 3 vols. (London: Williams & Norgate, 1900), II.1, vol.1, 34.

28. "All truth, wherever we may find it, is God's truth." "… is worthy and belongs to sacred truth." in Augustine of Hippo, 『기독교 교양(On Christian Doctrine)』(426).

29. Lindberg, *When Science & Christianity Meet*, 29.

30. "Every investigation of mankind that is not directed toward salvation is totally blind and leads finally to the darkness of hell." *Opus Majus*, II.1, vol.3, 36.

31. Kaiser, *Creation and the History of Science*, 57.

32. Kaiser, *Creation and the History of Science*, 57.

33. Kaiser, *Creation and the History of Science*, 59.

34. '두 권의 책 접근법'은 하나님이 자신을 계시하시기 위해 우리에게 성경이라는 책(the Book of Scriptures)과 자연이라는 책(the book of nature)을 주셨다는 입장이다.

35. Grant, "Science and Theology in the Middle Age" in *God and Nature*, 51.

36. Grant, "Science and Theology in the Middle Age" in *God and Nature*, 50.

37. Kaiser, *Creation and the History of Science*, 28.

38. 『티마이오스(Τίμαιος)』는 기원전 360년경에 쓴 플라톤의 저작이다.

39. Edward Grant, *Physical Science in the Middle Ages* (John Wiley & Sons, 1971) - 한국어판: 홍성욱, 김영식 역, 『중세의 과학』(민음사, 1992) 52쪽. cf. See also "Condemnation of 1277" in *Stanford Encyclopedia of Philosophy* (2018.11.3.).

40. See Walter H. Principe, "Bishops, Theologians, and Philosophers in Conflict at the Universities of Paris and Oxford: The Condemnations of 1270 and 1277," *CTSA Proceedings* 40: 114~126 (1985).

41. "Selections from the Condemnation of 1277" in https://faculty.fordham.edu/klima/blackwell-proofs/MP_C22.pdf.

42. 이중진리론이란 종교와 철학은 별개의 지식 원천으로서 어느 쪽에도 해를 끼치지 않고 상호모순되는 진리에 도달할 수 있다는 이론이다 - https://www.britannica.com/topic/double-truth-theory

43. Kaiser, *Creation and the History of Science*, 69.

44. cf. William Paley, *Natural Theology or Evidences of the Existence and Attributes of the Deity, Collected from the Appearances of Nature* (Philadelphia, 1802).

45. Kaiser, Creation and the History of Science, 76.

46. 임페투스 개념은 물체가 운동을 시작하고 지속하게 되는 원인이라고 가정했지만, 체계적인 이론으로까지는 발전하지 못하고 17세기 초 갈릴레오 등에 의해 관성(inertia) 개념이 등장하면서 사라졌다.

47. 필로폰누스는 외부의 힘이 있어야만 운동할 수 있다는 아리스토텔레스의 주장에 의문을 품고 임페투스 개념에 기반한 기동력설(impetus hypothesis)을 제안하였다.

48. 위키피디아에서 "알페트라기우스"를 참고하라 (2020.9.28.).

49. Kaiser, *Creation and the History of Science*, 90.

50. 이들 중 니콜라스 쿠사의 다중우주론은 다음 문헌을 보라. Steven J. Dick, *Plurality of Worlds: The Extraterrestrial Life Debate from Democritus to Kant* (Cambridge University Press, 1984), 35~42.

51. J. Hagen, "Nicholas of Cusa" in *The Catholic Encyclopedia 11* (Robert Appleton Company, 1911).

52. Jasper Hopkins, *Nicholas of Cusa's Debate with John Wenck: A Translation and an Appraisal of De Ignota Litteratura and Apologia Doctae Ignorantiae*, 3rd ed., (Minneapolis, MN: Banning, 1988).

53. 그래서 옥캄의 면도날은 경제성의 원리(principle of economy), 검약의 원리(lex parsimoniae), 단순성의 원리라고도 불린다.

54. Samuel Enoch Stumpf and James Fiester, *Socrates to Satre and Beyond-A History of Philosophy* (McGraw-Hill, 2003) - 한국어판: 이광래 역, "4.2 로스켈리누스의 유명론," 『소크라테스에서 포스트모더니즘까지』 (열린책들, 2004).

55. The *Oxford Dictionary of the Christian Church*, 978~979.

56. http://kictnet.net/bbs/board.php?bo_table=sub5_1&wr_id=255.

57. Kaiser, *Creation and the History of Science*, 67.

58. Kaiser, *Creation and the History of Science*, 93.

59. <야후백과사전>의 "르네상스"를 참고.

제7강 종교개혁과 과학혁명

1. Herbert Butterfield, 『근대과학의 탄생(The Origins of Modern Science, 1300-1800)』 (1949).

2. <야후백과사전>에서 "과학혁명"을 참고하라.

3. Westman, "The Copernicans and the Churches" in *God and Nature*, 77.

4. 위키피디아에서 "클라우디오스 프톨레마이오스"를 참고하라.

5. Westman, "The Copernicans and the Churches" in *God and Nature* Ch.3.

6. 이 책의 전체 제목은 『천구의 회전에 관한 여섯 권의 책들(De Revolutionibus Orbium Coelestium Libri Six, Six Books on the Revolutions of the Celestial Orbs)』이었다. cf. <Wikipedia>에서 "Commentariolus"를 참고하라.

7. <위키피디아>에서 "니콜라우스 코페르니쿠스"를 참고하라.

8. Owen Gingerich and James MacLachlan, *Nicolaus Copernicus: Making the Earth a Planet Hardcover* (Oxford University Press, 2004).

9. Nicolaus Copernicus, *De Revolutionibus Orbium Coelestium Libri Sex, Six Books on the Revolutions of the Celestial Orbs* - 한국판: 민영기/최원재 역, 『천체의 회전에 관하여』 (서해문집, 1998), 11~12쪽. 번역서 제목에서 '천구'라고 번역해야 하는 것을 '천체'라고 오역했다.

10. Philip Ball, *The Devil's Doctor: Paracelsus and the World of Renaissance Magic and Science* (Farrar, Straus and Giroux, 2006), 354.

11. 브루노(Giordano Bruno, 1548~1600): 이탈리아의 사상가이며 신비술사·철학자. 그는 죽음 앞에서

자신의 우주론적 신념을 지키고 기존 기독교를 비판하다가 화형을 당한 지식의 순교자로 평가받고 있다. 현재 그는 근대 합리론의 시원적 개념을 제공한 인물 중 하나로 인정되고 있다. 위키피디아에서 "브루노"를 참고하라.

12. 존 그리빈, 『사람이 알아야 할 모든 것, 과학』 (들녘, 2004) 40~43쪽. 금서목록(禁書目錄, *Index Librorum Prohibitorum*, Index of Prohibited Books)은 16세기부터 20세기까지 로마 가톨릭교회에서 금지한 출판물의 목록이다. 금서목록의 궁극적인 목표는 외설적이거나 신학적으로 올바르지 못한 내용을 담고 있는 글을 읽지 못하게 함으로써 신앙과 정숙함을 지키는 것이었지만, 실질적으로는 가톨릭교회에 비판적인 책 대부분이 금서목록에 올랐다.

13. 위키피디아에서 "금서목록"을 참고하라.

14. William R. Shea, "Galileo and the church" in *God and Nature*, 131.

15. Westman, "The copernicans and the churches" in *God and Nature*, 77.

16. 당시에는 벤섬이 덴마크령이었으나, 17세기 이후에는 스웨덴령으로 바뀌었다.

17. 브라헤와 케플러. http://dongascience.donga.com/news.php?idx=31802.

18. By Bjørn Christian Tørrissen. Own work by uploader, http://bjornfree.com/travel/galleries/, CC BY-SA 4.0, https://commons.wikimedia.org/w/index.php?curid=74310391.

19. Westman, "The Copernicans and the churches" in *God and Nature*, 81.

20. Claudia Brosseder, "The Writing in the Wittenberg Sky: Astrology in Sixteenth-Century Germany," *Journal of the History of Ideas* 66 (4): 557~576 (2005).

21. Westman, "The copernicans and the churches" in *God and Nature*, 86.

22. Engenio Garin, "Alle origini della polemica anticopernicana," in *Colloquia Copernicana* vol. 2, Studia Copernicana, vol. 6 (Wroclaw: Ossolineum, 1975), 31~42; Westman, "코페르니쿠스론자들과 교회" in 『신과 자연』, 131~132쪽에서 재인용.

23. Westman, "코페르니쿠스론자들과 교회" in 『신과 자연』, 133쪽.

24. Westman, "코페르니쿠스론자들과 교회" in 『신과 자연』, 140~144쪽.

25. Westman, "코페르니쿠스론자들과 교회" in 『신과 자연』, 133~140쪽.

26. Westman, "코페르니쿠스론자들과 교회" in 『신과 자연』 136쪽 각주 46번.

27. Westman, "코페르니쿠스론자들과 교회" in 『신과 자연』 137쪽, 각주 47번.

28. Westman, "코페르니쿠스론자들과 교회" in 『신과 자연』 137쪽. 각주 48번 참고.

29. Kepler, Gesammelte Werke 3:31.

30. Lindberg, "Science and the early church" in *God and Nature*, Ch.1; Grant, "Science and theology in the middle ages" in *God and Nature*, Ch.2.

31. Lindberg, "Science and the early church" in *God and Nature*, Ch.1; Grant, "Science and theology in the middle ages" in *God and Nature*, Ch.2.

32. 양승훈, "기독교와 과학," 『통합연구』 (1994); William R Shea, "Galileo and the church" in *God and Nature*, Ch.4.

33. 갈릴레오 재판에 대한 재평가는 Giorgio De Santillana, *The Crime of Galileo* (University of Chicago Press, 1955)에 잘 소개되어 있다. cf. Lindberg, "Science and the early church" in *God and Nature*, Ch.1; Grant, "Science and theology in the middle ages" in *God and Nature*, Ch.2.

34. Shea, "Galileo and the church" in *God and Nature*, 128.

35. 이 책의 정확한 이름은 *Dialogo dei due massimi sistemi del mondo* (Dialogue on the Two Principal World Systems)로서, 우리말로는 『두 우주 체계에 관한 대화』이다. 이 책은 1832년에 이르

러서야 비로소 금서목록(Index of Prohibited Books)에서 빠졌다.

36. Santillana의 갈릴레오 재판에 관한 연구는 험멜에 의해 다시 소개되었다. Charles E. Hummel, *The Galileo Connection: Resolving Conflicts between Science & the Bible* (Downers Grove, IL: Inter-Varsity Press, 1986) - 한국어판: 황영철 역, 『갈릴레오 사건』 (서울: IVP, 1991).

37. 존경하는 스승을 기리기 위해 이런 종류의 과장이 이루어지는 것은 과학사에서 흔히 있는 일이다. 뉴턴이 사과가 떨어지는 것을 보고 중력법칙을 발견했다고 하는 것도 이런 종류의 루머에 속한다.

38. Santillana, *The Crime of Galileo*, 262.

39. 실제로 지동설이 결정적으로 증명된 것은 19세기 중반, 프랑스의 물리학자 푸코(Foucault, 1819.9.18~1868.2.11)의 진자실험을 통해서였다. 푸코는 1851년 진자(振子)를 사용해서 지구의 자전을 실험적으로 증명할 수 있음을 보여 주었고(푸코의 진자), 이 업적으로 당시 최대 영예였던 코플리 상을 받았다(1855). 그는 1862년, 회전거울을 사용한 장치로 광속도를 측정하여 현대적인 광속도 측정의 길을 열기도 했다.

40. Shea, "Galileo and the church" in *God and Nature*, 131.

41. Stillman Drake, *Galileo At Work* (Chicago: University of Chicago Press, 1978), 356~357.

42. "John Paul said the theologians who condemned Galileo did not recognize the formal distinction between the Bible and its interpretation." from "Vatican Science Panel Told By Pope: Galileo Was Right," Reuters, November 1, 1992.

43. Charles Webster, "Puritanism, Separatism, and Science" in *God and Nature*, Ch.7.

44. Webster, "Puritanism, Separatism, and Science" in *God and Nature*, Ch.7.

45. Webster, "Puritanism, Separatism, and Science" in *God and Nature*, Ch.7.

46. Webster, "Puritanism, Separatism, and Science" in *God and Nature*, Ch.7.

47. Webster, "Puritanism, Separatism, and Science" in *God and Nature*, Ch.7.

48. 파라켈수스 요법은 연금술사였던 파라켈수스가 제시한 의학적 이론과 치료에 기초한 초기 현대 의학 운동이었다. 이 운동은 1541년에 파라켈수스가 죽은 후 16세기 후반에 발전하기 시작했고, 17세기 전반에 유럽 사회에 널리 퍼졌다가 17세기 후반에 급격히 쇠퇴하였다. 이 요법은 신체의 전반적인 균형을 중시한, 당시로서는 가장 포괄적이면서도 전통적인 치료법의 하나였다. 파라켈수스 요법은 현대 의학에 광물질 요법 및 의화학 기술의 광범위한 도입의 문을 열었다.

49. Invisible College: 17세기 중엽, 영국에서 학자들이 모여서 얼굴을 맞대고 아이디어를 교환하고 서로를 격려하던 공동체. 특히 로버트 보일(Robert Boyle, 1627~1691)을 중심으로 모였던 일단의 자연철학자들의 모임은 후에 런던왕립협회로 발전했다고 본다.

50. Webster, "Puritanism, Separatism, and Science" in *God and Nature*, Ch.7.

51. Webster, "Puritanism, Separatism, and Science" in *God and Nature*, Ch.7.

52. Richard S. Westfall, "The Rise of Science and the Decline of Orthodox Christianity: A Study of Kepler, Descartes, and Newton" in *God and Nature*, Ch.8.

53. "I was merely thinking God's thoughts after him. Since we astronomers are priests of the highest God in regard to the book of nature, it benefits us to be thoughtful, not of the glory of our minds, but rather, above all else, of the glory of God." from "Johannes Kepler," *New World Encyclopedia*. https://www.newworldencyclopedia.org/entry/Johannes_Kepler. Johannes Kepler, *Epitome astronomiae Copernicae* (published in three parts, 1618~1621).

54. 교황 그레고리 13세(Pope Gregory XIII)는 천문학자의 도움을 받아 그레고리력을 제정한 후, 1582년 2월 24일에 칙령을 통해 발표하였다. 그리고 그해 10월 4일(목) 다음날을 10월 15일(금)로 결정했다.

하지만 개신교 국가였던 영국은 1752년 9월 2일(9월 3일을 9월 14일로)에 이르러서야 비로소 그레고리력를 채택하였다. 그러므로 영국인이었던 뉴턴의 생일은 율리우스력으로 표기하는 것이 맞다.

55. Westfall, "The Rise of Science and the Decline of Orthodox Christianity: A Study of Kepler, Descartes, and Newton" in *God and Nature*, Ch 8.

56. 단성설은 칼케돈공의회(451년)에서 그리스도는 신성과 인성 두 본성을 모두 가지되 분리되지는 않는다는 양성설이 올바른 교리로 고백됨에 따라 부정되었다.

57. 아리우스의 단성설과 아타나시우스의 삼위일체 사상이 격돌했던 니케아 공의회에서 삼위일체를 신앙고백 속에 삽입하여 니케아 신경(Nicene Creed, Symbolum Nicaenum)이 채택되었다. 콘스탄티누스 대제는 그 신경 가운데 성부와 성자가 **호모우시오스**(homoousios), 즉 동일본질이라는 단어를 삽입하도록 종용하였다. "그리고 우리는 한 분이신 주 예수 그리스도를 믿는다. 그분은 하나님의 외아들이시며, 아버지에게서 나셨으며, 곧 아버지의 본질에서 나셨다. 하나님에게서 나신 하나님이시며, **아버지와 본질에서 같으시다**."

58. Westfall, "The rise of science and the decline of orthodox Christianity: a study of Kepler, Descartes, and Newton" in *God and Nature*, Ch.8.

제8강 기계론적 세계관의 등장과 진화

1. Gary B Deason, "Reformation theology and the mechanistic conception of nature" in *God and Nature*, Ch.6.

2. "In my opinion, everything happens in nature in a mathematical way." (Apud me omnia fiunt Mathematicè in Natura), in letter (1640.3.11.) to Père Marin Mersenne. *René Descartes and Artur Buchenau* (trans., ed.), René Descartes' Philosophische Werke (1905), 246.

3. Deason, "Reformation theology and the mechanistic conception of nature" in *God and Nature*, Ch.6.

4. Deason, "Reformation theology and the mechanistic conception of nature" in *God and Nature*, Ch.6.

5. Deason, "Reformation theology and the mechanistic conception of nature" in *God and Nature*, Ch.6.

6. "God does everything, humanbeings do nothing."

7. Deason, "Reformation theology and the mechanistic conception of nature" in *God and Nature*, Ch.6.

8. Deason, "Reformation theology and the mechanistic conception of nature" in *God and Nature*, Ch.6.

9. Deason, "Reformation theology and the mechanistic conception of nature" in *God and Nature*, Ch.6.

10. Alexander Wragge-Morley, "Robert Boyle and the representation of imperceptible entities," *The British Journal for the History of Science* 51 (1): 1~24 (2018).

11. "the main conduit for the transmission of Epicurean ideas to England" from Jon Parkin, *Science, Religion and Politics in Restoration England: Richard Cumberland's De Legibus Naturae* (1999), 149.

12. Deason, "Reformation theology and the mechanistic conception of nature" in *God and Nature*, Ch.6.

13. "If you would be a real seeker after truth, you must at least once in your life doubt, as far as possible, all things." from the original Latin: "Veritatem inquirenti, semel in vita de omnibus, quantum fieri potest, esse dubitandum," *Principles of Philosophy* (1644). Pars Prima, as collected in Charles Adam and Paul Tannery, Œuvres de Descartes (1905), Vol. 8, Proposition I, 5. English version as given in John Veitch (trans.), *The Method, Meditations, and Selections from the Principles of Descartes* (1880), 193.

14. "I think, therefore I am." (*Ego cogito, ergo sum*), from René Descartes, *Discourse on Method in Discourse on Method and Related Writings* (1637), trans. Desmond M. Clarke, Penguin edition (1999), Part 4, 25. The original Latin was from *Principia Philosophiæ* (1644), Pars Prima, as collected in Charles Adam and Paul Tannery, Œuvres de Descartes (1905), Vol. 8, Proposition VII, 7. English version as given in John Veitch (trans.), *The Method, Meditations, and Selections from the Principles of Descartes* (1880), 195.

15. Westfall, "The rise of science and the decline of orthodox Christianity: a study of Kepler, Descartes, and Newton" in *God and Nature*, Ch.8.

16. Westfall, "The rise of science and the decline of orthodox Christianity: a study of Kepler, Descartes, and Newton" in *God and Nature*, Ch.8.

17. Steven Gaukroger, *Descartes: An Intellectual Biography* (Clarendon Press, 1995).

18. 명예혁명은 1688년에 의회와 네덜란드의 오라네 공 빌럼이 연합하여 가톨릭 교도였던 제임스 2세를 퇴위시키고 잉글랜드의 윌리엄 3세를 즉위시킨 사건이다. 이때 일어난 혁명을 "피 한 방울 흘리지 않고 명예롭게 이루어졌다."라고 해서 명예혁명이라 이름 붙였다. 명예혁명은 이후 어떠한 영국의 왕조도 의회를 무시하는 무소불위의 권력을 행사할 수는 없다는, 영국의 의회 민주주의를 출발시킨 시발점이 되었다.

19. Stuart Brown, *British Philosophy and the Age of Enlightenment* (Routledge, 2003). c.f. https://plato.stanford.edu/entries/cambridge-platonists/

20. 천년왕국주의(millennialism)는 그리스도가 최후의 심판 이전에 재림하여 1,000년 동안 지상에 황금기나 낙원이 올 것이라고 하는 믿음이며, 주로 요한계시록 20장 1~6절에서 근거한다.

21. Margaret C. Jacob, "Christianity and the Newtonian Worldview" in *God and Nature*, Ch.9.

22. Jacob, "Christianity and the Newtonian Worldview" in *God and Nature*, Ch.9.

23. Jacob, "Christianity and the Newtonian Worldview" in *God and Nature*, Ch.9.

24. 프리메이슨리(Freemasonry)는 16세기 말에서 17세기 초에 발생한 인도주의적 박애주의를 지향하는 우애단체 혹은 취미 클럽이며, 이 단체에 소속된 회원을 프리메이슨(freemason)이라 부른다.

25. Jacob, "Christianity and the Newtonian Worldview" in *God and Nature*, Ch.9.

26. 토리당(보수파, 왕당파)과 휘그당(진보, 혁신)은 청교도혁명과 명예혁명을 겪는 동안 영국에 등장한 근대적 정당이다. 이들은 원래 제임스 2세를 왕위계승권에서 배제하려는 왕위계승배제 법안을 둘러싸고 의회 내의 찬성파와 반대파가 서로 상대를 경멸적으로 부른 명칭이었다. 스코틀랜드계어에서 유래한 '휘그'는 말도둑을 나타내는 말이었고, '토리'는 아일랜드어로 불법적 가톨릭교도를 의미했다. 가톨릭교도였던 제임스 2세의 왕위계승을 지지하는 사람들을 토리로 불렀다.

27. Article by J J O'Connor and E F Robertson (1999.1.). The URL of this page is: School of Mathematics and Statistics, University of St Andrews, Scotland. http://www-history.mcs.st-andrews.ac.uk/history/Mathematicians/Laplace.html. This article was from http://www-groups.dcs.st-andrews.ac.uk/~history/Mathematicians/Laplace.html-(2002.1.18.).

28. Roger Hahn, "Laplace and the mechanistic universe" in *God and Nature*, Ch.10.

29. Augustus De Morgan, *Budget of Paradoxes* 2: 2~3 (1915)에서 인용: Napoleon: "M. Laplace, they tell me you have written this large book [Système du Monde] on the system of the universe, and have never even mentioned its Creator." Laplace: "I have no need for this hypothesis." (Je n'avais pas besoin de cette hypothèse-là.).

30. Hahn, "Laplace and the mechanistic universe" in *God and Nature*, Ch.10.

31. 오일러의 이름이 들어간 주요 업적으로는 오일러 각(Euler Angle), 오일러 공식(Euler Formula), 오일러 항등식(Eular Identity), 오일러 다면체 정리, 오일러-라그랑주 방정식, 오일러-마스케로니 상수, 오일러 방정식, 오일러 직선, 오일러 수, 오일러 운동 방정식, 오일러 정리, 오일러 삼각형 정리, 오일러 지표, 오일러 피 함수, 코시-오일러 방정식 등이 있다.

32. Hahn, "Laplace and the mechanistic universe" in *God and Nature*, Ch.10.

33. Hahn, "Laplace and the mechanistic universe" in *God and Nature*, Ch.10.

34. Hahn, "Laplace and the mechanistic universe" in *God and Nature*, Ch.10.

35. 『백과전서』는 18세기 디드로와 달랑베르가 편집한 백과사전이다. 1751년에 제1권이 출판된 이후 1772년까지 35권에서 71,818개 항목을 포함하고 있다.

36. Jacques Roger, "The mechanistic conception of life" in *God and Nature*, Ch.11.

37. 원자(原子)라는 말은 대 그리스어 a-tomos에서 온 것으로서 '더 이상 나뉠 수 없는'(부정을 의미하는 접두사 a-와 쪼개는 것을 의미하는 tomos가 결합)이라는 뜻을 갖고 있다. 한자 문화권에서 사용하는 원자(原子)라는 단어는 물체의 근본이 되는 입자라는 의미인데, 이는 현대 물리학적 해석에 더 가깝다고 할 수 있다. 이러한 어원대로라면 현재의 쿼크와 렙톤이 원자가 되어야 할 것이다.

38. Roger, "The mechanistic conception of life" in *God and Nature*, Ch.11.

39. Roger, "The mechanistic conception of life" in *God and Nature*, Ch.11.

40. 양승훈, 『창조론 대강좌』; Louis Pasteur, *Memoire sur les corpuscules organises qui existent dans l'atmosphere. Examen de la doctrine des generations spontanees.* - 이동선 역, 『자연발생설의 검토』(서울: 안국출판사, 1987); 김학현 역, 『자연발생설 비판』(서울: 서해문집, 1998). 야마구찌 세이사부로(山口淸三郎)가 위 책 뒷 부분에 쓴 "해설", 184~185쪽.

41. 보일의 법칙(Boyle's law)은 용기의 부피가 감소할 때 용기 내 기체의 압력이 증가한다는 실험법칙이며, 수학적으로 PV=k로 나타낸다. 여기서 P는 기체의 압력, V는 기체의 부피, k는 비례 상수이다.

42. Roger, "The mechanistic conception of life" in *God and Nature*, Ch.11.

43. 기계론적 생명관은 모든 생명 현상은 역학적, 물질적 인과관계로 설명할 수 있다고 믿는 주장이다. Roger, "The mechanistic conception of life" in *God and Nature*, Ch.11.

44. Roger, "The mechanistic conception of life" in *God and Nature*, Ch.11.

45. *Academia del Cimento*는 갈릴레오(Galileo Galilei)의 제자였던 토리첼리(Torricelli), 비비아니(Viviani) 등을 중심으로 실험에 의한 자연 탐구를 목적으로 이탈리아 피렌체에 설립되었던 학회.

46. 레디의 원 논문은 Fr. Redi, *Experimenta circa res deversas naturae* (Amsterdam, 1675) - 레디, 『다양한 자연에 관한 실험』(암스테르담, 1675); Leslie E. Orgel, *The Origin of Life* (New York: John Wiley & Sons, 1973) - 한국어판: 소현수 역, 『생명의 기원』(서울: 전파과학사, 1974).

47. 당시에 레이우엔훅은 미생물을 애니멀큘(animulcule)이라고 불렀다.

48. J. T. Needham, *An Account of Some New Microscopical Discoveries* (London, 1745).

49. *Nouvelles recherches sur les decouvertes microscopiques et la generation des corps organises* (Ouvrage M. l'abbe Spallanzani, avec des notes par M. de Needham) (Londre et Paris, 1767) -

스빨란짜니 (니담의 노트와 더불어), 『현미경 관찰과 미생물 발생에 관한 새로운 연구』 (London & Paris, 1767)

50. Orgel, 『생명의 기원』, 13~15쪽. 스빨란짜니의 원 논문은 Spallanzani,, *Opuscules de physique, animale et vegetale* (traduits de l'italien par Jean Senebier) (Geneve, 1777) 2 volumes.

51. Louis Pasteur, *Memoire sur les corpuscules organises qui existent dans l'atmosphere. Examen de la doctrine des generations spontanees* - 원 제목을 그대로 번역하면 『대기 속에 존재하는 유기체성 미립자에 관한 보고서 - 자연발생설의 검토』라고 할 수 있는데, 한국어판으로는 두 개의 번역이 나왔다. 이동선 역, 『자연발생설의 검토』 (서울: 안국출판사, 1987); 김학현 역, 『자연발생설 비판』 (서울: 서해문집, 1998). 본서에서는 이동선씨의 번역이 더 좋다고 생각되어 전자의 번역을 참고하였다.

52. Albert Dastre, *La vie et la mort* (Paris, 1920). 『자연발생설의 검토』 "해설", 195쪽에서 재인용.

53. '다수파'란 의미의 볼셰비키는 레닌이 인솔한 러시아 사회민주노동당의 분파이다. 다른 정파에 비해 소수파이었지만, 인사와 요직을 차지하면서 다수파를 자칭했다. 폭력 혁명과 철저한 중앙집권 통제를 주장하였고, 이는 소련 공산당으로 이어졌다.

54. 자세한 논의는 양승훈, 『생명의 기원과 외계생명체』 (SFC, 2011)를 참고하라.

55. Aleksandr Ivanovitch Oparin, *Proiskhodh'denie zhizni* (1936) - 영어판: Sergius Morgulis, translator, *The Origin of Life*, 2nd edition (New York: Dover Publications, 1953) - 한국어판: 양동춘 역, 『생명의 기원』 (서울: 한마당, 1990).

56. A. I. Oparin, "생명의 기원", 『生命의 脈』, 성백능 편역 (서울: 신원문화사, 1982).

57. 신진대사로 영양분을 얻는 방법에 따라 생물은 종속영양생물과 및 독립영양생물로 나뉜다. 종속영양생물은 탄소 고정으로 스스로 먹이를 만들 수 없는 생물로서 식물이나 동물과 같은 다른 유기 탄소 공급원에서 영양분을 섭취하는 생물을 말한다. 화학진화론자들은 최초의 원시생명체는 산소가 없는 원시지구의 바다에 산재한 풍부한 유기물을 이용하여 무기호흡을 하는 종속영양생물이었을 것이라고 추정한다. 그리고 이러한 종속영양 생물이 번성하면서 대기 중의 이산화탄소 농도가 증가하게 되고, 이산화탄소를 이용하여 유기물을 합성하는 독립영양생물이 출현하게 되었다고 본다.

58. 바흐 생화학 연구소는 바흐(Aleksey Nikolaevich Bach), 오파린(Aleksandr Ivanovich Oparin) 등에 의해 1934년에 설립되었으며, 러시아 과학원(Russian Academy of Sciences)에 소속된 최초의 생화학 연구소이다.

59. Stanley L. Miller and Leslie E. Orgel, *The Origin of Life on the Earth* (Englewood Cliffs, NJ: Prentice-Hall, 1974) - 한국어판: 박인원 역, 『생명의 기원』 (서울: 민음사, 1990).

60. 프로테노이드: 아미노산을 다량 함유하는 아미노산 혼합물을 가열하면 아미노산 분자들이 엉겨서 형성되는 폴리아미노산을 일컫는다. 일종의 원시 단백질 내지 유사 단백질이라고 할 수 있다.

61. Sidney Fox, *The Emergence of Life: Darwinian Evolution from the Inside* (New York: Basic Books, 1988).

62. Roger, "The mechanistic conception of life" in *God and Nature*, Ch.11.

63. Frederick Gregory, "The impact of Darwinian evolution on Protestant theology in the nineteenth century" in *God and Nature*, Ch.15.

64. 대표적인 인물로는 *Principles of Geology*(1830~1833)를 저술했던 지질학자 라이엘(Charles Lyell)을 들 수 있다.

제9강 근대적 진화 개념의 등장과 기독교

1. Martin J. S. Rudwick, "The shape and meaning of earth history" in *God and Nature*, Ch.12.

2. "the entrance of the night preceding the 23rd day of October... the year before Christ 4004" from Rupke, *Great Chain of History*, 32~33; Gillispie, *Genesis and Geology*, 108.

3. http://en.wikipedia.org/wiki/James_Ussher; 예기(豫記) 율리우스력이란 4년마다 돌아오는 윤년을 AD 4년까지 거슬러 올라가도록 율리우스력을 확장한 달력이다. 율리우스력이 시행된 BC 45년과 AD 4년 사이의 윤년은 불규칙적이었다.

4. Bernard L. Ramm, *The Christian View of Science and Scripture* (Grand Rapids, MI: Eerdmans, 1954), 121.

5. 예를 들면, 창세기 4장 14절, 11장 12~13절; 누가복음 3장 35~36절.

6. Rudwick, "The shape and meaning of earth history" in *God and Nature*, Ch.12.

7. http://faculty.knox.edu/fmcandre/cosmology.html.

8. Rudwick, "The shape and meaning of earth history" in *God and Nature*, Ch.12.

9. Rudwick, "The shape and meaning of earth history" in *God and Nature*, p.163.

10. Nelson, *When Science & Christianity Meet*, 162~163.

11. Nelson, *When Science & Christianity Meet*, 163.

12. 간격이론(Gap Theory)은 Gap creationism, ruin-restoration creationism, restoration creationism 등으로도 불린다.

13. Tom McIver, "Formless and Void: Gap Theory Creationism," *Creation/Evolution* 8 (3): 1~24 (Fall 1988).

14. Robert T. Pennock, *Tower of Babel, The Evidence against the New Creationism* (MIT Press, 2000), 19.

15. Ronald Numbers, *The Creationists: From Scientific Creationism to Intelligent Design*, Expanded Edition (Harvard University Press, 2006), 21~23.

16. Numbers, *The Creationists: From Scientific Creationism to Intelligent Design*, 33~50, 82.

17. Numbers, *The Creationists: From Scientific Creationism to Intelligent Design*, 58.

18. Numbers, *The Creationists: From Scientific Creationism to Intelligent Design*, 82.

19. Nelson, *When Science & Christianity Meet*, 163.

20. Samuel Kinns, *Moses and Geology: Or, the Harmony of the Bible with Science Thoroughly Revised, and the Astronomical Facts Brought Up to Date, with a Special Preface* (Originally published in 1882, revised and updated in 2015 from Arkose Press); George McCready Price, *The New Geology* (Pacific Press Publishing Association, 1923); John C Whitcomb, Jr. and Henry M Morris, *The Genesis Flood: The Biblical Record and Its Scientific Implications* (1961). 오늘날 모세 지질학, 홍수지질학, 창조과학, 젊은지구론 등은 거의 동의어로 사용되고 있다.

21. Rudwick, "The shape and meaning of earth history" in *God and Nature*, Ch.12.

22. Rudwick, "The shape and meaning of earth history" in *God and Nature*, Ch.12.

23. "Henri Becquerel," *Nobel Lectures, Physics 1901-1921* (Amsterdam: Elsevier Publishing Company, 1967). 베끄렐은 이 공로로 1903년 Pierre Curie, Marie Curie와 함께 노벨물리학상을 수상하였다. cf. https://www.nobelprize.org/prizes/physics/1903/becquerel/biographical/

24. 방사성 원소의 붕괴는 핵의 변환이므로 온도나 압력 등 외적인 요인에 의해서 붕괴속도가 별로 변화하지 않았다.

25. 양승훈, 『창조와 격변』, 개정판 (예영, 2010), 제12장 참고.

26. 방사능 연대의 신뢰성에 대해서는 위튼 대학 졸업생으로서 방사능 연대측정을 전공한 Roger C.

Wiens가 일반인들을 위해 알기 쉽게 쓴 "Radiometric Dating: A Christian Perspective"을 참고하라. 이 논문은 American Scientific Affiliation Home Page에 실려 있다. 국내 문헌으로는 양승훈, 『창조연대 논쟁: 젊은지구론, 무엇이 문제인가?』 (서울: SFC, 2017)을 보라.

27. Nelson, *When Science & Christianity Meet*, Ch.7. 국내 문헌으로는 양승훈, 『인류의 기원과 역사적 아담』 (서울: SFC, 2021)을 참고하라.

28. Nelson, *When Science & Christianity Meet*, 178.

29. Nelson, *When Science & Christianity Meet*, 165.

30. Louis Agassiz, *The Diversity of Origin of the Human Races: From the Christian Examiner for July, 1850* (Classic Reprint) (Forgotten Books, 2018), 38.

31. Charles Lyell, *Geological Evidences of the Antiquity of Man* (1863). 이 책은 2010년 Cambridge University Press에서 다시 출간하였다.

32. Charles Darwin, *The Descent of Man, and Selection in Relation to Sex* (John Murray, 1871). 이 책의 원문은 다음 사이트에서 찾아볼 수 있다. http://www.infidels.org/library/historical/charles_darwin/descent_of_man/index.shtml

33. Nelson, *When Science & Christianity Meet*, 180.

34. Nelson, *When Science & Christianity Meet*, 166~181.

35. 이 책의 원래 제목은 매우 길다. Buckner H. Payne, *The Negro: what is his ethnological status? Is he the progeny of Ham? Is he a descendant of Adam and Eve? Has he a soul? Or is he a beast in God's nomenclature? What is his status as fixed by God in creation? What is his relation to the white race?* (Cincinnati, Published for the Proprietor, 1867).

36. https://en.wikipedia.org/wiki/Buckner_H._Payne

37. Nelson, *When Science & Christianity Meet*, 178.

38. Nelson, *When Science & Christianity Meet*, 306에 있는 각주 40의 내용 참고.

39. Nelson, *When Science & Christianity Meet*, 179~180. 306에 있는 각주 41의 내용 참고.

40. Alexander Winchell, *Preadamites; Or, a Demonstration of the Existence of Men Before Adam: Together with a Study of Their Condition, Antiquity, Racial Affinities, and Progressive Dispersion Over the Earth* (1880). 근래에 Amazon을 통해 전자책을 구입할 수 있다.

41. Nelson, *When Science & Christianity Meet*, 181.

42. Moore, "Geologists and interpreters of Genesis in the nineteenth century" in *God and Nature*, Ch.13.

43. Moore, "Geologists and interpreters of Genesis in the nineteenth century" in *God and Nature*, Ch.13.

44. "God has, in fact, written two books, not just one. Of course, we are all familiar with the first book he wrote, namely Scripture. But he has written a second book called creation." From Francis Bacon, *Advancement of Learning* (1605) 전체 제목은 *Of Proficience and Advancement of Learning Divine and Human*이다.

45. '두 책 이론'의 핵심인 '자연의 책(librum naturae)' 개념은 초대교회 교부들의 글에서부터 나타난다. "교부들 중에서도 자연의 책(the Book of Nature)이라는 말을 명시적으로 사용한 사람들로는 성 바실(St. Basil), 성 그레고리 닛사(St. Gregory of Nyssa), 성 어거스틴(St. Augustine), 존 카시안(John Cassian), 성 존 크리소스톰(St. John Chrysostom), 성 에프렘 시리안(St. Ephrem the Syrian), 성 막시무스 컨페서(St. Maximus the Confessor) 등이 있다." cf. "The two books prior to the scientific

revolution," *Perspectives on Science and Christian Faith* (2005): 4~5. Link: http://inters.org/tanzella-nitti/pdf/9.TwoBooks.pdf. 근대에 들어와서 '두 책 개념'을 가장 분명하게 사용한 사람으로는 베이컨과 더불어 갈릴레오를 들 수 있다. Galileo, "Letter to the Grand Duchess Christina of Tuscany" (1615), Verses 272~279.

46. Moore, "Geologists and interpreters of Genesis in the nineteenth century" in *God and Nature*, Ch.13.

47. Friedrich D.E. Schleiermacher, *Hermeneutics and Criticism* edited by Andrew Bowie (Cambridge, U.K.: Cambridge University Press, 1998), 229.

48. Moore, "Geologists and interpreters of Genesis in the nineteenth century" in *God and Nature*, Ch.13.

49. Charles Lyell, *Principles of Geology: Being an Attempt to Explain the Former Changes of the Earth's Surface, by Reference to Causes Now in Operation* (London: John Murray, 1830~1833). It was a 3-volume book: Vol 1 in Jan. 1830, Vol 2 in Jan. 1832, Vol 3 in May 1833.

50. Moore, "Geologists and interpreters of Genesis in the nineteenth century" in *God and Nature*, Ch.13.

51. Moore, "Geologists and interpreters of Genesis in the nineteenth century" in *God and Nature*, Ch.13.

52. 영국 성공회에는 크게 다음과 같은 세 가지 흐름이 있다. ① 교회의 권위와 질서, 가시적 일치, 전례와 성사를 중시하는 고교회파(High Church), ② 이와는 달리 종교개혁 전통에 따라 성령에 의한 개인의 회심, 성경의 최우위성, 복음적 설교, 이신칭의 등을 강조하면서 청교도적, 복음주의적 전통을 강조하는 저교회파(Low Church), ③ 통합적인 국민 교회의 성격을 강조하면서 성서비평학과 신학적 자유주의를 적극 수용하고, 신앙의 본질과 권위를 협소하게 이해하는 태도들을 비판하며, 사회와 문화에 대한 복음의 적응성을 강조하는 광교회파(Broad Church). cf. 『교회사대사전』 I 권 (서울: 기독지혜사, 1994), 137쪽. 『교회사대사전』 II 권, 635쪽.

53. "in which he urged that the Bible be read 'like any other book' and made an impassioned plea for freedom of scholarship" in Benjamin Jowett, "On the Interpretation of Scripture" in *Essays and Reviews*, John William Parker, editor, (London: Longman, Green, Longman, Toberts & Green, 1860).

54. Moore, "Geologists and interpreters of Genesis in the nineteenth century" in *God and Nature*, Ch.13.

55. Moore, "Geologists and interpreters of Genesis in the nineteenth century" in *God and Nature*, Ch.13.

56. 1865년에 설립된 'The Victoria Institute(빅토리아 연구소)'의 목적은 '성경이 계시한 위대한 진리 (the great truths revealed in Holy Scripture)'를 거짓된 과학으로부터 지키기 위함이었다.

57. 빅토리아 연구소는 영국철학회(Philosophical Society of Great Britain)라고도 불리며, 지금은 '신앙과 사상(Faith and Thought)'이라고도 불린다. 현재 총재는 John T. Houghton이며, 웹사이트는 faithandthought.org이다.

58. A. Hunter Dupree, "Christianity and the scientific community in the age of Darwin" in *God and Nature*, Ch.14.

59. Dupree, "Christianity and the scientific community in the age of Darwin" in *God and Nature*, Ch.14.

60. Dupree, "Christianity and the scientific community in the age of Darwin" in *God and Nature*, Ch.14.

61. Dupree, "Christianity and the scientific community in the age of Darwin" in *God and Nature*, Ch.14.

62. Dupree, "Christianity and the scientific community in the age of Darwin" in *God and Nature*, Ch.14.

63. Charles Darwin, 『다윈의 자서전(The Autobiography of Charles Darwin)』(1876).

64. 이 편지는 2015년 9월 7일(현지 시각)에 뉴욕 경매회사 본햄스 인터넷 사이트에 공개되었다. cf. https://www.chosun.com/site/data/html_dir/2015/09/12/2015091200286.html

65. Dupree, "Christianity and the scientific community in the age of Darwin" in *God and Nature*, Ch.14.

66. Frederick Gregory, "The impact of Darwinian evolution on Protestant theology in the nineteenth century" in *God and Nature*, Ch.15.

67. Charles Hodge, *What is Darwinism?* (New York: Scribner, Armstrong, and Company, 1874).

68. 저교회(Low Church)란 영국국교회(Church of England)의 분파로서 주교직(episcopate), 성직(priesthood), 성례전(sacrament), 예배 순서나 의식 등을 상대적으로 중요하게 생각하지 않고 'low' place에 두었다. 저교회란 용어는 18세기 초부터 고교회(High Church) 혹은 광교회파(Latitudinarian [liberal] group)에 대비하여 사용된 말이다(각주 50 참조). 일반적으로 앵글리칸, 루터교, 감리교, 가톨릭 등은 고교회 전통에 속한다고 볼 수 있고, 반면 퀘이커, 청교도, 미국에서 생겨난 여러 전통들은 저교회 전통에 속한다고 할 수 있다. cf. *The Oxford Dictionary of the Christian Church* Revised edition (Oxford University Press, 1983) 839.

69. Gregory, "The impact of Darwinian evolution on Protestant theology in the nineteenth century" in *God and Nature*, 378.

70. "supernatural design produces natural selection."

71. Gregory, "The impact of Darwinian evolution on Protestant theology in the nineteenth century" in *God and Nature*, 383.

72. 이런 생각을 한 자유주의자들로는 슐라이어마허(F. D. E. Schleiermacher), 프리이스(J. Fries), 오토(R. Otto), 스테펜(L. Stephen) 등을 들 수 있다.

73. Johann Gregor Mendel's paper "Versuche über Pflanzenhybriden" was read at meetings of the Brunn Natural History Society on 8th February and 8th March 1865. J. G. Mendel, "Versuche über Pflanzenhybriden," *Verhandlungen des naturforschenden Vereines in Brünn*, Bd. IV für das Jahr, 1865, Abhandlungen: 3~47 (1866), 영문 번역판: C. T. Druery, William Bateson, "Experiments in Plant Hybridization," *Journal of the Royal Horticultural Society* 26: 1~32 (1901).

74. cf. H.F. Roberts, *Plant Hybridization before Mendel* (Princeton: Princeton University Press, 1929).

75. 다윈의 자연선택설과 멘델의 유전학을 연결시키려고 노력한 대표적 인물로는 『진화-현대적 총합』(1942)을 저술한 줄리언 헉슬리(Julian S. Huxley 1887~1975), 『유전학과 종의 기원』(1937)을 저술한 도브쟌스키(Theodosius Dobzansky 1900~1975) 등을 들 수 있다. 도브쟌스키는 유전자돌연변이가 유전자풀에서 일어나면 좋은 종이 자연에 의해 신종으로 선택되어 진화한다고 했다.

76. D. Quammen, *The reluctant Mr. Darwin: An intimate portrait of Charles Darwin and the*

making of his theory of evolution (New York, NY: W.W. Norton & Company, 2006).

77. Gregory, "The impact of Darwinian evolution on Protestant theology in the nineteenth century" in *God and Nature*, 387.

제10강 근본주의의 등장과 창조과학의 부흥

1. 점진적 창조론이라고도 불리는 진행적 창조론은 태초에 창조주가 생명체들을 창조했으나, 순간적인, 혹은 6,000년 동안이 아니라 오랜 지구 역사에 걸쳐 창조했다고 본다. 이들은 소진화, 즉 종 내에서의 변이는 받아들이지만 대진화는 받아들이지 않는다는 점에서는 창조과학자들과 의견이 같지만, 현대 우주론의 표준모델인 대폭발이론의 기본개념을 받아들인다는 점에서는 창조과학자들과 의견이 다르다. 생물학적 관점에서의 진행적 창조론은 성경해석학적 관점에서는 창조주간의 하루를 시대로 본다는 점에서 날-시대 이론과 맥을 같이하고 있다.

2. https://news.gallup.com/poll/261680/americans-believe-creationism.aspx

3. Ronald L. Numbers, "The Creationists" in *God and Nature*, Ch.16.

4. 엄격한 창조론자들은 창세기의 날을 문자적으로 해석하고, 10,000년 이내에 하나님이 모든 생물을 창조했으며, 노아의 홍수가 전지구적이었다고 믿는다. 그러나 엄격한 창조론자들 중에도 다양한 '변이'가 있다. 어떤 사람들은 하나님이 1만년 이내에 한꺼번에 모든 지상 생물들을 만들었다고 믿는 사람들이 있는가 하면(창조과학), 어떤 사람들은 창조주간 이전에 한 번 이상의 창조가 더 있었다고 믿는 사람들도 있다(재창조설).

5. Charles Hodge, *What is Darwinism?* (New York: Scribner, Armstrong, and Company, 1874), 178. A version of this book can be obtained from https://www.gutenberg.org/ebooks/19192.

6. Scott M. Huse, *The Collapse of Evolution* (Baker Books, 1986) - 한국어판: 정동수, 유상수 역, 『진화론의 붕괴』 (말씀과만남, 1995).

7. Ronald Numbers, "George Frederick Wright: From Christian Darwinist to Fundamenalist," *Isis* 79(1988): 624~645.

8. 진행적 창조론자들은 창조주간의 하루하루는 긴 시간이었다고 해석한다. 하지만 이들 중에도 하나님이 여러 차례 창조하셨다고 믿는 사람들이 있는가 하면, 하나님의 창조 행위를 생명, 특히 인간의 영혼의 창조에만 국한시키는 사람들도 있다. 하나님의 창조행위를 생명 창조에만 국한시키면, 이것은 유신진화론과 구별할 수 없게 된다.

9. T. T. Martin, *Hell and the High School* (Kansas City, MO: Western Baptist Publishing Co., 1923), 164~165.

10. Ronald L. Numbers, "Creationism in 20th-Century America," *Science* 218 (5 November 1982): 538~544.

11. 예를 들면 Answer in Genesis USA에서 활동하는 Andrew A. Snelling은 젊은지구론에 대한 자신의 5부작 DVD 강의 시리즈 제목을 <Geology: A Biblical Viewpoint on the Age of the Earth>라고 붙였다(Answers in Genesis USA 2009).

12. 미국이나 한국을 비롯하여 많은 홈스쿨 단체들 중에 창조과학 지지자들이 많다. cf. https://greathomeschoolconventions.com/

13. Sarah Eekhoff Zylstra, "Creation Museum Founder Disinvited from Homeschooling Conferences," *Christianity Today* March 25, 2011 - "Our Board believes Ken's comments to be unnecessary, ungodly, and mean-spirited statements that are divisive at best and defamatory at worst."

14. 이 문제에 대해서는 본 창조론 대강좌 시리즈의 양승훈, 『창조연대 논쟁: 젊은지구론, 무엇이 문제인가?』 (SFC, 2017)를 참고하기 바란다.

15. 그랜드 캐니언이나 컬럼비아 계곡의 형성에 대해서는 양승훈, 『그랜드 캐니언: 정말 노아 홍수 때 만들어졌을까?』 (CUP, 2018)를 참고하기 바란다.

16. 이 문제에 관해서는 양승훈, "창조과학의 유사과학적 뿌리," 『창조론 오픈 포럼』 8(1): 48~62 (2014)에서 자세히 다루었다.

17. 안식교인들은 자신들의 교회를 안식교라고 부르기보다 재림교라고 부르기를 좋아하지만, 한국 사회에서는 일반적으로 안식교라는 용어가 더 널리 퍼져 있기 때문에 본서에서는 안식교라고 부른다.

18. "William Miller" in Wikipedia

19. "Our fondest hopes and expectations were blasted, and such a spirit of weeping came over us as I never experienced before. It seemed that the loss of all earthly friends could have been no comparison. We wept, and wept, till the day dawn." from Hiram Edson, manuscript fragment on his *Life and Experience*, n.d. Ellen Gould White Research Center, James White Library, Andrews University, (Berrien Springs, Michigan), 4~5.

20. James Nix, *The Life and Work of Hiram Edson* Thesis. (Andrews University, Berrien Springs, 1971), 18~20. From Edson's Manuscript.

21. 전정희, "[이단성 핵심체크] 안식교(엘렌 G. 화잇)," 『교회와 신앙』 (2010.3.29.).

22. "약한 자 중에 가장 약한 자," 『예언자 엘렌 G. 화잇』 (재림마을).

23. 화이트의 저술들 중 창조와 홍수를 다룬 책은 그의 창세기 주석 *Patriarchs and Prophets*이다. 이 책은 전문이 웹사이트에 올라와 있으며(http://www.gilead.net/egw/books/misc/Patriarchs_and_Prophets/index.htm), 화이트의 나머지 책들도 온라인으로 내용을 볼 수 있다. http://www.gilead.net/egw/. 화이트의 책은 우리말로도 대부분 번역되어 있다.

24. Ronald L. Numbers, *The Creationists: The Evolution of Scientific Creationism* (New York: Alfred A. Knopf, 1992. Reprinted by University of California Press, 1993), 90. 이 책은 후에 지적설계운동을 포함하여 *The Creationists: From Scientific Creationism to Intelligent Design* (Cambridge, MA: Harvard University Press, 2006)으로 증보개정판으로 출간되었다.

25. 안식교는 영어로는 Seventh-Day Adventist(SDA), 정식명칭은 제칠일 안식일 예수 재림교이며, 줄여서 안식교, 혹은 재림교라고 부른다.

26. Ellen G. White, *Spiritual Gifts: Important Facts of Faith, in Connection with the History of Holy Men of Old* (Battle Creek, MI: Seventh-day Adventist Publishing Assn., 1864), 90~91.

27. "I was then carried back to the creation and was shown that the first week, in which God performed the work of creation in six days and rested on the seventh day, was just like every other week." - Ellen G. White, *The Spirit of Prophecy* 1:85. (Battle Creek, MI: Seventh-day Adventist Publishing Association, 1870, 1877, 1878, 1884, 1969).

28. "I was shown that very large, powerful animals existed before the flood, which do not now exist." - White, *The Spirit of Prophecy* 1:87.

29. "men, animals, and trees many times larger than now exist," - Ellen G. White, *Patriarchs and Prophets*, 114 (Washington, D.C.: Review and Herald Publishing Association, 1890, 1958).

30. "The doctrine of creation is so prominent in the Bible and in the writings of Ellen White and is so intimately connected with other fundamental beliefs that a change in this point inevitably will affect other foundational teachings of the Bible that we as SDAs uphold." from Frank M.

Hasel, "Ellen G. White and Creationism: How to Deal with Her Statements on Creation and Evolution: Implications and Prospects," *Journal of the Adventist Theological Society*, 17/1 (Spring 2006): 229~244.

31. "I have been shown that, without Bible history, geology can prove nothing." - White, *The Spirit of Prophecy* 1:88.

32. Cindy Tutsch, "Interpreting Ellen G. White's Earth History Comments," *Faith and Science Conference II* (Glacier View, Colorado, August 13-21, 2003) Ch.4.

33. "[i]n the history of the Flood, inspiration has explained that which geology alone could never fathom." - *Patriarchs and Prophets*, 112.

34. "From its inception, the SDA church has maintained that Ellen White was inspired in the same manner and to the same degree as biblical prophets, even though SDAs believe that her writings are not "another Bible." from Hasel, *Journal of the Adventist Theological Society*, 230.

35. "There should be a settled belief in the divine authority of God's Holy Word ⋯ Moses wrote under the guidance of the Spirit of God, and a correct theory of geology will never claim discoveries that cannot be reconciled with his statements." - White, *Patriarchs and Prophets*, 114.

36. "relics found in the earth do give evidence of conditions differing in many respects from the present, but the time when these conditions existed can be learned only from the Inspired Record." - *Patriarchs and Prophets*, 112.

37. Tutsch, "Interpreting Ellen G. White's Earth History Comments," Ch.4.

38. "Viewed in the light of her statements on time and the flood presented above, we can safely say that were Ellen White alive today, she would hold to a recent historical creation week and a global flood even in the face of challenges presented by radiometric dating and paleontological research." from Cindy Tutsch, "Interpreting Ellen G. White's Earth History Comments," *Faith and Science Conference II*, (Glacier View, Colorado: August 13~21, 2003) - http://www.whiteestate.org/issues/genesis.html#_edn34.

39. Mark A. Noll, *The Scandal of the Evangelical Mind* (Grand Rapids, MI: Eerdmans, 1995), 189.

40. Ronald L. Numbers, *The Creationists: From Scientific Creationism to Intelligent Design*, Expanded Edition (Harvard University Press, 2006), 90~95.

41. Numbers, *The Creationists*, 106~107.

42. "armchair geologist with little formal training and almost no field experience," in Noll, *The Scandal of the Evangelical Mind*, 189.

43. George McCready Price, *The New Geology: A Textbook for Colleges, Normal Schools, and Training Schools; and for the General Reader* (Pacific Press Publishing Association, 1923), 726.

44. "one historical week composed of six ordinary, historical Earth days like our own"(p.3.); "major portions of the fossil-filled geologic column were deposited during the global Flood"(p.9.), "A Statement on the Biblical Doctrine of Creation" Seventh-day Adventist Theological Seminary (Andrews University) (voted by the Seminary Faculty on April 30, 2010).

45. Byron C. Nelson, *After Its Kind the First and the Last Word on Evolution* (1927). 1970년, Bethany Fellowship에서 본서의 개정판을 출간했다. 개정판에서는 『창세기 대홍수』의 공저자인 John C. Whitcomb Jr.가 공저자로 참여했다.

46. "one very outstanding advocate of the Flood", Byron Christopher Nelson, *The Deluge Story in Stone: A History of the Flood Theory of Geology* (Minneapolis, MN: Augsburg Publishing House, 1931). 이 책은 1968년에 Baker Book에서 다시 출간되었다.

47. Clifford L. Burdick, "The Radioactive Time Theory and Recent Trends in Methods of Reckoning Geologic Time," *Forum for the Corelation of Science and the Bible* 1 (1946~1947): 39~58.

48. "no longer had to dabble with the gap theory or some other means of allowing a great age for the earth." Henry Madison Morris, *A History of Modern Creationism* (Master Books, 1984) 82~83, 97~98.

49. 저자는 위스콘신 대학 과학사학과 대학원에서 넘버스(Ronald L. Numbers) 교수의 지도로 탄소 연대측정법을 둘러싸고 미국 복음주의 진영이 분열한 사건을 추적하였으며, 이 연구는 후에 석사학위 논문으로 제출되었고, 미국과학자협회(American Scientific Affiliation) 학술지에 발표하였다. Seung-Hun Yang, "Radiocarbon Dating and American Evangelical Christians," *Perspectives on Science and Christianity* (Journal of American Scientific Affiliation) 45(4): 229~240.

50. John C. Whitcomb and Henry Madison Morris, *The Genesis Flood: The Biblical Record and Its Scientific Implications* (Presbyterian & Reformed Publishing, 1961) - 한국어로는 이기섭 역, 『창세기 대홍수』 (성광문화사, 1985)란 제목으로 번역되었다.

51. Ronald L. Numbers, *Prophetess of Health: A Study of Ellen G. White*, 3rd Ed. (Grand Rapids: Eerdmans Publishing, 2008).

52. Personal communication(1991).

53. http://www.hssonline.org/about/society_awards2008.html (2014.1.29.)

54. Karl Raimund Popper, *The Logic of Scientific Discovery* (Routledge, 2002) - 한국어판: 박우석 역, 『과학적 발견의 논리』 (고려원, 1994).

55. 양승훈, "창조과학의 유사과학적 뿌리," 『창조론 오픈 포럼』 8(1): 48~62 (2014)

56. 한국창조과학회 홈페이지: https://creation.kr/intro#:~:text=한국창조과학회는%20안식교,복음주의%20초교파%20학술단체입니다. (2022년 5월 8일 검색)

제11강 한국에서의 창조론 운동

1. 본 강의 내용은 양승훈 & 조덕영, "한국에서의 창조론 운동," 『창조론 오픈 포럼』 12(1): 5~51 (2018.3.) 을 수정, 보완한 것이다.

2. http://www.kacr.or.kr/library/itemview.asp?no=3240&param=type=C. "한국교회사에 획을 그은 세 가지 사건을 든다면, 1885년에 최초의 공식 선교사로 내한한 아펜젤러와 언더우드 선교사를 통해 복음이 우리나라에 들어 온 것, 1911년에 성경이 한국어로 완역된 것, 그리고 1981년 진화론에 도전하는 한국창조과학회의 탄생일 것입니다." - "김영길 박사 '진화론 과학자에서 창조론 과학자로'," 「크리스천 투데이」 (2018.1.7.). cf. http://www.christiantoday.co.kr/news/308096

3. 참고로 본고에서 사용한 날짜, 연도 등은 "한국창조과학회 연혁," 『한국창조과학회 20년사』 (서울: 한국창조과학회, 2001), 45~51쪽을 사용하였다.

4. Henry Madison Morris, *A History of Modern Creationism* (Master Book House, 1984), Introduction.

5. Ronald L. Numbers, *The Creationist: The Evolution of Scientific Creationism* (New York: Alfred A. Knopf, 1992). 본서의 개정판은 *The Creationists: From Scientific Creationism to Intelligent Design* (Harvard University Press, 2006)에 출간되었으며, 2016년에 한국어 번역판이 출간되었다.

신준호 역,『창조론자들: 과학적 창조론에서 지적설계론까지』(서울: 새물결플러스, 2016). 개정판 원서는 606쪽이며, 이를 번역한 한국어판은 무려 942쪽에 이르는 방대한 책이다.

6. Hee-Joo Park, *Anti-Creationism Movement in America* (Faculty of Arts, University of Melbourne, 1997).

7. Forty-seven percent of the American people, according to a 1991 Gallup Poll, believe that God made man - as man is now - in a single act of creation, and within the last ten thousand years.

8. 출처: https://goette-hnu.wikispaces.com/Robert+L+Goette.

9. 계의돈의 신앙적 배경에 대해서는 https://goette-hnu.wikispaces.com/Robert+L+Goette을 참고하라.

10. 이정순, "한국전쟁 이후 선교사 괴테 박사(Dr. Robert L. Goette; 한국명 계의돈)의 사역과 삶(1960~1987)에 대한 고찰,"「복음과 선교」29집: 189~232 (2015). cf. http://210.101.116.28/W_files/kiss5/2i200336_pv.pdf.

11. 쥬영흠, "創世記의 宇宙科學的 解析,"「碩林」2: 12~17 (1978.10.28.).

12. 양승훈,『창조연대 논쟁』, (SFC, 2017), 서문. 창세기와 창조론에 대한 쥬영흠의 견해는 그가 총신대학교 신학대학원에서 강의하면서 만든 다음 강의록에 잘 나타나있다. 쥬영흠,『창조와 과학』(총신대학교 신학대학원, 미출간, 연대 미상).

13. 대성회 기간 중인 1980년 8월 12~15일까지 열린 분야별 집회는 다음과 같았다. 고등학생 수련회(장충체육관), 전국 유년주일학교 교사 세미나(광림교회), 부녀 지도자 세미나(유관순 기념관), 목회자 세미나(영락교회), 평신도 특수그룹 지도자 세미나(전경련회관 국제회의장), 국제 부녀 세미나(전경련회관 중회의실), 신학 핵심문제 강의(전경련회관 국제회의장), '창조냐? 진화냐?' 세미나(CCC 강당), 여교역자 수련회(정동교회), 국제 청장년 합숙 수련회(문화체육관), 국제 대학생 합숙 수련회(여의도순복음중앙교회), 외국인 목회자 세미나(전경련회관 국제회의장) 등.

14. Walter L. Bradley is an old Earth creationist and an advocate of intelligent design. 브래들리는 처음에는 창조과학자들과 함께했으나, 후에 오랜지구론으로 선회하면서 창조과학 운동에서는 멀어졌다.

15. Duane T. Gish was an American biochemist and a prominent member of the creationist movement. A Young Earth creationist, Gish was a former vice-president of the Institute for Creation Research.

16. Morris, *A History of Modern Creationism* (Master Books, 1984), 299. 이때 참석한 사람으로 모리스(Henry Madison Morris) 부부, 브래들리(Walter L. Bradley) 부부, 듀안 기쉬(Duane T. Gish) 부부, 선교사 원이삼(Wesley Wentworth) 외 한국인으로는 김영길, 조덕영 등 총 25명이었다.

17. 후에 김영길은 하용조 목사의 권유로 새서울순복음교회에서 1985년에 창립한 온누리교회로 옮겼다.

18. 원이삼은 1958년 9월에 버지니아공대(Virginia Polytechnic Institute and State University[Virginia Tech]) 위생공학 석사과정에 입학하였으나, IVF 선교훈련, 하사관으로 군복무, 컬럼비아 성경대학 공부 등으로 인해 4년 후인 1962년에 복학하였다. 반면에 모리스(H.M. Morris)는 1959년에 버지니아공대에 교수로 부임하였다. cf. 손봉호 외,『문서 선교사 웨슬리 웬트워스』(한국기독학생회출판부, 2015), 287쪽.

19. 손봉호 외,『문서 선교사 웨슬리 웬트워스』, 299쪽.

20. 조덕영,「창조」(서울: 한국창조과학회, 1981.2.25.) 제1호, 2.(당시 창조 뉴스레터 창간호 제1호는 실은 쪽수도 기재되지 않은 4쪽짜리 유인물에 불과하였다.) 회장 김영길, 부회장 최영상, 감사 유완영, 기획간사 오형재(서울산업대, 수학), 행정간사 심영기, 학술간사 노정구, 홍보간사 남수우, 신앙간사

유병우, 재정간사 민성기, 출판간사 정명균, 교육간사 채명준, 생명과학분과위원장 이은호, 김해리, 지구과학분과위원장 박동원(서울대, 지형학), 김정욱, 이공학분과위원장 김정한(KAIST, 화학), 장근식, 대전지부장 문한규 등이었다. 고문은 김준평, 계의돈, 대천덕(예수원, 신부), 김준곤, 전산초(연세대, 간호), 이병호(KAIST, 원자력), 장영길(소아과의사) 등이었다.

21. Lewis Research Center는 1999년에 NASA Glenn Research Center로 명칭을 변경하였다.

22. Hal Lindsey, *The Late Great Planet Earth* (Grand Rapids, MI: Zondervan, 1970). 이 책은 후에 김재권 역, 『대유성 지구의 종말』(생명의 말씀사, 1971)로 번역, 출간되었다. CCC 간사 출신인 Harold Lee Lindsey는 댈러스 신학교(Dallas Theological Seminary)에서 신약을 전공했다(Master of Theology degree). 그가 『대유성 지구의 종말』을 출간한 때는 중동에서 1967년 6월 전쟁이 끝난 직후여서 강한 세대주의적 색채를 가진 그의 책은 일약 베스트셀러가 되었다. cf. "김영길 박사 '진화론 과학자에서 창조론 과학자'," 「크리스천 투데이」 (2018.1.7.). cf. http://www.christiantoday.co.kr/news/308096.

23. 당시 한국에서 가장 큰 과학연구기관인 한국과학기술연구소(KIST)와 한국과학원(Korea Advanced Institute of Science, KAIS)이 창조과학회 창립총회가 열리기 한 달 전인 1980년 12월 31일자로 한국과학기술원(KAIST)이란 이름으로 통합되었다.

24. 「한국일보」 (1981.1.27.).

25. 대덕연구단지는 1973년 계획수립 이후 1974년부터 공사가 시작되어 1992년 준공되었으며, 1980년대를 거치며 대부분의 정부출연연구소가 입주하였다.

26. 한국과학기술연구원(KIST)은 1989년 6월에 KAIST로부터 분리, 재설립되었다.

27. 2001년에 출간된 『한국창조과학회 20년사』 (서울: 창조과학회, 2001), 400~402쪽의 창조과학회 회원 명부에는 1251명의 회원들이 기록되어 있다.

28. 흥미롭게도 조덕영의 신학석사(Th.M.) 논문은 외계생명체에 대한 것이었다. 조덕영, 『외계생명체 논쟁에 대한 기독교적 대응』 (평택대학교, 1999).

29. Chon Ho Hyon, "The Creation Science Movement in Korea," *ICR Acts & Facts*, Impact, 25(10): I~IV (1996.10.).

30. 창립부터 2000년까지의 심영기, 이웅상, 조덕영, 김경 등 대표간사들의 이야기는 『한국창조과학회 20년사』, (서울: 창조과학회, 2001), 179~226쪽을 참고하라.

31. 조덕영, "한국에서의 창조과학 운동: 한국창조과학회를 중심으로(Creation Science Movement in Korea: A Case Study for the Korea Association of Creation Research)" (성결교신학대학원(현 성결대 신학대학원) 목회학 석사 졸업논문, 1998.2.).

32. "사무엘, '나는 박보희 아들이 아니라 문선명 총재의 아들'," 『Sunday Journal』 1008호 (2016.1.10.) - cf. http://sundayjournalusa.com/2016/01/10/박보희-미국법원-증언통해-충격고백.

33. "'신동아그룹 통일관련' 게재 | LA교포신문 발행인을 구속," 「중앙일보」 (1988.2.27.) - cf. http://news.joins.com/article/2222111.

34. 조덕영, 『창조』 (서울: 한국창조과학회, 1996.12. 100호 특집). 8~9쪽.

35. 조덕영, 『창조』 (서울: 한국창조과학회, 1987.1. 40호), 2쪽.

36. 1981년부터 1999년까지의 강연 현황은 『한국창조과학회 20년사』, (서울: 창조과학회, 2001), 339~395쪽을 참고하라.

37. 조덕영, 『UFO와 신비주의』 (두루마리, 1996).

38. 양승훈, "창조론 운동의 회고와 전망" (한국과학기술원 신우회 세미나, 1994).

39. 김영길 외 편저, 『진화는 과학적 사실인가?』 (서울: 한국창조과학회, 1981.9.5.).

40. Roger Lewin, "Evolutionary Theory Under Fire," *Science*, 210: 883~887 (1980.11.21.).

41. Roger Lewin's letter to Y. K. Kim (7 July, 1981).

42. 조덕영, "한국에서의 창조과학 운동: 한국창조과학회를 중심으로," (1998.2.).

43. 1995년까지 창조과학회가 발간한 출판 도서목록은 2001년에 출간된 『한국창조과학회 20년사』 (서울: 창조과학회, 2001), 397~398쪽면을 보라.

44. 예를 들면 한국창조과학회 홈페이지에 실린 김영길, 조덕영, "한국에서의 창조론 운동의 회고와 전망"은 조덕영의 목회학 석사학위 논문의 일부였다. 조덕영. 『한국에서의 창조론 운동: 한국창조과학회를 중심으로』 (성결교신학대학원 목회학 석사학위 논문, 1998.2.). cf. http://www.creation.or.kr/library/itemview.asp?no=205&orderby_1=subject.

45. 조덕영, 『창조』 (한국창조과학회 출판부, 1990. 5,6월호/69호). 1.

46. Michael Denton, *Evolution: A Theory in Crisis* (Burnett Books, 1985). 368 - 한국어판: 임번삼, 우제태, 전광호 역, 『진화론과 과학』 (한국창조과학회 출판부 1994).

47. Denton, 『진화론과 과학』 (한국창조과학회 출판부 1994).

48. cf. http://www.discovery.org/p/521.

49. 조덕영, "창조와 진화: 창조연대와 기원 논쟁," 『통합연구』 24: 151~156 (1994).

50. Stephen C. Meyer, *Signature in the Cell* (Harper Collins, 2009); Denton, Evolution: A Theory in Crisis, 326~343.

51. 한국창조과학회, 「창조」 (서울: 한국창조과학회, 1982.3.10.). 8(본 『창조』는 제5호로 쪽수 8쪽의 뉴스레터 형태이다. 표지 뒷면의 8쪽에 해당되는 <활동상황> 보도에 그 내용이 수록되어 있다).

52. 우사미 마사미, 『창조의 과학적 증거들』 (두란노, 1996).

53. 「국민일보」, "종교난" (1991.8.31.).

54. 「기독신보」, "대학가 창조과학 강의 인기" (1996.4.27.) 8쪽.

55. 조덕영, "한국에서의 창조과학 운동: 한국창조과학회를 중심으로," (1998.2.).

56. 2000년까지의 지부들의 연혁과 활동에 대해서는 『한국창조과학회 20년사』 (서울: 창조과학회, 2001), 79~176쪽을 참고하라.

57. 한국과학원(KAIS)은 1980년 말에 한국과학기술연구소(KIST)와 통합하여 한국과학기술원(KAIST)이 되었으며, 현재는 KAIST가 공식적인 이름이다. 하지만 한국과학원 교회는 학교 이름이 바뀐 후에도, 캠퍼스가 홍릉에서 대덕으로 완전히 이전한 후에도 여러 해 동안 한국과학원 교회라는 이름을 유지하였으며, 현재는 KAIST 교회라고 부른다.

58. 양승훈은 2017년 12월 15일에 정희권과 전화 인터뷰를 했고, 2018년 2월 11일에 고재형과 SNS 인터뷰를 했다.

59. 고재형, 정희권 외 편, 『The Q&A Book』 (한국과학기술원 창조과학연구회[KAIST RACS]) (1993.12.1.). 150여 쪽의 이 책자는 대전 창조과학전시관 개관 기념 및 KAIST RACS 창립 1주년 기념으로 출간되었다.

60. Phillip E. Johnson, *Defeating Darwinism by Opening Minds* (Downers Grove, IL: InterVarsity Press, 1997); Michael J. Behe, *Darwin's Black Box: The Biochemical Challenge to Evolution*, (New York: Free Press, 1996).

61. 박우삼, 『노아 홍수에 대한 과학적 고찰』 (한국목회대학원, 석사학위청구논문, 1987), 67쪽.

62. 홍석원, "첨단조선공학으로 추적한 노아방주의 수수께끼," 『과학동아』 (1993.8.), 103쪽.

63. 양승훈, 『창조론 대강좌』, (서울: CUP, 1996), 453쪽.

64. 홍석원, 『과학동아』 (1993.8.), 100~105쪽.

65. 유영대, "'진화론만 가르치는 교과서는 위헌'⋯ 창조과학회 , 헌법소원 낸다," 「국민일보」 (2009.5.19.) cf. http://news.kmib.co.kr/article/view.asp?arcid=0921293755.

66. 김용준, 김문회, 황도연, 이재화, 조승형, 정경식, 고중석, 이영모, <헌법재판소 결정>, "92헌마124 교 과서검정불합격처분취소" 1997.6.3. 1~9.

67. 김영길, "한국창조과학회 25주년을 감사드리며," http://www.kacr.or.kr/library/itemview. asp?no=3240&param=type=C.

68. http://ncic.kice.re.kr/mobile.kri.org.inventoryList.do?pOrgNo=10004063 (2017.11.29. 검색).

69. http://ncic.kice.re.kr/mobile.kri.org.inventoryList.do?pOrgNo=10043984 (2017.11.29. 검색).

70. 조덕영, "한국에서의 창조과학 운동: 한국창조과학회를 중심으로," (1998.2.).

71. Norman D. Newell, *Creation and Evolution: Myth or Reality?* (Convergence, NY: Praeger, 1984), 240 - 한국어판: 양승영 역, 『창조론과 진화론』 (명지사, 1989). 이 책은 1990년에 양승영 교수 와 같은 대학에 근무하는 장기홍, 박순옥에 의하여 경북대학교 출판부에서 재발간 되었다.

72. 주광열, 『과학과 환경』 (서울대학교 출판부, 1986), 182~198쪽.

73. 양승훈, "과학적 창조론 비판에 대한 소고," 『한국과학교육학회지』, 7(2): 89~95 (1987.12).

74. 허성욱, 『창세기 과학 여행』 (도서출판 영문, 1992), 145~146쪽.

75. 심재율, "국내 첫 자연사 박물관 세운다," 「조선일보」 (1990.12.13.).

76. Andrew Snelling, *Prayer News* (Brisbane, Queensland: Creation Science Foundation, October 1991), 2.

77. 박명균, "창조과학관 재건립에 대한 의견," (임원회에 제출한 제안서), 1996.

78. 넘버스, 『창조론자들』, 871~872쪽. 872쪽에 있는 각주 33번을 참고하라. 원전: Numbers, *The Creationists*, 414. 미주 33번을 참고하라.

79. 김정훈, "어느 선교사의 죽음: 전광호 선교사를 보내며" from http://www.kacr.or.kr/library/; "고 전광호 선교사 순교 10주기 추모," 「서울매일신문」 (2015.7.21.).

80. 2001년에 출간된 『한국창조과학회 20년사』 (서울: 창조과학회, 2001), 402쪽에 의하면, 창조과학회 를 후원하는 교회 및 단체 회원은 총 78개에 이르렀다.

81. 연구소 웹사이트는 https://www.handong.edu/lab-coop/lab/create-science/이다.

82. 김정욱과의 private communication (2017.9.)

83. Ted Davis, "Science and the Bible: Intelligent Design, Part 4," *BioLogos* (December 05, 2012). cf. https://biologos.org/blogs/ted-davis-reading-the-book-of-nature/science-and-the-bible-intelligent-design-part-4.

84. "회장 인사말," http://intelligentdesign.or.kr/ (2017.12.5.).

85. [197호 기독지성 뉴페이스] "지적설계 김영식 박사 - 지적설계, 창조과학과 진화론의 비생산적인 긴 장을 넘어서!" 「뉴스앤조이」 (2007.2.20.) Cf. see http://www.newsnjoy.or.kr/news/articleView. html?idxno=20260.

86. http://kr.christianitydaily.com/articles/30893/20090815/창조과학과-지적설계의-동상이 몽.htm.

87. "Ken Ham Attacks Intelligent Design & Behe," *The Sensuous Curmudgeon-Conserving the Enlightenment values of reason, liberty, science, and free enterprise* (August 31 2011). cf. https://sensuouscurmudgeon.wordpress.com/2011/08/31/ken-ham-attacks-intelligent-design-behe/.

88. 2015년 11월 5일에 장로회신학대학교 신대원 학우회가 "과학자가 보는 창세기 1장, 창조기사의

의미"라는 주제로 주최한 종교개혁제 제3차 세미나에서 이승엽의 발표 내용을 보라 - cf. http://kr.christianitydaily.com/articles/85329/20151105/창조·지적설계·유신진화가-말하는-창세기-1장.htm.

89 http://www.str.or.kr/

90. Soo Bin Park, "South Korea surrenders to creationist demands-Publishers set to remove examples of evolution from high-school textbooks," *Nature* 486, 14 (05 June 2012). 이 기사는 *Scientific American*과 *Time*에도 전재되었다. cf. https://www.scientificamerican.com/article/south-korea-surrenders-creationist-demands/ ; Catherine Traywick, "South Korean Textbooks Reject Evolution-Opponents of evolution have won a big victory in South Korea's schools," *Time* (June 12, 2012).

91. 한국고생물학회/한국진화학회 추진위원회, "교진추(교과서진화론개정추진위원회)의 청원서에 대한 공식 반론문"(2012.6.20.). Cf. http://www.ibric.org/myboard/read.php?id=128405&Page=1&Board=sori&FindIt=&FindText=&divpage

92. 오철우, "시조새 논란 교과서 직접 비교해보니……'교진추', 너무 흥분했네,"「한겨레 신문」(2012.6.21.) cf. http://www.hani.co.kr/arti/science/science_general/538952.html

93. Soo Bin Park, "Science wins over creationism in South Korea-Government asks publishers to retain examples of evolution in science textbooks," *Nature* (06 September 2012).

94. cf. http://biblescience.kr/index.html

95. Christopher Gregory Weber, "The Fatal Flaws of Flood Geology," *Creation Evolution Journal* 1(1): 24~37 (Summer 1980); 양승훈, "그랜드 캐니언, 정말 노아홍수 때 생겼을까?"『창조론 오픈포럼』 10(2): 58~94 (2016.7.); 양승훈, "그랜드캐니언이 노아 홍수 때 생기지 않았다는 증거,"「뉴스앤조이」(2016.8.28.). - cf. http://www.newsnjoy.or.kr/news/articleView.html?idxno=205404; 양승훈, "그랜드 캐니언이 노아홍수 때 만들어졌다고?"「미주 뉴스앤조이」(2017.11.2.). - cf. http://www.newsnjoy.us/news/articleView.html?idxno=8286

96. http://www.wcmweb.org/image/down_pdf.pdf

97. 넘버스,『창조론자들』(새물결 플러스, 2016), 879~880쪽 - 원전: Numbers, *The Creationists*, 418~419를 참고.

98. 넘버스,『창조론자들』, 886~898쪽 - 원전: Numbers, *The Creationists*, 421~427을 참고.

99. 예를 들면 Frederick E. Edwords, "Why Creationism Should Not Be Taught As Science," *Creation Evolution Journal* 2(1): 6~36 (Winter 1981). cf. https://ncse.com/cej/2/1/why-creationism-should-not-be-taught-as-science

100. Georges Cuvier, *Discours sur les révolutions de la surface du globe et sur les changements qu'elles ont produits dans le règne animal* (1822) (Paris: Berche et Tralin, 1881)(New edition: Christian Bourgeois, Paris, 1985). It was the introduction to George Cuvier's *Recherches sur les ossemens fossiles de quadrupèdes, où l'on rétablit les caractères de plusieurs espèces d'animaux que les révolutions du globe paroissent avoir détruites* (Paris: Chez Deterville, Libraire, 1812). English tr.: Martin J.S. Rudwick, *Georges Cuvier, Fossil Bones, and Geological Catastrophes* (Chicago: University of Chicago Press, 1997). cf. http://gallica.bnf.fr/ark:/12148/bpt6k38572.pdf & http://gallica.bnf.fr/ark:/12148/bpt6k3858c.pdf

101. http://www.unb.ca/passc/ImpactDatabase/CINameSort2.htm

102. 양승훈,『창조와 격변』(서울: 예영, 2006).

103. 양승훈, 『창조론 대강좌』 (서울: CUP, 1996).

104. 양승훈, "제1회 창조론 오픈 포럼 초청의 글," 『창조론 오픈 포럼』 1(1-2): iii~iv (Aug. 2007).

105. 양승훈, 『창조론 오픈 포럼』 1(1-2): iii~iv (Aug. 2007).

106. 양승훈, "초청의 글," 『창조론 오픈 포럼』 3(1): ii (Feb. 2009).]

107. 양승훈의 제명과 관련해서는 「뉴스앤조이」 기사를 참고하라. http://www.newsnjoy.or.kr/news/articleView.html?idxno=25825 and http://www.newsnjoy.or.kr/news/articleView.html?idxno=25823

108. 양승훈, "내가 창조과학을 떠난 네 가지 이유-다중격변론 등 창조과학자들과의 논쟁," 「NewsM」 (2014.12.21.). cf. http://www.newsm.com/news/articleView.html?idxno=4569

109. 우종학, 『무신론 기자, 크리스천 과학자에게 따지다』 확대개정판 (서울: IVP, 2014). cf. 이 책에 대한 비판적 평가를 위해서는 우병훈, "개혁신학에서 본 진화 창조론: 우종학, 『무신론 기자, 크리스천 과학자에게 따지다』를 중심으로," 『개혁논총』 41: 9~46 (2017)을 참고하라.

110. 최승언, "젊은지구론을 주장하는 창조과학과 대면 후에," 『월드뷰』 (2015.11.11.). cf. https://blog.naver.com/cworldview/220535586626

111. 우종학, "교회가 창조과학을 재고해야 하는 이유," 『월드뷰』 (2015.11.5.). cf. https://blog.naver.com/cworldview/220528931211

112. 우종학, "총신대는 창조과학의 보루가 되려는가?," from http://solarcosmos.tistory.com/828

113. https://www.facebook.com/groups/SCITHEO/913873098747087/

114. 『한국창조과학회 20년사』 (서울: 창조과학회, 2001), 편집위원장 임번삼의 편집 후기.

115. 『한국창조과학회 20년사(1981~2001)』 (서울: 창조과학회, 2001)는 비록 전체 역사를 일별한 것은 아니지만, 초기 20년 간의 창조과학회 역사를 정리한 사료라고 할 수 있다. 이 책은 창조과학 운동에 직·간접적으로 참여한 40여명의 사람들의 간증문 혹은 보고서를 모은 것이다.

116. 예를 들면 http://www.rathinker.co.kr/paranormal/creationism/indexcc/list.html (2018.2.24.) 혹은 http://www.talkorigins.org/indexcc/ (2018.2.24.) 등.

117. 창조과학에 대한 이영욱 등의 비판에 대해서는 제49회 연세신학 공개강좌 자료집 참고: "사이비 과학 주장하는 창조과학회 지지 당장 멈춰야," 「베리타스」 (2009.12.3.). cf. http://www.veritas.kr/news/5478?tag=redirect_sub_re; 이영욱, "사이비 과학이 창궐하는 한국의 개신교-과학은 신의 성품 이해하기 위한 인간의 노력," 「NewsM」 (2008.9.19.). cf. http://www.newsm.com/news/articleView.html?idxno=950

118. 종교사회학회가 경희대에서 개최한 "과학과 종교, 그리고 공공성: 개신교와 창조과학" 학술대회에서 조덕영이 발표한 강의록(2018.1.6.). cf. http://www.christiantoday.co.kr/news/308141

119. 심민관, "3년만에 사령탑 바뀐 미래부 … '유영민號', 개혁과제 수행 전 조직장악이 관건," 「조선일보」 (2017.7.11.). cf. http://biz.chosun.com/site/data/html_dir/2017/07/11/2017071100324.html

120. 참고로 현재 알려져 있는 지구의 나이 또는 지구 연령은 45.4±0.5억 년이다. 근래(2013년 3월) 관측과 ΛCDM 모형에 따르면, 대폭발로부터 지금까지의 경과 시간인 우주의 나이는 137.98±0.37억 년이다. 오차한계 ±0.37억년(0.268%)의 정확도는 WMAP과 플랑크 인공위성의 우주 마이크로파 배경(CMBR) 관측으로부터 얻어졌다.

121. 정유경, "박성진 장관 후보자 사퇴 … '국회 결정, 납득 어렵지만 존중'," 「한겨레신문」 (2017.9.15.). cf. http://www.hani.co.kr/arti/politics/politics_general/811147.html#csidx7267ec3e0c30687be2dda833982e69b

122. 유영민을 창조과학자로 오해받게 한 책은 그가 2014년에 아스팩미래기술경영연구소 소장 차원용

과 공저한 『상상, 현실이 되다』 (프롬북스, 2014)이다. 일부에서 차원용을 '창조과학론자'로 분류했기 때문에 유영민도 '창조과학 신봉자'가 아닌가 하는 오해가 일어났지만, 차원용은 창조과학 분야에서 알려진 사람도 아니고, 공저한 책도 창조과학과는 무관한 책으로 알려져 있다 - 김시연, "미래부 장관 후보가 창조과학 신봉자? '황당한 소설'," 「오마이뉴스」 (2017.6.15.) cf. http://www.ohmynews.com/NWS_Web/View/at_pg.aspx?CNTN_CD=A0002334487

제12강 요약과 결론

1. 양승훈, 『그리스도인으로 공부를 한다는 것은』 (CUP, 2009년), 4장의 내용을 수정·보완한 내용이다.

2. G. E. R. Lloyd, *Greek Science After Aristotle* (New York: W.W. Norton & Company, 1973) 75~76. 헤로필러스에 대해서는 근래까지도 여러 자료들이 발표되었다. 예를 들면 N. S. Bay and B. H. Bay, "Greek anatomist Herophilus: the father of anatomy," *Anat. Cell. Biol.* 43(4): 280~283 (2010.12.); M. Imai, "Herophilus of Chalcedon and the Hippocratic tradition in early Alexandrian medicine," *Hist. Sci.* (Tokyo). 21(2): 103~122 (2011).

3. On Prescription *against Heretics*, Ch.7, translated by Peter Holmes, in *The Ante-Nicene Fathers* series, edited by A. Roberts and J. Donaldson, 10 volumes (New York: Charles Scribner's Sons, 1896~1903), 3:246. It was cited by Lindberg, "Science and the early church" in *God and Nature*, 25.

4. Lindberg, "Science and the early church" in *God and Nature*, 35~38.

5. 양승훈, 『학문과 신앙』 (CUP 소책자).

6. Lindberg, "Science and the early church" in *God and Nature*, Ch.1; Grant, "Science and theology in the middle ages" in *God and Nature*, Ch.2.

7. David C. Lindberg, "Science as Handmaiden: Roger Bacon and the Patristic Tradition," *ISIS*, 78(4): 518~536 (1987).

8. Edward Grant, *Physical Science in the Middle Ages* (Cambridge University Press, 1977), 20~35.

9. 예를 들면 Articles 34, 49.

10. Lindberg, "Science and the early church" in *God and Nature*, Ch.1; Grant, "Science and theology in the middle ages" in *God and Nature*, Ch.2.

11. Lindberg, "Science and the early church" in *God and Nature*, Ch.1; Grant, "Science and theology in the middle ages" in *God and Nature*, Ch.2.

12. 지동설이 실험적으로 증명된 것은 프랑스 물리학자 푸코(Jean Foucault, 1819~1868)의 진자 실험에 의해서였다.

13. Lindberg, "Science and the early church" in *God and Nature*, Ch.1; Grant, "Science and theology in the middle ages" in *God and Nature*, Ch.2.

14. Lindberg, "Science and the early church" in *God and Nature*, Ch.1; Grant, "Science and theology in the middle ages" in *God and Nature*, Ch.2.

15. Lindberg, "Science and the early church" in *God and Nature*, Ch.1; Grant, "Science and theology in the middle ages" in *God and Nature*, Ch.2.

16. Huxley was "not ashamed to have a monkey for his ancestor, but he would be ashamed to be connected with a man who used great gifts to obscure the truth."

17. Charles Hodge, *What is Darwinism?* (New York: Scribner, Armstrong, and company, 1874).

18. Lindberg, "Science and the early church" in *God and Nature*, Ch.1; Grant, "Science and

theology in the middle ages" in *God and Nature*, Ch.2.

19. Reijer Hooykaas, *Religion and the Rise of Modern Science* (Grand Rapids, MI: Eerdmans, 1972) - 한국어판: 손봉호, 김영식 역, 『근대과학의 출현과 종교』 (서울: 정음사, 1987).

내용 색인

인명 색인

저자 소개

양승훈(梁承勳, Paul S. Yang)

멀리 북쪽으로 소백산맥이 졸면서 누워 있고, 동네 뒤에는 낙동강 지류가 힘차게 흐르는 경상도 문경에 있는 촌 동네 창리에서 태어났다. 어릴 때는 멋도 모르고 자동차 정비공이 되려는 마음을 먹기도 하고, 작곡가가 되었으면 하는 황당한 꿈을 가진 적도 있었다. 그러다가 1973년, 경북대 사대 물리교육과에 진학하면서 24년간 물리학도로서의 훈련을 받았다. 대학을 졸업한 후에는 KAIST 물리학과에서 반도체 물성을 연구했으며MS, PhD, 졸업 후에는 곧바로 모교에서 근무하게 되었다. 대학에 근무하는 동안 미국 시카고 대학에서 물리학Post-doc을, 위스콘신 대학에서 과학사MA를, 위튼 대학에서 신학MA을 공부할 수 있는 축복을 누렸으며, 반도체 물리학 연구에 더하여 창조론, 기독교 세계관 등에 관심을 갖고 있었다. 그러나 이 모든 것을 다하기에는 인생이 너무 짧고 자신의 능력이 부족함을 통감하여 대학을 사임하였다.

1997년부터는 기독학자들의 모임인 DEW기독학술교육동역회의 파송을 받아 밴쿠버에서 VIEW밴쿠버기독교세계관대학원를 설립, 운영하면서 창조론과 세계관 분야의 강의와 글을 쓰는 데 주력했다. 그동안 어설픈 여러 논문들과 책들을 썼는데 그래도 사람들이 꾸준히 읽어주는 책으로는『기독교적 세계관』,『창조와 격변』,『다중격변 창조론』,『생명의 기원과 외계생명체』,『창조와 진화』,『대폭발과 우주의 창조』,『창조연대 논쟁』 등이 있다. 또한 1980년 이후로는 기독교 세계관적 삶을 나누는 에세이를 부정기적으로 쓰고 있는데,『낮은 자의 평강』,『나그네는 짐이 가볍습니다』,『상실의 기쁨』,『세상에서 가장 작은 부엌』,『기독교 세계관으로 들여다 본 세상』,『하늘나라 철밥통』,『기독교적 렌즈로 세상읽기』,『물에 빠져죽은 오리』 등은 그런 에세이들을 모은 책이다. 일기를 따로 쓰지 않기 때문에 그때그때 지나가는 생각의 편린들을 앨범에 모아둔다는 마음으로 이런 저런 글들을 쓰기도 하지만 그러나 역시 자신의 전문 영역은 창조론과 세계관이라고 생각한다. 2021년 10월에는 VIEW에서 은퇴한 후 이어 아프리카에 있는 에스와티니 기독의과대학Eswatini Medical Christian University 총장President/Vice Chancellor/CEO으로 재직하고 있다.

후원

본 연구의 일부는 다음 교회 및 기관들(괄호 속은 후원 당시 담임 목회자)의 후원으로 이루어진 것입니다.

대전 영음교회(권재천 목사)

여주 월송교회(김경배 목사)

안양 반석감리교회(김상종 목사)

천안 반석장로교회(민경진 목사)

대천 제일감리교회(박인호 목사)

춘천 남부제일감리교회(백낙영 목사)

대전 대신고등학교(서정식 목사)

서초 감리교회(송상면 목사)

유성 감리교회(유광조 목사)-회장

대전 갑동교회(윤승호 목사)-총무

안산 부곡중앙교회(이명근 목사)

홍성 홍주제일교회(임종만 목사)

부천 중동제일감리교회(조영성 목사)

대전 예수로침례교회(조영진 목사)

김해 장로교회(조의환 목사)

용인 한마음감리교회(최호권 목사)

수원 에바다선교교회(한규석 목사)

이천 양정감리교회(황동수 목사)

함안 중앙감리교회(황병원 목사)